민주주의 헌법론

민주주의 헌법론

국순옥 지음

아카넷

간행에 부쳐

민주주의법학연구회(이하 민주법연)에서 국순옥 선생님의 글을 모아서 단행본으로 펴내겠다고 공식적으로 결정한 것은 2013년 초였다. 당시 신임 회장으로 취임한 송기춘 교수가 밝힌 많은 구상 중 하나였던 이 기획은 당시는 물론 현재에도 민주법연에 가장 필요한 것이지만, 사실 그 실현 가능성은 그리 높아 보이지 않았다. 실현 가능성이 낮아 보였던 것은 반드시 필요한 경우가 아니면 글을 잘 쓰지 않으시는 국 선생님의 성품 때문이기도 하였고, 또 퇴임 이후로는 건강상의 이유를 들어 최근 10년간 거의 집필 활동을 하지 않으신 때문이기도 했다.

하지만 이 기획은 반드시 실현되어야만 하는 것이기도 했다. 몇 년 전 연구소로의 전환 시도가 뜻하지 않은 난관으로 좌절된 이후 상당히 정체되었다고 할 수 있는 민주법연에 이 기획은 어떤 신선한 활력소가 될 수 있을 것이었다. 뿐만 아니라 20여 년 전 민주법연의 회원들이 그랬듯이 지금도 이 땅에는 진보적인, 나아가 급진적인 변혁적 법이론을 갈구하는 많은 법 연구자들이 있고, 그들에게 이 기획의 실현은 가뭄에 단비 이상의 의미를 지니기 때문이었다.

국 선생님의 단행본 발간을 실현하기 위해서는 이 기획을 처음부터 끝까지 맡아줄 책임자가 필요했다. 《민주법학》의 편집위원장을 지내왔다는 이유로 내가 그 작업을 맡게 되었다. 그것은 내 능력을 넘어서는 일이기도 하거니와 《민주법학》의 편집 일과 병행하는 것이 가능하고 또 적절한지도 의문이었지만, 이 일을 가장 잘 해낼 사람들이 여러 가지 사정으로 나설 수 없었기에 무리인 줄 알면서도 내가 이 막중하고 또 영광스러운 일을 맡게 되었다.

국순옥 선생님의 단행본 발간 책임을 맡게 되면서 착수했던 첫 작업은 다양한 경로로 발표된 글의 수집이었다. 번역과 공저 등을 제외하고 나니 국 선생님의 저작은 크게 세 유형으로 나눌 수 있었다. 1970년대 말부터 1980년대 말까지 주로 근무처였던 인하대학교의 여러 연구소에서 발행하는 학술지와 공법학회에서 발표하신 글, 1990년 초 제4호 서문을 시작으로 2000년대 초까지 《민주법학》에 수록된 글, 그리고 2003~2004년 3회에 걸쳐 강연의 형식으로 정리하신 비판헌법이론 또는 대안헌법이론이 그것이었다.

이 작업이 끝난 2013년 5월 처음으로 민주법연의 여러 회원들과 함께 국 선생님을 찾아가 단행본 출간 계획을 말씀드렸으나 예상대로 손사래를 치시면서 강하게 거부하셨다. 하지만 이미 우리는 선생님의 동의 여부와 관계없이 단행본을 발간한다는 각오를 하고 있었다. 이해 여름 민주법연의 하계수련회 둘째 날을, 국 선생님께서 여름을 나시던 속리산에서 보내게 되면서 선생님께 본격적인 작업 계획을 말씀드렸다. 후속 논문이 필요해 보이는 부분을 추가로 집필하시거나 대담으로 구성하자는 제안에 대해서는 난색을 표하셨지만, 단행본 발간 자체는 더 이상 막지 않으셨다. 이제 본격적인 작업이 시작되었다.

1990년대 이후에 발표된 글은 모두 파일 형태로 입수할 수 있었다. 문제는 인하대 연구소 학술지 등에 발표된, 수많은 한자와 또 오자가 포함된 그 이전 시대의 글이었다. 게다가 거기에는 독일어로 발표하신 글도 두 편이 포함되어 있었다. 어쩔 수 없이 이런 글은 모두 다시 컴퓨터 파일에 입력하는 작업을 거쳐야 했다. 유급 보조원을 이용하라는 송기춘 회장의 권유에도 선생님의 초기 원고를 꼼꼼히 읽어보려는 마음에 내가 직접 작업을 하기로 마음먹었고 그렇게 했다.

하지만 독일어 논문 두 편이 여전히 문제였다. 일단 원문은 제외하고 번역문만 싣기로 결정했지만, 번역자를 구하는 일이 남아 있었다. 독일어에 능숙하면서 공법이나 기초법 분야를 전공한 회원 10여 명에게 자원을 요청했다. 놀랍게도 연락받은 회원 대부분이 자원 의사를 밝혀주었고, 오히려 나는 지원자들 중에 가장 적절한 사람을 선별하는 고통과, 번역자로 선정되지 못한 회원들에게 사과하는 아픔을 겪어야 했다. 이런 과정을 거쳐 김도균 회원과 송석윤 회원이 각각 「독일의 관념론적 국가관」과 「본 기본법과 사회국가」의 번역을 하게 되었다. 독일어 논문에 대한 두 사람의 번역이 완료된 것이 2014년 2월 말이었고, 그 이전에 한국어 논문의 파일화 작업은 모두 마친 상태였으므로, 이제 대상 논문을 어떤 순서로 배치할 것인가를 정하는 일만 남았다. 고민 끝에 『헌법과 민주주의』를 제목으로 하고 '헌법사상/헌법체제/헌법해석과 민주주의'라는 3개 편으로 구성되는 가편제를 마쳤다.

2014년 3월 초 다시 국 선생님을 찾아뵈었다. 이번에는 500쪽 내외의 가편집본을 가지고 추가 집필이나 수정이 필요한 부분, 편제 등에 관하여 좀 더 구체적인 이야기를 나누었다. 국 선생님께서는 1980년대 초에 작성된 원고와 독일어 번역 원고에 대해서는 여러 가지로 고민을 해보겠다고 하셨다. 2014년 6월에 다시 속리산으로 국 선생님을 찾아뵈었을 때는 책 제목과 편제를 정하고, 일부 원고들의 수정본을 받아왔다. 선생님은 책 제목을 『민주주의와 헌법실천』으로 하고, 3개 편의 제목도 각각 '관점과 시각/쟁점과 입장/강론과 시평으로 바꾸면서, 논문의 배치와 순서도 일부 변경하고, 발표문 형식으로 쓰인 일부 원고를 제외하셨다. 이로써 단행본 발간을 위한 큰 골격이 완성되었다.

3월부터 선생님의 놀랍고도 의욕적인 글쓰기가 시작되었던 것 같다. 홉스, 로크, 루소에 관한 3부작은 거의 새로 쓰시다시피 했다. 여기에다 「독일의 관념론적 국가관」과 「본 기본법과 사회국가」[이 두 논문은 각각 김도균, 송석윤 교수에 의해 번역되어 《민주법학》 제55호(2014. 7.)에 수록되었다]는 1달여의 작업 끝에 번역이라기보다는 새것에 가까운 원고를 주셨다. 이면지에다가 펜으로 눌러 쓰신 원고를 직접 건네받거나 우편으로 전달받을 때마다 나는 선생님께서 보여주실 새로운 학문적 지평에 대한 기대감으로 전율하곤 했다. 원고를 컴퓨터로 입력한 후 출력본을 다시 보내고, 선생님의 교정본을 다시 받는 과정이 10월까지 계속되었고 마침내 11월 11일, 출판사에 첫 번째 단행본 원고가 전달되었다. 몇 차례의 교정을 거친 끝에, 그리고 마지막 단계에서 제목을 『민주주의 헌법론』으로 변경한 이 책이 이제 드디어 독자들을 만나게 된다.

그것은 참으로 소중한 시간이었다. 사상과 철학과 이념을 깊이 있게 제대로 탐독해본 적 없고, 독일어를 깊이 있게 공부하지도 않은 내가 때로는 짧은, 때로는 매우 긴 분량의 글에서 국 선생님께서 펼치신 이론과 철학과 사상을 전부 이해하기에는 역부족이었지만, 읽을 때마다 새롭게 다가오는 글의 힘을 느낄 수 있었고, 더 많은 공부를 더 깊이 해야 할 이유를 확인할 수 있었다.

그러나 무엇보다도 이 작업을 하는 과정에서 느꼈던 가장 놀라운 경험은 치밀하고 정치하게 사상과 이념과 철학을 논하는 법학 논문에서 잘 쓴 시와 노래에서나 맛보는 운율 또는 리듬감을 느낄 수 있었다는 것이다. 마치 멋진 시와 같이, 국 선생님의 글은 그 내용이 어떤 것이든 글을 따라 읽기만 해도 매우 흥겨운 것이었다. 그것은 반드시 필요한 부분에 대한 적절한 반복과 과감한 절제와 생략이 있기에 가능한 것이라는 생각이 들었다. 누군가 이 책에서 이런 경험을 가질 수 있기만 해도 이 책은 충분히 출판할 가치가 있다는 확신이 들었다. 그런데 이 운율감은 주제에 대한 학문적 천착의 결과이겠지만, 거기에는 또 하나 국 선생님의 강점이 스며 있다고 생각한다. 그것은 당신의 글을 읽을 사람에 대한 배려이다. 과도한 생략과 지나친 속도감으로 독자들에게 좌절감을 주지도 않고, 그렇다고 불필요한 반복과 군더더기 설명으로 독자들을 지치게 만들지도 않는 친절함과, 글을 읽는 것 자체를 즐겁게 느낄 수 있도록 하면서 동시에 읽고 나면 리듬으로나 심정으로나 깊은 여운을 남기는, 나아가 읽는 사람에게 무엇인가 할 일을 찾을 동기를 부여하기까지 하는 힘이 국 선생님의 글 속에는 있다. 이 거대한 힘을 단순히 배려나 친절로 묘사할 수밖에 없는 나의 얕은 재주가 안타까울 뿐이다.

국 선생님의 논문을 읽어본 사람이라면 누구나 알겠지만, 당신의 친절은 운율과 적정한 속도감에 그치지 않고, 적절한 호흡을 잃지 않는 문단 구성에서도 발견된다. 법학적 글쓰기를 하는 사람이 가장 많은 비난을 가하는 것이 몇 장에 달하는 긴 글이 한 문장으로 되어 있는 판결문류의 글인데, 정작 그런 비난을 하면서도 본인이 글을 쓸 때에는 긴 문장을 자랑이라도 하듯이 글을 쓰고 있는 자신을 발견하게 되는 일이 결코 드물지 않을 것이다. 그런데 단언컨대, 국 선생님의 글에는 그런 지나침이 없으며, 자신에 대한 엄격함이 느껴진다.

이 책에 수록된 21편의 글 내용에 대하여 과문한 내가 언급하는 것은 적절치 않은 것 같다. 그럴 능력도 없거니와 그럴 이유도 없는 것 같다. 다만 몇 가지 말하고 싶은 것은 공부하고 글을 쓰는 자세에 관한 것이다.

우선 국 선생님의 메시지는 매우 강력하다. 그리고 직접적이다. 경우에 따라서는 '이런 단어까지?' 싶은 표현도 마다하지 않으신다. 그럼에도 그 표현은 매우 절제되어 있고 지나침이 없다. 내가 국 선생님의 글을 처음 접한 것은 편역서 『자본주의와 헌법』이었지만, 육필 원고를 처음 받아본 것은 《민주법학》 제4호를 편집하던 1990년 봄 권두언을 받았을 때였다. 원고지에, 아마도 만년필로 쓰셨던 것으로 기억한다. 원고지에 쓰인 원고를 받아서 컴퓨터로 입력하고 출력하여 보내드리면, 다시 몇 자(진짜 몇 자였다)를 고쳐서 보내주곤 하셨다. 어떨 때는 며칠 동안 단 한 글자를 고치기도 하셨다. 퇴고란 것이 어떤 것인지를 보았다. 짐작건대, 원고를 보내시기 전에 이미 그와 같은 과정을 몇 번은 거쳤을 것이다. 직접적이고도 강력한 메시지를 담고 있음에도 모자람도 넘침도 없는 글이 되도록 하는 힘은, 바로 그런 성실함과 치밀함에서 나오는 것이 아닐까? 헌법이론사 또는 헌법학설사를 정리하는 매우 이론적인 글에서나, 현안에 대하여 적확한 진단과 강한 비판을 전개하는 실천적 글에서나, 이런 점은 어김없이 나타나고 있다.

두 번째로 말하고 싶은 것은 선생님의 학문적 넓이와 깊이이다. 헌법이론과 헌법재판을 논하는 이론적인 글은 물론 현안에 대한 매우 실천적인 글에서도 어김없이 드러나는 특징 중 하나는 관련 문헌들에 대한 이해의 폭과 깊이이다. 독일과 프랑스, 영미와 일본 등의 문헌을 두루 섭렵하고 있음은 물론 그러한 문헌이 과도하지도 부족하지도 않게 적절하게 정리, 인용, 비판되고 있다. 이러한 작업은 문헌에 대한 풍부하고 또 충분한 이해, 그리고 주체적 독해가 뒷받침되지 않고는 불가능한 일임을 연구자라면 누구나 알 수 있다. 난해한 한 권의 이론서를 단 하나의 문장이나 단어로 설명할 수 있는 사람이 얼마나 있을까?

세 번째로는 학문적 치밀함을 이야기하고 싶다. 책 내용을 읽다 보면 알게 되겠지만, 국 선생님의 문헌 인용 방법은 독특하다. 《민주법학》의 경우 각주에서는 논문집과 인용 쪽수만을 적고 참고문헌에서 그 논문의 수록 범위를 밝히는 방식을 취하고 있는데, 국 선생님은 참고문헌을 별도로 표기하든 그렇지 않든 개별 각주에서 논문의 인용 쪽수뿐 아니라 그 수록 범위를 분명히 밝히는 방법을 취하신다. 이 책의 경우는 여러 논문을 모아놓은 것이지만, 인용된 모든 문헌을 모아 참고문헌을 따로 만들기로 하였고, 그 과정에서《민주법학》의 방식을 따르는 것은 어떨까 하여 편집 과정에서 선생님께 문의드린 적이 있다. 선생님께서는 그것은 '학문적 정직성'을 의미하는 것이라고 하셨다. 선생님의 방식을 따를 수밖에 없었다.

한 가지를 덧붙여야겠다. 국 선생님의 글은 재미있다. 철학적 깊이와 실천적 치열함으로 가득한 선생님의 글을 재미있다고 평가하는 것이 외람될지는 몰라도, 그것은 분명한 사실이다. 책이나 글을 읽으면서 다음 대목이 궁금해지는 경험은 소설이나 만화를 읽을 때나 할 수 있는 것인 줄 알았는데, 국 선생님의 글은 바로 그런 경험을 안겨주었다. 한 문장을 읽고 나면 다음 문장이 궁금해지고, 한 편을 읽고 나면 다음 글이 궁금해지고, 글을 읽고 나면 말씀을 듣고 싶어진다. 이번에 이 책의 발행을 책임지면서 선생님의 많은 글을 몇 번씩 다시 읽었지만, 읽을 때마다 새로운 느낌으로 다가왔다. 그런 느낌을 독자들과 나누었으면 한다.

마지막으로 국 선생님의 이 단행본이 세상에 나오게 되었을 때 일어났으면 하는 바람을 몇 자 적어본다. 국 선생님의 글이 가장 필요한 곳은 바로 민주법연이다. 한국 사회의 법과 법학 현실을 해석하는 데 머물지 않고 변혁하는 데까지 나아가자고 했던 민주법연 발족선언문의 정신을 누구보다도 치열한 학문적 실천으로 구현해오신 분은 다름 아닌 국 선생님이었던 반면, 민주법연은 학문에서나 실천에서나 상당히 정체되어 있기 때문이다. 대학원생이 주였고 교수 회원은 몇 손가락으로 꼽을 정도였던 창립 당시와는 달리 100명 이상의 교수 회원을 갖는 조직으로 성장한 민주법연이, 회원들의 다양한 이념적 스펙트럼에도 불구하고 다시 하나가 되어 변혁의 길로 나아갈 수 있는 방법을 찾는 데 이 책이 하나의 길잡이가 될 수 있지 않을까 한다.

국 선생님의 글이 가장 많이 읽히고 학습되어야 할 곳이 있다면 그것은 대학원에서이다. 학문을 하고 연구자의 길을 걷고자 하는 사람이라면, 그리고 적어도 민주주의와 인권의 소중함을 인식하고 변혁의 필요성을 느끼는 연구자라면 그 전공과 관계없이 국 선생님의 글에서 사막의 오아시스와 같은 한 마디 울림을 듣게 될 것이다. 특히 헌법을 비롯한 공법을 전공하는 사람이라면 국 선생님에게서 참된 스승을 발견하게 될 것임을 감히 단언한다. 학문적 성실성과 정직성, 학문을 통한 실천의 중요성을 되새길 기회를 이 책이 제공해줄 수 있을 것이다.

또한 처음에 기획할 때 기대했던 것처럼, 법률가를 양성하는 기관인 로스쿨의 헌법 등 수업에서 이 책이 주 교재 또는 보충 교재로 사용되기를 바란다. 민주주의와 법치주의 등 헌법의 기본원리와 헌법재판제도에 대하여 국 선생님만큼 치열하게 고민하고 적확하게 비판해온 학자는 없는 만큼, 양식 있는 법률가를 양성하기 위한 과정을 표방하는 로스쿨이라면 '반주류 비판헌법이론'도 반드시 주요한 학습과 연구의 대상으로 삼아야 하기 때문이다. 설사 로스쿨 수업의 교재로 채택되지 않는다 해도 많은 로스쿨에 구성되어 있는 인권이나 민주주의 관련 학회 등에서 이 책을 가지고 공동 학습과 토론을 함으로써 예비 법률가들의 헌법 인식을 높고 깊게 하는 기회가 되길 바란다.

그런가 하면 국 선생님의 글은 항상 실천을 지향하고 있다. 아니 선생님의 글 자체가 치열한 실천이다. 이른바 헌법해석을 통한 투쟁=실천이다. 이러한 실천적 지향 속에서 국 선생님은 시민사회나 시민단체 등에 대해서도 적확하면서도 강도 높은 주문을 하고 있다. 이러한 점은 진보적 운동단체들에서도 반드시 눈여겨보아야 할 사안이므로, 국순옥 헌법이론에 대한 학습이 진보단체, 시민단체에서도 일어났으면 하는 바람이다.

이 책을 처음 기획한 송기춘 전 회장, 난해한 독일어 논문을 기꺼이 번역해준 김도균·송석윤 교수, 제목과 표지 등에 대해 좋은 의견을 제공해준 이재승 회장, 그리고 자료 수집과 정리에 도움을 준 민주법연의 여러 회원들께 감사드린다. 기꺼이 이 책의 출판을 맡아주신 아카넷의 김정호 대표님, 꼼꼼하고 세심하게 원고를 검토·교열해주신 편집부에 감사드린다.

그러나 무엇보다도 큰 감사는 국 선생님께 돌릴 수밖에 없다. 그런데도 선생님은 끝내 서문 작성을 사양하셨다. 당신의 글 모음이지만 펴내는 것은 민주법연이므로 간행사, 즉 펴내는 글 역시 민주법연의 몫이라는 말씀이었다. 《민주법학》 제4호의 권두언에서 말씀하셨듯이, 민주법연이 "역사의 숨은 뜻을 읽을 줄 아는 지혜"를 갖추고, "지배 법이데올로기의 비판과 대항 법이데올로기의 창출"을 통일적으로 해내는 "비판적 전위법학"으로서의 역할을 충실히 수행하라는 것, 그것을 선생님께서 25년 전에 미리 남기신 서문으로 이해해야겠다.

다시 한 번 연속강연을 하실 수 있을 만큼 선생님께서 늘 건강하시기를 기원한다.

2015년 3월

민주주의법학연구회 편집위원장
김종서

차례

제3편 강론과 시평

일러두기
서양 인명은 국립국어원의 외래어 표기법을 따랐지만 학계에서 관행으로 굳어진 표현은 예외로 두었다.

제1편

관점과 시각

토머스 홉스의 부르주아적 주체성[*]

I. 자본주의적 상품교환경제의 성립

중세의 봉건사회는 자급자족적 자연경제의 형태로 자신의 사회적 존립 기반을 재생산한 극히 폐쇄적인 세계이다. 그렇다고 봉건사회가 목가적인 분위기로 가득 찬 전원풍의 이상향이었던 것은 결코 아니다. 봉건사회 역시 신분적 계급사회인 이상 내부 모순에서 오는 지배예속의 관계는 엄연히 존재하였다. 봉건적 지배예속 관계의 특색은 그러나 인격적 지배권과 경제적 지배권이 상호 조응하지 못하고 서로 분리된 점이다. 농민은 인격적으로 영주에 예속되었지만, 그들 자신이 생산수단의 점유자이기 때문에 영주가 오히려 그들에게 기생하는 처지이었다. 사실 영주는 봉건사회의 지배 신분이면서도 생산활동과는 거리가 멀었으므로 자기 재생산의 물질적 기

* 이 글은 인하대학교 사회과학연구소논문집 제7집, 1988.2, 1-7쪽에 「홉즈와 부르주아적 주체성의 확립」이란 제목으로 실린 것을 수정 보완한 것이다.

초를 확보할 수 없었다. 그리하여 농민의 잉여 생산물을 손에 넣기 위하여는 부득이 경제외적 강제에 의존하지 않을 수 없었다. 영주의 농민에 대한 이 같은 경제외적 강제를 제도적으로 밑받침한 것이 다름 아닌 신분적 위계질서이다.

이처럼 신분적 위계질서로 다듬어진 봉건사회가 13세기에 이르러 급속하게 내리막길을 걷는다. 이른바 봉건적 위기의 시작이다. 어느 사회든 그것이 해체기에 접어들게 되면, 내부 모순이 수면 위로 떠오르면서 격심한 갈등과 대립을 겪게 마련이다. 이럴 때일수록 사회는 구성원들의 자발적 복종을 유도할 수 있는 체제방어적 지배이데올로기를 필요로 하게 된다. 봉건적 위기 국면에서 봉건사회가 직면한 정당성의 위기를 극복하기 위하여 거대한 형이상학적 관념의 세계가 구축되기 시작하였고, 이것을 체계적으로 집대성한 것이 토마스 아퀴나스의 『신학대전』이다.

토마스 아퀴나스에 따르면, 신은 이 세상을 한 폭의 아름답고 조화로운 세계로 창조하였다.[1] 거기에는 위계질서가 마련되어 있어 모든 피조물은 이성의 정도에 따라 설 자리가 정하여져 있다. 인간의 사회 역시 우주 질서의 한 부분에 지나지 않으므로 높은 이성의 소유자가 낮은 이성의 소유자를 지배하는 것은 너무나 당연한 일이다. 그러한 의미에서 로마 교회의 수장을 꼭짓점으로 일사불란하게 조직된 중세의 봉건사회야말로 인간이 고안한 사회체제 가운데 가장 이상적인 것이다. 봉건사회의 신분적 위계질서를 그대로 반영한 이 같은 유기체론적 목적론적 사회관을 봉건사회 해체기의 교부철학자들은 영구불변의 자연법의 이름으로 정당화하였다.

이 같은 체제방어적 지배이데올로기에도 불구하고 봉건사회의 위기는

---

1) Thomas Aquinas, *Selected Political Writings*, ed. by A. P. D'Entreves, Oxford/1948, 99쪽 이하.

더욱 깊어간다. 15세기에 들어 봉건 지대의 지배적 형태인 부역노동이 화폐 지대로 바뀜에 따라 봉건적 토지 소유관계가 마침내 해체의 조짐을 보이기 시작한다. 봉건적 토지 소유관계가 이처럼 느슨해지자 봉건적 질곡으로부터 어느 정도 숨을 돌리게 된 농민층은 사회변혁의 소용돌이 속에서 급속히 분해되어간다.

특히 영국에서는 농민층의 분해 과정에서 생산력의 주체로 등장한 독립 소생산자층을 중심으로 상품교환경제가 활발히 이루어지고 이를 계기로 농촌시장을 거점으로 한 국지적 시장권이 형성된다. 그리고 모직물생산 등 농촌공업이 본격적으로 발전하면서 국지적 시장권은 지역적 시장권으로 팽창한다. 국지적 시장권이 봉건사회의 재편 과정에서 등장한 절대주의국가의 초기 시장 형태라면, 지역적 시장권은 절대주의국가의 몰락기, 즉 매뉴팩처 단계에 대응하는 시장 형태이다.[2] 몰락기의 절대주의국가는 초기의 절대주의국가와는 달리 자본주의의 발전을 일정한 테두리 안에 묶어두려는 극히 반동적인 경향을 보인다. 그럼에도 역사의 무대에 서서히 모습을 드러내기 시작한 신흥부르주아 가운데 가장 진취적인 부분인 독립 소생산자층은 생산력의 발전을 주도하며 자본주의적 생산양식의 전개에 결정적인 역할을 한다.

II. 홉스의 자연주의적 인간관

칼 맑스가 『경제학 비판』의 서문에서 밝혔듯이, "물질적 생활의 생산양

---

2) 中木康夫, 「マニュファクチュアーの成立と市場關係の深化」(大塚久雄/高橋橋八郞/松田智雄 編, 『西洋經濟史講座 II』, 岩波書店/1978, 133-166쪽 수록), 155쪽.

식은 사회적 정치적 정신적 생활 과정 일반을 제약한다. 인간의 의식이 그들의 존재를 규정하는 것이 아니라, 그들의 사회적 존재가 그들의 의식을 규정한다."[3] 따라서 "경제적 기초의 변화와 더불어 거대한 사회구조 전체가 서서히 또는 급속히 바뀌어간다."[4] 그런데 당시 영국의 경우 독립 소생산자층은 매뉴팩처의 단계에 머물러 있었으므로 이데올로기적 주도권을 거머쥐기에는 아직 역부족이었다. 이 같은 상황에서 그들을 대신하여 이데올로기적 지도를 담당한 것이 일부 상업 부르주아계급의 귀족화 그리고 일부 소귀족의 부르주아화 과정에서 등장한 젠트리(gentry)이다.[5] 그들은 자본, 신분적 특권 등 신구 양 시대의 능력을 한 몸에 갖춘 토지귀족층으로서 보수적 신흥 부르주아계급의 한 부분을 이루고 있었다. 아무튼 보수적 신흥 부르주아계급의 가장 자각적인 층위를 대표한 젠트리는 아직 이데올로기적 주도권을 장악하지 못한 독립 소생산자층에게는 이데올로기적 동맹세력으로 없어서는 안 될 존재이었다.[6] 영국이 이처럼 봉건사회에서 자본주의사회로 이행하는 역사적 과도기에 젠트리를 중심으로 한 보수적 신흥 부르주아계급의 복잡한 이해관계를 대변한 것이 토머스 홉스이다.[7]

홉스의 이름을 들으면 우리는 무엇보다 먼저 근대 자연법사상을 떠올리게 된다. 그것은 자연법의 타당 근거를 어디에서 구하는가에 따라 대륙의 자연법사상과 영국의 자연법사상으로 나뉜다. 이 가운데에서도 특히 후자는 신분적 위계질서에서 신음하던 신흥 부르주아계급에 의하여 사회변혁

---

3) Joachim Lieber und Benedikt Kautsky(Hrsg.), *Marx Werke* Bd. IV, Darmstadt/1964, 839쪽.
4) 위와 같음.
5) Franz Borkenau, *Übergang vom feudalen zum bürgerlichen Weltbild, Studien zur Geschichte der Philosophie der Manufakturperiode*, Paris/1934 참조.
6) 水田洋, 『近代人の形成―近代社會觀成立史』, 東京大学出版会/1954, 365쪽.
7) Franz Borkenau, 앞의 책, 451쪽.

의 논리로 구상된 반봉건적 이데올로기이다. 그것은 그때까지의 전통적 자연법사상이 발 딛고 서 있던 유기체론적 목적론적 사회관을 부정하고 사회를 개별 인격 상호 간의 주체적 관계로 재구성한다.[8] 홉스는 이 같은 원자론적 기계론적 사회관을 확고한 논리적 기초 위에 세워놓음으로써 부르주아적 주체성을 이론적으로 확립한 최초의 사상가이다.

홉스가 살던 시대는 청교도혁명으로 변혁의 열기가 서서히 달아오르던 시기이었을 뿐만 아니라 근대 자연과학의 여명기이기도 하였다. 코페르니쿠스의 지동설에서 뉴턴의 만유인력의 법칙에 이르는 일련의 새로운 발견들이 그 예라고 할 수 있다. 이처럼 자연과학의 인식지평이 넓어짐에 따라 중세의 신학적 사고를 지배하던 유기체론적 목적론적 자연관이 극복되고 원자론적 기계론적 자연관이 시대정신의 큰 흐름을 이루게 된다.

원자론적 기계론적 자연관에 따르면, 자연계에서 사물의 변화가 끊임없이 이어지는 것은 보이지 않는 마법의 손길, 다시 말하면 자연 고유의 내재적 목적이 작용하기 때문이 아니라 물체 상호 간의 인과관계 때문이다. 홉스는 이 같은 원자론적 기계론적 자연관을 자연현상은 물론 인간사회도 아울러 설명할 수 있는 보편 원리로 받아들인다. 그의 말을 빌리면, 유일한 실재는 경험적 사실이며 철학의 임무도 경험적 사실의 세계에서 인과관계의 법칙을 찾아내는 데 있다.[9] 이에 따라 홉스는 인과법칙을 뼈대로 한 자연과학적 방법을 좇아 사회를 기본 구성단위인 개별 인간으로 분해한 다음, 거기에서 얻은 분석 결과를 논리적으로 재구성하는 길을 밟는다.[10] 그것은 흡사 맑스가 자본주의사회의 운동법칙을 총체적으로 파악하기 위하여 체계적으로 동원한 하향식 연구방법과 상향식 서술방법, 즉 분석과 종

---

8) 田中正司,『市民社会理論の原型』, 御茶の水書房/1983, 11쪽.
9) 藤原保信,『近代政治哲学の形成』, 早稲田大学出版部/昭和 49, 57쪽.
10) 위의 책, 46쪽.

합의 방법을 떠올리게 하는 대목이기도 하다.

아무튼 우리들이 경험적으로 확인할 수 있는 것은 인간이 생존하고 있다는 사실이며, 인간 역시 자연의 한 부분인 이상 그에게도 기계론적 운동법칙이 그대로 적용된다.[11] 외부로부터 아무런 방해를 받지 않는 한, 인간은 생명운동을 계속하며 그것을 저해하는 외부 작용에 대하여 조건반사적 대응을 보인다. 그런데 인간이라는 물체를 움직이는 것은 자기보존의 욕망이며, 이 같은 욕망을 충족시키기 위하여 인간은 끊임없이 힘을 추구하게 된다.[12] 홉스는 인간이 날 때부터 가지고 있는 자기보존의 욕망을 자연권으로 개념화한다. 그것은 "각자가 자기 자신의 자연, 다름 아닌 자기 자신의 생명을 보존하기 위하여 자기 자신이 원하는 대로 자기 자신의 힘을 이용할 수 있는 자유"이다.[13] 그런 의미에서 자기보존의 자연권은 모든 것에 우선하는 절대적 가치이기도 하다.

III. 부르주아적 도덕규범으로서의 자연법

이 같은 자연주의적 인간관을 밑에 깔고 홉스는 자연상태의 범주를 빌려 인간의 상호관계를 적대적 관계, 즉 '만인에 대한 만인의 투쟁'[14]의 상태로 묘사한다. 전쟁상태를 방불케 하는 상호 적대의 한계상황이 지속되는

---

11) 위의 책, 114쪽 이하.

12) Thomas Hobbes, *Leviathan*, reprinted from edition of 1965 with an Essay by the late W. G. Pogson Smith, Oxford/1965, 75쪽.

13) 위의 책, 99쪽. 홉스의 자연권처럼 아무런 의무도 따르지 않는 권리를 참된 의미의 자연권이라고 부를 수 있는지에 대하여는 C. B. Macpherson, *Democratic Theory*, Oxford/1977, 225쪽 이하 참조.

14) Thomas Hobbes, 앞의 책, 96쪽.

한, 인간들 사이에는 호혜성의 원칙은 통하지 않고 오직 밀림의 법칙만이 지배한다. 기독교적 원죄 사상이나 고전적 정치철학이 논리 전개의 출발점으로 삼았던 윤리적 인간의 관념은 발붙일 데가 없게 된다. 자기 자신의 생명을 보존하기 위하여는 타자의 존재마저 부정하여야 하는 그야말로 무자비한 약육강식의 세계가 눈앞에 펼쳐진다. 홉스의 경우, 자연상태가 이처럼 보편적 적대관계로 치달을 수밖에 없는 것은 모든 사람이 날 때부터 자기보존의 자연권을 가지며 심신의 능력에서도 평등하기 때문이다.[15]

홉스의 자연상태론은 한마디로 그의 사회이론의 청사진을 가감 없이 표현한 한 폭의 자연주의적 풍경화라고 하여도 과언이 아니다. 그가 그리는 자연상태는 관념의 유희가 낳은 허구의 세계가 아니라, 자신이 몸소 체험한 청교도혁명기의 영국사회를 이론적으로 추상한 역사적 현실이었다.[16] 사실 청교도혁명기의 영국사회는 자본의 원시적 축적이 본격적으로 발걸음을 떼기 시작한 초기 자본주의사회이었다.[17] 밀림의 법칙이 지배하는 '만인에 대한 만인의 투쟁'의 상태는 당시에 서서히 뿌리를 내리고 있던 자

---

15) 위의 책, 94쪽.

16) C. B. Macpherson, 앞의 책, 228쪽; 홉스의 자연상태가 단순한 '자연'상태가 아니라 초기 자본주의사회의 이론적 추상임을 처음으로 간파한 사람은 루소이다. 그리고 헤겔은 그의 『정신현상학』에서 자의식의 대자적 전개 과정과 관련하여 '주인과 노예'의 논리를 펴고 있는데, 거기에서 벌어지는 상호 승인을 위한 처절한 싸움도 따지고 보면 홉스가 그의 자연상태론에서 전개한 '만인에 대한 만인의 투쟁'과 맥을 같이하는 것이었다. 그러나 19세기 말 이후의 홉스 해석에서는 그를 반동적 절대주의자로 간단히 처리해버리는 것이 일반적 경향이었다. 1896년 퇴니에스가 『홉스의 생애와 학설』을 내놓은 다음부터 홉스의 사상이 안고 있는 역사적 맥락을 중시하는 흐름이 큰 줄기를 이루게 되었다. 이 같은 역사주의적 흐름을 앞장서 이끌고 간 것은 주로 독일사회민주당 계열의 홉스 연구자들이었고 그 가운데에서도 특히 보르켄나우가 돋보인다. 최근에는 캐나다의 정치학자인 맥퍼슨의 맑스주의적 홉스 해석이 많은 주목을 끌고 있다.

17) C. B. Macpherson, *Die politische Theorie des Besitzindividualismus. Von Hobbes bis Locke*, Frankfurt am Main/1969, 85쪽; Rudolf von Lippe, *Bürgerliche Subjektivität. Autonomie als Selbstzerstörung*, Frankfurt am Main/1975, 33쪽.

본주의적 생산양식의 무정부상태를 그대로 반영한 것이다.[18] 이리의 논리가 행동양식의 제1원리로 통하는 자연상태의 인간, 즉 자연인의 모습은 화폐자본을 축적하려고 수단과 방법을 가리지 않던 부르주아적 인간의 전형을 그린 것이다.[19] 그것은 막스 베버의 이른바 '자본주의의 정신'을 청교도적 금욕의 열정으로 실천하는 합리적 인간이라기보다는 천민 기질의 모험상인에 가까운 것이었다. 따라서 이기심의 주체로 해방된 부르주아적 인간이 자기보존의 자연권을 서로 고집하는 경우 파국적 위기는 피할 수 없게된다. 각자가 언제 닥칠지도 모르는 폭력사의 공포로부터 해방되어 자유로운 삶을 누리려면, 무정부주의적 적대관계를 지양할 수 있는 개별 인격 상호 간의 사회적 교통질서가 어느 정도 확립되지 않으면 안 된다. 그리하여인간의 이성이 평화의 규칙으로 고안한 것이 자연법이다. 홉스의 자연법은초월적 존재나 선험적 원리를 부정하고 구체적 삶의 민낯 현실로부터 출발한다.[20] 앞에서 말하였듯이 자기보존의 자연권은 모든 것에 우선하는 절대적 가치이므로 자연법의 존립 근거도 그로부터 끌어내지 않으면 안 된다.

홉스의 자연법은 자기보존의 자연권을 전 사회적 규모로 관철시키기 위하여 존재하는 일종의 부르주아적 행위규범이라고 할 수 있다. 그것은 자기 자신의 생명을 보존하기 위하여 자기중심적으로 행동하는 부르주아적인간이 타자와의 관계에서 지켜야 할 최소한의 도덕규범을 정식화한 것에불과하다.

자연법이 이처럼 부르주아적 도덕규범으로 세속화하면, 자연법적 정의의 개념도 자본주의적 상품교환사회의 논리에 따라 재정립되지 않으면 안

---

18) C. B. Macpherson, *Democratic Theory*, 242쪽; Ferdinand Tönnies, *Thomas Hobbes Leben und Lehre*, 3. Auf., Berlin/1925, 268쪽.

19) 위의 책, 241쪽.

20) 藤田保信, 앞의 책, 180쪽.

된다. 예컨대 자본주의적 상품교환사회에서는 계약 당사자가 약정된 물건을 주고받는 경우 교환된 물건들의 가치가 서로 엇비슷하여야 하는데, 자본주의적 상품교환사회가 요구하는 정의란 다름 아닌 이 같은 등가교환의 법칙을 가리킨다. 홉스는 한 걸음 더 나아가 산술적 등가교환의 가능성마저 부정한다. 그에 따르면, 교환된 물건들의 가치를 공정하게 저울질할 수 있는 객관적 기준은 존재하지 않는다.[21] 비록 교환된 물건들의 가치에 차이가 나더라도 계약 당사자가 이의를 제기하지 않는 이상 이것을 두고 부정의라고 단정하는 것은 부당하다. 정의의 본질은 교환된 물건들의 등가성에 있는 것이 아니라 체결된 계약을 성실히 이행하는 데 있다.[22] 부등가 교환을 은연중 승인하는 이 같은 태도는 경제적으로 우월한 부르주아적 인간에 착취의 자유를 합법적으로 인정하려는 강자의 논리를 대변한 것이다. 바로 이 대목에서 우리는 홉스의 자연법이 지니고 있는 부르주아적 근대성과 폭력성을 다시 한번 확인하게 된다.

---

21) Thomas Hobbes, 앞의 책, 115쪽.
22) 위와 같음.

존 로크의 고전적 부르주아 헌법사상*

I. 근대 자연권사상의 성립

1. 근대 자연법사상의 계보

제2차 세계대전을 전후하여 서구 사상계는 예기치 않은 불청객으로 말미암아 지적 혼미를 거듭한다. 자연법사상의 부활이 그것이다.

자연법사상의 부활은 어찌 보면 불가피한 것이기도 하였다. 파시즘 체제 아래에서 폭력의 논리가 난무함으로써 인간의 자기소외 현상은 극에 달하고 개인의 존엄성은 형해조차 찾아볼 수 없었다. 서구 문명의 몰락을 예고하는 듯한 이 같은 반문명의 야만성은 자연법의 망령을 불러들이기에 충분한 것이었다.

---

* 이 글은 인하대학교 사회과학연구소논문집 제3집, 1984, 183-197쪽에 「존 록크의 시민헌법사상」이란 제목으로 실린 것을 대폭 손질한 것이다.

자연법사상의 뜻하지 않은 귀환은 한 세기 이상 서구의 사유를 지배하여오던 과학적 실증주의에 커다란 충격을 안겨준다. 따라서 자연법사상이 이데올로기 비판론의 주된 공격의 대상이 된 것은 너무나 당연하다고 할 것이다. 예컨대 에른스트 토피치와 같은 지식사회학 계열의 학자는 기회가 있을 때마다 지적 역량을 총동원하여 자연법사상의 허구성을 가차 없이 폭로한다.[1]

자연법사상이 역사적 상황의 추이에 따라 혁명적 보수적 또는 반동적 이데올로기로서 기능하였음은 굳이 이데올로기 비판론의 고발을 기다릴 필요도 없이 오늘날 자명한 사실로 받아들여지고 있다. 이 같은 비판적 인식은 전통적 자연법사상은 물론 근대 자연법사상에도 그대로 타당하다.

전통적 자연법사상이 영구불변의 자연질서를 앞세워 기존 사회체제의 정당성을 변증하기 위한 현상 옹호론으로 일관한 데 반하여, 근대 자연법사상은 극히 예외적인 경우를 제외하고 원칙적으로 경제적 기초 과정의 변화에 대응하여 비판적 사회이론으로 구상된 것이다. 근대 자연법사상이 전통적 자연법사상이 상정하고 있는 자연질서의 실재관을 부정하는 것은 이 때문이다. 근대 자연법사상의 핵심은 봉건적 질곡으로 말미암아 고통받는 사회현실을 대자적으로 정립하고 이를 극복하기 위한 주체적 변혁의 논리를 구축하는 데 있다. 칼 만하임의 표현을 빌리면, 전통적 자연법사상이 과거지향적 이데올로기의 성격을 띠고 있는 데 반하여, 근대 자연법사상은 미래투기적 유토피아의 성격을 강하게 풍기고 있다.[2]

---

1) Ernst Topitsch, 특히 "Restauration des Naturrechts?"(Topitsch, *Sozialphilosophie Zwischen Ideologie und Wissenschaft*, 3. ed., Neuwied u. Berlin/1971, 53-70쪽 수록) 참조.

2) Werner Maihofer, "Ideologie und Naturrecht"(Maihofer, *Ideologie und Recht*, Frankfurt am Main/1969, 121-146쪽 수록), 127쪽 이하; Karl Mannheim, *Ideologie und Utopie*, 5. ed., Frankfurt am Main/1969, 49쪽 이하.

2. 신흥 부르주아계급의 대두

근대 자연법사상은 한마디로 근대 부르주아사회 구축 이론이라고 할 수 있다. 근대 자연법사상의 역사적 주체는 근대 부르주아사회의 물질적 토대인 자본주의의 성립 과정에서, 좀 더 구체적으로 말하면 봉건체제가 자본주의체제로 이행하는 역사적 과도기에서 찾지 않으면 안 된다. 사회구성체의 단계적 이행은 그러나 주어진 궤도를 따라 일직선으로 진행되는 것이 아니다. 그것은 범주를 달리하는 사회적 이해관계들이 서로 침투하고 제약하는 극히 복잡하고도 착종된 모습을 띠게 된다. 전형적 예를 우리는 17세기의 영국에서 볼 수 있다.[3]

영국의 봉건체제는 1066년의 노르만 정복에서 비롯된다. 14세기 말의 봉건적 위기를 계기로 경제적 지위를 크게 향상시킬 수 있었던 농민층은 맹아적 이윤을 화폐의 형태로 축적함으로써 그들의 내부에서는 농민적 화폐경제가 싹트게 된다. 농민적 화폐경제가 진전됨에 따라 하루의 행동 반경을 기본단위로 하는 사회적 분업이 이루어지고, 사회적 분업을 통하여 생산된 상품의 교환을 위하여 농촌시장을 거점으로 하는 국지적 시장권이 발전한다.[4] 모직물 생산을 중심으로 하는 농촌공업이 본격적으로 시동이 걸리자 국지적 시장권은 횡적 조직의 확대를 통하여 지역적 시장권으로 거듭난다. 국지적 시장권이 절대주의국가의 성립기에 나타난 소시민적 상품경제의 시장 형태라면, 지역적 시장권은 절대주의국가 해체기의 매뉴팩처 단계에 대응하는 시장 형태이다.[5] 부르주아 혁명기는 본격적인 매뉴팩처

---

3) Stefan Breuer, *Sozialgeschichte des Naturrechts*, Opladen/1983, 288쪽 이하.
4) 近藤晃, 「局地的市場圈」(松田智雄 編, 『西洋經濟史』, 青林書院新社/昭和 57, 88-93쪽 수록), 88쪽 이하.
5) 中木康夫, 「マニュファクチュア—の成長と市場關係の深化」(大塚久雄/高橋橋八郎/松田智雄

가 단초적 형태로 존재하였지만, 인구의 대다수를 차지하는 미분해의 소생산자층에 기생하는 객주적 가내공업과 과도적 차지농업이 지배적 생산양식이었다.[6] 1642년부터 1660년에 이르기까지 영국에서 전개된 청교도혁명은 봉건체제에서 자본주의체제로 이행하는 역사적 과도기에서 자본주의의 발전을 저해하는 봉건적 질곡을 청산하기 위한 일종의 사회혁명이었다. 이 같은 사회혁명을 주도한 변혁의 주체는 국지적 시장권을 배경으로 성장한 독립 자영 농민층과 대규모의 목양 경영을 계기로 화폐자본을 축적한 진보적 젠트리에 의하여 대표되는 신흥 부르주아계급이었다.[7]

3. 부르주아 주체성의 확립

혁명의 초기 단계에서 청교도들이 내건 기치는 자연권에 기초한 자연적 자유의 관념이 아니었다. 정당한 절차를 거치지 않는 인신구속, 동의 없는 과세, 불법 재산몰수 등 신흥 부르주아계급의 생산 및 거래 활동을 위축하는 절대주의국가의 전횡을 막기 위하여는 노르만 정복 이후 영국민이 누려오던 '옛 시절부터의 권리들과 자유들'을 다시 한번 확인하는 것만으로 충분하다고 그들은 생각하였다. 그러나 '옛 시절부터의 권리들과 자유들'이 민중과는 아무런 관련이 없는 일부 특권층의 전유물에 불과하다는 인식이 확산됨에 따라 청교도들 사이에는 종교적 투쟁을 통하여 몸소 체득한 양심의 자유를 비롯하여 자연적 자유의 관념이 움트기 시작한다. 이 같은 자

編, 『西洋經濟史講座 II』, 岩波書店/1978, 133-166쪽 수록), 155쪽.

6) Stefan Breuer, 앞의 책, 307쪽 이하.

7) 田中正司, 「イギリスにおいて市民社会思想の成立」(平田清明 編, 『社会思想史』, 青林書院新社/昭和 54, 47-92쪽 수록), 48쪽.

연적 자유의 관념이야말로 근대의 자본주의적 생산관계가 요구하는 보편적 자유의 이념과 일치하는 것이다.[8] 이러한 맥락에서 청교도혁명에 의하여 촉발된 자연적 자유의 관념은 근대 자연법사상의 역사적 전개를 규정지은 결정적 계기가 되었다고 할 수 있다.

근대 자연법사상은 크게 그로티우스를 효시로 하는 대륙의 자연법사상과 홉스를 거쳐 로크에 의하여 완성되는 영국의 자연권사상으로 갈라진다. 그로티우스는 이성적 질서로서의 자연법과 현존의 실정법을 대립항으로 설정하면서 현실의 세계에서도 자연법의 점진적 실현이 원칙적으로 가능하다는 견해를 편다. 따라서 대륙의 자연법사상에는 자연적 자유 등 체제비판의 시각이 들어설 여지가 없게 된다. 이에 반하여 영국의 자연권사상은 자연질서 실재관에 터 잡은 실체적 사회 개념을 배격하고 사회를 개인의 관계 개념으로 재구성한다.[9] 근대 자연권사상의 전체상을 가장 적나라하게 표출시킨 것이 홉스의 자연권사상이다.

홉스에 따르면, 인간이란 선악 이전의 자연적 존재, 알몸 그대로의 벌거숭이에 불과하다. 인간은 태어나면서부터 자기보존의 자연권을 가지고 있으며, 자기보존이야말로 모든 규범에 우선하는 절대적 가치를 의미한다. 이 같은 자연주의적 인간관은 한마디로 말해 기독교적 원죄 의식이나 고전적 정치철학이 논리 전개의 출발점으로 삼았던 윤리적 인간의 관념을 전면적으로 부정하는 것이다.[10]

홉스의 자연주의적 인간관에서는 최고선과 같은 목적론적 인간관이 전제하는 가치개념은 일고의 여지조차 없게 된다. 쾌락과 선은 동일시되고, 고통은 악으로 통한다. 쾌락을 극대화하기 위한 방편으로 힘을 추구하는

---

8) 위의 논문, 48쪽 이하.
9) 田中正司, 『市民社会理論の原型』, 御茶の水書房/1983, 11쪽.
10) 藤原保信, 『近代政治哲学の形成』, 早稲田大学出版部/昭和 49, 152쪽.

것은 결코 악이 아니다. 그것은 오히려 인간의 자연을 실현시키기 위한 정당한 행위로 평가된다. 그 결과 인간 관계는 일체의 가치판단을 배제한 역학적 범주로 왜소화한다. 따라서 홉스의 자연상태는 개인의 욕구 실현을 유일의 가치척도로 삼는 만인에 대한 만인의 투쟁의 상태이다. 그것은 현상적으로는 자유롭고 평등한 상태이나 내용적으로는 공포가 지배하는 최악의 상태이다. 이 같은 전쟁상태를 탈출하기 위하여 인간은 이성의 도움을 빌려 자연법을 발견하게 된다.

이 같은 자연주의적 인간관은 매뉴팩처의 발달에 따른 기계적 자연관의 성립을 전제로 비로소 가능한 것이다.[11] 무한의 힘을 추구하는 욕구의 주체로서의 인간의 관념은 자유경쟁을 행동원리로 하는 부르주아적 인간상에 대응하는 것이다. 자연주의적 인간의 해방은 동시에 부르주아적 인간의 해방을 의미한다.[12] 홉스의 자연상태는 이기심의 주체인 인간이 역학의 법칙에 따라 행동하는 부르주아사회 바로 그것을 표상한 것이다.[13]

홉스의 자연권사상은 위에서 본 것처럼 자연상태 등 일련의 작업가설에서 출발한다. 이 같은 작업가설에 입각한 자연권사상이 추상적이고 비역사적 성격을 지니게 되는 것은 너무나 당연하다고 할 것이다. 그러나 자연권사상이 실은 분업과 교환에 토대를 둔 초기 자본주의적 상품교환사회를 표상하고 있다면, 그것은 의외로 구체적인 현실성을 띠고 있다고 할 것이다.

---

11) 위의 책, 97쪽 이하.
12) 위의 책, 154쪽.
13) 위의 책, 311쪽.

II. 로크와 소유의 자연권

1. 자연상태의 2단계 구조

자연법사상의 이론적 구도에 따라 로크 역시 논리 전개의 출발점으로 자연상태를 설정한다.[14] 그에 따르면, 인간은 자연상태에서 자유롭고 평등하다.[15] 로크의 자연상태는 홉스의 이른바 만인에 대한 만인의 투쟁의 상태와는 달리 자연법이 지배하는 평화로운 상태이다.[16] 그럼에도 자연상태에서는 분쟁의 해결을 위한 법률, 공정한 재판관, 공적 집행권력 등 자연법의 실효성을 확보하기 위한 외적 강제수단이 없기 때문에 자연법의 구속력은 주로 개인의 주관적 양심의 몫으로 남게 된다.[17] 뿐만 아니라 자연법의 내용을 인식하는 데도 개인의 지적 역량에 따라 천차만별의 차이가 있을 수 있으므로 자연법의 객관성을 이론의 여지가 없게끔 명석하고 판명하게 자리매김을 하는 것도 쉬운 일이 아니다.[18] "평화 선의 상호 부조 및 생명보존의 상태"이어야 할 자연상태가 "적대 악의 폭력 및 상호 파괴"의 전쟁상태로 전화할 가능성은 언제나 존재한다.[19] 그 결과 자연상태와 전쟁상태의 구별은 사실상 의미가 없게 된다. 로크가 상호 부조의 평화로운 제1단계의 자연상태와 달리 적대적 상호 파괴로 얼룩진 제2단계의 자연상태를 따로 설정한 것은 그 때문이다.

---

14) 田中正司, 앞의 책, 14쪽 및 192쪽.

15) John Locke, *Two Treatises of Civil Government*, everyman's library edition, London & New York/1962, II. 1쪽.

16) 위의 책, II. 6쪽.

17) 위의 책, II. 124-126쪽.

18) 위의 책, II. 124쪽.

19) 中村義知, 『近代政治論の原像』, 法律文化社/1974, 96쪽.

2. 노동가치설적 소유권론

로크의 고전적 부르주아 헌법사상에서 무엇보다 주목을 끄는 것은 '노동에 의한 소유의 관념'이다. 로크에 따르면, 인간은 나면서부터 서로 평등하게 자유를 누리며 자연법이 정해주는 권리를 가지고 있다. 따라서 각자는 자연법이 정해주는 권리를 타자의 침해로부터 보호하기 위하여 자기 자신에 위해를 입히려는 타자를 재판에 부쳐 처벌할 특권도 아울러 가지고 있다.[20] 이처럼 권리의 주체로 상정된 자연상태의 인간은 자기보존의 권리로 생명(life) 자유(liberty) 재산(estate)을 포함한 넓은 의미의 소유권(property)과 이를 절차적으로 담보하기 위한 자연적 권력(natural power)을 갖는다. 이 가운데 로크가 특히 역점을 두고 있는 것은 재산, 물적 재산 중심의 소유권이다.

소유의 자연권에 관한 로크 특유의 생각은 다음과 같이 이어진다. 신은 태초의 말씀대로 인간에게 그들의 생존을 위하여 풍요로운 자연을 선사하였다. 비록 풍요로운 자연이라고 할지라도 그것이 구체적 효용을 발휘하기 위하여는 자연을 자기 자신의 점유 아래 두는 사적 지배의 과정이 선행되어야 한다.[21] 이 같은 주장과 관련하여 로크의 소유권론에서 특히 흥미로운 대목은 그가 자연의 점유 과정에서 성립하는 소유권의 근거를 그때까지의 동의론적 소유권 관념과는 달리 인격의 투영으로서의 노동에서 구하고 있다는 점이다. 로크는 소유권을 인격 그 자체와 엄연히 구별되는 "인간의 자기 대상화 활동의 산물"로 규정함으로써 일종의 노동소유권론에 도달한다.[22] 인간은 누구나 자기 자신의 일신에 대하여 소유권을 가지고 있다.[23] 따라

---

20) Locke, 앞의 책, II. 87쪽.
21) Locke, 앞의 책, II. 26쪽.
22) 田中正司, 앞의 논문, 65쪽.

서 자연상태로부터 추출하여낸 것은, 그것이 무엇이든 인간이 자기의 노동을 투입하고 자기 자신의 일부를 첨가한 것이므로 그의 소유가 된다

위에서 보았듯이, 로크는 소유권을 개인 상호의 계약이나 동의가 아니라 개인의 자발적 노동에 토대를 둔 전 사회적 전 국가적 자연권으로 규정한다. 이 같은 노동가치설적 소유권의 관념은 신흥 부르주아계급의 개인주의적 소유관을 반영한 것으로 그것이 자본주의의 발전에 기여한 공헌은 아무리 과대평가하여도 지나침이 없다고 할 것이다.

로크는 나아가 자연상태의 인간이 자연 공유물에 대한 사적 지배를 실현하기 위하여 아무리 자기중심적으로 행동하여도 각자의 이해관계가 충돌하는 경우는 극히 드물다고 한다. 그것은 자연상태의 인간이 자기노동으로 획득할 수 있는 소유권에는 스스로 한계가 있기 때문이다. 제1단계의 자연상태가 평화상태로 묘사되는 까닭은 바로 여기에 있다. 그럼에도 로크는 소유권에 대한 자연법적 제한을 둠으로써 자연상태 내부의 사적 교통질서가 교란되는 일이 없도록 세심한 주의를 기울인다. 맥퍼슨의 표현을 빌리면, 부패제한 십분제한 그리고 노동제한이 그것이다.[24]

로크의 소유권 제한론은 자연상태에서의 소유권을 자기보존을 위한 최소한의 범위에 묶어두려는 그로티우스의 이른바 자연경제적 필요 제한론과 달리 조만간 도래할 초기 자본주의적 상품교환사회를 염두에 둔 일종의 이론적 예비작업이었다. 그러한 의미에서 그것은 자본주의적 상품교환사회가 전제하는 필요 이상의 소유를 궁극적으로 승인하기 위한 과도적 이론구성이라고 할 수 있다.[25]

---

23) Locke, 앞의 책, II. 27쪽.

24) C. B. Macpherson, *Die politische Theorie des Besitzindividualismus*, Frankfurt am Main/1967, 225쪽 이하 참조.

25) 中村義知, 앞의 책, 117쪽.

3. 화폐의 도입과 계급분화

로크가 그의 자연상태론에서 상정한 제1단계의 자연상태는 상품교환
사회 등장 이전의 자급자족적 자연경제 공동체이다. 그러나 자급자족적
자연경제가 언젠가 역사적 수명을 다하게 되면, 각자가 자기의 노동 생산
물을 서로 교환함으로써 생존을 이어가는 상품교환사회가 서서히 모습
을 드러낸다. 상품교환사회가 등장하면, 각자가 필요 이상의 자연 공유물
을 점유하려는 사적 욕망이 생기고, 그것이 '추악한 소유애(amor sceleratus
habendi)'[26]로 발전하여 평화로운 제1단계의 자연상태는 마침내 전쟁상태
를 방불케 하는 제2단계의 국면으로 접어들게 된다.

로크가 보기에는 자연상태의 이 같은 단계적 이행은 인간 타락의 불길
한 징조가 아니라 문명의 발전을 위하여 인류가 언젠가는 거쳐야 할 과도
기적 현상에 불과하다. 따라서 소유의 자연권에 대한 자연법적 제한은 제
1단계의 자연상태, 즉 화폐 발명 이전의 자연상대에서만 가능하다. 그러나
"화폐의 발명과 화폐에 가치를 부여하려는 사람들의 암묵적 합의"로 말미
암아 사태는 일변한다.[27]

화폐의 발명은 첫째로 부패제한에 종지부를 찍는다. 금이나 은에는 부
패의 위험이 따르지 않으므로 이들을 매개로 한 화폐자본의 축적이 무제한
가능하게 된다.[28]

십분제한 역시 화폐의 발명으로 철폐된다. 로크에 따르면, 토지의 자유
로운 소유는 생산력의 비약적 증대를 가져오고 생산력의 비약적 증대는 사
회 전체의 생산물을 증가시키므로 토지의 자유로운 소유는 결과적으로 토

---

26) Locke, 앞의 책, II. 111쪽.
27) Locke, 앞의 책, II. 36쪽.
28) Locke, 앞의 책, II. 50쪽.

지를 충분히 소유하지 못한 사람들에게도 물질적 혜택을 누리게 한다.[29) 십분제한의 철폐는 따라서 봉건체제 해체기에 싹트기 시작하여 자본주의 발전의 원동력이 된 토지종획 운동(Enclosure)에 정당성을 부여하는 이론적 근거로 기능하게 된다.

나아가 로크는 소유의 자연권의 근거를 자기노동은 물론 반대급부를 지급하고 수취한 타인노동에서도 찾음으로써 노동제한의 철폐 또한 불가피하게 된다고 본다.[30) 노동제한의 철폐는 한마디로 토지종획 운동을 계기로 가파르게 진행된 농민층의 분해 과정에서 분출한 유휴 노동력을 화폐자본의 지배 아래 조직하려는 이론적 노력의 일환이라고 하여도 과언이 아니다.

이처럼 소유의 자연권에 대한 제한들이 철폐되면, 화폐 형태의 자본 축적이 무제한 가능해지고 초기 자본주의 단계에서 원시적 자본 축적을 가로막은 일체의 사회적 편견은 자취를 감추게 됨으로써 자연상태의 출발점이 되었던 자연적 평등의 이념이 적어도 경제적 영역에서는 완전히 무너진다. 경제적 평등을 무너뜨린 결정적 계기는 이미 살펴보았듯이 화폐의 도입이다. 화폐의 도입에 동의한다는 것은 그로부터 파생하는 일체의 결과에 대하여도 승복한다는 것을 의미하므로 불평등한 사유재산제도가 결과적으로 추인을 받게 된다.[31)

로크에 따르면, 인간의 이성은 생득적 능력이 아니라 사회화 과정을 통하여 얻어지는 후천적 능력에 지나지 않는다. 따라서 경제적 불평등은 필연적으로 이성 능력의 차이를 낳게 된다. 이에 따라 노동 소유 그리고 이성의 3위 일체가 붕괴되고 소유는 이성의 주인으로 노동은 소유의 노예로 전화한다.[32)

29) Locke, 앞의 책, II. 37쪽.
30) Locke, 앞의 책, II. 28쪽.
31) 中村義知, 앞의 책, 118쪽.
32) 中村義知, 앞의 책, 119쪽 이하.

이제 막 비상의 꿈을 안고 기지개를 켜기 시작한 자본주의체제의 앞길에 드리운 암울한 미래의 자화상이 온갖 장밋빛 환상을 뒤로하고 묵시론적 모습을 드러내려는 주술과 자기최면의 역사적 순간이기도 하다.

Ⅲ. 계약국가와 권력신탁

1. 정치사회로서의 공동사회

위에서 본 것처럼, 로크는 제2단계 자연상태를 적대적 상호 파괴가 일상적으로 되풀이되는 파국 직전의 살벌한 모습으로 그린다. 이 같은 한계상황에서 벗어나려면, 일종의 강제장치인 평화조달 심급을 마련하여야 할 이론적 과제가 시급한 현안으로 떠오른다.

그 같은 이론적 과제를 수제로 남고 있는 것이 로크의 『시민정부론』이다. 그리고 로크가 그의 『시민정부론』에서 이론 작업의 첫 결실로 얻은 것이 공동사회라는 이름의 정치사회, 다름 아닌 국가의 구상이다. 로크가 공동사회의 이름으로 정치사회의 청사진을 내놓은 것은 전쟁상태나 다름없는 제2단계 자연상태에 대한 공포 때문만이 아니다. 그것은 제2단계 자연상태 즉 봉건체제에서 초기 자본주의체제로 넘어가는 체제 이행의 과도기에 소유의 자연권 중심의 사적 교통질서를 확보하기 위한 이론적 포석이다. 그러한 의미에서 공동사회는 체제 이행기의 부르주아적 소유질서를 불퇴전의 반석 위에 올려놓기 위한 강제장치, 바꾸어 말하면 정치적 외곽기구이었다.[33]

---

33) Locke, 앞의 책, Ⅱ. 120쪽.

프란츠 노이만이 지적하듯이, 사회계약론은 자연법사상이 없이도 충분히 작동할 수 있으나 사회계약론이 빠진 자연법사상은 상상하기조차 힘들다고 할 것이다.[34] 로크 역시 제2단계의 자연상태에 마침표를 찍기 위하여 동의에 의한 계약의 관념을 들고나온다.[35] 그에 따르면, 인간은 신의 작품이다.[36] 자연상태의 인간이 자연상태를 떠나 정치적 지배에 복종하기 위하여는 그들의 자발적 동의가 필요하다. 여기에서 말하는 동의란 모든 사람들이 자신들의 자연적 권력을 버리고 지배자 역시 동의의 당사자로 등장하는 이른바 성원적 동의(member consent)를 의미한다.[37] 그것은 국외의 제3자로 군림하면서 지배권을 한 손에 거머쥐고 있는 특정인에 대한 복종의 동의와는 본질을 달리한다.

공동사회는 동의에 의한 계약국가이다. 정치사회로서의 공동사회를 구상한 근본 목적이 소유의 자연권 중심의 사적 교통질서를 보장하는 데 있다면, 소유의 자연권의 주체인 이상 누구든지 성원적 동의, 좀 더 구체적으로 말하면 공동사회의 구성원이 되겠다는 적극적 의사표시의 주체가 될 수 있다고 할 것이다. 이 같은 논리에 따르면 소유의 자연권을 누릴 수 없는 무산자는 성원적 동의의 주체가 될 수 없다고 할 것이다. 로크는 그러나 성원적 동의의 주체가 될 수 있는 물질적 토대로서의 소유의 자연권의 범주에 현재의 소유의 자연권은 물론 미래의 소유의 자연권까지도 포함시킨다.[38] 따라서 소유의 자연권은 성원적 동의의 주체가 되기 위하여 반드시 갖추어야 할 필수적 요건이라고는 할 수 없다. 그것은 어디까지나 '동의 표

34) Franz Neumann, *Wirtschaft Staat Demokratie*, Frankfurt am Main/1978, 231쪽.
35) Locke, 앞의 책, II. 14쪽.
36) Locke, 앞의 책, II. 6쪽.
37) 中村義知, 앞의 책, 140쪽.
38) Locke, 앞의 책, II. 120쪽.

명의 매개물'이지 그 이상의 의미가 있는 것은 아니다. 동의 표명의 의사만 있다면, 누구든지 성원적 동의의 주체가 될 수 있다.

성원적 동의는 원칙적으로 명시적 동의의 형태로 이루어져야 한다. 한번 명시적 동의를 표명하면 이를 철회하거나 변경하는 데에는 엄격한 제한이 따른다. 공동사회의 해체나 공동결의에 의한 제명의 경우가 아니면, 명시적 동의의 철회나 변경은 불가능하다.[39] 이처럼 성원적 동의에 의하여 공동사회가 성립하면, 그것이 최고권력의 담지자가 된다. 그러나 공동사회의 최고권력은 공동사회 구성원들이 그들의 성원적 동의를 통하여 방기한 자연적 권력의 총화에 불과하므로 각 구성원들이 자연상태에서 향유하던 넓은 의미의 소유의 자연권은 조금도 영향을 받지 않는다.

공동사회의 행동원리는 다수결원칙이다. 전원일치의 원칙에 입각한 공동사회의 구성원리와 다른 점이다. 공동사회가 성원적 동의에 의하여 성립하는 만큼, 행동원리 역시 전원일치가 되어야 논리적으로 일관된 태도라고 할 것이다. 그럼에도 로크는 공동사회의 행동원리로 다수결원칙을 옹호한다.[40] 전원일치의 원칙을 관철하는 것이 불가능하다는 것이 가장 중요한 이유들 가운데 하나이다. 문제는 다수결원칙의 남용 가능성이다. 이에 대하여 로크는 침묵으로 일관할 뿐, 아무런 언급도 없이 그냥 지나치고 만다. 그의 『시민정부론』이 태생적으로 안고 있는 역사적 계급적 그리고 이론적 한계이다.[41]

---

39) Locke, 앞의 책, II. 119쪽.

40) Locke, 앞의 책, II. 95쪽 및 96쪽; 友岡敏明/中川政樹/丸山敬一, 『ロック市民政府論入門』, 有斐閣/1978, 111쪽 참조.

41) C. B. Macpherson, 앞의 책, 284쪽 이하.

2. 권력신탁과 시민정부

동의에 의한 계약국가에서 공동사회의 최고권력은 구체적 현실 규정력이 없는 일반적이고 추상적인 합의에 불과하다. 공동사회의 최고권력이 구체적 현실 규정력을 갖기 위하여는 권력신탁이라는 정치적 매개 과정을 거치지 않으면 안 된다.[42]

신탁은 본래 백지위임과 명령위임의 중간에 자리 잡은 독특한 위임 형태이다. 시민정부를 수립하는 데 로크가 대륙법 계통의 계약이론 대신 영국 사법제도의 신탁 개념을 선호한 데에는 나름의 이유가 있을 것이다.

대륙법 계통의 계약이론에 따르면, 공동사회와 시민정부 사이에는 공동사회 최고권력의 위임에 관한 구체적 내용이 계약의 형식으로 확정되지 않으면 안 된다. 그렇게 되면 공동사회와 시민정부는 계약의 내용에 구속되는 결과 공동사회는 공동사회대로 주권적 행동 반경이 제약을 받고, 시민정부 또한 시민정부대로 상대적 독자성을 잃게 됨으로써 시의에 적절하게 대처할 수 있는 기동력이 크게 손상을 입게 된다. 신탁의 경우에는 공동사회도 어느 정도의 주권적 행동 반경을 자신의 몫으로 남겨두고 시민정부 역시 신탁 목적의 범위 안에서 상대적 독자성을 누릴 수 있다.

신탁의 개념은 영국의 사법제도에서 유래한다. 그것은 대륙법 계통의 계약 개념과는 여러모로 차이가 있다.[43] 양자의 대비를 위하여 구태여 예를 든다면, 신탁은 대륙법 계통의 계약이론에서 인정되고 있는 제3자를 위한 계약에 해당할 것이다. 신탁은 신탁의 당사자인 신탁자 수탁자 그리고 수익자를 인적 구성요소로 한다. 이 같은 법적 의미의 신탁을 정치권력의 민

---

42) Locke, 앞의 책, II. 171쪽.
43) J. W. Gough, *John Locke's political philosophy*, Oxford/1974, 151쪽 및 189쪽.

주주의적 정당성을 확립하기 위한 도구개념으로 빌려 쓴다면, 인적 구성요소 사이에 역할 분담의 조정이 뒤따르지 않으면 안 된다. 로크의 권력신탁에 따르면, 시민정부는 수탁자로 공동사회는 신탁자와 수익자로서의 이중 지위를 갖는다.[44]

공동사회가 자신의 권력을 시민정부에 신탁하면, 그것은 시민정부가 해체되지 않는 한 최고권력을 발동하지 않는다는 엄격한 제약을 받는다. 이때 공동사회의 최고권력은 소멸되지 않고 단지 시민정부가 행사하는 신탁권력의 배후로 후퇴할 뿐이다. 따라서 공동사회는 여전히 시민정부의 모태로 존재한다. 이 점에서 공동사회의 최고권력은 루소의 일반의지와 구별된다. 루소의 경우 일반의지가 정부 수립 후에도 입법권력의 형태로 주권을 행사하고 집행권력은 일반의지를 개별적으로 구체화하는 데 불과하다. 뿐만 아니라 로크의 공동사회에서는 공동사회 구성원들의 활동이 예외적이고 간접적인 데 비하여, 루소의 인민주권론에서는 인민의 활동이 상시적이고 지속적이다.[45] 그러한 의미에서 공동사회와 이로부터 권력을 신탁받은 시민정부의 관계는 오히려 아베 시에예스의 이른바 헌법제정권력(pouvoir constituant)과 헌법피제정권력(pouvoir constitué)의 관계로 비유할 수 있다.

3. 입법권력 우위의 권력분립

로크는 권력신탁의 이론으로 시민정부의 민주주의적 정당성을 확보한

---

44) 위의 책, 161쪽.
45) 中村義知, 앞의 책, 188쪽.

다음 시민정부를 억제와 균형의 원칙에 따라 설계한다. 그는 시민정부의 신탁권력을 입법권력 그리고 연합권력이 포함된 넓은 의미의 집행권력으로 나눈다. 입법권력은 광의의 소유권, 즉 생명 자유 재산을 보호하기 위하여 사형 이하의 모든 형벌을 법률의 형식으로 규정할 수 있는 권력을 뜻한다.[46] 집행권력은 입법권력이 제정한 법률을 개별 구체적으로 적용하는 작용을 가리킨다.[47] 로크는 몽테스키외와는 달리 행정 작용과 재판 작용을 구분하지 않는다. 그것은 행정 작용과 재판 작용이 아직 기능적으로 분화되지 않았던 당시의 정치현실을 반영한 것이라고 할 것이다.

입법권력과 집행권력으로 구조화한 2권 분립제도의 근거로 로크는 다음과 같은 두 가지 이유를 든다. 첫째 법률이 제정되면 그것을 집행하는 독자적인 권력이 반드시 존재하여야 하고,[48] 둘째 입법권력과 집행권력이 동일한 기관에 집중되면 입법 과정에 사적 이해관계가 끼어들 여지가 없지 않으며 스스로 만든 법률의 불편부당한 집행도 보장할 수 없기 때문이다.[49] 로크의 2권 분립은 입법권력과 집행권력이 대등병렬의 관계에 있는 수평적 권력분립이 아니라 상하종속의 관계에 있는 수직적 권력분립이다. 따라서 입법권력이 유일한 최고권력이며 집행권력은 하위 권력으로서 입법권력에 종속한다.[50]

권력분립은 부르주아 자유주의적 정부 조직의 원리이다. 권력분립의 원리가 공화주의적 국가 형태와 결합하면 의회제 공화국가의 길을 걷게 된다. 이에 반하여 권력분립의 원리가 군주주의적 국가 형태와 짝을 짓게 되

---

46) Locke, 앞의 책, II. 143쪽.
47) Locke, 앞의 책, II. 147쪽.
48) Locke, 앞의 책, II. 144쪽.
49) Locke, 앞의 책, II. 143쪽.
50) Locke, 앞의 책, II. 150쪽.

면 의회제 군주국가가 탄생한다.

역사적 맥락에서 정부 형태의 발전 추이를 되돌아볼 때, 의회제 군주국가가 수평적 권력분립의 정부조직 원리를 선호하면 입법권력의 정치적 비중이 극히 유동적인 연성 입헌 군주국가의 형태로 장기간 표류할 개연성이 높다. 그러나 의회제 군주국가가 수직적 권력분립의 정부조직 원리를 채택하면, 입법권력이 상대적 우위를 차지하는 강성 입헌 군주국가의 형태로 발전함으로써 실질적으로 의회제 공화국가와 다름없게 된다. 영국이 좋은 예이다.

로크가 『시민정부론』을 세상에 내놓을 당시, 영국은 명예혁명의 소용돌이 속에서 봉건 기득권 세력과 신흥 부르주아계급이 정치적 주도권을 사이에 놓고 치열한 각축전을 벌이던 역사적 과도기를 맞이하고 있었다. 이 같은 상황에서 로크가 집행권력에 대한 입법권력의 상대적 우위를 주장하고 나선 데에는 신흥 부르주아계급의 계급적 이익을 대변하기 위하여 조만간 역사 무대의 전면에 등장하게 될 의회의 법적 지위를 한층 격상시킴으로써 신흥 부르주아계급의 정치적 주도권을 강화하려는 실천적 의도가 크게 작용하였다고 할 것이다.

영국은 그러나 군주국가의 정통성에 대한 일반 신민의 신뢰가 종교적 신앙만큼이나 아직 뿌리 깊이 자리 잡고 있었으므로 전래의 군주국가에서 의회제 군주국가로 이행하는 과정에서 신구 두 세력이 다 같이 받아들일 수 있는 정치적 타협이 불가피하였다. 이에 대한 해법으로 제시된 것이 다름 아닌 군주의 법률안 동의권 내지 재가권이다. 경험주의적 합리주의자로서 로크 역시 입법권력에 대한 그 같은 제약을 별다른 이의 없이 받아들인다. 그 결과 수직적 권력분립 원리의 백미라고 할 입법권력의 상대적 우위가 크게 침식당하게 된다.

뒷걸음질은 여기서 멈추지 않는다. 로크는 입법권력과 집행권력의 경계를 넘나드는 대권(prerogative)을 군주의 고유권한으로 남겨둠으로써 그의 시민정부론은 수직적 권력분립의 강성 입헌주의 군주국가가 지녀야 할 본래의 모습에서 한 걸음 더 후퇴한다. 영국의 의회제 군주국가에 특유한 대권이 의회의 통제 밖에 있는 군주의 전단적 재량권임을 감안할 때,『시민정부론』의 역사적 한계를 우리는 다시 한번 확인하게 된다.

로크는 물론 대권 발동의 남용 가능성을 사전에 차단하기 위하여 나름의 발동요건들을 상세히 열거한다. 대권 발동의 요건들로 로크는 1) 법률의 집행에 필요한 신속한 조치를 할 수 없을 때, 2) 법률이 예견하지 못한 우발적인 사건이 일어난 경우, 3) 모든 사람들이 수긍할 수 있는 공정한 법률의 제정을 기대할 수 없는 경우 등을 든다.[51] 그럼에도 대권 발동 요건들이 내용적으로 너무나 추상적인 데다가 외연 또한 지나치게 광범위하므로 남용의 여지가 여전히 크다고 할 것이다. 이처럼 군주는 법률안 동의권 또는 법률안 재가권과 같은 입법권력 참여권뿐만 아니라 대권이라는 또 하나의 신탁권력을 갖게 됨으로써 경우에 따라서는 의회를 압도하는 지위를 누린다.[52] 군주가 대권의 발동을 자제하지 않을 경우 로크의 『시민정부론』이 그리는 입법권 우위의 권력분립은 역사적 현실과는 동떨어진 일종의 허상에 지나지 않았다고 하여도 과언이 아니다.

---

51) Locke, 앞의 책, II. 160쪽.
52) Locke, 앞의 책, II. 210쪽.

IV. 신탁 위반과 저항의 권리

1. 저항권의 근거

신탁의 개념에 따르면, 수탁자가 신탁 목적에 반하는 행위를 한 경우 신탁자는 신탁을 철회할 권리를 갖는다. 공동사회의 경우도 다를 바 없다고 할 것이다. 공동사회의 신탁에 따라 시민정부가 수립되면, 집행권력은 물론 입법권력도 신탁권력을 신탁 목적의 범위 안에서만 행사하여야 할 엄격한 제약을 받는다. 시민정부가 신탁 목적에 위배하여 생명 자유 재산 등 넓은 의미의 소유의 자연권을 침해하는 경우, 신탁 관계의 최종 수혜자인 공동사회의 구성원들은 자신들이 마땅히 누려야 할 넓은 의미의 소유의 자연권을 지키기 위하여 신탁의 철회를 비롯하여 시민정부의 신탁 위반을 탄핵할 대항무기를 최후의 수단으로 예비하지 않으면 안 된다. 따라서 공동사회 구성원들의 저항권은 생래적 자연권인 넓은 의미의 소유의 자연권 보장이라는 신탁 고유의 본질에서 개념 필연적으로 도출되는 빼어난 의미의 자연권이라고 할 수 있다.

로크의 저항권과 관련하여 무엇보다 중요한 것은 반역과 저항을 개념적으로 구분하는 것이다.[53] 로크에 따르면, "반역이란 사람에 대한 반항이 아니라 정치제도와 법에 토대를 둔 권위에 대한 반항"을 의미한다. 따라서 물리적 폭력으로 정치제도나 법을 파괴하거나 이 같은 파괴 행위를 일삼는 자야말로 다름 아닌 반역자라고 할 수 있다. 반역자의 사악성은 정치사회로서의 공동사회가 지양하려고 하는 전쟁상태를 내면적으로 승인하는 데 있다.

---

53) Locke, 앞의 책, II. 226쪽.

저항은 원칙적으로 국가 형태의 변혁이나 정부 형태의 변경을 최종 목표로 삼지 않는다. 그것은 주어진 국가 형태나 정부 형태 아래에서 통치방식의 개혁을 추구한다. 통치방식의 개혁을 겨냥한 현대적 저항의 형태로는 소극적 저항과 적극적 저항이 있다. 소극적 저항의 형태는 예컨대 준법투쟁, 납세거부, 침묵시위 등이다. 권리청원 운동, 제도개선 운동, 정부성토 시위 등은 적극적 저항의 형태라고 할 수 있다.

　소극적 저항이나 적극적 저항은 다 같이 예방적 저항의 범주에 든다. 이와 대척점에 있는 것이 전복적 저항이다. 그것은 예방적 저항이 소기의 목적을 달성할 수 없을 때 사전의 치밀한 계획에 따라 또는 자연 발생적으로 일어나는 극단적 형태의 저항이다. 전복적 저항은 대부분의 경우 폭력적 양상을 띠지만 드물게는 평화적 방법으로 펼쳐지기도 한다. 전복적 저항이 폭력적 양상으로 흐를 때, 국가권력은 국가이성의 이름으로 대항폭력을 동원한다. 이처럼 폭력과 대항폭력이 맞부딪치면, 사태는 걷잡을 수 없게 된다. 폭력의 자기 정당화를 위한 사생결단의 대결에서 전복적 저항이 국가권력의 대항권력을 압도하면, 통치방식의 개혁이라는 예방적 저항의 애당초 목표를 뛰어넘어 정부퇴진이나 정부축출이라는 뜻밖의 수확까지도 거머쥘 수 있게 된다. 엄격한 과학적 잣대로 잴 때 논란의 여지가 적지 않지만, 부르주아 정치세계의 수다꾼들이 즐겨 떠벌리는 이른바 혁명의 시간이 다가온 것이다.

　저항권은 근대의 발명품이 아니다. 로크 이전, 그러니까 근대 이전에도 저항권에 관한 담설은 심심치 않게 있어왔다. 폭군주살론 따위가 대표적인 예이다. 그러나 근대 이전의 저항권은 중세 봉건체제 아래에서 명시적 또는 묵시적으로 용인된 신분적 특권에 지나지 않았다. 이와는 달리 로크의 저항권론은 이론적으로 극히 미숙한 형태이기는 하지만 평등파 또는 수평파(Levellers)의 급진적 저항권 사상을 발전적으로 계승한 것이다. 그러한 의미에서 로크의 저항권론은 신분적 특권으로 인정된 중세 봉건체제 아래의 저항권론과는 질적으로 다른 것이다. 로크의 저항권론은 이후 북아메리카 영국식민지들의 독립운동이나 프랑스대혁명에서 이념적 투쟁의 무기로 결정적 역할을 하게 된다.

2. 저항권의 주체

권력신탁은 공동사회의 구성원들이 날 때부터 누리는 넓은 의미의 소유의 자연권을 보장하는 데 본래의 목적이 있는 만큼, 저항권의 주체는 말할 것도 없이 개개의 공동사회 구성원들이다. 공동사회의 구성원들이 저항권을 행사하기 위하여는 그러나 선결 과제로 시민정부에 의한 신탁 위반의 사실이 우선 확인되어야 한다. 바로 이 대목에서 우리는 로크의 저항권론에서 아마도 가장 까다로운 부분들 가운데 하나일 또 다른 과제를 마주하게 된다. 다름 아닌 신탁 위반 판단 주체의 문제이다.

이에 대하여 로크는 공동사회 구성원 전체가 판단 주체, 즉 재판관이 되어야 한다고 말할 뿐, 구체적 언급은 삼간다.[54] 따라서 이 문제를 푸는 실마리 역시 권력신탁의 기본정신에서 찾지 않으면 안 된다. 일반적으로 신탁 관계에 있어서 수탁자나 그 대리인이 신탁 목적의 범위 안에서 신탁사항을 성실히 이행하고 있는지를 판단하는 주체는 신탁자 자신이다. 수탁자나 그 대리인이 신탁 목적에 위배되는 행위를 할 때, 신탁 관계를 철회할 수 있는 사람은 신탁자이다. 권력신탁의 경우에도 다를 바 없다고 할 것이다. 시민정부의 신탁 위반으로 말미암아 신탁 관계의 고갱이라고 할 수 있는 상호신뢰가 회복 불가능할 정도로 훼손된다면, 신탁 목적의 위배 여부에 대하

---

54) Locke, 앞의 책, II. 242쪽.

여 최종판단을 내릴 수 있는 주체는 집합적 전체로서의 공동사회 구성원들
도 공동사회 구성원들의 다수도 아니고, 신탁자이며 동시에 신탁 위반 판
단의 주체인 개개의 공동사회 구성원들이다.

이처럼 저항권 행사의 전제가 되는 신탁 위반의 판단권이 개개의 공동
사회 구성원들에게 있다면, 시민정부의 안정성이 쉽게 흔들릴 위험도 부정
할 수 없을 것이다. 공동사회의 구성원들이 주관적 견해나 일시적 기분에
따라 저항권을 행사한다면, 무정부적 혼란상태가 일상화할 가능성도 배제
할 수 없기 때문이다. 이 같은 상식적 판단이나 일반적 우려에 대하여 로크
는 공동사회 구성원들의 보수성을 들어 이렇게 낙관적인 견해를 편다.[55]

공동사회의 구성원들은 일부 사람들이 섣불리 단정하는 것처럼 그렇게 쉽
사리 기존의 시민정부로부터 등을 돌리지 않는다. 그들은 자신들이 몸을 담
고 있는 체제 안에서 비록 자타가 인정하는 권력 남용 등 불미한 사태가 벌어
져도 그 잘못을 단칼로 처리하는 데 호락호락 손을 들어주지 않는다.

3. 저항권의 행사

위에서 보았듯이, 저항권이 추구하는 목표는 통치방식의 개혁이지, 국가
형태의 변혁이나 정부 형태의 변화가 아니다. 이 같은 입장을 고수하면, 혼
란 회피라는 현상 옹호적인 시각만을 앞세운 나머지 저항권의 행사에 극히
소극적인 태도를 보이는 것이 일반적 경향이다. 따라서 위로부터의 권력
남용이 위험 수위에 이르지 않는 한, 저항권의 행사를 용인하지 않는 이탈

---

55) Locke, 앞의 책, II. 223쪽.

적 저항권론이 저항권론의 주류를 이루었다. 이 같은 관점을 따르면, 공동 사회 구성원들이 신탁 위반으로 말미암아 넓은 의미의 소유의 자연권을 침해당하더라도 수인의 한도를 넘지 않는 한, 저항권의 논리가 개입할 여지가 없다고 할 것이다. 로크의 입장도 크게 다르지 않다.

로크는 우선 공동사회의 해체와 시민정부의 해체를 구분한다. 공동사회의 해체는 외부세력의 침입으로 말미암아 공동사회가 무너지는 경우에만 있을 수 있으므로, 저항권이 문제가 되는 것은 시민정부의 신탁 위반이 수인의 한도를 넘어 공동사회의 구성원들이 시민적 자위권의 형태로 실력 행사에 나서는 시민정부 해체의 경우뿐이다.

아무튼 시민정부의 해체와 관련하여 로크가 염두에 두고 있는 것은 전복적 저항 가운데 가장 극단적 형태인 정부축출이다. 그것은 시민정부에 의한 신탁 위반의 정도가 전제를 방불하게 하는 최악의 경우에 이르렀을 때 비로소 가능하다. 이때 신탁 위반의 장본인은 시민정부의 두 축인 입법권력일 수도 집행권력일 수도 있다. 이 가운데 긱벌히 경계의 눈을 게을리하여서는 안 될 감시의 대상은 집행권력, 좀 더 분명히 말하면 집행권력의 우두머리인 군주이다.

로크에 따르면, 군주가 집행권력을 남용하여 입법권력을 침탈할 경우, 공동사회의 구성원들은 어떠한 복종의 의무로부터도 해방되어 신이 폭력과 폭행에 대비하여 마련하여놓은 공동의 피난처로 달려간다.[56] 예컨대 군주가 입법권력의 활동을 방해하였을 때,[57] 군주가 입법권력이 제정한 법률 대신 자신의 자의적 의지를 관철시키려고 할 때,[58] 군주가 자신의 책무를 게을리하여 법률의 집행이 불가능하게 되었을 때[59] 공동사회의 구성원들

56) Locke, 앞의 책, II. 223쪽.
57) Locke, 앞의 책, II. 216쪽.
58) Locke, 앞의 책, II. 215쪽.

은 극단적 형태의 전복적 저항의 권리를 행사할 수 있다.

전복적 저항은 그러나 로크가 구상한 저항의 유일한 형태가 아니다. 로크는 나아가 군주의 신탁 위반을 사전에 방지할 수 있는 예방적 저항도 인정한다.[60] 그것은 다음의 경우들, 첫째 군주가 대권을 남용하였을 때, 둘째, 군주가 자의적 권력행사를 일삼았을 때, 셋째, 군주가 탈법적 술수를 사용하였을 때, 넷째, 군주가 신탁 위반에 협조한 관료를 중용할 때 허용된다.[61]

공동사회 구성원들이 예방적 저항의 권리를 행사할 때 반드시 짚어야 할 것은 발동의 시기이다. 성급하게 행사하면 과잉방위의 비난을 피하기 어려울 것이기 때문이다. 따라서 예방적 저항의 권리를 시의적절하게 행사할 수 있기 위하여는 무엇보다 시민정부의 작동방식과 시민정부를 둘러싼 객관적 상황에 대한 총체적 분석이 앞서야 한다. 하지만 공동사회의 구성원들을 상대로 전쟁상태를 야기하려는 집행권력의 주관적 의도를 정확히 파악한 후 이에 대응할 수 있는 시기를 제대로 선택한다는 것은 현실적으로 그렇게 쉬운 일이 아니다. 따라서 예방적 저항의 권리가 실효성을 거두려면 집행권력의 신탁 위반을 상시적으로 감시할 수 있는 정교한 제도적 장치가 마련되어 있어야 한다. 그러한 의미에서 로크의 저항권론은 부르주아 헌법사상에 지울 수 없는 커다란 족적을 남겼지만, 중도반단의 엉거주춤한 상태에서 손을 놓아버린 그 나름의 한계가 있다고 할 것이다.

59) Locke, 앞의 책, II. 222쪽.
60) Locke, 앞의 책, II. 220쪽.
61) Locke, 앞의 책, II. 210쪽.

자유와 강제[*]
— 장 지크 루소의 소부르주아적 급진주의를 되짚어본다

I. 인간의 자연으로서의 자유

루소 하면 우리는 무엇보다 『인간불평등기원론』과 『사회계약론』을 떠올린다. 『사회계약론』이 소부르주아적 급진주의의 입장에서 민주주의의 정치이념을 편 것이라면, 루소가 소부르주아적 문명비평을 그 특유의 유려한 문체로 갈무리한 것이 『인간불평등기원론』이다.

『인간불평등기원론』은 디종 아카데미가 내건 현상 과제에 대한 응모작이다. 그것이 세상에 첫선을 보인 것은 1755년의 일이다. 이 저술에서 루소는 원시적 자본 축적의 단계에 있던 절대왕정 말기의 프랑스 사회에 대한 내재적 비판을 시도하고 있다.[1] 이와 관련하여 특히 우리의 주목을 끄는 것

---

* 이 글은 인하대학교 사회과학연구소논문집 제4집, 1985, 261-273쪽에 「자유와 강제: 루소의 소시민적 급진헌법 사상에 관한 소고」라는 제목으로 수록된 것을 수정 보완한 것이다.
1) 淺野淸, 「フランス啓蒙思想とルソー」(平田淸明編 著, 『社会思想史』, 靑林書院新社/昭和 54, 93-137쪽 수록), 115쪽.

은 그 역시 근대 자연법이론의 전통에 따라 자연상태를 비판적 사회인식의 기초 범주로 설정하고 있다는 점이다. 루소가 이처럼 자연상태의 관념을 수용하는 것은 체제 비판을 체계적으로 수행하기 위한 전제작업으로 인간의 자연을 추상하려는 데 그 목적이 있다고 할 것이다.[2] 따라서 루소의 자연상태는 정치사회의 설립을 정당화하기 위하여 구상된 근대 자연법이론의 그것과는 근본적으로 내용을 달리하고 있다.[3]

홉스에 따르면, 자연상태에서 인간은 누구나 수단과 방법을 가리지 않고 자기보존의 본능을 충족시킬 수 있는 권리를 갖는다. 이 같은 권리를 그는 자연권으로 규범화한다. 홉스의 경우 인간은 철두철미 자기중심적으로 사고하고 행동하는 이기심의 주체로 등장한다.[4] 그 결과 인간은 타자에 대한 불신감과 끊임없는 경쟁의식 속에서 온갖 정력을 낭비하게 된다. 홉스의 표현을 빌리면, "사회생활 이전의 인간의 자연상태는 투쟁 바로 그것이다. 그것은 단순한 투쟁이 아니라 만인에 대한 만인의 투쟁이다."[5] 그의 이 같은 견해에 대하여 루소는 나음과 같이 이의를 제기한다.

인간은 본래 평화를 사랑하고 겁이 많기 때문에 아주 작은 위험에 부딪히는 경우에도 그가 보이는 최초의 반응은 도피하는 것이다. 전쟁에 익숙하다는 것은 실은 관습과 경험을 쌓았기 때문일 뿐이다. 위험과 죽음을 아랑곳하지 않고 명예 이익 편견 그리고 복수를 추구하려는 온갖 정념은 자연상태의 인간과는 거리가 먼 것이다. 누군가 다른 사람과 더불어 사회를 만든 다음, 인간은 비로소 다른 사람을 공격할 결심을 굳히게 되는 것이다. 또한 시민이 된

---

2) 小笠原弘親, 『初期ルソーの政治思想』, 御茶の水書房/1979, 286쪽.

3) 위의 책, 108쪽 이하.

4) 藤原保信, 『近代政治哲学の形成』, 早稻田大学出版部/昭和 49, 200쪽 이하.

5) Hobbes, *Leviathan*, Oxford/1965, 96쪽.

후에 비로소 병사가 되는 것이다.[6]

그러나 홉스에 대한 루소의 평가는 반드시 부정적인 것만은 아니다. 그럼에도 루소가 그와 일정한 거리를 두려고 한 것은 인간의 사고와 행동이 전적으로 이기적 동기에 의하여 규정된다는 홉스 나름의 비관주의적 인간관 때문이다. 루소에 따르면, 홉스의 자연상태는 참된 자연상태가 아니라 실은 현실의 사회상태에 불과하다.[7] 이 같은 지적 혼란은 현실의 사회상태를 자연상태로 뒤바꾸어놓은 방법론상의 오류에서 비롯한다.[8] 그것은 또한 근대 자연법이론 일반에 공통된 오류이기도 하다.

홉스와 같은 극히 예외적인 경우를 제외하면 근대 자연법이론은 한결같이 인간의 자연을 사회성의 원리에서 찾고 있다. 근대 자연법이론이 전제하는 이 같은 사회성의 원리에 대하여도 루소는 부정적 태도를 보인다. 그에 따르면, 사회성은 인간의 자연에 내재하는 본질적 속성이 아니다.[9] 그것은 인간이 사적 욕구를 충족시키기 위하여 상호의존의 관계를 맺을 때 비로소 형성되는 후천적 능력에 불과하다.

이와 반대로 루소는 '가정적이고 조건적인 추리'[10]의 방법을 통하여 과거에도 존재하지 않았고 현재에도 존재하지 않으며 그리고 앞으로도 존재하지 않을 역사 부재의 순수한 자연상태를 상정한다.[11] 이 같은 루소의 방

---

6) ルソー, 「戰爭狀態は社会狀態から生まれるといウこと」(『ルソー全集』第4卷, 白水社/1979, 369-387쪽 수록), 372쪽.

7) J. J. Rouseau, *Discours sur l'origine et les fondements de l'inégalité parmi les hommes*(Oeuvres complètes=bibliothéque de la pléiade t. III, Gallimard/1964, 109-223쪽 수록), 132쪽.

8) Iring Fetscher, *Rousseaus Politsche Philosophie*, Neuwied am Rhein und Berlin/1968, 48쪽.

9) J. J. Rouseau, 앞의 책, 151쪽; 小笠原弘親, 앞의 책, 146쪽 참조.

10) J. J. Rouseau, 앞의 책, 133쪽.

법에 따르면, 자연상태는 인간 상호의 교통이 완전히 두절된 고립무원의 상태이다. 그럼에도 자연상태를 고립무원의 상태로 보지 않고 인간의 사적 욕구와 이의 충족이 이상적인 균형을 이루는 자족의 상태로 표상하는 데 루소적 자연상태론의 특색이 있다.[12] 순수한 자연상태에서는 인간의 사적 욕구가 극히 제한되었기 때문에 주위의 도움을 구태여 빌리지 않더라도 고립과 자족의 즉자적 생활이 가능하다는 것이 그의 주장이다. 따라서 루소가 그리는 자연상태는 인적 의존관계가 전적으로 부정되고, 물적 의존관계, 다시 말하면 외적 자연에 대한 인간의 의존관계만 존재하는 지상의 낙원에 비유할 수 있다.[13]

이처럼 인적 의존관계가 철저히 배제된 고립과 자족의 자연상태에서 인간은 본질적으로 자유로운 존재이다.[14] 루소에 따르면, "인간과 인간의 관계에서 일어날 수 있는 최악의 사태는 한편이 다른 한편의 의사에 의하여 일방적으로 지배되는 것이다."[15] 따라서 루소가 인간의 자연으로 상정하는 자유는 인간의 본원적 자기동일성에 대한 요청, 한마디로 인적 의존관계로부터의 해방을 의미한다.[16] 이 같은 자연적 자유는 탈현존의 초월 세계에 모든 것을 거는 스토아(stoa)적인 자유가 아니라 인간의 사적 욕구와 이의 충족이 균형을 이루는 가운데 어디까지나 의욕하고 행동하는 자유이다.[17]

---

11) J. J. Rouseau, 앞의 책, 123쪽.

12) 小笠原弘親, 앞의 책, 138쪽.

13) 小笠原弘親, 앞의 책, 139쪽 이하; Iring Fetscher, 앞의 책, 16쪽.

14) Stefan Breuer, *Sozialgeschichte des Naturrechts*, Opladen/1983, 448쪽.

15) J. J. Rouseau, 앞의 책, 181쪽.

16) 小笠原弘親, 앞의 책, 220쪽; Iring Fetscher, 앞의 책, 16쪽.

17) 小笠原弘親, 앞의 책, 290쪽; John Plamenatz, "On le forcera d'etre libre"(*Hobbes and Rousseau*, ed. by Maurice Cranston and Richard S. Peters, New York/1972, 318-332 쪽 수록), 325쪽 참조.

루소의 경우 자연적 자유의 실체를 이루는 것은 다름 아닌 자기애 (amour de soi)이다. 그것은 다음과 같은 점에서 이기애(amour-propre)와 구별된다. 자기애가 인간의 본질적 충동으로서의 자기보존의 욕구를 의미하는 데 반하여, 이기애는 인적 의존관계에서 오는 자기소외의 감정, 예컨대 불신감, 경쟁의식과 같은 부정적 심리를 가리킨다. 그러한 의미에서 루소의 자연적 자유는 이기애에 기초를 둔 홉스의 자연권과는 질적으로 차원을 달리한다.[18] 루소에 따르면, 인간이 순수한 자연상태에서 고립과 자족의 즉자적 생활을 영위하는 한 자기애의 발동을 요구하는 자기보존의 욕구는 외적 자연과의 직접적인 교통을 통하여 얼마든지 충족시킬 수 있다. 따라서 루소의 자연상태에서는 타자의 희생 위에 허영의 시장을 구축하려는 이기애와 같은 반자연적 욕구는 아예 처음부터 발을 붙일 여지가 없게 된다.

II. 문명사회와 인간의 자기소외

위에서 보았듯이, 루소는 논리적 환원주의에 입각하여 역사 과정에 선행하는 순수의 자연상태를 상정하고 이로부터 인간의 자연으로서의 자유, 즉 자연적 자유를 추상한다.[19] 그러나 여기에서 특기할 것은 루소가 표상하는 자연상태의 관념에는 구체적 현실과의 대응관계가 전혀 존재하지 않는다는 점이다. 사실 루소의 자연상태는 그의 비판적 안목에 투영된 문명사회의 형성 과정을 발생사적으로 재구성하기 위한 논리적 가설에 불과하다.[20]

---

18) J. J. Rouseau, 앞의 책, 219쪽 참조.
19) 淺野淸, 앞의 논문, 118쪽 참조.
20) 위와 같음.

루소에 따르면, 인간이 역사 부재의 순수한 자연상태를 이탈하여 역사의 세계인 제2의 자연상태로 이행하기까지 수 세기의 세월이 경과하지 않으면 안 되었다.[21] 순수한 자연상태가 제2의 자연상태로 넘어가는 데 결정적인 역할을 한 것은 인간에 내재하는 자기완성 능력(perfectibilité)이다.[22] 여기에서 말하는 자기완성 능력이란 외재적 요인에 의하여 촉발되어 인간이 자기 자신의 생활세계를 주체적으로 형성해 나아갈 수 있는 자연적 능력을 의미한다. 따라서 인간이 자연에 매몰된 채 고립과 자족의 즉자적 생활을 영위하는 한 자기완성 능력이 발현될 여지는 조금도 없다고 할 것이다. 자연이 인간과의 화해를 거부하고 물리적 폭력으로 군림할 때, 인간은 비로소 자기완성 능력을 동원하여 자연과의 대결을 결심하게 된다.[23]

그러나 루소가 보기에 자기완성 능력이야말로 인간이 상상할 수 있는 모든 불행의 근원이다.[24] 예컨대 사회성과 이기애는 자기완성 능력의 구체적 발현 형태에 지나지 않는다.[25] 따라서 제2 자연상태의 역사 과정은 자연적 자유의 상실을 의미하는 인적 의존관계가 점차 심화하여 마침내 인간의 자기소외가 불가역적으로 뿌리를 내리는 자기부정의 전개 과정이라고 할 수 있다.[26] 그렇다면 순수한 자연상태가 제2의 자연상태로 단계적으로 이행하는 가운데 인간의 자기소외를 초래하는 문명사회가 어떠한 경로를 통해 확립되는가를 간단히 살펴보기로 하자.

인간이 악천후 등 자연의 도전을 마주하면서부터 제2 자연상태의 역사

21) J. J. Rouseau, 앞의 책, 144쪽.

22) J. J. Rouseau, 앞의 책, 162쪽.

23) 小笠原弘親, 앞의 책, 200쪽.

24) 小笠原弘親, 앞의 책, 199쪽: Iring Fetscher, 앞의 책, 41쪽 각주 1.

25) 小笠原弘親, 앞의 책, 199쪽.

26) Wüfried Röhrig, *Sozialvertrag und bürgerliche Emanzipation*, Darmstadt/1983, 43쪽: Iring Fetscher, 앞의 책, 17쪽.

과정은 막을 올리게 된다. 자연과의 이 같은 대결을 계기로 이제까지 인간의 내면세계에서 표류하던 자기완성 능력이 활동을 개시한다.[27] 그 결과 순수한 자연상태에서 볼 수 있는 것과 같은 인간과 자연의 통일은 파괴되고, 외적 자연에 대한 인간의 의존관계는 인간과 자연의 대립관계로 전화한다. 인간은 자연과의 대결을 효율적으로 수행하기 위하여 집단적 군거생활을 시작하게 되고, 이 같은 사회화 과정을 촉진하는 데 결정적인 역할을 한 것은 야금기술의 출현과 농업생산의 발달이다.[28]

이처럼 야금기술에 힘입어 농업생산이 제 궤도에 오르자 토지의 분할이 뒤따르게 되고 사적 소유가 자리 잡게 된다. 사적 소유가 제도적으로 확립됨에 따라 제2 자연상태의 최종단계인 문명사회가 마침내 추악한 모습을 드러낸다. 루소의 말을 빌리면, 문명사회의 발단은 하나의 거대한 사기, 즉 사적 소유에서 비롯한다.

토지의 일부에 울타리를 치며 "이것이 내 것이다"라고 외칠 때, 그 같은 소리를 그대로 믿는 단순한 사람들을 발견한 최초의 인간이 부르주아사회의 참다운 설립자이었다.[29]

뿐만 아니라 사적 소유의 제도가 확립되면 사회적 불평등이 발생하고, 그것은 화폐의 발명과 상속제의 도입에 의하여 더욱 가속화한다. 그 결과 사회적 불평등이 기하급수적으로 확대 재생산됨으로써 부자와 빈자를 갈라놓는 양극분해가 불가피해진다.[30] 양극분해를 계기로 날카롭게 표출되

---

27) J. J. Rouseau, 앞의 책, 162쪽.

28) J. J. Rouseau, 앞의 책, 173쪽; Stefan Breuer, 앞의 책, 432쪽 참조.

29) J. J. Rouseau, 앞의 책, 164쪽.

30) J. J. Rouseau, 앞의 책, 131쪽; 小笠原弘親, 앞의 책, 191쪽 참조.

는 경제적 종속관계는 문명사회에서 두드러지게 나타나는 인적 의존관계의 본질적 내용을 이루게 된다.

경제적 종속관계가 인적 의존관계의 본질적 내용을 규정하는 문명사회에서는 인적 의존관계로부터의 해방을 의미하는 자연적 자유는 존립의 기반을 상실하게 된다. 루소의 표현을 빌리면, "이전에는 자유롭고 독자적인 생활을 영위하던 인간이 이제는 무수한 새로운 욕구로 말미암아 이를테면 자연 전체의, 특히 자기 동포의 지배하에 들어가게 된다."[31] 이것은 인간의 자기상실, 다름 아닌 인간의 자기소외를 의미한다. 따라서 인간의 자기소외가 지양되지 않는 한, 문명사회는 "인위적 인간과 부자연한 정념들의 집합체"[32]로 영락하고 만다. 문명사회에 대한 루소의 이 같은 비판은 문명과 진보를 동일시하는 계몽 철학자들의 문명 옹호론을 정면으로 부정하는 것이다.

Ⅲ. 정치사회의 역사적 본질

빈부의 양극분해로 말미암아 계급적으로 분열된 문명사회에서는 '부자의 횡령'과 '빈자의 약탈'이 뒤따르는 등 극도의 혼란상태가 끊임없이 반복한다.[33] 그것은 홉스의 이른바 만인에 대한 만인의 투쟁을 방불케 하는 최악의 사태라고 할 수 있다. 이 같은 투쟁상태로부터 탈출하기 위하여 부자는 정치사회, 즉 국가의 설립을 발의하게 된다.

---

31) J. J. Rouseau, 앞의 책, 174-175쪽.
32) J. J. Rouseau, 앞의 책, 192쪽.
33) 小笠原弘親, 앞의 책, 217쪽.

부자는 필요에 쫓겨 마침내 이제까지 인간의 정신이 궁리한 것 가운데 가장 사려 깊은 계획을 생각하게 되었다. 그것은 자기들을 공격한 자들의 힘을 자기들에게 유리하게 이용하고, 자기들의 적을 동맹자로 만들어 그들에게 다른 격률을 고취함으로써 불리한 자연법 대신에 유리한 다른 제도를 그들에게 마련하여주는 것이었다.[34]

이처럼 루소는 정치사회의 기원을 부자의 발의에서 찾음으로써 약자 연합설과 최강자 정복설을 부정한다.[35] 그에 따르면 부자의 발의에 따라 설립된 정치사회는 본질적으로 사적 소유의 안전을 보장하기 위한 물리적 강제장치에 불과하다.[36] 그럼에도 정치사회의 공동체적 성격을 의식적으로 강조하는 부자의 교묘한 책동에 의하여 그것이 지니고 있는 계급적 본질이 가려지게 된다.

약자를 억압으로부터 수호하고 야심가를 억제하여 각자에게 그들의 소유를 보장해주기 위하여 단결하자. 그리고 정의와 평화를 옹호하기 위한 규칙을 제정하자. 그것은 모든 사람들이 지켜야 하며 아무도 두둔하지 않고 강자와 약자를 평등하게 서로의 의무에 따르게 함으로써 이를테면 운명의 장난을 보상하려는 규칙이다.[37]

부자의 발의에 따라 설립된 정치사회는 공동체의 이익을 실현하는 중립적 조정자로 상정된다. 루소에 따르면, 이 같은 생각은 정치사회의 현실과

---

34) J. J. Rouseau, 앞의 책, 177쪽.
35) J. J. Rouseau, 앞의 책, 179-180쪽.
36) J. J. Rouseau, 앞의 책, 178쪽.
37) J. J. Rouseau, 앞의 책, 177쪽.

부합하지 않는 주관적 환상에 지나지 않는다.[38] 정치사회가 부자의 사적 소유를 보장하기 위하여 설립된 이상, 그것은 계급적 성격을 완전히 털어 버릴 수 없다고 할 것이다.[39] 정치사회의 설립을 계기로 부자에 대한 빈자의 경제적 종속관계는 도리어 후자에 대한 전자의 정치적 지배관계로 전화한다.[40]

부자의 발의에 따라 설립된 정치사회에서는 그의 구성원들이 동의한 "약간의 일반적 약속들"[41]이 있을 뿐, 사태를 관장하는 정식의 정부가 존재하지 않는다. 따라서 정치사회를 갈음하여 법의 준수를 감시할 수 있는 합법적 정부를 수립하기 위하여 정치사회의 구성원들과 그들에 의하여 선출된 위정자 사이에 정부계약이 체결된다.[42] 정부계약에 따라 수립된 합법적 정부는 무엇보다 정치사회 구성원들의 사적 소유를 보장할 책무를 지니고 있다.[43]

그러나 합법적 정부 아래에서도 경제적 종속관계에 뿌리를 둔 정치적 지배관계는 사회생활의 모든 영역에서 확대되어간다. 특히 위정자는 자신의 권력 기반을 강화하기 위하여 이 같은 경향을 더욱 조장한다. "표면상 화평한 모습을 사회에 보여주지만 실제로는 분열의 씨"를 뿌리고, "상호의 불신과 증오"를 불러일으킴으로써 빈자를 억압하려는 음모가 위정자에 의하여 끊임없이 획책된다.[44] 위정자의 이 같은 탈법 행위로 말미암아 부자와

---

38) J. J. Rouseau, 앞의 책, 180쪽.
39) 小笠原弘親, 앞의 책, 232-233쪽; Franz Neumann, *Die Herrschaft des Gesetzes*, Frankfurt am Main/1980, 153쪽; Stefan Breuer, 앞의 책, 444쪽.
40) J. J. Rouseau, 앞의 책, 176쪽.
41) J. J. Rouseau, 앞의 책, 180쪽.
42) J. J. Rouseau, 앞의 책, 184-185쪽.
43) 小笠原弘親, 앞의 책, 219쪽.
44) J. J. Rouseau, 앞의 책, 190쪽.

빈자 사이에는 적대관계가 자리 잡게 된다. 다름 아닌 노예왕국인 전제주의가 민낯 그대로 모습을 드러낸다.

　루소에 따르면 전제주의는 사회적 불평등의 필연적 귀결이다.[45] 전제주의가 일정한 단계에 이르면 정부계약의 파기는 피할 수 없게 된다. 정부계약이 수명을 다하면, 위정자는 자신의 정념 말고는 어떠한 규칙에도 매이지 않는다. 선의 관념이나 정의의 원칙은 자취를 감추고 오직 강자의 법, 약육강식의 새로운 자연상태가 지배한다.[46] 루소의 이 같은 정치사회 비판은 이미 해체 과정에 들어선 절대왕정 말기의 봉건적 지배체제를 겨냥한 것이었다.

Ⅳ. 『사회계약론』의 주제

　이처럼 문명사회에 대한 비판을 체계적으로 수행한 다음, 루소가 해결하지 않으면 안 되었던 또 하나의 과제는 일체의 정치적 지배관계를 단절하고 자연적 자유를 질적으로 압도하는 진정한 의미의 자유를 누릴 수 있는 새로운 정치사회의 구성원리를 탐색하는 것이었다.[47] 이 같은 이론적 과제를 실천에 옮긴 것이 그의 고전적 저술, 다름 아닌 『사회계약론』이다.

　『사회계약론』 제1편 제2장 들머리에서 루소는 문명사회에 대한 일련의 비판작업을 통하여 얻은 이론적 인식의 성과를 다음과 같이 말하고 있다.

　　인간은 본래 자유로운 몸으로 태어났다. 그럼에도 그는 어디에서나 쇠사슬

---

45) J. J. Rouseau, 앞의 책, 191쪽.
46) 위와 같음.
47) 小笠原弘親, 앞의 책, 256쪽.

에 묶여 있다. 자기 스스로를 다른 사람들의 주인이라고 생각하는 이도 그들 이상으로 노예의 처지에 놓여 있다.[48]

헤겔이 그의 『정신현상학』에서 전개한 주인과 노예의 변증법을 일찌감 치 꿰뚫은 이 같은 비판적 사회인식을 토대로 루소는 사회계약의 목표를 이렇게 설정하고 있다.

공동의 힘을 모아 각 구성원들의 신체와 재산을 옹호하고 각 구성원들이 한 덩어리로 단결하면서도 종전과 다름없이 자유로운 결합형태를 발견하는 것, 이것이야말로 사회계약이 해결하여야 할 근본문제이다.[49]

'인간은 본래 자유로운 몸으로 태어났다'는 『사회계약론』의 기본명제는 인간이 순수한 자연상태에서 향유하던 자연적 자유의 근원성을 단적으로 표현하고 있다. 그러나 제2 자연상태의 역사 과정이 문명사회라는 최종국 면을 맞이하게 되자 자연적 자유는 인간의 자기상실을 의미하는 인간의 자 기소외로 귀결되고, 부자의 발의에 따라 설립된 정치사회는 인간의 자기소 외를 지양하기는커녕 이를 제도적으로 고정시키는 결과만을 가져왔다.

사실 인간이 순수한 자연상태를 벗어난 순간부터 시작된 인간의 자기소 외의 역사는 자연상태로의 복귀를 통하여 원상회복이 가능한 궤도 이탈의 단순한 우발사고가 아니었다. 그것은 제2 자연상태의 역사 과정에 의하여 객관적으로 규정된 인류의 자연사에 불과하였다. 그러한 의미에서 인간의 자기소외의 역사는 자연인의 사회적 복권, 즉 사회적 자연인의 실현을 위

---

48) J. J. Rouseau, *Du Contrat Social*(Oeuvres Complètes=bibliothéque de la Pléiade, t. III, Gallimard/1964, 347~470쪽 수록), 351쪽.
49) 위의 책, 360쪽.

하여 하루속히 청산되어야 할 인류의 전사이기도 하였다.[50]

인류의 전사의 청산이라는 저돌적 과제와 관련하여 루소는 이미 「제네바 초고」에서 새로운 정치사회의 설립을 위한 이론기획의 기본방침을 다음과 같이 천명하고 있다.

우리들에게는 이미 덕도 행복도 존재하지 않으며, 우리들은 또한 하늘의 버림을 받아 인간 타락의 심연을 헤매고 있다고 생각하지 말자. 우리들은 악 그 자체로부터 악을 교정할 수 있는 구제책을 마련하도록 노력하자. 만일 가능하다면 새로운 결합을 통하여 일반사회의 결함을 고치도록 하자.[51]

여기에서 우리는 『인간불평등기원론』에서 이미 싹트기 시작한 루소의 변증법적 사고를 다시 확인하게 된다. 루소가 말하는 새로운 결합이란 인간의 작위에 의한 정치사회의 설립을 의미한다. 그러나 인간 작위의 소산인 새로운 정치사회가 정당성을 갖기 위하여는 정치사회의 설립에 참가하는 모든 사람들의 동의가 필요하다. 정치사회를 설립하는 데 전원일치의 동의를 요구하는 것은 다음과 같은 인식, 즉 적어도 성년이 된 정치사회의 모든 구성원들에게는 그들이 살 정치사회의 형태를 스스로 선택할 수 있는 권리가 인정되어야 한다는 데 근거를 두고 있다.[52]

루소에 따르면, 전원일치의 동의는 새로운 정치사회의 설립을 위한 필요조건은 될지언정 충분조건은 되지 못한다.[53] 새로운 정치사회가 호혜성의

---

50) Stefan Breuer, 앞의 책, 457쪽 참조.

51) J. J. Rouseau, "Manuscript de Geneve"(Oeuvres Complètes=bibliothéque de la Pléiade, t. III, Gallimard/1964, 279–346쪽 수록), 288쪽.

52) J. J. Rousseau, *Émile ou de l'éducation*(Oeuvres Completés=bibliothéque de la Pléiade, t. IV, Gallimard/1964), 833쪽.

53) Iring Fetscher, 앞의 책, 96쪽 참조.

원칙이 지배하는 진정한 의미의 '자유의 왕국'으로 발돋움하기 위하여는 정치사회의 구성원들이 그들이 갖고 있는 모든 권리는 물론 그들 자신을 공동체 전체에게 양도하지 않으면 안 된다.[54] 그럼에도 여기에서 말하는 전면적 양도는 사실상의 인도 행위가 현실적으로 수반되는 자기방기의 의미로 이해하여서는 안 된다. 그것은 사회계약의 호혜성을 설명하기 위하여 논리적 전제로 요청되는 일종의 "공동의 무자각적 행위"에 지나지 않는다.[55]

V. 일반의사와 인민주권

사회계약에 따라 새로운 정치사회가 설립되면, 그것은 생명과 자아를 가진 공동자아, 일종의 '정신적 결합체'로 우리들 앞에 모습을 드러낸다.[56] 이처럼 '정신적 결합체'로 상정되는 정치사회가 각축하는 일체의 이해관계로부터 해방되어 자신을 관철시키기 위하여는 오직 전체의 이익만을 추구하는 공동주체적 의사가 형성되지 않으면 안 된다. 루소의 이른바 일반의사(volonté generalé)가 그것이다.

주관적 자의가 철저히 배제된다는 점에서 일반의사는 특수의사의 총화에 불과한 전체의사(volonté tous)와 구별된다.[57] 따라서 일반의사가 공동주체적으로 형성되면, 정치사회의 구성원들은 일반의사의 지도에 무조건 복종하지 않으면 안 된다.[58] 일반의사는 그러나 추상적 이념에 불과하므로

54) J. J. Rouseau, *Du Contrat Social*, 361쪽.
55) 淺野淸, 앞의 논문, 133쪽.
56) 위의 책, 361쪽.
57) 위의 책, 371쪽.
58) 위의 책, 361쪽.

그것이 현실적 규정력을 갖기 위하여는 주권이라는 또 하나의 매개항이 논리적으로 전제되어야 한다.[59]

루소에 따르면 주권은 일반의사의 행사에 불과하다.[60] 따라서 주권이 일반의사의 주체인 정치사회 그 자체에 귀속되어야 한다는 것은 너무나 당연하다고 할 것이다. 그러나 '정신적 결합체'로서의 정치사회는 어디까지나 관념적 존재에 지나지 않는다. 정치사회의 실체를 이루는 것은 오히려 정치사회의 의사결정 과정에 참여하는 유권자의 총체인 인민이라고 할 수 있다. 따라서 주권이 정치사회에 귀속된다는 것은 한마디로 주권의 현실적 담지자는 인민이라는 사실을 우회적으로 표현한 것에 불과하다고 할 것이다.[61]

인민이 주권의 현실적 담지자인 이상, 인민 스스로가 자신을 대표할 수 있을 뿐, 아무도 인민을 갈음하여 인민을 대표할 수 없다.[62] 특정 부분집단의 의사를 일반의사로 의제하는 대표제도의 원리에 루소가 극히 부정적인 반응을 보이는 것은 그 때문이다. 그에 따르면, 주권을 독자적으로 행사할 수 없는 인민은 자기 자신의 정치적 운명을 스스로 결정할 수 없다는 점에서 인격의 자율성을 상실한 노예나 다름없다. 그러한 의미에서 영국의 대표제도는 자유의 제도가 아니라 노예의 제도이다.

영국인들은 자기 자신들을 자유롭다고 생각하지만, 그것은 커다란 잘못이다. 그들이 자유로운 것은 의원을 선출하는 순간뿐이다. 의원이 선출되자마

59) 위의 책 371쪽.
60) 위의 책, 368쪽.
61) 杉原泰雄,「主權と自由」(芦部信喜 編,『近代憲法原理の展開 I』, 東京大学出版会/1976, 3-54쪽 수록), 10쪽 참조.
62) 위의 책, 429쪽.

자 영국인들은 노예와 같은 하찮은 존재로 전락하고 만다.[63]

따라서 주권의 행사에 인민이 직접 참가하는 것이야말로 대표제도의 허구성을 극복하는 유일한 길이다. 루소에 따르면, 인민이 주권의 행사에 직접 참가하는 데에는 다음의 두 가지 방법이 있다. 하나는 명령적 위임의 제도요, 또 하나는 인민투표의 제도이다. 전자의 경우에는 각 선거구의 인민이 그들의 의사를 결정하면, 선거구의 대표가 이를 중앙에 전달하여 거기에서 전체로서의 인민의 의사가 확정된다.[64] 그리고 후자의 경우에는 의회가 작성한 법률안에 대하여 인민 스스로가 찬반의 의사를 표명한다.[65] 의회의 법률안에 찬반 의사를 표명하는 이 같은 반직접적인 주권행사의 방법을 통하여 일반의사는 법률의 형식으로 구체화한다.

인민주권의 원리에 따라 법률이 제정되면, 그것은 인민주권의 원리에 내재하는 치자와 피치자의 동일성의 논리에 입각하여 정치사회의 모든 구성원들에게 평등하게 적용된다.[66] 이 같은 원칙이 현실적으로 기능하기 위하여는 무엇보다 사회적 동질성이 뿌리를 내려야 한다. 인민주권적 민주주의의 이상적 토양으로 루소가 염두에 두고 있는 것은 따라서 "어느 시민도 다른 시민을 매수할 수 있을 정도로 부유하지 않고, 어느 시민도 자신의 몸을 팔 정도로 가난"[67]하지 않은 독립 자영의 소상품 생산자가 압도적 비중을 차지하는 독립 소생산사회이다.[68]

63) 위의 책, 430쪽.
64) J. J. Rouseau, *Considérations sur le gouvernement de Pologne et sur sa réformation projettée*(Oeuvres Complètes=bibliothéque de la Pléiade, t. III, Gallimard/1964, 951-1041쪽 수록), 979-980쪽 참조.
65) J. J. Rouseau, *Du Contrat Social*, 430쪽.
66) 위의 책, 378-380쪽.
67) 위의 책, 391-392쪽.

VI. 시민적 자유와 도덕적 자유

누소의 경우 자유의 문제와 관련하여 우리들의 주목을 특히 끄는 것은 그가 자연적 자유와 시민적 자유를 범주적으로 엄격히 구별하고 있다는 점이다.[69] 이미 보았듯이, 자연적 자유는 인적 의존관계로부터의 해방을 의미한다. 그것은 권리의무의 관념에 기초를 둔 법질서가 확립되기 이전의 순수한 자연상태에서만 존재할 수 있다.[70] 사실 『사회계약론』을 계기로 루소는 그의 『인간불평등기원론』이 이론 전개의 출발점으로 삼은 자연적 자유의 관념을 부정한다. 루소의 이 같은 태도는 자연적 자유의 관념이 사적 소유로부터 소외된 인간에게는 한낱 허위의식을 조장하는 기만적 이데올로기에 불과하다는 것, 따라서 인간의 해방은 자연적 자유가 아니라 인민주권을 매개로 한 시민적 자유를 통하여 비로소 가능하다는 소시민적 급진주의에 바탕을 두고 있다.

시민적 자유는 새로운 정치사회의 설립을 전제로 한다. 이미 지적한 바와 같이, 사회계약의 체결과 더불어 일반의사가 공동주체적으로 형성되고 그것은 다시 인민주권의 원리라는 중간 매개항을 통하여 법률의 형식으로 구체화한다. 이 같은 매개작업이 순차적으로 이어지는 과정에서 새로운 정치사회의 설립을 위하여 전면적으로 양도된 자연적 자유는 시민적 자유의 형태로 부활하여 정치사회의 구성원들에게 다시 돌아가게 된다. 여기에서 말하는 시민적 자유란 다름 아니라 일반의사의 표명인 법률의 테두리 안에서 타자의 자유를 침해하지 않는 한 무엇이든지 할 수 있는 제도적으로 보장된 자유를 가리킨다.[71]

---

68) Iring Fetscher, 앞의 책, 138쪽 및 218쪽 이하.

69) J. J. Rouseau, *Du Contrat Social*, 364-365쪽.

70) John Plamenatz, 앞의 논문, 323쪽.

루소에 따르면, 자유의 포기는 인간의 자기부정과 다름없다.[72] 그러나 자연적 자유의 전면적 양도는 자유 그 자체의 포기를 의미하지 않는다. 자연적 자유와 시민적 자유를 상호 교환함으로써 정치사회의 구성원들은 도리어 자유 그 자체의 고양을 체험하게 된다.[73] 자연적 자유와 시민적 자유 사이에는 말하자면 일종의 부등가 교환관계가 성립한다.

사회계약으로 말미암아 각자는 자신이 소유하고 있던 것을 사실상 포기하였고, 이 같은 계약으로 말미암아 그들의 상황이 이전보다 나아졌다고 생각하는 것은 잘못이다. 양도라기보다는 그들은 오히려 다음과 같은 방법으로 일종의 유리한 교환을 행하였을 뿐이다. 즉 불확실하고 불안전한 생활 대신 보다 좋고 보다 완전한 생활을, 자연적 독립 대신 자유를, 타자를 해치는 힘 대신 자신들의 안전을, 그리고 타인한테 압도되는 자신들의 미약한 힘 대신 사회적 단결로 얻게 되는 무적의 힘을 택하였다.[74]

한 걸음 더 나아가 루소는 도덕적 자유라는 또 하나의 자유의 범주를 설정한다.[75] 자연적 자유의 대립물로 등장한 시민적 자유는 도덕적 자유를 고리로 한 진정한 의미의 자유, 즉 자율적 자유로 기능하게 된다. 법률의 테두리 안에서만 허용된다는 점에서 도덕적 자유는 시민적 자유와 다름없다.[76] 그러나 후자가 법률이 금지하지 않는 한 무엇이든지 할 수 있는 자유를 의미하는 데 반하여, 전자는 스스로 제정한 법률에 대한 자발적 복종을

71) Franz Neumann, 앞의 책, 156쪽 참조; Iring Fetscher, 앞의 책, 96쪽.

72) J. J. Rouseau, *Du Contrat Social*, 356쪽.

73) Iring Fetscher, 앞의 책, 99쪽 이하 참조.

74) J. J. Rouseau, 위의 책, 375쪽.

75) J. J. Rouseau, 위의 책, 365쪽.

76) Iring Fetscher, 앞의 책, 100쪽 참조.

내용으로 하고 있다. 도덕적 자유의 관념에 따르면, 법률이 일반의사를 표명하고 있는 한 비록 그것이 자신의 의사에 반하더라도, 정치사회의 구성원들은 이에 복종할 절대적 의무를 지고 있다.[77] 왜냐하면 욕망의 충동만을 따르는 것은 노예적 굴종이지만, 스스로 만든 법을 좇는 것이야말로 진정한 의미의 자유이기 때문이다.[78]

그럼에도 정치사회의 구성원들이 스스로 만든 법률에 복종하기를 거부하는 경우, 정치사회는 물리적 강제력의 행사도 불사한다. 이처럼 정치사회가 물리적 강제력의 행사도 불사하는 것은 정치사회의 구성원들로 하여금 일반의사의 표명인 법률에 자발적으로 복종하게 함으로써 자유의 의식을 내면화시키려는 데 그 목적이 있다.[79] 루소의 표현을 빌리면, 그것은 어디까지나 '자유에의 강제'를 의미할 뿐 타율적 강제와는 거리가 멀다.[80]

하지만 자유와 강제가 상호 배제의 모순관계에 있다는 점을 생각한다면, 자유에의 강제라는 표현 자체가 일종의 형용모순(contradictio in adjecto)이라고 할 수 있다. 따라서 이처럼 상호 배제의 모순관계에 있는 대립물을 동시에 만족시킬 수 있는 실천적 조화점을 발견한다는 것은 거의 불가능한 일에 가깝다고 할 것이다. 사실 루소의 자유론이 안고 있는 이 같은 모순은 그의 『사회계약론』에 이미 구조적으로 내재하고 있다. 사회계약의 두 축이라고 할 수 있는 계약의 원리와 사회의 원리는 원칙적으로 서로 긴장관계에 있기 때문이다.[81] 계약의 원리는 정치사회의 구성원들에게 자유의 계기를 마련하여주지만, 정치사회의 통일이라는 측면에서 볼 때 그것

77) Iring Fetscher, 앞의 책, 79쪽 이하 참조.
78) J. J. Rouseau, *Du Contrat Social*, 365쪽.
79) J. J. Rouseau, 위의 책, 364쪽 참조.
80) J. J. Rouseau, 위의 책, 364쪽.
81) 盆喬夫, 오세진 옮김, 『헤겔과 프랑크푸르트 학파』, 진흥문화사/1983, 50쪽.

은 오히려 부정적으로 작용한다. 이와 반대로 정치사회의 통일을 유지하기 위하여 사회의 원리, 다시 말하면 강제의 원리를 지나치게 앞세우게 되면, 막상 계약의 원리가 확보하려고 하는 자유의 실체가 소실되고 만다. 바로 여기에 루소의 자유론이 안고 있는 영원한 아포리(aporie)가 있다고 할 것이다.

독일 관념론의 국가관[*]
― 헤겔의 경우와 슈타인이 입장

I. 헤겔의 시민사회 개념과 관념론적 국가관

국가와 사회를 별개의 두 영역으로 따로 떼어 생각하려는 이른바 국가 사회 분리의 이분법적 사고가 독일 국가론에서 처음 선을 보인 것은 독일 고전 관념철학이 한창 기세를 올리던 1800년대 초반이다. 주역은 다름 아닌 헤겔의 저서 『법철학』이다.

이후 국가에 대한 물음은 으레 국가와 사회의 관계에 대한 질문으로 이어지곤 한다. 이유는 먼 데 있지 아니하다. 애당초 추상적 관념세계의 인위적 구성물에 불과하였던 국가 사회 분리의 이분법적 도식이 일종의 "상호 조정체계"로 작동하면서 그것이 현실적으로 떠맡고 있는 역할이 날로 커

---

* 이 글은 인하대학교 인문과학연구소 편,《인문연구》제6집, 1980, 101-124쪽에 수록되었던 독일어 논문 "Das Staatsdenken des deutschen Idealismus bei Hegel und Stein"을 대폭 수정한 것이다. 위 논문의 번역으로는 김도균 옮김, 「헤겔과 슈타인에 있어서 독일 관념론 국가사상」, 민주주의법학연구회,《민주법학》제55호, 2014.7., 177-207쪽 참조.

지고 있기 때문이다.

주지하는 대로, 국가 사회 분리의 이분법적 도식은 부르주아국가사상 등장의 초기부터 지금에 이르기까지 독일 국가론을 구성하는 핵심 요소이다.[1] 그것은 그러나 추상적 관념이 아니라 그 자체가 역사적 개념범주로서 구체적 현실, 다시 말하면 시민사회 발전이라는 특수 사회경제적 조건 아래에서 생겨난 것이다.[2]

시민사회 이전 사회에서는 사적 영역 역시 정치적 색채가 두드러졌다. 유럽 법철학의 근대 자연법 단계에서도 "정치적 공동체(civitas)"와 "개인들의 결사체(societas civilis)"는 실천적 정치철학의 긴 전통에서 면면히 이어져 내려오던 고전적 내용들을 그대로 간직하고 있었다.[3] 그러한 의미에서

---

1) O. Brunner, *Neue Wege der Sozialgeschichte. Vorträge und Aufsätze*, Göttingen/1956, 20쪽 이하, 50쪽 이하, 그리고 80쪽 이하; 같은 이, *Land und Herrschaft. Grundfragen der territorialen Verfassungsgeschichte im Mittelalter*, Wien-Wiesbaden/1959, 111쪽 이하.

2) E. -W. Böckenförde, "Die Bedeutung der Unterscheidung von Staat und Gesellschaft im demokratischen Sozialstaat der Gegenwart"(*Rechtsfragen der Gegenwart. Festschrift für W. Heffermehl zum 65. Geburtstag*, Stuttgart/1972, 11-36쪽 수록), 12쪽; 국가 사회 분리의 역사적 배경에 관하여는 O. H. v. d. Gablentz, "Staat und Gesellschaft" (*Politische Vierteljahresschrift*, 2. Jahrgang/1961, 2-23쪽 수록); H. Ehmke, "'Staat' und 'Gesellschaft' als verfassungstheoretisches Problem"(*Staatsverfassung und Kirchenordnung. Festgabe für R. Smend zum 80. Geburtstag*, Tübingen/1962, 23-49쪽 수록) 참조. 국가 사회 분리의 이분법적 도식의 이론적 단초에 관하여는 E. Angermann, "Das 'Auseinandertreten von Staat und Gesellschaft' im Denken des 18. Jahrhunderts"(*Zeitschrift für Politik*, Neue Folge 10. Jahrgang/1963, 89-101쪽 수록); 95쪽; G. Salomon, "Vorwort"(zu: Lorenz von Stein, *Geschichte der sozialen Bewegung in Frankreich von 1789 bis auf unsere Tage*, Darmstadt/1959, V-XLIII쪽 수록), XXII쪽; M. Riedel, *Studien zu Hegels Rechtsphilosophie*, Frankfurt am Main/1969, 165쪽 참조. 국가 사회 분리의 이분법적 도식과 자유주의의 관계는 Th. Geiger, *Demokratie ohne Dogma. Die Gesellschaft zwischen Pathos und Nüchternheit*, 2. Aufl., München/1964, 261쪽 이하 참조.

국가 사회 분리의 이분법적 사고는 시장을 매개로 한 부르주아 경제사회의 성립과 때를 같이하는 근대 특유의 역사적 산물이라고 할 것이다.[4]

사실 시민사회가 국가라는 이름의 정치체제와는 차원이 다른 별개의 영역으로 자립하려는 과정은 당시 상승하던 부르주아계급이 근대 주권국가의 정치적 후견으로부터 벗어나려는 노력과 나란히 진행되었다. 자신들의 경제적 활동에 대하여 합리적으로 예측하기를 바라 마지않았던 부르주아계급이 무엇보다 필요로 하던 것은 중앙집권적 관료제국가이었다. 중앙집권적 관료제국가가 이제 나름의 해방적 역할을 다하게 되자, 중상주의적 대외무역과 국내의 독점 지배체제에 의하여 추동되던 국가권력의 집중화 경향은 마침내 사적 자치를 요구하는 부르주아계급의 이해관계와 충돌하게 된다.[5] 이러한 역사적 맥락에서 볼 때, 독일 특유의 국가 사회 분리의 이분법적 사고는 "절대왕정의 국가기구가 자본주의적 경제방식의 발전을 가로막고자 쌓아 올린 장벽을 무너뜨리기에는 아직 힘이 부치었던 부르주아계급의 역사적 단계를 개념적으로 총괄한 것"[6]이나 다름없다고 할 것이다.

헤겔은 1821년 자신의 저서 『법철학』에서 이 같은 근대적 현상을 이론적으로 명확히 하려는 작업을 시도하였다. 그는 시민사회를 가족과 국가 사이에 자리한 객관정신의 변증법적 발전단계로 규정함으로써 "국가의 정치

3) M. Riedel, 앞의 책, 120쪽.

4) G. Schäfer, "Einige Probleme des Verhältnisses von ökonomischer und politischer Herrschaft"[J. Hirsch/H. Reichelt/G. Schäfer(Hrsg.), *Karl Marx/Friedrich Engels. Staatstheorie*, Frankfurt am Main-Berlin-Wien/1974], CVII쪽 각주 8; E. Angermann, 앞의 글, 89쪽 이하 참조.

5) Th. Geiger, 앞의 책, 261쪽; J. Habermas, *Strukturwandel der Öffentlichkeit Untersuchungen zu einer Kategorie der bürgerlichen Gesellschaft*, 3. Aufl., Neuwied-Berlin/1968, 86쪽 이하.

6) U. Preuß, *Zum Staatsrechtlichen Begriff des Öffentlichen. Untersucht am Beispiel des verfassungsrechtlichen Status kultreller Organisationen*, Stuttgart/1969, 85쪽.

적 영역"과 "부르주아화한 사회의 영역"을 별개의 자립적인 세계로 설정한
다.[7] 헤겔의 말을 빌리면,

시민사회의 형성은 국가보다 한발 늦는다. 가족과 국가 사이에 자리한 시민
사회가 존립하기 위하여는 독자적인 국가의 존재를 미리 전제하여야 하기 때문
이다. 어쨌든 시민사회의 형성은 이념의 진행 방향과는 상관없이 일체의 사상이
나 사태에 대하여 정당성을 부여하는 현대세계의 위업들 가운데 하나이다.[8]

1805/1806년의 『예나 시기 실재철학』에서 헤겔은 이미 경제적 영역이
인륜적 내용을 담은 국가의 간섭으로부터 벗어나 자립하는 과정을 암시함
으로써 국가와 사회의 분리 경향을 다룬 바 있다.[9] 이것은 당시 확장 일로
에 있던 시민사회를 눈앞에 두고 헤겔 자신이 "중농학파의 경제 이론은 물
론 스튜어트(J. Stewart), 스미스(A. Smith), 리카도(D. Ricardo) 등의 영국 고
전경제학 이론을 섭렵하였을 뿐만 아니라, 이미 프랑크푸르트 시절부터 독
자적으로 경제학 연구에 몰두하였음을 보여주는 것이기도 하다.[10]
　아무튼 시민사회의 초기 자본주의적 구조의 해명과 이에 대한 비판적

---

7) M. Riedel, 앞의 책, 146쪽.

8) G. W. F. Hegel, *Grundlinien der Philosophie des Rechts oder Naturrecht und
Staatswissenschaft im Grudrisse*(이하 Grundlinien이라 함), hrsg. von H. Reichelt,
Frankfurt am Main-Berlin-Wien/1972, Zusatz zu §182.

9) M. Riedel, 앞의 책, 76쪽. I. Fetscher, "Zur Aktualität der politischen Philosophie
Hegels"[R. Heede/J. Ritter(Hrsg.), *Hegel-Bilanz*, Frankfurt am Main/1973, 193-213
쪽 수록], 200쪽.

10) J. Habermas, "Nachwort"(zu: G. W. F. Hegel, *Politische Schriften*, hrsg. von H.
Blumenberg/J. Habermas/D. Henrich/J. Taubes, Frankfurt am Main/1966, 343-370
쪽 수록), 361쪽; G. Lukács, *Der junge Hegel. Über die Beziehung von Dialektik und
Ökonomie*, 2 Bde, Frankfurt am Main/1973, 276쪽.

성찰에도 불구하고 시민사회에 대한 헤겔의 견해가 기본적으로 영국 고전 경제학의 도덕철학적 울림을 연상시키고 있다는 점은 헤겔이 경제학 지식들을 습득하게 된 역사적 맥락을 염두에 둘 때에만 비로소 이해할 수 있다.

헤겔은 계몽기의 특색들 가운데 하나인 주관주의적 자연법론의 개인주의적 사회관에 기대어 시민사회를 원자론적 구조의 내적 논리에 휘둘려 인륜성이 철저히 파괴된 "욕구의 체계"로 정의하였다.[11] 짧고도 명확한 잠언식의 표현방식을 빌려 헤겔은 『법철학』 §183에서 시민사회의 구조를 다음과 같이 정식화한다.

이기적 목적을 실현하는 데 그처럼 공동성에 의한 제약이 따르므로 전면적 상호의존의 체계가 생기고, 개인의 생존 복지 및 권리와 만인의 생존 복지 및 권리는 서로 맞물려 있기 때문에 이를 기초로 한 연관성 속에서만 개인의 생존 복지 및 권리는 실현되고 확보된다.

그러나 "사적 목적들과 사적인 도덕적 견해들의 오성이 심술을 부리"[12]는 "전면적 상호의존의 체계"에서는 "오성적 이성의 관리"[13]를 통하여 주관적 이기심은 마침내 "다른 사람들의 욕구충족"으로 수렴되는 불가사의한 기적이 일어난다.[14] "사회화"와 "인륜화"가 이 같은 방식으로 상호내재적인 연관성을 갖게 함으로써 전면적 상호의존의 체계를 절대이념의 필연

---

11) G. W. F. Hegel, *Grundlinien*, §184와 §188; 같은 이, *Enzyklopädie der philosophischen Wissenschaften im Grundrisse(1830)*(이하 Enzyklopädie이라 함), hrsg. von Nicolin und O. Pöggler, Hamburg/1969, §523 참조.

12) G. W. F. Hegel, *Grundlinien*, §186.

13) P. Vogel, *Hegels Gesellschaftsbegriff und seine geschichltliche Fortbildung durch Lorenz von Stein, Marx, Engles und Lasslle*, Berlin/1925, 18쪽.

14) G. W. F. Hegel, *Grundlinien*, §199.

적 계기가 함께 주어진, "강제와 오성이 지배하는 국가"[15]로 명명한다.

　헤겔이 시민사회의 중요한 구조적 징표로 묘사한 전면적 상호의존의 체계라는 획기적인 관념은 합리주의 자연법론과 고전경제학에서 이미 등장하였다.[16] 따라서 시민사회에 관한 헤겔의 설명은 합리주의 자연법론과 고전경제학의 테두리를 벗어나지 못한다고 하여도 과언이 아니다. 헤겔의 시민사회 관련 언설은 "이미 해방을 맛본 서유럽사회에서 광범위하게 작동하고 있는 경제적 '효용원리들'을 독일 특유의 철학적 형식으로 번역한 것"에 지나지 않는다.[17] 때문에 헤겔의 "전면적 상호의존의 체계"는 "보이지 않는 손"이 서로 각축하는 이해관계들의 배후에서 작동하여 일종의 "예정조화"를 이루어낸다는 애덤 스미스류의 초기 부르주아 사회에 대한 견해와 매우 흡사한 것이다. 이처럼 헤겔이 초기 자본주의 단계의 도저한 낙관주의의 관점에 서 있기는 하지만, 헤겔 법철학의 이른바 시민사회가 인류사회 어디에서나 등장하는 "초역사적 범주"라는 주장을 무비판적으로 받아들이는 것은 헤겔의 사유에서 진정으로 중요한 것을 놓치는 것이나 다름없다고 할 것이다.[18]

　『법철학』의 몇몇 군데에서 헤겔은 시민사회의 시대적 특징을 근대의 혁명과 연관 지어 해석하려고 한다. 이를 통하여 우리는 헤겔이 무턱대고 진

---

15) G. W. F. Hegel, *Grundlinien*, §183; 같은 이, *Enzyklopädie*, §523 참조.

16) H. Neuendorff, *Der Begriff des Interesses. Eine Studie zu den Gesellschaftstheorien von Hobbes, Smith und Marx*, Frankfurt am Main/1973, 32쪽 이하 및 73쪽 이하 참조.

17) M. Riedel, 앞의 책, 157쪽 이하 참조.

18) L. Kofler, *Marxistische Staatstheorie. Staat, Gesellschaft und Elite zwischen Humanismus und Nihilismus*, Frankfurt am Main/1970, 18쪽; 비슷한 견해는 H. Heller, *Staatslehre*, Leiden/1934, 121쪽; 반대의견으로는 P. Vogel, 앞의 책, 8쪽 참조: "헤겔의 사회개념에는 시간성이 결여된 것이 아니다. 그는 사회 일반에 대하여 그리고 인간사회 자체에 대하여 말하지 않는다. 종종 헤겔은 자신이 말하는 사회가 근대적 발전의 산물이라는 점을 지적하고 있다. 헤겔의 철학적 사유의 역사성은 자기 당대의 세계에 머물러 있다."

보를 낙관하는 쪽으로 시야가 좁아진 부르주아 역사철학의 지평을 넘어서고 있음을 알게 된다. 시민사회를 "방탕과 빈곤, 그리고 이 둘에 공통된 육체적 도덕적 타락의 연출무대"[19]로 파악하는 시대적 한계에도 불구하고 헤겔은 시민사회에 내재하는 빈곤화 속성뿐만 아니라 이로 말미암은 적대성의 발전 경향도 분명히 인식하였다. 그에 따르면,

> 부의 과잉에도 불구하고 시민사회는 빈곤의 과잉과 천민의 출현을 방지할 만큼 충분하지 않다.[20]

독일 나름의 시민사회가 경제적 후진성에도 불구하고 조만간 사회문제들에 직면하지 않을 수 없으며, 이를 피하는 것 또한 불가능할 것이라는 헤겔의 막연한 예감은 시민사회의 자정능력에 대한 불신을 더욱 강화시켜 그로 하여금 시민사회에 대한 현실 분석을 외면하고 관념론적인 억지해법을 택하는 쪽으로 기울도록 하는 데 일조를 하였다.[21] 이제는 더 이상 피하여 갈 수 없는, 따라서 스스로 떠맡고 언젠가는 풀어야 할 이 같은 문제상황을 의식하고 헤겔은 다음과 같은 주장을 편다. 국가야말로 "자신의 독자적인, 시민사회로부터 독립한 고유의 목적을 위하여 시민사회를 이용할 사명을 떠맡고 있다."[22] 이 같은 헤겔의 비현실적인 견해는 시민사회에 대한 국가의 관계를 관념론적 국가론의 시각에서 일방적으로 신비화한 것이나 다름없다고 할 것이다.[23]

---

19) G. W. F. Hegel, *Grundlinien*, §185.

20) 위의 책, §186.

21) Th. W. Adorno, *Drei Studien zu Hegel. Aspekte, Erfahrungsgehalt Suoteinos oder wie zu lesen sei*, 4. Aufl., Frankfurt am Main/1970, 41쪽 이하.

22) G. Lukács, 앞의 책, 607쪽.

23) 위와 같음.

그 결과 헤겔의 손에 남은 유일한 화두는 "시민사회를 국가 안에서 조화
시키는 것", "시민사회의 특수성을 공동의 사안과 연관하여 지양하는 것 그
리고 마침내 시민사회를 정치화"[24]하는 것이다. 그리하여 국가 사회 분리
의 이분법적 도식에서 핵심 과제로 떠오르는 것은 국가와 시민사회의 상
호 매개 과정이 아니라, 가톨릭 미사 의식 때의 가상적 실체변화와 같은 일
종의 종교적 이적 신앙이다. 가톨릭교의 이적 신앙에서 포도주와 빵이 예
수의 피와 살로 변하듯이, 사태를 왜곡하여 우연적인 것을 본질적인 것으
로 둔갑시키는 관념론적 곡예[25]를 통하여 시민사회는 이제 "밖으로부터 기
존의 국가에 외삽된 경제적 대립의 마당"[26]으로 우리 앞에 모습을 드러낸
다. 그리고 경제적 대립의 마당에서는 "가족이라는 직접적 내용"으로부터
떨어져 나온 고립무원의 개인이 등장한다. 이처럼 관념론적 곡예를 통하여
국가의 한 요소로 격하된 시민사회는 "인륜의 가현태"에 지나지 않는다.[27]
따라서 인륜의 가현태인 시민사회에서는 "각자가 저마다 타자를 통하여
인정을 받음과 동시에 또 하나의 원리인 공동성의 형식을 통하여 서로가
인정을 주고받음으로써 욕구가 충족된다."[28]

위와 같은 맥락에서 볼 때, 헤겔이 국가와 사회를 명확히 구별하면서도
두 영역의 실재관계를 결코 꿰뚫어보지 못하였다는 니츠케의 지적은 정곡
을 찌른 것이라고 할 것이다.[29] 그럼에도 헤겔이 국가 중심의 관념론적 억

24) U. Cerroni, *Marx und das moderne Recht*, Frankfurt am Main/1974, 124쪽.
25) 위의 책, 130쪽.
26) U. Scheuner, "Hegel und die deutsche Staatslehre des 19. und 20. Jahrhunderts"
    (*Studium Berolinese. Aufsätze und Beiträge zu Problem der Wissenschaft und
    Universität zu Berlin*, Berlin/1960, 129-151쪽 수록), 144쪽.
27) G. W. F. Hegel, *Grundlinien*, §181.
28) G. W. F. Hegel, *Grundlinien*, §182.
29) H. Nitzschke, *Die Geschichtsphilosophie Lorenz von Steins. Ein Beitrag zur
    Geistesgeschichte des neunzehnten Jahrhunderts*, München-Berli/1932, 129쪽.

지해법에서 벗어나 사유의 발걸음을 달리 옮기기를 기대하는 것은 사실상 불가능하다고 할 것이다. 그것은 다름 아니라 헤겔이 고전 고대의, 다시 말하면 플라톤의 국가이념에 내심 공감하고 있었기 때문이다.[30] 그러한 의미에서 뢰비트는 자신의 저서 『헤겔에서 니체로』에서 다음과 같이 말했다.

> 고대의 폴리스 이념으로 현대사회의 성격을 설명하려는 헤겔의 이론적 작업은 현대사회의 구성원리를 부정하기보다는 그 원리를 지양하는 방향으로 나아갔다. 고대 사회의 국가이념이 시민사회 비판을 위한 잣대로 활용되기는 하지만, 현대사회의 개인주의 역시 고대 정치공동체의 핵심 내용을 판단하는 기준으로 끌어들인다.[31]

고전 고대의 폴리스 이념을 이 같은 방식으로 수정하여야만 하였던 헤겔은 변증법적 방법으로 고리가 엮어진 "일반의지와 특수의지의 동일성"[32]을 통하여 국가 안에서 비로소 실현될 구체적 자유의 원리를 국가와 사회에 관한 이론적 작업의 고갱이로 삼는다.

헤겔에 따르면, 특수성이 "아직 고삐에서 풀려나지 못하여 일반성, 즉 전체의 공동성으로 되돌아가는" 고대국가와 달리, 근대국가의 특징은 "일반성이 특수성의 완전한 자유 그리고 개인의 복지와 결부되어 있다는 점, 따라서 가족과 시민사회의 이해관계는 국가로 모아져야 한다는 점, 그러면서도 나름의 권리를 보유하여야 할 특수성의 독자적인 지식과 의욕 없이는 목적의 일반성은 한 치도 앞으로 나아갈 수 없다는 점"이다.[33] 이처럼 구

---

30) G. Lukács, 앞의 책, 600쪽.

31) K. Löwith, *Von Hegel zu Nietzsche. Der revolutionäre Bruch im Denken des neunzehnten Jahrhunderts*, Stuttgart/1969, 265쪽.

32) G. W. F. Hegel, *Grundlinien*, §155.

체적 자유의 원리가 근대국가의 법적 토대로 고양됨에 따라 애당초 근대의 국가사상들이 해결할 수 없었던 국가 사회 분리의 이분법적 도식은 드디어 구체적 자유의 현실태인 국가의 내용적 통일성 속에서 지양되고 만다. 『법철학』 §261 추록 부분에 따르면, "국가의 경우 보편성과 특수성의 통일이 핵심 관건이 된다."

사변철학의 추상적 차원에서 이미 모습을 드러내었던, 사회발생사적 관점에서 판단할 때 극히 절제된 형식의 이 같은 국가개념은 헤겔의 자유 개념이 지니고 있는 내용상의 특수성과 연관 지을 때 비로소 이해할 수 있다. 적용 범위는 물론 결과까지도 최대한 염두에 두고 헤겔의 자유 개념을 이해하기 위하여는 무엇보다 근대 자연법론과 헤겔의 관계를 고찰하여야 한다. 주지하는 대로 헤겔은 자신의 철학체계 여러 곳에서 근대 자연법론의 혁명적 전통을 긍정적으로 평가하고 있었다.[34] 그러나 헤겔은 근대 자연법론의 합리주의적 기계론적 관점에 대하여는 단호히 반대입장을 표명하며, 근대 자연법을 그것이 미친 역사적 영향과 관련하여 살펴보려고 하였다.[35] 따라서 근대 자연법론에 대한 헤겔의 입장은 선택적 수용의 성격이 짙다고 할 것이다.

이 같은 헤겔의 입장은 자연과 자유를 엄격하게 분리하려고 하였던 근대 자연법론의 시도를 비판적으로 받아들이고자 하였던 헤겔의 자유의지론에서 극명하게 드러난다.

---

33) G. W. F. Hegel, *Grundlinien*, Zusatz zu §260.

34) M. Riedel, *Bürgerliche Gesellschaft und Staat bei Hegel. Grundproblem und Struktur der Hegelschen Rechtsphilosophie*, Neuwied-Berlin/1970, 29쪽 이하.

35) J. Löwenstein, *Hegels Staatsidee. Ihr Doppelgesicht und Ihr Einfluß im 19. Jahrhundert*, Berlin/1927, 40쪽 이하.

자기결정은 아직 존재의 영역에 도달하지 못한 순수한 불안과 활동이다. 인류의 단계에 들어서야만 비로소 의지는 의지의 개념과 동일하여지고 후자를 자신의 내용으로 삼게 된다.[36]

같은 맥락에서 자유의지에 내용을 채워 넣고 다시 해석하면, 자유의 개념에서 근본적인 의미전환이 일어난다. 개인의 자유 향유는 인류의 현실태인 국가를 통하여 그리고 그 안에서만 가능하다는, 이른바 실체적 자유의 관념은 "이기심의 제약으로부터의 해방"[37]까지도 아우르게 된다.

국가는 본래 그 자체가 인류 전체이며 자유의 현실태이므로 이 자유를 실현하는 것이 이성의 절대적 목표이다. 국가는 인간의 세계에서 뿌리를 내리고 그 안에서 의식적으로 스스로를 실현하여 나아가는 정신이다. 이와 반대로 정신은 국가 없는 자연상태에서는 그 자신을 그저 자신의 타자로, 즉 잠들어 있는 정신으로 현실화할 뿐이다.[38]

그러한 의미에서 헤겔이 계약이론을 단호히 거부하면서 근대의 국가론자들이 시민사회와 국가를 혼동하였다고 비판한 것은 일관된 태도라고 할 것이다.[39] 헤겔의 국가는 "소유와 개인적 자유의 보장과 보호"[40]를 국가

---

36) G. W. F. Hegel, *Grundlinien*, Zusatz zu §108.
37) A. Verdross, *Abendländische Rechtsphilosophie. Ihre Grundlagen und Hauptprobleme in Geschichtliche Schau*, 2. Aufl., Wien/1963, 160쪽; M. Riedel, *Bürgerliche Gesellschaft und Staat bei Hegel*, 32쪽. 리델에 따르면, 헤겔의 자유는 "자연으로부터의 점진적 해방이며, 따라서 '제2의 자연'인 정신세계가 창출될 때에만 현실적으로 존립이 가능하게 된다."
38) G. W. F. Hegel, *Grundlinien*, Zusatz zu §258.
39) G. W. F. Hegel, *Grundlinien*, Zusatz zu §182. 특히 §258 참조.
40) G. W. F. Hegel, *Grundlinien*, §258.

의 최고원리로 격상시키는 계약론적 국가구상과는 달리, "공동의 이익 자체"[41]를 최고의 절대적 목표로 설정함으로써 가족과 시민사회를 "내용적 통일성" 속으로 통합시키는 "자의식을 가진 인륜적 실체"[42]이다. 그리하여 내용상의 통일성은 "자유를 최고도로 긴장"시키는, 국가의 이른바 "절대 부동의 자기 목표"가 된다. 그리고 국가 안에서 "이 같은 절대 부동의 최종 목표는 국가의 구성원이 되는 것이 최우선의 의무인 개개인들에게 지상명령으로서의 의미를 갖는다."[43]

위에서 본 대로 헤겔의 관념론적 국가론에서 가장 두드러지게 돋보이는 것은 국가 물신주의이다. 다름 아닌 국가의 신격화이다. 때문에 헤겔의 국가관은 『법철학』 출간 당시부터 찬반 논란의 한가운데 서게 된다. 당연히 부정적 시각도 만만치 아니하다. 극단적 사례가 하임의 경우이다. 그는 프로이센 국가와의 "선택적 친화성"을 들어 헤겔을 수구반동의 바람잡이로 지목하고, 그의 『법철학』을 "프로이센 왕정복고 정신의 안식처"[44]로 낙인을 씌운다. 그러나 헤겔의 국가관에 비록 왕정옹호론적인 측면이 있다고 하더라도 이로부터 곧바로 현상 유지의 수구반동적 당파성을 이끌어내는

---

41) G. W. F. Hegel, *Grundlinien*, §270.

42) G. W. F. Hegel, *Enzyklopädie*, §535.

43) G. W. F. Hegel, *Grundlinien*, §258.

44) R. Haym, *Hegel und seine Zeit. Vorlesung über Entstehung und Entwicklung, Wesen und Wert der Hegelschen Philosophie*, Darmstadt/1974, 357쪽: "지금도 여전히 우리가 함께하고 있는 헤겔의 철학은 바로 헤겔의 삶과 철학 최후의, 동시에 가장 빛나고 행복하였던 시기의 것이다. 권력자의 총애를 받으면서 자기 저작의 성공과 명성에 도취되어 헤겔은 독일을 지배하는 철학적 독재자라는 목표에 바짝 다가서고 있었다. 생존 당시에는 헤겔이 겪지 못하였던 것이 바로 이 시대 우리가 갖는 주요 관심사인 것이다. 이 같은 행운, 영광, 영향력, 명성 뒤에는 헤겔의 정신적 업적마저도 하찮은 것으로 보이게 만드는 파괴적 권력이 숨겨져 있었다. 세속을 초월하면서 동시에 세속적인 것을 사유하는 헤겔의 관념론은 시대와 현실과 더불어 번영하고 쇠퇴하기 위하여 전적으로 거기에 뿌리를 굳게 내리고 있었다. 이 관념론은 그 시대의 철학이자 프로이센의 철학이 되었다."

것은 역시 헤겔의 의도를 제대로 짚지 못한 극히 편파적인 독해법이라고 하지 않을 수 없을 것이다.[45] 『법철학』 §260에서 헤겔은 현상 유지의 수구 반동적 당파성과는 거리가 먼 다음과 같은 주장도 펴고 있기 때문이다.

근대국가의 "강점과 깊이"는 "주관성의 원리를 특수한 인격의 자립성이라는 극한으로까지 밀고 나아가는 것 그리고 동시에 이 주관성 원리를 실체적 통일성 속으로 돌려보내는 가운데 주관성의 원리 안에서 실체적 통일성을 유지하는 것"이다.

그러나 헤겔이 학문적 활동을 왕성하게 펼치던 당시의 객관적 정황으로 비추어볼 때, 이미 궤도 이탈의 이상징후를 보이기 시작한 시민사회의 문제상황을 관념론적 국가론의 테두리 안에서 처리하려고 한 헤겔의 무모한 시도는 자신의 상황인식이나 시대진단과는 너무나 동떨어진 것이다. 따라서 다음과 같은 한두 가지 가정도 전혀 무의미한 것만은 아닐 것이다. 우선, 헤겔의 관념론적 국가관에는 일종의 절박한 의식, 다시 말하면 시민사회 내부의 첨예한 대립으로 말미암아 강력하고 중립적인 국가의 손을 빌리지 않고는 시민사회의 교정은 불가능할 것이라는 무의식적인 강박관념이 크게 한몫하였을 것이다.[46] 그리고 헤겔의 관념론적 국가관은 국민국가적 권력국가의 해방적 잠재력에 주목하였던 서유럽의 동시대인들과 달리, 지근거리의 외부세계와도 담을 쌓고 내면의 관념세계에 침잠하였던 교양귀족

---

45) G. Rohrmoser, "Hegels Lehre vom Staat und das Problem der Freiheit in der modernen Gesellschaft"(*Der Staat*, 3. Band/1964, 393-403쪽 수록), 393쪽 이하 참조.
46) J. Ritter, *Metaphysik und Politik. Studien zu Aristoteles und Hegel*, Frankfurt am Main/1969, 231쪽; H. Marcuse, *Vernunft und Revolution. Hegel und die Entstehung der Gesellschaftstheorie*, 3. Aufl., Neuwied-Berlin/1970, 180쪽 이하; Th. W. Adorno, 앞의 책, 40쪽 이하 참조.

지향적 독일 시민계층의 정신분열증과 이에 따른 정치적 정적주의를 반영한 것인지 모른다.[47]

아무튼 여러 세대에 걸쳐 덧씌워진 갖가지 덤터기에도 불구하고 긍정적 평가도 없지 아니하다.[48] 헤겔의 관념론적 국가관을 "근대국가의 원리가 담고 있는 해방적 자유"가 역사적으로 존립하기 위한 일종의 "구체적이고 사실적인 조건"을 제시함으로써 시민사회의 병인으로 추정된 것을 철학적으로 처리하려는 과감한 시도로 보려는 시각이 대표적이다.[49] 헤겔의 관념론적 국가론에 이의를 제기한 반대론자들이 오래전부터 『법철학』에서 "가장 어둡고" "가장 심오한" 부분으로 지목하고, 지금도 여전히 수구반동의 혐의로부터 자유롭지 못한 저 악명 높은 문장을 두고 다시 일고 있는 비판적 인식관심은 헤겔 국가관의 일방적 희화화가 과연 설득력이 있는 것인지를 다시 한번 성찰할 필요가 있음을 보여주는 것이다. 예컨대 이틀링에 따르면, "이성적인 것은 현실적인 것이고, 현실적인 것은 이성적인 것이다"라는 명제는 현실정지와의 타협이 강요한 부득이한 선택일 뿐, 헤겔의 참 의도와는 전혀 다른 것이다.[50] 따라서 "이성적인 것은 현실적이어야 하고, 현실적인 것은 이성적이어야 한다"는 의미로 고쳐 읽어야 한다는 그의 주장은 나름대로 눈여겨볼 만한 데가 있다고 할 것이다.[51]

그러나 『법철학』을 복권시키려는 이 같은 노력에도 불구하고 부르주아

---

47) H. Holborn, "Der deutsche Idealismus vom Staat und das Problem der Freiheit in der modernen Gesellschaft"(*Historische Zeitschrift*, 174. Band/1952, 359~384쪽 수록), 368쪽.

48) J. Ritter, 앞의 책, 208쪽.

49) G. Rohrmoser, 앞의 책, 402쪽.

50) 상세한 것은 I. Fetscher, "Vorwort" zu: *Hegel in der Sicht der neuen Forschung*, hrsg. von I. Fetscher, Darmstadt/1973, IX쪽 참조.

51) 위와 같음.

자유주의국가의 대안을 제시하려는 헤겔의 이론 기획이 그의 관료주의적 국가론이 태생적으로 떠안고 있는 사변적 성격으로 말미암아 이렇다 할 어떠한 성과도 기약할 수 없을 것이라는 비관적 전망은 예나 지금이나 다름이 없다고 할 것이다.

II. 슈타인의 사회관과 국가개념의 이중화

슈타인의 사회관이 자리한 위상을 정확히 파악하기란 그리 쉬운 일이 아니다. 그의 사회관이 사상사적으로 서로 다른 요소들로 뒤섞여 있기 때문이다. 포겔이 슈타인의 사회관과 관련하여 헤겔과 맑스 사이를 잇는 중간자 역할을 강조한 것도 나름의 이유가 있다고 할 것이다.[52] 사실 슈타인의 사회관은 수미일관한 발전 경로를 보여주기보다는 격변기 사회에 전형적인 다양성과 다층성이 두드러진다. 그의 사회관의 위상을 두고 매우 다양한 견해들이 존재하는 것도 바로 그 때문이다. 그럼에도 그의 사회관을 초기와 후기로 나누어보려는 주목할 만한 시도가 최근에 이루어지고 있다.[53]

입길에 자주 오르는 슈타인 사회관의 유물론적 경제주의는 그의 사상 발전에서 비교적 초기에 속한다. 1848년을 고비로 슈타인은 서유럽의 관점에서 수행하던 사회비판을 뒤로하고 낭만주의적 관념론으로 크게 기운

---

52) P. Vogel, 앞의 책, 127쪽.

53) M. Hahn, *Lorenz Stein und Hegel. Von der 'Erzeugung des Pöbels' zur 'sozialen Revolution'*, Phil. Diss., Münster/1965, 3쪽: 같은 이, "Nachwort" zu: *Lorenz Stein. Proletariat und Gesellschaft*, hrsg. von M. Hahn, München/1971, 212쪽; C. Schmid, "Lorenz von Stein 1815-1890"[H. Heimpel/Th. Heuss/B. Reifenberg(Hrsg.), *Die großen Deutschen. Deutsche Biographie*, 5. Band, Berlin/1957, 318-330쪽 수록], 322쪽.

다.[54] 그리고 슈타인은 1852년의 논문 「실업자 소득의 특징과 그것이 공직과 귀족계급에 대하여 갖는 특별한 관계」[55]에서 종전의 입장과 분명히 선을 긋는다. 그렇다고 역사학파에 대한 초기의 비판적 입장이 완전히 자취를 감춘 것은 아니다. 비록 역사학파가 슈타인에게 역사의식이 충만한 현실주의적 세계관의 새로운 지평을 열어주고 서유럽의 실증주의에 쉽게 동조할 수 있는 계기를 마련하여준 것은 사실이지만, 이로부터 잘못된 결론을 이끌어냄으로써 역사학파가 결과적으로 그에게 매우 부정적인 영향으로 작용한 것도 틀림없다고 할 것이다.[56]

1856년의 『사회론』이 좋은 예이다. 여기에서 사회는 "재화세계의 순수하게 물질적인 질서체계 그리고 국가의 순수하게 통일적인 질서체계와 대조를 이루는 사람들 사이의 정신적인 질서체계"로 정의된다.[57] 『사회론』의 핵심은 따라서 실재하는 현실에서 실제로 나타나는 것을 중시하고 실상에

---

54) H. Nitzschke, 앞의 책, 125쪽 이하 참조. 슈타인의 사회관과 국가관 발전에서 1848년의 사건이 갖는 의미에 관하여는 F. Gilbert, "Lorenz von Stein und die Revolution von 1848. Ein Beitrag zur Entwicklung Steins und zur Entstehung der deutschen Gesellschaftswissenschaft"(*Mitteilungen des österreichischen Instituts für Geschichtsforschung*, 50. Band/1936, 369-387쪽 수록), 특히 370쪽 참조. E. Grünfeld, *Lorenz von Stein und die Gesellschaftslehre*, Jena/1910, 110쪽.

55) Lorenz von Stein, "Das Wesen des arbeitslosen Einkommens und sein besonderes Verhältnis zu Amt und Adel"(*Deutsche Vierteljahresschrift*, Heft 4/1852, 139-190쪽 수록).

56) H. Nitzschke, 앞의 책, 132쪽. H. Marcuse, 앞의 책, 332쪽; K. Mengelberg, "Lorenz von Stein 1815-1890. His life and Work"(Einleitung zu: Lorenz von Stein, *The History of the social movement in France 1789-1850*, Introduced, edited and translated by K. Mengelberg, Totowa N. J./1964, 3-39쪽 수록), 37쪽; M. Adler, *Die Staatsauffassung des Marxismus. Ein Beitrag zur Untersuchung von soziologischer und juristischer Methode*, Darmstadt/1964, 48쪽; 반대입장으로는 W. Schmidt, *Lorenz von Stein. Ein Beitrag zur Biographie, zur Geschichte Schleswig-Holsteins und zur Geistesgeschichte des 19. Jahrhunderts*, Eckernförde/1956, 104쪽 참조.

57) L. v. Stein, *System der Staatswissenschaft II*, Stuttgart/1856, 16쪽.

맞는 이론을 강조하는 현실론적이고 실재론적인 서유럽의 사회개념과 본질론적이고 관념론적인 독일 사회이론의 사회개념을 통합하려는 데 있다고 할 것이다.[58] 서로 길항하는 사상사적 구성요소들의 상호작용과 상호침투로 말미암은 슈타인 사회이론의 방법론상의 특징이 이 지점에서 분명하게 드러난다. "구체적 경험의 실증주의와 사변적 사유의 선험주의를 옹호하는 이론가"이었던 슈타인이 "방법론의 문제에서 독자적인 입장을 명확히 세울 수 없었던 것"도 따지고 보면 그 같은 사정에서 비롯된 것이다.[59]

슈타인이 '독일 사회학의 창시자'라는 세간의 평가가 사람들을 오도하기 쉬운 것이기는 하나 아주 잘못된 것은 결코 아니다. 그렇기는 하지만, 사회현상에 대한 학문적 성찰이 그에 의하여 처음으로 개척된 것은 아니다. 단지 헤겔로부터 시민사회라는 개념범주를 이어받은 후, 새로운 지식을 활용하여 그 나름의 구상에 따라 몇 가지 색깔을 이리저리 덧칠하였을 뿐이다.[60]

따라서 그의 사회관은 이론적 내용에서는 헤겔의 것과 많이 다르지만, 논리적 구조는 서로 닮은 데가 적지 아니하다.[61]

헤겔 사후 마침내 시민사회 초유의 큰 위기가 닥쳤다. 이 같은 상황에서 슈

---

58) H. Nitzschke, 앞의 책, 135쪽.

59) H. Nitzschke, 앞의 책, 29쪽. 또한 E. Gilbert, 앞의 글, 369쪽.

60) G. Jellinek, *Allgemeine Staatslehre*, 3. Aufl., Bad Homburg vor der Höhe/1960, 88쪽 각주 2; P. Vogel, 앞의 책, 123쪽; H. Freyer, *Soziologie als Wirklichkeitswissenschaft. Logische Grundlegung des Szstems der Soziologie*, Leipzig-Berlin/1930, 231쪽, 특히 93쪽 참조: "맑스가 헤겔 법철학 비판으로 시작한 것은 상징적 가치를 갖는다. 슈타인의 『1789년부터 현재까지의 프랑스 사회운동사(*Geschichte der sozialen Bewegung in Frankreich von 1789 bis auf unsere Tage*)』역시 일종의 헤겔 법철학 비판으로 볼 수 있을 것이다."

61) C. Schmid, 앞의 글, 322쪽 참조.

타인은 시민사회를 이해하고 파악하려고 하였다. 그의 이론은 헤겔이 미처 읽지 못하였던 것을 다루고 있다. 슈타인이 헤겔보다 더 정확히 시민사회를 분석한 것도, 더 많이 이해한 것도 아니다. 단지 헤겔과는 다른 방식으로 보았을 뿐이다.[62]

아무튼 초기 자본주의 사회의 본질적 측면을 해명하기 위하여 슈타인은 헤겔식의 시민사회 개념을 비판적 사회인식의 밑돌로 삼는다. 그의 비판적 사회인식에는 그러나 근대 자연법론의 개인주의적 경향뿐만 아니라 다양한 층위의 사상이나 이념이 뚜렷한 흔적을 남기고 있다. 슈타인에 따르면, 인간사회는 "재화의 분배에 의하여 제약되고 노동조직의 규제를 받으면서 욕구의 체계에 따라 움직이는 그리고 가족이나 특정 혈통에 대한 가족의 권리를 통하여 하나로 엮여진 인간 삶의 유기적 통일체"이다.[63] 여기에서 특히 우리의 관심을 끄는 것은 필시 헤겔의 『법철학』에서 빌려왔을 것으로 짐작이 가는 이른바 욕구의 체계이다.

슈타인의 사회관에서 주목의 대상이 되는 것은 욕구의 체계라는 개념뿐만이 아니다. 그는 나아가 '이기심(interesse)'이라는 또 하나의 개념을 원리적 차원으로까지 끌어올려 자기 사회관의 중심축으로 설정한다.

"인간의 외부지향적인 모든 활동을 지배하고 언제나 어디에서나 존재할 뿐만 아니라, 각 개인에게서 살아 움직이면서 개인의 전반적인 사회적 지위를 결정하는 의식을 우리는 이기심이라고 부른다. 이기심은 각 개인이 다른 각 개인과의 관계 속에서 영위하는 생명활동의 중심이자 전 사회적 운동의 핵심

62) M. Hahn, 앞의 책, 23쪽; H. Marcuse, 앞의 책, 333쪽.

63) L. v. Stein, *Geschichte der sozialen Bewegung in Frankreich von 1789 bis auf unsere Tage I*, Darmstadt/1959, 29쪽.

을 이루고 있기 때문에 인간사회의 핵심"이다.[64]

위와 같은 주장은 근대 자연법사상의 영향이 진하게 밴, 따라서 슈타인 사회관의 추이와 관련하여 대단히 주목할 만한 것이다. 왜냐하면 이기심 이야말로 자연주의적 자연법론의 주제들 가운데 하나이기 때문이다. 그런 데 슈타인은 같은 책의 다른 갈피에서 이기심은 "자각적 자기애"[65]라고 고 쳐 쓰기도 한다. 그 같은 심리주의적 견해는 청년 헤겔파로부터도 영향을 받았음을 보여주는 것이다.[66] 하지만 슈타인이 이기심을 "다양한 활동들을 서로 연결하여 하나로 엮어진 사회체계를 만들어내는 원리"라고 주장하는 대목에 이르면, 이기심을 대하는 슈타인의 기본시각은 오히려 애덤 스미스 의 것에 가깝다고 할 것이다.[67] 애덤 스미스와의 친화성은 그러나 거기까 지가 전부이다. 이기심의 사회윤리적 맥락을 두고 애덤 스미스와 슈타인은 결정적으로 갈라서게 된다.

주지하는 대로, 애덤 스미스는 고전경제학의 창시자이다. 그의 경제이론 에서 핵심 관건은 자유방임주의이다. 애덤 스미스는 그러나 경제적 자유주 의자 못지않게 윤리적 낙관주의자이다. 그에 따르면, 인간은 이기심의 주체 일 뿐만 아니라 도덕적 공감능력의 소유자이기도 하다. 개개의 경제활동 주 체가 이기심의 충족을 위하여 너 나 할 것 없이 상호경쟁의 아수라장에 뛰 어들어도 서로를 파멸의 나락으로 이끄는 파국적 상황이 도래하지 않는 것 은, 이들 경제활동 주체가 도덕적 공감능력을 발휘함으로써 "보이지 않는

---

64) 위의 책, 42쪽.

65) 위의 책, 137쪽.

66) H. Nitzschke, 앞의 책, 57쪽 이하 참조.

67) H. Neuendorff, *Der Begriff des Interesses. Eine Studie zu den Gesellschaftstheorien von Hobbes, Smith und Marx*, Frankfurt am Main/1973, 21쪽 참조.

손", 다름 아닌 신의 섭리에 의한 일종의 예정조화, 좀 더 구체적으로 말하면 이기심 상호 간의 자연스러운 조화가 이루어지기 때문이다. 이처럼 애덤 스미스가 이기심을 사회윤리적 차원으로 끌어올려 이기심 상호 간의 조화를 윤리적 필연성으로까지 고양시키려는 데 반하여[68] 슈타인은 오히려 이기심을 탈윤리화할 뿐만 아니라 거기에서 한발 더 나아가 탈역사화한다.[69]

슈타인에 따르면 "과거에도 그랬지만 지금도 예나 다름없이 사회는 부자유, 예속, 개인 종속 바로 그것"이다.[70] 이처럼 슈타인은 자기중심적인 이기심의 주체들이 사회적 실천 과정에서 드러내게 될 부정적인 측면은 짐짓 외면하고, 이기심 상호 간의 충돌을 인간의 자연, 즉 인류의 자연사적 성장 과정에서 결코 비켜갈 수 없는 인간 실존의 상수, 일종의 불가항력적 사태로 상대화한다. 그 결과 슈타인의 사회관은 시민사회를 적대적 대립구도 속에서 있는 그대로 비추어보려던 그의 지적 노력에 불구하고 시민사회의 '역사적 기원'을 더 이상 묻지 않는 존재론의 차원으로 비약하지 않을 수 없게 된다.[71]

이에 따라 계급 대립은 보편 불변의 법칙으로 둔갑할 뿐만 아니라, 아예 숙명적인 기정사실로 받아들여지기까지 하면서 시민사회는 이제 인간사회의 '근본형식' 또는 '자연범주'로 통하게 된다.[72] 슈타인의 이 같은 자연

---

(68) 위의 책, 21쪽 이하.

(69) O. H. v. d. Gablentz, 앞의 글, 6쪽; F. Ronneberger, "Lorenz von Stein. Wiederkehr seines Geburtsstages am 15.11.1965"(*Der Staat*, 4. Band/1965, 393~408쪽 수록), 403쪽.

(70) L. v. Stein, *Geschichte der sozialen Bewegung in Frankreich von 1789 bis auf unsere Tage II*, Darmstadt/1959, 104쪽.

(71) O. H. v. d. Gablentz, 앞의 글, 6쪽 이하; F. Ronneberger, 앞의 글, 403쪽 이하.

(72) H. Marcuse, 앞의 책, 334쪽; H. Pross, "Bürgerlich-konservative Kritik an der kapitalistischen Gesellschaft. Zur Theorie Lorenz von Steins"(*Kölner Zeitschrift für Soziologie und Sozialpszchologi*, 18. Band/1966, 131~138쪽 수록), 133쪽 참조.

주의적 숙명론에서 우리는 홉스 사상의 편린 같은 것을 엿보게 된다. 그러나 홉스의 경우 자연상태의 이른바 '만인에 대한 만인의 투쟁'은 여기서 따으로 실재하였던 구체적 현실이 아니라 한낱 논리적 가설에 지나지 않았다. 슈타인은 반대로 '사회질서의 운동'을 계기하는 발전 단계마다 부자유가 증폭되는 일련의 과정으로 파악함으로써 논리적 가설을 역사적 사실로 바꾸어놓는다.[73]

슈타인 사회관의 이 같은 보수적 굴절은 이후 그의 이론적 실천 과정에 결정적인 영향을 미친다. 자본주의의 발전에 따라 기하급수적으로 증폭하는 사회적 갈등을 사회의 내부에서 사회투쟁과 같은 내재적 방식으로 해결하려는 시도는 필연적으로 실패할 수밖에 없다고 슈타인은 생각한다.[74] 그가 보기에 유일한 해결 방안은 사회적 갈등의 관리 책임을 사회 외부의 거대 주체, 불편 부당의 중립권력에게 아무런 토도 달지 않고 백지위임의 형식으로 맡기는 것이다.

그리하여 남은 선택지는 단 하나. 슈타인의 오랜 지적 편력 끝에 최종 기착지는 낭만주의적 관념론의 세계이다.[75] 그러나 의문은 여전히 남는다. 사회비판적 이론실천의 과정에서 그가 보여주었던 치열한 문제의식은 도대체 어디로 증발하고, 하필이면 낭만주의적 관념론인가? 의문은 꼬리를 물고 이어진다.[76]

---

73) L. v. Stein, *Geschichte der sozialen Bewegung in Frankreich von 1789 bis auf unsere Tage I*, 66쪽; 홉스에 대한 비판적 언급은 L. v. Stein, *Der Kommunismus und Socialismus des heutigen Frankreichs I. Ein Beitrag zur Zeitschichte*, Leipzig/1848, 84쪽. 그리고 같은 이, *Geschichte der sozialen Bewegung in Frankreich von 1789 bis auf unsere Tage I*, 173쪽 참조.

74) L. v. Stein, *Geschichte der sozialen Bewegung in Frankreich von 1789 bis auf unsere Tage I*, 51쪽 참조.

75) P. Vogel, 앞의 책, 269쪽 참조: 다른 견해로는 K. Mengelberg, 앞의 책, 37쪽 참조.

76) H. Nitzschke, 앞의 책, 85쪽.

문제는 독일의 전근대적 낙후성이다. 우선 경제적 후진성이다. 자본주의 발전의 초기 단계에서 경제를 주도한 것은 독립 자영 생산자층에서 자연 발생적으로 성장한 시민계급이 아니라, 국가 주도 개혁의 산물인 융커 출신의 농업자본가층이었다. 시민계급 주도의 경제혁명을 이끌 역사적 주체가 애당초 존재하지 않았던 것이다. 다음은 정치적 후진성이다. 시민계급 주도 경제혁명의 부재는 자동적으로 시민계급 주도 정치혁명의 부재로 이어진다. 시민계급 주도 정치혁명의 부재라는 독일 특유의 전근대적 상황에서 정치의 영역을 농단한 것 역시 융커 출신의 농업자본가집단이었다. 이 같은 복합적인 역사적 조건들 아래에서 객관적 상황을 대자적으로 조망할 수 있는 지적 능력을 갖춘 유일한 집단인 교양시민층은 미래지향적이 아니라 과거지향적이 되지 않을 수 없었다. 낭만주의 색조의 독일 관념론은 이들 교양시민층이 서식할 수 있는 비옥한 토양을 제공한 셈이다. 이처럼 낭만주의적 관념론이 시대정신의 한 자락을 휘어잡고 교양시민층의 정신세계를 지배함에 따라 프랑스의 신취적 사회변혁 이론도 독일 땅을 밟게 되면 국가철학의 문제로 관념화되고, 사회변혁의 과제 역시 강고한 관료주의적 국가장치의 통제 아래 관리가 가능한 경찰국가적 복지행정 차원의 '사회문제'로 축소된다.

슈타인도 예외는 아니었다. 그 역시 시대의 그림자를 뛰어넘을 수는 없었다. 낭만주의적 관념론에의 귀의는 어쩌면 운명의 작품이거나 필연의 소산이었는지 모른다. 하지만 낭만주의적 관념론도 그에게 단지 최종 기착지일 뿐, 최종 안식처는 되지 못하였다. 사실 슈타인이 지적 혼미를 거듭하며 하릴없이 낭만주의적 관념론의 늪에서 헤매고 있을 때, 외부의 현실은 이미 작렬하고 있거나 폭풍 전야의 위기상황이었다. 이웃 프랑스는 지평선 밖 먼 바다 위에 아스라이 떠 있는 외딴섬이 아니었다. 바로 앞마당에 터 잡은 지척 거리의 화약고나 다름없었다. 비동시성의 동시성이라고 할까. 독일의 사정도 불안하기는 마찬가지이었다. 자본주의 발전의 초기단계에서 이미 시계 안으로 머리를 내민 '사회문제'는 경찰국가적 복지행정의 차원에서 관료주의적 방식으로 접근하기에는 휘발성이 너무 강한 사회불안의 뇌관으로 떠오르고 있었다.

이 같은 객관적 문제상황에서 헤겔의 관념론적 국가론과의 만남은 뜻밖의 도우미 손길이나 일종의 카타르시스와 같은 것이었다. 헤겔의 관념론적 국가론 가운데 슈타인의 주목을 특히 끈 것은 국가와 사회의 분리이었다. 이 도식은 헤겔이 프랑스혁명의 찬미자에서 프랑스혁명의 비판자로 그리고 프랑스혁명의 비판자에서 다시 관념론적 국가론의 설계자로 변신하는 자기 성찰의 사유 도정에서 변증법적 사변철학이 이루어놓은 가장 빛나는 성과들 가운데 하나이기에 슈타인에게 더욱 매력적으로 다가왔을지 모른다. 아무튼 '사회문제'의 해결을 낭만주의적 관념론의 테두리 안에서 모색하는 과정에서 슈타인은 국가 사회 분리의 도식을 적극적으로 받아들인다. 접근 방식은 그러나 헤겔과는 크게 다르다.

국가와 사회의 분리는 관념론적 국가론에서 논리 전개의 중심축이다. 그것은 인류의 현실태인 국가가 마침내 모습을 드러내기 위한 변증법적 매개 과정의 한 계기에 지나지 않는다. 슈타인은 그러나 헤겔과는 다른 방식으로 접근한다. 슈타인의 경우, 사회의 내적 모순은 국가와 사회의 대립으로 나타나고 국가의 원리와 사회의 원리는 서로 대립적인 관계가 된다. 그의 말을 빌리면, 사회는 "개인들이 다른 개인들의 지배 아래 들어가는 것 그리고 타인의 종속을 밑거름으로 삼아 개인의 자기완성을 성취하는 것이지만, 국가는 완전한 자유로, 완전한 인격 발전으로 고양되는 것"을 의미하기 때문이다.[77] 이 같은 이해방식에 따라 절대이념의 필연적 계기에 지나지 않았던 헤겔의 국가 사회 분리의 이분법적 도식은 중간 매개항이 완전히

---

77) L. v. Stein, 앞의 책, 45쪽.

탈락한, 이른바 국가와 사회의 대립이라는 극단적 형태를 띠게 된다.[78] 국가와 사회의 이 같은 이항대립적 구도는 이후 독일 국가론의 발전에 큰 영향을 미치게 된다.

이처럼 국가의 원리와 사회의 원리가 직접적으로 대립하기는 하지만, 그렇다고 하나가 다른 하나를 단순히 부정하는 관계는 아니다.[79] 오히려 국가와 사회의 관계는 인간 공동체의 유기적 과정 안에서의 작용과 반작용이라는 '논리적 원리'로 축소되고 만다. 이 같은 원리에 따르면, 국가와 사회는 각각 상이한 임무를 띠고 서로 멀찌감치 떨어져 나란히 자리한 두 개의 영역이다. 이리하여 두 영역의 긴장관계를 매개하여야 할 구체적 변증법은 인간 공동체라는 낭만주의적 상위개념 속에서 자취를 감추고, 두 영역 사이에서 긴장관계를 해소하여야 할 구체적 변증법 대신 "시간적 요소가 빠진 추상적 변증법"이 들어선다.[80] 슈타인에 따르면,

> 국가와 사회의 내립은 인간 공동체의 생명을 이룬다. 따라서 국가와 사회를 지배하는 법칙들이 구체적으로 현실화하면, 그것들은 인간 공동체의 생명 전체를 지배하는 법칙들로 탈바꿈한다. 그 같은 법칙들은 과거를 포괄하면서 미래까지도 지배하게 될 것이다. 그 같은 법칙들은 또한 인간이 공동으로 살아가면서 자유로운 몸이 되는 데 필수불가결한 것이다. 그 같은 법칙들은 영원한 근본형식이며, 그것들에 따라 인간은 자신의 운동을 쌓아 나아가야 한다.[81]

---

78) H. Marcuse, 앞의 책, 334쪽.
79) L. v. Stein, 앞의 책, 45쪽.
80) L. v. Stein, 앞의 책, 31쪽; O. H. v. d. Gablentz, 앞의 글, 6쪽 참조; E. -W. Böckenförde, *Die deutsche verfassungsgeschichltiche Forschung im 19. Jahrbundert*, 188쪽 역시 참조.
81) L. v. Stein, 앞의 책, 46쪽.

아무튼 슈타인의 이 같은 국가와 사회의 이항대립적 구도는, 비록 경직 된 형태이긴 하지만, 나름대로 역사적 의미가 있다고 할 것이다 국가와 사 회의 이항대립적 구도를 계기로 슈타인이, '이념적 위계질서'를 고집한 나 머지 애당초 혁명적 성격이 농후하였던 국가 사회 분리의 이분법적 도식 에 마침내 등을 돌린 헤겔의 사이비 변증법적 해법에 결연히 맞서 자유주 의적 방향으로 냉큼 한발 더 내디뎠다는 사실은 부인하기 힘들 것이기 때 문이다.

슈타인의 국가와 사회의 이항대립적 구도와 관련하여 무엇보다 먼저 살 펴보아야 할 것은 이제까지 거의 주목을 받지 못하였으나 그의 국가관 발 전에서 결정적 역할을 떠맡게 될 그 나름의 획기적 발상이다. 슈타인은 자 신의 저서『사회론』한 곳에서 국가와 사회는 작용과 반작용의 영원한 과 정에 있다는 초기의 주장과 연계하여, 다음과 같은, 즉 "개개의 국가는 동 시에 하나의 사회질서이며 개개의 사회는 하나의 국가"라는 공리적 성격의 정식을 제시하고 있다.[82]

이에 따라 슈타인은 그 같은 공리적 성격의 정식이 함축하는 상호작용 의 구체적 발현 형태로 "인민을 구성하는 국가" 및 "국가를 구성하는 인 민", "헌법구성", 그리고 "행정구성"의 세 가지 법칙을 들고 있다.[83] 그러나 슈타인의 국가개념 이중화 전략을 고찰하는 이 글의 맥락에서 무엇보다 중 요한 것은 헌법구성의 법칙이다. 이 법칙에 따르면, 각 사회에서의 지배계 급은 국가권력을 장악하려는 유혹에 빠지기 마련이다. 슈타인이 볼 때, 헌 법현실 속의 국가란 "사회질서가 국가권력의 유기체 안에서 자신의 모습 을 되찾거나 있는 그대로 스스로를 드러낸 것"이다.[84] 나아가 그는 다음과

---

82) L. v. Stein, *System der Staatswissenschaft II*, Stuttgart-Augusburg/1856, 33쪽.
83) 위와 같음.
84) L. v. Stein, *Geschichte der sozialen Bewegung in Frankreich von 1789 bis auf*

같이 말하기도 한다.

사회질서가 존재한다는 것을 자각하고 국가와 법에 대한 사회질서의 지배를 이해하기 시작하였다는 것이 우리 시대의 고유한 성격, 정신적 단계이다. 이 같은 의식은 인민들의 의식에 스며들기 시작하고, 이를 통하여 인민들의 운동은 국가권력을 사회적 복지 투쟁의 수단으로, 사회적 투쟁의 무기로 그리고 사회적 자유의 조건으로 파악하기 시작하였다. 그리하여 한 계급이 다른 계급에 대하여 벌이는 투쟁은 스스로를 위하여 합헌적 권력을 획득하고 이로부터 타 계급을 배제하는 쪽으로 나아간다.[85]

이 같은 기본인식을 바탕에 깔고 슈타인은 대혁명 이후 시기의 프랑스 헌법현실을 경험적으로 기술한다.[86] 슈타인이 보기에 7월혁명은 유럽 전체 역사의 발전에서 결정적인 국면을 의미한다. 그것은 다름 아니라 "봉건사회의 마지막 산재를 일소함으로써 산업사회가 확실하게 지배력을 장악하도록 한 축제의식"이다.[87] 슈타인은 각 사회의 지배계급이 국가권력을 자신에게 유리하게끔 자신의 수중에 집중하도록 노력하는 것을 역사의 법칙으로 본다. 산업사회 역시 예외가 될 수 없다. 오히려 산업사회는 사회의 복잡성 증대와 더불어 가속적으로 증폭하는 사회적 이해관계들로 특징지어진다. 따라서 슈타인은 "국가는 사회의 외부에 존재할 수 없다는 것 그리고 국가는 사회에서 공동체 질서를 규정하는 요소들로부터 벗어날 수 없다"

---

unsere Tage I, 69쪽.

85) 위의 책, 3쪽; 또한 같은 책, 49쪽도 참조.

86) L. v. Stein, 앞의 책, 153쪽 이하 참조.

87) L. v. Stein, *Geschichte der sozialen Bewegung in Frankreich von 1789 bis auf unsere Tage II*, 11쪽.

는 결론에 도달한다.[88] 이어서 슈타인은 다음과 같이 말한다.

"불가분의 그리고 피할 수 없는 국가와 사회의 혼융으로 말미암아 국가는 사회의 지배계급이 갖는 열망에 맞설 수 있는 모든 힘을 상실한다. 개념상으로 지배하는 자가 실은 복종하는 자"인 것이다.[89]

이로써 우리는 슈타인의 국가관을 새로운 관점에서 비추어볼 수 있는 결정적 지점에 다다른다. 위에서 지적하였듯이, 슈타인은 대혁명 이후 시기의 프랑스 헌법현실을 경험적으로 기술하는 과정에서 국가의 현실적 성격은 사회의 전체적 맥락으로부터만 파악할 수 있다고 거듭 주장한다.[90] 하지만 그는 7월 왕정에 대한 비판적 고찰을 끝까지 밀고 나아가지 못한다. 사회적 이해관계들을 정치적 결정으로 수렴하는 데 현실의 국가가 얼마나 무력한지를 슈타인 자신이 잘 알고 있었기 때문이다.[91]

---

88) L. v. Stein, *Geschichte der sozialen Bewegung in Frankreich von 1789 bis auf unsere Tage I*, 51쪽.

89) 위와 같음.

90) 주지하는 대로, 슈타인은 『1789년부터 현재까지의 프랑스 사회운동사』에서 사회이론에 관한 문제들을 본격적으로 다루기에 앞서 자신의 국가관을 개략적으로 소묘하고 있다. 자신의 국가관을 분명하게 개관하려는 슈타인의 시도에 불구하고 우리는 슈타인의 국가관을 이해하는 데 어려움에 부딪히게 된다. 국가에 관하여 체계적 분석을 시도하려던 슈타인의 '국가학체계'가 단지 통계, 인구론, 사회론만을 포함할 뿐인 미완성의 '토르소'로 머물고 말았기 때문이다. A. Fürst가 *Die Soziologische Dimension in der Gesellschaftslehre Lorenz von Steins*, Heidelberg, Phil. F., Diss./1957, 162쪽에서 적절하게 지적하듯이, 우리는 그럼에도 여기저기 흩어져 있는 슈타인의 개별적 언급들로부터 "맑스가 국가와 사회에 대한 헤겔의 견해를 뒤집어 국가로부터 분화하는 과정에서 생겨난다고 헤겔이 생각하였던 사회야말로 국가현실의 진정한 구성요인이라고 파악함으로써 헤겔의 국가구성을 비판한 것과 동일한 맥락의 발상을 읽어낼 수 있다."

91) J. Habermas, "Nachwort"(zu: G. W. F. Hegel, *Politische Schriften*, hrsg. von H. Blumenberg/J. Habermas/D. Henrich/J. Taubes, Frankfurt am Main/1966, 343-370

이 같은 진퇴양난의 곤혹스러운 처지에서 벗어나기 위하여 관념론적 곡예가 다시 시작된다. 첫 번째 곡예는 말할 것도 없이 사회 내부의 모순을 국가와 사회의 대립으로 바꾸어놓은 국가와 사회의 이항대립적 구도이다. 그리고 국가와 사회의 이항대립적 구도에서 파생하는 또 하나의 이론적 난점으로부터 탈출할 수 있는 퇴로를 관념론적 국가관의 테두리 안에서 마련하기 위하여 국가개념을 현실적인 것과 이념적인 것으로 이중화한다.[92] 이처럼 현실의 국가에 국가의 이념을 대자적으로 정립하는 관념론적 곡예를 통하여 현실주의적으로 획득한 국가개념을 관념론적으로 다시 손질하려는, 실로 가망성이 없는 시도를 함으로써, 슈타인이 자본주의 발전의 초기 단계에 있던 프랑스 사회의 헌법현실로부터 추출하였던 현실적 국가개념은 그 기반을 박탈당하고 만다.[93]

한마디로 슈타인의 국가개념 이중화 전략에는 당대 시대정신의 한 자락이라고 하여도 좋을 관념론적 국가론 고유의 난제가 고스란히 담겨 있다고 하여도 과언이 아니다. 비록 그가 사회에 대한 국가의 종속을 강조함으로써 국가 안에서 사회가 지양되도록 이론전략을 기획한 헤겔과 일정한 거리를 두려고 하였지만, 헤겔과의 거리두기는 이내 끝장이 나고 헤겔식 관념론적 국가론의 경로로 되돌아가고 만다.[94] 슈타인에 따르면,

쪽 수록), 363쪽.

92) 슈타인의 국가개념 이중화 전략에 대한 비판으로는 H. Freyer, *Soziologie als Wirklichkeitswissenschaft. Logische Grundlegung des Szstems der Soziologie*, Leipzig-Berlin/1930, 94쪽 이하 참조.

93) S. Landshut, *Kritik der Soziologie und andere Schriften zur Politik*, Neuwied-Berlin/1969, 85쪽 각주 19 참조; C. Schmid, 앞의 글, 328쪽과 H. Kelsen, *Sozialismus und Staat. Eine Untersuchung der politischen Theorie des Marxismus*, 3. Aufl., Wien/1965, 30쪽 참조.

94) C. Schmid, 앞의 글, 321쪽.

"국가는 인격적 통일체로 고양된, 모든 개개인들의 의지가 하나로 엮여진 공동체"이다.[95] 따라서 "국가의 인격성을 형성하는 것은 개개인 모두이기 때문에 각 개개인의 발전 단계는 국가 자체의 발전 단계이다. 이에 따라 모든 개개인들의 발전 척도는 국가 자체의 발전 척도"이기도 하다.[96] 이처럼 "국가를 인격개념이 최고도로 형상화한 것으로 그리고 국가의 생명원리를 국가권력을 통하여 각 개인을 최고도로 완성시킬 임무로 받아들인다면, 국가 그 자체가 본질적으로 자유상태라는 결론이 나온다. 그리고 각 개인의 자기결정인 자유야말로 국가의 원리"이다.[97]

비교적 긴 인용이다. 내용마저 장황스럽다고 할까, 관념론적 국가관과 자유주의적 개인주의가 뒤엉켜 서로를 분간할 수 없는, 극히 혼란스러운 모양새이다. 그야말로 기이한 조합이요, 불안한 동거이다. 하지만 비켜갈 수는 없는 일. 그렇다면 혹여 인륜의 현실태인 국가에서 비로소 구체적 자유가 실현된다는 헤겔의 생각을 그저 비변증법적 방식으로 풀어놓은 것일까. 아니면 대혁명 이후 시기의 프랑스 격동기를 추적하는 지적 편력 과정에서 우연히 대면하게 된 자유주의적 사상이나 이념의 편린이 헤겔 국가관의 속편이나 다름없는 그의 관념론적 국가관에 생뚱맞게 끼어든 것일까. 이러저러한 추측들이 좌충우돌 제멋대로 춤출 뿐이다. 이러한 가운데 란트훗은 "슈타인의 국가관에는 부분적으로는 헤겔적인 그리고 부분적으로는 순수하게 자유주의적인 성격이 자리를 나란히 하고 있음"을 지적하고

---

95) L. v. Stein, *Geschichte der sozialen Bewegung in Frankreich von 1789 bis auf unsere Tage I*, 35쪽; 같은 의미의 표현들을 그의 여러 저작들에서 발견할 수 있다. 예컨대 같은 이, *Der Kommunismus und Socialismus des heutigen Frankreichs I*, 57쪽.
96) 위와 같음.
97) L. v. Stein, *Geschichte der sozialen Bewegung in Frankreich von 1789 bis auf unsere Tage I*, 66쪽.

있다.[98] 그러나 란트훗이 이 두 사상의 형성 과정에 존재하는 공통의 기초로부터 기대하여 마지않았던 "둘 사이의 모순 없는 조화의 가능성"은 아예 논의의 대상으로 삼지 않을 것이다.[99] 그것은, 슈타인도 결코 저항할 수 없었던 관념론적 국가론이 당시 시대정신의 한 자락으로 나름대로 흡인력을 가지고 있었음을 감안할 때 슈타인이 한때 기울었을지도 모르는 자유주의적 요소는 지속성을 기대할 수 없는 과도기적인 것에 지나지 않았을 것이기 때문이다.

지금까지 서술한 바로부터 이끌어낼 수 있는 잠정적 결론 가운데 결정적으로 중요한 것은, 슈타인 역시 헤겔과 마찬가지로 시민사회가 막다른 골목에서 빠져나올 수 있는 유일한 탈출구를 관념론적 국가론에서 찾음으로써 그의 국가관이 철두철미 독일 관념론의 틀 안에서 움직이고 있다는 점이다. 하지만 "모든 추상적인 것과 이념적인 것의 무력함"에 대하여도 슈타인은 충분히 알고 있었다.[100] 그럼에도 그가 국가를 독자적인 정신적 인륜적 기초를 지니고 있는 의식적인 행위주체로 굳이 설명하려고 한 까닭은 무엇인가? 슈타인이 자신의 주저 『1789년부터 현재까지의 프랑스 사회운동』을 집필할 때의 역사적 상황과 연계하여 그의 이념적 국가개념을 떠올리면, 질문에 대한 답변은 이미 나온 것이나 다름없다고 할 것이다.

슈타인이 자신의 획기적인 저작을 출간하였을 때, 시민사회는 헤겔이 미처 예상할 수 없었던 불안한 발전 단계로 접어들고 있었다. 헤겔이 시민사회를 비판하던 때만 하여도 사회 저변의 기층계층은 복지부동의 상태에서 정치적으로 움직일 기미를 조금도 보이지 않았다. 그러나 노동이 몸을 일

---

98) S. Landshut, 앞의 책, 81쪽 각주 18; 비슷한 견해로는 H. Nitschke, 앞의 책, 84쪽 각주 1 참조.

99) S. Landshut, 앞의 책, 81쪽.

100) L. v. Stein, 앞의 책, 73쪽.

으켜 자본의 대항마로 스스로를 조직하고, 자신이 처한 참담한 생존환경을 개선하기 위하여 격렬한 투쟁을 벌이게 되자 사회적 갈등은 점차 보편적 중요성을 띠게 되었다. 다름 아닌 '사회문제'가 임계상황으로 서서히 치닫고 있었던 것이다.

슈타인과 헤겔 사이에 놓인 시대적 차이를 생각할 때, 시민사회를 국가이념 안으로 흡수시키려는 헤겔식의 해법이 더 이상 통용될 수 없음은 자명하다고 할 것이다. 그 같은 해법 대신 슈타인은 국가개념을 이중화함으로써 관념론 특유의 국가 인격화 과정을 이루어낸다. 이 같은 인격화 과정에 의하여 국가는 자신의 진정한 토대인 사회에 대하여 중립성을 견지하는 불편부당의 보편자로 상정된다.

이 같은 논리는 그 후의 역사 과정에서 국가의 계급중립성 테제로 구체화하고, 국가의 계급중립성 테제는 다시 국가를 매개로 한 위로부터의 사회개혁이나 구조개혁을 표방하는 온건 좌파 계열의 국가론에서 결정적 중요성을 갖게 되었음을 생각할 때, 슈타인의 국가개념 이중화 전략은 현대적 시각에서 다시 한번 조명하여볼 만한 가치가 있다고 할 것이다. 바로 여기에 슈타인의 이념적 국가개념에서 작동하고 있는 관념론적 국가론의 불가사의한 마력이나 숨은 비밀이 있지 않을까.

아무튼 슈타인은 혁명기의 시대 흐름에 깊숙이 한 발을 들여놓으면서도 철저하게 자신의 시대에 걸맞게 그리고 오직 자신의 시대 테두리 안에서 살았다고 하여도 과언이 아니다. 자신의 양심에 충실하면서 최선을 다하였지만, 그 역시 시대의 무게에 가위눌려 살얼음 위를 걷듯 한 시대를 조심스럽게 스쳐간 시대의 자식에 지나지 않았다.

미영 문화권과 칼 슈미트*

I. 성조기와 슈미트의 만남

1. 들어가며 한마디

선지자는 고향 땅에서 핍박을 당하고 이교도의 마을에서 환대를 받는다. 나사렛 예수의 이야기가 아니다. 이야기의 주인공은 결단주의 헌법이론가 슈미트이다.

2. 순교자 슈미트의 신화

주지하는 대로 슈미트는 나치스 체제 아래에서 한때 계관 헌법학자의

* 이 글은 민주주의법학연구회 편,《민주법학》제21호, 2002, 311-323쪽에 수록된 것이다.

반열에 오르기도 하였다. 나치스 체제 붕괴 후 수직 추락은 당연한 응보였다. 옥살이는 가까스로 피하여갔지만 뉘른베르크 전범재판소의 법정에 서는 비운을 맛보기도 하였다. 수직 추락의 종착지점은 사회적 파문이었다. 그 결과 상아탑으로부터의 추방이 뒤따랐다. 대학은 출입금지 구역이 되었고, 강단에서는 호명 그 자체가 일종의 금기사항으로 통하였다. 나치스 체제에 대한 인적 청산의 첫 제물이 된 셈이다. 그러나 동서 냉전체제의 출범과 더불어 나치스 체제의 청산 작업은 한낱 구두선이 되고 만다. 복고주의 기운이 사회 구석구석을 메우면서 전후 재건의 사령탑은 물론 각급 지휘소에는 나치스 체제의 기간요원들이 대거 포진한다.[1] 순교자 슈미트의 신화는 이렇게 탄생하게 된다.

3. 슈워브의 『예외의 도전』

꿈이 없는 순교자는 순교자가 아니다. 순교자는 언제인가 부활의 나래를 펴고 홀연히 다시 나타난다. 슈미트 역시 나치스 체제 계관 헌법학자의 멍에를 벗고 20세기의 홉스로 거듭나게 된다.[2] 사회주의 세계체제의 중심축인 소련이 아직 순항을 계속하는 가운데 성조기의 정체성이 흔들리던 1970년대의 일이다. 이 무렵 미국은 베트남전쟁의 수렁에 깊숙이 빠져들고 젊은 대학생 세대가 기성질서에 반기를 들며 거리로 뛰쳐나온 질풍노도의 시기를 맞는다. 이처럼 성조기의 정체성이 심각한 위협을 받고 있을 때, 조

1) Wolfgang Abendroth, *Antagonistishe Gesellshaft und Politische Demokratie*, Neuwied und Berlin/1972, 50쪽.
2) Emanuel Richter, "Der falsche Prophet: Carl Schmitt in den USA", Rüdiger Voigt(Hrsg.), *Mythos Staat*, Baden-Baden/2001, 225쪽.

지 슈워브가 순교자 슈미트를 성조기의 정체성을 지켜줄 수 있는 유일한 구원투수로 지목하고 1970년 『예외의 도전』을 서둘러 내놓는다.[3]

『예외의 도전』은 슈워브가 1960년대 초 컬럼비아대학에 제출하였으나 오토 키르히하이머의 반대로 햇빛을 보지 못한 박사학위 청구 논문이다.[4]

4. 벤더스키와 《텔로스》

미국인의 손으로 쓰인 최초의 슈미트 연구서인 『예외의 도전』을 계기로

---

3) 『예외의 도전』은 George Schwab의 *The Challenge of the Exception*, Berlin, 1970을 우리말로 옮긴 것이다.

4) 슈워브가 『예외의 도전』을 박사학위 청구 논문으로 제출한 것은 1962년이다. 이때 박사학위 청구 논문 심사위원으로 프랑크푸르트학파 제1세대 주자들 가운데 한 사람인 오토 키르히하이머가 참여하게 된다. 박사학위 청구 논문 심사 과정에서 슈미트 해석을 둘러싸고 슈워브와 키르히하이머 사이에는 약간의 마찰이 불거진다. 이 때문에 『예외의 도전』이 박사학위 청구 논문으로 받아들여지지 않는 생각 밖의 일이 벌어지게 된다. 그 후 슈워브는 스위스의 핵무기정책을 주제로 한 박사학위 청구 논문을 다시 제출하여 학위 취득에 성공한다. 키르히하이머가 세상을 뜬 지 3년째가 되는 1968년의 일이다. 이 같은 상황 변화에 힘입어 슈워브는 일종의 소명감에서 『예외의 도전』의 출판을 결심한다. 그러나 미국에서는 이 일을 맡아줄 출판사가 나타나지 않아 『예외의 도전』은 서베를린 보수 계열 출판사인 Duncker & Humblot의 도움을 받아 세상에 나오게 된다. 그리고 미국의 한 출판사가 제2판을 낸 것은 1989년이다. 이 같은 사정 뒤에는 인간사에서 흔히 볼 수 있는 연기의 사슬들이 복잡하게 얽혀 있다. 사실은 키르히하이머 자신이 한때 슈미트의 총애를 받은 고제자 가운데 한 사람이었다. 키르히하이머는 슈미트가 본대학에서 몸담고 있을 때 그의 지도 아래 박사학위논문을 준비하였고, 슈미트 역시 키르히하이머를 학문적으로 높이 평가하였다. 그러나 두 사람의 이 같은 관계도 역사의 무대가 바뀌면서 이내 끝나고 만다. 한여름 밤의 부질없는 막간극이었다고나 할까. 어쨌든 시대의 총아 슈미트가 새로 단장한 무대 옆에서 회전목마를 즐기고 있을 때, 게토 출신 이방인에게 남은 길은 필사의 탈주뿐이었다. 유대계 망명 독일 지식인 키르히하이머와 시대의 불화는 이렇게 싹트기 시작한다. 슈워브 사건도 따지고 보면 시대와의 불화가 낳은 또 하나의 막간극에 지나지 않는다. 이에 관하여 상세한 것은 Emanuel Richter, 앞의 글, 222쪽 이하 참조.

슈미트가 주류사회의 지식생산 하청기지인 대학의 상아탑에서 학문적 관심의 대상으로 자리 잡을 수 있는 기틀이 마련된다. 가시적 성과의 하나로 손꼽을 수 있는 것이 슈워브의 제자인 조지프 벤더스키가 방대한 자료를 이용하여 슈미트의 학문역정과 저작활동을 전기물의 형식으로 재구성하여놓은 『제국이론가 칼 슈미트』이다.[5] 1983년 벤더스키의 저술이 출간된 후 얼마 되지 않아 슈미트는 95세를 일기로 파란만장한 영욕의 삶을 마감한다. 슈미트 서거 후 좌파 성향 계간잡지 《텔로스》는 1987년 여름의 슈미트 추모 특집호에서 그의 사상과 이론을 집중적으로 조명한다.[6] 슈미트에 대한 《텔로스》의 이 같은 관심은 슈워브나 벤더스키의 그것과 비록 차원이 다르기는 하지만 1990년대까지 지속적으로 이어진다. 슈미트가 『예외의 도전』 이후 1990년대에 이르기까지 이처럼 줄곧 관심의 표적으로 떠오른 데에는 나름의 시대사적 배경이 자리 잡고 있다.

5. 미국의 이데올로기 지형

그것은 다름 아니라 이데올로기 지형의 변화이다. 미국의 이데올로기 지형에서 결정적인 중요성을 갖는 것은 반공산주의이다. 1950년대의 매카시즘이 대표적 사례이다. 매카시즘적 반공산주의의 핵심은 람보식 흑백논리이다. 그러나 람보식 흑백논리에 바탕을 둔 매카시즘적 반공산주의는

---

5) Joseph W. Bendersky의 저서 *Carl Schmitt: Theorist for the Reich*, Princeton University Press/1983에 관하여 자세한 것은 Dieter Haselbach, "Die Wandlung zum Liberalen Zur gegenwärtigen Schmitt-Diskussion in den USA", Klaus Hansen/Haus Lietzmann(Hrsg.), *Carl Schmitt und die Liberalismuskritik*, Leverkusen/1988, 126쪽 참조: Emanuel Richter, 앞의 글, 226쪽.
6) Emanuel Richter, 앞의 글, 233쪽.

1960년대 말 학생운동 이후 사회통합의 구심력을 급속히 상실한다. 이에 따라 이데올로기 지형이 재편성이 당면이 급선무로 떠오른다. 하지만 반공산주의라는 람보식 흑백논리의 기본틀 안에서 진행된 이데올로기 지형의 재편성은 형태만 달리할 뿐 더욱 퇴영적인 성격을 띠게 된다. 이와 관련하여 주목하여야 할 것은 기독교 원리주의에 뿌리를 둔 신보수주의의 등장이다.[7] 뿐만 아니라 1980년대에 들어 이데올로기 지형은 더욱 복잡한 모습을 띠게 된다. 결정적 계기는 의사파시즘적 극우정권인 레이건 행정부의 출현이다. 레이건 행정부가 내건 신자유주의는 한마디로 시장절대주의이며, 시장절대주의의 귀결은 말할 것도 없이 케인스주의적인 복지국가이념의 해체이다.[8] 이리하여 1970년대 이후 미국의 이데올로기 지형에서는 신보수주의와 신자유주의가 반공산주의와 더불어 지배이데올로기로 자리 잡게 된다. 이처럼 슈미트의 사상과 이론이 지적 관심의 대상으로 떠오르게 된 시대사적 배경에 관하여 비교적 장황한 언설을 늘어놓는 것은 슈미트의 개념실재론이 안고 있는 잠재적 폭발력을 경계하는 것이 슈미트 담론이 지켜야 할 최소한의 미덕이라고 생각하기 때문이다.[9]

---

7) 이형대, 「신우파운동」, 김덕호/김영진 엮음, 『현대미국의 사회운동』, 비봉출판사/2001, 137쪽 이하.

8) 田端博邦, 「福祉国家の現在」, 東京大学社会科学研究所 編, 『轉換期の福祉国家(上)』 1988, 31쪽 이하; 馬場宏二, 「レーガン主義の文脈」, 東京大学社会科学研究所 編, 『轉換期の福祉国家(上)』 1988, 79쪽 이하.

9) Ulrich K. Preuß, "Carl Schmitt und die Frankfurter Schule: Deutsche Liberalismuskritik im 20. Jahrhundert. Anmerkungen zu dem Aufsatz von Ellen Kennedy", *Geschichte und Gesellschaft* 13, 1987, 408–409쪽 참조.

6. 크리스티의 슈미트 담론

미국에서 슈미트 담론을 주도하여온 슈워브나 벤더스키가 추구하는 목
표는 한결같다. 슈미트를 20세기의 홉스로 격상시켜 그를 자유보다 질서를
앞세우는 권위주의적 자유주의의 사도로 새롭게 자리매김하는 것이다.[10]
이 같은 흐름은 슈미트를 반자유주의적 사상가 내지 이론가로 묶어두려는
독일 본고장의 일반적 분위기와는 사뭇 다른 것이다.[11] 아무튼 슈미트를
자유주의자로 재평가하려는 대서양 건너편의 움직임과 관련하여 레나토
크리스티의 슈미트 담론이 흥미를 끈다. 그는 최근의 슈미트 관련 저술『칼
슈미트와 권위주의적 자유주의』에서 슈미트의 입장을 권위주의적 자유주
의로 규정하고 있다. 크리스티에 따르면 권위주의적 자유주의는 정치적 권
위주의와 경제적 자유주의를 내실로 한다.[12] 크리스티의 슈미트 담론을 좇
아 슈미트의 입장을 권위주의적 자유주의로 자리매김한다면 반공산주의,
신보수주의 그리고 신자유주의가 지배이데올로기로 저마다 나름의 역할
을 수행하고 있는 미국의 이데올로기 지형에서 슈미트의 사상과 이론이 비
집고 들어갈 수 있는 틈새는 예상 밖으로 폭넓게 열려 있다고 하여도 과언

---

10) Emanuel Richter, 앞의 글, 224-225쪽 참조.
11) 슈미트 관련 저작들 가운데 중요한 것으로는 Christian Graf von Krockow, *Die
    Entsheidung*, Stuttgart/1958; Jürgen Fijalkowski, *Die Wendung zum Führerstaat*,
    Köln und Opladen/1958; Hasso Hofmann, *Legitimität gegen Legalität*, Neuwied
    und Berlin/1964; Ingeborg Maus, *Bürgerliche Rechtstheorie und Faschismus*,
    München/1976 등이 있음.
12) 권위주의적 자유주의에 관하여 상세한 것은 Renato Christi, *Carl Schmitt and
    Authoritarian Liberalism*, University of Wales Press/1998, 149쪽과 Hermann Heller,
    "Autoritärer Liberalismus", *Gesammelte Schriften*. Zweiter Band, Leiden/1971, 643-
    653쪽 참조. 권위주의적 자유주의라는 표현은 Hermann Heller의 위 글에서 빌려온 것
    이다.

이 아니다.

7. 반공산주의와 슈미트

미국의 반공산주의는 역사가 오래이다.[13] 그러나 제2차 대전 후 사회주의 세계체제의 출현이 눈앞의 현실로 다가오면서 미국의 반공산주의는 새로운 국면을 맞게 된다. 이 과정에서 냉전자유주의가 반공산주의의 밑그림으로 자리 잡게 된다. 이처럼 반공산주의의 밑그림으로 자리 잡은 냉전자유주의의 핵심은 자유의 적에게 자유를 거부하는 억압과 배제의 논리이다.[14]

슈미트의 사상과 이론이 크리스티의 주장대로 권위주의적 자유주의의 기본구도 위에 자리 잡고 있다면, 권위주의적 자유주의의 한 축을 떠받치고 있는 것은 다름 아닌 정치적 권위주의이다.[15] 슈미트의 사상과 이론에서 정치적 권위주의의 근간은 말할 것도 없이 결단주의이다.[16] 그리고 결단주의의 중심 화두는 정치적인 것의 개념이다. 문제는 정치적인 것의 개념이다. 슈미트에 따르면 정치적인 것의 본질은 타협도 통합도 아니다. 적과 동지의 식별이야말로 정치적인 것의 핵심이다.[17] 슈미트의 정치적 권위주의와 미국의 반공산주의가 접합할 수 있는 결정적 대목이다.

13) 안윤모, 「반공운동」, 김덕호/김연진 엮음, 앞의 책, 68쪽 이하 참조.
14) Anthony Arblaster, *The Rise and Decline of Western Liberalism*, Basil Blackwell/1987, 309쪽 이하 참조.
15) Renato Christi, 앞의 책, 137쪽 이하 참조.
16) 결단주의에 관하여 자세한 것은, Carl Schmitt, *Verfassungslehre*, Berlin/1957, 20쪽 이하와 같은 이, *Der Begriff des Politischen*, Berlin/1963, 20쪽 이하 참조.
17) Carl Schmitt, *Der Begriff des Politischen*, 26쪽 이하.

억압과 배제의 논리든 동지와 적의 식별이든 이들 두 잣대는 특정 가치를 절대화한다는 점에서 구조적 맥락을 같이한다. 그러한 의미에서 미국의 반공산주의와 슈미트의 정치적 권위주의는 다 같이 가치절대주의에 터 잡고 있다. 이 같은 가치절대주의를 무기로 미국의 반공산주의가 지키고자 하는 것은 자유경제, 좀 더 정확히 말하면 약육강식의 자본주의적 밀림법칙인 경제적 자유주의이다.[18] 슈미트의 정치적 권위주의도 경제적 자유주의를 부정하지 않는다. 오히려 정반대이다. 슈미트의 권위주의적 자유주의에서는 경제적 자유주의가 정치적 권위주의와 더불어 권위주의적 자유주의의 또 하나의 축을 이룸으로써 양자는 상호 보완관계에 있다.[19] 따라서 미국의 반공산주의와 슈미트의 정치적 권위주의는 하나의 목표를 지향하고 있다. 그것은 다름 아니라 억압과 배제의 논리를 동원하거나 적과 동지의 식별을 통하여 공동의 적인 공산주의로부터 경제적 자유주의를 수호하는 것이다.

8. 신보수주의와 슈미트

미국의 신보수주의는 기독교 원리주의와 밀접한 관련이 있다.[20] 남부의 침례교회를 모태로 하는 기독교 원리주의는 앵글로 색슨족의 청교도 윤리를 극단적 형태로 밀고 나아간다.[21] 기독교 원리주의의 이 같은 윤리적 급진주의는 학생운동 이후 급속히 확산된 반주류 대학문화의 낭만주의적 자

---

18) 안윤모, 앞의 글, 86쪽.
19) Renato Cristi, 앞의 책, 201쪽.
20) 이형대, 앞의 글, 137쪽 이하.
21) 이형대, 앞의 글, 139쪽.

유지상주의에 대한 반대명제의 의미를 갖는다.[22] 따라서 기독교 원리주의에서는 문화적 다원주의가 발붙일 여지가 없게 된다. 미국의 신보수주의 사전에는 미국적 가치의 유일한 형태로 오직 체제순응적 청교도 윤리가 있을 뿐이다. 바로 이 대목에서 미국의 신보수주의와 슈미트가 다시 한번 만나게 된다.

슈미트는 결단주의 헌법이론가이기에 앞서 보수혁명이론가이다.[23] 그는 바이마르헌법 체제 아래에서 바이마르헌법 체제를 정면으로 부정하는 극우 반체제운동인 보수혁명운동에 깊숙이 관여하고 있었다.[24] 보수혁명운동의 기본이념은 일종의 병사공산주의인 참호사상이다.[25] 자기희생의 전우애가 가치판단의 유일한 기준이 되는 이 참호사상으로부터 보수혁명운동이 이끌어낸 행동강령은 도덕적 엄숙주의이다. 그리고 이 도덕적 엄숙주의를 바탕으로 보수혁명운동은 강한 지도자, 강한 국가, 강한 경제를 행동목표로 설정한다.[26] 미국의 신보수주의가 반주류 대학문화의 낭만주의적 자유지상주의가 몰고 온 이른바 도덕적 위기로부터 미국적 가치를 수호하기 위하여 강한 미국의 재건을 요구하는 것과 일맥상통한다.

---

22) 이형대, 앞의 글, 136쪽 이하.

23) 山下威士, 『カール・シュミット研究』, 南窓社/1987, 135쪽 이하; Armin Mohler, "Carl Schmitt und die 'konservative Revolution'", Helmut Quaritsch(Hrsg.), *Complexio Oppositorium*, Berlin/1988, 127쪽 이하.

24) 山下威士, 앞의 책, 89쪽.

25) 위의 책, 115-116쪽.

26) 위의 책, 125쪽 이하.

9. 신자유주의와 슈미트

끝으로 짚어야 할 것은 1980년대 이후 미국의 이데올로기 지형에서 주도적 역할을 떠맡고 있는 신자유주의에 대하여 슈미트의 사상과 이론이 갖는 의미이다.

신자유주의는 본질적으로 경제적 자유주의의 새로운 표출형태에 지나지 않는다. 경제적 자유주의는 사회와 국가의 이원적 분단을 논리 전개의 출발점으로 삼고 있다.[27] 경제적 자유주의에 따르면 경제는 사회의 핵심 영역으로 거기에서는 나름의 운동법칙이 작동한다.[28] 이에 따라 경제적 자유주의는 어떠한 형태의 국가개입주의도 철저히 배격한다.[29] 신자유주의 역시 사회와 국가, 좀 더 구체적으로 표현하면 경제와 정치를 이원적 분단 논리에 따라 별개의 독자 영역으로 상정한다. 그 결과 신자유주의에서는 국가개입주의가 끼어들 여지가 없게 된다. 신자유주의가 케인스주의적 복지국가의 이념을 거부하는 이유도 거기에 있다.[30]

슈미트의 부르주아 법치국가론도 경제적 자유주의를 암묵적으로 전제한다.[31] 따라서 슈미트의 부르주아 법치국가론은 사회와 국가의 이원적 분단에 터 잡고 있다.[32] 슈미트가 일종의 대국가 방해배제 청구권인 자유권적 기본권을 기본권체계의 중심축으로 설정한 것도 같은 맥락이라고 할 수 있다.[33]

---

27) 이근식, 『자유주의사회경제사상』, 한길사/1999, 514쪽 이하; 岡田與好, 『經濟的自由主義』, 東京大学出版会/1987, 2쪽 이하 참조.

28) 이근식, 앞의 책, 514쪽 이하.

29) 위의 책, 519쪽 이하.

30) 田端博邦, 앞의 글, 31쪽 이하.

31) Renato Cristi, 앞의 책, 201쪽.

32) Carl Schmitt, *Verfassungslehre*, Berlin/1957, 125쪽 이하.

33) 위의 책, 163쪽 이하, 특히 170쪽 참조.

이와 대조적으로 슈미트는 케인스주의적 복지국가이념의 핵심 내용인 사회권적 기본권을 사회주의적 권리라는 이유를 들어 일언지하에 거부 한다.[34] 슈미트의 기본권 이해에 따르면 사회권적 기본권은 부르주아 법치국가와 양립할 수 없는 반체제 이단의 범주에 속하기 때문이다.[35] 따라서 본 기본법이 규정하고 있는 사회국가에 대한 슈미트의 평가도 극히 부정적이다.[36] 슈미트가 그의 『헌법론』에서 상세히 다루고 있는 부르주아 법치국가의 문법에 따르면 케인스주의적 복지국가 담론은 일고의 가치도 없는 자가당착적 모순화법에 지나지 않는다. 그러한 의미에서 미국의 신자유주의와 슈미트의 부르주아 법치국가론은 이론구조나 논리구조에서 서로 닮은꼴이라고 할 수 있다. 슈미트의 사상과 이론이 이질적인 미국의 풍토에서 뜻밖의 강력한 흡인력을 보인 것도 이 같은 이유들 때문이다.

II. 유니언 잭 아래의 슈미트

양지가 있으면 음지도 있는 법. 이교도의 고을이라고 환대일색만은 아니었다. 슈미트가 타계한 이듬해 그는 대서양 이편에서도 논쟁의 한복판에 서게 된다.

그러나 이번은 자유주의자 슈미트가 아니다. 반자유주의자 슈미트가 논쟁의 주제이다. 무대는 한때 미국의 식민지 모국이었으나 지금은 미국의 위성국가로 전락한 영국이다. 연출자는 미국 출신의 영국 여류학자 엘런

---

34) Carl Schmitt, *Verfassungslehre*, 1957, 169-170쪽.

35) Carl Schmitt, 앞의 책, 169쪽.

36) Carl Schmitt, "Nehmen/Teilen/Weiden", *Verfassungsrechtliche Aufsätze*, Berlin/1958, 492쪽 이하.

케네디이다. 그는 서독의 한 잡지에 기고한 글에서 우상 파괴의 악역을 자청하고 슈미트를 반자유주의자로 낙인찍는다.[37] 케네디에 따르면 슈미트는 20세기 자유주의 비판자 가운데 가장 걸출한 인물이다.[38] 부르주아계급이 역사의 주역으로 세계사의 무대에 등장한 이래 자유주의 비판자들은 좌우 양쪽에 수없이 있었다. 그러나 비판의 철저성이나 논리의 일관성에서 그에 견줄 만한 사람은 찾아보기 힘들다.[39]

　슈미트에 대한 이 같은 평가를 토대로 케네디는 슈미트의 반자유주의적 입장을 고증하기 위하여 문헌학적 탐사에 나선다. 그의 주장을 빌리면 슈미트의 반자유주의적 입장은 저작활동 초기인 문예비평 단계에서 이미 윤곽을 드러낸다.[40] 그 예로 케네디는 슈미트의 초기작품인 『실루엣』 등을 든다.[41] 그러나 이 단계에서 슈미트의 비판은 주로 자유주의의 역사적 담지자인 부르주아계급의 개인주의적 가치관, 진보주의적 신앙 그리고 속물주의적 취향에 초점이 모아진다.[42] 슈미트가 자유주의의 역사적 담지자인 부르주아계급의 일상사에서 그들의 이데올로기인 자유주의 쪽으로 비판의 눈길을 돌리기 시작한 것은 『정치적 낭만주의』 이후이다.[43] 그리고 『정치적 낭만주의』가 출간된 것은 1919년이다. 시기적으로 바이마르공화국의 출범과 때를 같이한다는 점에서 의미 있는 방향전환이라 할 수 있을 것이다.

　『정치적·낭만주의』에 대한 케네디의 문헌학적 탐사는 슈미트의 자유주

---

37) Ellen Kennedy, "Carl Schmitt und die Frankfurter Schule. Deutsche Liberalismuskritik im 20. Jahrhundert", *Geschichte und Gesellschaft* 12, 1986, 380-381쪽.
38) 위의 글, 382-383쪽.
39) 위의 글, 382쪽.
40) 위의 글, 383쪽.
41) 위와 같음.
42) 위의 글, 383쪽.
43) 위와 같음.

의 비판에 대한 우리들의 인식지평을 넓혀준다. 케네디에 따르면 슈미트는 독일의 자유주의를 정치적 낭만주의의 일종으로 자리매김한다.[44] 그 결과 낭만주의에 대한 슈미트의 부정적 인식이 자유주의의 이념상에 고스란히 투영된다. 슈미트는 낭만주의의 본질적 속성으로 우유부단과 지칠 줄 모르는 수다벽을 든다.[45] 그에 따르면 낭만주의의 이 같은 속성은 본래 자유주의의 이념권에 속하는 의회주의에서 가감 없이 표출된다.[46] 의회주의의 두 기둥인 공개와 토론은 낭만주의의 산물에 지나지 않는다. 이에 관하여 슈미트는 의회주의 비판서인 『오늘날 의회주의의 정신사적 위상』에서 자신의 주장을 체계적으로 펴나간다.

나아가 케네디는 슈미트의 반자유주의적 입장을 이해하는 데 그의 『정치신학』이 갖는 문헌학적 중요성을 강조한다.[47] 이와 관련하여 케네디는 슈미트가 반자유주의적 입장을 구축하여가는 데 결정적 영향을 미친 사람으로 보날 등 19세기 프랑스의 반혁명이론가들, 역시 동시대 스페인의 반혁명이론가인 도노소 코르테스 그리고 1848년 혁명 때 부르주아계급의 유약성을 목격하고 그들에 대하여 비판적이었던 헤겔주의자 로렌츠 폰 슈타인을 들고 있다.[48] 그러나 슈미트가 반자유주의적 입장을 다듬는 데 대부의 역할을 한 것은 낭만주의 계열의 반혁명이론가들뿐만이 아니다. 특히 자유주의 성향의 슈미트 담론에서는 좌파 진영의 이론가를 거명하는 것이 상식이다. 케네디 역시 슈미트의 반자유주의적 입장을 그의 이른바 민주주의 자유주의 화해불가론의 관점에서 논증하기 위하여 맑스, 엥겔스, 카우

44) Ellen Kennedy, 앞의 글, 383쪽.
45) 위의 글, 383쪽 참조.
46) 위의 글, 383쪽.
47) 위와 같음.
48) 위와 같음.

츠키, 레닌을 양념으로 끌어들인다.[49] 케네디에 따르면 슈미트의 민주주의
자유주의 화해불가론은 프롤레타리아독재야말로 참민주주의이며, 따라서
민주주의와 독재는 적대적 대립물이 아니라는 레닌의 프롤레타리아독재
론으로부터 영향을 받은 것이다.[50]

　문헌학적 탐사의 마지막 대상은 바이마르헌법 체제의 종말이 얼마 남
지 않은 1920년대 말의 저작들이다. 과녁은 슈미트의 주저인 『헌법론』이
다. 케네디에 따르면 슈미트의 반자유주의적 입장은 1928년의 『헌법론』에
서 더욱 극명하게 드러난다.[51] 반자유주의적 발상의 극치로 케네디가 지목
하고 있는 것은 말할 것도 없이 슈미트 특유의 헌법개념이다. 슈미트는 널
리 알려진 대로 헌법을 정치적 통일체의 실존 양식에 관한 구체적 결단으
로 정의한다.[52] 이 같은 개념 규정은 물론 반자유주의적 민주주의의 관점에
서만 이해가 가능한 것이다. 민주주의에 관한 한 슈미트의 선택은 분명하
다. 그것은 동일성민주주의이다.[53] 그리고 슈미트의 동일성민주주의는 거
리의 압력이 최종 결성권을 갖는 민중주의적 동원민주주의이다.[54] 따라서
슈미트의 『헌법론』에 대한 케네디의 부정적 평가도 크게 흠잡을 데가 없다
고 하여도 과언은 아니다. 그러나 곧이어 좌충우돌에 제 논 물 대기식의 억
지논리가 꼬리를 내민다. 요즈음 천방지축 날뛰는 저 양키 총잡이들의 정
통 후예 부시 얼간이의 모습이 불현듯 떠오른다. 케네디의 다음과 같은 주

---

49) Ellen Kennedy, 앞의 글, 383쪽.
50) 위의 글, 384–385쪽.
51) 위의 글, 385쪽.
52) Carl Schmitt, *Verfassungslehre*, 20쪽 이하.
53) 위의 책, 243쪽 이하, 특히 246–247쪽 참조.
54) 거리의 압력은 역사적으로 다양한 형태로 나타난다. 슈미트에 따르면 거리의 압력의 가장
　　고전적인 형태는 박수갈채이다. 박수갈채의 무대도 시대마다 다르다. 그리스 아테네에서는
　　시장이 그리고 로마 공화정 때에는 포럼이 박수갈채의 큰 마당이었다. 여론은 박수갈채의
　　근대적 형태에 지나지 않는다. 상세한 것은 Carl Schmitt, 앞의 책, 243쪽 이하 참조.

장은 그야말로 궤도 이탈의 전형이라 할 수 있을 것이다. 그에 따르면 슈미트의 동일성민주주의는 러시아 사회주의혁명 당시의 소비에트제도나 제1차 세계대전 직후의 독일 평의회제도에서 영감을 얻은 것이다.[55] 정말 그러할까. 자유주의자 케네디의 기회주의적 속내가 들여다보이는 대목이다. 유니언 잭이나 성조기나 초록은 역시 동색이다.

55) Ellen Kennedy, 앞의 글, 385쪽.

위르겐 하버마스와 좌파 슈미트주의[*]

I. 케네디의 하버마스 비판

1. 논쟁의 언저리

1970년대 이후 미영 문화권에서는 슈미트 연구가 활발하다.[1] 슈미트에 대한 평가도 비교적 우호적이다. 이를 계기로 슈미트는 자유주의자로 거듭 태어나는 데 성공한다. 그러나 비판적 입장도 만만치 않다. 케네디의 경우가 그렇다. 케네디는 1986년, 그러니까 슈미트가 서거한 이듬해 독일의 한 잡지에 기고한 논문에서 우상 파괴의 악역을 자청한다.[2] 이 글에서 그는 슈

---

[*] 이 글은 민주주의법학연구회 편,《민주법학》제22호, 2002, 13-51쪽에 수록된 것이다.

[1] 국순옥,「미영 문화권과 칼 슈미트」,《민주법학》제21호, 관악사/2002, 311쪽 이하 참조.

[2] Ellen Kennedy, "Carl Schmitt und die 'Frankfurter Schule'. Deutsche Liberalismuskritik in 20. Janhrhundert", *Geschichte und Gesellschaft*, Jahrgang 12, Göttingen/1986, 380쪽 이하.

123

미트를 반자유주의자로 규정한다. 이 대목까지 그의 작업은 성공적이었다 자평하여도 좋을 것이다. 우호적 평가보다 비판적 견해가 더 우세한 슈미트의 본고장 독일로부터의 원호사격도 기대할 수 있었기 때문이다. 그러나 케네디는 여기에서 만족하지 않고 한발 더 나아간다. 그는 프랑크푸르트 학파 제1세대와 프랑크푸르트학파 제2세대의 선두주자인 하버마스를 슈미트 계보의 반자유주의자 동아리에 끌어들인다.[3] 그 결과 하버마스는 말할 것도 없고 벤야민, 키르히하이머, 마르쿠제, 호르크하이머까지 좌파 슈미트주의자라는 달갑지 않은 꼬리표를 달게 된다.[4] 하버마스로부터 격렬한 반응이 있었음은 물론이다. 하버마스의 주변도 출렁거리기는 마찬가지이었다. 이내 반격이 시작되었다. 케네디 저격수로 나선 이들은 프랑크푸르트학파의 역사와 이론에 일가견을 가진 죌르너와 비판이론의 사정거리 안에서 하버마스와 깊은 교감을 나누어온 좌파 진영 헌법학자 프로이스이다.

2. 케네디의 주장

하버마스가 슈미트의 이론에 관심을 갖게 된 이유들 가운데 하나는 자유주의와 민주주의에 대한 그의 날카로운 비판의식 때문이다. 슈미트의 이론에서 하버마스가 특히 주목하는 것은 다음과 같은 문제의식들이다.[5] 첫째는 자유주의적 민주주의에 대한 비판이다. 둘째는 자유주의적 민주주의의 제도적 중심축인 의회와 의회의 둘레에 포진하고 있는 사회권력들, 예

---

3) 위의 글, 388쪽 이하.
4) Hartmuth Becker, *Die Parlamentarismuskritik bei Carl Schmitt und Jürgen Habermas*, Berlin/1994, 11쪽 참조.
5) Ellen Kennedy, 앞의 글, 402쪽.

컨대 정당 등 다원적 사회집단들에 대한 부정적 평가이다. 셋째는 동일성 민주주의의 핵심주제인 정당성 문제의 재발견이다.

슈미트는 자유주의와 민주주의를 화해 불가능한 대립물로 본다. 슈미트와 마찬가지로 하버마스도 자유주의적 민주주의에 대하여 비판적이다. 자유주의적 민주주의 비판에서 하버마스가 비판의 준거틀로 삼는 것은 형식적 민주주의와 참민주주의의 구별이다.[6] 이 같은 구별은 새로운 것이 아니다. 그것은 바이마르헌법 체제 아래에서 민주주의 논쟁이 한창일 때, 논쟁에 참여한 대다수 헌법학자들이 논리 전개의 출발점으로 은연중 상정한 기본 도식이기도 하다. 아무튼 이 같은 기본 도식에 따라 참민주주의의 입장에서 민주주의 논쟁을 이끌어간 대표적 인물은 본질주의자 슈미트이다.[7] 그는 민주주의의 이념적 측면을 강조한다. 이 같은 입장에 서게 되면, 민주주의는 자기지배의 원리이며 자기지배 원리의 핵심은 치자와 피치자의 동일성이다. 이에 반하여 형식적 민주주의는 민주주의의 이념적 측면은 뒤로 미룬 채 민주주의의 제도적 측면만 앞세운다. 전형적 사례는 실증주의자 토마의 경우이다.[8] 그는 민주주의를 극단적으로 단순화한다. 주권자인 국민이 국가기관 구성에 참여할 수 있는 제도적 장치만 마련되면, 민주주의는 이미 실현된 것이나 다름없다. 보통선거제도야말로 민주주의의 기본이며, 민주주의는 그 이상의 것도 그 이하의 것도 아니다.[9] 토마에 따르면 민주주의를 자기지배의 원리로 이해하는 본질주의적 입장은 루소적 급진민주주의의 한 갈래에 지나지 않는다.[10] 그러나 슈미트의 주장을 빌리면, 토

---

6) Ellen Kennedy, 앞의 글, 405쪽.
7) 위와 같음.
8) 위와 같음.
9) 위와 같음.
10) 위와 같음.

마의 그 같은 견해는 치명적 약점을 지니고 있다.[11] 민주주의를 실증주의적 관점에서 파악할 경우, 민주주의의 이념적 구조나 현실적 기능은 관심밖으로 밀려나게 된다.[12] 따라서 민주주의의 이념적 구조나 현실적 기능을 총체적으로 파악하기 위하여는 자기지배의 원리에 바탕을 둔 루소적 급진 민주주의를 진지하게 받아들이는 것이 무엇보다 중요하다.[13] 토마의 실증주의적 입장에 대한 슈미트의 이 같은 반론은 하버마스의 경우에도 그대로 되풀이된다.[14] 하버마스 역시 토마를 실증주의적 입장의 대표자로 지목한다. 그에 따르면, 토마는 형식적 민주주의의 역사적 과오를 제대로 인식하지 못하고 있다.[15] 민주주의가 보통선거제도의 테두리 안에서 머물게 될 경우, 그것은 국가기관 구성을 위한 일종의 정치공학적 수단에 불과하다. 따라서 정치참여는 요식절차에 그칠 뿐, 민주주의의 본질인 자기지배의 원리와 거리가 멀게 된다. 그렇게 되면 결과는 자명하다. 사회적 소수파인 부르주아계급이 정치적 다수파로 군림하게 된다. 이것이 소수파 민주주의인 형식적 민주주의, 즉 자유주의적 민주주의의 참모습이다.[16]

자유주의적 민주주의는 의회민주주의이다. 의회민주주의에서 의회는 통치기구의 맨 위쪽에 자리 잡고 있다. 의회에 대한 슈미트의 입장은 프랑스 시민왕 루이 필립 시대의 정치적 풍운아 기조의 『프랑스 대표정부 연혁사』에 힘입은 바 크다.[17] 슈미트에 따르면, 의회는 이성의 전당이며 이성의 전당인 의회는 공개와 토론의 마당이기도 하다.[18] 따라서 의회가 공개

---

11) Ellen Kennedy, 앞의 글, 406쪽.
12) 위와 같음.
13) 위와 같음.
14) 위와 같음.
15) 위와 같음.
16) Ellen Kennedy, 앞의 글, 407-408쪽.
17) Ellen Kennedy, 앞의 글, 410쪽.

와 토론의 과정을 거쳐 제정하는 법률 또한 이성적 품격을 지니게 된다. 법률의 기본요건으로 일반성과 추상성을 요구하는 것은 그 때문이다. 그러나 의회민주주의의 헌법현실은 다르다. 자유주의적 민주주의가 다원주의적 대중민주주의의 단계에 이르면, 다원적 사회집단들이 헌법현실의 구체적 담지자로 등장하게 된다.[19] 이처럼 다원적 사회집단들이 헌법현실을 주도하면, 의회는 정당 간부들이 이익단체를 등에 업고 의회 밖에서 이미 흥정을 마친 주요 현안들을 정치적 타협의 형식으로 포장하는 원내 정파들의 거간조직에 지나지 않는다.[20] 슈미트의 이 같은 견해를 하버마스는 그대로 이어받고 있다. 그에 따르면, 자유주의적 민주주의가 다원주의적 대중민주주의의 형태를 띠게 됨에 따라 의회는 더 이상 공개나 토론의 과정을 통하여 진리의 발견에 복무하는 이성의 전당이 아니다.[21] 그 이유는 간단하다. 다원적 사회집단들이 헌법현실의 주도권을 장악하게 되면, 의회는 국민대표기관이라는 헌법상의 지위에 불구하고 국민의사결정 과정에서 사실상 배제되기 때문이다. 그 결과 의회로부터 국민대표기능을 기대할 수가 없게 된다.

바이마르헌법 체제 초기 슈미트는 의회민주주의를 비판하며 합법성과 정당성을 이항대립적 관계로 정식화한 바 있다.[22] 합법성과 정당성의 이 같은 이항대립적 관계 설정은 의회민주주의의 이른바 물신주의적 합법성 신앙의 허구성을 폭로함으로써 동일성민주주의의 정당성을 이론적으로 확보하려는 고도의 이론전략에서 비롯된 것이다. 이 같은 이론전략의 최종귀

18) 위와 같음; Carl Schmitt, *Verfassungslehre*, Berlin-Neuköl/1957, 315쪽 참조.
19) Ellen Kennedy, 앞의 글, 409쪽.
20) 위와 같음.
21) Ellen Kennedy, 앞의 글, 411쪽.
22) Ellen Kennedy, 앞의 글, 413쪽.

결이 민주주의주권론과 대통령 헌법수호자론이다.[23] 의회민주주의에 대한 하버마스의 대응논리는 슈미트의 경우와 크게 다르지 않다. 우선 하버마스는 『학생과 정치』에서 의회민주주의의 위기를 확인하고 이와 표리관계에 있는 부정적 사실을 지적한다.[24] 다원주의적 대중민주주의의 확산에 따른 정치적 공론영역의 조락 현상이 바로 그것이다.[25] 이에 따라 하버마스는 정치적 공론영역의 조락 과정을 추적한다. 그 이론적 성과가 『공론영역의 구조변화』이다. 하버마스는 나아가 『후기 자본주의와 정당화의 문제들』에서 후기 자본주의사회의 정당성 위기를 심도 있게 다룬다. 그에 따르면, 후기 자본주의사회의 정당성 위기는 다원주의적 대중민주주의의 필연적 결과이다.[26] 사실 다원주의적 대중민주주의에서 무엇보다 눈에 띄는 것은 정치적 공론영역의 조락 현상이다. 이에 따라 시민들은 여론 형성의 주체에서 여론 조작의 객체로 전락한다.[27] 결과는 주권자인 시민의 정치적 무장해제이다. 이 같은 상황에서 후기 자본주의사회가 대중의 충성을 확보하기 위하여 동원할 수 있는 가용자원은 극히 한정되었다. 더욱이 형이상학적 세계관이 현실적 기반을 상실하고 그 자리를 세속주의적 세계관이 대신함에 따라 대중의 충성을 조달하기 위한 유일한 대안으로 등장한 것이 사회국가이념에 바탕을 둔 물질적 보상체계의 구축이다.[28] 그러나 이것은 문제해결의 실마리가 아니다. 무한 악순환의 첫걸음에 지나지 않는다. 의회민주주의의 미래에 대한 이 같은 부정적 전망을 눈앞에 두고 하버마스는 다원주의적 대중민주주의의 확산과 정치적 공론영역의 조락에 대한 대응방

23) 위와 같음.
24) Ellen Kennedy, 앞의 글, 412쪽.
25) 위와 같음.
26) 위와 같음.
27) 위와 같음.
28) Ellen Kennedy, 앞의 글, 413쪽.

안을 찾아 나선다. 이 같은 이론적 노력의 결과가 다름 아닌 새 주권론이다. 하버마스가 구상하는 새 주권론의 기본 얼개는 단순하다. 그는 약한 시민과 강한 사회권력의 대치구도를 제시한다.[29] 이것은 슈미트가 대통령 헌법수호자론으로 가기 위하여 민주주의주권론을 내세우며 약한 국가와 강한 사회권력의 대치구도를 들고나온 것과 일맥상통한다.[30] 이 같은 새 주권론의 구체적 모습은 『후기 자본주의와 정당화의 문제들』에서도 명확히 드러나지 않는다. 하버마스가 자신의 새 주권론에 관하여 말문을 열기 시작한 것은 「시민불복종」에서이다.[31] 이 글에서 하버마스는 다원주의적 대중민주주의의 헌법현실에서 의회민주주의가 심각한 도전을 받아 자유주의적 민주주의가 마침내 시험대에 오를 경우, 이 같은 비상사태로부터 의회민주주의를 구출하여 자유주의적 민주주의를 제자리로 돌려놓을 역사적 주체로 주권자 시민을 상정한다.[32] 이와 관련하여 그는 헌법수호자라는 슈미트의 용례에 따라 정당성수호자라는 표현을 사용한다.[33]

3. 쵤르너의 반론

"네 주장은 영락없이 칼 슈미트를 빼닮았어." 이 같은 비아냥은 듣기에 따라 대수롭지 않게 받아넘길 수 있을지도 모른다.[34] 독일의 중도 좌파 지

---

29) Ellen Kennedy, 앞의 글, 414쪽.

30) 위와 같음.

31) 위와 같음.

32) Ellen Kennedy, 앞의 글, 415쪽.

33) 위와 같음.

34) Alfons Söllner, "Jenseits von Carl Schmitt. Wissenschaftsgeschichtliche Richtigstellungen zur politischen Theorie im Umkreis der 'Frankfurter Schule'",

식인들 사이에서는 그러나 사정이 다르다.[35] 만일 누군가 그 같은 면박을 당하였다면, 그것은 사회적 파문 선고나 다름없다. 케네디가 루드비히스부르크의 한 강연에서 프랑크푸르트학파와 슈미트의 지적 내연관계를 공공연하게 떠벌렸을 때만 하여도, 독일에서 슈미트를 보는 눈이 그렇게 간단한 것은 아니라는 사실에 미처 생각이 미치지 못하였을 수도 있다.[36] 그런데 곧이어 하버마스의 반론 제기가 있었음에도 케네디가 『역사와 사회』에서 비슷한 주장을 되풀이한 것을 보면, 그 같은 추정은 별로 설득력이 없다 할 것이다. 케네디의 논리는 학생운동이 화두에 오를 때마다 자유주의 성향 지식인들이 강단맑시즘을 걸고넘어지며 적군파 과격행동의 정신적 뿌리로 덤터기 씌우는 수법과 비슷하다.[37] 케네디나 자유주의 성향 지식인들이 내보이는 이 같은 민감한 반응은 다 같이 소아병적 음해 의도를 밑바탕에 깔고 있다 하여도 과언이 아니다. 그 같은 접근방식은 합리적 담론의 기본원리를 저버리고 문제의 핵심을 비켜간다. 아무튼 케네디의 엉뚱한 문제 제기로 말미암아 1980년대 초 노이만이 좌파 슈미트주의를 들고나왔을 때 이미 예견되었던 우려가 현실화된 셈이다.[38] 그것은 다름 아니라 아직도 해명할 구석이 많이 남아 있는 전체주의론의 재등장이다.[39] 이보다 더 안타까운 것은, 이미 오래전부터 보수주의 철학과 진보주의 사상이 평화공존의 지혜를 가꾸어온 영국의 정치문화권에 몸담고 있는 케네디가 하필이면 독일 특유의 반문화적 유산인 흑백논리를 휘두르며 자신이 설정한 자의적 기준에 따라 비판의 상대를 난도질하고 있다는 사실이다.[40] 이 글에서 필자

Geschichte und Gesellnchaft, Jahrgang 12, Gottingen/1986, 502쪽.

35) 위와 같음.

36) 위와 같음.

37) 위와 같음.

38) 위의 글, 503쪽; Alfons Söllner, 위의 글, 503쪽 각주 6.

39) 위의 글, 503쪽.

가 의도하는 것은 케네디의 주장들 가운데 몇 가지 잘못된 부분들을 비판에 대한 반비판의 형식으로 바로잡는 일이다.

케네디에 따르면 슈미트는 바이마르헌법 체제의 대표적 본질주의자이다.[41] 그의 동일성민주주의는 존재론적 색채가 강하다.[42] 이에 따라 치자도 피치자도 형이상학적 범주로 둔갑한다.[43] 거기에는 물론 게르만 민족주의적 요소도 없지 아니하다.[44] 하버마스는 그러나 슈미트와 세계관을 달리한다. 그가 말하는 동일성민주주의는 이론 전개의 출발점인 일종의 논리적 가설에 지나지 않는다.[45] 그럼에도 케네디는 민주주의를 보는 두 사람의 눈이 구조적으로 비슷하다는 주장을 굽히지 않는다. 하지만 이 같은 주장은 별로 설득력이 없다고 할 것이다. 민주주의에 관한 한, 하버마스와 슈미트는 오히려 극과 극을 달리고 있다. 그러한 의미에서 하버마스의 다음과 같은 견해는 귀담아들을 만하다.[46] "민주주의의 작동원리는 인간의 자기결정이다. 인간의 자기결정이 구체적 현실 속에서 뿌리내릴 때, 민주주의는 참민주주의로 거듭 태어난다."[47] 그에 따르면, 인간의 자기결정에 터 잡은 민주주의는 형이상학적 범주가 아니라 역사적 과정의 산물이다.[48] 이 역사적 과정에서 민주주의는 때로 승리의 개가를 올리기도 하고, 때로 패배

---

40) 위의 글, 518쪽.
41) 위의 글, 518쪽.
42) 위와 같음.
43) 위와 같음.
44) 위와 같음.
45) 위의 글, 519쪽.
46) 위와 같음.
47) 위와 같음; Jürgen Habermas, "Zum Begriff der politischen Beteiligung", Habermas/Friedeburg/Oehler/Weltz, *Student und Politik*, Neuwied am Rhein und Berlin/1961, 15쪽.
48) Alfons Söllner, 위의 글, 520쪽.

의 위험에 노출되기도 한다. 선거권의 일반화가 민주주의가 걸어온 역사적 과정의 긍정적 측면이라면, 다원주의적 대중민주주의 경향의 강화는 민주주의가 당면하고 있는 부정적 측면이다.[49]

이뿐만이 아니다. 하버마스는 나아가 자유주의의 모순을 이렇게 질타한다.[50] "민주주의의 이념을 선포하고 그것을 제도적 외피로 포장까지 하면서도 사회적 계급제도에 바탕을 둔 소수파 민주주의를 용인하는 것, 이 것이야말로 자유주의적 법치국가의 타고난 숙명이다."[51] 자유주의에 대한 하버마스의 이 같은 단죄는 슈미트가 『오늘날 의회주의의 정신사적 위상』에서 일관되게 추구한 자유주의 비판과 차원을 달리한다. 이 저작에서 슈미트는 민중주의적 동원민주주의를 정당화하기 위하여 자유주의의 고전적 이념상을 잣대로 바이마르헌법 체제의 정당국가적 헌법현실을 비판한다.[52] 그러나 하버마스의 인식관심은 기본방향이 다르다. 그에 따르면 구체적 현실 속에 뿌리박고 있는 자유주의 역시 이념과 현실의 모순으로부터 자유로울 수 없다.[53] 따라서 하비마스의 관심사는 자유주의의 그 같은

---

49) 위와 같음.

50) 위의 글, 519쪽.

51) 위와 같음; Jürgen Habermas, 앞의 글, 21쪽.

52) Alfons Söllner, 위의 글, 518쪽 참조: 민중주의적 동원민주주의는 plebiszitäre Demokratie 의 의역이다. 이에 관하여 약간의 설명이 필요하다. plebiszitär의 명사형은 Plebiszit이다. 프랑스어의 plébiscite와 영어의 plebiscite도 같은 의미이다. 우리말 사전들의 풀이에 따르면, 이들 단어들의 사전적 의미는 국민투표이다. 그러나 Plebiszit를 국민투표로 번역하면, 역사적 범주로서 그것이 지니고 있는 독특한 의미를 전달할 수가 없게 된다. 뿐만 아니라 referendum과의 차이도 명확히 드러나지 않는다. 따라서 Plebiszit의 의미를 가능한 한 정확히 전달하기 위하여 plebiszitäre Demokratie를 '민중주의적 동원민주주의'로 옮겨놓는다. 민중주의적 동원민주주의에서 민중주의적 동원의 가장 중요한 형태는 국민투표, 좀 더 정확히 표현하면 인민투표이다. 그리고 인민투표는 결과적으로 신임투표의 성격을 띠게 된다.

53) Alfons Söllner, 위의 글, 520쪽.

모순이 다원주의적 대중민주주의에서 어떠한 형태로 모습을 드러내는지를 비판적으로 탐색하는 데 있다.[54] 이처럼 인식관심이 다름에도 하버마스가 마치 슈미트의 뒷북을 치고 있는 듯한 인상을 주는 것은 그 나름의 이론전략 때문이다. 사실 하버마스의 이론전략에서 결정적 의미를 갖는 것은 호르크하이머와 아도르노의 공동저작인 『계몽의 변증법』이다.[55] 이 저작을 본보기 삼아 하버마스는 어디까지나 내재적 비판의 방법에 충실하려 한다.[56] 그가 헬러의 현실과학론을 높이 평가하는 것도 결코 우연이 아니다.[57] 이 같은 내재적 비판의 방법은 독일연방공화국의 민주주의적 잠재력을 분석의 대상으로 삼고 있는 『학생과 정치』에서 선을 보인 다음, 『공론영역의 구조변화』에서 본격적으로 모습을 드러내기 시작한다.[58]

하버마스의 시민불복종론도 비판의 표적이 되기는 마찬가지이다. 케네디에 따르면 하버마스의 시민불복종론은 슈미트 이론의 곁가지에 지나지 않는다.[59] 거기에도 물론 슈미트의 손길이 닿아 있다.[60] 케네디의 그 같은 추정은 차라리 억지에 가깝다. 하버마스의 시민불복종론에 영향을 준 것은 슈미트의 이론이 아니라 롤스와 드워킨의 이론이다.[61] 그럼에도 케네디는 하버마스의 시민불복종론과 슈미트의 비상사태론을 한데 묶어 동일범주의 담론으로 처리하려 한다.[62] 그러나 하버마스의 시민불복종론은 슈미트

54) 위와 같음.
55) 위의 글, 519-520쪽.
56) 위와 같음.
57) 위의 글, 520쪽. 여기에서 헬러의 현실과학론은 Hermann Heller의 Wirklichkeitswissenschaft 를 염두에 둔 것이다.
58) 위의 글, 520쪽.
59) 위와 같음.
60) 위와 같음.
61) 위의 글, 523-524쪽.
62) 위의 글, 524쪽.

의 비상사태론과 아무런 관련이 없다.[63] 하버마스의 시민불복종론은 정상사태를 암묵의 전제로 하기 때문이다. 역설적으로 말하면, 하버마스의 시민불복종론은 독일의 정치문화도 나름대로 성숙하여 이제 제 앞가림을 할 수 있게 되었다는 것을 반증하는 것이기도 하다.[64] 그러한 의미에서 하버마스의 다음과 같은 발언은 사사하는 바 크다 할 것이다.[65]

> 시민불복종은 법치국가의 기틀이 손상되지 않는 범위에서만 허용된다. 법치국가의 기틀이 손상되지 않는 한, 법규위반자는 그때그때의 다수파에 영향을 미치기 위하여 국민의 자격으로 직접 주권 행사에 나설 수 있다. 법규위반자가 시민불복종의 권리를 주장할 수 있는 것은 민주주의적 법치국가에서도 정당성이 없는 합법적 규정이 있을 수 있기 때문이다. 정당성 여부를 가리는 잣대는 사적 도덕도 특권도 진리 파지의 독점적 지위도 아니다. 결정적 의미를 갖는 것은 모든 사람들이 자명한 것으로 받아들이는, 따라서 근대 헌법국가도 시민들의 자발적 승인을 기대하는 도덕원리이다.

따라서 시민불복종은 불법질서의 극단적 사례가 아니다.[66] 그것은 언제든지 일어날 수 있는 정상사태의 일상적 사례에 지나지 않는다.

그러나 학문사를 전공하는 사람으로 아무래도 아쉬움이 남는다. 그리하여 내친김에 몇 마디 덧붙이기로 한다. 1980년대의 하버마스 저작들 가운데 대표적인 것은 『의사소통행위론』이다. 이 저작을 놓고 1950년대와 1960년대의 초기 저작들을 되돌아보면, 격세지감이 들 만큼 하나의 뚜렷

---

63) 위와 같음.
64) 위와 같음.
65) 위와 같음.
66) 위와 같음.

한 흐름이 손에 잡힌다.[67] 그것은 다름 아니라 독일 학문의 서구화 내지 미국화 경향, 좀 더 정확히 말하면 관념론의 세계에서 뼈가 굵은 독일 학문의 서구화 내지 미국화 경향이다.[68] 이 같은 흐름은 히틀러를 피하여 영국이나 미국으로 건너가 그곳에서 새 둥지를 틀고 활동하다 귀환한 망명지식인들에 힘입은 바 크다. 그러나 귀환 망명지식인들 가운데 전후 세대에 적지 않은 영향을 준 호르크하이머나 아도르노가 독일 학문의 서구화 내지 미국화를 늦추는 데 일정한 역할을 하였던 것은 부정할 수 없는 사실이다.[69] 그들은 독일 맑시즘의 헤겔주의적 편향을 비판하면서도 헤겔의 역사철학은 그대로 답습하고 있다.[70] 하버마스의 경우에도 이 같은 중도반단의 어정쩡한 태도를 확인할 수 있다.[71] 하버마스 초기 저작들의 방법론적 특색으로 필자가 강조하는 내재적 비판의 방법은 역사철학적 관점을 떠나서는 생각할 수 없다.[72] 독일 관념론은 전통적으로 반자유주의적이었다. 독일 관념론을 유물론적 입장에서 계승한 맑시즘도 마찬가지이다.[73] 그럼에도 하버마스는 호르크하이머나 아도르노가 『계몽의 변증법』 이후 포기한 이념을 복원하는 데 모든 이론적 역량을 경주한다.[74] 이론과 실천의 정치적 통일이 바로 그것이다. 『공론영역의 구조변화』를 비롯한 하버마스의 초기 저작들은 이 같은 기획의 산물이다.[75] 하버마스의 내재적 비판의 방법은 외래 이식 민주주의를 이질적 토양에 접목시키기 위하여 독일 관념론의 반자유주

---

67) 위의 글, 525쪽.

68) 위와 같음.

69) 위의 글, 525-526쪽.

70) 위의 글, 526쪽.

71) 위와 같음.

72) 위와 같음.

73) 위와 같음.

74) 위와 같음.

75) 위와 같음.

의적 전통을 청산하고 구미 자유주의와의 새로운 관계를 모색하는 데 초점을 맞추고 있다. 따라서 하버마스는 독일 관념론과 구미 자유주의의 화해를 추구한 게르만적 구미주의자라 하여도 과언이 아니다.[76] 하버마스 이론이 독일 본고장보다 영국이나 미국에서 더 융숭한 대접을 받는 것은 눈여겨볼 대목이다.[77]

4. 프로이스의 비판

우선 짚어보아야 할 것은 슈미트의 다음과 같은 주장이다. 의회는 법률을 제정하는 국가기관이지 다수의지를 대표하는 국가기관이 아니다.[78] 그리고 의회가 제정하는 법률은 의지의 산물이 아니라 이성의 작품이다.[79] 따라서 법률은 합리적인 것이어야 한다.[80] 이들 세 명제는 언뜻 보기에 지극히 상식적인 내용을 담고 있는 것처럼 보인다. 그러나 정작 속내를 들여다보면 정당국가적 의회민주주의에 대한 선전포고나 다름없다. 의회가 다수의지대표기관이 아니라 법률제정기관이라는 첫 번째 명제는 의회민주주의에 대한 중대한 도전을 의미한다.[81] 이 명제에 따르면 의회는 국민대표기관이 아니다.[82] 기껏해야 법률의 형식으로 규범을 정립하는 입법기관에 지

---

76) 위와 같음.
77) 위의 글, 502쪽과 528쪽.
78) Ulrich K. Preuß, "Carl Schmitt und die Frankfurter Schule: Deutsche Liberalismuskritik in 20. Jahrhundert", Anmerkungen zu dem Aufsatz von Ellen Kennedy, *Geschichte und Gesellschaft*, Jahrgang 13, Goettingen/1987, 404쪽.
79) 위와 같음.
80) 위와 같음.
81) 위의 글, 404-405쪽 참조.
82) 위와 같음.

나지 않는다.[83] 두 번째 명제도 의회입법의 대전제인 다수결원칙과 어긋난다.[84] 의회가 제정하는 법률이 다수의지와 관련이 없는 이성의 작품이라면, 입법 과정에서 자신들의 의지를 민주주의적 절차에 따라 관철시키려는 다수파가 설 자리를 잃게 되고 그 자리를 이성의 대변자를 자임하는 소수파가 대신하게 된다.[85] 여기에서 말하는 소수파는 물론 슈미트가 토론지상주의집단이나 타협물신주의집단으로 매도한 자유주의적 부르주아계급이다. 이에 따라 의회입법이 터 잡고 있어야 할 이념적 기반도 민주주의에서 자유주의로 그 중심축이 이동함으로써 의회민주주의의 기본틀마저 위협을 받게 된다. 그 결과 의회주의와 민주주의의 역사적 타협은 무위로 끝나고, 의회주의는 민주주의 없는 의회주의, 즉 의회주의의 고전적 형태인 자유주의적 의회주의로 돌아간다. 이것은 슈미트의 의회주의 비판이 추구하는 의회주의의 탈민주주의 이론전략과 맥을 같이한다. 세 번째 명제는 의회주의에 대한 슈미트의 자유주의적 해석에서 가장 주목할 부분으로 의회민주주의의 허구성을 폭로하는 데 결정적 구실을 한다. 슈미트에 따르면 의회민주주의의 헌법현실은 정당국가이다.[86] 정당국가에서 이질적 정당들이 다원적 사회집단들을 등에 업고 타협의 형식으로 만드는 법률들은 이성의 작품으로서 마땅히 지녀야 할 품격을 갖추고 있지 못하다. 그것은 말 그대로 의지의 산물, 그것은 민주주의적 다수파의 의지가 아니라 다원적 사회집단들의 의지에 지나지 않는다.[87] 따라서 정당국가적 의회민주주의에서 의회민주주의는 다원적 사회집단들의 횡포와 소수파 지배집단의 전제를 정당

---

83) 위와 같음.

84) 위와 같음.

85) 위와 같음.

86) 위의 글, 404쪽.

87) 위와 같음.

화하기 위한 제도적 장치에 불과하다.[88]

그렇다면 정당국가적 의회민주주의에 대한 대안은 무엇일까. 이 같은 물음에 대한 해답의 열쇠는 슈미트의 민주주의 개념에서 찾을 수 있다. 슈미트에 따르면, 민주주의의 유일한 버팀목이 있다면 그것은 다름 아닌 국민의 의지이다.[89] 따라서 이성의 이름으로 합리성의 계기가 끼어들 여지가 없다. 국민의 의지는 국민의 의지라는 단 한 가지 이유만으로도 정당성이 주어지기 때문이다. 그러나 바로 이 대목이야말로 슈미트 이론의 아킬레스 심줄이라 하여도 과언이 아니다. 위에서 이미 보았듯이 슈미트는 법률을 의지의 산물이 아니라 이성의 작품으로 미화한다. 그런가 하면 민주주의의 유일한 버팀목인 국민의 의지를 절대화하기 위하여 그것으로부터 이성적 요소를 완전히 제거한다.[90] 그 결과 법률의 반의지적 이성과 국민의 반이성적 의지가 화해 불가능한 적대적 대립물로 서로 마주하게 된다. 이 같은 모순을 슈미트는 변증법적 매개 과정을 거치지 않고 논리적 폭력을 통하여 직접 해결하려 한다.[91] 이에 따라 그는 국민의 반이성적 의지가 법률의 반의지적 이성에 의하여 왜곡되는 것을 원천적으로 차단하여 국민의 의지가 무매개 직접성의 형태로 보존될 수 있는 방안을 모색한다.[92] 유일한 길은 법률제정과 관련이 있는 일체의 자유주의적 중간 매개장치, 예컨대 의회와 같은 입법기관을 묶음표 안에 넣어 민주주의 개념 밖으로 내놓는 것이다. 이처럼 국민의 의지를 절대화하기 위하여 민주주의 개념으로부터 자유주의적 중간 매개장치 등 일체의 군더더기를 걷어내려는 논리적 폭력의 최종

---

88) 위의 글, 403쪽.
89) 위의 글, 405쪽.
90) 위와 같음.
91) 위와 같음.
92) 위의 글, 405쪽 및 408쪽 참조.

성과가 동일성민주주의이다.[93] 슈미트의 이 같은 동일성민주주의는 국민을 주인으로 섬기는 참민주주의의 전형처럼 보인다. 그러나 사실은 그렇지 않다. 슈미트의 동일성민주주의가 상정하는 국민의 실체가 무엇인지를 들여다보면, 그의 동일성민주주의가 단지 수사학적 언어유희에 불과하다는 것이 금방 드러나기 때문이다. 사실 슈미트의 동일성민주주의가 전제하는 국민은 일정한 공간에 모여 박수갈채 등 물리적 행동양식을 통하여 자신들의 의지를 표현하는 군집에 지나지 않는다.[94] 군집의 사회학적 특징은 탈주체화이다. 그러한 의미에서 슈미트의 동일성민주주의는 국민이 국가의 사 결정에 탈주체적으로 참여하는 민중주의적 동원민주주의라 하여도 과언이 아니다.

합법성과 정당성의 이항대립적 조정은 슈미트 이론에서 논란의 여지가 가장 많은 부분이다. 그러나 민주주의적 헌법국가에서는 합법성과 정당성의 관계는 슈미트가 주장하는 것처럼 이항대립적인 것이 아니다.[95] 민주주의적 헌법국가에서 합법성은 국민의 이름으로 의회가 제정한 법률에 의하여 국가권력의 행동 반경이 제한되는 것을 의미한다. 이때 법률의 형태로 표출된 국민의 의지는 추정적 의지가 아니라 현실적 의지이다.[96] 따라서 법률에 근거하여 법률의 테두리 안에서 행사되는 국가권력은 법치국가적 합법성뿐만 아니라 민주주의적 정당성도 아울러 지니게 된다.[97] 한마디로 말하면 민주주의적 헌법국가에서는 합법성과 정당성은 별개의 존재가 아니다. 동전의 양면에 지나지 않는다. 합법성을 갈음하거나 합법성 위에 군림

---

93) 위의 글, 405쪽.
94) 위의 글, 405~406쪽.
95) 위의 글, 406~407쪽.
96) 위의 글, 407쪽.
97) 위와 같음.

하는 정당성이란 생각할 수조차 없는 것이다. 그런데 슈미트는 의회민주주의의 비민주주의성을 강조하며 의회입법의 대전제인 다수결원칙마저 부정한다. 그 대신 그가 들여놓은 것은 군집이 자신들의 의지를 박수갈채 등 물리적 행동양식을 통하여 무매개 직접성의 형태로 표출시키는 동일성민주주의이다.[98] 그것은 민주주의적 헌법국가의 끝이나 다름없다.[99] 결과는 정치적 탈헌법화에 의한 국가권력의 무한 확장이다.[100] 민주주의적 헌법국가의 폐허 위에는 법적 구속으로부터 완전히 해방된 주권적 결단만이 기다리고 있을 뿐이다.

문제는 슈미트의 이론적 접근방식이다. 슈미트의 이론적 접근방식에서 특기할 만한 것이 있다면, 그것은 다름 아닌 개념실재론이다.[101] 따라서 현실과 개념의 관계도 물구나무서게 된다. 이제 개념은 현실의 단순한 추상이 아니다. 그것은 자기 고유의 운동법칙에 따라 현실을 가꾸어가는 역사의 원동력으로 둔갑한다. 죽은 개념이 산 현실을 능욕하는 이 같은 개념실재론의 뒤안에는 해제주의, 반역사주의, 그리고 이항대립주의가 자리 잡고 있다.[102] 슈미트의 개념실재론에서 논리조작의 첫걸음은 개념의 해체이다. 슈미트는 우선 분석 대상인 특정개념을 개별 구성요소로 분해한다.[103] 그리고 이들 개별 구성요소를 역사적 맥락으로부터 떼어낸 다음, 반대개념을 끌어들여 이항대립적 관계로 바꾸어놓는다.[104] 예컨대 민주주의를 치자와 피치자의 동일성으로 규정한 뒤 그 대립물로 대표제도를 나란히 놓거나,

---

98) 위와 같음.
99) 위의 글, 408쪽.
100) 위의 글, 407~408쪽.
101) 위의 글, 408쪽.
102) 위와 같음.
103) 위와 같음.
104) 위와 같음.

헌법을 정치적 결단으로 정의한 다음 그 대립물로 정치적 타협을 내세우는 따위이다.[105] 그러한 의미에서 상반개념의 이항대립적 조정은 동지와 저을 일도양단식으로 갈라놓는 결단주의적 사고의 또 하나의 다른 측면이라 할 수 있다.[106]

슈미트와 하버마스는 대척관계에 있다. 한 사람은 정치를 의사소통의 여지가 없는 실존적 결단의 영역으로 자리매김한다.[107] 그리고 또 한 사람은 정치적 합리성의 매개수단으로 의사소통을 중시한다.[108] 주지하는 대로 슈미트는 정치의 결정적 징표로 동지와 적의 식별을 든다. 이 같은 결단주의적 사고가 추구하는 이론전략은 자명하다. 정치를 실천적 결단의 영역으로 차별화하여 헌법의 사정거리 밖에 두는 것, 즉 정치의 탈헌법화이다.[109] 이에 반하여 하버마스는 정치를 그것이 늘 달고 다니는 고질적 병폐, 다시 말하면 맹목적 지배의 망령으로부터 해방시켜려 한다.[110] 특히 후기 저작들에서는 담론윤리에 바탕을 둔 이성적 사회관계의 체계를 구축하여 정치 역시 이성적 사회관계의 그물망에 포섭하려는 노력이 두드러진다.[111] 한마디로 말하면 하버마스는 탈지배의 이상향을 꿈꾼다.[112] 이 같은 꿈은 어디까지나 꿈일 뿐, 실현 가능한 대안이 되지 못한다. 따라서 그는 차선책으로 구미 자유주의의 전통에 따라 정치를 헌법의 테두리 안으로 끌어들이려 한다.[113] 이처럼 두 사람은 평행선을 달리고 있는데도 케네디는 엉뚱한 주장

---

105) 위와 같음.
106) 위와 같음.
107) 위의 글, 409쪽.
108) 위와 같음.
109) 위와 같음.
110) 위와 같음.
111) 위의 글, 410쪽.
112) 위와 같음.
113) 위와 같음.

을 늘어놓는다. 그에 따르면, 하버마스와 슈미트는 정치적 가치관이나 정치적 목표에서 약간의 차이를 보일 뿐 두 사람의 이론은 구조적으로나 논리적으로 닮은꼴이다.[114]

그러나 하버마스의 민주주의 이해는 단순명료하다. 하버마스에 따르면 민주주의는 자유롭고 평등한 시민들의 자기결정, 즉 치자와 피치자의 동일성이다.[115] 케네디의 말을 빌리면 하버마스의 이 같은 민주주의 이해는 슈미트의 동일성민주주의를 이어받은 것이다.[116] 케네디가 제시하는 유일한 논거는 하버마스가 『학생과 정치』에서 정당의사와 국민의사를 동일시하는 라이프홀츠의 견해를 비판한 다음과 같은 대목이다.[117] 의회와 정부를 지배하는 다수파 정당의 의사를 국민의사로 자리매김하는 정당국가적 직접민주주의의 시각은 따지고 보면 일종의 의제에 지나지 않는다.[118] 이 부분은 슈미트의 경우처럼 정당의사 뒤에는 국민의사라는 또 하나의 실체가 존재한다는 것을 암시하기 위한 것이 아니다.[119] 그것은 오히려 정당의 국민대표기능을 정당국가적 직접민주주의의 핵심으로 파악한 라이프홀츠의 소박한 견해를 염두에 두고, 국민의사가 정당이라는 정치적 매개장치를 통하여 수렴되는 과정에 절차적으로 보완하여야 할 점들이 많음을 지적한 데 불과하다.[120] 하버마스의 관심사는 의회민주주의가 정당국가적 헌법현실에 의하여 왜곡되는 것을 막기 위하여 정치적 의사결정 과정의 절차적 합리성을 확보하는 데 있다. 이에 대한 이론적 성찰의 도달점이 정치적 공론

---

114) 위의 글, 409~410쪽.
115) 위의 글, 411쪽 참조.
116) 위와 같음.
117) 위의 글, 413쪽.
118) 위와 같음; Jürgen Habermas, 앞의 글, 31쪽.
119) Ulrich K. Preuß, 앞의 글, 414쪽.
120) 위와 같음.

영역이라는 상징적 장치이다.[121]

하버마스의 의회주의 비판에 대한 케네디의 촌평도 설득력이 별로 없어 보인다. 『공론영역의 구조변화』에서 하버마스가 의회주의 이념의 사회적 토대인 18세기 말 전후의 부르주아 공론영역을 지나치게 미화하고 있는 것은 부인할 수 없는 사실이다.[122] 그리고 그는 『공론영역의 구조변화』보다 한 해 앞서 나온 『학생과 정치』에서 의회를 정당 하수인들의 담합장소로 묘사하고 있다.[123] 얼핏 보기에 슈미트의 의회주의 비판을 그대로 옮겨놓은 느낌이다. 그렇다고 하버마스의 의회주의 비판을 슈미트 견해의 재탕쯤으로 깎아내리는 것은 지나친 논리비약이다. 하버마스가 의회주의 비판에서 주로 원용하는 것은 슈미트가 아니라 라이프홀츠이기 때문이다.[124] 의회가 정당 하수인들의 담합장소라는 명제도 실은 라이프홀츠에게서 빌려온 것이다.[125] 이 명제와 관련하여 슈미트에 대한 언급은 있었으나, 그것은 단지 라이프홀츠의 주장을 뒷받침하기 위한 사족에 지나지 않는다.[126]

슈미트는 1932년 출간된 그의 저작 『합법성과 정당성』에서 합법성과 정당성을 이항대립적 관계로 설정한다.[127] 케네디에 따르면 하버마스도 합법성과 정당성을 준별하는 품이 슈미트를 그대로 닮았다.[128] 그 논거로 드는 것이 하버마스의 시민불복종론이다.[129] 그러나 하버마스가 그의 시민불복종론에서 합법성과 정당성을 이항대립적 관계로 설정한다고 그를 슈미트

---

121) 위와 같음.
122) 위의 글, 412쪽.
123) 위와 같음.
124) 위와 같음.
125) 위와 같음.
126) 위와 같음.
127) 위의 글, 414쪽.
128) 위와 같음.
129) 위의 글, 416~417쪽.

의 아류쯤으로 치부하는 것은 일종의 과잉반응이라 하여도 좋을 것이다. 주지하는 바와 같이 합법성과 정당성을 이항대립적 관계로 설정하는 슈미트의 견해는 특별한 전제 위에 터 잡고 있다. 그에 따르면 의회는 본질적으로 비민주주의적 제도이다.[130] 따라서 의회주의적 합법성은 국민의사에 바탕을 두어야 할 민주주의적 정당성을 대신할 수 없다. 슈미트가 민주주의적 정당성의 심급으로 상정하는 것은 국민이 직접 선출하는 대통령이다.[131] 슈미트의 이 같은 논리에 따르면, 대통령의 독재를 규정한 바이마르헌법 제48조도 민주주의의 대립물이 아니다.[132] 하버마스는 그러나 입장이 다르다. 그에 따르면 의회는 의회주의적 합법성의 심급일 뿐만 아니라 민주주의적 정당성의 심급이기도 하다.[133] 따라서 직접민주주의적 정치실천의 한 형태인 시민불복종이 민주주의적 정당성은 물론 의회주의적 합법성까지도 확보하려면, 그것이 마주하여야 할 최후의 상대는 어디까지나 의회다수파로 한정해야 한다.[134] 그러나 하버마스의 이 같은 주장에 이의를 달지 않는다고 하더라도 문제는 여전히 남는다. 시민불복종이 경우에 따라 의도적이고 공개적인 법규 위반도 불사한다면, 그것이 전가보도처럼 내세우는 민주주의적 정당성이 의회주의적 합법성의 틀 안에서 계속 존립의 공간을 지켜갈 수 있을는지 의문이기 때문이다.[135] 그러나 이 같은 물음에 대하여는 더 이상 언급하지 않기로 한다. 단지 시민불복종과 직접민주주의의 친화성을 지나치게 강조하고 그 뿌리를 슈미트의 루소주의에서 찾으려는 케네디의 문제의식 그 자체에 문제가 있음을 지적하여둘 뿐이다.[136]

---

130) 위의 글, 416쪽.
131) 위와 같음.
132) 위와 같음.
133) 위의 글, 415~416쪽.
134) 위의 글, 416쪽.
135) 위의 글, 418쪽.

II. 케네디 이전의 문제제기

하버마스와 슈미트의 지적 내연관계에 주목한 것은 비단 케네디뿐만이 아니다. 하버마스에 대한 케네디의 비판이 있기 전에도 하버마스와 슈미트의 지적 내연관계를 암시하는 지적들은 심심치 않게 찾아볼 수 있었다. 대표적인 것은 리터의 글 「좌우파 급진주의자들의 반의회주의와 반다원주의」이다.[137] 그러나 하버마스와 슈미트의 지적 내연관계를 집중적으로 다룬 최초의 저작은 예거의 『공공성과 의회주의』이다. 1973년 출간된 이 저작에서 예거는 하버마스의 『공론영역의 구조변화』에 대한 비판적 독해를 시도한다. 비판적 독해의 표적은 다름 아니라 하버마스의 의회주의 이해이다. 그리고 예거는 하버마스의 의회주의 이해에 대한 비판적 독해를 토대로 그를 슈미트의 법정에 세운다. 평결의 내용은 의외로 간명하다. 하버마스와 슈미트는 의회주의 이념의 뿌리를 두고 의견의 차이를 보인다.[138] 그러나 의회주의 이념을 보는 두 사람의 눈은 크게 다르지 않다.[139]

슈미트는 의회주의 이념의 발원지를 유럽대륙으로 못 박는다. 그의 주장을 빌리면, 의회주의 이념의 발원지가 영국이라는 통념은 크게 잘못된 것이다.[140] 영국에서 의원내각정부의 형태로 의회주의가 처음으로 싹트기 시작한 것은 사실이다. 그러나 영국의 의회주의는 이론적 작업의 소산이

---

136) 위의 글, 414쪽 이하.

137) Gerhard A. Ritter, "Der Antiparlamentarismus und Antipluralismus der Rechts- und Linksradikalen", K. Sontheimer/G. A. Ritter/B. Schmitz-Hübsch/P. Kevenhörster/E. K. Scheuch, *Der Überdruß an der Demokratie*, Köln/1970, 78쪽 이하 참조.

138) Wolfgang Jäger, *Öffentlichkeit und Parlamentarismus. Eine Kritik an Jürgen Habermas*, Stuttgart-Berlin-Köln-Mainz/1973, 17쪽 이하.

139) 위의 책, 78쪽 이하.

140) 위의 책, 46쪽.

아니라 역사적 발전의 산물이다.[141] 따라서 장구한 세월을 두고 정치적 선례들이 축적되는 가운데 유기적으로 성장한 영국의 의회주의에서 자기완결적인 의회주의 이념을 끌어내려는 시도는 연목구어나 다름없는 부질없는 짓이다.[142] 그러한 의미에서 영국의 의회주의는 의회주의 역사에서 의미 있는 하나의 실천적 범례에 지나지 않는다. 이 같은 판단에 따라 슈미트는 유럽대륙에서 영국의 의회주의에 가장 먼저 매료되었던 프랑스와, 정치적 좌절 속에서 역시 영국의 의회주의를 거울 삼아 입헌주의의 꿈을 가꾸어온 독일에 눈길을 돌린다.[143] 그에 따르면 프랑스나 독일의 부르주아계급이야말로 의회주의 이념의 독창적 창안자이자 역사적 담지자이기도 하다.[144] 그리고 의회주의의 이념적 완숙기는 1815년과 1848년 사이이며, 1848년을 고비로 의회주의 이념은 조락기로 접어든다.[145]

문제는 1815년과 1848년의 역사적 의미이다. 1815년은 프랑스의 시민왕 루이 필립이 영국의 의회주의를 부분적으로 도입한 해이며, 1848년은 유럽대륙에서 프롤레다리아계급이 역사의 주체로 세계사의 무대에 첫발을 내디딘 시점이기도 하다. 이 같은 객관적 정황으로 미루어 슈미트의 그 같은 시기 구분은 지나치게 자의적인 것이다. 보기에 따라 이데올로기 개입의 의혹도 없지 아니하다. 아무튼 의회주의의 이념적 완숙기에 의회주의 이념 정립에 결정적으로 기여한 이론가들로 슈미트는 프랑스의 기조, 르낭, 샤또브리앙, 꽁스땅을 그리고 독일의 로렌츠 폰 슈타인, 그나이스트, 블룬칠리, 헤겔을 든다.[146] 이들 가운데 그가 가장 많은 빚을 진 사람은 말할

---

141) 위와 같음.

142) 위와 같음.

143) 위와 같음.

144) 위와 같음.

145) 위의 책, 46-47쪽.

146) 위의 책, 46-47쪽 참조; Das klassische Stadium der parlamentarischen Idee ist für

것도 없이 기조이다. 슈미트의 반의회주의 문법에 비판의 무기를 제공한 이가 다름 아닌 그이기 때문이다. 따라서 의회주의 담론에 관한 한, 기조 없는 슈미트는 상상하기조차 힘든 것이다.

슈미트와 마찬가지로 하버마스도 의회주의 이념의 핵심으로 공개와 토론을 든다.[147] 그는 전근대적 밀실정치에 대항하여 자생적으로 성장하기 시작한 부르주아 공론영역에서 의회주의의 맹아를 찾는다.[148] 따라서 하버마스는 그의 초기 저작『공론영역의 구조변화』에서 부르주아 공론영역의 역사적 발전 과정을 추적한다. 이 작업을 통하여 하버마스가 분명히 보여주듯이, 부르주아 공론영역과 의회는 밀접한 관련이 있다.[149] 따라서 하버마스의『공론영역의 구조변화』는 슈미트의 의회주의 비판서『현대 의회주의의 정신사적 자리매김』에 비견할 만한 의회주의 담론의 고전으로 평가하여도 좋을 것이다.

하버마스는 의회주의의 모범적 사례로 영국을 든다.[150] 그는 나아가 17세기 말에서 1832년의 제1차 선거법 개혁 때까지를 영국 의회주의의 성숙기로 본다.[151] 그리고 1832년의 제1차 선거법 개혁과 1867년의 제2차 선거법 개혁 사이의 한 세대가 영국 의회주의의 완숙기에 해당한다.[152] 그러나 당시의 영국 의회주의 현실은 하버마스의 주장과 거리가 멀다. 하버마스가

Schmitt die Zeit von 1815 bis 1848. Die Theoretiker sind für ihn Lorenz von Stein, Rudolf Gneist, Rudolf Bluntschli, Hegel, Waitz, Guizot, Renan, Chateaubriant und Constant, wovon vor allem die Franzosen mehr noch als die Deutschen zählen.

147) 위의 책, 10쪽.
148) 위의 책, 12쪽 이하.
149) 위의 책, 17쪽 이하; Jürgen Habermas, *Strukturwandel der Öffentlibkeit*, Neuwied am Rhein-Berlin/1968, 69쪽 이하.
150) Wolfgang Jäger, 앞의 책, 17쪽 이하.
151) 위의 책, 18쪽.
152) 위와 같음.

의회주의의 성숙기와 완숙기로 지목한 시기의 영국 의회는 공개와 토론이라는 합리적 절차에 따라 법률을 제정하는 이성의 전당이 아니었다. 공개와 토론의 전제조건인 자유위임의 원칙은 한낱 신화에 지나지 않았다.[153] 이에 반하여 이익단체와 선거구 유권자에 대한 사실상의 예속관계는 심각한 수준이었다.[154] 때문에 의회의원의 직무상 독립은 구두선에 불과하였다.[155] 이 같은 경향은 산업화가 진척됨에 따라 더욱 강화되었다. 거기에다 사태를 더욱 악화시킨 것은 특정인을 대상으로 한 처분법률안들의 폭주였다.[156] 그 무렵 영국에서는 행정수요에 비하여 행정조직의 기동성이 크게 떨어졌기 때문에, 의회의원들이 처분법률의 형식으로 행정의 공백을 메워나갔다. 더욱이 19세기 초반은 위원회 전성기라 할 만큼 의회의 의사는 비공개 위원회 중심으로 운영되었다.[157] 따라서 의회주의 이념의 핵심인 공개와 토론은 역사적 현실과 부합하지 않는 관념적 허구에 지나지 않았다.

그런데 여기에서 반드시 짚고 넘어가야 할 것이 있다. 그것은 다름 아니라 하버마스의 방법론, 좀 더 정확히 표현하면, 비역사적 접근방식이다.[158] 그는 의회주의 현실을 소재로 의회주의 이념의 밑그림을 그리지 않고, 미리 잘 마름질된 의회주의 이념에 따라 의회주의 현실을 재단하려 한다.[159] 이때 하버마스는 의회주의 이념과 관련하여 다양한 인물을 등장시킨다. 이들 가운데에는 홉스, 로크, 버크 등은 물론, 프랑스혁명기의 이론가들과 기

---

153) 위의 책, 25쪽.
154) 위와 같음.
155) 위와 같음.
156) 위의 책, 26쪽.
157) 위와 같음.
158) 위의 책, 29쪽.
159) 위와 같음.

조도 함께 끼어 있다.[160] 이 밖에 독일의 포르스터와 빌란트도 눈에 띈다.[161] 하버마스는 이들의 저작에서 입맛에 맞는 부분들만을 골라 마치 쪽배를 붙여놓듯 이리저리 얽어놓는다.[162] 그러나 더욱 놀라운 것은 제1차 선거법 개혁과 제2차 선거법 개혁 사이의 막간시기, 이른바 영국 의회주의 황금기의 의회주의 현실을 정확히 짚어낸 배저트에 대하여는 정작 일언반구의 언급도 없다는 것이다.[163] 그는 그의 저작 『영국헌법론』에서 의회를 사회의 다양한 이해관계를 조정하는 정치적 타협의 장소로 규정한다.[164]

그러나 예거에 따르면 하버마스의 속내는 다른 데가 있었다. 의회주의와 관련하여 하버마스가 무엇보다 높이 산 것은 칸트의 합리주의 정치철학과 입헌주의 계몽사상이다.[165] 이 같은 점으로 미루어 그의 의회주의 이념은 계몽기 합리주의 사상의 세례를 받은 유럽대륙의 입헌주의, 그 가운데 특히 독일의 초기 입헌주의에 뿌리를 두고 있다 하여도 과언이 아니다.[166] 사실 독일 초기 입헌주의의 최종 목표는 의회주의의 실현이었다. 이때 군주주의원리에 대항하여 의회주의 투쟁의 선봉에 나선 것은 신흥 부르주아계급이었다. 그러나 독일은 산업혁명이 영국보다 한 세기 가까이 뒤졌기 때문에, 19세기 중엽까지만 하여도 산업부르주아층의 사회적 비중이 낮았을

---

160) 위의 책, 32쪽 참조: Die ideengeschichtlichen Elemente der Habermaschen Kategorie der bürgerlichen Öffentlichkeit sind recht heterogener Art. Habermas zeichnet die Genese des Begriffs. Die Stationen dieser Entwicklung sind Hobbes, Locke, Bayle, die Enzyklopädisten, Steele, Bolingbroke, Burke, die Physiokraten, die Theoretiker der Französischen Revolution, Bentham, Guizot, Friedrich Georg Forster und Wieland.

161) 위와 같음.

162) 위의 책, 32쪽.

163) 위의 책, 43쪽 이하.

164) 위와 같음.

165) 위의 책, 36쪽.

166) 위와 같음.

뿐만 아니라 정치적 발언권도 전무한 상태였다. 따라서 의회주의 기치를 앞세우고 군주주의원리와의 투쟁에 몸을 던진 것은 교양부르주아층, 예컨 대 관료, 변호사 등이었다.[167] 이에 따라 3월혁명 이전 의회주의 실험장이었 던 남부독일 연방제후국가들에서는 의회가 관료들의 독무대나 다름없었 다.[168] 이른바 관료의회주의의 전형적 사례이다.[169] 3월혁명의 꽃이라 하여 도 과언이 아닌 프랑크푸르트 헌법제정국민의회도 예외는 아니었다. 독일 최초의 부르주아 헌법인 1848년의 프랑크푸르트헌법을 제정하는 데 주도 적 역할을 한 것도 역시 대학교수, 변호사 등 교양부르주아층이었다.[170] 아 무튼 독일 초기 입헌주의 단계에서 의회가 엇비슷하게나마 공개와 토론의 마당으로 기능할 수 있었던 것은 교양부르주아층 중심의 이 같은 인적 구 성에 힘입은 바 크다. 하버마스가 영국의 의회주의 현실에 투사한 의회주 의 이념은 따지고 보면 프랑크푸르트 헌법제정국민의회는 물론 남부독일 연방제후국가 의회들에서 볼 수 있었던 정치적 계몽 이전의 낭만적 분위 기, 예거의 표현을 빌리면 '의회주의 이전의 의회주의'를 지나치게 미화하 여 과대포장한 것에 지나지 않는다.[171]

III. 베커의 선택적 친화론

하버마스가 그의 초기 저작들에서 슈미트의 이론을 은밀히 이어받았다

---

167) 위의 책, 37쪽 이하.
168) 위와 같음.
169) 위의 책, 38쪽.
170) 위와 같음.
171) 위의 책, 39쪽 및 48쪽.

는 이른바 슈미트 계수론은 케네디 논쟁 이후 점차 관심 밖으로 밀려난다. 그런데 1990년대 중반 뜻밖의 이변이 돌출한다. 베커가 이 문제를 집중적으로 다룬 한 연구서를 들고나와 꺼져가는 불씨를 되살려놓은 것이다. 뜻밖의 구원자는 다름 아니라 베커의 『칼 슈미트와 위르겐 하버마스의 의회주의 비판』이다. 이 저작에서 베커는 하버마스와 슈미트의 지적 내연관계를 둘러싼 그간의 논쟁을 다음과 같이 정리하고 있다.[172]

슈미트가 파시스트 이론가로 통하던 시절 그는 프랑크푸르트학파 이론가들에게 불가근불가촉의 존재였다. 그러나 1930년대만 하여도 프랑크푸르트학파 이론가들의 글에는 슈미트의 주장이 가끔 얼굴을 내밀곤 하였다. 여기에 마침표를 찍은 것은 마르쿠제의 논문 「전체주의 국가관과 반자유주의 투쟁」이다. 이 논문이 발표된 후 프랑크푸르트학파 이론가들은 슈미트와의 관계를 재정립하지 않을 수 없게 된다. 단절과 대결이 그들이 선택할 수 있었던 유일한 길이었다. 이 같은 단절과 대결은 이들 사이의 이론적 불화에서 비롯된 것이 아니다. 결정적 이유는 정치적 입장의 차이이다. 그러나 단절과 대결도 오래가지는 못하였다. 케네디에 따르면 프랑크푸르트학파 제2세대의 등장과 더불어 슈미트 이론을 은밀히 이어받으려는 움직임이 두드러진다. 그 맨 앞줄에는 물론 하버마스가 자리 잡고 있다. 이 같은 주장을 뒷받침하기 위하여 그는 하버마스의 초기 저작들, 그 가운데 특히 『공론영역의 구조변화』, 『학생과 정치』 그리고 『후기 자본주의와 정당화의 문제들』을 비판의 도마 위에 올려놓는다. 케네디는 여기에서 그치지 않는다. 그는 하버마스의 1980년대 논문들 가운데 하나인 「시민불복종」에 대하여도 의혹의 눈길을 거두지 않는다. 케네디의 이 같은 무차별 공세는 하버마스의 입장에서 볼 때 곤혹스럽기 짝이 없

---

172) Harmuth Becker, 앞의 책, 132쪽 이하, 특히 134쪽 각주 14 참조.

는 것이었다. 1960년대 이후 기회가 있을 때마다 슈미트에 대한 비판을 서슴지 않았던 그로서는 지적 허탈감이 이만저만 아니었을 것이다. 그러나 하버마스를 겨냥한 슈미트 계수론은 어제 오늘의 일이 아니다. 이미 1970년대 초반 예거는 하버마스의 『공론영역의 구조변화』를 슈미트 계수론의 입장에서 비판적으로 분석한 바 있다. 예거의 비판적 분석은 때마침 밀물을 타던 비판이론의 인기에 묻혀 별다른 주목을 받지 못한다. 비판이론의 인기가 바닥을 헤맬 때 불쑥 얼굴을 내밀어 국제적 논쟁으로까지 비화한 케네디의 하버마스 비판과 크게 다른 점이다. 하지만 케네디의 하버마스 비판은 허점투성이이다. 부당하게 왜곡되거나 지나치게 과장된 부분들도 적지 아니하다.

1. 철학적 입장

슈미트는 독실한 가톨릭 가정에서 성장하여 한때 신부가 되려는 꿈을 키우기도 하였다. 따라서 그의 지적 사유의 세계에는 가톨릭의 그림자가 짙게 드리워져 있다.[173] 이 같은 사실은 정치의 본질을 동지와 적의 식별에서 찾는 결단주의적 사고에서 극명하게 드러난다.[174] 슈미트의 결단주의적 사고는 기독교의 원죄사상과 밀접한 관련이 있다. 슈미트의 결단주의적 사고가 뿌리를 두고 있는 인간성악설도 따지고 보면 기독교 원죄사상의 세속적 형태에 지나지 않는다. 슈미트가 냉혹한 현실주의자 홉스나 19세기 초반의 가톨릭 반혁명 사상가들과 손을 잡은 것은 결코 우연이 아니다.[175] 슈미트의 이 같은 이론적 야합은 그러나 주변적인 것에 불과하다. 그의 철

---

173) Harmuth Becker, 앞의 책, 135쪽.
174) 위와 같음.
175) 위와 같음.

학적 입장과 관련하여 가장 주목하여야 하는 것은 인간성악설에 바탕을
둔, 따라서 인간에 대한 낙관주의적 신념을 철저히 거부하는 반근대주의
이다.[176]

　슈미트와 반대로 하버마스는 인간 이성에 대한 신뢰를 거두지 않는다.
그러한 의미에서 그는 이 시대의 가장 걸출한 계몽주의자이다.[177] 하버마스
의 이 같은 이성 중심의 낙관주의적 인간관은 탈근대주의나 그 밖의 퇴영
적 시대사조와 결연히 맞서고 있는 최근의 저작들에서도 그대로 이어지고
있다.[178] 따라서 하버마스의 정치이론에서는 슈미트가 전가보도처럼 휘두
르는 결단주의적 사고는 설 자리가 없게 된다. 하버마스의 정치이론이 지
향하는 최종 목표는 자유주의 정치이념의 실현이다.[179] 그것은 다름 아니
라 지배의 해체이다.[180] 천방지축인 의지를 이성의 틀 안에 가두어 국가권
력의 상징기호인 주권을 권력이데올로기의 멍에로부터 해방시키는 것이
다.[181] 하버마스의 담론이론은 탈지배의 자유주의 정치이념을 실현하기 위
한 이성주의적 기획의 전형적 사례이다. 슈미트의 결단주의적 사고는 정반
대이다. 정치의 중심에 자리 잡고 있는 것은 이성이 아니라 의지이다.[182] 여
기에서 말하는 의지는 말할 것도 없이 결단의 의지이다. 이때 중요한 것은
결단 그 자체이지, 결단의 방법이 아니다.[183] 슈미트의 결단주의적 사고에
서 실존주의의 망령들이 끊임없이 출몰하는 것은 바로 그 같은 이유 때문

176) 위와 같음.
177) Hartmuth Becker, 앞의 책, 136쪽.
178) 위와 같음.
179) 위와 같음.
180) 위와 같음.
181) 위와 같음.
182) Hartmuth Becker, 앞의 책, 137쪽.
183) 위와 같음.

이다.[184]

하버마스와 슈미트의 철학적 입장이 가장 두드러지게 드러나는 대목은 뭐니 뭐니 하여도 주권 개념이다.[185] 슈미트의 주권 개념은 널리 알려진 대로 결단주의적 사고에 바탕을 두고 있다. 그 뒤에는 물론 최후심판이라는 기독교적 관념이 도사리고 있다.[186] 따라서 주권자를 보는 눈도 남다르다. 슈미트에 따르면, 비상사태에 대한 최종판단권을 손에 쥔 사람이야말로 진정한 의미의 주권자이다.[187] 슈미트와 달리 하버마스는 공적 담론절차에서 주권의 실마리를 찾는다.[188] 그러나 하버마스의 이른바 의사소통적 주권개념도 슈미트의 결단주의적 주권개념과 마찬가지로 혼란스럽기는 매한가지이다.[189] 그럼에도 두 사람의 주권 개념이 담고 있는 정치적 의미는 결코 가벼운 것이 아니다. 슈미트의 결단주의적 주권개념이 법실증주의, 좀 더 정확히 말하면 바이마르헌법 체제에 대한 일종의 항의개념이라면, 하버마스의 의사소통적 주권개념은 독일연방공화국의 헌법현실, 즉 형식적 법치국가에 대한 반대명제의 의미를 갖는다.[190] 하버마스의 의사소통적 주권개념이 함축하는 정치적 의미는 그러나 여기에서 그치지 않는다. 하버마스는 슈미트의 주권개념은 물론, 주권개념 그 자체의 전복을 시도한다. 그에 따르면 실질적 법치국가에서는 주권자의 모습도 달라져야 한다. 시민불복종을 일상생활에서 꾸준히 실천해 나아가는 시민이야말로 주권자 이름에 값하는 참다운 주권자이다.[191]

---

184) 위와 같음.
185) 위와 같음.
186) Hartmuth Becker, 앞의 책, 138쪽.
187) 위와 같음.
188) 위와 같음.
189) 위와 같음.
190) 위와 같음.

2. 민주주의

슈미트 계수론이 풀어야 할 매듭들 가운데 아직도 미제사안으로 남아 있는 것이 적지 아니하다. 그 가운데 하나가 민주주의에 대한 두 사람의 입장이다. 이와 관련하여 케네디의 다음과 같은 주장들이 눈길을 끈다. 슈미트는 타고난 반자유주의자이다.[192] 그리고 그가 루소의 급진민주주의에 호의적인 것은 주지의 사실이다.[193] 하버마스도 슈미트 못지않게 반자유주의적이다.[194] 그에게는 민주주의적 법치국가도 형식적 민주주의의 한 형태에 지나지 않는다. 뿐만 아니라 하버마스는 슈미트의 동일성민주주의를 이어받고 있다.[195] 슈미트와 마찬가지로 그 역시 민주주의의 본질적 징표를 치자와 피치자의 동일성에서 찾는다.[196] 그가 가치다원주의의 중요성을 인식하지 못하는 것도 그 때문이다.[197] 하버마스가 염두에 두고 있는 민주주의는 일체의 사회적 불순물이 끼어들 여지가 없는 동질성사회에서나 실현이 가능하다. 이것이야말로 슈미트의 동질성 개념이 추구하는 목표이기도 하다.[198]

케네디의 주장은 그러나 무리가 없지 아니하다. 하버마스에게 반자유주의자 혐의를 씌우기 위하여 그가 둘러대는 논거는 빈약하기 이를 데 없다. 군이 들자면 「정치참여의 개념」 정도가 고작이다.[199] 그것은 하버마스가 1958년 집필하여 『학생과 정치』의 들머리에 올린 글이다. 이 글에서 하

---

191) 위와 같음.
192) Hartmuth Becker, 앞의 책, 145쪽.
193) 위와 같음.
194) 위와 같음.
195) 위와 같음.
196) 위와 같음.
197) 위와 같음.
198) 위와 같음.
199) Hartmuth Becker, 앞의 책, 146쪽.

버마스가 자유주의의 현실적 모순을 예리하게 지적하고 있는 것은 부정할 수 없는 사실이다.[200] 그러나 그 같은 지적을 적대감의 표시로 침소봉대하면 문제는 더욱 꼬이게 된다. 자유주의 이념에서 하버마스는 오히려 인간해방의 보편적 계기를 발견한다. 자유주의에 대한 하버마스의 비판은 내재적 비판의 성격이 짙다.[201] 그러한 의미에서 이념과 현실의 화해야말로 하버마스의 자유주의 비판이 지향하는 최고목표라 하여도 과언이 아니다.[202]

반론이나 비판은 항상 유익한 것이다. 죌르너의 경우도 프로이스의 경우도 마찬가지이다. 이들 두 사람의 개입으로 케네디의 하버마스 비판이 오히려 앞바람을 맞게 된다. 때문에 동일성민주주의를 빌미로 하버마스와 슈미트를 한통속으로 몰아가려는 케네디의 꼼수도 별로 미덥지 못하다.[203] 프로이스에 따르면, 케네디는 민주주의에 대한 하버마스의 입장을 비판하면서 마음에 내키지 않는 대목들은 아예 없었던 것으로 치부해버린다. 케네디의 그 같은 자의적 선택은 프로이스의 말마따나 주제 넘는 짓인지도 모른다.[204] 아무튼 케네디는 하버마스의 긍정적 측면, 예컨대 정치적 공론영역을 재구축하기 위하여 다원적 사회집단들의 민주주의적 잠재력에도 일찌감치 눈길을 돌리기 시작하였다는 사실을 짐짓 외면하고 있다.[205] 죌르너의 비판은 한층 더 신랄하다. 그에 따르면, 하버마스가 슈미트의 동일성민주주의에 우호적이라는 케네디의 강변은 차라리 중상모략에 가까운 것이다.[206] 그 같은 터무니없는 주장에 현혹되지 않기 위하여 하버마스가

---

200) 위와 같음.
201) 위와 같음.
202) 위와 같음.
203) Hartmuth Becker, 앞의 책, 146-147쪽.
204) Hartmuth Becker, 앞의 책, 146쪽.
205) 위와 같음.
206) 위와 같음.

동일성이라는 표현을 명사형이 아니라 형용사형으로 표기하고 있다는 사실에 주목할 필요가 있다.[207] 뿐만 아니라 하버마스는 동일성민주주의에 큰 의미를 두지 않는다. 하버마스의 정치이론에서 그것은 일종의 논리적 가설, 즉 이론 전개의 출발점에 지나지 않는다.[208] 그러나 하버마스한테도 책임이 전혀 없는 것은 아니다. 그는 동일성민주주의에 대한 자신의 입장을 진작 분명히 하였어야 하였다. 물론 하버마스 자신이 정치참여에 대하여 지대한 관심을 갖고 있었으므로 루소의 급진민주주의를 전적으로 외면할 수도 없었을 것이다.[209] 사정이 이러한데도 민주주의를 보는 눈이 루소와 조금 닮았다고 곧바로 슈미트주의자 낙인을 찍는 것은 아무리 곱게 보려 하여도 너무 치졸한 짓이다.[210] 아무튼 슈미트가 보는 루소와 하버마스가 보는 루소는 근본적으로 다르다. 슈미트가 보는 루소는 계몽주의자 루소가 아니라 반계몽주의자 루소이다.[211] 그런데 하버마스가 가는 길은 분명하다. 그것은 시민이 주체적으로 참여하는 민주주의이다.[212] 이 길이 순탄치만은 않을 것이라는 것쯤은 그 역시 잘 알고 있다. 하버마스가 『공론영역의 구조변화』에서 이 길의 동반자로 다원적 사회집단들을 지목한 것은 이 같은 사정을 염두에 둔 것이다.[213] 그러나 1980년대에 들어 하버마스는 다른 해법을 모색하기 시작한다.[214] 하지만 하버마스가 구상하는 시민 주도의 새 민주주의가 슈미트류의 동일성민주주의로 빠져드는 일은 결코 없

207) 위와 같음.

208) 위와 같음.

209) Hartmuth Becker, 앞의 책, 147쪽.

210) 위와 같음.

211) 위와 같음.

212) 위와 같음.

213) 위와 같음.

214) 위와 같음.

을 것이다. 하버마스가 비록 반의회주의의 기치를 내걸기는 하였지만, 거기에는 슈미트가 자기 나름으로 윤색한 루소식 급진민주주의가 비집고 들어갈 틈새는 없을 것이기 때문이다.[215]

그리고 동일성민주주의 못지않게 논란의 대상이 된 것은 동질성 개념이다. 하버마스는 케네디가 쳐놓은 동일성민주주의의 덫에서 가까스로 빠져나오기는 하였다. 그렇다고 슈미트의 동질성 개념을 차용하였다는 혐의마저 면죄부를 받는 것은 아니다.[216] 사실 하버마스는 부르주아 공론영역과 관련하여 사회적 동질성의 중요성을 강조한 바 있다.[217] 그러나 하버마스의 동질성 개념에서는 슈미트의 동질성 개념이 담고 있는 인종주의적 색채는 찾아볼 수 없다.[218] 하버마스의 동질성 개념은 예거가 지적하듯이 탈계급사회를 염두에 둔 것이다.[219] 뿐만 아니라 동질성 담론에 대하여 전체주의적 위험성을 경고하여온 프랑크푸르트학파의 지적 전통으로 미루어 하버마스의 동질성 개념에 슈미트의 색깔을 덧칠하기는 어려울 것이다.[220] 하지만 탈계급사회를 지향하는 하버마스의 동질성 개념이 분화 과정이 가속하고 이에 따라 복잡성이 날로 증대하는 현대사회에서 과연 어떠한 의미를 가질 수 있을지는 여전히 의문이다.

---

215) Hartmuth Becker, 앞의 책, 148쪽.
216) 위와 같음.
217) 위와 같음.
218) 위와 같음.
219) 위와 같음.
220) 위와 같음.

3. 의회주의

주지하는 바와 같이 하버마스와 슈미트는 의회주의에 대하여 다 같이 비판적이다.[221] 이 가운데에서 슈미트의 의회주의 비판은 무엇보다 비판의 방식이 특이하다. 거기에는 기독교적 선악관념이 짙게 배어 있다. 이에 따라 슈미트는 과거를 극단적으로 미화하고 현재를 정반대의 모습으로 왜곡한다.[222] 이 같은 논법은 의회주의 이념으로 그가 정식화한 공개와 토론의 원칙을 다루는 방식에서도 그대로 드러난다. 슈미트는 공개와 토론을 이른바 의회주의 황금기의 구체적 현실태로 못 박은 다음, 이를 잣대로 현재의 의회주의 현실을 종말론적 관점에서 부정적으로 평가한다.[223]

케네디에 따르면 하버마스의 의회주의 비판은 그 논법이 슈미트의 것과 비슷하다.[224] 논법만 빼닮은 것이 아니다. 논리도 똑같다. 특히 의회주의 현실 비판에서 하버마스는 슈미트의 논리를 그대로 이어받고 있다.[225] 뿐만 아니라 케네디의 주장을 빌리면, 하버마스가 빚을 진 사람은 비단 슈미트뿐만 아니다. 슈미트학파 제1세대의 흔적도 뚜렷하다.[226] 그 결과 하버마스가 보는 독일연방공화국의 의회주의 현실은 슈미트학파 제1세대 논객들의 주장과 큰 차이가 없다. 의회는 정당들의 놀이터로 전락한 지 이미 오래이고,[227] 국민의 이름으로 제정되는 법률은 정치적 막후거래의 산물에 불

---

221) Hartmuth Becker, 앞의 책, 149쪽.
222) Hartmuth Becker, 앞의 책, 149-150쪽 참조.
223) Hartmuth Becker, 앞의 책, 150쪽.
224) 위와 같음.
225) Hartmuth Becker, 앞의 책, 150-151쪽.
226) Hartmuth Becker, 앞의 책, 151쪽. 슈미트학파 제1세대의 논객들 가운데 케네디가 여기에서 지목하고 있는 사람들은 Werner Weber와 Rüdiger Altmann이다.
227) Hartmuth Becker, 앞의 책, 151쪽 참조.

과하다.[228] 따라서 의회주의의 목숨줄이라 하여도 과언이 아닌 자유위임의 원칙도 공염불이나 다름없다. 영락없는 슈미트학파 제1세대의 합창소리이다. 이 같은 이유 때문에 하버마스의 의회주의 비판을 바라보는 케네디의 눈빛은 냉소적이라 할 만큼 차갑다. 그에 따르면 의회주의에 관한 한 하버마스는 기껏해야 슈미트학파의 아류에 지나지 않는다.[229] 슈미트가 그에게 의회주의 비판의 논리와 논법을 제공하였다면, 슈미트학파 제1세대 논객들은 그의 눈높이, 즉 의회주의 비판의 안목을 한 단계 끌어올리는 데 결정적으로 기여하였다.

쾰르너는 그러나 하버마스의 의회주의 비판에 대하여 비교적 관대하다. 그에 따르면, 하버마스가 의회주의를 비판하며 자신의 견해를 뒷받침하기 위하여 끌어들인 사람은 슈미트학파 제1세대들뿐만이 아니다.[230] 하지만 쾰르너의 그 같은 주장은 아무래도 설득력이 크게 떨어진다. 하버마스의 의회주의 비판은 누가 보아도 슈미트주의적 색채가 강한 것이 사실이기 때문이다.[451] 그런데노 쾰르너의 하비미스 감싸기는 계속 이어진다. 심지어 그는 이렇게 두둔하기도 한다.[232] 슈미트는 바이마르헌법 체제를 내놓고 반대한 나치 치하의 대표적 반의회주의자이다. 이에 반하여 하버마스는 자타가 공인하는 민주주의 옹호자로 한때 전후 세대의 우상이 되기도 하였다. 그는 독일연방공화국의 의회주의 현실을 매섭게 비판하지만, 본 기본법체제 그 자체를 부정하지 않는다. 두 사람은 이념적 지향이 서로 다르기 때문이다. 슈미트 계수론은 빈약한 상상력이 날조한 최악의 각본이라고 하

---

228) 위와 같음.
229) 위와 같음.
230) 위와 같음.
231) Hartmuth Becker, 앞의 책, 151-152쪽.
232) Hartmuth Becker, 앞의 책, 152쪽.

여도 과언이 아니다. 그러나 쵤르너의 이 같은 비호성 발언을 두고 의혹의
눈길도 만만치 않다.[233] 바이마르공화국의 의회주의 현신에 관한 저작은
슈미트의 것이 전부가 아니다. 학술적으로 높이 평가할 만한 것들도 적지
아니하다. 브라허의 저작이 대표적 사례이다.[234] 그것은 슈미트의 의회주의
비판서보다 내용이 풍부할 뿐만 아니라 논리도 한층 탄탄하다. 하버마스
가 브라허의 저작을 제쳐놓고 굳이 슈미트의 전전 저작에 목을 매달 특별
한 이유라도 있었는지 이에 대하여 쵤르너는 묵묵부답이다.[235] 그러나 또
한편으로 다음과 같은 주장, 예컨대 하버마스가 슈미트의 전전 저작에 그
토록 집착한 것은 그것이 담고 있는 파격적 논리나 현란한 수사에 마음을
빼앗겼기 때문이 아닐까라는 선의의 해석도 전혀 불가능한 것은 아닐 성싶
다.[236] 그렇다고 케네디처럼 슈미트 계수론을 기성사실화한다면, 본말전도
의 성급한 예단이라는 비판을 피하기가 어려울 것이다.

하버마스와 슈미트는 예거가 지적한 대로 의회주의 비판의 출발점이 다
르다.[237] 슈미트가 의회주의를 부정하는 까닭은 자명하다. 정당이 이른바
현대의 새 군주로 군림하는 의회주의 현실에서 정당들의 놀이터로 전락한
의회가 계속 국가의사 형성의 중심축으로 남아 있게 되면, 동일성민주주의
의 실현은 무위로 돌아갈 것이기 때문이다.[238] 이에 반하여 하버마스는 의
회의 의사소통기능을 높이 평가하고, 이를 의회주의 재건에 적극적으로 활

---

233) 위와 같음.
234) 베커가 지적하는 Karl Dietrich Bracher의 저작은 나치정권의 집권 과정을 다룬 *Stufen
der Machtergreifung*을 가리키는 것 같다. 이 저작은 브라허가 Wolfgang Sauer 그리
고 Gerhard Schultz와 더불어 쓴 3부작 *Die Nationalsozialistische Machtergreifung*,
Köln-Opladen/1962의 제1부이다.
235) Hartmuth Becker, 앞의 책, 152쪽.
236) Hartmuth Becker, 앞의 책, 152쪽 참조.
237) Hartmuth Becker, 앞의 책, 152쪽.
238) 위와 같음.

용하려 한다.[239] 하버마스가 구상하는 의회주의의 미래상은 제도권 공론영역의 재구축이라는 기본구도 위에 자리 잡고 있다. 그는 의회를 환골탈태하여 정당들의 놀이터를 심의정치의 경연장, 즉 민주주의적 담론심급으로 끌어올리려 한다.[240] 따라서 하버마스의 경우 의회주의 비판의 최종 목표가 체제장애물이 된 지 이미 오래인 반민주주의적 정당들을 자유주의 헌법체제 안으로 끌어들이는 데 있다는 프로이스의 주장은 문제의 핵심을 제대로 짚지 못한 것이다.[241] 한마디로 말하면 하버마스와 슈미트는 의회주의 현실에 대하여 극히 비판적이다. 이 점에서 두 사람은 큰 차이가 없다. 그러나 슈미트가 의회주의를 총체적 부정의 대상으로 보는 데 반하여, 하버마스의 입장은 유동적이다.[242] 최근의 저작들에서 그는 합법성체계로서의 의회주의의 중요성을 새삼 강조한다.[243] 그리고 제도권 공론영역의 재구축을 위하여 의회주의와 시민민주주의의 접합도 시도한다.[244] 시민불복종에 대한 하버마스의 적극적 평가가 좋은 사례이다.

4. 합법성과 정당성

슈미트의 결단주의 헌법이론은 한 쌍의 대립개념이 자웅을 겨루는 일종의 이데올로기 대결장이라 하여도 과언이 아니다. 이와 관련하여 케네디는 다음과 같은 주장을 편다. 슈미트는 민주주의를 본질주의적 관점에서 이해

---

239) 위와 같음.
240) 위와 같음.
241) Hartmuth Becker, 앞의 책, 153쪽.
242) 위와 같음.
243) 위와 같음.
244) 위와 같음.

한다.[245] 뿐만 아니라 그는 의회주의 비판에서 비판의 잣대로 정당성을 끌어들인다.[246] 케네디에 따르면 하버마스도 마찬가지이다. 민주주의를 보는 그의 눈은 슈미트를 닮았다.[247] 슈미트와 다름없이 하버마스 역시 민주주의를 본질주의적 입장에서 다룬다. 의회주의 비판 또한 슈미트의 뒤를 좇고 있다.[248] 정당성의 문제가 결정적 의미를 갖는다. 이 같은 슈미트주의적 접근방식은 『후기 자본주의와 정당화의 문제들』에서도 어렵지 않게 찾아볼 수 있다.[249] 그러나 케네디의 그 같은 주장들은 지나치게 도식적이다. 『후기 자본주의와 정당화의 문제들』 이전의 단계에서는 케네디의 주장들이 일리가 있을지도 모른다. 하지만 이 저작에서도 슈미트주의적 접근방식이 그대로 이어진다는 주장은 그다지 설득력이 있어 보이지 않는다.[250] 『후기 자본주의와 정당화의 문제들』에서 하버마스는 슈미트의 결단주의를 도리어 합법주의적 실증주의로 규정하고 있기 때문이다.[251] 이 밖에도 물론 짚어야 할 것이 적지 않다. 특히 의회주의 비판과 관련하여 쵤르너의 다음과 같은 지적은 곱씹어볼 만하다. 그에 따르면, 하버마스가 의회주의 이념을 잣대로 의회주의 현실을 비판한 것은 사실이지만 그렇다고 그것을 슈미트주의적 발상으로 단정하는 것은 무리이다.[252] 프로이스가 주장하듯이 슈미트의 의회주의 비판과 하버마스의 의회주의 비판이 지향하는 목표는 근본적으로 다르다.[253] 슈미트의 의회주의 비판이 지향하는 목표는 합법성을

245) 위와 같음.
246) 위와 같음.
247) 위와 같음.
248) 위와 같음.
249) 위와 같음.
250) Hartmuth Becker, 앞의 책, 154쪽.
251) 위와 같음.
252) 위와 같음.
253) 위와 같음.

밀어내고 그 자리에 정당성을 들이는 것이다. 다시 말하면 의회주의적 합법성체계를 털어내고 그 자리를 동일성민주주의적 정당성체계로 채우는 것이다. 이와 반대로 하버마스의 의회주의 비판이 지향하는 목표는 합법성과 정당성의 화해를 통하여 의회주의적 합법성체계와 시민민주주의적 정당성체계의 긴장관계를 유지하는 것이다.[254] 슈미트주의적 편향은 어디에서도 찾아보기 힘들다. 그러나 케네디의 비판은 계속 이어진다. 하버마스가 슈미트의 이론을 이어받은 것은 초기 저작 단계뿐만 아니다.[255] 그는 최근 발표한 글들에서도 정당성에 대하여 언급하고 있다. 여기에서 그가 보여준 입장은 민중주의적 동원민주주의의 한계를 벗어나지 못하고 있다.[256] 이처럼 정당성의 문제와 관련하여 케네디가 특별히 지목한 하버마스의 글들 가운데 비판의 표적으로 떠오른 것은 다름 아닌 「시민불복종」이다.[257] 이 글에서 그가 문제 삼는 것은 다음과 같은 대목들이다.[258] 법치국가는 합법성체계로 끝나는 단순 구조물이 아니다. 법치국가가 비상사태를 맞게 되면, 합법성 여부의 문제는 법치국가의 정당성을 보장할 수 있는 심급의 자유로운 판단에 맡겨야 한다. 시민불복종은 합법성체계의 테두리 안에서 이루어지는 민주주의적 저항양식의 하나이며, 이를 통하여 시민들은 비로소 가상의 주권자로 우뚝 서게 된다. 케네디에 따르면 하버마스의 이 같은 발언들은 슈미트주의의 핵심사상인 결단주의의 기본전제들과 일치하는 것

---

254) 위와 같음.
255) 위와 같음.
256) 위와 같음.
257) Hartmuth Becker, 앞의 책, 155쪽; Jürgen Habermas, "ziviler Ungehorsam—Testfall Für den demokratischen Recstaat. Wider den autoritären Legalismus in der Bundesrepublik"[Peter Glotz(Hrsg.), *Ziviler Ungehorsam im Rechtsstaat*, Frankfurt am Main/1983, 29-53쪽 수록].
258) Hartmuth Becker, 앞의 책, 155쪽.

이다.[259] 케네디의 그 같은 주장에 대하여는 그러나 반론도 만만치 않다. 무엇보다 눈길을 끄는 것은 쵤르너의 다음과 같은 주장이다. 하버마스기 정당성에 대하여 자주 언급하고 있는 것은 숨길 수 없는 사실이다.[260] 그러나 이로 말미암아 문제의 초점이 흐려지는 일은 결코 없다. 더욱이 합법성과 정당성의 문제와 관련하여 하버마스가 슈미트의 입장을 이어받았다는 흔적은 어디에서도 발견할 수 없다.[261] 하버마스의 「시민불복종」은 롤스나 드워킨으로부터 오히려 더 많은 영향을 받았다.[262]

뿐만 아니라 케네디는 하버마스의 시민민주주의를 오해하고 있다. 하버마스의 시민민주주의는 정당성체계만이 아니다.[263] 이 점에서 그것은 슈미트의 동일성민주주의와 다르다. 슈미트의 동일성민주주의는 그 특유의 정당성 개념에 바탕을 두고 있다.[264] 그 구체적 현상형태가 다름 아닌 민중주의적 동원민주주의이다. 그러나 하버마스의 시민민주주의는 원천적으로 합법성체계를 존중하고 그 테두리 안에서 정치적 활동공간을 확보하려 한다.[265] 프로이스 역시 케네디에 대하여 비판적이다. 그의 주장에 따르면 시민불복종은 하버마스의 시민민주주의에서 중요한 의미를 갖는다.[266] 그런데 케네디에 따르면 하버마스의 시민불복종론은 동일성민주주의적 요소, 좀 더 자세히 말하면 민중주의적 동원민주주의의 요소가 없지 아니하다.[267] 그리고 케네디는 여기에서 한 걸음 더 나아간다. 그의 말을 빌리면 하버마

259) 위와 같음.
260) 위와 같음.
261) 위와 같음.
262) 위와 같음.
263) 위와 같음.
264) 위와 같음.
265) 위와 같음.
266) 위와 같음.
267) 위와 같음.

스의 시민불복종론이 담고 있는 민중주의적 동원민주주의의 요소는 슈미트의 루소주의에 뿌리를 두고 있다.[268] 하지만 케네디는 정작 자신의 주장을 뒷받침할 만한 근거를 제시하지 못한다.[269]

끝으로 한마디 덧붙이는 것도 무의미하지는 않을 듯하다. 합법성과 정당성은 단순한 의미의 대립개념이 아니다. 따라서 단칼로 매듭이 풀어질 수 있는 사안이 아니다. 합법성과 정당성을 둘러싸고 다양한 의견들이 이어지는 것도 그 때문이다. 그러나 케네디의 비판은 대부분 피상적 독해에서 비롯된 것이다. 때론 의도적 왜곡도 없지 않다. 그러한 의미에서 쾰르너나 프로이스의 주장은 나름의 이유가 있다고 할 것이다. 특히 문제가 되는 것은 케네디가 하버마스의 시민불복종론을 물고 늘어지며 민중주의적 동원민주주의의 색깔을 뒤집어씌우는 대목이다.[270] 놀랍게도 그는 다음과 같은 주지의 사실, 즉 하버마스가 롤스나 드워킨 같은 미영 학자들한테 이론적으로 많은 빚을 지고 있다는 분명한 사실조차 모르쇠로 일관하고 있다.[271] 그렇다고 합법성과 정당성의 문제에서 하버마스가 슈미트 이론의 사정거리 밖에서 자기 나름의 독자적 입장을 세워나갔다고 주장하는 것은 아니다. 합법성과 정당성에 대한 두 사람의 이해방식은 대동소이하다.[272] 하지만 하버마스의 시민불복종론을 슈미트의 이론, 좀 더 구체적으로 말하면 합법성과 정당성의 문제에 대한 슈미트의 기본입장을 그대로 옮겨놓는 이른바 지적 내연관계의 대표적 사례로 손꼽는 것은 아무래도 납득이 잘 가지 않는다.[273] 그러나 하버마스의 시민불복종론에 대한 케

---

268) 위와 같음.
269) 위와 같음.
270) Hartmuth Becker, 앞의 책, 157쪽.
271) 위와 같음.
272) 위와 같음.
273) 위와 같음.

네디의 비판을 중상모략으로 깎아내리는 것도 온당한 대응방법은 아닐 것이다.[274]

---

274) 위와 같음.

제2편

쟁점과 입장

헌법해석의 기본시각[*]

I. 변혁운동과 헌법해석

김영삼 정권이 내건 개혁의 깃발이 차츰 실체를 드러내고 있다. 새 정부 출범 후 취해진 일련의 조치들로 미루어 앞으로 추진될 개혁정책의 기조는 자유주의적 한계를 벗어나기가 어려울 것으로 보인다. 따라서 온 국민의 절실한 바람인 머리끝에서 발끝까지의 개혁은 물 건너간 지 오래이며, 개혁의 기본구상인 '신한국 건설'도 기껏해야 경제 부문의 전면적 자유화와 정치 부문의 부분적 민주화를 한데 얽어놓은 절름발이 개혁으로 마무리될 공산이 크다.

최근 발표된 대통령의 '신경제' 특별담화문은 개혁의 참정신과 거리가 먼 것이다. 성장정책을 뼈대로 한 '신경제 5개년 계획'은 말할 것도 없고 행정규제완화 위주의 '신경제 100일 계획' 역시 자본의 논리를 그대로 담고

---

[*] 이 글은 민주주의법학연구회 편,《민주법학》제6호, 1993, 12-24쪽에 수록된 것이다.

있다.[1] 그러한 의미에서 '신경제' 특별담화문은 경제 부문에서 약육강식의 밀림법칙을 공식적으로 인정한 새 정부의 첫 번째 문건이라고 할 수 있다. '신경제' 특별담화문의 이 두 계획이 차질 없이 실천에 옮겨진다면, 독점자 본의 지배가 전 사회적으로 관철되는 것은 단지 시간문제일 뿐, 이로 말미 암아 사회적 모순은 더욱 심화될 것이다.

그러나 사회적 모순이 체제위기로 곧장 이어지지 않는 한, 파시즘의 퇴 각이 하나의 큰 흐름으로 가닥을 잡아가는 가운데 임기응변식 대응전술이 통치의 기본틀을 이루는 정치적 개량국면이 한동안 지속될 것이다. 그리하 여 새 정부는 물리적 폭력이 일상생활의 한 부분이 되었던 이전의 정권들 과는 달리 적어도 정치 부문에서는 보다 유연한 자세를 보일 것이다.

이에 따라 사회 각 부문에서는 그동안 폐쇄회로에 갇혀 있었던 각계각 층의 변혁욕구가 다양한 형태로 분출하게 될 것이며 이들 변혁욕구를 정치 적 자기표출의 계기로 묶어내기 위한 움직임들도 활발하게 전개될 것이다. 이 같은 상황변화에 발맞추어 변혁운동이 민주주의의 토대 위에서 전진을 계속하려면, 이미 전국적 규모의 활동기반을 구축한 노동운동은 물론 그밖 의 다른 기층운동들도 새로운 전략을 적극적으로 모색하지 않으면 안 될 것이다.

민주주의 변혁운동이 모색해야 할 새로운 전략에는 여러 가지 형태가 있을 수 있을 것이다. 그러나 대중의 말초신경에 지나치게 무게를 두는 분 위기정치에서 탈피하여, 부분적으로나마 정치 부문의 제도 개혁이 이루어 지고 국가권력도 이에 따라 헌법의 테두리 안에서 운신의 폭을 조절하는 전향적인 자세를 보이게 된다면, 헌법이 계급투쟁의 지형으로서 새로운 의

---

1) 1993년 3월 19일 대통령의 특별담화문 형식으로 '신경제 5개년 계획'의 추진방향과 '신경 제 100일 계획'의 핵심과제가 발표되자 전국경제인연합회를 비롯한 자본가단체들이 전폭 지지 성명을 내는 등 신속한 반응을 보였다.

미를 획득하게 되는 뜻밖의 상황이 예상보다 빨리 올 수도 있을 것이다. 이 같은 잠재적 가능성이 구체적 현실로 눈앞에 다가설 때, 헌법이라는 계급투쟁의 지형에서 치열하게 전개되는 이데올로기투쟁, 그 가운데에서도 특히 헌법해석을 둘러싼 이데올로기투쟁은 민주주의 변혁운동의 향배를 가르는 데 있어서 결정적인 중요성을 갖게 될 것이다. 헌법해석을 둘러싼 이데올로기투쟁에서 전략적으로 유리한 진지를 선점하게 되면, 사회 각 부문에 걸쳐 민주주의 변혁운동이 총체적으로 자리 잡을 수 있는 합법적 공간의 확보가 가능해지기 때문이다.

헌법은 사회집단들 사이의 역학관계, 그 가운데에서도 특히 계급적 대항관계를 일정 부분 반영하고 있다. 그러나 부르주아 헌법의 특색은 계급적 대항관계를 직접적으로 표현하지 않고 내용과 형태를 분리시켜 자신의 계급적 내용을 철저히 은폐하는 이른바 이중화 전략에 있다. 따라서 부르주아 헌법은 본질적으로 부르주아계급의 사적 이익을 표현하면서도 현상적으로는 일반의지의 표명이라는 초계급적 형태를 띠게 된다.[2] 그것은 부르주아 헌법이 부르주아계급의 사적 이익을 최종적으로 담보하고 있음에도 불구하고 지배의 정당성, 즉 부르주아계급의 지배에 대한 피지배계급의 동의를 이끌어내기 위하여 국민주권의 원칙, 법 앞의 평등의 원칙 그리고 표현의 자유를 포함한 각종 기본적 인권에 관한 상세한 규정들을 두고 있는 데에서 잘 나타나고 있다.

따라서 헌법이 부르주아 헌법의 범주에 속하는 한, 헌법 내부의 이 같은 모순을 과학적으로 인식하는 것은 민주주의 변혁운동의 관점에서 볼 때 대단히 중요한 의미를 갖는다. 그러므로 헌법 내부의 모순을 적절히 활용하

---

2) 天野和夫/片岡昇/長谷川正安/藤田勇/渡邊洋三 編, 『マルクス主義法学講座③ 法の一般理論』, 日本評論社/1980, 247-248쪽.

여 헌법을 민주주의 변혁을 위한 투쟁의 무기로 벼리는 창조적인 해석작업
은 변혁 지향의 민주주의 헌법학이 온몸으로 떠안아야 할 역사적 과제라고
하겠다.

헌법해석을 둘러싼 이데올로기투쟁이 민주주의 변혁운동에서 차지하는
비중이 이처럼 큼에도 불구하고 우리 헌법학계에서는 헌법해석의 문제가
이제까지 별다른 주목의 대상이 되지 못하였다. 이 같은 현상은 그 이유가
어디에 있든 우리 헌법학계의 발전을 위하여도 극히 불행한 일이 아닐 수
없다.

그러나 국가권력이 헌법 위에 군림함으로써 헌법으로부터 최소한의 기
본권 보장 기능마저 기대할 수 없을 만큼 참담하였던 과거의 우리 헌법현
실에 비추어볼 때, 헌법해석의 문제를 두고 한가롭게 입씨름을 한다는 것
자체가 부질없는 짓이었을지도 모른다. 아무튼 낙양의 지가를 부채질할 만
치 엄청난 지면을 백과사전식 서술에 할애하고 있는 대부분의 헌법교과서
들도 헌법해석의 대복에 이르면 아예 침묵하거니 언급하더라도 한두 마디
로 간단히 처리해버리는 것이 보통이다. 헌법해석의 문제에 대하여 큰 관심
을 보이고 이를 비교적 상세히 다루고 있는 예외적인 경우로 우리는 허영
교수의『한국헌법론』을 들 수 있을 것이다.[3] 그러나 허영 교수의『한국헌법
론』도 독일 헌법학계의 지배적 학설인 통합이론의 이른바 정신과학적 방
법을 아무런 이론적 매개 과정도 거침이 없이 그대로 답습하고 있다는 점
에서 문제가 없지 않다고 할 것이다.

---

3) 허영,『한국헌법론』, 박영사/1990, 66-85쪽.

II. 헌법해석과 맑스주의

앞에서 보았듯이 민주주의 변혁운동에서 헌법해석을 둘러싼 이데올로 기투쟁이 갖는 중요성은 아무리 강조하여도 지나침이 없을 것이다. 따라서 헌법해석이 민주주의 변혁운동을 위한 투쟁의 무기로서 일정한 몫을 해내려면, 민주주의 변혁의 관점에서 헌법해석의 기본시각을 재정립하지 않으면 안 될 것이다. 이를 위하여 우리 헌법학계의 주류를 이루고 있는 관념론적 헌법학이 헌법해석에 대하여 어떠한 입장을 취하고 있는지를 잠시 살펴보기로 한다.

관념론적 헌법학이라고 하지만 거기에는 여러 갈래가 있으며, 이들 갈래가 헌법을 보는 시각도 저마다 다르다. 이 가운데에는 헌법을 자기완결적 규범체계로 보는 실증주의적 입장[4]이 있는가 하면, 또 다른 한편으로는 그것을 정치적 통일의 방식과 형태에 관한 전체적 결단[5]이나 국가적 통합 과정의 법질서[6]로 이해하는 입장도 있다. 이들 세 입장은 이처럼 현격한 차이가 있음에도 불구하고 헌법을 총체적 시각에서 보기를 거부한다는 점에서 일치하고 있다. 그것은 이들 세 입장의 인식관심이 하나같이 체제의 현상

---

4) H. Gerber, P. Laband 이후의 개념법학적 법실증주의가 대표적인 예이다. 그리고 이를 규범논리적으로 순화시킨 것이 H. Kelsen의 순수법학이다. 우리나라에서 법실증주의의 입장을 따르는 대표적 헌법학자로는 박일경 교수 정도를 손꼽을 수 있다.

5) Carl Schmitt, *Verfassungslehre*, Berlin/1957, 20쪽 이하. 슈미트의 결단주의 헌법학이 우리 학계에 처음으로 소개된 것은 1950년대였다. 슈미트 하면 한태연 선생을 연상할 만큼 한태연 선생은 슈미트의 이론을 우리 학계에 소개하는 데 중추적인 역할을 하였다.

6) Rudolf Smend, "Verfassung und Verfassungsrecht"(Rudolf Smend, *Staatsrechtliche Abhandlungen*, Berlin/1968, 119-276쪽 수록), 189쪽. 대부분의 독일유학파 헌법학자들이 자각적인 문제의식 없이 스멘트학파의 통합이론을 맹목적으로 따르고 있다. 스멘트학파의 통합이론을 체계적으로 소개하고 있는 헌법학자들 가운데 특히 허영 교수의 활약이 돋보인다.

유지에 있기 때문이다. 따라서 이들 세 입장은 헌법해석의 과정에 체제이단적인 가치판단이 끼어드는 것을 극구 경계한다. 이 같은 체제지향적 자세가 헌법해석의 기본틀로 자리 잡게 되면, 헌법을 보는 눈에 따라 객관적 헌법해석,[7] 주관적 헌법해석[8] 또는 정신과학적 방법[9]이 체계적합적인 헌법해석의 방법으로 각광을 받게 된다.

관념론적 헌법학과는 달리 헌법을 사회현상의 한 부분으로 보는 유물론적 입장에 서게 되면, 헌법과 그 밖의 다른 사회현상의 내적 연관성을 중시하는 총체적 시각이 전면에 떠오르게 된다. 맑스에 따르면, 한 사회의 역사적 성격을 규정하는 것은 물질적 사회관계이며 헌법은 이 같은 물질적 사회관계를 반영하는 법적 상부구조의 한 부분에 지나지 않는다.[10]

그러나 유물론적 입장에서 헌법을 법적 상부구조의 한 부분으로 규정한다고 하여도 헌법을 보는 구체적인 시각은 헌법의 상부구조적 특질을 어떻게 이해하는가에 따라 큰 차이를 보인다.

하나는 헌법의 상부구조적 특질을 그것의 본질적 측면으로 보고 헌법은 자본주의 사회의 지배계급인 부르주아계급이 자본의 지배를 은폐하기 위하여 만들어놓은 허위의식의 체계에 불과하다고 하는 이른바 '자본논리'

---

7) Horst Ehmke, "Prinzipien der Verfassungsinterpretation"(*Veröffentlichungen der Vereinigung der Deutschen Staatsrechtslehrer*, Heft 20, Berlin-New York/1963, 53-102쪽 수록).

8) Peter Schneider, "Prinzipien der Verfassungsinterpretation"(*Veröffentlichungen der Vereinigung der Deutschen Staatsrechtslehrer*, Heft 20, Berlin-New York/1963, 1-52쪽 수록).

9) Rudolf Smend, 앞의 글; Hans-Joachim Koch 편, *Seminar: Die juristische Methode im Staatsrecht. Über Grenzen von Verfassungs- und Gesetzesbindung*, Frankfurt am Main/1977, 95쪽 이하 참조.

10) Karl Marx, Zur Kritik der politischen Ökonomie(*Marx Engels Werke*, Bd. 13, Berlin/1974, 3-160쪽 수록), 8쪽.

적 입장이다.[11] 이 같은 입장에 따르게 되면, 헌법적 실천은 변혁운동에서 전략적으로나 전술적으로나 아무런 의미가 없게 된다. 허위의식이 체계인 헌법을 매개로 변혁운동의 합법적 공간을 확보하려고 하는 것은 부르주아 이데올로기의 덫에 말려드는 것과 다름없기 때문이다. 이 같은 논리를 극단적으로 밀고 가면, '자본논리'적 입장은 마침내 헌법허무주의로 귀결되고 만다.

이와는 달리 헌법형성의 변증법적 매개 과정을 중시하는 시각이 계급론적 입장이다.[12] 이 입장도 역시 헌법을 법적 상부구조의 한 부분으로 본다. 그러나 그것은 헌법의 상부구조적 특질을 단지 범주적 규정으로 보고 헌법이 법적 상부구조로 자리 잡기까지의 변증법적 매개 과정과 이 같은 과정에서 전개되는 계급들 사이의 역학관계에 분석의 초점을 맞춘다. 이 같은 입장에 서게 되면, 헌법의 본질을 규명하는 데 결정적인 의미를 갖는 것은 사회집단들 사이의 역학관계, 그 가운데에서도 특히 지배계급과 피지배계급의 대항관계이다. 그리고 이때 핵심고리의 역할을 하는 것은 지배계급의 계급조직들이다. 정당을 비롯한 이들 계급조직은 계급 내부 여러 분파들의 이해관계를 조정하면서 주도적 분파의 의사를 계급의사 일반으로 그리고 계급의사 일반을 국가의사로 바꾸어놓는 데 결정적인 역할을 한다.[13] 이 같은 계급적 대항관계를 통하여 성립되는 헌법은 근본적으로 정치적 타협의 성격을 띠게 된다.

---

11) Thomas Blanke, "Das Dilemma der verfassungspolitischen Diskussion der Linken in der Bundesrepublik"(Hubert Rottleuthner 편, *Probleme der marxistischen Rechtstheorie*, Frankfurt am Main/1975, 419~483쪽 수록), 434쪽. 자본논리적 입장을 대표하는 이들로는 R. Geulen, G. Temmig, U. K. Preuß 등이 있다.

12) 위의 글, 432~434쪽. 계급론적 입장에 서 있는 이들로는 W. Abendroth, H. Ridder, J. Seifert, G. Stuby 등을 들 수 있다.

13) 藤田勇, 『法と經濟の一般理論』, 日本評論社/1980, 98~99쪽.

계급사회인 자본주의사회에서 헌법의 계급타협적 성격은 지배계급과 피지배계급의 역학관계가 균형을 이루고 있는 경우는 물론, 두 계급의 역학관계가 큰 낙차를 보이는 경우에도 본질적인 변화가 없다고 할 것이다. 지배계급이 피지배계급의 존재를 무시할 만치 우월한 위치에 있다고 하여도 피지배계급의 명시적 또는 묵시적 동의에 기초하지 않는 지배권은 모래 위의 성곽과 다름없기 때문이다. 일찍이 맑스도 『헤겔국법학 비판』에서 헌법을 이질적인 사회권력들 사이의 정치적 협약으로 규정한 바가 있다.[14] 그리고 엥겔스도 그가 죽기 얼마 전에 쓴 「'1848년부터 1850년까지 프랑스에서의 계급투쟁'의 머리말」에서 헌법의 계급타협적 성격을 강조하였다.[15] 이처럼 헌법을 계급적 대항관계를 통하여 성립된 정치적 타협의 산물로 이해한다면, 헌법은 상호 대항관계에 있는 계급들이 공공연한 적대행위를 중지하고 그 테두리 안에서 자신들의 이익을 합법적으로 관철시키려는 일종의 휴전협정이라고 할 수 있다.[16] 따라서 적대계급들의 역학관계가 어느 한 쪽으로 크게 기울지 않는 한, 헌법의 실현 과정에서 헌법해석의 주도권을 누가 장악하는가는 이데올로기투쟁의 승패를 가르는 데 결정적인 중요성을 갖는다.

이처럼 헌법해석을 이데올로기투쟁의 관점에서 이해한다면, 그것은 관념론적 헌법학이 흔히 주장하듯이 헌법규범의 객관적 의미내용을 파악하는 단순한 인식행위로 그치는 것이 아니다. 헌법해석의 과정에서 총체적 시각을 통하여 얻어진 복수의 해석 결과 가운데에서 문제해결에 가장 적

---

14) Karl Marx, "Kritik der Hegelschen Staatsrecht"(*Marx Engels Werke*, Bd. 1, Berlin/1972, 201-333쪽 수록), 260쪽.

15) Friedrich Engels, "Einleitung"[zu Karl Marx' "Klassenkämpfe in Frankreich 1848 bis 1850" (1895)](*Marx Engels Werke*, Bd. 22, Berlin/1974, 509-527쪽 수록), 526쪽.

16) Jürgen Seifert, "Der Kampf um Verfassungspositionen"(Jürgen Seifert, *Kampf um Verfassungspositionen*, Köln-Frankfurt am Main/1974, 105-124쪽 수록), 113쪽.

합한 것을 주관적 가치판단에 따라 선택한다는 의미에서 헌법해석은 빼어난 의미의 실천행위라고 할 수 있다.[17] 그리고 실천의 구체적 방향은 해석 주체가 자리 잡고 있는 사회적 관계들에 의하여 결정된다는 점에서 우리는 헌법해석을 일종의 사회적 실천으로 규정할 수 있을 것이다.

위에서 보았듯이 사회적 실천으로서의 헌법해석에는 반드시 해석 주체의 주관적 가치판단이 따르기 마련이다. 그럼에도 불구하고 헌법해석이 객관성을 주장할 수 있기 위하여는 그것이 준거틀로 삼아야 할 보편적 가치가 존재하지 않으면 안 된다. 그러나 사회적 실천으로서의 헌법해석의 객관성을 담보할 수 있는 보편적 가치를 제시한다는 것은 그리 쉬운 일이 아니다. 인류가 지금까지 체험해온 역사발전의 법칙적 경향성으로 미루어 이제까지의 인류 역사는 인간해방을 위한 투쟁의 역사라고 할 수 있다. 따라서 사회적 실천으로서의 헌법해석이 준거틀로 삼아야 할 보편적 가치는 다름 아닌 인간해방의 이념이라고 할 수 있다.[18] 나아가 인간해방 이념의 핵심이 인간의 자기소외의 극복과 인격의 전면적 발달에 있다고 한다면, 우리는 이 두 지표를 사회적 실천으로서의 헌법해석이 지향해야 할 최고이념으로 설정해도 좋을 것이다.

III. 통합이론의 해석논리

헌법을 총체적 시각에서 보기를 거부하는 관념론적 헌법학 가운데 헌법해석의 방법과 관련하여 특히 주목의 대상이 되는 것은 통합이론이다.

---

17) 天野和夫/片岡昇/長谷川正安/藤田勇/渡邊洋三 編, 앞의 책, 187쪽 이하.
18) 天野和夫/片岡昇/長谷川正安/藤田勇/渡邊洋三 編, 앞의 책, 202-204쪽.

스멘트의 통합이론은 주지하는 바와 같이 바이마르체제에 대한 반대명제로 제시된 위기의 국가이론이다.[19] 여기에서 말하는 위기는 물론 당시의 보수적 헌법학자들이 하나같이 주장하던 국가 해체의 위기를 가리킨다. 스멘트는 국가 해체 위기의 근원을 다원주의적 정당제도와 이로 인한 국가에 대한 국민의 내면적 무관심에서 찾는다.[20] 따라서 이를 극복하기 위한 방안으로 그는 개인과 공동체의 관계를 다시 정립할 것을 요구한다. 스멘트에 따르면, 개인과 공동체의 관계는 자유주의적 국가관에서 흔히 말하듯이 상호배제의 적대적 관점이 아니라 변증법적 상호 규정의 시각에서 파악하여야 한다. 그리고 이 같은 요청을 충족시킬 수 있는 방법론적 대안이 다름 아닌 '정신과학적 방법'이다.

'정신과학적 방법'에 따르면, 개인은 고립적인 존재가 아니다. 따라서 그가 자신의 존재를 확인하려면 눈에 보이지 않으나 객관적으로 실재하는 의미의 연관체계에 적극적으로 동참해야 한다.[21] 이처럼 의미의 연관체계에 적극적으로 동참함으로써 얻어지는 개인들의 의미체험의 총체가 공동체이며, 이 같은 공동체에 의하여 개인들의 의미체험의 내용이 제약을 받기도 한다.[22] 그러한 의미에서 개인과 공동체 사이에는 일종의 변증법적 상호 규정 관계가 존재한다.[23]

국가는 개인과 공동체의 이 같은 변증법적 상호 규정 관계를 통하여 표

---

19) Karl-Heinz Ladeur, "Vom Sinnganzen zum Konsensus. 'Verstaatlichung' und 'Vergesellschaftung' der Verfassungsinterpretation in der Bundesrepublik Deutschland"(Abendroth/Blanke/Preuß u. a., *Ordnungsmacht? Über das Verhältnis von Legalität, Konsensus und Herrrschaft*, Frankfurt am Main/1981, 112-129쪽 수록), 115쪽.
20) Rudolf Smend, 앞의 글, 123쪽.
21) Rudolf Smend, 앞의 글, 132쪽.
22) 위와 같음.
23) Rudolf Smend, 앞의 글, 128쪽.

출되는 정신적 현실의 한 부분에 지나지 않는다.[24] 국가는 유형의 실체를 갖춘 정태적 존재가 아니라 법률·외교행위·판결·행정활동 등에 의하여 끊임없이 재생산되는 역동적인 과정이다.[25] 따라서 국가가 국가로서 존립하기 위하여는 이 같은 정신적 현실이 끊임없이 갱신되어야 할 뿐만 아니라 이 같은 역동적인 갱신 과정을 개인들이 지속적으로 체험할 수 있어야 한다. 이처럼 개인들에 의하여 지속적으로 체험되는 정신적 현실로서의 국가의 끊임없는 갱신 과정을 스멘트는 통합의 개념으로 표현한다.[26]

그러나 국가적 통합은 그 과정이 역동적일 뿐만 아니라 그 내용도 극히 다양하고 풍부하기 때문에 이 모두를 규범의 품 안에 담을 수 없다. 헌법은 다름 아니라 이 같은 국가적 통합 과정의 개별적 측면들을 규범적으로 표현한 데 불과하다.[27] 따라서 헌법을 매개로 국가적 통합 과정을 총체적으로 파악하기 위하여는 헌법규범의 자구풀이에 집착하는 전통적 해석 방법과는 다른 보다 유연하고 탄력성 있는 헌법해석의 방법이 요구된다.[28]

국가적 통합 과정의 총체적 파악을 위하여 이처럼 헌법해석의 유연성과 탄력성을 주장하는 것까지는 좋으나 문제는 통합이론에서 말하는 국가적 통합의 과제가 무엇인가 하는 점이다. 스멘트가 주장하듯이 국가적 통합의 과제가 정치적 통일체의 실현에 있다고 한다면, 국가적 통합 과정의 총체적 파악을 전제로 한 헌법해석의 유연성과 탄력성은 헌법해석을 통하여 정치적 통일체, 즉 체제를 현상 그대로 유지하겠다는 의도를 우회적으로 표현한 데 지나지 않는다고 할 수 있다.[29] 이 같은 관점에 서게 되면, 헌법해석

---

24) 위의 글, 136쪽.

25) 위와 같음.

26) 위와 같음.

27) Rudolf Smend, 앞의 글, 189쪽.

28) Rudolf Smend, 앞의 글, 190쪽.

29) Hans-Joachim Koch 편, 앞의 책, 121쪽 참조.

은 체제의 현상 유지를 위하여 헌법규범을 자의적으로 마름질하는 도구적 수단으로 전락하게 된다.

헌법해석을 체제의 현상 유지를 위한 도구적 수단으로 본다는 점에서 헤세는 스멘트 통합이론의 전통을 그대로 이어받고 있다. 그러나 그는 스멘트와는 달리 헌법을 공동체의 법적 기본질서라고 규정함으로써 통합 과정의 역동적인 측면보다는 정태적인 측면을 강조하고 있다.[30] 따라서 헤세는 통합이론의 계보에 속하면서도 헌법해석에서 문제 중심의 사고를 선호하고 그 결과 보다 현실주의적인 태도를 보이고 있다.[31] 헤세에 따르면 법해석에는 반드시 해석 주체의 예단이 따르게 되며 특히 헌법해석의 경우 그 같은 위험성이 더욱 증폭된다.[32] 따라서 헌법해석의 객관성과 해석 결과의 보편타당성을 확보하기 위하여는 해석 주체의 예단이 헌법해석의 과정에 끼어들지 않도록 엄격한 해석절차를 거치는 것이 필요하다.[33] 그러기 위하여는 문제해결에 적합한 관점들을 석출하여 이들을 공개토론에 부쳐야 하며 이 과정에서 드러나게 될 최상의 관점이 합리적인 이성을 갖춘 전문가집단의 검증에서 통과된다면, 이 같은 최상의 관점에 기초한 해석 결과는 국민 모두가 수긍할 수 있는 보편타당성을 지니게 된다고 한다.[34]

그러나 이 같은 문제 중심의 헌법해석 방법은 경제 정치 이데올로기의 심급에서 제기되는 모든 문제에 대하여 최소한의 국민적 합의가 존재한다는 희망적인 가정을 전제로 한 것이다. 1945년에서 1965년까지의 경제적

---

30) Konrad Hesse, *Grundzüge des Verfassungsrechts der Bundesrepublik Deutschland*, 16., ergänzte Aufl., Heidelberg/1988, 10쪽.

31) 위의 책, 25-26쪽.

32) 위의 책, 24-25쪽.

33) 위의 책, 20쪽.

34) Reinhold Schlothauer, *Zur Krise der Verfassungsgerichtsbarkeit*, Frankfurt am Main/1979, 142쪽 참조.

안정기가 막을 내리고 1966년을 고비로 전후 최초의 경제위기가 서독의 모든 산업 부문을 강타하게 되자 사회 전반에 걸쳐 광범한 국민적 합의가 존재한다는 희망적 가정은 허구임이 드러나게 된다.[35]

이를 계기로 헤세는 한층 현실주의적인 헌법해석 전략을 추구하게 된다.[36] 헌법은 현실로부터 독립된 자립적 존재가 아니라는 모처럼의 귀중한 인식을 바탕으로 그는 다음과 같은 결론, 즉 문제의 헌법규범이 규제의 대상으로 예정하고 있는 현실에 초점을 맞추어 헌법규범의 객관적 의미내용을 구체화하지 않으면 해석 결과는 보편타당성을 유지할 수 없다는 결론에 도달하게 된다.[37] 그런데 문제의 헌법규범이 규제의 대상으로 예정하고 있는 현실에 초점을 맞추어 헌법규범의 객관적 의미내용을 구체화한다는 것이 과연 무엇을 뜻하는지가 문제이다. 헤세에 따르면, 그것은 헌법규범의 규제대상인 현실 그 자체에 내재하고 있는 법칙성, 즉 '사물'의 법칙성을 파악하여 이에 따라 헌법규범을 해석하는 것에 다름 아니다.[38] 따라서 문제의 헌법규범이 규제의 대상으로 예정하고 있는 현실을 헌법해석의 준거틀로 설정하고 그것에 내재하고 있는 사물의 법칙성에 따라 헌법규범을 해석하면, 해석 결과의 보편타당성은 자동적으로 확보된다.[39]

그러나 문제는 정작 여기에서부터 시작된다. 헤세가 말하는 '사물의 법칙성'이 무엇인지를 해명하지 않으면 그의 현실주의적인 헌법해석 방법에

---

35) 위의 책, 143쪽.
36) 헤세의 헌법교과서인 *Grundzüge des Verfassungsrechts der Bundesrepublik Deutschland*의 제1판이 나온 것이 1966년이다. 1970년 5월에 출간된 제5판부터 헌법해석의 방법에 있어서 뚜렷한 변화가 보이기 시작한다. Reinhold Schlothauer, 앞의 책, 143쪽 참조.
37) Konrad Hesse, 앞의 책, 24쪽.
38) Konrad Hesse, 앞의 책, 24-25쪽.
39) Reinhold Schlothauer, 앞의 책, 145쪽; Konrad Hesse, 앞의 책, 64쪽 및 222쪽 참조.

대한 정확한 이해도 불가능하기 때문이다.

이 점과 관련하여 우리는 전후 서독 사회학계의 이론적 논쟁구도에서 보수적 입장을 대변하던 쉘스키에 주목할 필요가 있을 것이다.[40] 그에 따르면 현대는 탈이데올로기로 특징지어지는 과학기술문명의 시대이다.[41] 과학과 기술이야말로 사회발전의 참된 원동력이며, 따라서 사회도 자연과 마찬가지로 사물의 법칙성에 의하여 지배된다. 이처럼 사회가 사물의 법칙성에 따라 움직이는 한, 사물의 법칙성은 보편적 가치척도가 된다. 그의 말을 빌리면, 사물의 법칙성은 자연법칙과 마찬가지로 정치적 이데올로기나 사회적 이해관계 저편에 자리 잡고 있으므로 사물의 법칙성의 전 사회적 관철은 인간에 의한 인간의 지배의 종언을 의미하게 된다.[42] 그러나 이것은 기술만능의 기능주의적 사고가 공상의 세계에서 그려보는 환상의 신기루일 뿐, 과학기술문명의 현대사회에서는 인간에 의한 인간의 지배가 보다 세련된 형태로 더욱 증폭되고 있다.

따라서 자본의 논리가 전일적으로 지배하는 현 단계 국가독점자본주의 체제에서는 쉘스키의 이른바 사물의 법칙성도 독특한 의미를 함축하고 있다고 할 것이다. 즉 사물의 법칙성이라고 할 때, 사물은 독점자본 지배 아래의 적대적 계급관계를 그리고 법칙성은 그 같은 상황에서 필연적으로 관철되는 자본의 운동법칙을 가치중립적으로 표현한 데 불과하다.[43] 이 같은 비판적 관점에 서게 된다면, 헌법규범의 규제대상인 현실 그 자체에 내재

---

40) Helmut Schelsky, "Der Mensch in der wissenschaftlichen Zivilisation"(Helmut Schelsky, *Auf der Suche nach Wirklichkeit*, Düsseldorf-Köln/1965, 439-480쪽 수록) 참조: 헤세는 헌법교과서에서 쉘스키와 그의 이른바 사물의 법칙성에 대하여 언급하고 있다. Konrad Hesse, 앞의 책, 64쪽 각주 35.

41) 위의 글, 466쪽 이하.

42) 위의 글, 457쪽 참조.

43) Reinhold Schlothauer, 앞의 책, 189쪽.

하고 있는 법칙성, 즉 '사물'의 법칙성에 따라 헌법규범을 해석해야 한다는 헤세의 이른바 현실주의적 해석논리는 독점자본 지배 아래의 적대적 계급 관계를 자연사적 과정으로 보고 자본의 운동법칙을 그대로 수용하겠다는 의지를 적극적으로 표명한 것이라고 할 수 있다.

헤세는 헌법해석에 이처럼 비판적 현실인식을 거부하는 기능주의적 사회이론을 도입함으로써 체제지향적인 입장을 한층 분명히 하고 있다. 헤세의 헌법해석 방법이 지닌 이 같은 한계를 명확히 인식할 때, 우리는 그가 헌법해석의 기법으로 제시하고 있는 원칙들, 그 가운데에서도 특히 헌법의 통일성의 원칙[44]과 실천적 조화의 원칙[45]이 궁극적으로 의도하는 바가 무엇인지를 정확히 짚어볼 수 있게 된다. 그것은 한마디로 말하여 체제의 현상 유지를 위한 통합효과의 극대화라고 할 수 있을 것이다.[46]

---

44) Konrad Hesse, 앞의 책, 26-27쪽.
45) Konrad Hesse, 앞의 책, 27쪽.
46) Reinhold Schlothauer, 앞의 책, 191쪽 참조.

헌법학의 입장에서 본 자유민주주의의 두 얼굴[*]

I. 왜 하필이면 자유민주주의가 또 문제인가

지배체제가 위기국면을 맞이할 때마다 어김없이 찾아드는 불청객이 있다. 이른바 공안정국의 망령이다. 공안정국은 말할 것도 없이 분단모순의 산물이다. 그것은 이미 과거의 유물이 된 동서 냉전의 이데올로기적 대결 구도를 인위적으로 재생산하기 위하여 국가폭력기구가 수시로 연출하는 일종의 정치적 살풀이굿이라고 하여도 과언이 아니다. 따라서 공안정국이라는 이름의 정치적 살풀이굿이 한바탕 벌어지면, 아전인수식 국가안보논리가 기지개를 켜고 양자택일의 흑백논리가 광란의 칼춤을 춘다. 그리고 이때면 으레 머리를 내미는 것이 다름 아닌 자유민주주의수호론이다. 그러한 의미에서 자유민주주의는 우리 사회의 이데올로기 지형을 주름잡아온 특권적 이데올로기 가운데 하나라고 할 수 있다.

---

* 이 글은 민주주의법학연구회 편,《민주법학》제12호, 1997, 69-89쪽에 수록된 것이다.

그러나 이승만 정권의 경찰독재가 기승을 부리던 1950년대만 하여도 자유민주주의는 극소수 지식인들이 관념의 울타리 안에서 동경의 대상으로 떠올리던 한 폭의 초현실주의 추상화에 지나지 않았다. 이처럼 극소수 지식인들의 전유물이나 다름없었던 자유민주주의가 국민대중의 곁으로 다가서는 데 결정적인 계기를 마련하여준 것은 1960년 반독재민중항쟁이었다. 그 결과 자유민주주의가 대중성을 확보하는 데 어느 정도 성공하였음에도 불구하고 그것이 마침내 실천적 지향이 담긴 구체적 운동목표로 일정한 크기와 무게를 지니게 된 것은 박정희 정권의 이른바 유신체제가 들어선 1970년대부터이다. 당시 우리 사회의 가장 선진적 부분을 대표하던 자유주의 지향의 대학생들과 일부 지식인명망가들이 주축이 된 반유신투쟁은 본질적으로 부르주아 민주주의운동의 범주에 속하며, 그 이념적 목표도 다름 아닌 자유민주주의였다. 바로 이것이 운동주체의 이념적 피제약성에서 오는 반유신투쟁의 역사적 한계이기도 하였다.

아무튼 반유신투쟁이 부르주아 민주주의운동의 테두리 안에서 자유민주주의의 추상적 이념과 숨바꼭질을 하고 있는 동안, 역사의 변증법은 자신의 논리를 밀고 나아간다. 1980년의 광주대학살사건은 비록 얼마 되지 않는 짧은 기간이지만 부르주아 민주주의운동이 반유신투쟁의 맨 앞자리에 서던 우리 사회의 정치지형에 일대 지각변동을 가져온 결정적 계기가 되었다. 전두환 중심의 이른바 신군부집단에 의하여 자행된 광주대학살사건이 미국의 묵인 아래 반유신 부르주아 민주주의운동을 오른쪽에서 우회돌파하려던 집단적 광기의 폭력적 표현 형태라면, 신군부집단의 이 같은 야만적 폭력에 맞서 질풍노도처럼 분출하기 시작한 반파시즘 민족민중민주주의운동은 군부파시즘 체제 앞에서 무력할 수밖에 없었던 반유신 부르주아 민주주의운동의 한계를 왼쪽에서 뛰어넘으려는 처절한 몸부림이었다고 하여도 과언이 아니다.

이처럼 신군부집단의 전면부상을 계기로 우리 사회의 정치지형이 파시즘진영과 반파시즘진영으로 압축됨에 따라 반유신 부르주아 민주주의운동이 이념적 깃발로 내세운 자유민주주의는 투쟁의 현장에서 자취를 감추고, 이미 유신체제의 길목에서 박정희 정권이 예비하여둔 또 하나의 다른 자유민주주의가 반파시즘 민족민중민주주의에 대한 지배체제의 대항논리로 자리를 굳히게 된다.[1]

그러면 1970년대 반유신 부르주아 민주주의운동 단계의 자유민주주의와 1980년 광주대학살사건을 계기로 지배체제의 대항논리로 등장한 또 하나의 다른 자유민주주의는 그 의미와 내용에서 어떠한 차이가 있을까.

적어도 1970년대 반유신 부르주아 민주주의운동 단계까지 자유민주주의에 대한 우리 사회의 통속적 관념은 자유민주주의 곧 자유주의적 민주주의라는 암묵의 등식 위에 자리 잡고 있었다고 하여도 과언이 아니다. 이 같은 암묵의 등식은 자유민주주의가 우리 사회의 지배이데올로기인 반공산주의와 일정한 거리를 유지하며 일종의 체제 안 대항이데올로기로서 자신의 고유영역과 활동공간을 확보하는 데 더없는 버팀목이 되었다. 그러나 광주대학살사건을 계기로 정권탈취에 성공한 신군부집단은 정치권력의 정당성을 조달하기 위한 방편으로 지배이데올로기인 반공산주의를 이념적 토대로 한 물리적 폭압체제의 구축에 나서게 된다. 이에 따라 자유민주주의 곧 반공산주의, 반공산주의 바로 자유민주주의라는 우리 사회 특유의 이데올로기적 수렴 과정이 급속히 진행된다.

이처럼 의미와 내용이 서로 다른 두 개의 인식대상을 동일한 개념으로 표현할 때, 우리는 이를 두고 개념의 혼란이라고 부른다. 자유민주주의를

---

1) 박정희 정권은 1972년 이른바 유신헌법을 제정하면서 그 전문에 "자유민주적 기본질서"라는 정식을 끼워 넣는다. 당시 우리 헌법의 영역대본을 보면 자유민주적 기본질서는 "Basic free and democratic order"로 되어 있다. 이것은 본 기본법의 "Freiheitliche demokratische Grundordnung"과 일치하는 것이다.

둘러싸고 우리 언저리에서 일상적으로 마주치는 이 같은 개념상의 혼란을 피하기 위하여 1970년대 반유신 부르주아 민주주의운동 단계까지의 자유민주주의를 부르주아 민주주의의 고전적 형태인 자유주의적 민주주의라고 한다면,[2] 신군부집단의 물리적 폭압체제 아래에서 지배체제의 대항논리로 각광을 받게 된 또 하나의 다른 자유민주주의는 자유민주주의가 본디 표상하는 자유주의적 민주주의와는 질적으로 구별되는 부르주아 민주주의의 반동적 형태로서 우리는 그것을 자유로운 민주주의라고 이름 붙일 수 있을 것이다.[3]

자유민주주의 개념의 이 같은 이중성에도 불구하고 이제까지 이에 대한 이렇다 할 문제제기가 없었던 것이 사실이다. 자유민주주의 개념의 이중성에 대한 이 같은 인식 부재는 그러나 혹세무민의 얄팍한 언술이 사회적 평판을 누리는 정치꾼들의 야바위판에서나 흔히 볼 수 있는 현상은 아니다. 개념구사에서 청교도적 엄격성이 요구되는 사회과학계의 사정도 어지럽기는 매한가지이다. 사실 사회과학계 안에서도 자유민주주의 개념에 대한 이해는 저마다 다르다. 대표적인 예가 정치학자들과 헌법학자들의 경우라고 할 수 있다. 일반적으로 정치학자들이 자유민주주의라고 할 때, 그것은 으레 자유주의적 민주주의를 가리킨다고 하여도 크게 틀리지 않을 것이다.[4]

---

2) 자유주의적 민주주의는 Liberal democracy나 Liberale Demokratie를 우리말로 정확히 옮겨놓은 것이다. 우리나라에서는 자유민주주의라고 간단히 번역하는 것이 일반적 경향이다.

3) 자유로운 민주주의는 독일 연방헌법재판소가 본 기본법의 이른바 Freiheitliche demokratische Grundordunung의 정식에서 따온 Freiheitliche Demokratie를 우리말로 옮겨놓은 것이다. Freiheitliche Demokratie를 영어로 다시 옮겨놓으면 Free democracy가 된다. 우리나라에서 발행되는 영자신문들도 Liberal democracy 대신 Free democracy를 선호하는 경향이 요즈음 더욱 두드러진다.

4) 정치학자들이 즐겨 사용하는 자유민주주의는 Liberal democracy를 가리킨다. 소련의 사회주의체제가 무너진 다음 월간지《사회평론》1991년 6월 호가 내놓은 창간연속특집 '한

그러나 헌법학자들의 경우에는 자유민주주의 곧 자유로운 민주주의라는 일종의 동식관계가 하나의 상식으로 되어 있다. 자유민주주의 개념을 두고 정치학자들과 헌법학자들 사이에는 이처럼 인식상의 큰 장벽이 가로놓여 이들 서로의 학제 간 대화는 사실상 불가능하다고 하여도 과언이 아니다.

그러나 실정헌법의 해석이 학문활동의 근간이 되는 헌법학자들의 입장에서 보면, 자유민주주의 곧 자유로운 민주주의라는 상식 밖의 상식은 헌법해석의 테두리 안에서 논리적 추론의 결과로 얻어진 자명한 결론이라고도 할 수 있다. 우리 헌법은 전문에서 자유민주적 기본질서를 우리 헌법이 지향하여야 할 최고의 규범적 목표로 설정하고 있을 뿐만 아니라, 우리 헌법이 지향하여야 할 최고의 규범적 목표인 "자유민주적 기본질서"가 독일 연방공화국 헌법 일명 본 기본법의 "자유로운 민주주의적 기본질서"와 의미내용을 같이한다는 데 헌법학자들 사이에는 별다른 이론이 없기 때문이다.[5] 이처럼 우리 헌법 전문의 "자유민주적 기본질서"를 본 기본법의 "자유로운 민주주의적 기본질서"와 동일한 의미내용으로 이해한다면, 자유민주주의 곧 자유로운 민주주의라는 상식 밖의 상식은 나름의 근거와 이유가 있다고 할 것이다.

그럼에도 불구하고 자유민주주의에 대한 헌법학자들의 이 같은 이해방식이 모방인식의 전형이라는 사실은 부정하기 어려울 것이다. 문제는 헌법학자들이 자유로운 민주주의와 역사적으로 이에 선행하는 자유주의적 민주주의를 정확히 자리매김한 다음, 그 같은 자각적 인식을 바탕으로 자유

국에서 자유민주주의는 대안일 수 있는가'에서 집필을 맡은 진보진영의 정치학자나 사회학자도 예외 없이 자유민주주의라는 표현을 사용하고 있다. 이와 달리 한국정치연구회 사상분과가 1992년에 펴낸 『현대민주주의론 1』에서는 Liberal democracy를 보기 드물게 자유주의적 민주주의라고 정확히 옮겨놓고 있다.

5) 권영성, 『헌법학원론』, 법문사/1994, 154쪽 이하; 김철수, 『헌법학개론』, 박영사/1996, 133쪽 이하 참조; 구병삭, 『한국헌법론』, 일신사/1986, 111쪽.

민주주의를 자유로운 민주주의의 의미와 내용으로 이해하고 있는지의 여부이다. 우리 헌법학계가 관념법학의 늪 속에서 실정헌법의 자구해석에 지나치게 매달린 나머지 헌법현상의 총체적 인식에 인색하였던 그동안의 사정을 염두에 둔다면, 정반대의 추론이 오히려 진실에 가까울지 모른다.

실제 우리 헌법학계에서는 자유주의적 민주주의와 자유로운 민주주의의 질적 차이에 대한 문제제기는 그만두고, 이에 대한 최소한의 문제의식도 찾아보기 힘든 것이 현실이다. 이러한 가운데 자유로운 민주주의를 독일 헌법학계의 통설에 따라 부르주아 민주주의 일반으로 보편화하려는 반역사적이고 비과학적인 경향이 오히려 큰 흐름을 이루고 있다고 하여도 과언이 아니다. 그러나 여기에서 우리가 주목하여야 할 것은 독일 헌법학계의 통설이야말로 아래로부터의 근대화 과정을 한 번도 체험하지 못한 권위주의적 헌법문화의 산물로서 그 자체가 역사적으로 이미 특수성의 범주에 속한다는 사실이다. 따라서 맹목모방의 전범이 될 수도 없고 또 되어서도 안 될 독일 헌법학계의 통설에서 벗어나 보다 보편적인 관점에서 자유로운 민주주의의 역사적 본질에 대한 이해를 깊게 하기 위하여는 부르주아 민주주의의 역사적 현상형태, 이 가운데에서도 특히 자유주의적 민주주의에 대한 정확한 인식이 무엇보다 필요하다고 할 것이다.

II. 자유주의적 민주주의와 자유로운 민주주의

근대 부르주아혁명의 효시는 1644년의 영국 청교도혁명이다. 그 후 한 세기 반 가까이 단속적으로 진행되어온 근대 부르주아혁명은 1789년의 프랑스혁명을 끝으로 대단원의 막을 내린다. 이 같은 역사적 과정에서 변혁의 주체로 맨 앞에 나선 것은 말할 것도 없이 부르주아계급과 민중세력이다. 이들은 반봉건투쟁에서 행동을 같이하였음에도 불구하고 혁명의 갈림길에서 서로 등을 돌리게 된다. 이처럼 혁명의 진행 과정에서 부르주아계급과 민중세력이 갈라서게 된 것은 혁명의 방향을 둘러싼 이념상의 갈등 때문이다.

주지하는 바와 같이 부르주아계급의 제1 철학은 소유적 개인주의이다. 소유적 개인주의는 개인주의의 기본이념인 인간 개체의 인격적 자율성을 그대로 받아들이면서도 인격적 자율성의 물질적 기초로 개인의 사적 소유를 절대시한다.[6] 그러나 부르주아계급의 역사적 과제가 자본주의적 생산양식의 확립에 있었던 만큼 자기 노동생산물은 물론 타인 노동생산물까지도 사적 소유의 대상에 포함할 경우, 소유적 개인주의는 착취와 수탈을 사실상 정당화하는 자본의 논리로 귀결될 수밖에 없는 내적 필연성을 처음부터 지니고 있었다고 하여도 과언이 아니다.

부르주아계급이 이처럼 소유적 개인주의를 고리로 자본의 논리에 갇혀 있는 한, 혁명적 민주주의의 깃발 아래 인간에 의한 인간의 착취와 인간에 의한 인간의 수탈이 없는 독립소생산자 평등사회를 지향하던 민중세력과의 마찰은 피할 수 없게 된다.[7] 그 단적인 사례를 우리는 프랑스혁명 초기 부르주아계급이 서둘러 만든 각종 민중탄압법들, 그 가운데 노동자의 단결을 금지한 1791년의 르 샤플리에법 그리고 민중운동의 탄압을 목적으로 한 1791년의 선동금지법에서 볼 수 있다. 부르주아계급의 이 같은 반민주성은 유독 혁명기 프랑스의 문제만은 아니다. 근대 부르주아혁명을 거쳐 산업혁명의 문턱에 들어선 영국의 경우도 예외는 아니다. 청원집회를 제한

---

6) 소유적 개인주의에 관하여는 C. B. Macpherson, *Die Politische Theorie des Besitz-individualismus. Von Hobbes bis Locke*, Frankfurt am Main/1967, 295쪽 이하 참조.

7) 혁명적 민주주의에 관하여는 George Novack, *Democracy and Revolution*, Pathfinder Press/1971, 49쪽; 河野健二, 박준식 옮김, 『시민혁명의 역사구조』, 청아출판사/1983, 132쪽 이하 참조.

한 1795년의 집회금지법, 결사의 자유에 차꼬를 채우기 위한 1795년의 단체금지법, 그리고 노동자의 단결을 금지한 1799년의 단결금지법은 프랑스혁명 초기의 민중탄압법들과 궤를 같이하는 것이다.

부르주아계급의 이 같은 반민중성은 경제적 피지배자인 민중세력을 정치적으로 무력화시키려는 반민주주의적 발상으로 이어진다. 납세자주주론을 이론적 빌미로 한 제한선거제도의 도입이 그것이다. 우선 영국만 보더라도 1832년 제1차 개혁선거법이 제정될 때까지 지주과두제적 제한선거제도가 지배적이었다. 프랑스의 경우도 별로 다르지 않다. 1848년 헌법을 계기로 남성보통선거제도가 확립되기까지 제한선거제도는 프랑스헌법의 대원칙으로 통하였다. 예컨대 1791년 헌법은 시민을 능동적 시민과 수동적 시민으로 나눈 다음 3일분의 임금에 해당하는 직접세를 내는 능동적 시민에게만 입법국민의회의원 간접선거에 참여할 수 있는 기회를 주었다.[8]

이 같은 제한선거제도는 그러나 자본주의적 계급분화가 본격적으로 시작되기 이전의 과도기적 현상에 지나지 않는다. 1820년대를 전후하여 산업혁명이 이미 막바지에 접어들거나 아직 진행 중이던 영국이나 프랑스에서는 자본주의적 계급분화가 급속히 이루어지면서 노동자계급이 민중세력의 주력부대로 등장하고 부르주아계급의 내부구성도 복잡한 경과를 보이게 된다. 이에 따라 정치적 주도권을 장악하기 위한 제한선거제도철폐 운동이 선거권확대 운동의 형태로 노동자계급을 비롯한 민중세력의 언저리에서 활기를 띠기 시작한다. 특히 혁명의 진행 과정에서 정치적 역학구도가 급반전을 거듭한 프랑스에서는 부르주아계급의 전유물이 된 의회를 제한선거제도의 굴레에서 끌어내어 합법적 정치투쟁의 마당으로 탈바꿈시키려

---

8) 1791년 헌법 제3편 제1장 제3관 참조; 1791년 헌법의 선거권 제한에 관하여는 杉原泰雄, 『国民主權の史的展開』, 岩波書店/1985, 69쪽 이하 참조.

는 노동자계급의 필사적인 노력이 1848년 2월혁명을 계기로 조기결실을 보게 된다. 이와 달리 정치적 상부구조의 변혁이 극히 완만한 형태로 진행된 영국에서는 제한선거제도 손질을 위한 선거법 개혁은 인민헌장운동의 선거권확대 투쟁에도 불구하고 우여곡절의 가시밭길을 걷는다. 1832년의 제1차 선거법 개혁, 1867년의 제2차 선거법 개혁, 그리고 1884년의 제3차 선거법 개혁을 거치면서 선거권이 토지부르주아층에서 신흥 산업부르주아층으로, 신흥 산업부르주아층에서 다시 도시노동자층으로, 그리고 도시노동자층에서 농업노동자, 광산노동자 등 농촌노동자층으로 순차적인 경로를 밟아 점차 확대된다.[9] 이 과정에서 부르주아계층의 지도적 분파로 떠오른 신흥 산업부르주아층과 그 사이 제한선거제도에 안주하여오던 그 밖의 다른 분파들, 이 가운데에서 특히 토지부르주아층은 선거권 확대를 두고 이해관계가 엇갈리면서 마찰이 증폭된다. 그런가 하면 신흥 산업부르주아층과 노동자계급 사이에는 선거법 개혁 과정에서 토지부르주아층을 견제하기 위한 전술적 제휴가 이루어지기도 한다.

그러나 여기에서 주목하여야 할 것은 영국에서 제3차 선거법 개혁이 이루어진 1880년대야말로 서구자본주의가 경쟁단계를 거쳐 독점단계로 이행한 시점이라는 사실이다. 개별 자본가에게 독점방임의 길을 터준 주식회사법이 제정된 것이 1856년이고, 비록 때늦은 느낌이 없지 않지만 이와 구색을 맞추기 위하여 노동자의 단결을 합법화한 것이 1871년의 일이다. 1871년 노동조합법에 의한 노동자 단결의 합법화는 그러나 노동자의 유일한 자본인 노동력상품이 자본주의 재생산 과정에서 등가교환의 대상으로 보편적인 승인을 받게 되었다는 평면적 의미를 갖는 데 그치는 것이 아니

9) Hans Setzer, *Wahlsystem und Parteienentwicklung in England, Wege zur Demokratisierung der Institutionen 1832 bis 1948*, Suhrkamp/1973, 22쪽 이하, 55쪽 이하, 그리고 198쪽 이하 각각 참조; 水水惣太郞, 『選擧制度論』, 有信堂/1970, 20쪽 이하.

다. 이것은 노동자계급의 정치적 진출을 눈앞에 두고 부르주아계급의 노동 전략이 억압과 배제에서 포섭과 체제내화 쪽으로 기울고 있음을 뜻하는 것 이기도 하다. 아무튼 자본주의체제의 안정을 위하여 노동자계급을 체제 안 으로 끌어들여 그들을 체제의 통합적 구성 부분으로 묶어두려는 부르주아 계급의 이 같은 유연노동전략이 제한선거제도의 철폐를 역사적 기정사실 로 굳히는 데 한몫 거들었음은 부정할 수 없는 사실이라고 할 것이다.[10]

이처럼 남성보통선거제도를 고리로 적어도 민주주의가 발돋움할 수 있 는 길이 트이게 되자, 부르주아계급의 이데올로기인 자유주의를 경제적 자 유주의의 좁은 틀에서 끌어내어 자기해방의 정치적 무기로 다시 벼리려는 노동자계급의 투쟁이 더욱 세차진다. 그 결과 언론 및 출판의 자유, 그리 고 집회 및 결사의 자유가 비약적으로 확장된다. 영국의 경우 1662년의 검 열법이 폐기된 것은 1691년이다. 그럼에도 불구하고 신문보급의 대중화를 막기 위하여 도입된 신문지 인지세제도가 1855년까지 지속되었다. 그러나 신흥 산업부르주아층의 정치적 입장을 가장 충실하게 대변하던 다이시가 1885년 그의 주저 『헌법연구입문』에서 밝히고 있듯이, 출판의 자유는 보통 재판소의 자유주의적 판례에 힘입어 법의 지배 아래 마땅히 보장되어야 할 보통법상의 권리로 이미 자리를 굳히고 있었다.[11] 뿐만 아니라 집회와 집단 시위에 대한 사법적 규제도 1882년의 비티 대 질뱅크스 사건을 계기로 자 유주의적 방향으로 완화되기 시작한다.[12] 그 후 치안유지를 위하여 공권력 의 개입이 불가피한 긴급사태의 경우를 빼놓고는 집회나 집단시위의 자유

---

10) Arthur Kiss, *Marxism and Democracy, A Contribution to the Problem of the Marxist Interpretation of Democracy*, Budapest/1982, 185쪽.

11) A. V. Dicey, *An Introduction to the Study of the Law of the Constitution*, the Macmillan Press/1975, 271쪽.

12) *Beatty V. Gillbanks* 사건에 관하여는 Harry Street, *Freedom, the Individual and the Law*, Penguin Books/1975, 51쪽 이하 참조.

를 보장하는 판례들이 줄을 잇는다. 프랑스에서도 정치적 표현의 자유는 1789년 혁명 이래 정치적 쟁점의 하나가 되었다. 자유방임정책이 본격적으로 시행되기 시작하던 제3공화국에서도 정치적 표현의 자유는 조이기와 풀어주기를 거듭하다 1877년의 이른바 5월 16일 사건을 계기로 자유주의적 출판법이 1881년 마침내 제정되기에 이른다.[13] 그리고 이보다 한 달 앞서 집회의 자유를 보장하는 자유주의적 공공집회법이 만들어져 집회의 자유도 새 국면을 맞게 된다. 이 법을 기초한 페리 나케에 따르면, 집회의 자유도 사상의 자유의 한 갈래로 인간의 사상을 보급하는 데 결정적인 중요성을 갖는다.[14] 페리 나케의 이 같은 입장은 자유주의적 집회관의 한 자락을 엿보게 하는 대목으로 당시의 시대정신이 진하게 묻어난다고 할 것이다.

아무튼 남성보통선거제도가 실마리가 되어 정치 부문의 민주주의화도 어느 정도 실현되고 이를 계기로 정치 부문의 자유주의화 또한 눈앞의 현실로 다가옴에 따라, 이제까지 대립관계에 있던 자유주의와 민주주의가 서로 만날 수 있는 모처럼의 기회가 마련된다. 그러나 자본주의적 생산관계 아래에서 부르주아계급이 정치적 주도권을 쥐고 있는 한, 자유주의와 민주주의의 접합은 제한적일 수밖에 없다고 할 것이다.[15] 우선 접합의 수준은 경제와 정치를 대상적으로 엄격히 구분하는 자유주의의 이분법적 사고에 따라 정치 부문으로 한정된다. 접합의 양식도 자유주의의 민주주의적 확장의 형태가 아니라, 민주주의의 자유주의적 축감의 형태로 이루어진다.[16] 이에 따라 민주주의의 기본이념인 평등의 원칙은 형식적 평등, 즉 기회의 평등을 의미할 뿐, 그것이 담고 있는 적극적 측면은 관심 밖으로 밀려나게 된

---

13) 野村敬造, 『フランス憲法と基本的人權』, 有信堂/1966, 144쪽 이하.
14) Ferry Naquet에 관하여는 野村敬造, 위의 책, 212쪽 참조.
15) C. B. Macpherson, *The Real World of Democracy*, Oxford Unversity Press/ 1966, 11쪽.
16) 위의 책, 5쪽 및 11쪽 참조.

다. 이처럼 민주주의를 자유주의의 틀 안으로 끌어들여 그것을 정치적 기회의 평등으로 자유주의적 관점에서 축소해석한 것이 다름 아닌 자유주의적 민주주의이다. 자유주의적 민주주의를 가리켜 흔히 정치적 민주주의 또는 형식적 민주주의라고 이름 붙이는 것도 따지고 보면 자유주의적 민주주의의 이 같은 자유주의적 한계 때문일 것이다. 따라서 자유주의적 민주주의에서 민주주의적 덕목을 굳이 손꼽아본다면, 정치적 기회의 평등을 제도적으로 구체화한 보통선거제도가 고작일 것이다. 그러한 의미에서 자유주의적 민주주의는 기껏해야 보통선거제도 더하기 표현의 자유라고 하여도 과언이 아니다.

자유주의적 민주주의는 역사적으로 이중의 의미를 갖는다. 노동자계급을 비롯한 민중세력에게 그것은 합법적 투쟁공간을 마련하는 데 없어서는 안 될 일종의 정치적 교두보이었다. 부르주아계급에게도 자유주의적 민주주의는 노동자계급을 비롯한 민중세력에 대한 일방적인 정치적 양보를 의미하는 것만은 아니었나. 이미 딘결의 자유를 쟁취하여 자본주의체제의 한 축을 이루고 있는 노동자계급 등 민중세력을 체제 동반자로 끌어들여 지배체제의 이데올로기 지형에서 결정적 우위를 차지하는 데 자유주의적 민주주의는 오히려 필수적인 것이기도 하였다. 이처럼 노동자계급을 비롯한 민중세력과 부르주아계급의 전략적 이해관계가 맞아떨어지면서 적어도 제1차 세계대전까지는 자유주의적 민주주의의 순조로운 항진이 계속된다. 프랑스에서는 1907년의 공공집회법 개정을 통하여 집회신고의 의무마저 폐지함으로써 집회의 자유는 명실공히 자유주의적 내실을 갖추게 된다. 뿐만 아니라 영국에서도 제1차 세계대전 중 시작된 선거법 개혁 협상이 1918년 마무리되어 성년여성에게도 마침내 선거권이 주어진다.

그러나 제1차 세계대전은 자유주의적 민주주의가 내리막길로 접어드는 갈림길이기도 하였다. 자유주의적 민주주의의 이 같은 조락현상은 자본주의의 전반적 위기와 밀접한 관련이 있다. 자본주의 전반적 위기의 결정적 계기는 말할 것도 없이 러시아 사회주의혁명이다. 거기에다 1928년의 세계대공황은 마치 불 난 데 기름을 끼얹은 격이었다. 이처럼 자본주의의 위기가 전 세계적 규모로 더욱 심화되자, 선진 자본주의국가들은 서둘러 위기관리체제의 구축에 나선다. 위기관리체제 구축의 출발점은 긴급사태에 대비한 유사입법이며, 그 첫 번째 과녁이 표현의 자유이다. 선진 자본주의국가들 가운데 자유주의적 민주주의의 전통이 제일 먼저 뿌리내리기 시작한 영국의 경우만 보더라도 표현의 자유를 제한하는 유사입법은 이미 낯선 현상이 아니다. 1914년의 국토방위법과 이를 기본틀로 한 1920년의 비상대권법이 대표적 사례들이다.[17] 나아가 체제의 위기가 위험 수위를 넘나들던 1936년에는 집회나 집단시위를 엄격히 규제하는 공공질서법이 만들어진다.[18] 긴급사태의 경우 주로 계엄제도에 의존하던 프랑스도 사정은 비슷하다. 영국의 공공질서법과 거의 때를 같이하여 집회나 집단시위 등 대중운동의 자유를 제한하는 공공질서유지조치 및 공공질서유지강화령이 의회의 수권법에 따라 행정입법의 형식으로 1935년 제정된다.[19] 이 명령은 영국의 공공질서법과 입법형식에서 차이가 있을 뿐, 입법목적이나 구체적 내용은 본질적으로 대동소이하다고 할 것이다.

자유주의적 민주주의의 이 같은 위기는 제2차 세계대전을 계기로 결정적인 국면을 맞게 된다. 자본주의 세계체제를 한 축으로 하고 사회주의 세계체제를 또 한 축으로 하는 동서 냉전구도가 뿌리내림에 따라, 두 체제의 이데올로기 각축도 반파시즘 통일전선 시대의 이른바 파시즘 대 민주주의

---

17) 1914년의 Defence of the Realm Act와 1920년의 Emergency Powers Act에 관하여는 隅野降德,「集團示威運動の自由」(東京大学社会科学研究所 編『基本的人權 4 各論 1』, 東京大学出版会/1979, 295-326쪽 수록), 308쪽 참조.
18) 위의 글, 306쪽.
19) 위와 같음.

의 대결구도에서 민주주의 대 전체주의의 대결구도로 바뀌게 된다. 민주주의 대 전체주의 대결구도 한가운데에는 물론 동서 냉전시대의 이데올로기인 냉전자유주의가 자리 잡고 있다. 냉전자유주의는 말 그대로 동서 냉전시대의 자유주의이다.[20] 그것은 민주주의의 대립개념으로 전체주의를 설정한 다음 전체주의의 고전적 사례로 공산주의를 든다. 이 같은 이데올로기적 배치구도로 미루어 냉전자유주의의 이데올로기적 실체는 반공산주의라고 하여도 과언이 아니다. 냉전자유주의적 반공산주의는 그 자체만으로도 이미 위협적이라고 할 수 있다. 더욱이 그것이 자유의 적에게는 자유를 주지 말자는 이른바 전투적 민주주의와 한 짝이 되어 반공산주의적 민주주의가 민주주의의 유일한 형태로 둔갑하면, 자유주의적 민주주의는 더이상 설 자리가 없게 된다.[21] 이처럼 냉전자유주의적 반공산주의와 전투적 민주주의가 손을 잡고 자유주의적 민주주의의 대안으로 새롭게 조명을 받게 된 반공산주의적 민주주의가 다름 아닌 자유로운 민주주의이다. 따라서 자유로운 민수주의에서도 민주주의적 계기는 자유주의적 민주주의의 경우와 마찬가지로 주변적이고 부차적이다. 민주주의적 실체가 있다면, 자유주의적 민주주의로부터 물려받은 보통선거제도가 고작일 것이다. 그러한 의미에서 자유로운 민주주의는 자유주의적 민주주의 빼기 표현의 자유, 그리고 거기에 반공산주의 보태기라고 할 수 있다. 자유로운 민주주의는 한마디로 말하면 보통선거제도 더하기 반공산주의이다.

아무튼 자유주의적 민주주의가 부르주아 민주주의의 고전적 형태라면,

---

20) 냉전자유주의에 관하여는 Anthony Arblaster, *The Rise and Decline of Western Liberalism*, Basil Blackwell/1987, 309쪽 이하 참조.

21) 전투적 민주주의에 관하여는 Johannes Lameyer, *Streitbare Demokratie. Eine verfassungshermeneutische Untersuchung*, Berlin/1978, 17쪽 이하 및 Martin Kutscha, *Verfassung und "streitbare Demokratie"*, Köln/1979, 69쪽 이하 참조.

자유로운 민주주의는 부르주아 민주주의의 반동적 형태라고 할 수 있다. 따라서 자유로운 민주주의는 본질적으로 반자유주의적이다. 그것이 기유주의적 민주주의와 결정적으로 다른 점은 무엇보다도 호전적 공격성이다. 자유로운 민주주의의 이 같은 반자유주의적 호전적 공격성이 정치적 마녀사냥의 형태로 처음 모습을 드러낸 것은 1950년대 그것도 언필칭 자유의 나라 미국에서이다. 이른바 매카시 선풍이 바로 그것이며, 이 와중에서 제정된 공산주의탄압법들 가운데 대표적인 것은 1950년의 맥커런법과 1954년의 공산주의자탄압법이다.[22] 공산주의탄압 입법은 물론 이것이 처음은 아니다. 1940년대 벽두부터 미국에서는 이미 공산주의탄압 입법이 시작되었으며, 그 첫 번째 결실이 1940년의 스미스법이다.

그러나 자유로운 민주주의가 지배체제의 이데올로기로 체계적인 모습을 갖추기 시작한 것은 본 기본법체제 아래에서이다. 본 기본법은 자유주의적 민주주의에서는 유례를 찾아보기 힘든 기본권박탈 조항과 정당규제 조항을 두고 이들 조항에 대한 지배체제의 이데올로기적 개입을 정당화하기 위하여 이현령비현령식의 이른바 자유로운 민주주의적 기본질서의 정식을 채택하기에 이른다. 이 정식을 상세하게 다룬 1952년의 사회주의국가당 판결과 1956년의 독일공산당 판결에서 연방헌법재판소는 자유로운 민주주의의 본질적 내용으로 기본적 인권의 존중, 자의적 폭력지배의 금지, 민주주의적 법치질서 등을 들고 있다.[23] 이 두 판결만 놓고 본다면, 자유로운 민주주의는 부르주아 민주주의 가운데 가장 진보적인 형태로서 자유주의적 민주주의보다도 오히려 한발 더 앞선 것처럼 보인다. 그러나 자유로

---

22) Gregor Paul Boventar, *Grenzen politischer Freiheit im demokratischen Staat: Das Konzept der streitbaren Demokratie in einem internationalen Vergleich*, Berlin/ 1985, 93쪽 이하.

23) 독일 연방헌법재판소 판례집, 2. Bd., Tübingen/1953, 1쪽; 같은 판례집, 5. Bd., 1956, 140쪽.

운 민주주의를 가운데 놓고 연방헌법재판소가 이리저리 얽어놓은 이 같은 환상의 무지개는 그 후 본 기본법체제가 위기국면을 맞이할 때마다 하나씩 무너져 내린다.

이와 관련하여 특히 주목하여야 할 것은 1970년의 연방헌법재판소 도청 판결이다.[24] 이 판결을 계기로 자유로운 민주주의는 연방헌법재판소가 마름질하여 준 자기기만의 탈을 벗고 본디의 자기 모습으로 돌아간다. 반자유주의적 호전적 공격성이 그것이다. 자유로운 민주주의의 이 같은 반자유주의적 호전적 공격성은 우선 자유로운 민주주의의 이름으로 자유로운 민주주의의 본질적 내용들을 스스로 부정하는 자기부정의 논리로 나타난다. 기본적 인권은 행정적 편의의 희생물이 되고, 법치주의의 원리는 정치적 논리에 밀려 뒷전으로 물러선다. 반자유주의적 호전적 공격성이 발동된 자유로운 민주주의는 이처럼 교활하고 음험하기까지 하다. 자유로운 민주주의의 이 같은 교활성과 음험성은 그러나 한 걸음 더 나아가 자기절대화의 경향으로까지 이어진다. 자유로운 민주주의의 이름으로 지배체제에 대한 절대적 귀의를 요구하는가 하면, 지배체제에 대한 절대적 귀의가 자유로운 민주주의의 이름으로 정당화되기도 한다. 자유로운 민주주의가 일종의 국가종교로 둔갑한 것이다. 사정이 여기까지 이르게 되면, 도청판결의 소수 반대의견이 지적한 것처럼 법치주의는 막다른 골목에 서게 되고 민주주의는 끝장을 보게 된다.[25] 자유로운 민주주의가 이처럼 국가종교로 탈바꿈하기까지는 그러나 나름의 이유가 있다고 할 것이다. 사실 본 기본법체제는 1960년 중반을 고비로 결정적인 위기국면에 들어서게 된다. 경제는 수렁 속을 계속 헤매고, 사회적 모순은 더욱 심화된다. 이러한 가운데 기성정당

---

24) 같은 판례집, 30. Bd., Tübingen/1971. 1쪽 이하.

25) 위의 책, 33쪽 및 45쪽 참조.

들의 정치적 놀이터가 된 의회는 기능정지 상태에 빠지고, 급진적 학생운동 등 원외 반체제운동이 거리를 지배하게 된다. 본 기본법체제가 1968년의 기본법 개정을 계기로 긴급사태헌법체제로 이행하고, 자유로운 민주주의가 마침내 발가벗은 알몸으로 금의환향하게 되는 것도 본 기본법체제가 안고 있던 이 같은 총체적 위기 상황 때문이라고 할 것이다.

III. 가치중립적 헌법에서 가치당파적 헌법으로

헌법을 두고 흔히 정치적 법이라고 한다. 이 같은 교과서적 상식에 일단 동의한다면, 정치를 어떻게 보는가에 따라 헌법을 보는 눈도 달라질 수밖에 없을 것이다. 사실 자유주의적 민주주의에서는 헌법을 이해하는 방식이 독특하다. 실체론적 접근방식보다는 기능주의적 접근방식이 지배적이다. 기능주의적 접근방식에 따르면, 헌법은 정치적 결단도 자기완결적 가치체계도 아니다. 그것은 국가의사결정 과정에 질서의 개념을 도입하기 위한 일종의 가치중립적 경기규칙에 지나지 않는다.[26] 이처럼 헌법을 가치중립적 경기규칙으로 이해하는 기능주의적 접근방식은 독점자본주의단계의 정치적 상부구조와 밀접한 관련이 있다. 위에서 이미 지적한 대로 자본주의가 독점단계로 접어들면 노동자계급의 정치적 진출과 더불어 자유주의적 민주주의가 정치적 지배방식으로 자리 잡게 된다. 이에 따라 정치적 교

---

26) 바이마르헌법 체제 아래에서 헌법을 가치중립적 경기규칙으로 본 헌법학자들은 정치적으로 자유주의적 입장을 그리고 학문적으로 법실증주의의 방법을 표방하였다. 이에 관하여는 G. Anschütz, *Verfassung des Deutschen Reichs vom 11. August 1919*, 14. Aufl., Berlin/1933, 402쪽 이하; G. Anschütz/R. Thoma(Hrsg.), *Handbuch des Deutschen Staatsrechts*, 2. Bd., Tübingen/1932, 154쪽; Hans Kelsen, *Vom Wesen und Wert der Demokratie*, 2. Aufl., Tübingen/1929, 98쪽 이하 참조.

통양식도 억압과 배제의 논리 대신 타협과 조정을 중시하는 쪽으로 기운다. 헌법을 가치중립적 경기규칙으로 이해하는 기능주의적 접근방식은 타협과 조정의 기술을 앞세우는 자유주의적 민주주의의 이 같은 정치적 교통양식을 반영하는 것이다.

이처럼 헌법을 가치중립적 경기규칙으로 보게 되면, 헌법의 중심축이 기본권 부문에서 통치기구 부문으로 자리를 옮기게 된다. 그 대표적인 사례를 우리는 프랑스 제3공화국 헌법이나 바이마르헌법에서 볼 수 있다. 프랑스 제3공화국 헌법은 주지하는 바와 같이 3개의 헌법적 법률들로 이루어졌을 뿐 기본권규정은 처음부터 두고 있지 않다.[27] 이와 달리 바이마르헌법에서는 기본권규정은 두고 있으나 통치기구규정이 기본권규정 앞에 자리 잡고 있다.[28] 이뿐만이 아니다. 이 두 헌법의 경우 우리는 통치기구 내부에서

27) 프랑스 제5공화국 헌법이 원로원조직 헌법적 법률, 공권력조직 헌법적 법률, 그리고 공권력관계 헌법적 법률로 이루어진 데에는 다음과 같은 특별한 사정이 있다. 1870년 나폴레옹 3세 휘하의 프랑스군대가 보불전쟁에서 패퇴한 후 제3제국도 붕괴의 길로 접어든다. 새로 들어선 임시정부는 공화국을 선포하고 의회를 구성하였으나, 의회에서는 대비스마르크 정책을 둘러싸고 왕당파 중심의 화전파와 공화파 중심의 항전파가 날카롭게 대립한다. 공화파의 거점인 파리코뮌이 1871년 무너진 다음 임시정부 아래의 의회는 왕당파의 손으로 넘어간다. 1873년 왕당파인 막마옹 원수가 7년 임기의 대통령직에 취임하고, 1875년 프랑스 제3공화국 헌법이 헌법적 법률의 형식으로 마침내 제정된다. 이 같은 헌법개정 과정에서 결정적 구실을 한 왕당파의 헌법구상은 정치적 역학관계가 왕당파에게 유리하게 전개될 경우 군주국으로 복귀할 것을 전제로 한 것이다. 헌법개정 절차가 비교적 용이하게 꾸려지고, 상원으로 원로원을 새로 둔 것도 국민대표기관인 의회를 무력화시키기 위한 노림수의 하나에 지나지 않는다. 그러나 1877년의 이른바 5월 16일 사건을 계기로 프랑스 제3공화국이 왕당파의 공화국에서 공화파의 공화국으로 자리를 굳히게 됨으로써 군주국 대기용 잠정헌법인 프랑스 제3공화국 헌법이 의회 중심의 입헌주의를 확립하는 데 결정적으로 한몫을 하게 된 것은 아무래도 역사의 장난이나 술수로 돌릴 수밖에 없을 것이다. 이에 관한 더 상세한 설명과 1877년 5월 16일 사건은 樋口陽一, 『比較憲法』, 靑林書院新社/1981, 133쪽 이하 참조.

28) 바이마르헌법을 자유주의적 민주주의 헌법의 범주에 넣을 경우, 이에 대하여 논란의 여지가 있음은 부정하기 어려울 것이다. 그러나 적어도 통치기구만 두고 본다면, 바이마르헌법

도 일정한 변화를 확인할 수 있다. 그것은 다름 아니라 의회 우위의 권력분립이다. 통치기구의 무게중심이 의회 쪽으로 쏠린 데에는 물론 여러 가지 원인이 있을 것이다. 그러나 결정적인 것은 헌법의 상대화에 따른 법률 우위의 현상이다. 사실 헌법이 가치중립적 경기규칙에 지나지 않을 경우 헌법과 법률의 차이는 법개정상의 의결정족수에서 겨우 찾아볼 수 있을 뿐, 둘 사이의 본질적 차이는 해소되고 만다. 따라서 기본권의 보장도 법률적 보장의 형태를 띠게 되고, 그 결과 법률제정 주체인 의회의 권위도 상대적으로 높아지게 된다.

이처럼 가치중립적인 자유주의적 민주주의 헌법에서는 의회가 통치기구의 한가운데 자리 잡게 됨으로써 의회의 국민대표기능이 자유주의적 민주주의의 성패를 좌우하게 된다. 따라서 기본권체계에서도 참정권의 비중이 상대적으로 높아진다. 그러나 보통선거제도의 확립과 더불어 참정권의 내용은 상당 부분 이미 실현된 것이나 다름없다고 할 것이다. 그리하여 참정권과 표리관계에 있으면서 자유주의적 민주주의의 질을 가늠하는 잣대가 되는 표현의 자유, 즉 언론 및 출판의 자유와 집회 및 결사의 자유가 기본권체계의 중심에 놓이게 된다.

표현의 자유는 널리 알려진 대로 자유주의적 기본권, 교과서적 표현을 빌려 좀 더 구체적으로 말한다면 자유권적 기본권에 속한다. 가치중립적인 자유주의적 민주주의 헌법에서 자유권적 기본권의 한 갈래인 표현의 자유

을 자유주의적 민주주의 헌법으로 분류하는 데 별다른 이의가 없을 것이다. 바이마르헌법 제48조가 규정하고 있는 대통령 긴급조치권은 그 행사가 비상시에 국한되었으며, 평상시 국정의 기본을 결정하는 권한은 내각수반이 갖고 있기 때문이다. 문제는 사회화 규정이나 사회화 조항 등 경제 관련 규정들이다. 그러나 사회권의 법적 성격에 관하여 방침규정설이 지배적이었으며 사회화 조항 또한 헌법운용의 과정에서 사실상 유명무실한 규정이 되었다는 점을 염두에 둔다면, 바이마르헌법의 역사적 성격을 자유주의적 민주주의 헌법으로 규정하여도 크게 틀린 것은 아닐 것이다.

가 이처럼 관심의 대상이 되는 것은 그것이 갖고 있는 비판적 감시 기능 때문이다. 이같이 비판적 감시 기능은 물론 국가의 가치중립성이 제도적으로 확보되고 정치적 관용의 정신이 전 사회적으로 뿌리를 내릴 때 비로소 가능한 것이다.[29] 그러나 사상의 자유로운 표출이 표현의 자유의 핵심적 과제로 떠오름에 따라 표현의 자유 못지않게 중요한 것이 사상의 자유이다. 사상의 자유는 경제적 자유주의의 대원칙인 자유경쟁의 원리를 사상의 영역에 옮겨놓은 것으로 적극적 이의제기는 물론 반체제 이단사상까지도 수용할 수 있는 정치적 가치상대주의를 전제로 한다.[30]

그러나 부르주아 민주주의가 자유주의적 민주주의에서 자유로운 민주주의로 옷을 갈아입음에 따라 정치를 보는 눈은 물론 헌법을 보는 눈도 달라진다. 우선 정치를 보는 눈이다. 자유로운 민주주의에서는 그 특유의 반자유주의적 호전적 공격성이 그대로 투영되어 정치를 보는 눈도 자유주의적 민주주의의 경우와 큰 차이를 보인다. 적과 동지의 식별이 정치의 본질적 속성으로 자리 잡게 되고, 이에 따라 헌법도 이데올로기적 대결구도를 기본 얼개로 하는 자기완결적 가치체계로 이해하기에 이른다. 바로 이 대목에서 우리는 칼 슈미트의 그림자는 물론 루돌프 스멘트의 그림자도 아울러 발견하게 된다. 헌법이 이처럼 특정 이데올로기에 초점을 맞춘 자기완결적 가치체계로 탈바꿈하게 되면, 물리적 폭력보다 더 무서운 추상적 가치의 횡포는 이미 예고된 것이나 다름없다고 할 것이다. 더욱이 자기완결적 가치체계의 한가운데 놓여 있는 기본권마저 특정 이데올로기의 시각으로 덧칠을 한 다음 헌법에 대한 전인격적 충성을 요구하면, 헌법은 지배체제를 정당화하기 위한 일종의 정치적 행동강령에 지나지 않게 된다.[31] 이

---

29) Günter Püttner, *Toleranz als Verfassungsprinzip*, Berlin/1977, 34쪽 이하.
30) 原秀男, 『價値相對主義法哲学の硏究』, 勁草書房/1979, 126쪽 이하.
31) 정치적 행동강령에 관하여는 Otto Kirchheimer, *Von der Weimarer Republik zum*

같이 헌법이 정치적 행동강령으로 둔갑하여 가치당파적 입장에 서게 될 경우, 정치적 가치상대주의에 바탕을 둔 관용의 헌법문화는 공염불이 되고, 헌법과 폭력장전은 단지 종이 한 장의 차이일 뿐이다.

흔히 말하듯이 가치는 본래 폐쇄적이다. 그것은 정오의 태양 아래 서기를 본능적으로 거부한다. 따라서 가치는 밀실평의의 대상은 될지언정 공개토론의 대상은 되지 못한다. 헌법이 자기완결적 가치체계를 고집하는 한, 의회의 시대는 마침내 가고 헌법재판소의 시간이 오게 되는 것도 바로 그같은 이유 때문이라고 할 것이다. 그 대표적 사례가 본 기본법체제이다. 아무튼 헌법관념의 이 같은 질적 변화를 계기로 통치기구의 무게중심이 의회에서 헌법재판소로 옮겨지게 되면, 불과 열 손가락 안팎의 법복관료로 구성된 사법과두집단이 국민을 갈음하여 현대의 군주 자리에 오르게 된다. 이렇게 되면, 사법과두집단의 하위동반자로 전락한 의회가 국민대표기관의 이름으로 할 수 있는 일이란 기껏해야 헌법재판소로부터 부적격 판정을 받은 법률이나 법률조문들을 다시 뜯어고치거나 짜깁기하는 마름의 구실뿐이다. 따라서 헌법해석권을 독점하고 있는 사법과두집단이야말로 참된 의미의 주권자이며, 헌법제정권력을 자처하는 국민조차도 그들이 보기에는 한낱 허깨비 같은 존재에 지나지 않는다.[32] 그러나 자유로운 민주주의 헌법에서 눈에 두드러지는 것은 비단 헌법재판소의 이 같은 위상뿐만이 아니다. 헌법재판소의 언저리에는 자유로운 민주주의 헌법을 수호하기 위한 각종 외곽참호들이 집행권력의 통제 아래 빼곡히 자리 잡고 있다. 본 기

Faschismus: Die Auflösung der demokratischen Rechtsordunng, Frankfurt am Main/1976, 13쪽 참조.

32) Roland Meister, Das Rechtsstaatsproblem in der westdeutschen Gegenwart. Funktion und Wandel der bürgerlichen Rechtsstaatsideologie, Berlin/1966, 153쪽 참조.

본법체제의 경우 정규무장병력인 연방국방군과 주경찰병력은 거대한 국가폭력기구의 한 모서리에 지나지 않는다. 이 밖에도 연방형사국, 연방헌법옹호청, 연방정보국, 군방첩국 등 다양한 감시기관들이 마치 거미줄처럼 물 샐 틈 없는 통제망을 형성하고 있다.[33] 집행권력의 이 같은 폭력기구화와 관련하여 특히 주목하여야 할 것은 본디 체계적 관리를 의미하는 행정의 개념은 온데간데없고, 일방적 지배를 뜻하는 통치의 개념만이 집행권력을 상징하는 암호문자로 을씨년스럽게 버티고 있다는 사실이다.

기본권의 사정도 참담하기는 마찬가지이다. 자유로운 민주주의를 지배체제의 이데올로기로 떠받들고 있는 본 기본법의 경우에서 볼 수 있듯이, 자유로운 민주주의 헌법에서는 기본권도 지배체제의 이데올로기로부터 자유롭지 못하다. 그 대표적 사례들을 우리는 자유주의적 민주주의 헌법의 가장 귀중한 자산인 참정권과 표현의 자유에서 찾아볼 수 있다.

연방선거법 제6조 제6항의 이른바 5% 저지 조항은 자유로운 민주주의의 이름으로 참정권을 제한한 전형적 사례이다. 이 조항은 주시하는 대로 군소정당들의 정치적 진출을 막기 위한 제도적 장치이다. 그러나 군소정당들의 출현이 지배체제에 대한 주변집단이나 소외계층의 정치적 불만을 일정 부분 반영하는 것이라면, 이들 군소정당의 요구에 귀를 기울일 수 있는 적극적 자세가 오히려 필요하다고 할 것이다. 연방헌법재판소의 합헌판결에도 불구하고[34] 5% 저지 조항은 선거권이나 피선거권의 행사를 사실상 억제하거나 왜곡함으로써 참정권이 특정 사회집단의 사적 이해관계에 철저히 종속되는 결과를 가져온다. 그러나 참정권의 억제나 왜곡보다 더 심

---

33) Institut für Marxistische Studien und Forschungen, *Der Staat im staatsmonopolistischen Kapitalismus der Bundesrepublik: Empirische Analysen · Fakten*, Frankfurt am Main/1982, 186쪽 이하.

34) 같은 판결집, 1. Bd., Tübingen/1953, 208쪽 이하; 같은 판결집, 51. Bd., 1980, 222쪽 이하.

각한 것은 표현의 자유에 대한 적대적 태도이다. 위에서 이미 지적한 대로 본 기본법은 자유로운 민주주의의 미명 아래 기본권박탈 조항과 정당규제 조항을 제18조와 제21조에 각각 두어 정치적 표현의 자유는 물론 일반적 표현의 자유까지도 체제이데올로기의 틀 안에 가두고 있다. 그리고 1968년 긴급사태헌법 제정 때 묻어 들어온 본 기본법 제10조 제2항 또한 자유로운 민주주의의 이름으로 통신의 자유를 엄격히 제한하고 있다. 이로 말미암아 표현의 자유가 간접적으로 입게 될 위축효과도 결코 가벼이 넘길 문제가 아니라고 생각한다. 뿐만 아니라 지배체제의 안전보장을 최우선의 보호법 익으로 규정하고 있는 형법전의 이른바 정치형법 조항들도 표현의 자유에 치명적이라고 할 수 있다.[35]

문제는 표현의 자유뿐만이 아니다. 사상의 자유는 더욱 심각하다. 프랑스 인권선언이 표현하고 있듯이, 사상의 자유는 인간의 자유 가운데 가장 고귀한 것이다. 사상의 자유가 없는 표현의 자유는 알맹이가 빠진 빈껍데기와 다름없기 때문이다. 사상의 자유는 그러나 다면적이고 중층적이다. 그럼에도 불구하고 거기에서 빼놓을 수 없는 것이 하나 있다. 그것은 다름 아니라 창조적 부정의 정신이다. 따라서 사상의 자유가 표현의 자유와 더불어 사회 발전의 밑거름이 되려면, 반체제 이단사상까지도 함께 껴안을 수 있는 정치적 가치상대주의가 공동체의 기본원리로 자리 잡아야 한다. 그러나 헌법이 자기완결적 가치체계로 둔갑하여 가치의 횡포를 일삼으면, 정치적 가치상대주의가 살아 숨 쉴 수 있는 틈새나 여지는 공동체 어느 한 구석에서도 찾아볼 수 없게 된다. 유일한 대안은 오직 체제순응주의뿐이다. 본 기본법체제 아래서 헌법이 자유로운 민주주의 이름으로 지배체제에

---

35) Hans Čopič, *Grundgesetz und politisches Strafrecht neuer Art*, Tübingen/1967, 146
   쪽 이하 참조.

대한 절대적 귀의나 헌법에 대한 전인격적 충성을 요구할 수 있는 것도 따지고 보면 정치적 가치절대주의, 즉 정치적 견해의 다양성을 부정하고 특정 이데올로기를 일방적으로 강제하는 폭력적 획일주의 때문이다.[36]

---

36) Martin Kutscha, 앞의 책, 177쪽 이하 참조.

자유민주적 기본질서란 무엇인가[*]

I. 머리말

1948년의 이른바 건국헌법은 주체적 역량의 투쟁성과가 아니었다. 그것은 제2차 세계대전의 전승국인 미국의 등에 업혀 어부지리로 손에 넣은, 그나마 반쪽 해방의 떡고물이라고 해도 과언이 아니다. 따라서 헌법을 떠안고 그것을 정치적 실천에 옮길 역사적 계급적 주체는 애당초 기대조차 할 수 없었던 것이다. 그러한 뜻에서 우리 헌법은 파란만장의 험난한 행로가 이미 예고된 것이나 다름없었다고 할 것이다.

사실 지난 반백 년의 우리 헌정사는 민주주의와 기본적 인권이 전진을 계속하던 환희와 도약의 시기가 아니라, 알몸의 국가폭력이 벌건 대낮에 춤을 추던 분노와 좌절의 모진 세월이었다. 그 결과 우리 헌법은 법적 타당성은 있으나, 법적 실효성이 극히 의심스러운 한 조각의 휴지에 지나지 않

---

* 이 글은 민주주의법학연구회 편,《민주법학》제8호, 1994, 125-165쪽에 수록된 것이다.

왔다. 한마디로 말하면, 그것은 지배체제의 정당성을 확보하는 데 안성맞춤인 입헌주의의 겉모습만이라도 갖추기 위하여 이리저리 엮어놓은 대내외홍보용 전시품과 같은 것이었다.

아니나 다를까 반쪽 해방의 실체가 하나씩 모습을 드러내면서 우리 헌법도 급기야 자기부정의 시련을 끊임없이 강요당하여왔다. 헌법을 정점으로 한 단일지주적 법체계는 힘없이 무너져 내리고, 헌법의 하위규범인 국가보안법이 오히려 헌법을 압도하는 파행적인 헌법현실이 끊임없이 반복되는 악순환의 긴 고리가 이어졌다. 이처럼 초헌법적 법률인 국가보안법을 매개로 헌법이 현실 규정력을 잃게 되면, 힘의 논리가 법의 논리를 제치고 전면에 나서게 되는 것은 너무나 자명한 이치라고 할 것이다.

국가보안법은 그 의미와 내용에서 여느 치안 관련 경찰단속법과 근본적으로 차원을 달리한다. 그것은 말할 것도 없이 인간의 사고를 원천적으로 봉쇄하기 위한 사상탄압법이다. 그리고 사상탄압법은 인간사고의 결정체인 사상을 정통과 이단으로 가르고, 이단으로 못 박힌 사상에 국가폭력의 칼날을 무자비하게 휘두른다는 점에서 빼어난 의미의 체제유지법이라고 할 수 있다.

체제유지법은 지배체제를 현재의 이 시점에서 무조건 그리고 영구히 동결시키려는 집단적 광기가 법규범의 형식을 빌려 표출된 것이다. 지배체제가 체제위협적인 도전에 직면하게 될 만일의 경우에 대비하여 국가폭력의 동원체계를 미리 조직하는 데 본래의 입법취지가 있는 만큼, 그것이 폭력성을 띠게 되는 것은 개념 필연적 귀결이라고 할 수 있다. 체제유지법으로서의 국가보안법의 이 같은 성격에도 불구하고, 국가보안법에 대한 이제까지의 헌법적 접근은 대부분의 경우 사상의 자유라는 개별기본권적 측면에서 이루어져왔다. 이때 논란의 대상으로 떠오르는 것은 주로 사상의 자유의 헌법적 근거와 이에 대한 제한입법의 헌법적 한계를 둘러싸고 제기되는 문제점들이다. 따라서 국가보안법의 헌법적 근거에 대하여 보다 거시적인 관점에서 큰 물음표를 던지려는 노력이 우리 헌법학계 안에서도 별로 없었던 것이 사실이다. 이 같은 틈새를 비집고 헌법외재적 체제이데올로기인 반공산주의가 초헌법적 법률인 국가보안법의 이데올로기적 토대로 기능해온 것은 널리 알려진 대로이다.

이처럼 헌법외재적 체제이데올로기인 반공산주의가 초헌법적 법률인 국가보안법의 이데올로기적 토대로 기능하는 한, 국가보안법은 학문적 접근이 원천적으로 불가능한 일종의 정치적 금기영역이었다. 더욱이 반공산주의가 대한민국의 국시로 떠받들여지던 정치적 야만의 계절에는 초헌법적 법률인 국가보안법의 헌법적 근거에 대하여 이성적 담론을 벌인다는 것은 아예 기대조차 할 수 없었던 것이다. 그러한 뜻에서 국가보안법 제7조 제1항 및 제5항에 대한 우리 헌법재판소의 두 번에 걸친 한정합헌 결정,[1] 그 가운데서도 특히 1990년 4월 2일의 첫 번째 결정은 헌법의 틀 밖에서 초헌법적 법률로 기능해오던 국가보안법을 헌법의 틀 안으로 끌어들임으로써 이의 이데올로기적 토대에 관한 논의가 헌법내재적 관점에서 보다 구체적으로 전개될 수 있는 기틀을 마련하였다는 점에서 각별한 의미를 갖는다.

이 결정에서 무엇보다 특기하여야 할 것은 우리 헌법재판소가 헌법의 지도원리 가운데 하나임에도 그동안 세인의 관심 밖으로 떠밀려 이렇다 할 주목의 대상이 되지 못한 자유민주적 기본질서의 정식을 초헌법적 법률인 국가보안법에 대한 한정합헌해석의 기준으로 제시하였다는 점이다. 이로써 국가보안법의 합헌적 운영을 담보할 수 있는 결정적인 단서가 확보되었을 뿐만 아니라, 헌법체계와 국가보안법체계로 분열된 우리의 법체계가 헌법을 최고규범으로 하여 다시 통일성을 회복할 수 있는 좋은 계기가 아울

---

1) 『헌법재판소판례집』 제2권, 49쪽 이하 및 『헌법재판소판례집』 제2권, 165쪽 이하 참조.

러 마련되었다고 하여도 좋을 것이다.

그러나 이 같은 긍정적 측면에도 불구하고 헌법체계와 국가보안법체계의 접합이 함축하는 부정적 측면도 가벼이 넘겨서는 안 될 것이다. 우리 헌법재판소에 의한 자유민주적 기본질서의 재발견, 아니 자유민주적 기본질서의 정식에 대한 우리 헌법재판소의 때늦은 추파나 손짓은 동서 냉전구조의 와해로 말미암은 반공산주의의 퇴조, 그리고 이에 따른 국가보안법의 위기와 밀접한 관련이 있기 때문이다.

이처럼 반공산주의의 퇴조로 말미암아 촉발된 이데올로기적 위기로부터 지배체제의 법적 안전판인 국가보안법을 구출하기 위하여는 헌법외재적 체제이데올로기인 반공산주의를 퇴역시키고, 이를 갈음하는 새로운 체제이데올로기, 즉 헌법내재적 체제이데올로기를 전면에 내세워 지배체제의 법적 헤게모니를 조직하는 것이 초미의 급선무로 떠오르게 된다. 이 같은 과제를 차질 없이 수행하려면, 초헌법적 법률인 국가보안법을 헌법의 틀 안으로 끌어들여 헌법을 성점으로 한 단일지주저 법체계를 세우는 것이 선결요건이다. 이때 초헌법적 법률인 국가보안법을 헌법을 정점으로 한 단일지주적 법체계 안으로 포섭하여 지배체제의 법적 헤게모니를 조직하는 데 결정적인 매개고리의 역할을 하는 헌법내재적 체제이데올로기가 다름 아닌 자유민주적 기본질서의 정식이다.

II. 우리 헌법의 이른바 자유민주적 기본질서의 의미

우리 헌법은 전문 그리고 제4조에서 자유민주적 기본질서가 민주국가와 평화통일의 최종 목표임을 분명히 하고 있다.

자유민주적 기본질서의 정식이 그러나 우리 헌법에 처음 등장하게 된 것은 이보다 훨씬 전인 제7차 헌법개정 때이다. 일명 유신헌법이라고도 불리는 1972년의 헌법은 전문의 한 대목에서 민주국가의 기본목표로 자유민주적 기본질서를 들고 있다. 이 밖에도 1972년 헌법에서는 자유민주적 기본질서와 관련하여 결코 지나칠 수 없는 중요한 규정을 두고 있다. 정당의 목적이나 활동의 한계를 규정한 제7조 제3항 단서가 그것이다. 가까이는 1962년의 헌법에, 그리고 멀리는 1960년의 헌법에 뿌리를 두고 있는 이 단서규정의 '민주적 기본질서'를 자유민주적 기본질서로 고쳐 새긴다면,[2] 자유민주적 기본질서의 정식이 부분적으로나마 우리 헌법에서 선을 보인 것은 1960년 헌법 때의 일이라고 할 수 있다.

그러나 자유민주적 기본질서란 무엇인가라는 물음을 놓고 우리 헌법학계는 여느 주제와 마찬가지로 각인각색의 어지러운 모습을 보이고 있다. 주요 헌법교과서의 저자들만 보더라도 그렇다. 예컨대 김철수 교수는 자유민주적 기본질서의 대칭개념으로 사회민주적 기본질서의 범주를 설정한 다음, 자유민주적 기본질서는 민주적 기본질서 더하기 법치적 기본질서라는 논리 이전의 극히 상식적인 견해를 펴고 있다.[3] 그에 따르면, 국민주권주의, 국민의 정치참여, 다수의 지배 등 이른바 민주적 기본질서의 내용과 권력분립, 개인의 기본권 보장, 형식적 법률, 사법과 행정의 합법률성 등과 같은 법치적 기본질서의 내용이 자유민주적 기본질서의 실체를 이루게 된다.[4] 이에 반하여 권영성 교수의 입장은 보다 신중하다. 그는 자유민주적 기본질서를 반전체주의적 기본질서로 이해하고, 그 구체적 내용은 독일 헌법연방재판소가 1952년의 사회주의국가당 사건과 1956년의 독일공산당 사건에서 판시한 내용과 같다고 한다.[5] 김철수 교수와 권영성 교수의 이

2) 권영성,『헌법학(신정판)』, 법문사/1992, 148쪽; 반대의견으로는 김철수,『보정판 신고 헌법학개론』, 박영사/1990, 133쪽 이하 참조.
3) 김철수, 위의 책, 131쪽.
4) 위의 책, 130-131쪽.

같은 적극적인 발언들과는 대조를 이루는 것이 허영 교수의 입장이다. 자유민주적 기본질서의 정식에 대한 보다 진지한 논의를 기대하였던 우리의 바람과는 달리, 그는 이 대목에 이르러 마치 강 건너 불구경하듯 그냥 스치고 만다.[6] 이로 미루어 허영 교수는 자유민주적 기본질서의 정식에 대하여 군더더기 이상의 의미를 부여하지 않는 것처럼 보인다.

우리 헌법학계의 이 같은 불협화음에 마침표를 찍고 교통정리에 나선 것은 다름 아닌 우리 헌법재판소이다. 자유민주적 기본질서의 정식에 대한 우리 헌법재판소의 입장은 따라서 직설적이고 보다 분명한 데가 있다. 앞에서 잠시 언급하였듯이, 우리 헌법재판소는 국가보안법 제7조 제1항 및 제5항에 대한 한정합헌 결정에서 자유민주적 기본질서를 한정합헌해석의 기준으로 제시한 바가 있다. 그에 따르면, 자유민주적 기본질서는 헌법이 수호해야 할 최고가치로서 폭력적 지배와 자의적 지배의 배제, 다수의 의사에 의한 국민의 자치, 자유와 평등의 기본원칙에 의한 법치주의적 통치질서를 의미하며, 그 구체적 내용은 기본적 인권의 존중, 권력분립, 의회제도, 복수정당제도, 선거제도, 사유재산과 시장경제를 뼈대로 한 경제질서, 사법권의 독립 등으로 요약된다.[7]

자유민주적 기본질서의 정식에 관한 우리 헌법재판소의 이 같은 견해는 그러나 우리의 구체적 현실에 바탕을 둔 주체적 사고의 결과가 아니다. 경제질서에 관한 부분만 제외하곤, 그것은 독일 연방헌법재판소의 입장, 즉 사회주의국가당 사건과 독일공산당 사건에서 독일 연방헌법재판소가 본 기본법의 Freiheitliche demokratische Grundordnung(자유로운 민주주의적 기본질서)의 정식에 대하여 판시한 내용을 그대로 옮겨놓은 것에 불

---

5) 권영성, 앞의 책, 148-149쪽.
6) 허영, 『전정증보판 한국헌법론』, 박영사/1993, 133-134쪽 및 696쪽 참조.
7) 『헌법재판소판례집』 제2권, 59쪽 및 64쪽 참조.

과하다.

이 같은 점으로 미루어 우리 헌법의 지유민주적 기본질서와 본 기본법의 Freiheitliche demokratische Grundordnung(자유로운 민주주의적 기본질서)은 약간의 표현상의 차이에도 불구하고 기본적으로 동일한 개념임을 알 수 있다. 자유민주적 기본질서를 영어로 옮겨놓은 우리 헌법전상의 영어대역을 보더라도, 이 같은 주장은 설득력을 더하게 된다.[8] 우리 헌법전상의 영어대역인 Basic free and democratic order는 본 기본법의 Freiheitliche demokratische Grundordnung(자유로운 민주주의적 기본질서)을 영어로 바꾸어놓은 것이기 때문이다.

이 같은 표현상의 차이는 그러나 언어관습상의 문제로 간단히 치부될 성격의 것이 아니다. 자유민주적 기본질서의 이른바 자유민주는 본질적으로 자유로운 민주주의, 즉 부르주아 민주주의의 가장 반동적인 형태를 의미함에도 불구하고, 보는 이에 따라 부르주아 민주주의의 고전적 형태인 자유주의적 민주주의로 달리 읽힐 가능성이 충분히 있기 때문이다. 그럼에도 불구하고 1972년 헌법에서 자유로운 민주주의적 기본질서라고 표현하지 않고, 오해의 소지가 극히 많은 자유민주적 기본질서로 하였는지가 의문으로 남는다. 물론 대부분의 헌법개정 때처럼 당시의 헌법개정도 밀실작업으로 이루어졌기 때문에, 이 같은 의문을 말끔히 씻어줄 공식기록 같은 것을 찾아볼 수 없는 것이 사실이다. 그러나 그때의 여러가지 정황으로 미루어 우리는 다음과 같은 두 가지 경우를 상정해볼 수 있을 것이다.

하나는 본 기본법의 이른바 Freiheitliche demokratische Grundordnung (자유로운 민주주의적 기본질서)의 본질을 충분히 인식한 위에, 이를 은폐하기 위하여 자유주의적 민주주의로 잘못 이해하기 쉬운 '자유민주'의 표현

---

8) 『소법전』, 현암사/1985, 102쪽.

을 의도적으로 선호하였을 경우이다. 그리고 또 하나는 이 같은 문제의식과는 아무런 관계가 없이 개정작업에 관여한 헌법전문가들이 자유주의적 민주주의와 자유로운 민주주의의 본질적 차이를 인식하지 못한 데에서 온 단순오역일 경우이다. 이 두 경우 가운데 어느 것에 더 무게를 두어야 할지 현재로서는 가늠하기가 어렵다고 할 것이다.

그러나 1972년의 헌법개정작업에 이론적으로 개입한 이들의 학문적 인식수준으로 미루어, 두 번째 경우가 오히려 진실에 더 가까울지 모른다. 1972년 헌법의 이론적 대부 가운데 한 사람인 한태연 선생이 자유주의적 민주주의와 자유로운 민주주의를 동일한 개념으로 인식한 나머지, 양자를 다 같이 자유민주주의로 표기한 예들을 우리는 그의 저작들에서 쉽게 발견할 수 있기 때문이다.[9] 아무튼 자유주의적 민주주의와 자유로운 민주주의를 둘러싼 그의 이 같은 인식상의 혼란은 본 기본법의 Freiheitliche demokratische Grundordnung(자유로운 민주주의적 기본질서)을 자유민주적 기본질서로 잘못 옮겨놓은 그의 초기 헌법교과서에서 이미 싹튼 것으로 보인다.[10]

III. 독일 헌법학계 내부의 이론적 논쟁구도

본 기본법의 특색들 가운데 가장 두드러진 것은 법의 세계에서 금기대상이 되어온 불확정 가치개념의 광범한 진출이라고 할 수 있다. 예컨대 인간의 존엄, 헌법적 질서, 도덕률, 자유로운 민주주의적 기본질서 등이 이에 속한다. 이들 불확정 가치개념은 패전과 동시에 동서 냉전의 한복판에 놓

---

9) 한태연, 『헌법학』, 법문사/1983, 105쪽 및 185쪽 참조.
10) 한태연, 『헌법』, 위성문화사/1958, 70쪽.

이게 된 통일 이전 서독사회의 집단심리적 기제를 그대로 반영한 것이라고 하여도 과언이 아니다. 이 가운데에서도 특히 자유로운 민주주의적 기본질서의 정식은 본 기본법의 그 후 발전에 깊은 영향을 주었다는 점에서 더욱 주목거리가 된다.

본 기본법에서 자유로운 민주주의적 기본질서의 정식이 수록되어 있는 조문은 자그마치 여섯이나 된다. 본 기본법 제정 당시 세 조문에 불과하였으나, 그 후 세 조문이 더 늘어 여섯 조문으로 불어난 것이다.[11] 기본권의 상실을 규정한 제18조, 정당불법화 조항인 제21조 제2항, 주정부의 공조청구권에 관한 제91조 제1항이 첫 번째 경우이고, 편지 우편 및 전신전화의 비밀에 대한 제한규정인 제10조 제2항, 이전의 자유를 제한하는 제11조 제1항, 연방정부의 군대출동권을 규정한 제87a조 제4항이 1968년 긴급사태 입법 때 추가된 것들이다.

이들 조항이 담고 있는 자유로운 민주주의적 기본질서의 정식이 이른바 성격 논쟁의 형태로 좌우에 걸쳐 폭넓은 관심의 대상이 되는 데 결정적인 계기를 마련하여준 것은 사회주의국가당 판결과 독일공산당 판결이다. 이 두 판결을 놓고 독일 헌법학계에서는 일정한 의도를 깐 다양한 목소리들이 나름의 논거를 가지고 서로 맞서게 된다. 이들 목소리는 그러나 사상적 입장이나 이론적 논거에 따라 합종연횡의 복잡한 대치구도를 그리고 있기 때문에, 그들에 대한 총체적 평가는 생각처럼 그렇게 쉬운 것은 아니다.

따라서 우리는 이들 목소리를 사상적 입장에 따라 보수와 진보의 두 갈래로 나눈 다음, 보수적 입장으로는 대표적인 체제헌법학자들의 견해를, 그리고 진보적 입장으로는 좌파 진영 헌법학자들의 생각을 각각 살펴보기

---

11) 이에 관하여 상세한 것은 水島朝穂, 「ボン基本法における「自由な民主主義的基本秩序」―「戰鬪的民主主義の中核概念」―」(《早稲田法学会誌》, 제29권/1978, 315-350쪽 수록), 318쪽 이하 참조.

로 한다. 그러나 이에 앞서 우선 확인하여두어야 할 것은 독일 연방헌법재
판소의 입장이다. 사회주의국가당 판결과 독일공산당 판결에서 명확히 윤
곽이 드러나기 시작한 독일 연방헌법재판소의 입장은 자유로운 민주주의
적 기본질서의 정식을 둘러싼 보수 대 진보의 대치구도에서 보수적 입장의
통일과 강화에 결정적으로 이바지하여왔기 때문이다.

1. 독일 연방헌법재판소의 입장

독일 연방헌법재판소에서 자유로운 민주주의적 기본질서의 정식이 다
루어지기는 사회주의국가당 사건이 처음이다. 극우 신나치스 정당이 위헌
심판의 대상이 된 이 사건에서 독일 연방헌법재판소는 지도자 원리에 입각
한 사회주의국가당의 내부질서가 본 기본법 제21조 제2항의 자유로운 민
주주의적 기본질서에 위배되는지의 여부를 하나하나 가리며 민주주의에
관한 자신의 견해를 밝히고 있다.

독일 연방헌법재판소에 따르면, 형식적 합법성에 지나치게 무게를 두는
나머지 정당의 결성이나 활동에 아무런 제약을 두지 않는 자유주의적 민
주주의는 시대착오적인 과거의 유물에 지나지 않는다.[12] 따라서 자유주의
적 민주주의가 이 같은 합법성 물신주의를 극복하고 자기방어능력을 갖춘
새로운 형태의 민주주의로 거듭 태어나기 위하여는, 헌법내재적 가치들, 이
가운데에서도 특히 헌법의 기본가치들이 우월적 지위를 확보하지 않으면
안 된다.[13] 독일 연방헌법재판소와 더불어 이 같은 관점에 서게 되면, 자유

12) *Entscheidungen des Bundesverfassungsgerichts*, Bd. 2, 11쪽 참조.
13) 위의 책, 12쪽 참조.

주의적 민주주의의 적극적 지양 형태로서 부르주아 민주주의의 또 하나의 가능성을 시험하게 될 이른바 자유로운 민주주의는 헌법의 기본가치들을 절대적으로 존중하는 가치피구속적 민주주의를 뜻하게 된다.[14]

가치피구속적 민주주의인 자유로운 민주주의가 이처럼 월경 금지의 한계 표지로 내세우고 있는 헌법의 기본가치들은 말할 것도 없이 본 기본법상의 최고가치들, 즉 인간의 존엄, 자유 그리고 평등을 가리킨다. 독일 연방헌법재판소에 따르면, 본 기본법이 담고 있는 이들 최고가치야말로 자유로운 민주주의의 실체적 내용을 이루며, 이들 최고가치의 총체가 다름 아닌 자유로운 민주주의적 기본질서이다.[15] 이 같은 입장에 서게 되면, 자유로운 민주주의적 기본질서는 독일 연방헌법재판소의 표현처럼 일체의 폭력적 자의적 지배를 배제하고, 다수의 의사에 바탕을 둔 국민의 자치, 자유 그리고 평등이 근간을 이루는 법치국가적 통치질서를 의미하게 된다.[16]

이 같은 개념 규정은 그러나 지나치게 추상적이고 포괄적이어서 자유로운 민주주의적 기본질서의 정식이 법적 판단의 기준으로 갖는 의미는 이미 크게 훼손되었다고 하여도 과언이 아니다. 게다가 여기에 이데올로기 덧칠까지 보태어져 자유로운 민주주의적 기본질서의 정식이 반공산주의 체제 이데올로기로 둔갑하게 되는 결정적인 계기를 마련하여준 것이 유명한 독일공산당 판결이다.

흔히 반공산주의선언이라고 불리는 이 판결에서 독일 연방헌법재판소는 사회주의국가당 판결에서 짐짓 보였던 이데올로기적 중립성과는 대조적으로 노골적인 이데올로기적 편향의 길로 들어서게 된다. 이에 따라 사회주의국가당 판결에서 이미 확인된 자유로운 민주주의적 기본질서의 반

---

14) 위의 책, 12쪽.
15) 위와 같음.
16) 위의 책, 12–13쪽.

파시즘 성격도 반공산주의 쪽으로 급속히 변질되어간다. 자유로운 민주주의적 기본질서의 이 같은 이데올로기적 급선회를 밑받침하기 위하여 독일 연방헌법재판소는 프롤레타리아독재와의 차별성은 물론, 자유주의적 민주주의와의 차별성도 강조한다.[17] 이때 독일 연방헌법재판소가 내세우는 차별성이란 다름 아니라 인간 개체의 존엄성[18]과 전투적 공격성[19]이다. 즉 자유로운 민주주의적 기본질서의 핵심가치는 인간 개체의 존엄성이라는 부르주아 개인주의의 이데올로기와 자유로운 민주주의적 기본질서는 가치피구속적 질서라는 나름의 질적 규정을 지렛대로 독일 연방헌법재판소는 프롤레타리아독재에 대하여는 인간 개체의 존엄성을, 그리고 자유주의적 민주주의에 대하여는 전투적 공격성을 부각시킨다.

프롤레타리아독재에 대한 독일 연방재판소의 이 같은 인식을 등에 업고 자유로운 민주주의적 기본질서의 정식이 반공산주의 체제이데올로기로 전환하는 데 이론적 매개 역할을 한 것은 다름 아닌 전체주의론이다. 1950년대 동서 냉전의 길목에서 싹터 그 후 서방 우파 진영의 열띤 호응 속에 급속히 확산되어간 전체주의론은 브레진스키 등 미국 우파지식인들이 동구사회주의체제에 대항하기 위하여 주먹구구식으로 엮어놓은 반공산주의 이데올로기에 지나지 않는다.[20]

이 이론에 따르면, 전체주의의 가장 큰 특색은 단일지주적 권력구도이

---

17) *Entscheidungen des Bundesverfassungsgerichts*, Bd. 5, 135쪽 이하 및 195쪽 이하.

18) 위의 책, 139쪽.

19) 위의 책, 204쪽.

20) 전체주의에 관하여는 다음 문헌들 참조, Carl J. Friedrich, "Der einzigartige Charakter der totalitären Gesellschaft"[Bruno Seidel/Siegfried Jenkner(Hrsg.), *Wege der Totalitarismus-Forschung*, Darmstadt/1968, 177-196쪽 수록]; Zbigniew Brzezinski, "Totalitarismus und Rationalität"[Bruno Seidel/Siegfried Jenkner(Hrsg.), *Wege der Totalitarismus-Forschung*, Darmstadt/1968, 267-288쪽 수록].

다.[21] 전체주의론의 이 같은 도식적 밑그림을 바탕으로 독일 연방헌법재판소는 권력구조의 표피적 유사성을 지나치게 앞세운 나머지, 파시즘과 공산주의를 서로 갈라놓는 역사적 본질의 차이를 무시하는 이론적 오류를 범하게 된다.[22] 이 같은 논리에 서게 되면, 굳이 독일공산당 사건이 아니더라도 반파시즘 지향의 자유롭고 민주주의적인 기본질서의 정식이 반공산주의 체제이데올로기로 돌아서는 것은 단지 시간문제일 뿐이다.

2. 체제헌법학자들의 견해

체제헌법학자들 가운데 독일 연방헌법재판소가 자유로운 민주주의적 기본질서의 개념을 규정하는 데 결정적인 영향을 준 이는 라이프홀츠이다. 독일 연방헌법재판소가 사회주의국가당 사건에서 판시한 자유로운 민주주의적 기본질서의 개념은 라이프홀츠가 1951년 그의 논문 「자유로운 민주주의적 기본질서와 본 기본법」에서 개진한 견해의 대부분을 그대로 수용한 것이다.

이 글에서 라이프홀츠는 자유로운 민주주의적 기본질서의 정식에 대한 학계의 본격적인 논의에 앞서 이의 방향을 나름대로 제시하기 위하여 민주주의에 관한 자신의 보수적 견해를 비교적 소상하게 펴 보인다. 그에 따르면, 민주주의가 민주주의의 이름에 값하기 위하여 반드시 갖추어야 할 덕목들을 구비한 참민주주의와 단지 민주주의적 정당성을 조달할 목적으로

---

21) Karl W. Deutsch, "Risse im Monolith: Möglichkeiten und Arten der Desintegration im totalitären Systemen"[Bruno Seidel/Siegfried Jenker(Hrsg.), *Wege der Totalitarismus-Forschung*, Darmstadt/1968, 197-227쪽 수록], 198쪽 이하 참조.
22) *Entscheidungen der Bundesverfassungsgerichts*, Bd. 5, 137쪽 이하 참조.

민주주의의 수식어만 갖다 붙인 경우가 있다. 자유로운 민주주의가 앞의 예이고, 나치스의 초현대민주주의, 무솔리니의 권위주의적 민주주의, 프랑코의 유기적 민주주의, 동구의 인민민주주의가 뒤의 예들이다.[23]

이에 따라 라이프홀츠는 민주주의가 자유로운 민주주의가 되기 위하여 갖추어야 할 실체적 내용 가운데 가장 핵심적인 것으로 국민주권, 다수결의 원칙 그리고 평등을 들고 있다.[24] 오늘날 국민주권의 실현은 대표민주주의의 형태로만 가능하고, 대표민주주의는 다수결의 원칙과 국민의 정치적 평등을 전제로 하기 때문이다.[25] 그러나 국민주권, 다수결의 원칙 그리고 평등은 단지 자유로운 민주주의의 필요조건에 지나지 않으며, 자유로운 민주주의가 참민주주의로 우리 앞에 서기 위하여는 언론의 자유, 출판의 자유, 집회의 자유, 결사의 자유 등 정치적 자유가 보장되어야 한다.[26] 이 밖에도 라이프홀츠는 자유로운 민주주의의 실체적 내용으로 헌법개정의 한계 설정과 상호 존중의 원칙에 입각한 정당 결성 및 활동의 자유를 아울러 들고 있다.[27]

라이프홀츠의 이 같은 견해가 고전적 자유주의의 이념을 밑에 깔고 있음은 말할 것도 없다. 그러나 거기에는 이미 희미하게나마 전체주의론의 그림자가 어른거리고 있음을 부인하기 어려운 것도 또한 사실이다. 그럼에도 불구하고 그가 이데올로기적 자기 노출을 한껏 자제할 수 있었던 것은

23) Gerhard Leibholz, "Freiheitliche demokratische Grundordnung und das Bonner Grundgesetz"[Erhard Denninger(Hrsg.), *Freiheitliche demokratische Grundordnung. Materialien zum Staatsverständnis und zur Verfassungswirklichkeit in der Bundesrepublik*, Erster Teil, Frankfurt am Main/1977, 82-94쪽 수록], 83쪽.
24) 위의 글, 85쪽 이하.
25) 위와 같음.
26) 위의 글, 88쪽 이하.
27) 위의 글, 91-92쪽.

현상학적 본질 직관을 무엇보다 중시하는 자신의 방법론적 입장 때문인 것으로 보인다.

이처럼 이데올로기적 갈등 속에서도 비교적 객관성을 유지할 수 있었던 라이프홀츠와는 반대로, 카우프만은 노골적으로 우편향의 이데올로기적 색깔을 드러낸다. 본 기본법 아래에서 국민이 선택해야 할 가장 소망스러운 행동양식이 무엇인가를 주제로 한 1951년의 한 기념강연에서 카우프만이 내건 화두의 하나가 '어떻게 하면 우리는 법적 수단에 의하여 자유의 적으로부터 자유를 지킬 수 있을 것인가'이다. 여기에서 그가 말하는 자유의 적은 물론 소비에트 제국주의의 원격조종 아래 체제전복 활동을 획책하는 제5열이다.[28]

이 붉은 제5열의 사전봉쇄를 위한 법전략에서 카우프만은 자유로운 민주주의적 기본질서의 본질을 찾는다. 그의 눈으로 볼 때, 제5열의 준동은 가치상대주의와 법허무주의와 밀접한 관련이 있다.[29] 따라서 가치상대주의나 법허무주의를 극복하기 위하여는 헌법제정권력까지도 구속하는 선험적 법원리가 존재하여야 한다.[30] 뿐만 아니라 이 선험적 법원리는 시대와 상황에 따라 그 내용을 달리하는 가변적인 성격을 지녀야 한다.[31] 카우프만에 따르면, 헌법제정권력까지도 묶어두는 선험적 법원리의 현대적 현상형태로 기본권의 보장, 이를 제도적으로 담보하기 위한 권력분립, 그리고

---

28) Erich Kaufmann, "Die Grenzen der verfassungsmäßigen Verhaltens nach dem Bonner Grundgesetz insbesondere: Was ist unter einer freiheitlichen demokratischen Grundordnung zu verstehen? Festvortrag auf dem 39. deutschen Juristentag 1951" [Erhard Denninger(Hrsg.), *Freiheitliche demokratische Grundordnung, Materialien zum Staatsverständnis und zur Verfassungswirklichkeit in der Bundesrepublik*, Erster Teil, Frankfurt am Main/1977, 95-111쪽 수록], 98쪽.
29) 위의 글, 98-99쪽.
30) 위의 글, 99쪽.
31) 위와 같음.

기본권과 권력분립의 틀 안에서만 인정되는 제한된 범위의 국민주권의 원리가 있다.[32] 그는 나아가 기본권의 보장 영역을 개인의 사적 생활 영역, 공동체의 생활 영역, 그리고 시민사회의 생활 영역으로 나누고, 국민주권의 구체적 내용으로 보통 직접 평등 및 비밀의 선거와 정당 결성의 자유를 들고 있다.[33]

자유로운 민주주의적 기본질서의 정식에 대한 체제헌법학자들의 입장과 관련하여 특히 우리의 눈길을 끄는 이는 뒤리히이다. 1964년 본 기본법의 가장 표준적인 평석서인 『기본법』에서 그가 펴 보인 견해는 자유로운 민주주의적 기본질서의 정식에 대한 독일 연방헌법재판소의 판례를 가운데 두고 그때까지 미세한 편차를 보여오던 독일 헌법학계의 보수적 견해들을 총괄하고 있다는 점에서 결정적인 중요성을 갖는다.

뒤리히의 경우, 자유로운 민주주의적 기본질서의 정식과 관련하여 특기하여야 할 것은 이해방식의 독특함이다. 즉 자유로운 민주주의적 기본질서와 대립되는 이질적 요소들을 하나씩 들어내는 이른바 소거방식에 따라 자유로운 민주주의적 기본질서의 핵심에 접근하여간다. 뒤리히에 따르면, 소거방식에 의한 내용의 석출 과정에서 결정적인 단서로 작용하는 것은 자유로운 민주주의적 기본질서가 전체주의체제의 대립물이라는 관점이다.[34] 따라서 눈을 '과거'의 나치스 체제로 그리고 '건넛동네'인 동독의 현실로 돌려 지난날 이곳에서 저질러졌거나 현재 저쪽에서 확인되고 있는 부정적 측면들을 한데 모아 하나의 목록을 작성하면, 거기에서 자유로운 민주주의적 기본질서의 개념이 자연스럽게 도출된다.[35] 그러나 이 같은 소극적 이

---

32) 위의 글, 99쪽 이하.
33) 위의 글, 101-102쪽.
34) Maunz/Dürig/Herzog, *Grundgesetz. Kommentar*, München/1964, 제18조 갓번호 18.
35) 위와 같음.

해방식이야말로 자유로운 민주주의적 기본질서의 정식이 지배체제를 정당화하기 위한 일종의 백지위임장으로 악용되는 결정적인 계기가 되었음을 아무도 부인하지 못할 것이다. 바로 이 대목에서 우리는 라이프홀츠에서 이미 싹튼 전체주의 이데올로기의 씨앗이 그사이 독일 연방헌법재판소의 판결에 더욱 힘입어 놀라울 만큼 강인한 생명력을 키워왔음을 다시 한 번 확인하게 된다.

이 같은 부정적인 측면에도 불구하고, 뒤리히의 소극적 이해방식이 독일 헌법학계의 통설적 입장으로 자리를 굳히게 된 것은 주지의 사실이다. 그러나 뒤리히의 소극적 이해방식이 자유로운 민주주의적 기본질서의 정식에 대한 독일 연방헌법재판소의 입장을 입론의 기본 소재로 삼고 있다는 점에서, 그것은 역설적으로 말하여 독일 연방헌법재판소의 입장을 강화시켜주기 위한 고도의 해석 전략에서 나온 것인지도 모른다. 아무튼 뒤리히는 자유로운 민주주의적 기본질서의 정식에 대한 개념 규정을 일찌감치 시도한 독일 연방헌법재판소의 적극적 자세에 대하여 매우 우호적이다. 설혹 위와 같은 자신의 접근방식에 따르더라도 독일 연방헌법재판소의 판시 내용에는 크게 흠잡을 데가 없는 것으로 보고, 그는 자유로운 민주주의적 기본질서의 본질적 징표로 폭력적 그리고 자의적 지배의 배제를 들고 있다.[36]

3. 좌파 진영 헌법학자들의 시각

자유로운 민주주의적 기본질서의 정식에 대한 좌파 진영 헌법학자들의 시각은 기본법의 성격을 어떻게 이해하는가에 따라 큰 차이를 보이고 있다.

---

36) 위의 책, 제18조 갓번호 55.

자유로운 민주주의적 기본질서의 정식을 둘러싸고 다양하게 분출된 좌파 진영 내부의 목소리들 가운데 우리의 관심을 끄는 것은 슈투비다. 그는 본 기본법의 성격과 관련하여 무엇보다 반파시즘적 측면을 강조한다.[37] 그는 본 기본법의 이 같은 반파시즘적 성격이 자유로운 민주주의적 기본질서의 성격을 규정하는 데 결정적인 의미를 갖는다고 보고, 자유로운 민주주의적 기본질서의 격파 목표를 파시즘으로 설정하고 있다.[38] 따라서 독일 연방헌법재판소의 사회주의국가당 판결은 나름의 역사적 합리성을 갖고 있으나, 독일공산당 판결은 동독의 현실사회주의를 밑그림으로 한 극히 주관적이고 자의적인 것으로 자유로운 민주주의적 기본질서의 이념과도 배치된다고 주장한다.[39] 나아가 슈투비는 본 기본법의 반파시즘적 성격, 따라서 자유로운 민주주의적 기본질서의 반파시즘적 지향을 논거로 자유로운 민주주의적 기본질서의 구체적 실현을 통한 사회주의체제로의 합법적 이행도 전혀 불가능한 것은 아니라고 한다.[40] 슈투비의 이 같은 입장은, 본 기본법이 자본주의적 생산관계의 법적 표현이면서 동시에 생산관계 내부의 정치적 타협의 산물이라는 나름의 인식[41]을 토대로 반파시즘 세력의 주도 아래 제정된 본 기본법 제20조 제1항의 민주주의의 원리, 사회주의국가의 원리, 그리고 같은 법 제15조의 사회화 규정을 매개로 한 사회주의체제로의 합법적 이행도 가능하다고 주장하는 아벤트로트의 입장[42]과 맥을 같

---

37) Gerhard Stuby, "Bemerkungen zum verfassungsrechtlichen Begriff 'freiheitliche demokratische Grundordnung'"(Abendroth/Däubler/u. a., *Der Kampf um das Grundgesetz über die politische Bedeutung der Verfassungsinterpretation*, Frankfurt am Main/1977, 114-132쪽 수록), 121쪽 이하.

38) 위의 글, 125쪽.

39) 위의 글, 126쪽 이하.

40) 위의 글, 125쪽.

41) Wolfgang Abendroth, *Das Grundgesetz*, Pfullingen/1973, 64쪽 이하.

42) 위의 책, 66쪽 이하; 같은 이, *Antagonistische Gesellschaft und politische Demokratie*,

이한다고 할 수 있다.

　그러나 슈투비의 이 같은 입장에 대하여는 반론도 만만치 않다. 자유로운 민주주의적 기본질서의 타격 목표를 공산주의로 설정하는 체제헌법학자들의 이른바 전체주의타격론에 대한 일종의 반대명제라고 할 수 있는 슈투비의 파시즘타격론은 동서 냉전구조의 고착과 더불어 이미 반공산주의가 깊숙이 뿌리를 내리고 있었던 본 기본법 제정 당시의 역사적 상황과 거리가 멀다는 주장이 그것이다.[43] 이 밖에도 본 기본법 제정 당시의 역사적 상황의 급반전과 이에 따른 본 기본법의 구조적 한계성에도 불구하고, 본 기본법의 반파시즘적 성격에 지나친 기대를 거는 것은 개량주의의 덫에 발목이 잡힌 법조사회주의자들의 자기기만이라는 또 다른 비판도 없지 아니하다.[44]

　이와 반대로 사이페르트는 본 기본법의 반파시즘 규정을 근거로 사회주의적 헌법정책들을 펴려고 하는 아벤트로트학파의 입장을 '기본법신학'[45]이라고 일축하며, 본 기본법에 의한 사회변혁의 가능성을 부정한다.[46] 그가 본 기본법으로부터 기대하는 것은 사회변혁 그 자체가 아니라, 사회변혁운동이 합법적 활동공간을 마련하는 데 없어서는 안 될 법치국가적 합법성의 보장이다. 따라서 그는 본 기본법의 민주국가적 내용의 옹호보다는 그것이 보장하고 있는 법치국가적 합법성의 관철에 더 큰 무게를 둔다.[47]

Aufsätze zur politischen Soziologie, Neuwied u. Berlin/1972, 118쪽.

43) 水島朝穗, 「ボン基本法における「戰鬪的民主主義」─西ドイツの'社会批判的法律家'の論議を中心に─(早稲田大学大学院『法研論集』第24號/1981, 285-316쪽 수록), 301쪽.

44) Peter Schöttler, "Friedrich Engels und Karl Kautsky als Kritiker der Juristen-Sozialisten"(*Demokratie und Recht*, Heft 1/1980, 4-25쪽 수록), 24쪽.

45) W. Abendroth/R. Keßler/u. a., "Diskussion über Probleme sozialistischer Rechtspolitik. Ein Gesprächsprotokolls"[Hubert Rottleuthner(Hrsg.), *Probleme der marxistischen Rechtstheorie*, Frankfurt am Main/1975, 392-418쪽 수록], 392쪽 이하 참조.

46) Jürgen Seifert, *Grundgesetz und Restauration*, Darmstadt u. Neuwied/1974, 12쪽.

47) 위와 같음.

사이페르트에 따르면, 본 기본법 역시 자본주의적 생산관계를 반영하는 전형적인 부르주아 헌법의 범주에 속한다.[48] 따라서 본 기본법이 부르주아 헌법의 외투를 걸치고 있는 이상, 비록 거기에 민주주의적 내용이 담겨 있다고 하더라도 이것이 곧 사회변혁의 가능성을 담보하여주는 것은 아니다.[49] 그렇다고 본 기본법을 아무 데도 쓸모가 없는 용도폐기품쯤으로 내쳐두는 것도 문제라고 사이페르트는 말한다.[50] 그것은, 본 기본법의 상표라고 할 수 있는 법치국가적 합법성이 국가권력의 자의적 개입을 정당화하는 지배보장 기능뿐만 아니라, 국가권력의 자의적 개입을 차단해주는 권리보장 기능도 아울러 갖고 있기 때문이다.[51] 사이페르트의 이 같은 법치국가적 합법성의 논리에 따르면, 정당의 목적이나 활동에 헌법내재적 한계를 설정하는 기본법 제21조 제2항의 자유로운 민주주의적 기본질서의 정식은 이중의 기능을 갖는다. 하나는 체제의 안정에 기여하는 지배보장 기능이고, 또 하나는 정당에 대한 경찰권력의 자의적 개입을 막아주는 권리보장 기능이다.[52] 이에 따라 사이페르트는 자유로운 민주주의적 기본질서의 정식에 나름의 의미를 부여하고 있다.

위와 같은 사이페르트의 문제제기를 보다 큰 맥락에서 파악하기 위하여 사회변혁의 핵심문제인 개량과 혁명의 변증법을 전술과 전략의 유기적 결합의 문제로 이해한다면, 우리는 아벤트로트학파의 입장을 전략적 차원의 문제의식으로, 그리고 사이페르트의 입장을 전술적 차원의 문제의식으로 규정하여도 좋을 것이다. 이 같은 맥락에서 볼 때, 사이페르트가 본 기본

---

48) 위의 책, 8-9쪽.

49) 위의 책, 12쪽.

50) 위와 같음.

51) Jürgen Seifert, *Kampf um Verfassungspositionen. Materialien über Grenzen und Möglichkenten von Rechtspolitik*, Köln u. Frankfurt am Main/1974, 86쪽.

52) 水島朝穂, 앞의 글, 304쪽 참조.

법을 일종의 정치적 휴전협정 문서로 보고, 자신의 유물헌법론에 진지전의 개념을 도입한 것도 결코 우연이 아니라고 할 것이다.[53]

사이페르트와 마찬가지로 자유롭고 민주주의적인 기본질서의 정식에 나름의 의미를 부여하는 좌파 진영 헌법학자로는 페렐스가 있다. 그러나 그는 법치국가적 합법성을 강조하는 사이페르트와는 달리, 보다 원리적인 측면에서 자유로운 민주주의적 기본질서의 정식에 접근한다. 이때 그가 논리 전개의 출발점으로 삼는 것은 본 기본법상의 합의 도출 원리는 무엇인가라는 물음이다.[54]

페렐스에 따르면, 헌법은 저마다 나름의 합의 도출 원리를 갖고 있다.[55] 예컨대 바이마르헌법도 그 특유의 합의 도출 원리를 전제하고 있는데, 그것은 다름 아닌 다원주의와 합법성의 원칙이다.[56] 바이마르헌법이 합의 도출 원리로 전제하고 있는 다원주의는 그러나 헌법상의 국민이 하나의 객관적 실체로 존재한다는 관념적 허구를 배척한다. 다원주의의 입장에서 보면, 국민은 허상일 뿐, 한 꺼풀을 벗겨보면 그 속에 존재하는 것은 이해관계로 첨예하게 대립하고 있는 정당이나 이익집단뿐이다. 나아가 바이마르헌법을 특징지우는 또 하나의 요소인 합법성의 원칙은 가치상대주의에 바탕을 둔 것이다.[57] 따라서 가치상대주의가 헌법의 이념적 기초로 기능하는 한, 상호대립 또는 경쟁관계에 있는 정치적 목표라고 할지라도 헌법이 보장하는 합법성의 틀 안에서 자기관철의 기회를 갖게 된다.[58] 물론 이 같은

---

53) Jürgen Seifert, 앞의 책, 특히 105쪽 이하 참조.

54) Joachim Perels, "Die Grenzenmarken der Verfassung"(같은 이, *Demokratie und soziale Emanzipation. Beiträge zur Verfassungstheorie der bürgerlichen Gesellschaft und des Sozialismus*, Hamburg/1988, 12-34쪽), 13쪽 이하 참조.

55) 위와 같음.

56) 위의 책, 19쪽.

57) 위와 같음.

민주주의적 합의 도출 원리가 제 몫을 다하기 위하여는 헌법이 정하는 절차 규정들이 엄격히 준수되어야 한다.

페렐스가 보는 바로는 본 기본법상의 합의 도출 원리는 바이마르헌법의 그것과 크게 다르지 않다.[59] 정치적 자유권, 즉 언론 집회 그리고 결사의 자유가 확보됨으로써 사회적 갈등의 해소가 본 기본법이 보장하는 합법성의 틀 안에서 가능하여졌기 때문이다.[60] 한 가지 다른 점이 있다면, 그것은 민주주의의 자기제어장치가 기본법 내부에 장착되어 합법성의 이름으로 합법적 활동공간을 보장하는 민주주의 그 자체를 파괴하는 합법성 물신주의가 더 이상 통용되지 못하게 된 점이다.[61] 역설적으로 페렐스는 자유로운 민주주의적 기본질서의 침해를 이유로 정당을 불법화하거나 개인의 기본권을 박탈하도록 한 기본법 제21조 제2항, 그리고 같은 법 제18조가 합법성의 원칙을 약화하기보다는 오히려 더욱 강화한다고 주장한다.[62] 따라서 자유로운 민주주의적 기본질서의 정식은 결과적으로 본 기본법이 보장하는 합법성의 틀 안에서 가치상대주의를 확보하는 데 결정적으로 이바지하게 된다.[63] 페렐스의 이 같은 논리에 따르면, 독일 연방헌법재판소가 자유로운 민주주의적 기본질서의 구체적 내용으로 들고 있는 기본권, 국민주권, 권력분립, 행정의 합법률성 등은 기본법이 보장하는 합법성의 틀을 식별하기 위한 경계 표지에 지나지 않게 된다.[64]

좌파 진영에서 가장 역동적인 활동을 편 헌법학자로 우리는 누구보다

---

58) 위의 책, 19쪽.
59) 위의 책, 22쪽.
60) 위와 같음.
61) 위의 책, 23쪽.
62) 위와 같음.
63) 위와 같음.
64) 위와 같음.

먼저 리더를 꼽을 수 있을 것이다. 체제의 나팔수로 편견과 아집의 대명사라고 하여도 과언이 아닐 독일 헌법학계에서 그는 때로는 우닝 파퍼사로서 때로는 고정관념의 산역꾼으로서 독보적인 활동공간을 확보하고 있었다. 리더의 이 같은 현실개입은 이론적 실천의 형태로, 그것도 주로 이데올로기 비판의 방식으로 이루어졌다. 좌파 진영의 최선두에 자리하고 있으면서도 그의 이데올로기 비판은 맑스주의적 시각보다는 오히려 급진민주주의의 관점에 터 잡고 있다는 것이 정확한 평가일 것이다. 따라서 리더는 급진민주주의적 이데올로기 비판의 입장에서 자유로운 민주주의적 기본질서의 정식을 분석의 도마 위에 올려놓고 있다. 그의 말을 빌리면, 민주주의란 본래 구체적 자유의 조건이 되는 자율적인 의사결정 절차를 의미하므로 '자유로운' 민주주의라는 표현 그 자체는 동어반복의 극히 자연스러운 어법일 수도 있다.[65] 그러나 본 기본법의 '자유로운' 민주주의는 동구의 인민민주주의에 대한 반대명제로 출발하였기 때문에,[66] 그것은 동의어로 흔히 사용되는 자유주의적 민주주의와는 분명히 선을 그어야 할 이질적인 범주에 속한다는 것이 그의 주장이다.[67]

여기에서 머무르지 않고, 리더는 한 걸음 더 나아가 '자유로운' 민주주의의 역사적 본질에 대하여 가차 없는 비판을 가한다. 그에 따르면, '자유로운' 민주주의가 추구하는 자유는 자본주의적 수탈과 착취를 무제한 허용하는 자유이며, 따라서 '자유로운' 민주주의는 구체적 자유의 조건이 되는 민주주의와는 실로 거리가 먼 민주주의의 부정태 바로 그것에 지나지 않는

---

65) Helmut Ridder, "Die soziale Ordnung des Grundgesetzes. Leitfaden zu den Grundrechten einer demokratischen Verfassung" Josef Mück, *Verfassungsrecht*(Bad Wildunger Beiträge zur Gemeinschaftskunde, Bd. 5), Opladen/1975, 85-286쪽 수록), 137쪽.

66) 위의 글, 135쪽.

67) 위의 글, 137쪽.

다.[68] 리더의 이 같은 논리를 끝까지 밀고 나아가면, 본 기본법 제21조 제2항과 그 밖의 다른 헌법보장 규정들이 담고 있는 자유로운 민주주의적 기본질서의 정식은 반공산주의를 신주로 떠받드는 공허한 내용의 정치적 주문에 지나지 않게 된다. 이처럼 자유로운 민주주의적 기본질서의 정식이 한낱 내용 공허한 정치적 주문에 불과하다면, 리더의 지적처럼 이데올로기 조작에 의한 남용의 위험성도 그만큼 더 크다고 할 것이다.[69]

그러나 본 기본법이 사회주의로의 체제 이행을 담보하기 위한 반자본주의적 헌법이 아닌 이상, 헌법이 엄연히 규정하고 있는 자유로운 민주주의적 기본질서의 정식을 전적으로 무시할 수만도 없다는 것이 리더의 입장이기도 하다.[70] 따라서 본 기본법의 민주주의적 요청에 최소한 부응하기 위하여서라도 자유로운 민주주의적 기본질서의 정식을 담은 헌법보장 규정들은 비상사태의 경우에만 극히 예외적으로 적용되어야 한다.[71] 그럼에도 본 기본법의 헌법현실에서는 자유로운 민주주의적 기본질서의 정식이 전투적 민주주의라는 이름의 극우 반동주의정치이념을 정당화하기 위한 헌법적 근거로 기능하고 있다고 그는 주장한다.[72]

더욱이 자유로운 민주주의적 기본질서의 정식이 전투적 민주주의의 이데올로기적 엄호 아래 초합법적 정당성의 영역에 똬리를 틀게 되면, 그에 대한 비판은 헌법의 적이라는 정치적 사형선고는 물론, 마녀사냥의 음험한 덫을 피할 수 없게 된다.[73] 그러므로 지배체제의 현상 유지를 위하여 자유의 이름으로 민주주의를 능욕하는 자유로운 민주주의적 기본질서의 이 같

---

68) 위와 같음.
69) 위의 글, 138쪽 이하 참조.
70) 위의 글, 138쪽.
71) 위의 글, 136쪽 이하.
72) 위의 글, 142쪽.
73) 위의 글, 135쪽 및 139쪽.

은 퇴행성 동력이 사회의 모든 영역을 일상적으로 지배하지 못하도록 민주세력들의 결집이 필요하니, 그렇지 않으면 반민주주의적 비상사태와 민주주의적 정상사태의 경계가 불분명하게 됨으로써 예외적인 경우에만 허용되어야 할 반민주주의적 비상사태가 민주주의적 정상사태로 통용되는 헌법현실의 도착현상이 불가피하다.[74]

끝으로 좌파 진영 헌법학자들 가운데 가장 급진적인 입장을 보이는 사람은 프로이스이다. 그는 리더와는 달리 보다 원리적인 관점에서 자유로운 민주주의적 기본질서의 정식에 접근한다. 그는 헌법을 지배적 사회관계를 전일적으로 관철시키기 위한 법적 매개수단으로 규정한다.[75] 그에 따르면, 생산수단의 사적 소유와 노동력의 상품화가 사회적 지배관계의 기본축을 이루는 부르주아사회에서는 헌법도 이에 걸맞은 구조적 특질을 보이게 된다.[76] 그 대표적 예들로 프로이스는 개인의 사적 영역을 보장하기 위한 자유권, 국가권력의 조직을 위한 권력분립의 원칙, 국가기관의 창설을 위한 절차 규정 등을 들고 있다.[77] 이 가운데에서 사회적 지배관계를 전일적으로 관철시키는 데 결정적인 역할을 하는 것이 자유권이다.[78]

프로이스의 이 같은 견해에는 소유권 중심의 자유권이 개인의 사적 영역에 대한 국가권력의 자의적 개입을 차단하기 위한 소극적 방어권이라기보다는 오히려 노동력은 물론 인격까지도 상품화의 대상이 되는 부르주아적

---

74) 위의 글, 144쪽.

75) Ulrich K. Preuß, "Zur Funktion eines Zusammenschlusses gesellschaftskritischer Juristen, Gegenthesen zu H. Ridder"(*Kritische Justiz*, Heft 4/1974, 378-383쪽 수록), 378쪽 이하, 특히 380쪽 참조;『マルクス主義法学講座②』, 日本評論社/1978, 411쪽 참조.

76) Ulrich K. Preuß, *Legalität und Pluralismus, Beiträge zum Verfassungsrecht der Bundesrepublik Deutschland*, Frankfurt am Main/1973, 17쪽.

77) 위의 책, 17쪽 이하.

78) 위의 책, 18쪽 이하.

사회화의 기본형태라는 인식이 깔려 있다.[79] 이 같은 인식을 밑받침이라도 하듯이, 그는 부르주아적 사회화의 기본형태인 소유권 중심의 자유권의 전형으로 본 기본법 제2조 제1항을 들고 있다.[80]

프로이스에 따르면, 본 기본법은 그러나 소유권 중심의 자유권에 바탕을 둔 소유적 개인주의 지향의 부르주아적 사회화 말고도 또 다른 형태의 부르주아적 사회화에 관한 규정들을 두고 있다.[81] 소유적 개인주의 지향의 부르주아적 사회화와는 달리 국가의 개입을 전제로 한 부르주아적 사회화로서 본 기본법 제20조 제1항의 사회국가 규정과 같은 법 제9조 제2항, 제18조, 제21조 제1항 등이 담고 있는 자유로운 민주주의적 기본질서의 정식이 바로 그것이다.[82] 이들 가운데 사회국가 규정이 본 기본법이 규범적 목표로 설정하고 있는 독일연방공화국의 사회구조에 대한 정치적 결단이라면,[83] 자유로운 민주주의적 기본질서의 정식은 소유적 개인주의 지향의 부르주아적 사회화의 기본형태인 소유권 중심의 자유권을 헌법의 최고가치로 떠받치는 자유로운 민주주의에 대한 실존적 가치결단이다.[84]

이에 따라 프로이스는 본 기본법 틀 안에서의 진보적 헌법정책의 가능성, 특히 자유로운 민주주의적 기본질서의 정식을 매개로 한 진보적 헌법정책의 가능성에 대하여 극히 부정적인 입장을 보이고 있다.[85] 뿐만 아니라

---

79) 위의 책, 18-19쪽 이하.
80) 본 기본법 제2조 제1항은 다음과 같이 규정하고 있다. "타인의 권리를 침해하지 않고 헌법적 질서 또는 도덕률에 위배되지 않는 한, 누구든지 인격의 자유로운 발전을 누릴 권리를 갖는다."
81) Ulrich K. Preuß, *Legalität und Pluralismus, Beiträge zum Verfassungsrecht der Bundesrepublik Deutschland*, Frankfurt am Main/1973, 20쪽 이하.
82) 위와 같음.
83) 위의 책, 96쪽 참조.
84) 위의 책, 23쪽.
85) Ulrich K. Preuß, "Zur Funktion eines Zusammenschlusses gesellschaftskritischer

그는 이 같은 부정적인 입장에서 한 걸음 더 나아가 자유로운 민주주의적 기본질서의 정식을 오히려 전체주의 발호의 불길한 전조로 받아들이고 있다.[86]

사실 프로이스가 자유로운 민주주의적 기본질서의 정식과 관련하여 비판의 대부분을 할애하는 것도 바로 이 대목이라고 할 것이다. 그는 키르히하이머의 이른바 2단계 합법성의 이론을 빌려 자유로운 민주주의적 기본질서의 정식을 초합헌성의 계기로 파악한다.[87] 그에 따르면, 본 기본법은 자유로운 민주주의적 기본질서의 정식으로 말미암아 합법성 계기와 초합법성 계기로의 자기분열을 피할 수 없게 된다.[88] 그 결과 합헌성의 계기에 기초하여 국민대표기관인 의회가 주도적 역할을 하여야 할 입법권 우위의 합법성체계가 뒷전으로 밀려나게 되고, 행정권과 사법권의 억압적 기능에 모든 것을 거는 초합헌성의 계기가 헌법운영의 우위를 잡게 된다.[89] 이처럼 초합헌성의 계기가 합헌성의 계기에 군림하는 본 기본법의 자기분열 현상은 소유적 개인주의 지향의 부르주아적 사회화가 총체적 위기를 맞게 되고, 이에 대응하기 위하여 통치방식의 파시즘화가 급속히 진행됨에 따라 더욱 심화될 것이라는 것이 프로이스의 한결같은 주장이다.[90]

위에서 우리는 자유로운 민주주의적 기본질서의 정식에 대한 독일 연방헌법재판소의 입장, 그리고 이로 말미암아 촉발된 이른바 성격 논쟁을 독

Juristen. Gegenthesen zu H. Ridder", 383쪽; 같은 이, *Legalität und Pluralismus, Beiträge zum Verfassungsrecht der Bundesrepublik Deutschland*, 26쪽 참조.

86) Ulrich K. Preuß, *Legalität und Pluralismus, Beiträge zum Verfassungsrecht der Bundesrepublik Deutschland*, 17쪽.

87) 위의 책, 26쪽 이하.

88) 위와 같음.

89) 위의 책, 15-16쪽 참조.

90) 위의 책, 29쪽 이하.

일헌법학계 내부의 이론적 논쟁구도에 따라 큰 줄기만 대충 살펴보았다. 자유로운 민주주의적 기본질서의 정식과 관련하여 앞으로 해명되어야 할 문제들이 아직도 적지 않게 남아 있음에도 불구하고 조잡한 형태로나마 거기에서 하나의 결론을 끄집어낸다면, 그것은 다음과 같은 사실, 즉 자유로운 민주주의적 기본질서의 정식이야말로 본 기본법이 아직까지도 필사적으로 고집하고 있는 공격적 자기방어 의지를 집중적으로 표현하고 있다는 사실이다.

이 같은 공격적 자기방어 의지는 헌법보장 규정의 양적 팽창은 물론, 헌법보장 방식의 질적 변화까지 가져오게 된다. 이때의 헌법보장 방식의 질적 변화란 다름 아니라 정상사태를 원칙으로 그리고 비상사태를 예외로 상정하는 자유주의적 민주주의 헌법의 기본구도와의 단절을 의미한다. 본 기본법이 정상사태를 비상사태로 날조하고, 날조된 가상의 비상사태를 정상사태로 미화하는 위기관리 헌법체제로 끊임없이 자기변신을 거듭해온 까닭도 여기에 있다고 할 것이다.[91]

이처럼 날조된 가상의 비상사태가 정상사태를 갈음하는 항구적 예외사태가 일상적으로 반복되면, 의회의 입법권을 가운데 두고 법치행정의 원칙과 법치사법의 원칙이 두 기둥을 이루는 합법성의 체계는 무너지고, 법치행정과 법치사법의 틀 밖에서 집행권력과 사법권력이 법률을 자의적으로 집행 또는 적용하는 초합법적 사태가 벌어지게 된다. 헌법도 이에 따라 헌법의 틀 안에서 합법성의 체계를 유지하려는 합헌성의 계기와, 집행권력 및 사법권력의 자의적 법률운영에 초헌법적 근거를 부여하려는 초합헌성의 계기로 분열된다.

---

91) 1968년 6월 18일의 제16차 기본법개정법률, 1968년 6월 24일의 제17차 기본법보충법률, 1968년 11월 15일의 제18차 기본법개정법률 등에 의하여 개정되거나 삽입 또는 삭제된 조문 수만 해도 무려 스물여덟 가지에 이른다.

헌법의 이 같은 이중화 과정에서 초합헌성의 계기가 합헌성의 계기에 대하여 압도적인 우위를 확보하게 되며, 이를 준신축으로 제2의 헌법, 즉 헌법 안의 헌법이 구축된다. 본 기본법의 위기관리 헌법체제 아래에서 자유로운 민주주의적 기본질서의 정식이 결정적인 중요성을 갖게 되는 것도 이 같은 맥락 때문이다. 그러한 뜻에서 자유로운 민주주의적 기본질서의 정식을 고도의 정치적 의미가 함축된, 따라서 정치적 판단의 폭도 아울러 대단히 큰 초헌법적 일반조항이라고 하여도 과언이 아닐 것이다.[92]

IV. 자유로운 민주주의적 기본질서의 내용

자유로운 민주주의적 기본질서의 내용에 대하여 본 기본법은 아무런 언급도 하지 않고 있다. 헌법 하위규범인 일반법률의 경우도 사정은 마찬가지이다. 단지 1950년의 연방헌법재판소법 제1차 실무자 초안 제35조에서 이 정식의 내용으로 기본권의 보장, 정당제도, 국민대표를 뽑기 위한 보통 직접 자유 평등 및 비밀 선거, 권력분립, 정부의 대의회책임, 법원의 독립, 그리고 행정의 합법률성이 거론되었을 뿐이다.[93] 그러나 이 실무자 초안도 햇빛을 보지 못한 채 중도에서 폐기되었고, 따라서 자유로운 민주주의적

---

92) Alexander Rossangel, "Der alltägliche Notstand. Die überverfassungsgesetzliche Generalklausel"(*Kritische Justiz*, Heft 3/1977), 261쪽 참조.

93) Watler Schmitt Glaeser, "Der Begriff der freiheitlichen demokratischen Grundordnung" [Erhard Denninger(Hrsg.), *Freiheitliche demokratische Grundordnung, Materialien zum Staatsverständnis und zur Verfassungswirklichkeit in der Bundesrepublik*, Erster Teil, Suhrkamp/1977, 168-198쪽 수록], 168쪽; 水島朝穂, 「ボン基本法における「自由な民主主義的基本秩序」―「戦闘的民主主義の中核概念」―」(《早稲田法学会誌》, 第29巻/1978, 315-350쪽 수록), 341쪽 참조.

기본질서의 내용이 공식적으로 윤곽을 드러내기는 사회주의국가당 판결
이 처음이라고 할 수 있다.

주지하는 바와 같이, 사회주의국가당 판결은 자유로운 민주주의적 기본
질서의 근본원리로 기본적 인권들 그 가운데에서도 특히 인격의 주체로서
생명과 자유로운 발전을 누릴 권리의 존중, 국민주권, 정부의 책임, 행정의
합법률성, 법원의 독립, 복수정당제, 재야정당의 합헌적 결성 및 활동, 정당
의 기회균등 등을 들고 있다.[94] 그러나 이들은 법치국가의 원리로부터 민
주주의의 원리에 이르기까지 역사적 계급적 주체를 달리하는 다양한 내용
의 이념적 표현들이나 제도적 응축들을 아전인수식으로 모아놓은 것에 지
나지 않는다. 그러한 뜻에서 리더의 다음과 같은 부정적 평가는 신성모독
에 가까울 만큼 도발적인 표현을 담고 있음에도 불구하고 귀담아둘 데가
있다고 할 것이다. 이들 내용은 이질적이고 서로 다른 범주에 속하는 이른
바 근본원리들을 두루뭉술 짜깁기하여놓은 것으로 거기에는 민주주의의
원리는 물론, 극히 의심스러운 후기부르주아이데올로기의 잔재들과 전체
주의론의 도식적 주장들이 제멋대로 동거하고 있다.[95] 더구나 한계 획정의
배타적 자유권과 민주주의를 한 틀에 짜맞추려는 시도는 황당하고 무모한
짓으로밖에 볼 수 없을 것이다.[96]

사회주의국가당 사건을 계기로 자유로운 민주주의적 기본질서의 내용
에 대한 독일 연방헌법재판소의 위와 같은 입장 표명이 있기 전에도, 이에
관한 헌법학자들의 간헐적인 발언이 없었던 것은 물론 아니다. 위에서도
언급하였듯이, 예컨대 라이프홀츠와 같은 이는 자유로운 민주주의적 기본

---

94) *Entscheidungen des Bundesverfassungsgerichts*, Bd. 2, 13쪽; *Entscheidungen des Bundesverfassungsgerichts*, Bd. 5, 140쪽.

95) Helmut Ridder, 앞의 글, 141쪽.

96) 위와 같음.

질서의 내용으로 국민주권, 다수결의 원칙, 평등권, 언론 출판 집회 결사 등 표현의 자유, 헌법개정의 한계 설정, 그리고 정당 결성 및 활동의 자유를 드는 바가 있다.[97] 그러나 독일 헌법학계에서 자유로운 민주주의적 기본질서의 내용에 관한 본격적인 논의가 시작된 것은 아무래도 사회주의국가당 판결 이후의 일이라고 할 수 있다. 독일 헌법학계의 논의 수준은 그러나 최소한의 기대에도 못 미치는 평균치 이하의 것이었다. 대부분의 경우 사회주의국가당 판결의 내용 규정을 맹목적으로 추수하거나, 아니면 본 기본법의 기본원리와 관련하여 추상적인 문제제기를 하는 것이 고작이었다. 예컨대 사회국가원리가 자유로운 민주주의적 기본질서의 통합적 구성 부분에 속하는지의 여부 등 주변적이며 지엽적인 문제들을 놓고 독일 헌법학계에서는 한동안 논란이 계속되었다.[98]

자유로운 민주주의적 기본질서의 내용을 둘러싼 이 같은 외화내빈은 이해방식에 따라 대립적이고 모순적이기까지 한 자유와 민주주의의 두 개념을 중간고리는 빼놓은 채 단순조합의 형태로 배열하여놓은 데 따른 내용 규정상의 어려움에 그 원인이 있다고 할 것이다. 게다가 반공산주의가 제2의 천성으로 체질화된 인식 주체들의 이데올로기적 덧칠까지 보태지게 되면, 자유로운 민주주의적 기본질서의 정식은 상황의 필요에 따라 임의의 내용을 담아내기 위한 일종의 정치적 마술공식으로 무소불위의 위력을 떨

---

97) 이 글, 224쪽 참조.

98) 이에 관하여 상세한 것은 水島朝穗, 앞의 글, 342쪽 이하 참조; 하만과 렌츠가 사회국가의 원리를 자유로운 민주주의적 기본질서의 내용으로 꼽는 데 반하여, 뒤리히는 부정적인 입장에 서 있다. 이들의 입장에 관하여는 Hamann/Lenz, *Das Grundgesetz für die Bundesrepublik Deutschland vom 23. Mai 1949. Ein Kommentar für Wissenschaft und Praxis*, 3. Aufl., Neuwied u. Berlin/1970, 제18조 갓번호 3 및 Maunz/Dürig/Herzog, *Grundgesetz Kommentar*, München/1964, 제18조 갓번호 49 각주 1 각각 참조.

치게 된다. 따라서 자유로운 민주주의적 기본질서의 정식이 구체적 현실에서 어떠한 내용으로 채워질지는 헌법의 최종해석권을 틀어쥐고 있는 국가기관, 즉 독일 연방헌법재판소의 자의적 판단에 달려 있다고 하여도 과언이 아니다.[99]

그러나 자유로운 민주주의적 기본질서의 내용과 관련하여 반드시 짚고 넘어가야 할 것은 좌파 진영 헌법학자들의 이에 대한 냉소적이라고 할 만큼 차가운 반응이다. 그것은 체제 이행을 위한 사회변혁의 거시적 문제틀에만 집착하든, 체제 내 민주주의의 실현을 위한 헌법정책 중심의 미시적 작업만 고집하든, 대부분의 좌파 진영 헌법학자들에 공통된 현상이라고 할 수 있다.[100] 이처럼 자유로운 민주주의적 기본질서의 내용에 관한 논의를 좌파 진영 학자들이 짐짓 외면하고, 이를 체제헌법학자들의 호삿거리로 방치해온 것이 과연 좌파헌법정책의 관점에서 올바른 선택이었는지는 다 함께 곱씹어볼 대목이라고 할 것이다.

V. 전투적 민주주의와 위로부터의 파시즘

자유로운 민주주의적 기본질서의 이데올로기적 실체는 자유의 적에게 자유를 허용하지 말라는 이른바 전투적 민주주의이다.[101] 자유 평등 우애

---

99) 影山日出彌, 『憲法の論理と国家の論理』, 勁草書房/1980, 108쪽 참조.

100) 좌파헌법정책의 문제점들에 관하여는 Thomas Blanke, "Das Dilemma der Verfassungspolitischen Diskussion der Linken in der Bundesrepublik"[Hubert Rottleuthner(Hrsg.), *Probleme der marxistischen Rechtstheorie*, Frankfurt am Main/1975, 419-483쪽 수록] 참조.

101) 전투적 민주주의의 개념이 처음 등장한 것은 1956년의 독일공산당 판결에서이다. 그 후 한동안 뜸하다가 1969년 1월 14일, 그리고 1969년 1월 15일의 연방헌법재판소결

의 추상적 표어와 함께 부르주아 민주주의의 이중성 내지 허구성을 여실히 드러내주는 이 단칼형의 호전적 명제를 역사상 처음으로 정치적 실천에 옮긴 것은 로베스피에르를 중심으로 한 프랑스혁명기의 소시민적 급진주의자들이었다.[102] 이들 소시민적 급진주의자들의 경우, 자유의 적은 부르주아혁명의 대의에 발을 걸고 역사의 진전을 가로막으려는 봉건세력과 부르주아혁명의 급진화에 두려움을 느낀 나머지 중도반단의 현실에 안주하려는 신흥 부르주아계급의 상층부분이었다.[103] 이처럼 구체제의 복원을 꿈꾸는

정에서 다시 모습을 드러내기 시작한다. 그러나 전투적 민주주의가 헌법판단의 기준으로 확고하게 자리 잡게 된 것은 1970년대의 일이다. 이때 결정적인 영향을 준 연방헌법재판소의 판결이나 결정 가운데 대표적인 것으로 우리는 1970년 2월 18일의 병사결정(Soldatenbeschluß), 1970년 12월 15일의 도청판결(Abhör-Urteil), 1957년 5월 22일의 과격주의자결정(Radikalenbeschluß) 등을 들 수 있다; 전투적 민주주의는 Streitbare Demokratie를 우리말로 옮긴 것이다. 그리고 Streitbare Demokratie는 Militant Democracy를 독일어로 직역한 것이다. Militant Democracy라는 표현을 처음으로 사용한 사람이 누구인가에 대하여는 의견이 엇갈린다. 전투적 민주주의의 조어자로 사이페르트는 독일 출신의 미국 정치학자인 칼 뢰벤슈타인을, 그리고 라메이어는 헝가리 태생의 독일 사회학자인 칼 만하임을 지목한다. 이에 관하여는 Jürgen Seifert, "Vereinigungsfreiheit und hoheitliche Verrufserklärungen"[Joachim Perels(Hrsg.), *Grundrechte als Fundament der Demokratie*, Frankfurt am Main/1979, 157-181쪽 수록], 172쪽, 그리고 Johannes Lameyer, *Streitbare Demokratie. Eine verfassungshermeneutische Untersuchung*, Berlin/1978, 13쪽 각주 1과 82쪽 각주 116 각각 참조; 전투적 민주주의에 관하여는 Martin Kutscha, *Verfassung und "streitbare Demokratie"*, Köln/1979, 26쪽 이하 참조.

102) 자유의 적에게 자유를 허용하지 말라는 호전적 명제는 로베스피에르와 함께 자코뱅파의 대표적 인물들 가운데 하나인 생쥐스트에서 비롯된 것이다. 이에 관하여는 Johannes Lameyer, 앞의 책, 91쪽 참조; 프랑스혁명기의 소시민적 급진민주주의자들에 관하여는 Annette Leppert-Fögen, *Die deklassierte Klasse. Studien zur Geschichte und Ideologie des Kleinbürgertums*, Frankfurt am Main/1974, 134쪽 이하 및 Johannes Lameyer, 앞의 책, 183쪽 각각 참조.

103) 이에 관하여는 高橋幸八郎, 동녘 편집부 옮김, 『시민혁명의 구조』, 동녘/1983, 20쪽 이하와 杉原泰雄, 『人民主權の史的展開—民衆の權力原理の成立と展開』, 岩波書店/1978, 3쪽 이하 참조.

수구반동집단과 이의 잠재적 동맹군이 주요 타격 목표로 설정되었다는 점에서 자유의 적에게 자유를 허용하지 말라는 호전적 명제는 나름대로 진보적인 측면을 지니고 있었다고 할 것이다.

그러나 선진 자본주의국가에서 자본주의의 위기가 전반적으로 심화되면서 이 위기의 이데올로기적 해결 형태로 등장한 국가독점자본주의 단계의 전투적 민주주의는 반공산주의를 기본 동력으로 하고, 억압과 배제를 기본 속성으로 하는 반혁명 체제방어 이데올로기이다.[104] 그것은 제2차 세계대전을 전후하여 정도의 차이는 있을지언정, 모든 선진 자본주의국가들에서 일반적으로 확인할 수 있는 보편적 현상이었다고 하여도 과언이 아니다. 예컨대 부르주아 민주주의의 모범생으로 자처하는 미국도 결코 예외가 아니었다. 멀리는 1940년의 스미스법, 가까이는 1950년의 맥캐런법에서 1954년의 공산주의자단속법으로 이어지는 일련의 공산주의탄압법, 그리고 이에 편승한 미국 연방최고재판소의 반공산주의 일변도의 편향 판결들은 그 밖의 선진 자본주의국가들이 민주주의의 이름으로 억압과 배제를 체계적으로 조직하는 데 선도적인 역할을 하였다.[105] 이들 선진 자본주의국가들 가운데에서도 그러나 전투적 민주주의가 가장 날카로운 형태로 표출된 나라는 분단국가이었던 독일이다. 그것은 자본주의의 전반적 위기라는 일반적 조건과 동서 냉전의 전초기지라는 특수성이 복합적으로 작용하였기 때문이다.

위에서 언급하였듯이, 전투적 민주주의는 반공산주의를 기본 동력으로

---

104) Helmut Ridder, "Zur Ideologie der 'streitbaren Demokratie.' Vorbemerkung" (*Argument*, Studienheft 32, Berlin-West/1979, 1-3쪽 수록), 3쪽.

105) Gregor Paul Boventar, *Grenzen politischer Freiheit im demokratischen Staat. Das Konzept der streitbaren Demokratie in einem integrationalen Vergleich*, Berlin/1985, 93쪽 이하.

한다. 반공산주의는 자본의 논리를 신성불가침한 절대자의 반열에 올려놓는 자본주의사회의 유일신앙이자 공인종교이다. 따라서 반공산주의는 본질적으로 교조주의적이다. 그것은 자본의 논리에 이의를 제기하는 일체의 이념이나 사상에 대하여 배타적인 태도를 보인다. 이처럼 특정의 이념이나 사상을 괄호 안에 묶어두고 그 외연에 자리 잡고 있는 이념이나 사상에 대하여 배타적인 태도를 보이는 교조주의적인 입장을 우리는 가치절대주의라고 부른다.

가치절대주의는 가치범주의 선험적 존재와 이에 대한 객관적 인식의 가능성을 부정하는 가치상대주의와는 달리, 가치의 고정불변성과 보편타당성을 논박의 여지가 없는 자명한 사실로 받아들인다.[106] 이에 따라 가치절대주의는 사회 구성원 개개인의 정치적 확신이나 신념에 나름의 무게를 실어주기를 거부하고, 지배체제의 공정이데올로기에 무조건 귀의하기를 요구한다. 그 결과 부르주아 민주주의의 고전적 형태인 자유주의적 민주주의가 가치상대주의에 입각하여 자신의 이념적 지표로 내세웠던 사상의 자유시장은 설 자리를 잃고, 국가권력의 인증을 받은 체제이데올로기가 인간의 사고는 물론 역사의 진실까지도 지배하게 되는 닫힌 구조의 일차원적 암흑사회가 눈앞에 펼쳐진다.

가치절대주의의 이 같은 폐쇄성은 사상의 자유시장을 전제로 하는 정치적 관용의 정신이 배어들 틈을 한 치도 내어주지 않는다.[107] 안전 자유 통행의 보장이 주어지는 것은 반공산주의일 뿐, 그 밖의 다른 이념이나 사상은 품질과 관계없이 전천후 감시체제의 매서운 눈초리를 피하기가 사실상 불가능하게 된다. 반공산주의가 가치절대주의를 등에 업고 체제이데올로기

---

106) 原秀男, 『價値相對主義法哲学の研究』, 勁草書房/1979, 61쪽.
107) 위의 책, 103쪽 참조.

로 군림하는 한, 체제비판 이념이나 체제비판 사상에 대한 정치적 마녀사
냥은 고도의 전략적 차원에서 주기적으로 거행되는 공식적인 국가의식, 보
다 직설적으로 표현한다면 체제유지를 위한 일종의 정치적 살풀이굿으로
자리 잡게 된다. 전투적 민주주의가 입에 오르게 되면, 으레 반공산주의라
는 이름의 음습한 흑백논리를 떠올리게 되는 것도 이 때문이다.

이처럼 가치절대주의에서 정치적 관용의 부정으로 이어지는 전투적 민
주주의의 단선적 논리가 숨 가쁜 질주 끝에 내딛게 되는 막다른 골목은 슈
미트류의 결단주의적 우적론이다.[108] 내 편이 아니면 적이며, 적과는 사생
결단의 한바탕 싸움도 불사해야 한다는 결단주의적 우적론은 일체의 중간
항이나 제3의 대안을 거부하고, 모든 것을 군사작전의 관점에서 마름질하
려는 파시스트적 발상에 뿌리를 두고 있다. 그것은 국가의 적, 헌법의 적,
자유로운 민주주의적 기본질서의 적 등 이러저러한 적대 범주를 제멋대로
설정한 다음, 누구든지 이 범주에 든다고 추정되면 설사 헌법의 틀 안에서
합법적으로 행동하더라도 그로부터 정치적 관용의 손길을 거둔다.[109]

결단주의적 우적론에 따르면, 적으로부터 우군동지를 식별하는 유일한
기준은 헌법충성이다. 여기에서 말하는 헌법충성은 헌법규범에 대한 일상

---

108) Martin Kutscha, 앞의 책, 312쪽 이하, Ulrich K. Preuß, *Politische Verantwortung und
Bürgerloyalität. Von den Grenzen der Verfassung und des Gehorsams in der
Demokratie*, Frankfurt am Main/1984, 198쪽 이하.
109) 예컨대 1972년 9월 27일 자 뤼네부르크 주상급행정재판소의 판결에서는 특히 다음과 같
은 대목이 눈에 띈다. "독일연방공화국은 민주주의체제이다. 그것은 그러나 바이마르공
화국과는 달리 기본법이 자유로운 질서를 공격하기 위하여 기본권을 남용하는 것을 용
납하지 않으며, 시민들이 오히려 이 질서를 수호하여주기를 기대한다. 그리고 그것은 이
기본질서의 적들이 비록 합법성의 틀 안에서 행동하더라도 이들을 결코 받아들이지 않
는다." 뤼네부르크 주상급행정재판소의 이 같은 판시 내용은 독일 연방헌법재판소의 판
례에도 그대로 이어진다. 이 점은 *Entscheidungen des Bundesverfassungsgerichts*,
Bd. 28, 48쪽과 Bd. 30, 119쪽 이하 참조.

적 의미의 적극적 관심표명을 뜻하는 것이 아니다. 그것은 본 기본법이 헌법의 이름으로 떠받치고 있는 지배체제에 대한 실존적 개입, 좀 더 정확히 표현하면 지배체제의 공정이데올로기인 반공산주의에 대한 헌신적 복무를 의미한다. 헌법충성과 지배체제에 대한 실존적 개입이 이처럼 동일평면에 놓이게 되면, 헌법은 이미 공동체의 생활을 규율하기 위한 행위규범이기를 그만두고, 지배체제의 현상을 유지하기 위한 일종의 시민도덕장전[110]이나 정치적 행동강령[111]으로 전락하게 된다. 이렇게 되면, 사상과 표현의 영역은 자연히 축소되고 자유의 정신에 의하여 주도되어야 할 인격 상호의 주체적 담론 대신, 허위의식에 터 잡은 상호 충성 경쟁이 헌법생활의 교통양식으로 뿌리를 내리게 된다. 더욱이 헌법생활의 교통양식으로 이미 뿌리를 다진 상호 충성 경쟁이 집단적 내면화의 과정을 통하여 일종의 불문헌법률로 국민의 의식 속 깊숙이 자리 잡게 되면, 헌법현실의 파시즘화 경향은 필연적인 현상이라고 할 수 있다.

위에서 본 것처럼, 전투적 민주주의가 함축하고 있는 일련의 내적 논리들 가운데 마지막 고리에 해당하는 것이 헌법충성이다. 이 같은 헌법충성을 제도적으로 담보하기 위하여 본 기본법과 그 하위규범인 각종 법률들은 억압과 배제를 체계적으로 조직하고 있다.

전투적 민주주의에서는 억압도 합법적 형태를 띠게 된다. 본 기본법의 경우, 억압적 기제의 중심축은 자기완결적인 구조를 가진 긴급사태법체계

---

110) Ulrich K. Preuß, *Politische Verantwortung und Bürgerloyalität. Von den Grenzen der Verfassung und des Gehorsams in der Demokratie*, 260쪽 참조.

111) Erhard Denninger, "Freiheitsordnung-Wertordnung-Pflichtordnung. Zur Entwicklung der Grundrechtsjudikatur des Bundesverfassungsgerichts" [Mehdi Tohidipur(Hrsg.), *Verfassung · Verfassungsgerichtsbarkeit · Politik. Zur verfassungsrechtlichen und politischen Stellung und Funktion des Bundesverfassungsgerichts*, Frankfurt am Main/1976, 163-183쪽 수록], 178쪽 참조.

이다. 이 같은 긴급사태법체계는 물론 하루아침에 이루어진 것이 아니다. 1968년의 기본법보충법률에 의하여 이른바 긴급사태헌법이 제정되기까지는 주로 긴급사태법체계의 토대를 다지는 데 지배체제의 법적 역량이 투입되었다. 그 대표적 예가 1951년의 형법개정을 계기로 형법전의 한가운데에 자리 잡게 된 정치형법 규정들이다.[112] 그 후 치안 부문과 군사 부문에서 악법 양산과 법령 개악의 악순환이 거듭되다가 긴급사태법체계의 토대 구축에 대단원의 밑줄을 그은 것이 1965년의 이른바 개별긴급사태법들이다.[113]

이들 개별긴급사태법을 비롯하여 긴급사태법체계의 토대에 속하는 각종 법률들은 입법의 논리적 근거를 초헌법적 국가긴급권에 두고 있었다. 그러나 긴급사태법체계의 토대가 초헌법적 국가긴급권에 의존하고 있는 한, 긴급사태법체계는 위헌성 시비에서 헤어나기가 어렵게 된다. 그리하여 지배체제의 법적 관심은 긴급사태법체계의 상부구조로 쏠리게 된다. 이때 상부구조의 구축과 관련하여 제기되는 첫 번째 과제는 그동안 헌법의 틀 밖에서 기능해오던 초헌법적 국가긴급권을 헌법의 틀 안으로 끌어들여 긴

---

112) 1951년의 독일 개정형법은 우리 형법의 내란죄에 해당되는 반역죄(Hochverrat)와 우리 형법의 외환죄에 맞먹는 국가배반죄(Landesverrat) 외에도 헌법배반죄(Verfassungsverrat)라는 새로운 유형의 범죄들을 규정하고 있다. 이에 관하여는 독일형법전 각칙 제1장 제3절 참조; 정치형법의 문제점들은 Hans Čopič, *Grundgesetz und politisches Strafrecht neuer Art*, Tübingen/1967, 221쪽 이하 참조.

113) 1965년 여름 독일연방의회에서 통과된 이른바 개별긴급사태법(einfaches Notstandsgesetz)은 모두 일곱이다. 이 가운데 넷은 안전대책법(Sicherstellungsgesetz)이고, 셋은 방호법(Schutzgesetz)이다. 경제안전대책법(Wirtschaftssicherstellungsgesetz), 교통안전대책법(Verkehrssicherstellungsgesetz), 식량안전대책법(Ernährungsgesetz), 용수안전대책법(Wassersicherstellungsgesetz)이 앞의 예들이고, 자력방호법(Selbstschutzgesetz), 방호건축법(Schutzbaugesetz), 민간방호단법(Gesetz über das Zivilschutzkorps)이 뒤의 예들이다. 개별긴급사태법에 관해서 상세한 것은 Peter Römer, "Die einfachen Notstandsgesetze"[Dieter Sterzel(Hrsg.), *Kritik der Notstandsgesetze. Mit dem Text der Notstandsverfassung*, Frankfurt am Main/1968, 187-207쪽 수록] 참조.

급사태법체계의 토대에 헌법적 근거를 마련해주는 것이다. 오랜 공방과 숱한 우여곡절 끝에 기본법보충법률의 형식으로 시행을 보게 된 1968년의 이른바 긴급사태헌법이 바로 그것이다. 이에 따라 본 기본법은 제10a장을 신설하여, 거기에 국가긴급권의 아성을 축조하고 방위사태에 관한 상세한 규정들을 포진시키고 있다. 국가긴급권의 위세는 물론 여기에서 그치지 않는다. 자유로운 민주주의적 기본질서의 방어를 위하여 국가긴급권의 이름으로 자행될 기본권침해의 반법치국가적 난폭성은 편지 우편 및 전신전화의 비밀을 침해당한 당사자에게 사법구제의 길마저 원천적으로 봉쇄하고 있는 제10조 제2항에서 극치를 이룬다.

긴급사태법체계와 관련하여 특히 주목해야 할 것은 저항권의 기능전환이다. 본 기본법 제20조 제4항의 저항권은 긴급사태헌법 제정 때 이에 반대한 노동조합 등 원외이의제기집단들의 강력한 요구로 관철된 것이다. 겉으로는 민주주의와 기본적 인권의 대립물인 긴급사태헌법에 견제의 고리를 달아주기 위한 제동장치인 것처럼 보인다. 그러나 속을 자세히 들여다보면, 본 기본법 제20조 제4항은 국가권력에 대한 국민의 저항권을 규정한 조항이라기보다는 오히려 국민에 대한 국가권력의 저항권을 염두에 둔 본말전도의 반민주주의적 규정이라고 하여도 과언이 아니다.[114] 이 규정의 첫 번째 관심사는 긴급사태법체계의 실효성 확보이며, 민주주의와 기본적 인권은 부차적인 것에 지나지 않는다. 이 같은 해석이 크게 빗나간 것이 아니라면, 본 기본법 제20조 제4항의 저항권은 국가폭력에 대한 최후의 방파제로 기능할 가능성보다는 국가권력이나 반민주주의적 불법집단에게 합법

---

114) Maunz/Dürig/Herzog, *Grundgesetz Kommentar*, 제20조 갓번호 216; 비판적 관점에서 제한적으로 해석하는 입장으로는 Otto Ernst Kempen, "Widerstandsrecht"[Dieter Sterzel(Hrsg.), *Kritik der Notstandsgesetze. Mit dem Text der Notstandsverfassung*, Frankfurt am Main/1968, 65-85쪽 수록] 참조.

적 쿠데타의 길을 열어주기 위한 황금의 징검다리로 악용될 위험성이 오히려 더 크다고 할 것이다.

나아가 전투적 민주주의에서 억압 못지않게 억압적인 기능을 수행하는 것이 배제이다. 전투적 민주주의에서는 배제 역시 합법적 형태를 띤다. 합법적 배제는 억압의 기제가 실효성을 거두지 못하는 최악의 경우에 대비하여 국가권력이 유보하고 있는 마지막 수단이라고 할 수 있다. 따라서 합법적 배제의 전략적 목표도 헌법충성의 강제조달이라는 극히 제한적인 성격을 띠지 않을 수 없게 된다. 대표적인 예가 헌법재판소의 개입에 의한 사법적 배제이다.

본 기본법 제18조는 이른바 기본권상실 조항을 두어 자유로운 민주주의적 기본질서의 방어를 위한 특수안전장치를 마련해두고 있다. 이 규정에 따르면, 헌법충성의 의무를 저버리고 자유로운 민주주의적 기본질서를 공격하기 위하여 다음의 자유나 권리, 즉 출판 등 의사표명의 자유, 교수의 자유, 집회의 자유, 편지 우편 및 전신전화의 비밀, 소유권 또는 비호권을 남용하는 사람에 대하여는 이들 자유나 권리의 상실을 선고하여 그를 정치적 한정치산자나 정치적 금치산자의 대열에 얽어둘 권한을 독일 연방헌법재판소는 갖고 있다.

헌법재판소의 개입에 의한 사법적 배제의 체계에 깊숙이 편입되기는 정당도 마찬가지이다. 부르주아 민주주의의 정치적 의사결정 과정에서 정당의 매개 역할이 결정적인 중요성을 지니고 있음에도 불구하고 정강정책 또는 소속당원들의 행동이 자유로운 민주주의적 기본질서의 침해나 제거를 목적으로 하는 경우, 본 기본법 제21조 제2항은 정당의 사회적 존립 기반 그 자체에 치명적인 타격을 줄 수 있는 정당위헌심판권을 독일 연방헌법재판소에 부여하고 있다. 본 기본법 제21조 제2항은 기본권상실제도를 규정한 같은 법 제18조와 더불어 자유로운 민주주의적 기본질서를 방어하기 위하여 특별히 마련된 이른바 예방적 헌법보장 규정들로서 헌법방어전선의 최첨단에 자리 잡고 있는 헌법반동의 요새라고 할 수 있다.

독일 연방헌법재판소의 개입에 의한 사법적 배제는 그러나 어디까지나 하나의 원칙일 뿐, 의회의 개입에 의한 입법적 배제나 집행권력의 개입에 의한 행정적 배제도 그에 못지않은 위협적인 존재가 되고 있다.

의회의 개입에 의한 입법적 배제의 경우로 우리는 독일 연방선거법의 5% 저지 조항을 들 수 있다.[115] 반민주주의적 선거규제의 압권이라고 하여도 좋을 이 규정이 소수파 정당의 정치권 진입을 가로막기 위한 버팀목으로 제자리를 지키고 있는 한, 변혁정당은 고사하고 개혁정당이나 이의제기 정당조차도 의회 진출의 기회를 얻기란 사실상 불가능에 가까울 것이다.

나아가 전후 독일헌정사의 가장 큰 오점으로 기록될 이른바 취업금지 또는 임용금지는 집행권력의 개입에 의한 행정적 배제의 대표적 예이다. 전투적 민주주의의 야만적 폭력성을 유감없이 보여준 이 취업금지 또는 임용금지는 1972년 1월 28일 연방 및 주수상들의 연석회담에서 공동발의의 형식으로 마련된 한 결의문에 법적 근거를 두고 있다.[116] 이른바 과격주의자 결정이라고도 불리는 이 결의문에 의하면, 공무원은 연방 및 주공무원법에 따라 헌법의 기본가치인 자유로운 민주주의적 기본질서를 방어하여야 할 의무가 있으며, 따라서 헌법 적대적인 활동을 한 공무원 지원자나 현직 공무원은 임용을 거부당하거나 공무원 신분 박탈의 불이익을 감수하여야 한다. 이 결정은 그러나 공무원 지원자나 현직 공무원 역시 시민의 한 사람으

---

115) 독일 연방선거법 제6조 제4항 참조.

116) 이 결의문의 정식명칭은 Beschluß der Regierungschefs des Bundes und Länder vom 28. Januar 1972 über 〈Grundsätze zur Frage der Verfassungsfeindlichen Kräfte im öffentlichen Dienst〉이다. 그 전문은 Erhard Denninger(Hrsg.), *Freiheitliche demokratische Grundordnung. Materialen zum Staatsverstandnis und zur Verfassungswirklichkeit in der Bundesrepublik*, Zweiter Teil, Frankfurt am Main/1977, 518-519쪽에 수록되어 있다.

로서 정치적 비판 및 활동의 자유를 누려야 한다는 민주주의의 기본요청에 어긋날 뿐만 아니라, 민주주의의 불모지인 독일에서 그 특유의 입헌주의의 논리에 따라 민주주의의 대용품으로 그나마 겨우 명맥을 유지해오던 법치국가의 원리에도 위배된다. 헌법상의 기본권인 직업선택의 자유가 집행권력의 훈령에 의하여 일방적으로 제한되는 것은 법치국가원리의 한 갈래인 법치행정의 원칙에 대한 정면도전을 의미하기 때문이다.

전투적 민주주의에서는 합법적 억압 및 배제의 기제가 이처럼 통치방식의 핵심에 자리 잡게 됨에 따라 국가권력의 중심 이동은 물론, 이에 따른 통치기구의 재편도 불가피하게 된다.

억압의 기제는 말할 것도 없이 집행권력의 입장을 강화시켜준다. 이에 따라 통치기구의 편성체제는 입법권력 중심에서 집행권력 중심으로 급속히 좌표 이동을 하게 된다. 그 결과 의회제도의 형해화는 가속적으로 진행되고, 집행권력은 고유의 권한 영역인 경찰 부문과 군사 부문은 물론 입법 부문에서도 발언권을 확대해 나아간다.[117] 집행권력의 이 같은 권한강화는 그의 주변에 자리 잡고 있는 외곽장치들에도 자기팽창의 욕구를 유발시킨다. 연방범죄수사청, 헌법옹호청, 연방정보국, 군방첩국 등 안보기구들의 양적 팽창은 매우 의미 있는 징후로 받아들여질 수 있을 것이다.[118]

117) Achim Bühl, "Der unmittelbare Gewalt und Repressionsappart"(A. Bühl/ Ch. Butterwegge/u. a., *Der Staat im staatsmonopolistischen Kapitalismus der Bundesrepublik. Empirische Analysen · Fakten*, Frankfurt am Main/1982, 162-204 쪽 수록), 162쪽 이하 참조.

118) 연방범죄수사청(Bundeskriminalamt)은 1951년에 창설되었다. 1969년의 연방범죄수사청법 개정과 더불어 연방범죄수사청의 권한이 대폭 확대되었다. 헌법옹호청 (Verfassungsschuz)의 법적 근거는 1950년 9월 27일의 '헌법옹호관련 연방 및 주 협력법'이다. 연방정보국(Bundesnachrichtendienst)은 1955년 7월 11일 연방내각의 결정에 따라 연방수상실 부속기구로 설치되었다. 군방첩국(militärischer Abschirmdienst)은 1955년과 1956년 사이 국방장관의 명령에 의하여 발족하게 되었다. 이들 안보기구에

그러나 국가권력의 중심 이동에서 가장 두드러진 점은 사법권력, 그 가운데에서도 특히 독일 연방헌법재판소의 약진이다. 독일 연방헌법재판소의 약진은 그러나 비단 위에서 언급한 사법적 배제에 힘입은 것만은 아니다. 이밖에도 독일 연방헌법재판소는 헌법해석권을 사실상 독점함으로써 지배체제의 법적 헤게모니를 조직하는 데 결정적인 역할을 맡고 있다. 이처럼 헌법 충성의 조달자로서 또는 법적 헤게모니의 조직자로서 이중의 이데올로기적 기능을 수행하고 있는 독일 연방헌법재판소는 집행권력 및 그 외곽장치들과 함께 전투적 민주주의의 물질적 토대인 안보복합체를 구성하고 있다.[119]

이제까지 우리는 자유로운 민주주의적 기본질서의 이데올로기적 실체가 전투적 민주주의이며, 전투적 민주주의는 반공산주의를 기본 동력으로 하고 억압과 배제를 기본 속성으로 한다는 사실을 확인하였다. 이처럼 반공산주의를 기본 동력으로 그리고 억압과 배제를 기본 속성으로 한다는 점에서, 전투적 민주주의는 독일의 나치즘이나 이탈리아의 파시즘과 같은 고전적 파시즘과 역사적 본질을 같이한다고 할 수 있다. 그러나 전투적 민주주의가 고전적 파시즘과 결정적으로 다른 점은 무엇보다 통치방식의 변화에 있다고 할 것이다.[120] 고전적 파시즘의 경우, 억압과 배제가 대중동원

관하여 상세한 것은 Achim Bühl, 앞의 글, 186쪽 이하 참조.

119) Helmut Ridder, "Das Bundesverfassungsgericht. Bemerkungen über Aufstieg und Verfall einer antirevolutionaren Einrichtung"(Abendroth/Blanke/ u. a., *Der Kampf um das Grundgesetz. Über politische Bedeutung der Verfassungsinterpretation*, Frankfurt am Main/1977, 70-86쪽 수록)과 Klaus Herkenroth, "Das Bundesverfassungsgericht Konservatives Reserveparlament"(A. Bühl/Ch. Butterwegge/u. a., *Der Staat im staatsmonopolistischen Kapitalismus der Bundesrepublik. Empirische Analysen · Fakten*, Frankfurt am Main/1982, 493-504쪽 수록) 참조.

120) 국가 형태, 정부 형태, 그리고 통치방식의 개념에 관하여는 小谷汪之 외, 조금안 옮김, 『현대역사과학입문. 사회구성체론과 변혁주체론』, 한울/1986, 257쪽 이하 참조.

력을 장악한 파시즘 정당에 의하여 헌법의 틀 밖에서 폭력적으로 이루어진 데 반하여,[121] 전투적 민주주의의 특질은 국가권력이 억압과 배제를 헌법의 틀 안에서 합법적으로 조직하는 데 있다. 그러한 뜻에서 고전적 파시즘을 아래로부터의 낡은 파시즘이라고 한다면, 전투적 민주주의는 위로부터의 새 파시즘이라고 할 수 있다.[122]

VI. 맺음말

위에서 보았듯이, 본 기본법의 자유로운 민주주의적 기본질서는 자유가 무엇보다 우선하는 질서도, 그렇다고 민주주의가 최대한 보장되는 질서도 아니다. 하물며 자유의 왕국이 눈앞에 어른거리고, 민주주의가 거리를 활보하는 그야말로 자유롭고 민주주의적인 질서와는 더더욱 거리가 멀다. 그 것은 전투적 민주주의를 이데올로기적 실체로 하는 반자유주의적 반민주주의적 질서로서 그 이상의 것도 그 이하의 것도 아니다. 자유로운 민주주의적 기본질서의 반자유주의적 그리고 반민주주의적 본질은 전투적 민주주의의 기본 동력은 물론, 전투적 민주주의의 기본 속성과도 표리관계에 있다. 자유로운 민주주의적 기본질서의 반자유주의적 본질이 전투적 민주주의의 기본 동력인 반공산주의의 필연적 귀결이라고 한다면, 자유로운 민주주의적 기본질서의 반민주주의적 본질은 전투적 민주주의의 기본 속성

---

121) Franz Neumann, *Behemoth. The Structure and Practice of National Socialism 1933-1944*, New York/1963, 62쪽 이하 참조.

122) André Glucksmann, "Der alte Faschismus und der neue Faschismus"(Michel Foucault/Alain Geismar/André Glucksmann, *Neue Faschismus, Neue Demokratie. Über den Faschismus im Rechtsstaat*, Berlin/1972, 7-68쪽 수록), 49쪽 이하.

인 억압과 배제의 직접적 반영이라고 할 수 있다.

자유로운 민주주의적 기본질서의 반자유주의저 본 질이 이치림 만공산주의에 뿌리를 두고 있다면, 자유로운 민주주의적 기본질서가 지향하는 궁극적 목표는 자명하다고 할 것이다. 그것은 현실의 자본주의사회를 초역사적 자연질서로 보고, 이를 현재의 이 시점에서 무조건 그리고 영구히 동결시키는 것이다. 그러나 현실의 자본주의사회가 초역사적 자연질서로서 자신의 정체성을 지켜나가기 위하여는 변화의 관점을 중시하는 사회적 비판의식이나 창조적 부정의 정신을 초동단계에서 제압할 수 있는 억압과 배제의 기제가 필수적인 요건이 된다. 자유로운 민주주의적 기본질서가 반자유주의적 본질에 더하여 반민주주의적일 수밖에 없는 이유가 바로 여기에 있다. 자유로운 민주주의적 기본질서는 따라서 자본주의사회를 기본 뼈대로 하되, 거기에서 민주주의의 살을 발라낸 반민주주의적 자본주의사회 그 자체를 의미한다고 할 수 있다.

그러나 자본주의 발전의 일정한 단계에서는 자본주의와 민주주의가 선택적 친화관계를 유지하던 과도기적 현상도 없지 않았던 것이다. 자유주의의 이념에 윤색되어 민주주의의 본래의 모습에서 한참 벗어나긴 하였지만, 그럼에도 불구하고 독점자본주의의 단계에서 일시적으로 기능하던 부르주아 민주주의의 고전적 형태인 자유주의적 민주주의가 그것이다. 자유주의적 민주주의는 그러나 오욕으로 점철된 부르주아 민주주의의 역사에서 하나의 막간극에 지나지 않는다. 제1차 세계대전을 기점으로 독점자본주의가 국가독점자본주의적 형태를 띠게 되면서 자본주의와 민주주의의 선택적 친화관계는 다시 균열을 보이기 시작한다. 국가독점자본주의의 반민주주의적 본질은 어떠한 형태의 민주주의와도 화해가 불가능하기 때문이다.

이처럼 민주주의와의 결별이 불가피하였던 국가독점자본주의의 정치적 선택은 최악의 경우 독일의 나치즘이나 이탈리아의 파시즘과 같은 고전적 파시즘이며, 차선의 길이 뉴딜형 복지국가체제이었다. 그러나 반파시즘 통일전선의 민주주의투쟁에 의하여 독일의 나치즘이나 이탈리아의 파시즘이 역사의 뒤안길로 모습을 감추게 되자, 고전적 파시즘은 국가독점자본주의 체제 아래에서도 더 이상 정치적 선택의 대안이 될 수 없었던 것이다. 이것이 제2차 세계대전 후 파시즘의 새 형태인 위로부터의 파시즘이 전투적 민주주의로 분장하여 얼굴을 내밀게 된 역사적 배경이라고 할 수 있다.

뿐만 아니라 위로부터의 새 파시즘은 밑으로부터의 낡은 파시즘인 고전적 파시즘과의 차별성을 고집하기 위하여서라도 비합법폭력주의 대신 합법주의 노선을 강조하지 않을 수 없게 된다. 본 기본법이 전투적 민주주의를 이데올로기적 실체로 하는 자유로운 민주주의적 기본질서의 정식을 헌법의 지도원리로 받아들인 것도 이 같은 이유 때문이다.

아무튼 자유로운 민주주의적 기본질서를 의미하는 우리 헌법의 이른바 자유민주적 기본질서의 정식이 군사파시즘 체제로 가는 길목에서, 그것도 박정희 정권의 피 묻은 손을 빌려 헌법전문의 한가운데에 자리 잡게 된 것은 그야말로 눈여겨보아야 할 의미 있는 대목이라고 아니할 수 없을 것이다. 비록 표현상의 흠은 없지 않으나, 이처럼 제때 제 임자를 만나게 된 자유민주적 기본질서의 정식은 이후 박정희 정권은 물론 그 후계정권들에게도 천금만금의 무게를 지닌 여의봉이나 여의주와 같은 것이었다. 그들은 북쪽에 대한 체제우위의 결정적 징표로, 체제비판을 잠재우기 위한 이데올로기적 반비판의 무기로 또는 기본권 유린을 정당화하기 위한 공포의 암호문자로 자유민주적 기본질서의 정식을 마치 전가의 보도처럼 유효적절하게 휘둘러온 것이다.

그럼에도 불구하고 자유민주적 기본질서의 정식에 대한 헌법내재적 비판은 물론, 그에 대한 헌법외재적 비판도 제대로 이루어지지 못하고 있는 것이 작금의 현실이다. 헌법외재적 비판은 한마디로 말하면 이데올로기 비판이다. 자유민주적 기본질서의 정식을 놓고 우리 헌법학계 안팎에서 일상적으로 되풀이되고 있는 인식상의 혼란은 대부분 이데올로기 비판의 불철저성과 밀접한 관련이 있다. 이데올로기 비판의 불철저성에서 비롯되는 인식상의 혼란은 그 이유가 어디에 있든, 헌법운동론의 입장에서 볼 때 결코 가벼이 넘길 수 없는 심각한 문제라고 아니할 수 없을 것이다. 우리 헌법의 이른바 자유민주적 기본질서를 자유주의적 민주주의의 기본질서로 착각하고, 이를 매개로 최소한 개량의 목표라도 헌법의 틀 안에서 합법적으로 달성하려고 하는 것은 개량주의의 정치미학을 앞세워 패배주의를 입도선매하는 것이나 다름없기 때문이다.

자유민주적 기본질서의 정식에 대한 헌법내재적 비판의 부재는 그러나 우리 헌법학계가 다 함께 책임을 져야 할 부분이다. 넓게는 헌법규범과 헌법현실의 괴리현상, 좁게는 기본권규정과 기본권현실의 상호 이반현상이 하나같이 자유민주적 기본질서의 이름으로 정당화되고 있다는 사실은 자유민주적 기본질서의 정식에 대한 헌법내재적 비판의 중요성을 새삼 일깨워준다. 이 같은 인식을 바탕으로 헌법내재적 비판이 활발히 전개되고 이것이 헌법외재적 비판과 하나가 되어 자유민주적 기본질서의 정식에 대한 총체적 비판이 이루어질 때, 우리 헌법의 기본 성격에 대한 본격적인 규명작업도 비로소 가능하게 될 것이다.

법치국가의 신화와 현실[*]

─ 본 기본법체제 아래의 법치국가이데올로기

I. 법치국가원리 무용론

"법치국가원리" ─ 이것은 쿠니히가 1986년 출간된 그의 저서에 붙인 제목이다.[1] 우선 제목만 놓고 보면 차라리 진부하기까지 하다. 그러나 책갈피를 몇 장만 뒤져도 생각은 이내 돌아서고 책의 제목도 처음과 사뭇 다른 의미로 다가온다. 그 이유는 간단하다. 제2차 세계대전 후 본 기본법체제 아래의 독일에서 나온 법치국가 문헌 가운데 가장 주목할 만한 이 저작의 주제가 다름 아닌 법치국가원리 무용론이기 때문이다.[2]

법치국가원리에 대한 이데올로기 비판은 두 가지 길이 있다. 하나는 헌법외재적 비판의 시각이며 또 하나는 헌법내재적 비판의 관점이다. 쿠니히의 『법치국가원리』는 후자의 전형을 보여주고 있다. 이 저서에서 그는 법치

---

* 이 글은 민주주의법학연구회 편, 《민주법학》 제18호, 2000, 97-118쪽에 수록된 것이다.

1) Philip Kunig, *Das Rechtsstaatsprinzip*, Mohr Siebeck/1986.

2) Katharina Sobota, *Das Prinzip Rechtsstaat*, Mohr Siebeck/1997, 6쪽 이하.

국가원리에 대한 헌법내재적 이데올로기 비판의 성과를 다음과 같이 총괄하고 있다.

> 법치국가적 요소들이 담겨 있는 헌법규정을 해석할 때 법치국가원리라는 표현을 삼가는 것이 좋다. 그렇게 하여야만 헌법교의학의 위험에서 벗어나 더욱 투명하고 더욱 실감 나는 그리고 가치의식으로 충만한 법학을 구축하는 것이 「본 기본법」 질서 아래에서도 가능하게 된다. [본] 기본법 질서의 통합능력을 저해할 뿐인 법치국가원리를 단념하고 법치국가적 요소들을 발굴하여 나아갈 때 비로소 [우리는] [본] 기본법 질서에 대한 사회적 합의를 지속적으로 이룰 수 있다.[3]

쿠니히에 따르면 법치국가원리의 아전인수식 왜곡은 심각하다.[4] 그것은 때로 정치적 개념으로 사용되기도 하고 때로 선전 목적의 상투적 문구로 동원되기도 한다.[5] 법치국가원리가 정치적 개념으로 악용될 경우 지배체제에 대한 절대적 귀의를 강요하는 일종의 준법논리로 변질될 가능성도 배제할 수 없다.[6] 그리고 법치국가원리가 국민계도용 선전 목적의 상투적 문구로 둔갑하면, 그것은 헌법해석의 대상에서 헌법교육학의 소재로 전락하게 된다.[7] 그뿐만이 아니다. 법치국가원리는 특정 내용을 표현하기 위한 약칭이나 불특정 내용을 총체적으로 지시하기 위한 집합개념으로 쓰이기도 한다.[8] 법치국가원리는 나아가 헌법교의학의 희생물이 되기도 한다. 예컨

---

3) Philip Kunig, 앞의 책, 487쪽 이하.
4) Philip Kunig, 앞의 책, 4쪽.
5) Philip Kunig, 앞의 책, 123쪽 이하.
6) Philip Kunig, 앞의 책, 124쪽 이하.
7) Philip Kunig, 앞의 책, 126쪽 이하.
8) Philip Kunig, 앞의 책, 130쪽 이하.

대 본 기본법 제1조 제1항의 인간존엄 규정이나 같은 법 제2조 이하의 기본권규정들은 수비 영역이 비교적 뚜렷함에도 이들 규정이 헌법해석의 마당에 등장할 때나 법치국가원리에 대한 언급이 약방의 감초처럼 수사학적 장식물로 으레 따라붙는다.[9] 이처럼 법치국가원리가 헌법해석의 마당에서 사통팔달의 팔방미인으로 좌충우돌하게 되면, 정치적 대화나 일상적 담화의 대상은 될지언정 규범적 효력을 지닌 헌법원리로서의 품격은 상실한 지 이미 오래이다.[10] 그러한 의미에서 쿠니히가 법치국가원리에 대하여 극도의 거부감을 보이는 것은 나름의 이유가 있다 할 것이다.

II. 본 기본법의 구조적 특색

본 기본법체제 아래에서 헌법문화를 주도한 것은 법치국가의 신화이다. 그러나 본 기본법 자신은 정작 법치국가의 표현을 극도로 자제하고 있다. 독일 공법학계의 통설이 본 기본법의 구조원리를 명시한 규정으로 지목하고 있는 제20조 제1항도 법치국가에 대하여 아예 침묵을 지키고 있다. 법치국가가 형용수식어로 잠깐 얼굴을 비치는 제28조 제1항 전단은 본 기본법의 구조원리를 규정한 조항이 아니다. 그것은 연방과 주의 구조적 동질성을 확보하기 위한 일종의 연방우호 규정이다.[11]

그럼에도 독일 공법학계의 통설은 법치국가를 본 기본법의 구조원리들 가운데 하나로 손꼽는 데 스스럼이 없다. 대표적 인물이 슈테른이다.[12] 그

---

9) Philip Kunig, 앞의 책, 141쪽 이하.

10) Katharina Sobota, 앞의 책, 6쪽 이하.

11) Helmut Ridder, "Die soziale Ordnung des Grundgesetzes"[Josef Mück(Hrsg.), *Verfassungsrecht*, Opladen/1975, 85–245쪽 수록], 227쪽.

는 구체적 논거를 제시하지 않은 채 엉뚱하게도 본 기본법 제정 당시의 정황논리를 들어 자신의 입장을 정당화하고 있다.[13] 독일 공법학계의 그 같은 두루뭉술식 비논리적 접근방식과 대조를 이루는 것이 연방헌법재판소의 태도이다. 연방헌법재판소는 고의든 과실이든 법치국가를 구조원리로 자리매김하지 않는 본 기본법의 규범현실을 있는 그대로 받아들이고, 법치국가가 본 기본법의 구조원리로 신분상승을 하는 데에는 고도의 논리적 조작이 불가피하다는 사실을 일찌감치 간파하고 있었다. 따라서 연방헌법재판소는 법치국가의 거처를 헌법해석의 정도를 따라 본 기본법의 테두리 안에서 찾기를 포기하고 추상적 사변의 길로 들어선다. 그 결과 일종의 현상학적 본질 직관이 헌법해석을 대신하게 된다. 연방헌법재판소에 따르면 헌법은 개별 조항들의 단순집합이 아니다.[14] 그것은 개별 조항들을 한데 묶어주는 원리들과 지도이념들도 아울러 담고 있다.[15] 이들 원리와 지도이념은 헌법 이전의 선험적 법명제이기 때문에 달리 명문화할 필요조차 없다.[16] 그 가운데 하나가 법치국가원리이다.[17] 이처럼 현상학적 본질 직관의 방식에 따라 본 기본법에서 법치국가원리를 끄집어내면서 연방헌법재판소가 특별히 눈여겨보아야 할 대목으로 강조하는 것은 본 기본법의 전체 구조이다.[18] 연방헌법재판소가 본 기본법상의 근거도 대지 않고 법치국가를 필요에 따라 헌법상의 기본결단[19]이나 근본원리[20] 또는 헌법상의 지도

---

12) Klaus Stern, *Das Staatsrecht der Bundesrepublik Deutschland*, Bd. 1, 2. Aufl., C. H. Beck/1984, 781쪽.

13) 위의 책, 776쪽.

14) Entscheidungen des Bundesverfssungsgerichts, 2. Bd., 403쪽.

15) 위와 같음.

16) 위와 같음.

17) 위와 같음.

18) 위와 같음.

19) *Entscheidungen des Bundesverfassungsgerichts*, 3. Bd., 237쪽.

이념[21]으로 그때그때 자리매김하는 것도 그 때문이다.

그러면 연방헌법재판소가 법치국가원리와 관련하여 헌법해석의 기본들로 제시한 본 기본법의 '전체구도'는 과연 어떠한 모습을 하고 있을까. 본 기본법의 구조적 특색은 한마디로 말하면 민주주의 축감과 법치국가의 확장이다.

우선 민주주의의 축감은 바이마르헌법에 대한 부정적 평가의 결과이다. 바이마르헌법은 주지하는 바와 같이 직접민주주의적 요소들을 적극적으로 수용하고 있다.[22] 이에 반하여 본 기본법은 바이마르헌법과 마찬가지로 국민주권원리에 터 잡고 있으면서도 직접민주주의가 발붙일 제도적 기반을 완전히 제거하였다. 단 하나의 예외는 주 영토 변경 때의 국민투표제도이다.[23] 그러나 직접민주주의의 문제는 차라리 지엽적이다. 민주주의의 축감과 관련하여 우리의 관심을 끄는 것은 가치상대주의에 입각한 바이마르헌법의 형식적 민주주의에 대한 본 기본법의 냉소적 반응이다. 그 구체적 표현이 민주주의의 이데올로기적 도구화이다. 슈테른이 말하는 실질적 민주주의가 바로 그것이다. 가치상대주의에 입각한 바이마르헌법의 형식적 민주주의의 대안으로 본 기본법이 내놓은 실질적 민주주의는 다름 아닌 가치절대주의적 민주주의이다.[24] 본 기본법의 이른바 자유롭고 민주주의적인 기본질서의 정식이 대표적 사례이다.[25]

---

20) *Entscheidungen des Bundesverfassungsgerichts*, 22. Bd., 387쪽.

21) *Entscheidungen des Bundesverfassungsgerichts*, 45. Bd., 246쪽.

22) 상세한 내용은 Christoph Gusy, *Die Weimarer Reichsverfassung*, Mohr Siebeck/1997, 92쪽 이하 참조.

23) 독일연방공화국기본법 제118조.

24) Klaus Stern, 앞의 책, 621쪽 이하.

25) 자유롭고 민주주의적인 기본질서의 정식은 독일연방공화국기본법 제10조 제2항, 제11조 제2항, 제18조, 제21조 제2항, 제79조 제3항 등에 직접 또는 간접적으로 규정되어 있다.

바이마르헌법 체제에서 볼 수 있듯이 가치상대주의에 입각한 형식적 민주주의에 대응하는 법치국가의 형태는 형식적 법치국가이다. 본 기본법체제 아래에서 민주주의가 형식적 민주주의에서 실질적 민주주의로, 좀 더 구체적으로 말하면 가치상대주의적 민주주의에서 가치절대주의적 민주주의로 질적 변화를 겪음에 따라 법치국가도 형태 변화가 불가피하게 된다. 형식적 법치국가에서 실질적 법치국가로의 이행이 그것이다. 형식적 법치국가는 기본적으로 법률국가이다. 법률국가인 형식적 법치국가의 지양 형태인 실질적 법치국가는 따라서 헌법국가의 형태를 띠게 된다.[26] 본 기본법에서 법치국가의 확장이 헌법의 최고규범성을 확인하고[27] 법률위헌심판을 제도화하는 방향으로 이루어진 것도 그 때문이다.[28] 이 가운데 특히 법률위헌심판의 제도화는 실질적 법치국가에 대한 형식적 민주주의의 백기투항이라 하여도 과언이 아니다. 본 기본법체제 출범 당시 법률위헌심판제도를 내실로 하는 실질적 법치국가를 두고 독일 공법학계 안팎에서 법치국가의 결정판이라 호들갑을 떤 것은 결코 우연이 아니다.[29] 아무튼 실질적 법치국가가 형식적 법치국가를 밀어내고 법치국가의 기본형태로 자리 잡은 과대성장 법치국가의 현실에서 법치국가 신화가 법치국가이데올로기로 탈바꿈하고, 그것이 다시 법치국가이데올로기의 재생산으로 이어지는 것은 단지 시간문제일 뿐이다.[30]

26) Klaus Stern, 앞의 책, 787쪽 이하.
27) 독일연방공화국기본법 제20조 제3항 전단.
28) 독일연방공화국기본법 제93조.
29) Klaus Stern, 앞의 책, 842쪽.
30) Ralf Dreier, "Verfassung und Ideologie"(*Gedächtnisschrift für Friedrich Klein*, Vahlen/1977, 87-112쪽 수록), 100쪽 이하 참조.

III. 사회적 법치국가 논쟁

이데올로기는 그러나 논쟁의 불씨를 항상 달고 다닌다. 법치국가의 경우도 마찬가지이다. 법치국가에 대한 최초의 공개 점검이 1953년의 독일 국법학자대회에서 사회적 법치국가 논쟁의 형식으로 운을 뗀 것도 그 같은 이유 때문이다.[31] 독일국법학자대회의 사회적 법치국가 논쟁은 그 후 서독 공법학계 안팎에 긴 여운을 남긴다. 이 과정에서 표출된 다양한 입장은 크게 다음의 세 갈래로 간추릴 수 있다.

하나는 사회국가를 행정법상의 범주로 평가절하하고 법치국가를 본 기본법의 핵심 구조원리로 자리매김하는 견해이다.[32] 이 입장과 관련하여 우리는 나치스 불법국가 아래의 독일 공법학계뿐만 아니라 전후의 서독 공법학계에서 한몫을 한 보수주의 행정법학의 거장 포르스트호프를 주목할 필요가 있다. 그의 법치국가 이해는 본 기본법체제 아래에서 다시 한번 자기변신을 시도한다.[33] 자기변신의 종착점은 주지하는 바와 같이 『헌법론』 단계의 슈미트이다. 사회적 법치국가에 대한 포르스트호프의 인식관심이 자유주의적 법치국가이론의 한계를 한 치도 벗어날 수 없었던 것은 바로 그 때문이다.

정반대 쪽에 자리 잡고 있는 것이 사회국가를 사회주의 이행기의 개량주의적 자본주의국가로 규정하고 그것을 민주주의의 관점에서 재구성하

---

31) *Veröffentlichungen des Vereinigung der Deutschen Staatsrechtslehrer*, H. 12, 1954, 1쪽 이하 참조.

32) Ernst Forsthoff, "Begriff und Wesen des sozialen Rechtsstaates"[Ernst Forsthoff(Hrsg.), *Rechtsstaatlichkeit und Sozialstaatlichkeit, Aufsätze und Essays*, Darmstadt/1968, 165-200쪽 수록], 173쪽 이하.

33) Ernst Forsthoff, 앞의 논문, 163쪽 이하; 같은 이, *Rechtsstaat im Wandel*, Kohlhammer/1964, 147쪽 이하.

려는 시각이다.[34] 이 같은 입장에 서게 되면 체제변혁의 논리가 이론적 실천의 한가운데를 차지하게 됨으로써 논쟁의 구도는 일정한 변화가 불가피하다. 그 결과 법치국가는 뒷전으로 밀려나고 논쟁의 초점은 사회국가의 구체적 현실태인 관료주의적 행정국가의 비판으로 옮아간다.[35] 두 번째 입장을 주도한 것은 서독 공법학계의 외곽에서 본 기본법체제 아래의 반민주주의적 헌법현실에 이의를 제기하며 본 기본법 해석에서 과학적 인식과 실천적 관심을 결합하려고 한 사회민주당 계열의 정치학자들이다. 대표적 인물은 아벤트로트이다.

이 같은 두 입장의 중간에 터 잡고 법치국가의 특권적 지위를 주장하는 첫 번째 입장에 대하여 사회국가의 역사적 당위성을, 그리고 민주주의를 사회국가의 견인차로 자리매김하는 두 번째 입장에 대하여 법치국가의 조정적 역할을 강조하는 것이 당시 서독 공법학계의 주된 흐름이었다.[36] 이처럼 중도입장에 서 있는 서독 공법학계의 다수파는 그러나 나치스 전력의 반자유주의적 공법학자들로부터 자유주의적 성향의 공법학자들에 이르기까지 이데올로기적 내부구성이 복잡하다. 그럼에도 서독 공법학계의 다수파는 사회국가를 법치국가 담론의 틀 안으로 끌어들여 이른바 실질적 법치국가를 법치국가 담론의 주요의제로 설정하는 데 성공한다.

---

34) Wolfgang Abendroth, "Zum Begriff des demokratischen und sozialen Rechtsstaates im Grundgesetz der Bundesrepublik Deutschland" [Ernst Forsthoff(Hrsg.), *Rechtsstaatlichkeit und Sozialstaatlichkeit*, Darmstadt/1968, 114-144쪽 수록], 114쪽 이하.

35) 이에 관하여는 Wolfgang Abendroth/Herbert Sultan, *Bürokratischer Verwaltungsstaat und soziale Demokratie*, 1955 참조.

36) 이에 관하여는 Kuk, Sun-Ok, *Das Wesen der Sozialstaatsidee bei Lorenz von Stein, Eine Untersuchung zur Genesis der konservativen Sozialstaatstheorie*, Inaugural-Dissertation, Köln/1978, 198쪽 이하 참조.

IV. 실질적 법치국가

"사회적 법치국가의 결정적 요소는 정의이다."[37] 이것은 멩거의 말이다. 멩거의 이 같은 명제는 사회적 법치국가 곧 정의국가, 정의국가 즉 실질적 법치국가라는 등식이 보편화하는 결정적 계기가 된다.[38] 실질적 법치국가는 그러나 이데올로기 지평을 확장하여가는 제국주의적 자기팽창의 과정에서 더욱 다양한 내용들을 아우르게 됨으로써 개념적 실체가 한층 모호해진다. 그 결과 실질적 법치국가는 마침내 법치국가의 유형적 구분이 문제가 될 때 자의적으로 원용되는 일종의 기술적 대비개념으로 전락하게 된다.[39] 대비의 대상은 말할 것도 없이 형식적 법치국가이다.

형식적 법치국가의 핵심은 법치행정의 원칙이다.[40] 그리고 법치행정 원칙의 두 기둥은 행정재판제도와 의회주의원리이다.[41] 행정재판제도는 법치행정 원칙의 필요조건이며, 의회주의원리는 법치행정 원칙의 충분조건이다. 이 가운데 단지 행정재판제도만 뿌리를 내린 경우 형식적 법치국가는 관료주의적 법치국가의 단계에 머물게 된다.[42] 그러나 법치행정 원칙의

37) Christian-Friedrich Menger, "Der Begriff des sozialen Rechtsstaates in Bonner Grundgesetz"[Ernst Forsthoff(Hrsg.), *Rechtsstaatlichkeit und Sozialstaatlichkeit*, 1968, 42-72쪽 수록], 72쪽.

38) Philip Kunig, 앞의 책, 333쪽 이하 참조; Karl Doehring은 법치국가를 정의의 관념으로 포장하려는 독일 공법학계의 일반적 경향에 대하여 비판적 입장을 지니고 있다. 이에 관하여는 Philip Kunig, 앞의 책, 29쪽 이하 참조.

39) Philip Kunig, 앞의 책, 24쪽.

40) Richard Thoma, "Rechtsstaatsidee und Verwaltungsrechtswissenschaft"[Mehdi Tohidipur(Hrsg.), *Der bürgerliche Rechtsstaat*, 2. Bd, Suhrkamp/1978, 499-524쪽 수록], 500쪽 이하.

41) 위의 책, 504쪽 이하.

42) 관료주의적 법치국가에 관하여는 宮崎良夫, 『法治国理念と官僚制』, 東京大学出版会/1986, 199쪽 이하 참조.

또 다른 기둥인 의회주의원리가 확립되면 형식적 법치국가는 새로운 전망을 갖게 된다.[43] 예컨대 의회주의원리가 불완전한 형태로나마 실현되면, 형식적 법치국가는 자유주의적 법치국가의 모습을 띠게 될 가능성이 높아진다. 이에 반하여 의회주의원리가 입법권 우위의 수직적 권력분립의 형태로 현실화되면, 형식적 법치국가는 민주주의적 법치국가로 발전할 수 있는 내발적 추동력을 얻게 된다.[44] 1871년 이후의 이른바 비스마르크헌법체제 아래의 형식적 법치국가가 첫 번째의 경우라면, 바이마르헌법 체제 아래의 형식적 법치국가는 두 번째의 경우이다.

본 기본법체제 아래에서 실질적 법치국가는 추상적 사변의 관념적 구성물이 아니다. 본 기본법체제 아래에서 실질적 법치국가가 법치국가의 대명사로 자리 잡게 되는 데에는 나름의 이유가 있다. 그것은 다름 아니라 본 기본법의 이데올로기 지형이다.

우선 지적하여야 할 것은 기본권 부분이다. 눈에 띄는 것은 자유주의적 색깔이다.[45] 한 걸음 더 나아가 헌법의 지도이념 쪽으로 눈을 돌리면 근대 서양의 보편주의적 자기정당화 논리들 가운데 가장 매혹적인 부분인 인간존엄의 이념[46]이 본 기본법 첫머리에 자리 잡고 있다. 그러나 결정적인 대목은 국민대표기관인 의회의 주권적 지위를 부정하고 헌법의 최고규범성을 간접으로 규정한 본 기본법 제20조 제3항 전단과 제1조 제3항이다.[47] 이에 따라 실질적 법치국가는 헌법의 최고규범성을 꼭짓점으로 한 중

---

43) Erhard Denninger, *Staatsrecht 1*, Rohwohlt Verlag/1973, 94쪽 참조: Eberhard Grabitz, *Freiheit und Verfassungsrecht*, Tübingen/1976, 180쪽 이하.

44) Eberhard Grabitz, 위의 책, 187쪽 이하 참조.

45) 독일연방공화국기본법 제2조 이하 참조.

46) 독일연방공화국기본법 제1조 참조.

47) 독일연방공화국기본법 제20조 제3항 전단과 제1조 제3항의 규정은 각각 다음의 밑줄 부분과 같다. Die Gesetzgebung ist an die verfassungsmäßige Ordnung, die

층적 구조의 이념적 복합체로 우리 앞에 거창한 모습을 드러낸다.[48] 하지만 실질적 법치국가를 표상하는 중층적 구조의 이념적 복합체를 보는 눈은 저마다 다르다. 독일 공법학계가 내놓은 비교적 최근의 표준 헌법편람들과 표준 헌법교과서들에서 하나씩을 뽑아 실질적 법치국가의 이념적 복합체를 재구성하면, 실질적 법치국가는 헌법의 최고규범성 → 인간의 존엄 → 자유권적 기본권 → 법 앞의 평등 → 권력분립으로 이어지는 위계질서를 이루고 있다.[49] 이처럼 법치국가를 중층적 구조의 이념적 복합체로 보는 독일 공법학계 다수파의 입장에 대하여 이의를 제기하고 실질적 법치국가를 법의 지배라는 추상적 정식으로 대치하려는 견해가 있다.[50] 그러나 여기에서도 법의 본질과 실체를 둘러싼 복잡한 문제들은 여전히 남게 된다. 이 밖에 실질적 법치국가의 관념이 안고 있는 비생산적 불모성을 지적한 메르텐의 견해도 주목할 만하다.[51]

실질적 법치국가는 본질적으로 형식적 법치국가에 대한 항의개념이다. 형식적 법치국가에 대한 실질적 법치국가의 이 같은 대항관계는 형식적 법치국가에 대한 오해와 불신에서 비롯된다. 대표적인 것이 나치스 불법국가는 바이마르헌법 체제, 다시 말하면 형식적 법치국가의 필연적 귀결이라는 잘못된 인식이다.[52] 역사의 진실을 왜곡하는 이 같은 독단과 사시의 논

---

vollziehende Gewalt und die Rechtsprechung sind an Gesetz und Recht gebunden; Die nachfolgenden Grundrechte binden Gesetzgebung, vollziehende Gewalt und Rechtsprechung als unmittelbar geltendes Recht

48) Josef Isensee/Paul Kirchhof(Hrsg.), *Handbuch des Staatsrechts der Bundesrepublik*, Bd. 1, Müller/1987, 999쪽 이하.

49) 위의 책, 999쪽 이하; Klaus Stern, *Das Staatsrecht der Bundesrepublik Deutschland*, Bd. 1, 1984, 784쪽.

50) Katharina Sobota, 앞의 책, 449쪽.

51) Detlef Merten, *Rechtsstaat und Gewaltmonopol*, Tübingen/1975, 16쪽.

52) Ernst Benda/Werner Maihofer/Hans-Jochen Vogel(Hrsg.), *Handbuch des*

리가 바로잡히지 않는 한,[53] 형식적 법치국가에 대한 실질적 법치국가의 마녀사냥식 무고와 비방은 쉽게 사그라들지 않을 것이다. 그러나 더 큰 문제는 다른 데 있다. 그것은 다름 아니라 다음과 같은 사실, 즉 형식적 법치국가를 둘러싼 오해와 불신이 그것과 친화관계에 있는 의회주의원리에 대한 부정적 인식을 낳게 되고, 의회주의원리에 대한 부정적 인식은 결과적으로 국민주권과 민주주의의 뿌리마저 뒤흔들 수 있다는 점이다.[54]

V. 연방헌법재판소의 역할

실질적 법치국가가 본 기본법의 기본원리로 자리 잡는 데에는 연방헌법재판소의 역할이 적지 않다.[55] 연방헌법재판소는 본래 반의회주의의 산물이다.[56] 따라서 형식적 법치국가에 대한 연방헌법재판소의 입장은 비우호적이다.[57] 가치철학의 충직한 신봉자인 연방헌법재판소의 눈으로 볼 때 형식적 법치국가는 의회절대주의의 망령이나 다름없기 때문이다. 한마디로 말하면 형식적 법치국가는 소극적 부정의 대상이 아니라 적극적 배제의 대상이다. 이처럼 적극적 배제의 대상인 형식적 법치국가를 무장해제시키기 위하여 무엇보다 시급한 것은 반의회주의적 헌법교부신학의 구축이다. 그

　Verfassungsrechts, Band 1, Berlin-New York/1984, 478쪽 이하.

53) Helmut Ridder, 앞의 글, 227쪽.

54) Ernst Benda/Werner Maihofer/Hans-Jochen Vogel(Hrsg.), 앞의 책, 479쪽 참조.

55) Ernst Benda/Werner Maihofer/Hans-Jochen Vogel(Hrsg.), 앞의 책, 481쪽; Philip Kunig, 앞의 책, 63쪽 이하.

56) Klaus Herkenroth, "Das Bundesverfassungsgericht—Konservatives Reserveparlament" [Heinrich Hannover/Martin Kutscha/Claus Skrobanek-Leutner(Hrsg.), *Staat und Recht in der Bundesrepublik*, Köln/1987, 196-205쪽 수록], 198쪽.

57) *Entscheidungen des Bundesverfassungsgerichts*, 1. Bd., 14쪽 이하 참조.

리고 그 한가운데 자리 잡고 있는 것이 실질적 법치국가이다.

그러나 연방헌법재판소가 본 기본법의 터전 위에 실질적 법치국가의 성전을 세우는 데에는 녹록지 않은 장애가 가로놓여 있다. 본 기본법에서는 실질적 법치국가는 고사하고 법치국가원리에 대한 명시적 규정조차 찾아볼 수 없기 때문이다. 이에 따라 연방헌법재판소는 실질적 법치국가의 헌법적 근거로 본 기본법 제20조 제3항 후단을 전면에 내세우게 된다. 하지만 연방헌법재판소의 이 같은 해석 전략도 문제가 있기는 마찬가지이다. 연방헌법재판소가 실질적 법치국가의 헌법적 근거로 염두에 두고 있는 본 기본법 제20조 제3항 후단에서 실질적 법치국가를 무리 없이 도출하는 데에는 규범논리상의 허점들이 적지 않기 때문이다.

바로 이 시점에서 연방헌법재판소는 헌법해석의 기본원칙들을 무시하고 무단월경과 고공비행을 시도한다.[58] 헌법해석의 최고심급으로 헌법해석권을 사실상 독점하고 있는 연방헌법재판소의 속살이 여실히 드러나는 대목이다. 아니나 다를까 연방헌법재판소는 본 기본법 제20조 제3항 후단이 안고 있는 문제점들을 단칼로 해결하기 위하여 헌법해석의 곡예를 연출하기 시작한다. 대표적 사례는 1951년 10월 23일의, 그러니까 연방헌법재판소 출범 벽두의 판결이다.[59] 이 판결에서 연방헌법재판소는 헌법해석의 기본수칙을 대충 다음과 같이 훈수한다. 헌법규정들은 따로 떼어 고찰하거나 해석하여서는 안 된다.[60] 헌법의 내용을 전체적으로 살피면 헌법의 기본명제들과 기본결단들이 자연스럽게 드러나게 되고, 헌법규정들은 저마다 헌법의 그 같은 기본명제들이나 기본결단들을 존중하여야 한다.[61] 스멘트

---

58) 연방헌법재판소가 보여주고 있는 헌법해석의 무원칙성에 관하여는 Reinhold Schlothauer, *Zur Krise der Verfassungsgerichtsbarkeit*, 1978, 63쪽 이하 참조.

59) Entscheidungen des Bundesverfassngsgerichts, 1. Bd., 14쪽 이하.

60) 위와 같음.

의 통합이론과 슈미트의 결단주의를 교묘하게 조합한 연방헌법재판소의 이 같은 자의적 헌법해석에 따라 본 기본법 제20조 제3항 후단의 이른바 법(Recht)은 마침내 초실정적 고차법으로 탈바꿈하게 되고[62] 이 초실정적 고차법을 토대로 실질적 법치국가의 거대한 성전이 세워진다.[63]

연방헌법재판소의 그 같은 자의적 헌법해석은 논란의 여지가 없는 것은 아니다. 본 기본법 제20조 제3항 후단은 연방헌법재판소의 주장과 달리 법치행정의 원칙과 법치사법의 원칙을 확인한 주의규정에 불과하기 때문이다.[64] 따라서 비록 소수설이기는 하지만 독일 공법학계 일각에는 본 기본법 제20조 제3항 후단의 '법'에 큰 의미를 두지 않는 견해가 있다. 리더에 따르면 본 기본법 제20조 제3항 후단의 '법'은 초실정적 고차법을 뜻하는 것이 아니다.[65] 그것은 의회제정법인 법률을 가리키기 위한 일종의 집합명사에 지나지 않는다.[66] 그럼에도 연방헌법재판소가 본 기본법 제20조 제3항 후단의 '법'이 초실정적 고차법을 염두에 둔 것이라 고집스럽게 주장하는 데에는 나름의 이유가 있다고 할 것이다. 그것은 연방헌법재판소의 반의회주의적 헌법교부신학의 최종 목표가 실질적 법치국가를 가운데 놓고 헌법이라는 이름의 자기완결적 의미체계를 쌓아 올리는 데 있기 때문이다.[67] 실질적 법치국가의 그 같은 헌법교부신학적 왜곡에서 슈미트가 가치

61) *Entscheidungen des Bundesverfassungsgerichts*, 1. Bd., 15쪽.
62) 위와 같음.
63) Ingeborg Maus, *Rechtstheorie und politische Theorie im Industrie-kapitalismus*, 1986, 48쪽.
64) 본 기본법 제20조 제3항 후단의 규정은 다음의 밑줄 부분과 같다. Die Gesetzgebung ist an die verfassungsmäßige Ordnung, die vollziehende Gewalt und die Rechtsprechung sind an Gesetz und Recht gebunden.
65) Helmut Ridder, 앞의 책, 227쪽.
66) 위와 같음.
67) *Entscheidungen des Bundesverfassungsgerichts*, 34. Bd., 287쪽.

횡포의 불길한 징후를 보고,[68] 뵈켄푀르데가 헌법전체주의의 위험성을 감지한 것은 결코 이상한 일이 아니다.[69] 그리고 이들보다 앞서 포르스트호프가 법치국가의 실체화 경향을 비판하고 법치국가의 탈실체화를 시도한 것도 같은 맥락이다.[70] 포르스트호프의 말을 빌리면 법치국가는 "법기술적 기교의 체계"에 지나지 않기 때문이다.[71]

VI. 법치국가의 이데올로기화

실질적 법치국가의 헌법교부신학적 관념화와 법치국가의 이데올로기적 도구화는 종이 한 장 차이이다. 그러나 법치국가가 이데올로기적 상징조작의 수단으로 전락하는 데에는 실질적 법치국가의 헌법교부신학적 관념화 말고도 또 하나의 매개변수가 존재한다. 그것은 다름 아니라 본 기본법체제의 위기이다. 본 기본법체제의 위기는 1960년대 중반부터 이미 그 징후가 드러나기 시작한다.[72] 위기의 첫 번째 그림자는 경제성장의 둔화이다. 이에 못지않게 중요한 의미를 갖는 것은 본 기본법체제의 내부 모순이며, 내부 모순의 한가운데에는 본 기본법체제의 비탄력적 경직성이 자리 잡고 있다. 그 제도적 표현이 긴급사태헌법체제이다.[73]

---

68) Carl Schmitt, "Die Tyrannei der Werte"(*Festgabe für Ernst Forsthoff zum 65. Geburtstag*, Beck/1967, 37-62쪽 수록), 37쪽 이하.

69) E. -W. Böckenförde, *Staat Gesellschaft Freiheit*, Suhrkamp/1976, 83쪽.

70) Ernst Forsthoff, 앞의 책, 152쪽.

71) Ernst Forsthoff, 앞의 책, 174쪽.

72) 小野耕一, 「西ドイツ福祉国家の編成」(田口富久治 編著, 『ケインズ主義的福祉国家』, 青木書店/1992, 111-139쪽 수록), 118쪽 이하.

73) 긴급사태입법에 관하여는 Dieter Sterzel(Hrsg.), *Kritik der Notstandsgesetze*, Suhrkamp/1969 참조.

긴급사태헌법체제의 원년은 1968년이다. 그러나 긴급사태헌법체제가 눈앞의 현실로 다가온 것은 1972년이다. 그 사이 사회민주당 주도 아래의 연립정부가 내건 장밋빛 개혁공약에 대중의 기대가 한껏 부풀었던 몽환의 짧은 시기가 있었다. 하지만 세계적 규모의 경제불황이 라인 강을 덮치면서 모처럼의 단꿈은 산산조각이 나고 집단적 이의제기와 반체제운동이 분출하기 시작한다.[74] 긴급사태헌법체제의 시간이 마침내 찾아온 것이다. 이같은 급격한 상황반전은 본 기본법의 이데올로기 지형에 엄청난 지각변동을 가져오게 된다. 전투적 민주주의의 체제이데올로기화와 법치국가의 이데올로기적 도구화가 바로 그것이다.

전투적 민주주의의 핵심은 주지하는 바와 같이 냉전자유주의이다.[75] 그리고 냉전자유주의의 본질은 반공산주의이다. 전투적 민주주의가 본 기본법체제의 체제이데올로기로 연방헌법재판소의 판례에 처음 등장한 것은 1956년 8월 17일의 독일공산당 위헌판결에서이다.[76] 그 후 전투적 민주주의는 호명의 대상에서 제외되어 지배이데올로기의 후열에서 대기상태로 있다가 긴급사태헌법체제의 등장을 계기로 연방헌법재판소의 판례에 다시 모습을 드러낸다.[77] 전투적 민주주의를 헌법판단의 기준으로 삼는 1969년 이후의 연방헌법재판소 판례들 가운데 법치국가의 이데올로기적 도구화와 관련하여 우리의 주목을 끄는 것은 1970년 2월 18일의 이른바 병사결정이다.

---

74) Günter Frankenberg/Thomas Krämer-Badoni/Sigrid Meuschel/Ulrich Rödel, "Politische Tendenzwende und Entwicklung des Rechts"[Mehdi Tohidipur(Hrsg.), *Der bürgerliche Rechtsstaat*, 1978, 236-262쪽 수록], 238쪽 이하.

75) Anthony Arblaster, *The rise and decline of western liberalism*, Basil Blackwell/ 1984, 309쪽 이하.

76) *Entscheidungen des Bundesverfassungsgerichts*, 5. Bd., 85쪽 이하, 특히 139쪽 참조.

77) Johannes Lameyer, *Streitbare Demokratie*, Berlin/1978, 41쪽.

병사결정은 군복무 중 한 정치토론 모임에서 독일연방공화국의 인권상황에 대하여 비판적 발언을 한 혐의로 징계처분을 받고 붙명에 퇴역한 진직 하사관이 제기한 헌법소원심판청구사건이다. 이 사건에서 연방헌법재판소는 군징계재판소의 입장을 지지하며 그 이유를 다음과 같이 개진한다. 군징계재판소는 본 기본법의 가치질서를 법적 판단의 기준으로 삼아야 한다.[78] 정치적 의견의 표명은 본 기본법이 내린 헌법정책적 기본결단의 테두리 안에서 이루어져야 한다.[79] 독일연방공화국은 시민들로부터 자유로운 질서의 수호를 기대하는 민주주의국가이다.[80] 전투적 민주주의에 바탕을 둔 공동체에서는 군상급자가 복무 중 부대 안에서 공동체의 자유로운 질서를 투쟁이나 비판의 대상으로 삼는 것을 용납하여서는 안 된다.[81]

병사결정에서 우선 눈에 띄는 것은 연방헌법재판소가 전투적 민주주의의 이름으로 자유로운 질서의 수호를 강조한 점이다. 여기에서 말하는 자유로운 질서는 말할 것도 없이 본 기본법의 자유롭고 민주주의적인 기본질서이다.[82] 이 같은 맥락에서 볼 때 연방헌법재판소가 전투적 민주주의의 이름으로 시민들에게 요구하는 것은 다름 아닌 헌법충성이다.[83] 그러나 헌법

---

78) *Entscheidungen des Bundesverfassungsgerichts*, 28. Bd., 48쪽 이하.

79) 위와 같음.

80) 위와 같음.

81) *Entscheidungen des Bundesverfassungsgerichts*, 28. Bd., 49쪽.

82) 자유롭고 민주주의적인 기본질서의 정식은 1952년 10월 23일의 사회주의국가당 판결 (*Entscheidungen des Bundesverfassungsgerichts*, 2. Bd., 1쪽)에서 처음으로 등장한다. 그것은 본 기본법의 이념적 지향을 총괄한 일종의 정치적 신앙고백이다. 자유롭고 민주주의적인 기본질서의 구체적 내용으로 연방헌법재판소가 들고 있는 것은 인권의 존중, 국민주권, 권력분립, 정부의 책임, 행정의 법률적합성, 법원의 독립, 다수결원칙, 정당의 기회균등 등이다. 이들 내용은 크게 법치국가적 요소들과 민주주의적 요소들로 나눌 수 있다. 자유롭고 민주주의적인 기본질서의 구체적 내용이 안고 있는 문제점에 관하여는, Johannes Lameyer, 앞의 책, 36쪽 이하 참조.

83) Johannes Lameyer, 앞의 책, 51쪽 이하; Erhard Denninger, *Staatsrecht 1*, 1973, 87쪽

충성이 이처럼 전투적 민주주의의 핵심으로 떠오르게 되면, 전투적 민주주의가 자유롭고 민주주의적인 기본질서의 수호를 통하여 헌법이단의 마수로부터 지키려고 한 법치국가도 질적 변화를 겪게 된다. 그것은 슈미트의 이른바 배분의 원리가 지배하는, 따라서 개인의 사적 영역이 상대적 자율성을 누리는 고전적 의미의 법치국가이기를 그만두고,[84] 준법의 논리가 압도적 우위를 차지하는 사이비법치국가, 즉 가장 타락한 형태의 준법국가로 전락하게 된다.[85]

VII. 법치국가 재형식화 논쟁

전투적 민주주의는 동서 냉전시대의 암호문자이다. 본 기본법체제의 체제이데올로기인 그 같은 암호문자에 자신의 몸을 내맡기는 법치국가는 분명 법치국가가 아니다. 이처럼 법치국가가 스스로 노예의 길을 선택하는 자기비하의 반이성적 상황에서 법치국가 논쟁이 다시 얼굴을 내미는 것은 당연한 일인지도 모른다. 이 논쟁에서 활시위를 먼저 당긴 사람은 마우스이며, 그가 내세운 주장의 핵심은 형식적 법치국가 옹호론이다.[86] 이에 대하여 이의를 달고 반론을 제기한 이는 그림이다.[87] 그리고 그림의 반론에

이하.

84) Erhard Denninger, "Freiheitsordnung-Wertordnung-Pflichtordnung"[Mehdi Tohidipur(Hrsg.), *Verfassung, Verfassungsgerichtsbarkeit, Politik*, Frankfurt am Main/1976, 163-183쪽 수록] 169쪽 이하 참조.

85) Philip Kunig, 앞의 책, 124쪽 이하.

86) Ingeborg Maus, 앞의 책, 34쪽.

87) Dieter Grimm, "Reformalisierung des Rechtsstaats als Demokratiepostulat?" (*Juristische Schulung*, H. 10, 1980, 704-709쪽 수록), 704쪽 이하.

대하여 재반론의 형식으로 비판의 칼을 빼어든 사람은 라되르, 하제, 그리고 리더이다.[88]

형식적 법치국가 옹호론의 논리는 간명하다. 마우스에 따르면 법치국가이론이 애당초 염두에 두었던 법치국가의 고전적 형태는 법률국가이다.[89] 법률국가는 국민대표기관인 의회가 최고입법기관으로 군림하는 의회 중심의 입법국가이다. 그러한 의미에서 법치국가이론은 영국의 이른바 법의 지배와 마찬가지로 민주주의이론으로 출발하였다.[90] 이처럼 민주주의와 표리관계에 있는 법률국가를 민주주의적 법치국가라 한다면, 형식적 법치국가야말로 민주주의적 법치국가가 선호하는 법치국가의 유일한 형태이다.[91] 그것은 형식적 법치국가의 근간이라 할 수 있는 법치행정의 원칙이 법률의 지배를 기본전제로 하기 때문이다.[92]

그림의 생각은 그러나 전혀 다르다.[93] 그는 형식적 법치국가 옹호론의 문제점들을 다음과 같이 지적한다. 첫째 법치국가이론은 민주주의이론으로 출발하였다는 형식적 법치국가 옹호론의 주장은 사실과 다르다. 법치국가는 절대주의국가에 대한 투쟁의 산물이다.[94] 따라서 법치국가이론의 유일한 관심사는 개인의 자유와 사적 소유권이었다.[95] 어떠한 형식으로든 개인의 자유와 사적 소유권이 현실적으로 보장되는 한, 법치국가의 형태는

---

88) Friedhelm Hase/Karl-Heinz Ladeur/Helmut Ridder, "Nochmals: Reformalisierung des Rechtsstaats als Demokratiepostulat?"(*Juristische Schulung*, H. 11, 1981, 794-798쪽 수록), 798쪽 참조.

89) Ingeborg Maus, 앞의 책, 13쪽.

90) 위와 같음.

91) Ingeborg Maus, 앞의 책, 36쪽 이하.

92) 위와 같음.

93) Dieter Grimm, 앞의 글, 705쪽.

94) 위와 같음.

95) 위와 같음.

문제가 되지 않았다.[96] 법률의 지배가 통치의 기본이 되는 법률국가, 즉 민주주의적 법치국가는 부차적 문제에 지나지 않았다.[97] 둘째 민주주의적 법치국가가 곧 형식적 법치국가라는 명제는 진실이 아니다.[98] 민주주의의 작동방식 가운데 가장 중요한 것은 다수결원리이다. 다수결원리가 의회다수파 전제의 빌미가 되지 않기 위하여는 의회다수파의 횡포로부터 의회소수파를 보호할 수 있는 제도적 장치들이 필요하다. 그 가운데 하나가 법률위헌심판제도이다. 민주주의적 법치국가가 형식적 법치국가보다 실질적 법치국가에서 빛을 더 낼 수 있는 까닭이 여기에 있다.[99] 셋째 형식적 법치국가 옹호론은 정치적 기회주의의 의혹이 짙다.[100] 형식적 법치국가 옹호론의 생산기지는 좌파 진영이다. 형식적 법치국가 옹호론이 등장한 것은 1970년대이다. 이 시기는 사회민주당 주도 아래의 연립정부가 들어서고 그들의 개혁입법이 연방헌법재판소의 딴죽에 발목이 잡혀 헌법재판제도에 대한 대응전략의 개발이 시급한 때이었다.[101] 돌이켜보면 기독교민주당 주도 아래의 보수정권이 집권하고 있을 때 좌파 진영이 연방헌법재판소의 개혁의지에 오히려 기대를 걸고 실질적 법치국가의 경향에 암묵적으로 동조하였던 시기도 있었다.[102] 이 같은 맥락에서 볼 때 형식적 법치국가 옹호론은 정치적 기회주의가 낳은 일종의 상황논리에 지나지 않는다.[103]

그림의 이 같은 주장들은 극히 이례적이고 충격적인 것이다. 이에 대하

---

96) 위와 같음.
97) 위와 같음.
98) Dieter Grimm, 앞의 글, 705쪽 이하.
99) Dieter Grimm, 앞의 글, 709쪽 이하.
100) Dieter Grimm, 앞의 글, 707쪽.
101) 위와 같음.
102) 위와 같음.
103) Dieter Grimm, 앞의 글, 709쪽.

여 반격의 포문을 연 것은 그러지 않아도 법치국가 거품빼기에 남다른 관심을 보였던 리더이다.[104] 그리고 어기에 기세한 사람들이 하제와 라되르이다. 이들의 주장에 따르면 그림은 문제의 본질을 흐리고 있다.[105] 그림이 불지핀 법치국가 논쟁의 핵심은 법치국가이론의 보수주의적 전통도 의회소수파의 보호도 아니다.[106] 하물며 정치적 기회주의의 문제는 더더구나 아니다. 법치국가 논쟁이 문제의 핵심에 접근하기 위하여 무엇보다 먼저 풀어야 할 문제는 법치국가와 민주주의의 접합은 가능한가, 가능하다면 법치국가에서 민주주의의 과제는 무엇이며 민주주의에서 법치국가의 역할은 무엇인가이다.[107] 이들 물음에 대한 해답을 하제, 라되르 그리고 리더는 정치적 공공영역의 창출과 절차적 합리성에서 찾는다.[108] 그렇다면 이들 세 사람이 추구하는 법치국가의 모습은 분명하다. 그것은 새로운 형태의 민주주의적 법치국가, 즉 시민사회가 민주주의의 중심축이 되는 법치국가이다. 하제, 라되르 그리고 리더의 문제의식은 최근 독일 공법학계 밖에서 법치국가 담론의 화두로 떠오르고 있는 민주주의적 법치국가론과 맥을 같이하는 것이다.[109]

---

104) Philip Kunig, 앞의 글, 10쪽 각주 38.

105) Friedhelm Hase/Karl-Heinz Ladeur/Helmut Ridder, 앞의 글, 794쪽 이하.

106) 위와 같음.

107) Friedhelm Hase/Karl-Heinz Ladeur/Helmut Ridder, 앞의 글, 795쪽 이하.

108) Friedhelm Hase/Karl-Heinz Ladeur/Helmut Ridder, 앞의 글, 795쪽.

109) 민주주의적 법치국가에 관하여는 Jürgen Habermas, *Faktizität und Geltung*, 5. Aufl., Suhrkamp/1997, 349쪽과 399쪽 및 600쪽 이하 참조: 같은 이, *Die Einbeziehung des Anderen*, 1996, 237쪽 및 293쪽 이하 참조.

VIII. 권위주의적 법치국가

법치국가는 독일 특유의 개념이다.[110] 법치국가가 말머리에 오르게 되면, 대비의 대상으로 어김없이 떠오르는 것이 영국의 법의 지배와 프랑스의 법의 지배이다. 흔히 règne de la loi로 불리는 프랑스의 법의 지배는 주지하는 바와 같이 법률의 지배를 뜻한다.[111] 그것은 개념 필연적으로 의회주권을 전제한다. rule of law로 널리 알려진 영국의 법의 지배도 마찬가지이다.[112] 다이시가 그의 저서 『헌법연구입문』에서 법의 지배를 이론적으로 체계화한 후 의회주권은 법의 지배에서 빼놓을 수 없는 통합적 구성 부분의 하나로 통하고 있다.[113] 독일의 법치국가는 그러나 사정이 다르다.

법치국가의 고전적 형태는 자유주의적 법치국가이다. 자유주의적 법치국가는 의회주권의 담지자가 되어야 할 부르주아계급의 미성숙으로 의회주권이 아직 역사적 일정에 오르지 못한 정치적 계몽 이전의 단계에서 의회주권의 길은 일단 접어두고 법률의 지배를 통하여 의회주의원리를 간접적으로 실현하기 위한 일종의 정치적 방어개념이다.[114] 자유주의적 법치국가의 기본전제는 말할 것도 없이 국가와 사회의 이원적 대립구도이다.[115] 자유주의적 법치국가의 이 같은 기본전제가 구체적 현실로 가시화되기 시

---

110) Klaus Stern, 앞의 책, 764쪽.
111) Klaus Stern, 앞의 책, 764쪽 이하; Helmut Ridder, 앞의 글, 221쪽 이하.
112) Helmut Ridder, 앞의 글, 221쪽; Franz Neumann, *Demokratischer und autoritärer Staat*, Europäische Verlagsanstalt/1967, 28쪽.
113) A. V. Dicey, *An Introduction to the Study of the Law of the Constitution*, 1975, 39쪽 이하.
114) 비슷한 견해로는 Ingeborg Maus, 앞의 책, 13쪽과 17쪽 참조; Ingeborg Maus에 대한 비판적 견해로는 *Kommentar zum Grundgesetz für die Bundesrepublik Deutschland*, 1. Bd., 1984, 1304쪽 참조.
115) Eberhard Grabitz, 앞의 책, 176쪽 이하.

작한 것은 1871년 비스마르크헌법체제가 출범한 이후의 일이다.[116]

비스마르크헌법체제는 부르주아계급에게 더없는 징치적 축복이었다. 그것은 독일의 통일이 가져다준 최고의 선물이었다. 따라서 비스마르크헌법체제의 최대 수혜자 역시 부르주아계급이었다. 그러나 부르주아계급이 비스마르크헌법체제 아래에서 마주한 통일국가는 그들이 기대한 인륜의 현실태가 아니었다. 그것은 전에 없던 거대한 권력기구였다. 그리고 그 배후에는 융커층 관료세력 그리고 귀족 출신 장교집단의 지배연합이 강고한 요새처럼 버티고 있었다. 이들 지배연합의 압도적 우위에 밀려 정치적 지배계급이 되기를 포기한 부르주아계급이 선택할 수 있는 길은 사적 영역으로의 도피뿐이었다. 이에 따라 그들의 유일한 관심사도 경제적 활동의 자유와 사적 소유의 권리이었다. 부르주아계급의 이 같은 탈정치적 지향을 대변하는 정치적 이데올로기가 슈미트의 이른바 배분의 원리이다.[117] 이처럼 배분의 원리에 바탕을 둔 국가와 사회의 이원적 대립구도 속에서 법률의 지배를 통하여 의회주의원리를 간접적으로 실현하기 위한 개념장치와 기본원칙이 실질적 법률의 개념, 형식적 법률의 개념,[118] 그리고 법치행정의 원칙과 법치사법의 원칙이다.[119]

그러나 의회주권이 확립되어 민주주의적 법치국가의 역사적 조건이 충족되면, 법치국가의 기능도 달라진다. 법치국가는 이제 법률의 지배를 통하여 의회주의원리를 간접적으로 실현하기 위한 정치적 방어개념이 아니다. 그것은 의회주의원리를 확인하고 보완하는 법기술적 장치에 지나지 않는다. 이에 따라 형식적 법치국가와 실질적 법치국가의 구별은 존립 기반

116) 위와 같음.
117) Carl Schmitt, *Verfassungslehre*, Berlin/1957, 158쪽.
118) Dietrich Jesch, *Gesetz und Verwaltung*, Mohr/1968, 9쪽 이하 참조.
119) Carl Schmitt, 앞의 책, 130쪽.

을 잃게 되고, 법치행정의 원칙과 법치사법의 원칙이 법치국가의 결정적 징표가 된다. 포르스트호프의 이른바 법기술적 기교의 체계는 이를 두고 이르는 것이다.[120] 바이마르헌법 체제 아래의 민주주의적 법치국가가 좋은 사례이다. 이처럼 형식적 법치국가를 기본 뼈대로 하는 바이마르헌법 체제 아래의 민주주의적 법치국가에 대하여는 물론 부정적 평가들도 적지 않다.[121] 그럼에도 의회주권에 터 잡고 있는 바이마르헌법 체제 아래의 민주주의적 법치국가가 지니고 있는 민주주의적 잠재력을 과소평가하여서는 안 된다. 바이마르헌법 체제 아래의 민주주의적 법치국가가 전제하는 민주주의는 가치상대주의에 입각한 열린 민주주의이기 때문이다.[122] 그러한 의미에서 바이마르헌법 체제 아래의 민주주의적 법치국가는 기본구조나 기본정향이 영국의 rule of law나 프랑스의 règne de la loi의 독일 복제판이라 하여도 과언이 아니다.

본 기본법체제 아래의 법치국가는 바이마르헌법 체제 아래의 민주주의적 법치국가에 대한 반대명제의 의미를 갖는다. 본 기본법체제 아래의 법치국가는 한마디로 말하면 권위주의적 법치국가이다. 그것은 가치철학으로 무장한 연방헌법재판소가 헌법의 이름으로 헌법독재의 칼을 휘두르는 반법치국가적 법치국가이다. 반법치국가적 법치국가인 권위주의적 법치국가와 관련하여 우선 지적하여야 할 것은 법치국가의 구조변화이다. 이미 지적하였듯이 본 기본법 제20조 제3항 전단은 입법권에 대한 헌법의 우위를 규정함으로써 헌법의 최고규범성을 간접적으로 확인하고 있다. 나아가 본 기본법은 제93조에서 헌법재판제도에 관한 규정들을 두고 있다. 이 가운데 법률위헌심판제도는 의회주권의 부정을 전제한 것이다. 본 기본법체제 아

---

120) Ernst Forsthoff, 앞의 책, 174쪽.
121) 예컨대 Klaus Stern, 앞의 책, 772쪽 이하 참조.
122) Hans Kelsen, *Demokratie und Sozialismus*, 1967, 11쪽 이하 참조.

래의 법치국가 담론에서 흔히 볼 수 있는 법률국가와 헌법국가의 대비는 법치국가의 이 같은 구조변화와 밀접한 관련이 있다. 이 무튼 헌법국가의 등장은 법치국가의 질적 비약을 약속하는 신호로 받아들여질 수도 있다. 실질적 법치국가에 대한 독일 공법학계 안팎의 부풀었던 기대가 이를 뒷받침하고 있다. 그러나 헌법을 정치적 타협의 산물로 보는 열린 헌법관이 뒷전으로 밀려나고[123] 헌법을 자기완결적 가치질서, 가치체계 또는 의미체계로 의제하는 닫힌 헌법관이 전면으로 나서게 되면,[124] 헌법국가는 법치국가의 산역꾼이 되기가 십상이다. 더욱이 헌법수호자를 자임하는 연방헌법재판소가 자의적 헌법해석 방법을 동원하여 본 기본법을 자신의 가치철학을 포장하기 위한 일종의 이데올로기적 겉가죽으로 다루게 되면,[125] 헌법은 교부신학적 독단의 체계, 다시 말하면 가치철학적 신앙개조의 목록으로 탈바꿈하게 된다. 이렇게 되면 연방헌법재판소는 헌법수호자에서 헌법지배자로 자리바꿈을 하게 된다.[126] 이 같은 사실을 염두에 두고 연방헌법재판소가 자신의 모습에 따라 쌓아 올린 교부신학적 독단의 체계를 잠깐 들여다보면, 권위주의적 법치국가의 반법치국가적 면모가 금세 드러나게 된다.[127]

우선 주목의 대상이 되는 것은 1952년의 사회주의국가당 판결이다. 이 판결에서 연방헌법재판소는 본 기본법의 자유롭고 민주주의적인 기본질서를 "가치피제약적 질서"로 규정한다.[128] 이어 연방헌법재판소는 1958년

123) Jürgen Seifert, "Haus oder Forum. Wertsystem oder offene Verfassungsordnung" [Jürgen Habermas(Hrsg.), *Stichworte zur "geistigen Situation der Zeit"*, 1. Bd., Suhrkamp/1979, 321-339쪽 수록], 331쪽 이하.

124) 위의 글, 323쪽 이하.

125) Reinhold Schlothauer, 앞의 책, 70쪽 이하 참조.

126) Jürgen Seifert, 앞의 글, 331쪽 참조.

127) Jürgen Seifert, 앞의 글, 323쪽 참조.

128) *Entscheidungen des Bundesverfassungsgerichts*, 2. Bd., 12쪽.

의 한 판결에서 본 기본법의 기본권규정들을 "객관적 가치질서" 또는 "가치체계"로 묘사한다.[129] 그리고 1959년의 한 판결에서는 "헌법의 보편적 가치질서"라는 표현이 등장한다.[130] 뿐만 아니라 1960년의 한 판결에서 연방헌법재판소는 본 기본법 자체를 "가치피제약적 질서"로 관념화한다.[131] 자유롭고 민주주의적인 기본질서의 정식에 한정되던 가치피제약적 질서의 관념이 본 기본법 전체로 확대된 것이다. 이로부터 한 해 뒤 본 기본법은 "가치질서"라는 간결한 표현으로 호명되기에 이른다.[132] 나아가 1970년 이후의 연방헌법재판소 판결에서 눈에 띄는 것은 본 기본법의 유기적 통일성을 강조하기 시작한 점이다. 이에 따라 1971년의 한 판결에서는 "기본적 가치체계의 통일성"이라는 주목할 만한 대목이 나온다.[133] 그런데 바로 한 해 전의 연방헌법재판소 판결은 본 기본법을 가리켜 "의미연관"이라 지칭하고 있다.[134] 그리고 1973년의 한 판결에서 연방헌법재판소는 마침내 "자기완결적 의미체계"라는 말을 사용하기에 이른다.[135] 이처럼 헌법이 자기완결적 의미체계로 둔갑하면, 헤세의 이른바 실천적 조화의 해석이 연방헌법재판소의 유일한 소일거리로 남게 된다.[136]

---

129) *Entscheidungen des Bundesverfassungsgerichts*, 7. Bd., 205쪽.

130) *Entscheidungen des Bundesverfassungsgerichts*, 10. Bd., 81쪽.

131) *Entscheidungen des Bundesverfassungsgerichts*, 12. Bd., 51쪽.

132) *Entscheidungen des Bundesverfassungsgerichts*, 13. Bd., 51쪽.

133) *Entscheidungen des Bundesverfassungsgerichts*, 30. Bd., 193쪽.

134) "의미연관"은 Sinnzusammenhang의 우리말 번역이다. *Entscheidungen des Bundesverfassungsgerichts*, 30. Bd., 21쪽.

135) "자기완결적 의미체계"는 Sinnganzes의 우리말 번역이다. *Entscheidungen des Bundesverfassungsgerichts*, 34. Bd., 287쪽.

136) Konrad Hesse, *Grundzüge des Verfassungsrechts der Bundesrepublik Deutschland*, 16. ergänzte Aufl., Heidelberg/1988, 127쪽 이하.

본 기본법과 사회국가[*]
— 전후 서독 공법학계의 사회국가 논쟁

기본법은 경제와 사회 부문에서 매우 신중한 자세를 보이고 있다. 사회
국가 역시 원리적 차원에서 간단히 내비칠 뿐 별다른 언급 없이 침묵으로
일관하고 있다. 경제생활과 사회적 기본권에 관하여 비교적 상세한 규정을
둔 바이마르헌법과 크게 다른 점이다.[1) 때문에 기본법의 세 구조원리, 즉
민주주의, 사회국가, 법치국가를 둘러싼 사회국가 논쟁은 엉뚱하게도 현대

---

* 이 글은 인하대학교 사회과학연구소논문집 제5집(1984), 73-95쪽에 수록된 독일어논문
"Das Sozialstaatsmodel des Grundgesetzes"을 대폭 수정한 것이다. 이 논문의 번역으로
는 송석윤 옮김, "기본법과 사회국가",《민주법학》제55호(민주주의법학연구회, 2014.7.),
209-237쪽 참조.
1) W. Abendroth, "Zum Begriff des demokratischen und sozialen Rechtsstaates
im Grundgesetz der Bundesrepublik Feutschland"[E. Forsthoff(Hrsg.),
Rechtsstaatlichkeit und Sozialstaatlichkeit. Aufsätze und Essays, Darmstadt/1968,
114-144쪽 수록], 127쪽; R. Schmidt, "Der soziale Auftrag des Grundgesetzes"[W.
Weyer(Hrsg.), *Rechtsstaat-Sozialstaat*, Stuttgart/1972, 39-61쪽 수록], 40쪽; 기본법 제
20조 제1항에 따르면, "독일연방공화국은 민주적이고 사회적인 연방국가이다." 또한 기본
법 제28조 제1항에 따르면, "각 주의 합헌적 질서는 기본법이 담고 있는 공화적이며 민주적
이고 사회적인 법치국가의 기본원리에 상응하여야 한다."

국가의 기본 성격을 묻는 교조주의적 다툼으로 이어진다.[2]

그 결과 국가이론의 차원에서 사회국가원리를 구체화하기 위한 일련의 이론적 실천이 없지 않았다. 이론적 실천 과정에서 드러난 사회국가 스펙트럼도 꽤나 다채롭다. 한쪽 끝에 맑스주의적 사회국가 비판론이 있는가 하면, 다른 한쪽 끝에는 문명비평 차원의 사회국가 비판론이나 시대비평 차원의 사회국가 비판론도 있다. 맑스주의 국가론은 주지하는 대로 부르주아국가를 계급지배의 도구로 간단히 치부한다. 따라서 맑스주의 국가이론의 입장에서 볼 때 부르주아국가 주도 아래의 사회개혁이란 그 자체가 어불성설이요 형용모순이다.[3] 문명비평 차원의 사회국가 비판론이나 시대비평 차원의 사회국가 비판론 또한 사회국가의 등장을 서구 문화 쇠락의 전구증상으로 진단한다. 문명비평 차원의 사회국가 비판론이나 시대비평 차원의 사회국가 비판론에 따르면, 자유주의적 법치국가가 사회국가의 탈을 쓰고 복지국가적 급부국가로 전락함에 따라 자율적인 시민주체는 자취를 감추고 급부행정의 시혜처분에 일방적으로 의존하는 수동적 인간, 다름 아닌 '사회적 신민'이 그 자리를 대신한다.[4] 이 두 극단적인 입장을 제쳐

---

2) 전후 사회국가 논쟁의 경과에 관하여는 W. Skuhr, *Die Stellung zur Demokratie in der Nachkriegsdiskussion ueber den 'demokratischen und sozialen Rechtsstaat'.* Dargestellt unter Berücksichtigung der Beiträge E. Forsthoffs, Wirtschafts- und sozialewiss., Diss., Berlin/1961, 9쪽 이하; H. -H., Hartwich, *Sozialstaatspostulat und gesellschaftlicher Status quo*, Köln-Opladen/1970, 21쪽 이하 그리고 273쪽 이하 참조.

3) 사회국가에 대한 맑스주의적 관점에서의 포괄적 비판으로는 W. Müller/Ch. Neusüß, "Die Sozialstaatsillusion und der Widerspruch von Lohnarbeit und Kapital"(*Sozialistische Politik*, Juni/1970. Nr. 6/7, 4쪽 이하 수록), 27쪽 이하 참조.

4) 이에 관하여는 A. Gehlen, *Studien zur Anthropologie und Soziologie*, Neuwied-Berlin/1963, 253쪽 이하. H. Grebing, *Konservative gegen die Demokratie*, Frankfurt am Main/1971, 234쪽 이하; K. E. Born, "Staat und Sozialpolitik im Deutschen Kaiserreich"(*Geschichte in der Gegenwart. Festschrift für K. Kluxen zu seinem 60. Geburtstag*, Paderborn/1972, 179-197쪽 수록), 186쪽 참조: 보른에 따르면, '복지국가'라

놓고 전후 서독 공법학계의 사회국가 논의를 막스 베버의 이른바 이념형적 분류방식에 따라 나누어본다면, 대략 다음의 세 범주들, 즉 민주주의저 헤석모델, 자유우선주의적 절충주의 해석모델, 그리고 법치국가적 해석모델로 압축할 수 있을 것이다.

I. 좌파 진보진영의 사회국가 담론

잘 알려진 대로 기본법은 이질적인 구조원리들을 나란히 두고 있다. 그리고 경합하는 이들 구조원리로 말미암아 끊임없는 긴장관계에 노출되어 있다는 것 또한 사실이다. 입센이 적절히 지적한 것처럼, 기본법이 사회국가는 원리적 차원에서 간단히 언급하고 법치국가에 관하여는 비교적 상세한 규정들을 둠으로써 사회국가원리의 해석 과정에 법치국가원리가 개입할 소지를 지나치게 많이 남겨놓았다.[5] 그러나 사회국가는 국가이론의 수준에서 이리저리 얽어놓은 유토피아적 기획이 아니다. 그것은 자유주의적 법치국가에 대한 내재적 비판에 뿌리를 둔 일종의 역사적 범주이다.[6] 따라

는 용어는 독일 자유주의자들이 계몽절대주의의 프로이센적 행정국가와 연결시키는 이른바 "적대감이 깊숙이 배어 있는 개념"이므로 오늘날 보수적인 사회국가이론가조차도 가능한 한 이 용어를 피하려고 한다; R. Bäumlin, *Die rechtsstaatliche Demokratie*, Rechts- und Wirtschaftswiss. Diss., Bern/1954, 70쪽: 보이믈린 역시 비슷한 견해를 말한다. 복지국가라는 용어는 가능한 한 최대한으로 개개인의 안녕을 돌보고 개개인의 물질적 복지는 물론 윤리적 복지까지도 아우르려고 하지만, 결과적으로 자유의 대폭 축감이 뒤따르게 되는 부정적인 국가상을 연상시킨다.

5) H. P. Ipsen, ""Über das Grundgesetz"(*Rechtsstaatlichkeit und Sozialstaatlichkeit*, Darmstadt/1968, 16-41쪽 수록), 23쪽.

6) J. Kammler, "Das sozialstaatliche Modell öffentlicher Herrschaft"[Abendroth-Lenk(Hrsg.), *Einführung in die politische Wissenschaft*, 3. Aufl., München/1973, 86-118쪽 수록], 86쪽.

서 사회국가원리의 해석에서 결정적으로 중요한 것은 기본법이 상정하는 사회적 목표이지 기본법 구조원리의 법적 해석이 아니다.[7]

민주주의적 해석모델의 출발점은 자본주의적 산업사회의 구조적 모순, 즉 정치적 지배구조와 경제적 지배구조의 모순이다. 자본주의적 산업사회의 이 같은 구조적 모순을 민주주의적 해석모델은 민주주의 개념의 확장과 법치국가 개념의 축소를 지렛대 삼아 사회국가의 테두리 안에서 극복하려고 한다.

민주주의적 해석모델은 민주주의 개념을 폭넓게 이해하고 민주주의원리를 체계적 헌법해석의 중심축으로 삼는다.[8] 이 해석모델에 따르면, 민주주의는 국가의 조직형식으로 끝나는 것이 아니다. 그것은 정치적으로 성숙한 모든 시민이 사회적으로 중요하고 전체적으로 유의미한 의결에 참여할 권리가 있는 생활양식이자 사회적 교통양식이다.[9]

이에 따라 민주주의적 해석모델은 법치국가 원리를 넓은 의미의 민주주의 테두리 안에서 제한적으로 해석한다. 이 같은 관점에서 볼 때, 법치국가 원리는 민주주의와 대척관계에 있는 일종의 반대명제가 아니다. 그것은 민

---

7) H. -H., Hartwich, "Wirtschaftsdemokratie und die Theorie vom sozialen Rechtsstaat" (*Politische Vierteljahresschrift*, Sonderheft 2/1970, 274-307쪽 수록), 278쪽.
8) 사회국가 논쟁이 진행되면서 다양한 사회정책적 입장에서 사회국가원리를 내용적으로 구체화하려는 일련의 노력이 있었다. 하지만 전후 사회국가 논쟁을 주도한 법치국가적 해석모델을 제외한다면, 나름대로 의미 있는 역할을 한 것은 민주주의적 해석모델이다. 민주주의적 해석모델의 디딤돌이 될 사전 정지작업은 이미 1930년대에 헤르만 헬러가 체계적으로 수행하려고 시도한 바 있다. 그는 자유주의적 법치국가의 반대명제로 사회적 법치국가를 제시한다.
9) 민주주의의 실체적 개념에 관하여는 특히 R. Hoffmann, *Rechtsfortschritte durch gewerkschaftliche Gegenmacht*, Frankfurt am Main/1968, 108쪽 참조; 호프만은 민주주의를 "국가 영역의 안팎에서 인간에 대한 인간의 지배를 배제하고 사회의 물질적 부에 대한 만인의 참여에 기초하여 개인적 역량의 자유로운 발현을 가능하게 하는, 모든 사회 영역을 관통하는 구조원리"로 정의한다.

주주의와 상하수직 관계에 있는, 하위구조 원리에 지나지 않는다. 이 해석모델이 염두에 두고 있는 법치국가는 다름 아닌 의회주의적 법률국가이다. 의회주의적 법률국가에서 법치국가원리는 실정법의 테두리 안에서 그 내포가 엄격히 한정된다. 다시 말하면 법치행정의 원칙과 법치사법의 원칙이 법치국가원리의 핵심이다. 바로 이 대목에서 우리는 자유주의적 법치국가에 대한 민주주의적 해석모델 특유의 접근방식, 즉 자유주의적 법치국가의 사회경제적 내용은 단호히 거부하면서도 자유주의적 법치국가의 형식민주주의적 측면은 적극적으로 수용하려는 극히 전략적이고도 변증법적인 접근방식을 엿볼 수 있다. 아무튼 법치국가원리가 이처럼 최소한의 내용에 만족할 때, 헌법해석의 실무 과정에서 법치국가원리가 사회국가원리와 충돌할 가능성은 원천적으로 배제된다.[10] 의회주의적 법률국가에서 사회국가원리의 해석은 원칙적으로 국민대표기관인 의회의 독립적 권한에 속하기 때문이다.

민주주의적 해석모델에 따르면, 사회국가원리는 민주주의적 다수결 제도를 통하여 평화적 사회개혁의 길로 나아가기 위한 일종의 헌법상의 전진기지나 다름없다. 사회국가원리에 대한 민주주의적 해석모델의 이 같은 이해방식은 사회민주주의 계열 국가이론의 수정주의적 전통과 밀접한 관련이 있다. 사회민주주의 계열의 수정주의적 국가이론의 입장에서 볼 때, 국가는 사회의 자기조직에 지나지 않는다. 따라서 국가는 사회개혁의 주체이기도 하다. 때문에 민주주의적 해석모델이 추구하는 사회진보의 유일한 형태는 의회의 민주주의적 다수결 제도를 통한 평화적인 사회개혁이다.

민주주의적 해석모델은 역사가 오래이다. 바이마르공화국의 헌법현실을 마주하며 자유주의적 법치국가의 시대가 지나가고 사회적 법치국가가

---

10) H. P. Ipsen, 앞의 글, 23쪽 참조.

더 이상 비켜갈 수 없는 역사적 필연임을 명확히 인식한 사람은 헬러이다. 헬러의 이 같은 기본인식을 그 후 아벤트로트, 프로이스 그리고 하르트비히가 더욱 확장하고 심화한다.

헬러가 보기에 자본주의적 산업사회는 노동의 사회적 성격과 이윤의 사적 전유라는 자본주의적 생산관계의 기본 모순에 의하여 계급적대관계가 끊임없이 재생산되는 사회이다. 이처럼 계급적으로 분열된 사회에서는 정치적 민주주의는 빛 좋은 개살구, 차라리 허구에 가깝다고 할 것이다. 따라서 정치적 민주주의가 제대로 작동하기 위하여 무엇보다 시급한 것은 사회적 동질성의 복원이나 창출이다. 하지만 자유주의적 법치국가에서 사회적 동일성을 복원하거나 창출할 수 있는 주체적 역량, 즉 국가의 강력한 의지를 국가권력으로부터 기대하는 것은 연목구어나 다름이 없다.[11] 자본주의적 산업사회에서는 오히려 경제권력들이 국가권력을 동원하거나 농단하기 위하여 필사적으로 경쟁한다. 국가권력에 대한 경제권력들의 침식 또는 침탈이 조직화하고 일상화하면, 자유주의적 법치국가의 미래는 불을 보듯 뻔한 일이다. 이 같은 조짐들은 그러나 국가사회주의가 권력을 장악하기 훨씬 이전부터 불가역적인 현실로 굳어져가고 있었다.[12] 때문에 헬러의 다음과 같은 예언자적 발언은 울림이 더욱 크다.

정치권력과 사회권력의 괴리 현상은 더 이상 지속될 수 없는 임계상황에 다다랐다. 국가권력이 독자적인 경제권을 확보하여 사경제의 영향으로부터 독립하든지 경제지도자들이 투쟁을 통하여 비록 일시적일망정 자신들의 이

---

11) H. Heller, *Staatslehre*, Leiden/1934, 115쪽 이하 그리고 137쪽 이하.

12) H. Heller, *Rechtsstaat oder Diktatur?*, Tübingen/1930, 8쪽; W. Abendroth, "Demokratie als Institution und Aufgabe"[U. Matz(Hrsg.), *Grundprobleme der Demokratie*, Darmstadt/1973], 157쪽.

익을 위하여 민주주의적 입법을 저지하는 데 성공하여야 한다.[13]

헬러는 국가를 "체계적 조직으로 무장한 결정 및 작용의 통일체"[14]로 규정한다. 그에 따르면, 사회현실의 총체성을 떠나 국가를 이해한다는 것은 사실상 불가능한 일이다.[15] 이 같은 총체성 가운데 경제적 기술적 행위는 단지 하나의, 자본주의 시대에는 그러나 결정적인 요소이다.[16] 이 같은 사실을 인식하지 못하면, 의미 있는 그리고 성공적인 국가 탐색은 아예 기대조차 할 수 없다.[17] 헬러가 보기에 자유주의적 법치국가가 정치적 사회적 위기에서 벗어나려면, 자유주의적 법치국가가 사회적 법치국가로 변신하는 것 말고는 달리 방법이 없다. 하지만 헬러가 사회민주주의 이념이 전면적으로 관철되었을 때 비로소 실현이 가능하다고 본 사회적 법치국가는 전후 서독 공법학계에서 '지배적 학설', 이른바 통설로 굳혀진 사회적 법치국가와는 거리가 먼 것이다.[18] 사회적 법치국가에 대한 헬러의 견해는 오히려 오늘날 경제민주화의 개념, 즉 경제 내지 소유 질서에 대한 국가의 계획과 책임으로 총괄할 수 있는 것이다.[19] 그리고 헬러의 사회적 법치국가와 관련하여 또 하나 특기할 것은 "민주주의적 협치 정신"을 자유주의적 법치국가의 실질적 내용으로 자리매김함으로써[20] 법치국가적 자유 이념과 민주주

---

13) H. Heller, 앞의 책, 138쪽.

14) 위의 책, 228쪽.

15) 위의 책, 106쪽. 헬러의 현실과학적 국가이론은 방법론적으로 맑스주의적 역사 설명의 경제주의적 경향과는 일정한 거리를 두면서 루카치의 '총체성' 범주로부터 크게 영향을 받았다. G. Lukács, *Geschichte und Klassenbewußtsein*, Neuwied-Berlin/1971, 94쪽 참조.

16) H. Heller, 앞의 책, 106쪽.

17) 위와 같음.

18) H. -H. Hartwich, 앞의 책, 349쪽.

19) 위와 같음.

20) H. Heller, 앞의 책, 273쪽.

의적 협치 정신의 내적 연관성을 강조하고 있다는 점이다.[21]

헬러의 견해를 기본법체제 아래에서 선택적으로 계수하여 발전시킨 대표적 논객은 아벤트로트이다. 우선 눈에 띄는 것은 헌법해석 방법이다. 헌법이해와 관련하여 아벤트로트는 헬러의 역사적 발생사적 해석 방법을 이어받아 주관적 해석 방법의 중요성을 강조한다.[22] 주관적 해석 방법은 그 후 민주주의적 해석모델에서 결정적인 역할을 하게 된다. 헬러로부터 이어받은 것은 헌법해석 방법뿐만이 아니다. 이론적 준거틀에서 선택적 친화성은 더욱 두드러진다. 위에서 이미 보았듯이, 사회적 법치국가와 관련하여 헬러가 논리 전개의 출발점으로 삼았던 이론적 준거틀은 자본주의적 산업사회의 계급적 적대이었다. 아벤트로트의 경우에도 사회국가 담론의 이론적 준거틀은 후기자본주의 사회의 적대적 계급구조이다.

아벤트로트에 따르면, 후기자본주의 사회에서 정치적 권력과 경제적 권력이 별개의 영역으로 자립하고 있다.[23] 때문에 후기자본주의 사회는 "형식적 민주주의 국가가 감당하기에는 너무나 벅찬" 긴장관계에 노출되어 있다.[24] 이 같은 현실인식에 기대어 아벤트로트는 다음과 같은, 즉 사회국가 문제가 후기자본주의 사회의 운명과도 밀접한 관련이 있다는 결론에 다다른다.[25]

아벤트로트는 헌법규범을 해석할 때 언제나 발생사적으로 중요한 사회

---

21) W. Skuhr, 앞의 책, 40쪽.

22) W. Abendroth, *Das Grundgesetz. Eine Einführung in seine politische Probleme*, 4. Aufl., Pfullingen/1973, 13쪽 이하.

23) W. Abendroth, "Zum Begriff des demokratischen und sozialen Rechtsstaates im Grundgesetz der Bundesrepublik Deutschland", [Ernst Forsthoff(Hrsg.), *Rechtsstaatlichkeit und Sozialstaatlichkeit*, Darmstadt/1968, 114-144쪽 수록] 129쪽.

24) 위와 같음.

25) 위와 같음.

경제적 정황을 캐물으면서 방법론적으로 '입법자의 의도(ratio legislatoris)' 곧 '법률의 의미(ratio legis)'라는 입장을 고수한다.[26] 이 같은 방법론적 입장에 따라 기본법 제정 당시의 정치사회적 투쟁 상황을 재조명함으로써 아벤트로트는 "민주주의적이고 사회적인 법치국가"라는 기본법 제28조 제1항의 정식을 "기본법의 확고한 법원리"로 자리매김한다.[27] 따라서 "민주주의적이고 사회적인 법치국가"의 정식이 담고 있는 사회국가적 요소의 구체적 내용은 민주주의 이념이 법치국가적 방식으로 경제사회 질서에 투영되거나 경제사회 질서 속으로 침투한 것에 지나지 않는다는 것이 아벤트로트의 수미일관한 주장이다.[28] 이처럼 실질적 법치국가이념을 고리로 사회국가원리와 민주주의원리를 연결시키려는 이론기획은 사회국가와 민주주의는 기능적으로 서로 배타적 관계에 있지 않다는 점을 분명히 함으로써 사회국가와 법치국가의 '배타적 연계관계'를 깨려는 실천적 의도를 담고 있다.[29] 사실 전후 서독 사회국가 논쟁에서 좌파 진보진영의 논객들을 제외한 여타의 논쟁 참여자들이 벌인 이론투쟁의 최종 목표는 "민주주의적이

---

26) W. Abendroth, *Das Grundgesetz*, 15쪽.

27) W. Abendroth, "Zum Begriff des demokratischen und sozialen Rechtsstaates im Grundgesetz der Bundesrepublik Deutschland", 117쪽; 같은 이, "Der demokratische und soziale Rechtsstaat als politischer Auftrage"(같은 이, *Wirtschaft, Gesellschaft und Demokratie in der Bundesrepublik*, Frankfurt am Main/1965, 7-30쪽 수록), 9쪽. 아벤드로트는 기본법 제28조 제1항이 요구하는 민주적이고 사회적인 법치국가라는 정식은 이미 루이 블랑의 저서에서 내용적으로 구체화되었다고 본다. 아울러 D. Blasius, "Konservative Sozialpolitik und Sozialreform im 19. Jahrhundert"[G. -K. Kaltenbrunner(Hrsg.), *Rekonstruktion des Konservatismus*, Freiburg/1972, 469-488쪽 수록], 478쪽 이하 참조.

28) W. Abendroth, "Zum Begriff des demokratischen und sozialen Rechtsstaates im Grundgesetz der Bundesrepublik Deutschland", 129쪽.

29) R. Schmidt, 앞의 글, 40쪽 참조. 슈미트는 아벤드로트의 주관주의적 헌법해석은 헌법해석의 고유 영역을 벗어나 헌법정치에 발을 들여놓는 것이나 다름없다고 주장한다.

고 사회적인 법치국가"의 정식에서 "민주주의적"인 것을 솎아내어 묶음표 안에 가두어놓고 "민주주의적이고 사회적인 법치국가"의 정식을 사회적인 법치국가의 정식으로 축소하거나, 아니면 한발 더 나아가 "민주주의적이고 사회적인 법치국가"의 정식에서 "민주주의적이고 사회적"인 것을 아예 지워버림으로써 "민주주의적이고 사회적인 법치국가"의 정식을 희화화하거나 무력화하는 것이었기 때문이다.

프로이스는 아벤트로트가 "독일연방공화국에서 유일하게 이론적으로 수미일관한 정치헌법론을 전개하였다"고 높이 평가한다.[30] 그럼에도 그는 아벤트로트가 기본법의 확고한 법원리로 자리매김한 "민주주의적이고 사회적인 법치국가"의 정식을 다른 맥락에서 해석한다. 프로이스는 아벤트로트의 사회국가관을 비판하면서 그가 사회국가원리를 지나치게 폭넓게, 즉 "정치적 교통양식은 물론 그것이 함축하고 있는 인격 존중의 이념까지 현실의 사회적 과정에 연결"시키는 사회적 교통양식으로 규정함으로써 사회국가원리를 그것이 담고 있는 본래적 의미로부터 멀어지게 하였다고 주장한다.[31] 대신 프로이스는 사회국가원리를 "구체적이고 목적지향적인 행정정책에 정당성을 부여하려는, 일반조항 형식의 정당화 정식"으로 본다.[32]

나아가 프로이스는 아벤트로트의 급진적 입장과 거리를 두면서 19세기 말 이래 주로 행정국가적 급부메커니즘을 통하여 진행되어오던 "자유주의적 법치국가의 사회국가적 변화"는 "부르주아적 예방책 이상"[33]의 의미를

---

30) U. K. Preuß, *Legalität und Pluralismus. Beiträge zum Verfassungsrecht der Bundesrepublik Deutschland*, Frankfurt am Main/1973, 95쪽.

31) 위의 책, 96쪽.

32) 위의 책, 94쪽.

33) U. K. Preuß, *Zum staatsrechtlichen Begriff des Öffentlichen. Untersucht am Beispiel des verfassungsrechtlichen Status kultureller Organisationen*, Stuttgart/ 1969, 132쪽.

지니고 있다고 주장한다. 그에 따르면, 이 같은 역사적 과정 뒤에는 자유주의적 시민계급의 정치적 의도가 도사리고 있다. 그것은 다름이 아니라 "사유주의적 시장자율주의"가 "정치적 규율, 계획 및 급부의 체계"로 바뀌면서 불가피하게 야기된 자본주의적 산업사회의 내적 모순을 "생산수단의 사적 소유에 토대를 둔 정치체제 안으로 포섭"하려는 것이다.[34]

프로이스에 따르면, 사회국가원리가 지향하는 목표는 사적 자치의 영역에 속하던 사회적 경제적 및 문화적 사항들을 정치적 영역으로 끌어들이는 데 있다.[35] 그 결과 사적 처분 및 배분의 영역은 축소되고 그 대신 분배체계가 확산됨에 따라 사회의 정치적 자기조직화(Politische Verfassung)는 "통합을 바탕으로 한 통일"의 형태라기보다는 오히려 "헌법의 규정에 따라 그리고 헌법의 테두리 안에서 이루어지는 사회 경쟁집단들 사이의 정치적 타협의 형태"로 나타난다.[36] 이처럼 "역사적 투쟁을 통하여 획득한 권력적 지위"를 둘러싼 타협지향적 헌법투쟁으로 왜소화한 "정치사회"의 개념은 언뜻 보기에 프로이스가 사회국가원리를 분배 과정과만 연관 짓는다는 인상을 준다.[37] 하지만 이 같은 추측이 옳지 않음이 곧 드러난다. 프로이스 역시 "분배국가인 사회국가 역시 생산영역에 개입하는 것이 불가피하다는 점"을 분명히 한다.[38]

---

34) 위의 책, 134쪽.

35) 위의 책, 138쪽. 사회적 부의 분배와 사회의 정치화의 관련성에 관하여는 J. Habermas, "Über den Begriff der politischen Beteilung"[Habermas/Friedburg/Oehler/Weltz(Hrsg.), *Student und Politik*, 3. Aufl., Neuwied-Berlin/1969, 13-55쪽 수록], 55쪽 참조.

36) U. K. Preuß, 앞의 책, 134쪽.

37) G. Stuby, "Bürgerliche Demokratietheorien in der Bendesrepublik"[R. Kühnl(Hrsg.), *Der bürgerliche Staat der Gegenwart*, Reinbeck bei Hamburg/1972, 87-130쪽 수록], 123쪽.

38) U. K. Preuß, 앞의 책, 141쪽.

이쯤 되면 사회국가에 대한 프로이스의 견해는 대충 윤곽이 드러났다고 하여도 좋을 것이다. 그에 따르면, 기본법의 사회국가원리는 국가개입의 정당성을 담보하는 유일한 헌법상의 규정으로서 국가행정의 사회적 급부기능을 정당화하는 일반조항에 지나지 않는다.[39] 따라서 사회국가원리가 실효성 있는 헌법규범으로 확실히 뿌리를 내려 사회적 급부기능을 중심축으로 한 사회의 정치적 자기조직화가 돌이킬 수 없는 기정사실로 굳도록 하는 일은 오롯이 기본법의 몫으로 남게 된다.[40]

하르트비히 역시 사회국가원리를 민주주의적인 방식으로 구축하기 위한 헌법해석 작업에 동참한다. 리더가 그의 논문 「언론의 자유」 그리고 「독일연방공화국 기본법과 사회국가에서의 노동조합의 헌법적 지위」라는 의견서에서 개진한 견해를 따라 그 또한 다음과 같은 결론에 도달한다.[41] 기본법 제28조 제1항에서 규정한 '사회적 법치국가'의 개념은 기본법 제20조 제1항과 관련하여 헌법구조적으로 의미 있는 중요성을 지닌 것은 아니다. 기본법 제20조 제1항과 관련하여 굳이 의미를 부여한다면, 그것은 다름 아니라 헌법을 동질화하는 기능이다.[42]

하르트비히는 기본법 제20조 제1항으로부터 민주사회주의적 사회국가모델을 도출한다. 그에 따르면, 민주사회주의적 사회국가모델은 법치국가의 비호 아래 구조적으로 다져진 현존의 기득권 사회를 사회정책적 차원에서 교정하려는, 이른바 사회적 법치국가라는 이름의 사회국가, 다시 말하

---

39) U. K. Preuß, *Legalität und Pluralismus*, 101쪽.

40) U. K. Preuß, *Zum staatsrechtlichen Begriff des Öffentlichen*, 35쪽 이하.

41) H. Ridder, "Meinungsfreiheit"[Neumann/Nipperdey/Scheuner(Hrsg.), *Die Grundrechts*, 2. Band, Berlin/1954, 243-290쪽 수록], 258쪽 각주 55e. 특히 같은 이, *Zur Verfassungsrechtlichen Stellung der Gewerkschaften im Sozialstaat nach dem Grundgesetz für die Bundesrepublik Deutschland*, Stuttgart/1960, 5쪽 이하 참조.

42) H. -H. Hartwich, 앞의 글, 275쪽.

면 사회자본주의적 유형의 사회국가에 대하여 기본법의 테두리 안에서 정당화할 수 있는 유일한 대안이다.[43] 하르트비히는 사회적 법치국가에 관한 아벤트로트의 견해와 관련하여 민주사회주의적 사회국가의 차별성을 강조하면서 자본주의적 산업사회가 태생적으로 안고 있는 정치적 지배구조와 사회적 지배구조의 모순을 직접 사회국가이론의 전면에 내세우는 것을 명백히 거부한다.[44] 중요한 것은 합리적 경험에 기초한 정치적 실용성이지, 현실과 동떨어진 추상적 차원의 사회국가 담론이 아니라는 것이 그의 한결같은 주장이다.

따라서 하르트비히는 사회국가 문제 그 자체가 아닌 그리고 기본법 특유의 사회국가 개념도 아닌, 다시 말하면 일반과 특수를 매개할 제3의 대안이념으로 나프탈리가 일찍이 자본주의 사회질서의 사회주의적 이행형태로 이해하였던 경제민주주의를 든다.[45] 그러나 경제민주주의가 실현되려면 노사공동결정이 사회국가의 핵심문제로 떠오른다. 이에 따라 노사공동결정의 목표는 노사경영참가를 통하여 경영자 측의 사경제적 수익성을 보장함으로써 자본주의적 경제질서를 보강 강화 그리고 안정화시키려는 데 두지 말고, 사경제적 원리에 따라 운영되는 경제체제를 민주주의적인 방식으로 재구축하는 데 두어야 한다.[46] 그 결과 사회국가의 문제는 마침내 노사공동결정의 문제로 축소된다.

이를 부정하는 것은 산업시대라는 특수역사적인 조건 아래에서 실현 가능

---

43) 위의 글, 276쪽.
44) H. -H. Hartwich, 앞의 책, 360쪽 이하.
45) H. -H. Hartwich, 앞의 글, 300쪽; 경제민주주의에 관하여는 F. Naphtali, *Wirtschafts-demokratie. Ihr Wesen, Weg und Ziel*, 2. Aufl., Berlin/1928, 7쪽 이하 참조.
46) 위의 글, 279쪽.

한 민주주의와 실질적 법치국가를 거부하는 것과 다름이 없다.[47]

II. 자유우선주의적 절충주의 시각

민주주의적 해석모델이 어느 정도 이론적 일관성을 보이는 데 반하여, 자유우선주의적 절충주의 해석모델에서는 그 같은 시각이나 관점을 찾아보기가 힘들다. 자유우선주의적 절충주의 해석모델을 선호하는 학자들은 그러나 스멘트의 통합이론으로부터 직접적으로 또는 간접적으로 영향을 받고 있다는 공통점을 지니고 있다.[48] 자유우선주의적 절충주의 해석모델은 그 역사가 멀리 부르주아 사상의 태동기로까지 거슬러 올라가는 이른바 국가 사회 분리의 이분법적 사고를 시대에 뒤떨어진 낡은 유물로 배척한다. 그 대신 이론 전개의 기본틀로 자유우선주의적 절충주의 해석모델이 상정하는 것은 정치적 공동체, 즉 국가와 사회의 구별은 단지 관념적 추상일 뿐, 현실의 세계에서는 두 영역이 상호 접근하고 상호 침투할 뿐만 아니라 서로 영향을 주고받으며 혼연일체가 되는 정치적 통일체이다.[49]

---

47) 위의 글, 285쪽.

48) H. Ehmke, A. Rinken, K. Hesse 등이 대표적인 인물들이다. 헤세의 헌법이론적 입장은 자유우선주의적 절충주의를 표방하는 전형적 사례이다. 그는 스멘트의 통합이론을 계수하지만 헬러의 영향 또는 무시할 수 없다. 헤세는 '정치적 통일체의 형성'이라는 정식을 스멘트처럼 통합의 범주로 사용한다. 그는 그러나 통일체를 형성하는 체험들의 연관성보다는 주체적인 형성 작용과 간주체적 협동 작용을 중시한다. K. Hesse, *Grundzüge des Verfassungsrechts der Bundesrepublik Deutschland*, 3. Aufl., Karlsruhe/1969, 5쪽 각주 2 참조.

49) H. Ehmke, "'Staat' und 'Gesellschaft' als verfassungsrechtliches Problem" (*Staatsverfassung und Kirchenordnung. Festgabe für R. Smend zum 80. Geburtstag*, Tübingen/1962, 23-49쪽 수록), 44쪽; K. Hesse, 앞의 책, 7쪽 이하; H. Ridder, 앞의 의견서, 14쪽 참조.

하지만 공동체는 본래 자급자족적 자연경제가 지배적인 전자본주의적 사회형태이다. 역사적 범주로서의 이 같은 공동체는 그것이 달고 다니는 낡은 이미지 때문에 부정적인 선입견이 아직도 뿌리 깊게 남아 있다. 그러나 정치적 공동체의 개념이 비판적 관점을 시사하고 있다는 것도 틀림없는 사실이라고 할 것이다. 정치적 공동체야말로 중세적 공동체에서는 현실의 일부로 나름의 의미를 지녔던, 그러나 시장경제 사회에서는 아쉽게도 시계 밖으로 밀려난 사회적 이해관계들이 오늘날의 사회경제적 조건 아래에서 상호 협조하고 서로 만날 수 있는 최상의 공간을 제공할 수도 있기 때문이다. 정치적 공동체 이론은 이 같은 문제점을 충분히 인식하지 못하고 아직도 "합의를 통한 정치적 통일"이라는 추상적 요구를 제기하는 수준에 머물고 있다.[50]

아무튼 합의를 통한 정치적 통일은 합리적 담론을 고리로 사회적 이해관계들을 조정하고 이를 바탕으로 사회적 통합을 가능하게 하는 비판적 공론무대를 전제로 한다.[51] 자유우선주의적 절충주의 해석모델의 헌법이해에 따르면, 자유롭고 민주주의적인 기본질서는 법치국가적 합법성이나 민주주의적 정당성으로 의미가 축소된 정당화 정식이 아니다. 그것은 "상이한 지향, 세력, 노력들의 다양성으로부터 국가적 통일성을 자유롭게 형성하고 유지하기 위한 정치적 중도"의 헌법원리이다.[52] 이에 따라 기본법 제18조와 제21조 제1항은 비판적 공론무대를 지속적으로 창출하기 위한 규범적 장치로서 실로 막중한 임무를 띠게 된다.

---

50) G. Stuby, 앞의 글, 122쪽.

51) J. Habermas, *Strukturwandel der Öffentlichkeit. Untersuchungen zu einer Kategorie der bürgerlichen Gesellschaft*, 3. Aufl., Neuwied-Berlin/1968, 254쪽.

52) K. Hesse, 앞의 책, 585쪽; H. Ehmke, *Wirtschaft und Verfassung. Die Verfassungsrechtsprechung des Supreme Court zur Wirtschaftsregulierung*, Karlsruhe/1961, 55쪽.

그러나 '정치질서의 통합력'은 '사회질서의 통합력' 여하에 따라 성패가 크게 좌우되므로 사회국가는 자유롭고 민주주의적인 기본질서가 존립하기 위한 기본전제가 된다.[53] 이유는 자명하다. 사회국가가 "공동체 특유의 공적 질서로서 국가와 사회의 동질화에 기여"하기 때문이다. 그러나 문제는 여전히 남는다.[54] 자유우선주의적 절충주의 해석모델의 이론전략이 지향하는 바가 과연 무엇인지 그 정체성을 확인하려면, 사회국가와 자유롭고 민주주의적인 기본질서 사이의 "해소가 불가능한 원리적인 긴장관계"를 정확히 짚어낸 연방헌법재판소의 독일공산당 결정을 들여다보는 것이 좋을 것이다.

이 같은 자유롭고 민주주의적인 기본질서는 역사적으로 형성된 기존의 국가적 사회적 관계들과 인간의 사고 및 행동 양식을 기정사실로 받아들인다. …… 자유로운 민주주의는 역사의 발전이 과학적으로 인식이 가능한 궁극목표에 의하여 결정된다는 견해를 거부한다. …… 기본법이 '사회국가' 관련 조항을 둠으로써 특별히 부각된 이른바 사회 '정의'를 모든 국가처분의 지도원리로 삼는다고 하더라도 그 같은 지도원리가 제대로 작동하기까지는 상당한

---

53) K. Hesse, 앞의 책, 83쪽; 사회국가와 자유롭고 민주주의적인 기본질서의 관계를 긍정적으로 보는 입장으로는 Hamann-Lenz, *Das Grundgesetz für die Bundesrepublik von 23. Mai 1949*, 191쪽. H. Ridder, 앞의 글, 11쪽. H. Ehmke, 앞의 책, 46쪽. W. Schreiber, *Das Sozialstaatsprinzip des Grundgesetzes in der Praxis der Rechtsprechung*, Berlin/1972, 45쪽 참조; 부정적 입장은 G. Dürig, 제18조 방주 49 각주 1[Maunz/Dürig/Herzog(Hrsg.), *Grundgesetz. Kommentar*] 참조. 뒤리히에 따르면, 자유로운 민주주의에서는 다양한 사회체제가 가능하고 또 허용된다. 무엇이 '사회적'이고 '비사회적'인지 기본법 제18조, 제21조 제2항, 그리고 제9조 제2항은 아무런 언급도 하지 않고 침묵으로 일관하고 있다.

54) A. Rinken, *Das Öffentliche als verfassungstheoretisches Problem. Dargestellt am Rechtsstatus der Wohlfahrtsverbände*, Berlin/1971, 273쪽.

정도의 구체화 과정이 필요할 것이다. 그때그때 사회생활의 형성에 참여하는 모든 사람들과 집단들 사이에는 밑도 끝도 없는 힘겨루기가 끊임없이 이어지는 것이 현실이기 때문이다.[55]

문제는 더 이어진다. 다름 아니라 민주주의를 보는 자유우선주의적 절충주의 해석모델의 시각이다. 자유우선주의적 절충주의 해석모델은 무엇보다 자유에 대한 민주주의적 평등사상의 잠재적 위험성을 강조한다.[56] 자유우선주의적 절충주의 해석모델의 이 같은 자유우선주의적 관점으로 말미암아 자유우선주의적 절충주의 해석모델의 내재적 한계가 드러난다.[57] "자기 책임 아래의 자유에 치명적 영향을 미칠 국가의 포괄적 배려"를 거부하는 자유우선주의적 절충주의 해석모델에 따르면, 사회국가 규정의 사회민주화 효과는 국가와 사회의 상호 침투가 더 이상 나아가서는 안 될 지점, 다시 말하면 법치국가의 테두리 안에서만 허용되어야 하기 때문이다.[58]

바로 이 대목에서 우리는 자유우선주의적 절충주의 해석모델이 염두에 둔 사회국가의 실체를 어렴풋하게나마 떠올릴 수 있을 것이다. 우선 자유우선주의적 절충주의 해석모델에서는 개인의 자유영역을 감내할 수 없을 정도로 침해할 소지가 있는 '정치적 완벽주의'[59]는 설 자리가 없다. 이 해석모델은 따라서 민주주의적 해석모델과 법치국가적 해석모델을 정치적 공동체의 형태로 지양하려는 절충주의적 입장을 추구한다. 그러한 의미에서

55) *Entscheidungen des Bundesverfassungsgerichts*, 5. Band, 197쪽 이하.
56) K. Hesse, "Der Rechtsstaat im Verfassungssyetem des Grundgesetzes"[E. Forsthoff(Hrsg.), *Rechtsstaatlichkeit und Sozialstaatlichkeit. Aufsätze und Essays*, Darmstadt/1968, 557~588쪽 수록], 569쪽 참조.
57) 위의 글, 569쪽.
58) H. Ridder, 앞의 글, 24쪽.
59) R. Schmidt, 앞의 글, 43쪽.

자유우선주의적 절충주의 해석모델은 일체의 교조주의적 관점이나 시각을 배격하는, 이른바 "열린 사회"의 자유주의적 기풍을 대변하고 있다고 할 것이다.

III. 보수 우파 진영의 사회국가 비판

법치국가적 해석모델은 흔히 민주주의적 해석모델과 대비가 된다. 이처럼 민주주의적 해석모델과 대척관계에 있는 법치국가적 해석모델을 주도한 것은 포르스트호프를 비롯한 행정법학자들이나 헌법학자들이다.[60] 이들은 자신들만의 독특한 논리로 다양한 견해를 편다. 거기에는 그러나 하나의 공통점이 있다. 그것은 다름 아니라 사회국가의 탈맥락화이다. 다시 말하면 기본법의 사회국가원리를 그것이 담고 있는 역사적 맥락으로부터 떼어놓은 채 자유주의적 법치국가를 단지 기능적으로 보완하는 일종의 보조장치로 의미를 축소하는 것이다.[61] 그 결과 사회국가 고유의 문제성을 사회사적 이념사적 전체 맥락에서 파악할 수 있는 길이 막히게 된다.[62]

법치국가적 해석모델이 지향하는 궁극적 목표는 "자유주의적 법치국가

---

60) 법치국가적 해석모델과 관련하여 이 글에서는 포르스트호프와 후버를 집중적으로 다룬다. 베버는 문제제기나 논리 전개에서 포르스트호프와 비슷한 행보를 보이기 때문에 별도의 언급 없이 그냥 비켜가기로 한다. 베버의 국가관은 독일 카이저제국의 국가상에 묶여 있기 때문에 그의 사회국가관 역시 프로이센 행정국가의 경찰국가적 복지운용의 틀 안에서 맴돌고 있다고 하여도 과언이 아니다. 베버가 복지를 제도적으로 정착시키려고 시도한 후기 절대주의에서 현대 사회국가의 단초를 찾는 것은 그다지 놀라운 일이 아니다.

61) E. Forsthoff, *Lehrbuch des Verwaltungsrechts*, 1. Band Allgemeiner Teil, 8. Aufl., München-Berlin/1961, 66쪽.

62) H. Čopič, "Rechtsstaat und Sozialstaat"(*Recht und Politik*, Heft 4/1969, 16-19쪽 수록), 16쪽 참조.

의 사회국가적 전환"에 쐐기를 박고 "자유주의적 법치국가의 사회국가적 추이"를 엄격히 제한하는 것이다.[63] 법치국가적 해석모델의 이 같은 지향성은 민주주의 이해에서 가장 두드러지게 나타난다. 민주주의적 해석모델과 달리 법치국가적 해석모델은 민주주의를 국가의사의 대의제적 형성이라는 극히 한정된 범위의 형식적 절차로 이해한다. 민주주의에 대한 이 같은 형식적 이해는 사회국가와 민주주의의 관계를 정립하는 데 직접적인 영향을 미친다. 법치국가적 해석모델에 따르면, 사회국가와 민주주의가 연계하여 기능적으로 상승작용을 일으키면, 사회복지 기능은 결국 지배 기능으로 탈바꿈하고 자유주의적 법치국가는 끝장을 보게 된다.[64] 따라서 법치국가적 해석모델은 다음과 같은 주장, 즉 국가를 상대로 한편으로는 사회복지 관련 행정기능을, 그리고 다른 한편으로는 민주주의적 개방을 요구하는 것은 일종의 자가당착이라는 이른바 이율배반 테제를 내세워 사회국가의 문제 영역으로부터 민주주의적 요소를 배제한다.[65] 한마디로 법치국가적 해석모델은 사회국가의 사회 민주화 효과에 자유주의적 법치국가의 이름으로 일정한 한계를 설정하려고 한다. 이처럼 사회국가의 문제 영역에서 민주주의적 요소를 솎아내면서 법치국가적 해석모델의 핵심 열쇠말로

---

63) U. K. Preuß, 앞의 책, *Zum Staatsrechtlichen Begriff des Öffentlichen*, 114쪽 참조.

64) E. Forsthoff, "Verfassungsprobleme des Sozialstaats"[E. Forsthoff(Hrsg.), *Rechtsstaatlichkeit und Sozialstaatlichkeit. Aufsätze und Essays*, Darmstadt/1968, 145-164쪽 수록], 152쪽; 같은 이, *Rechtsstaat im Wandel. Verfassungsrechtliche Abhandlungen 1950-1964*, Stuttgart/1964, 115쪽.

65) E. Forsthoff, "Verfassungsprobleme des Sozialstaats", 115쪽; 같은 이, *Rechtsstaat im Wandel*, 115쪽; 이에 반하여 하버마스는 대중민주주의적 사회국가에서는 정치의 역할이 더욱 중대하게 된다고 주장한다. J. Habermas, "Einleitung: Über den Begriff der politischen Beteiligung"[J. Habermas, L. von Friedeburg, C. Oehler, F. Weltz, *Student und Politik. Eine soziologische Untersuchung zum politischen Bewußtsein Frankfurter Studenten* (SuP), Neuwied/Berlin, Luchterhand/1961, 13-55쪽 수록], 51쪽 이하 참조.

등장하는 것이 각자는 제 몫만큼만 차지하여야 한다는 이른바 타일하베 (Teilhabe)의 개념이다.

법치국가적 해석모델의 사회국가 비판에서 결정적인 중요성을 갖는 타일하베의 개념과 관련하여 무엇보다 우리의 관심을 끄는 것은 '사회적' 또는 '사회적인(sozial)'에 대한 포르스트호프의 견해이다.

한정형용사 '사회적' 또는 '사회적인'은 본래 투쟁적인 이미지가 도드라진다.[66] 때문에 쓰임새 또한 매우 독특한 수식어이다. 포르스트호프 역시 '사회적' 또는 '사회적인'이라는 한정형용사가 역사적으로 발생사적으로 "현존 사회체제의 사회적 정치적 상황"에 대한 비판적 인식을 함축하고 있다는 사실을 부인하지 않는다.[67] 하지만 그에 따르면, '사회적인 것(Das Soziale)'이라는 개념은 다른 측면도 아울러 지니고 있다. 다시 말하면, 그것은 현존 사회체제와 비도전적인 방식으로 관계를 맺음으로써 사회 발전의 진전에 따른 재화 분배의 개선과 밀접한 관련이 있는 우리 법질서의 제도, 개념, 법규 등을 의미할 수도 있다.[68] 따라서 '사회적인 것'은 개념적으

---

66) E. Forsthoff, "Begriff und Wesen des sozialen Rechtsstaates", in: *Veröffentlichungen der Vereinigung der Deutschen Staatsrechtslehrer*, Heft 12/1954. 110쪽의 세 번째 발언 참조; H. Ridder, *Zur verfassungsrechtlichen Stellung der Gewerkschaften im Sozialstaat nach dem Grundgesetz für dir Bundesrepublik Deutschland*, 17쪽에서 리더는 '사회적(sozial)'이라는 한정형용사를 '사회적(gesellschaftlich)' 또는 '사회연관적(die Gesellschaft betreffend)'이라는 의미로 사용한다; 비슷한 예로는 U. K. Preuß, 앞의 책, 142쪽; 다른 견해는 E. R. Huber, "Rechtsstaat und Sozialstaat in der modernen Industriegesellschaft"[E. Forsthoff(Hrsg.), *Rechtsstaatlichkeit und Sozialstaatlichkeit. Aufsätze und Essays*, Darmstadt/1968, 589-618쪽 수록], 598쪽 참조. R. Schmidt, 앞의 글, 49쪽 참조.

67) E. Forsthoff, "Begriff und Wesen des sozialen Rechtsstaates", E. Forsthoff(Hrsg.), *Rechtsstaatlichkeit und Sozialstaatlichkeit. Aufsätze und Essays*, Darmstadt/1968, 186쪽; C. H. A. Geck, *Über das Eindringen des Wortes 'das Soziale' in die deutsche Sprache*, Göttingen/1963, 41쪽 이하.

68) 위의 글, 186쪽 이하.

로 단지 "나누고 배분하고 분배하는 과정"에만 관여한다.[69]

법치국가적 해석모델에 따르면, 사회국가원리는 사회정책적 교섭소지와 때를 같이하여 이미 자본주의적 산업사회의 자기조절 메커니즘의 일부가 된 국가행정의 기능양식으로 작동하고 있다. 이처럼 사회국가원리가 자본주의적 위기관리 체계의 테두리 안에서 보완적 분배기능을 맡게 되면서 사회국가원리는 마침내 사회정책적 급부행정을 총체적으로 지칭하는 의미내용으로 그 실체가 왜소화한다.

사회국가의 이론적 전망을 좁은 시계 안에 가두어놓는 급부행정 위주의 구상은 인간생존의 '가장 소박하고 기본적인 측면'만을 염두에 두고 있다.[70] 이 같은 사정은 1848년의 변혁과 함께 나타난 독일 특유의 상황 전개와 밀접한 관련이 있다. 그것은 다름 아니라 산업과 통상의 폭발적인 팽창과 확산이다. 그 결과 1863년에는 전독일노동자연합이 출범하고, 이에 따라 노동운동이 본격적으로 시작되면서 노동운동의 급진화에 대한 예방적 방어조치로 위로부터의 사회개혁, 이 가운데에서 특히 사회정책이 국내 정치의 핵심 관심사로 떠오른다.

비스마르크의 사회정책은 상황강제의 소산이 아니라 정치적 계산의 산물이다.[71] 그리고 사회국가 개념 또한 그 의도나 내용이 사회정책 등속과

---

69) 위의 글, 186쪽.

70) W. Hennis, *Politik und praktische Philosophie. Eine Studie zur Rekonstruktion der politischen Wissenschaft*, Neuwied-Berlin/1963, 69쪽; 일상생활 주변의 범속한 사실들을 포르스트호프가 지나치게 실체화한다고 헤니스는 비판한다. 이에 대하여 바두라는 대중민주주의적 사회국가에서의 정치의 역할이라는 관점에서 반박한다. 바두라에 따르면, 헤니스는 '생존배려'의 개념이 함축하고 있을지도 모르는 이념적 맥락에 너무 집착함으로써 이 개념이 지니고 있는 행정법이론상의 기능을 소홀히 한다. P. Badura, *Verwaltungsrecht im liberalen und im sozialen Rechtsstaat*, Tübingen/1966, 21쪽 각주 48.

71) K. E. Born, "Idee und Gestalt des sozialen Rechtsstaates in der deutschen Geschichte"(*Sozialer Rechtsstaat—Weg oder Irrweg?*, *Schriften des deutschen*

한 묶음으로 간단히 처리할 수 있는 성질의 것이 아니다.[72] 그럼에도 비스마르크의 사회정책이 그 후 사회국가의 정체성 확립에 크게 기여하였다는 것은 부인할 수 없는 사실이라고 할 것이다.

후버가 적절히 지적한 것처럼, 비스마르크의 사회정책에 힘입어 '행정적 사회공학의 형태'로 모습을 드러낸 전입헌주의적 '사회실용주의'는 전래의 잠재적 국가통합력이 자본주의적 산업사회의 이질적 사회구조에 의하여 손상되지 않는 한에서만 기능할 수 있었다.[73] 하지만 부르주아 자유주의적 국가사상의 근간이라고 하여도 좋을 국가 사회 분리의 이분법적 도식은 저간의 사회경제적 구조변화로 말미암아 이미 과거의 유물이 되었다.[74] 각종 이익단체들이 정치권력의 배분에 한몫 끼기 위하여 조직의 힘을 빌려 서로 경쟁하면서 국가는 종래의 통합력을 급속히 상실한다. 이처럼 다원주의적 해체 과정이 불가역적으로 진행되는 정당국가나 단체국가에서 국가는 이제 헤겔적 의미의 '객관적 정신'이기를 그치고 형이하학적 퇴락의 길을 걷게 된다.[75]

Beamtendundes, 31, Bad Godesberg/1963, 81-105쪽 수록), 93쪽. 같은 이, "Staat und Sozialpolitik im Deutschen Kaiserreich"(*Geschichte in der Gegenwart. Festschrift für K. Kluxen zu seinen 60. Geburtstag*, Paderborn/1972, 179-197쪽 수록), 182쪽 이하, 특히 187쪽; 비판적 견해로는 H. Maier, *Ältere deutsche Staatslehre und westliche politische Tradition*, Tübingen/1966, 26쪽 참조.

72) H. -H. Hartwich, 앞의 책, 12쪽.

73) E. R. Huber, *Deutsche Verfassungsgeschichte seit 1789*, Band IV, Stuttgart-Berlin-Köln-Mainz/1969, 1131쪽.

74) H. Freyer, *Das soziale Ganze und die Freiheit der Einzelnen unter den Bedingungen des industriellen Zeitalters*, Göttinge/Berlin-Frankfurt am Main/1957, 23쪽; E. Forsthoff, "Verfassungsprobleme des Sozialstaats", 148쪽; 같은 이, *Rechtsstaat im Wandel*, 80쪽; J. Habermas, *Theorie und Praxis. Sozialphilosophische Studien*, Frankfurt am Main/1973, 228쪽.

75) E. Forsthoff, *Rechtsstaat im Wandel*, 74쪽. 같은 이, *Rechtsfragen der leistenden Verwaltung*, Stuttgart/1958, 13쪽.

법치국가는 원래 '입헌군주주의 국가'의 법적 형태이다.[76] 보수적인 국가이론가들이 우리가 만들었던 '유일하고 진정한 법치국가'라고 칭송하여 마지않았던 이 군주주의적 법치국가에 존립의 목적, 그것도 유일무이한 존립의 목적이 있었다면, 그것은 다름 아니라 전통적인 국가 정체성을 조금도 훼손함이 없이 그대로 보존하는 것이었다. 따라서 전래의 국가 정체성이 그 실체를 상실하게 된 이유를 19세기의 군주주의적 법치국가의 쇠락에서 찾는 것은 결코 놀라운 일이 아니다.[77]

과소 결핍 국가가 있는 곳에서 국가가 약한 것도, 과대 잉여 국가가 있는 곳에서 국가가 반드시 강한 것도 아니다. 하나의 국가와 또 하나의 국가는 항상 같은 것이 아니다. 국가 정체성이란 국가재정, 헌법, 법률, 정부규칙에서 도출할 수 있는 것이 아니다.[78]

포르스트호프에 따르면, 자유주의적 법치국가의 위기는 "자유와 소유권의 자유주의적 수호"에 대한 사회의 불신[79]으로부터 오는 것이 아니다. 그것은 "공동 책임의식을 지닌, 전체 운명에의 윤리적 참여"[80]로서의 국가에 대한 믿음의 결여에서 오는 것이다. 이처럼 고색창연한 전래의 국가 정체성 이데올로기에 막무가내로 매달리게 되면 적어도 이론적 차원에서는 법치국가와 사회국가의 접합 가능성은 완전히 봉쇄된 것이나 다름없다.[81]

76) U. K. Preuss, *Legalität und Pluralismus. Beiträge zum Verfassungsrecht der Bundesrepublik Deutschland*, Frankfurt am Main/1973, 11쪽.

77) E. Forsthoff, *Rechtsstaat im Wandel*, 64쪽.

78) 위와 같음.

79) H. -H. Hartwich, 앞의 책, 317쪽.

80) E. Forsthoff, 앞의 책, 66쪽.

81) J. Habermas, *Legitimationsprobleme im Spätkapitalismus*, Frankfurt am Main/1973,

그러나 현실은 현실일 뿐, 역사의 수레바퀴는 계속 굴러가기 마련이다. 자본주의적 산업사회에서 자유주의적 법치국가의 사회국가적 전환은 더 이상 거스를 수 없는 대세로 굳혀지고, 이에 따라 사회국가의 사회 민주화 효과도 더욱 확산된다. 국가이데올로기적 질서관념만으로 자유주의적 법치국가의 사회국가적 전환이나 사회국가의 민주화 효과를 저지하는 것은 사실상 불가능하게 되었다. 그렇다고 사회국가로 말미암아 야기된 자유주의적 법치국가의 위기를 손 놓고 하릴없이 관망만 할 수도 없는 일이다. 이에 대한 대응 방안으로 기획된 것이 법치국가 개념의 기능화 전략과 '생존배려' 개념의 국가이데올로기적 실체화 전략이다. 법치국가 개념의 기능화 전략은 자유주의적 법치국가의 사회국가적 전환을 원천적으로 차단하는 데 주안점을 둔다. 이에 반하여 '생존배려' 개념의 국가이데올로기적 실체화 전략은 자유주의적 법치국가의 사회국가적 전환을 일정한 테두리 안에서 용인하되 사회국가의 사회 민주화 효과는 철저히 저지하려고 한다.

첫 번째 길, 즉 법치국가 개념의 기능화 전략은 포르스트호프의 작품이다. 그에 따르면, 법치국가는 "법률적 자유의 보장을 위한 법기술적 기교의 체계"[82]이다. 이처럼 법치국가에 대한 형식주의적 관점을 지나치게 강조하게 되면, 법치국가는 생활세계의 '환경변화'[83]로부터 완전히 유리된 채, 사회국가의 반대개념으로 전화한다. 따라서 사회국가 이론은 사회국가에 대

96쪽 이하 참조.

82) E. Forsthoff, 앞의 책, 174쪽; 비슷한 견해로는 H. Schelsky, "Demokratischer Staat und moderne Technik"(*Atomzeitalter*, Heft 5/1961, 99-102쪽 수록), 99쪽 이하 참조; 비판적 견해로는 U. Scheuner, "Das Wesen des Staates und der Begriff des Politischen in der neueren Staatslehre"(*Staatsverfassung und Kirchenordnung. Festgabe für R. Smend zum 80. Geburtstag*, Tübingen/1962, 225-260쪽 수록), 238쪽 각주 51 참조.

83) E. Forsthoff, "Begriff und Wesen des sozialen Rechtsstaates", E. Forsthoff(Hrsg.), *Rechtsstaatlichkeit und Sozialstaatlichkeit. Aufsätze und Essays*, Darmstadt/1968, 193쪽.

한 법치국가적 '비판'으로서만 가능하며, 이 같은 형식주의적 관점이 염두에 둔 목표는 "과소 결핍 국가에 토대를 둔 법치국가저 헌법 아래에서 국가의 정체성을 증대시키는 것"이다.[84]

포르스토호프에 따르면, 기본법체제 아래에서 헌법구성의 최고원리는 법치국가이다.[85] 법치국가는 전통적으로 조세국가이며, 따라서 대규모의 분배국가이기도 하다.[86] 때문에 사회적 법치국가의 정식 그 자체가 법논리적으로 공허하고 진부한 것이다.[87] 이 같은 공허하고 진부한 정식이 기본법에 불필요하게 똬리를 틂으로써 흠 없는 헌법구조를 지키려는 헌법해석 작업이 난관에 부딪히고 온갖 이데올로기가 헌법 안으로 비집고 들어오게 된다.[88]

사회적 정치적 상황의 변화를 법치국가적 헌법에 반영시키려는 일체의 시도는 단지 법치국가적 헌법의 해체를 촉진시킬 뿐이다.[89]

따라서 '지배 및 권력'과 '사회적인 것' 사이에는 분명한 경계선이 그어져야 하며, '권력투쟁이나 권력관계 조정' 같은 정치적 요인들이 개입할 소지가 있는 것 역시 '사회적인 것'으로부터 배제하여야 한다.[90]

포르스토호프는 한발 더 나아간다. 그에 따르면, 산업적 해방의 조건 아

---

84) E. Forsthoff, *Rechtsstaat im Wandel*, 65쪽.

85) E. Forsthoff, "Verfassungsprobleme des Sozialstaats", 145쪽.

86) E. Forsthoff, *Rechtsstaat im Wandel*, 67쪽.

87) E. Forsthoff, *Der Staat der Industriegesellschaft*, München/1971, 68쪽.

88) 위와 같음.

89) E. Forsthoff, "Begriff und Wesen des sozialen Rechtsstaates", E. Forsthoff(Hrsg.), *Rechtsstaatlichkeit und Sozialstaatlichkeit. Aufsätze und Essays*, Darmstadt/1968, 175쪽.

90) E. Forsthoff, "Verfassungsprobleme des Sozialstaates", 151쪽.

래에서 일반적 합의는 더 이상 헌법상의 문제가 아니다.[91] 단지 입법과 행정의 문제일 뿐이다.[92] 특히 독일 사회국가 특유의 역사적 성격을 지적하면서 포르스트호프는 법치국가와 사회국가 사이에는 헌법 차원의 구조적 모순이 있다는 주장을 편다.[93] 이 같은 주장이 궁극적으로 노리는 것은 사회국가를 헌법이론적 문제 영역으로부터 떼어내어 행정기술적 차원의 문제로 밀어내려는 것이다.

그러나 법치국가의 개념을 자의적으로 해석하여 법치국가의 사회국가적 구조변화를 차단하려는 포르스트호프의 노력은 결국 수포로 돌아간다. 이에 따라 그는 좀 더 유연한 입장으로 돌아서면서 다음과 같은 신축적인 결론에 도달한다.

1960년 나는 국가가 산업사회의 보완기능이 되었음을 확언할 수 있다고 믿었다. 최근의 상황 전개는 이 같은 과정의 진전에 대한 그 이상의 통찰을 가능하게 하였다. 이에 따라 1960년의 확언을 뒤집고 다음과 같이, 즉 산업사회가 국가의 보완기능이 되었다고, 다시 말하면 국가와 산업사회가 기능적 통일체로 한 묶임이 되었다고 말할 수 있을 것이다.[94]

포르스트호프에 따르면, 국가와 산업사회는 '기술구조'를 고리로 마침내 하나의 사회적 총체를 구성한다.[95] 그럼에도 사회적 총체는 어떠한 국

---

91) E. Forsthoff, *Der Staat der Industriegesellschaft*, 72쪽.

92) 위와 같음.

93) E. Forsthoff, *Lehrbuch des Verwaltungsrechts* 1. Band Allgemeiner Teil, 66쪽.

94) E. Forsthoff, "Zur heutigen Situation einer Verfassungslehre"(*Epirrhosis, Festgabe für C. Schmitt*, 1. Teilband, Berlin/1968, 185-211쪽 수록), 194쪽; 같은 이, *Rechtsstaat im Wandel*, 200쪽 이하.

95) '사회적 전체' 개념에 대하여는 H. Freyer, *Das soziale Ganze und die Freiheit der*

가이데올로기적 밑받침 없이 단지 기술 합리성에만 의존함으로써 위기에 노출되어 있다. 이 같은 위기 취약성으로 말미암아 만일 사회적 생산력이 지속적 성장을 통하여 완전고용을 보장하지 못하면, 국가와 산업사회의 기능적 통일은 아주 사소한 계기만 돌출하더라도 쉽게 무너질 위험에 놓이게 된다.[96] 사회적 총체가 정치체제로서 떠안아야 할 이 같은 구조적 불안정으로부터 급부행정 체계를 구출하려면, 사회국가 조항을 통하여 국가작용을 정당화하려는 강박관념으로부터 해방되어야 한다.[97] 이렇게 하여야 국가행정이 이데올로기적 멍에에서 벗어나 법치국가적으로 획정된 경계의 테두리 안에서 사회적 총체의 통합과 발전을 장기적으로 그리고 최적의 상태로 보장할 수 있기 때문이다.[98] 같은 맥락에서 포르스트호프는 다음과 같이 부연하기도 한다.

우리 국가의 이율배반은 국가가 권위를 배제하지만 위기상황에서는 이전의 어떠한 국가와도 비교할 수 없을 정도로 고도의 권위를 요구하는 데 있다. 그것은 다름 아니라 현대국가의 위기상황인 사회적 생산의 하락이 연쇄반응을 일으킬 경우, 위기상황의 극복은 최고의 기술자가 진정한 권위와 전문성을 가지고 빼어나게 대처할 때에만 가능하기 때문이다.[99]

Einzelnen unter den Bedingungen des industriellen Zeitalters, Göttingen-Berlin-Frankfurt am Main/1957 참조; 기술구조(Technostruktur)는 미국의 경제학자이자 사회학자인 갤브레이스가 처음으로 사용한 용어이다. J. K. Galbraith, *Die moderne Industriegesellschaft*, München-Zürich/1968, 68쪽 이하 참조.

96) E. Forsthoff, *Rechtsstaat im Wandel*, 107쪽 이하.
97) U. K. Preuss, *Legalität und Pluralismus*, 96쪽; J. Habermas, 앞의 책, 98쪽 참조.
98) W. Hennis, "Aufgaben einer modernen Regierungslehre"[*Politische Vierteljahresschrift*, 6. Jahrgang(1965), 422-441쪽 수록], 423쪽 이하 참조.
99) E. Forsthoff, 앞의 책, 110쪽.

법치국가 개념의 기능화 전략과 관련하여 법치국가적 해석모델이 풀어야 할 난제들 가운데 하나는 사회국가의 관료주의적 행정국가화이다. 이에 관하여 정작 포르스트호프는 별다른 언급을 하고 있지 아니하다. 이 같은 공백을 두고 마치 포르스트호프를 변호라도 하듯이 그리고 어떠한 의미에서는 포르스트호프보다 더 포르스트호프답게 법치국가 개념 기능화의 효과를 긍정적으로 평가한 논객들 가운데 한 사람으로 우리는 정치학자 헤니스를 들 수 있다. 그에 따르면, 관료주의적 행정국가는 사회국가의 미래이다.[100] 따라서 사회국가의 명운은 관료주의적 행정국가의 성패 여부에 달려 있다.[101] 헤니스가 보기에 "현대국가의 문제는 권리의 보장뿐만 아니라 급부를 완수하는 데 있다. 이에 대한 국가의 역량—그 효율성의 정도—은 국가가 이 같은 새로운 상황에 얼마나 조직적으로 그리고 도구적으로 대응하는가에 따라 판가름이 난다."[102] 왜냐하면 "생존배려는 그것이 지나칠 때 자유 이념의 말살뿐만 아니라 사회국가원리의 말살도 초래할 수 있기 때문"이다.[103]

포르스트호프와 달리, 후버는 생존배려 개념의 국가이데올로기적 실체화라는 정반대의 길로 간다. 이와 관련하여 한 가지 흥미로운 점은 그의 학문 이력이다. 후버는 원래 칼 슈미트 학파의 계보에 이름을 올리다가 후에 일정한 거리를 두면서 스멘트의 통합이론 쪽으로 많이 기운다.

후버는 법치국가의 역사적 위상을 국가와 시민사회의 대립이라는, 그리고 사회국가의 역사적 위상을 시민사회와 산업사회의 대립이라는 관점

---

100) W. Hennis, 앞의 글, 428쪽 이하; W. Müller/Ch. Neusüß, 앞의 글, 25쪽 참조.
101) 위와 같음.
102) 위와 같음.
103) E. R. Huber, "Vorsorge für das Dasein"(*Festschrift für E. Forsthoff zum 70. Geburtstag*, München/1972, 139-163쪽 수록), 162쪽.

에서 파악한다.[104] 그에 따르면, 법치국가와 사회국가의 통일성은 시민사
회와 산업사회가 한 울타리 안에서 동거하는 우리 시대의 특수한 상황, 즉
"시민사회와 산업사회의 동시성"[105]으로 말미암아 한층 더 불가피하게 되
었다. 하지만 현대 산업사회가 부르주아사회의 역사적 발전의 불가피한 결
과임을 감안한다면, 이 같은 동어반복식 대비는 시민사회와 산업사회의 역
사적 연관성을, 그리고 이로부터 파생하는 문제상황을 명확히 하는 데 별
로 도움이 되지 않는다.[106]

　　따라서 후버의 사회국가관을 살펴보기에 앞서 우선 확인하여야 할 것은
그의 인식관심이다. 한마디로 그것은 다름 아니라 19세기의 부르주아사회
를 비록 수정된 형태로나마 계속 존속시키려는 보수주의 특유의 현상 유지
욕구이다.[107] 후버의 주장에 따르면,

　　　우리 사회현실 속의 부르주아적 요소들을 산업사회적 요소들로부터 분리
　　시켜 이미 사멸 과정에 있는 법상태로 간주한다면, 이 같은 논리야말로 조야
　　한 단순화의 극치일 것이다. 오히려 우리는 여러 가지 의미에서 부르주아사
　　회로 되돌아가고 있는데, 이 같은 사실이야말로 종종 비판의 대상이 되기는
　　하지만 눈여겨볼 만한 따라서 가벼이 넘길 수 없는 오늘의 우리 현실인 것이
　　다.[108]

---

104) E. R. Huber, "Rechtsstaat und Sozialstaat in der modernen Industriegesellschaft",
　　597쪽.
105) 위의 글, 615쪽.
106) H. -H. Hartwich, 앞의 책, 304쪽 참조.
107) K. D. Bracher, "Staatsbegriff und Demokratie in Deutschland"[*Politische
　　Vierteljahresschrift*, 9. Jahrgang(1968), 2-27쪽 수록], 23쪽.
108) E. R. Huber, 앞의 글, 614쪽 이하; 하지만 후버는 1935년에 출간된 글에서 부르주아 시
　　대와의 결별이 다가오고 있다는, 종전의 입장과는 전혀 다른 견해를 보이고 있다. *Vom
　　Sinn der Verfassung*, Hamburg/1935, 9쪽 참조.

이른바 오늘의 우리 현실에 대한 후버의 이 같은 진단을 염두에 둘 때, 우리는 비로소 후버 사회국가관의 전체적 윤곽을 그려볼 수 있다. 그에 따르면, 사회국가는 "전래의 국가 정체성과 산업화한 계급사회의 갈등을 사회적 통합을 통하여 극복하려는 국가이다."[109] 그것은 "사회혁명의 국가가 아니라 시민적 사회개혁의 국가"[110]이다. 때문에 시민적 사회개혁의 국가에서 결정적으로 중요한 것은 "사회문제를 있는 그대로 받아들여 시민적 질서를 공고히 하는 것"이다.[111] 이 같은 논리에 따르면, "사회국가의 임무는 사회적인 것과 국가적인 것을 하나로 묶어 국가를 사회정의의 수호자로 받들고 사회적으로 권리가 박탈되거나 위협받는 사람들을 기존의 국가 품 안으로 받아들여 그들이 일체감을 느끼도록 하는 것"이다.[112]

이 같은 이유로 말미암아 사회국가는 '절대적 이념'[113]이 아니다. 사회국가에서 무엇보다 중요한 것은 항구적인 '사회적 접촉'을 통하여 사회적 갈등을 지양하는 것이다.[114] 따라서 사회국가는, 기본법 제28조 제1항이 요구하는 것처럼, 개인적인 것의 요소와 사회적인 것의 요소가 변증법적 결합에 의하여 하나의 통일체를 이루는 '사회적 법치국가'의 형태를 띨 때 비로소 사회국가로서의 자격을 지닌다.[115] 후버에 따르면, 법치국가와 사회국가는 구조적으로 서로 변별성을 지니고 심지어는 대립관계에 있기도 하지만, 양자의 통일은 이념적으로 불가피하다.[116] 반복적인, 형식적인 그리고

---

109) 위의 글, 600쪽.
110) 위와 같음.
111) E. R. Huber, *Zur Problematik des Kulturstaates*, Tübingen/1958, 4쪽.
112) 위와 같음; 이에 대한 비판으로는 U. K. Preuss, *Zum staatsrechtlichen Begriff des Öffentlichen*, 111쪽과 H. -H. Hartwich, 앞의 글, 292쪽 참조.
113) E. R. Huber, 앞의 글, 618쪽.
114) 위의 글, 604쪽.
115) 위의 글, 617쪽.
116) 위의 글, 615쪽 이하.

기술적인 기존 법치국가의 틀에서 해방된, 실체적 이념의 법치국가 개념은 사회국가를 통한 수혈에 힘입어 스스로의 내실을 다져야 한다. 사회적으로 위협받는 자유의 복원은 사회국가의 사회정책적 조치가 제대로 작동될 때 비로소 가능하기 때문이다. 한마디로 법치국가는 "동시에 사회국가일 때 에만 의미 있고 가능"[117]하며 그리고 반대로 사회국가 역시 "동시에 법치국 가일 때에만 의미 있고 가능"[118]하다.

따라서 후버는 사회국가원리를 경제질서와 사회질서의 민주화라는 방향으로 확대해석하는 어떠한 견해도 결단코 거부한다. 오히려 그는 사회국가에 대한 기본법의 정치적 신앙고백을 매우 제한적인 의미로 해석한다. 그가 보기에 사회국가원리는 "현대 헌법국가라면 반드시 품고 있어야 할 일종의 제도적 보장"[119]에 지나지 않는다. 이 같은 접근방식은 역설적으로 역사적 산물에 지나지 않는 사회정책 관련 조치들을 헌법적 차원에서 정당화하는 적극적인 의미를 갖기도 한다.[120] 그러나 사회국가원리가 일종의 백지위임장으로 변질되는 것을 막으려면 사회집단들이 경제권력을 구축하는 방편으로 사회국가원리를 악용하는 일이 있어서는 결코 안된다는 것이 후버의 기본 입장이다.[121] 나아가 후버는 사회화 문제와 관련하여도 그 나름의 입장을 분명히 밝힌다. 그에 따르면, 사회화는 사회적 통합 대신 일종의 사회적 전제주의를 초래함으로써 소유 기반 사적 자치 국가(Dominium)가 시혜 기반 공적 후견 국가(Imperium)로 전화할 위험성이 있다는 극히 비관적인 전망을 내놓는다.[122] 기본법의 사회국가원리에서 사

---

117) 위의 글, 616쪽.
118) 위의 글, 617쪽.
119) E. R. Huber, *Grundgesetz und wirtschaftlche Mitbestimmung*, Stuttgart/1970, 34쪽.
120) 위와 같음.
121) 위의 책, 35쪽.
122) E. R. Huber, *Wirtschaftsverwaltungsrecht*, 2. Band, 2. Aufl., Tübingen/1954, 143쪽 이하.

회화 조치들의 헌법적 근거를 도출하는 민주주의적 해석모델과 극명하게 대비가 되는 대목이다.

방금 본 것처럼, 후버는 자신의 사회국가관에서 현대국가의 사회통합적 역할을 강조한다. 그럼에도 다음과 같은, 즉 전래의 국가 정체성에 비견할 수 있는 강고한 국가질서를 창출하려면 민주주의적이고 자유주의적인 헌법개념만으로는 턱없이 부족하다는 주장도 아울러 곁들인다. 이 같은 인식에 따라 후버는 독일 국가사상의 보수주의적 전통을 계승하여 자신이 그토록 아쉬워하던 국가 정통성을 현대국가에서도 재건하려고 한다. 자신에 앞서 포르스트호프가 그랬듯이 후버 역시 헤겔로 돌아간다.

헤겔의 학설은 국가의 현실에 완전히 부합하는 것은 아니지만 철학적 엄밀성과 완결성에서는 대단히 뛰어나다. 이에 비하면 이후의 모든 국가이론과 헌법이론은 천박하기 이를 데 없으며 쓸모조차 없는 것이다.[123]

이처럼 '사회적 통합'에 대한 후버의 이해는 나름의 사회학적 수사와 포장에도 불구하고 한때 그가 스멘트의 통합이론을 두고 비난하였던 순수관념론적 색조로부터 완전히 자유로운 것은 아니다.[124]

'사회적 통합'에 대한 후버의 관념론적 이해는 특히 '생존배려' 개념의 국가이데올로기적 실체화에서 명확히 드러난다. 주지하는 대로 생존배려는 현대 사회국가의 핵심 범주이다. 후버에 따르면, 생존배려는 사회국가의 사회 민주화 효과가 아니다.[125] 그것은 스스로를 인륜적 이념의 현실태로 인식하는 국가가 자기결정의 희생자들을 위하여 떠맡아야 할 책무에 지

---

123) 위의 책, 27쪽 이하.
124) E. R. Huber, *Wesen und Inhalt der politischen Verfassung*, Hamburg/1935, 24쪽 이하.
125) E. R. Huber, "Vorsorge für das Dasein", 163쪽.

나지 않는다.[126] 나아가 후버는 같은 맥락에서 다음과 같이 말하기도 한다.

> 인류적 이념, 즉 자유 이념의 실현이야말로 국가의 숙명이므로 산업사회에
> 서는 자유를 보장하는 생존배려가 국가의 인류적 이념으로 자리 잡는다.[127]
> 이처럼 산업사회에서는 생존배려가 국가의 '인류적 책무'이기 때문에 국가는
> 이 같은 책무를 수행하는 가운데 스스로가 인류적 이념의 현실태임을 입증한
> 다.[128] 생존배려를 통하여 국가는 인류 그 자체가 된다.[129]

위에서 살펴보았듯이, 법치국가적 해석모델은 사회국가의 문제상황에서 발생적으로 중요한 관점들은 아예 배제하는 이론전략을 구사한다. 법치국가 개념의 기능화나 생존배려 개념의 국가이데올로기적 실체화는 그 같은 이론전략의 구체적 표출에 지나지 않는다. 법치국가적 해석모델이 궁극적으로 지향하는 목표는 사회국가를 실질적 기반인 사회적 현실로부터 행정기술적으로 또는 국가이데올로기적으로 분리시킴으로써 사회국가를 사회이론적으로 탈문제화하고 이를 통하여 행정기술적으로 조작이 가능한 정체불명의 회색지대로 추방하거나 국가이데올로기적으로 과잉 충전된 관념론적 추상의 세계에 유폐시키려는 데 있다. 따라서 자유주의적 법치국가의 사회국가적 전환이나 사회국가의 사회 민주화 효과로 말미암은 국가 정체성의 위기를 바로잡을 수 있는 행정기술적 또는 국가이데올로기적 대체형식을 개발하는 데 법치국가 해석모델의 모든 이론적 역량이 집중되었다고 하여도 과언이 아니다.

---

126) 위와 같음.
127) 위의 글, 154쪽 이하.
128) 위와 같음.
129) 위와 같음.

공화제 군주국가와 의회제 민주주의[*]

I. 이른바 내각제 개헌 논란의 실체

국가 형태의 핵심이 국가권력의 귀속 문제라면, 정부 형태는 국가권력의 중심축인 집행권력의 조직 문제이다.[1] 정부 형태에는 물론 다양한 종류가 있다. 의원내각제, 대통령제, 의회정부제 등이 그것이다. 그러나 현대 자본주의국가의 헌법이 국가 형태로 민주주의공화국을 표방하고 있는 한, 그것이 채택하고 있는 정부 형태는 대부분의 경우 의원내각제이거나 대통령제이다. 고전적 의미의 의원내각제를 규정한 1960년 헌법을 빼놓으면 우리 헌법이 그동안 고집하여온 정부 형태의 기본 뼈대도 다름 아닌 대통령제 정부 형태이다.

이처럼 대통령제 정부 형태가 나름의 연륜을 쌓아온 만큼, 이에 대한 정

* 이 글은 민주주의법학연구회 편,《민주법학》제14호, 1998, 276-286쪽에 수록된 것이다.
1) 田口富久治,「政治学の基礎概念」(田口富久治/佐木一郎/加茂利男, 『政治の科学, 現代的課題と方法』, 青木書店/1980, 15-82쪽 수록), 50쪽 이하 참조.

치적 도전도 만만치 아니하다. 이승만 경찰독재체제 때 야당 주도 아래 이루어진 의원내각제 헌법개정 움직임이 그것이다. 그러나 의원내각제 정부 형태를 처음 도입한 1960년 헌법이 정치군인들의 군홧발에 풍비박산이 된 후, 의원내각제 헌법개정 움직임도 우리 헌법현실에서는 자연히 발붙일 데가 없게 된다. 이처럼 정치적 실종선고를 받고 우리 곁에서 영원히 자취를 감춘 듯싶었던 의원내각제 헌법개정 움직임이 다시 고개를 든 것은 박정희 군부파시즘 체제의 후계정권들인 전두환 정부와 노태우 정부 때이다. 대통령 임기 말을 앞두고 돌림병처럼 불쑥 튀어나와 정치적 시계를 흐려놓은 이른바 내각제 개헌 소동들이 그것이다.

내각제 개헌 소동은 그러나 찻잔 속의 일과성 소용돌이만은 아니었다. 김대중 공동정부의 하위동반자가 된 자유민주연합이 내각제 개헌을 정치적 행동강령으로 내겖으로써 내각제 개헌을 둘러싼 논란은 새로운 탄력을 얻게 된다. 자유민주연합의 이 같은 입장이 지역정당의 한계를 의식한 고도의 정치적 생존전략에서 비롯되었음은 말 나위도 없다 할 것이다. 전두환 정부나 노태우 정부 때의 내각제 개헌 소동들 역시 정치적 생명을 연장하기 위한 고육지계이기는 마찬가지이었다. 그러나 전두환 정부나 노태우 정부의 내각제 개헌 소동들이 특정 집권세력의 주관적 희망사항을 반영한 것에 지나지 않았다면, 자유민주연합의 내각제 개헌 주장은 일정한 사회적 지지기반을 확보하고 있다는 데 결정적 차이가 있다 할 것이다. 이 같은 차이 때문에 자유민주연합의 내각제 개헌 주장은 엄청난 잠재적 폭발력을 지니고 있다 하여도 과언이 아니다. 경우에 따라서는 갓 출범한 김대중 공동정부가 내각제 개헌의 덫에 발목이 잡힌 나머지 헌정운영의 정상궤도를 이탈할 수 있는 최악의 상황도 배제할 수 없을 것이다.

그러나 특정 정치집단의 내각제 개헌 주장을 옆으로 제쳐둔다면, 현 단계 내각제 개헌 논란에서 피아의 대치전선을 명확히 드러내 보인다는 것은 그렇게 쉬운 일이 아니다. 내각제 개헌 논란에서 피아의 구분이 되지 않을 만큼 대치전선이 극히 혼란스럽기 때문이다. 우선 눈에 띄게 두드러진 것은 내각제 개헌 찬성 진영의 외연이 극히 불투명하다는 점이다. 그러나 자신을 대통령제 정부 형태의 현실적 피해자로 생각하는 사회집단은 내각제 개헌 찬성의 잠재적 우군으로 보아도 좋을 것이다. 자본 축적의 과정에서 갖가지 정치적 특혜를 집행권력의 상층부로부터 얻어내기 위하여 천문학적 정치비용을 부담하여야 하였던 거대 족벌기업들이 여기에 속할 것이다. 내각제 개헌과 관련하여 이들 거대 족벌기업 못지않게 중요한 의미를 갖는 것은 우리나라에 진출한 외국자본일 것이다. 내각제 개헌이 관철되면 이제까지 접근제한 구역으로 묶여 있던 정치영역도 최소한의 비용으로 주무를 수 있는 수혜자의 대열에 이들이 제일 먼저 낄 수 있을 것이기 때문이다.

문제는 내각제 개헌을 반대하는 쪽이다. 내각제 개헌을 둘러싼 피아의 대치전선에서 아직도 풀리지 않은 수수께끼 가운데 하나는 1987년의 대통령직선제 관철 민중항쟁을 계기로 내각제 개헌 반대 운동을 주도하여온 민주주의 진보진영, 이 가운데 특히 지식인집단의 입장이다. 예컨대 내각제 개헌 반대의 이유로 남북 분단과 정치적 불안, 특정세력들의 권력분점과 이를 통한 장기집권의 가능성, 최고권력자에 대한 정치적 통제의 약화, 밀실정치와 붕당정치의 위험성을 든 진보적 지식인집단의 한 대표적 논객의 입장은 차라리 진부하다 할 것이다.[2] 이 같은 입장이 전술적 차원이나 전략적 차원에서 정당한 것인지, 아니면 교조주의적 사고의 한 단면을 드러내 보인 것인지는 앞으로 시간을 두고 심도 있게 따져볼 일이다.

---

2) 유팔무, 「내각제 반대하는 다섯 가지 이유」, 《월간 말》, 1997년 12월 호, 61쪽; 권위주의체제로부터 민주주의체제로 이행하는 데 의원내각제 정부 형태가 대통령제 정부 형태보다 더 바람직하다는 주장에 관하여는, 린쯔/바렌주엘라, 『내각제와 대통령제』, 나남출판/1995, 167쪽 이하 참조.

아무튼 그간 간헐적으로 있었던 내각제 개헌 논란의 경과를 되짚어보면, 내각제 개헌이 구체적으로 어떠한 종류의 정부 형태를 염두에 두고 있는지 그 실체가 모호하다. 우선 머리에 와 닿는 것은 고전적 의미의 의원내각제 정부 형태이다. 그러나 내각제 개헌 주장을 곧이곧대로 받아들인다면, 영국형 고전적 의원내각제 정부 형태의 현대적 변용인 내각제 정부 형태가 내각제 주창자들이 좇고 있는 본디의 목표인지도 모른다. 한 가지 분명한 것은 내각제 개헌 주장이 대통령제 정부 형태에 대한 반대명제로서 일종의 항의적 의미를 지니고 있다는 사실이다.

II. 대통령제 정부 형태의 허상과 실상

위에서 지적하였듯이 의원내각제와 대통령제는 민주주의공화국의 대표적 정부 형태이다. 이 두 정부 형태는 저마다 나름의 장단점을 지니고 있다. 따라서 제도적 차원에서 어느 한 정부 형태의 비교우위를 주장하는 것은 별다른 의미가 없다 할 것이다. 중요한 것은 특정 사회의 구체적 현실에서 그것이 작동하는 방식이다. 예컨대 의원내각제 정부 형태의 입장에서 본 대통령제 정부 형태의 장점이 경우에 따라서는 오히려 정치적 재앙이 될 수도 있다. 반대로 의원내각제 정부 형태의 입장에서 본 대통령제 정부 형태의 단점이 도리어 정치적 축복이 될 수도 있을 것이다.

그러나 우리의 경우에는 불행하게도 대통령제 정부 형태가 정치적 축복이 되기보다는 정치적 재앙이 된 때가 오히려 더 많았다 하여도 과언이 아니다. 그것은 헌법상 아무런 근거 규정이 없는데도 대통령이 헌법의 틀 밖에서 무소불위의 권력을 행사하는 일이 비일비재하였기 때문이다. 따라서 우리 대통령제 정부 형태 아래에서 대통령은 군주국가의 국가원수에 비견할 수 있는, 아니 그 이상의 권력을 누리고 있었다 하여도 결코 지나침이 없을 것이다. 여기에서 우리는 국가 형태의 질적 변화, 즉 대한민국의 국가 형태인 민주주의공화국이 정부 형태의 변질 과정을 통하여 일종의 '공화제 군주국가'로 둔갑하는 역설적인 현실을 발견하게 된다.[3]

주지하는 바와 같이 대통령제 정부 형태의 원산지는 미국이다. 그것은 식민지 모국인 영국과의 단절을 전제로 한 정치적 실험의 산물이다. 실험 무대의 연출자는 상공업 기득권층을 등에 업은 연방주의자들이며, 각본의 원작자는 프랑스의 법복귀족 출신인 몽테스키외이다.

그러나 필라델피아 헌법제정국민의회가 연방헌법안을 의결하기 전까지만 하여도 입법권력 우위의 정부 형태를 선호하는 경향이 지배적이었다. 당시 사회 구성의 가장 역동적인 부분이었던 소시민층은 오히려 영국의 초기 의원내각제 정부 형태에 호의적인 태도를 보이고 있었다.[4] 이와 반대로 사회적 소수파이면서 경제적 지배계급인 상공업 기득권층은 강력한 집행권력을 요구하며 대통령제 정부 형태를 지지하였다.[5] 이 같은 역사적 맥락에서 볼 때 대통령제를 정부 형태로 하는 연방헌법의 관철은 자본주의적 상품교환경제의 급속한 진전을 바라던 상공업 기득권층의 정치적 승리를 의미한다.[6]

미국의 대통령제 정부 형태는 몽테스키외의 권력분립론에 뿌리를 두고 있다. 그리고 몽테스키외의 권력분립론은 견제와 균형의 논리 위에 자리 잡고 있다.[7] 따라서 미국 대통령제 정부 형태의 핵심은 견제와 균형의 논리

---

3) 공화제 군주국가라는 표현은 프랑스 헌법학자 Maurice Duverger의 1974년 저서인 *La monarchie républicaine*에서 따온 것이다.
4) 樋口陽一, 『比較憲法』, 靑林書院新社/1981, 300쪽 이하.
5) 吉田善明, 『現代比較憲法論』, 敬文堂/1986, 152쪽.
6) 위와 같음.
7) Montesquieu, *De lésprit des lois*, Tome 1, Éditions Garniers Frères, Paris/1961, 161쪽 이하.

라 할 수 있다. 이처럼 견제와 균형의 논리 위에 터 잡고 있는 미국의 대통령제 정부 형태는 급진적 소시민층에 대한 상공업 기득권층의 두려움, 좀 더 정확히 말하자면 입법권력 우위의 정부 형태에 대한 상공업 기득권층의 불안감을 제도적으로 표출시킨 것이라 하여도 과언이 아니다.[8] 그러한 의미에서 미국의 대통령제 정부 형태를 가리켜 불신과 시의의 체계라 부르는 것도 결코 우연이 아니라 할 것이다.

미국의 대통령제 정부 형태를 떠받치고 있는 견제와 균형의 논리에서 결정적인 중요성을 갖는 것은 조직상의 상호독립성이다.[9] 미국 연방헌법은 이에 따라 입법권력을 연방의회에, 집행권력을 대통령에, 그리고 사법권력을 연방재판소에 각각 귀속시키고 있다. 이처럼 집행권력을 한 손에 쥐고 있는 대통령이 사실상 국민에 의하여 직접 선출됨으로써 의회에 대한 대통령의 독립성은 미국 대통령제 정부 형태의 가장 큰 특색으로 떠오르게 되었다. 그러나 상호독립성의 원칙이 지나치게 강조되면 정치 과정의 경직화는 피할 수 없게 된다. 상호독립성의 원칙에 대한 보완장치가 필요한 이유도 여기에 있다 할 것이다. 미국 연방헌법은 이 점에서도 상세한 배려를 하고 있다. 그것은 다름 아닌 기능상의 상호의존성이다.[10] 국정조사권, 조약체결 승인권, 고위직공무원 임명 동의권, 탄핵소추 및 탄핵재판권 등 연방의회가 대통령의 독주를 막기 위하여 갖고 있는 권한들이 상호의존성의 원칙을 구체화한 견제장치들이다. 미국의 대통령제 정부 형태가 곧 대통령제 정부 형태의 고전적 전형이라는 상투적인 도식이 일반화한 것은 미국의 대통령제 정부 형태가 조직상의 상호독립성과 기능상의 상호의존성을 비교적 적절하게 안배하고 있기 때문이다. 그러나 권력분립사상, 견제와 균형

---

8) 樋口陽一, 앞의 책, 300쪽 이하 참조.
9) 吉田善明, 앞의 책, 153쪽 이하.
10) 吉田善明, 앞의 책, 155쪽.

의 논리, 그리고 상호독립성의 원칙과 상호의존성의 원칙은 근대 합리주의 정신의 기계론적 사고에서 비롯된 것임을 부정할 수 없을 것이다.[11] 하시만 성치현실의 역동성은 이 같은 정태적 사고의 틀을 뛰어넘는 경우가 적지 아니하다. 미국 대통령제 정부 형태도 바로 그 같은 경우라 할 수 있다.

사실 미국 대통령제 정부 형태의 역사는 권력집중의 확대재생산 과정이라 하여도 과언이 아니다.[12] 특히 남북전쟁, 1929년의 대공황, 그리고 두 번에 걸친 세계대전을 통하여 권력집중 현상은 더 이상 거역할 수 없는 시대적 흐름이 되었다. 그 결과 조직상의 상호독립과 기능상의 상호의존은 한낱 관념적 허구로 남게 된다. 이 같은 사실은 예컨대 미국 대통령의 대의회 심의권고권에서 극명하게 드러난다. 미국의 대통령이 입법 과정에 개입할 수 있는 헌법상의 공식적 수단은 법률안거부권이다. 그러나 미국의 대통령은 대의회 심의권고권 등을 적절히 활용하여 입법 과정에서 사실상 지도적 역할을 맡고 있다.[13] 뿐만 아니라 미국의 대통령은 행정협정과 같은 우회적 방법을 통하여 조약체결에 대한 연방의회, 좀 더 구체적으로 말하면 연방상원의 승인권을 사실상 유명무실하게 만든다.[14] 미국의 대통령제 정부 형태에서 대통령의 우월적 지위는 물론 여기에서 그치지 않는다. 이와 관련하여 특히 주목하여야 할 것은 미국의 대통령이 군통수권자로 갖는 막강한 권력이다. 선전포고에 관한 연방의회의 권한은 군통수권자인 대통령의 독주에 대한 가장 효과적인 견제수단의 하나이다. 그러나 연방의회의 이 같은 권한이 실효성을 잃은 지 이미 오래이다. 선전포고 없는 전투행위의

11) Friederun Ch. Karsch, *Demokratie und Gewaltenteilung, Zur Problematik der Verfassungsinterpretation in der BRD*, Köln/1973, 94쪽 이하 참조.
12) 樋口陽一, 앞의 책, 307쪽 이하.
13) 樋口陽一, 앞의 책, 320쪽.
14) 樋口陽一, 앞의 책, 310쪽.

관념이 이 같은 사정을 잘 말하여주고 있다.[15]

이처럼 대통령의 권력이 군주국가의 국가원수를 능가하는 제왕대통령제적 경향에도 물론 일정한 한계가 있다 할 것이다.[16] 미국 정당제도의 특수성에서 오는 현실적 제약이다. 잘 알려진 대로 미국의 정당정치는 양당제도의 구도로 짜여 있다. 그러나 이들 정당은 연방적 규모의 응집력이 없기 때문에 당내 규율도 느슨하기 마련이다. 그 결과 원내 투표행태도 자유투표가 일반적 관행이다.[17] 따라서 미국의 대통령이 의회의 다수파 또는 하원이나 상원 어느 한 쪽의 다수파와 정당소속을 달리할 때, 그의 정치적 행동 반경은 극도로 위축되지 않을 수 없을 것이다. 뿐만 아니라 대중민주주의적 경향이 강한 미국의 정치 풍토에서는 대통령의 개인적 자질이 대통령제 정부 형태의 운영에도 적지 않은 영향을 미친다. 개성이 약한 이른바 연성 대통령의 경우에는 대통령제 정부 형태의 약화는 불을 보듯 뻔하다 할 것이다. 이 같은 요인들이 복합적으로 작용하면, 미국 대통령제 정부 형태의 저울추가 의원내각제 정부 형태나 의회정부제 정부 형태로 기울 가능성도 전혀 배제할 수 없다고 할 것이다.[18]

III. 의원내각제 정부 형태로 가는 길

우리 대통령제 정부 형태가 본디의 틀에서 벗어나 궤도 이탈의 새 국면

---

15) 樋口陽一, 앞의 책, 310쪽.

16) Arthur M. Schlesinger, Jr., *The imperial presidency*, Boughton Mifflin Company/1973, 100쪽 이하 참조.

17) 樋口陽一, 앞의 책, 314쪽 이하.

18) Karl Loewenstein, *Verfassungslehre*, Tübingen/1959, 117쪽 이하.

을 맞이하게 된 것은 1972년 헌법 때와 1980년 헌법 때이다. 이 두 헌법은 입헌주의의 한계를 넘나드는 국가긴급권은 물론, 고전적 대통령제 정부 형태의 금기사항인 대통령의 국회해산권까지도 규정하고 있었다. 그 결과 국회의 지위는 상대적으로 약화되고, 대통령의 지위는 결정적으로 강화되었다. 그러나 두 헌법을 제외한 그 밖의 헌법들이 채택한 대통령제 정부 형태는 약간의 편차는 있어도 고전적 대통령제 정부 형태와 어느 정도 친화관계에 있다고 하여도 과언은 아니다. 1948년의 헌법, 1962년의 헌법, 그리고 1987년의 헌법이 그 같은 범주에 든다고 할 것이다.

하지만 제도론적 수준의 이 같은 평가는 우리 대통령제 정부 형태들의 운영실태와 거리가 멀다고 할 것이다. 우리 대통령제 정부 형태들의 작동 방식을 현실기능적 측면에서 자세히 뜯어보면, 이들 대통령제 정부 형태는 예외 없이 반입헌주의적 통치방식을 정당화하기 위한 제도적 틀로 탈바꿈하여왔다. 뢰벤슈타인의 이른바 신대통령제 정부 형태의 구조적 특질이 일상적으로 반복되었던 것이다.[19] 이처럼 사실상의 신대통령제 정부 형태에 속하는 우리 대통령제 정부 형태들의 정치적 실체는 말할 것도 없이 경찰독재정권이나 군부파시즘 정권, 아니면 민간권위주의정권이다. 김대중 공동정부 아래의 대통령제 정부 형태가 고전적 대통령제의 틀 안에 머무를 것인지, 아니면 이전 정권들의 발자취를 그대로 이어갈지는 좀 더 기다려 보아야 할 것이다.

이처럼 객관적 평가의 대상이 되기에는 아직 때가 이른 김대중 공동정부의 대통령제 정부 형태를 괄호 안에 묶어둔다면, 우리 대통령제 정부 형태들에 대한 평가는 전체적으로 부정적일 수밖에 없을 것이다. 그러한 의미에서 대통령제 정부 형태는 소극적 지양의 대상이기보다는 오히려 적극적

---

19) 신대통령제 정부 형태에 관하여는 Karl Loewenstein, 위의 책, 62쪽 이하 참조.

부정의 대상이라 하여도 과언이 아니다.

　그러나 부정의 한마당 축제가 끝난 다음 빈자리를 메워줄 마땅한 대안이 없다는 데 우리의 고민이 있다고 할 것이다. 대통령제 정부 형태의 대안으로 곧잘 떠오르는 의원내각제 정부 형태만 하더라도 그렇다. 그것은 조그마한 충격에도 무너져 내리기 쉬운 일종의 고감도 정부 형태이다. 따라서 계몽 이전의 단계에서 아직 한 치도 벗어나지 못한 우리 정치문화의 전근대적 후진성으로 미루어 의원내각제 정부 형태에 대한 지나친 기대는 금물이라 할 것이다. 의원내각제를 대통령제 정부 형태의 현실적 대안으로 선뜻 받아들이기 어려운 까닭도 여기에 있다고 할 것이다.

　우리 헌법현실의 비극적 단면의 하나인 이 같은 진퇴양난의 상황에서는 헌법정책적 운신의 폭도 자연히 좁을 수밖에 없을 것이다. 그렇다면 우리한테 아직도 관념적 대안의 수준을 넘지 못하는 의원내각제 정부 형태는 시간을 두고 천천히 풀어야 할 후일의 과제로 미루고, 우리 헌법현실에 걸맞은 과도기적 대안을 찾아나서는 것이 오히려 더 현명할지 모른다. 과도기적 대안 모색의 방향은 물론 다각적으로 생각하여볼 수 있다. 다음과 같은 2단계 접근방법도 문제해결의 한 길이 될 수 있을 것이다.

　첫 번째 단계는 의원내각제적 요소들을 적극적으로 수용하여 현행 우리 대통령제 정부 형태의 테두리 안에서 의회제 민주주의를 활성화하는 시기이다. 이때 고려의 대상이 될 수 있는 현실적 대안은 반대통령제 정부 형태이다.[20] 반대통령제 정부 형태의 구조적 특징은 주지하는 대로 중립권력으로서의 대통령의 존재와 대통령의 국민에 의한 직접선출, 직접선출제도에

---

20) 반대통령제 정부 형태에 관하여는 Maurice Duverger, *Institutions politiques et droit constitutionnel 1. Les grands systèmes politiques*, Paris/1975, 294쪽 이하; Maurice Duverger, "Le concept de régime semi-présidentiel"[Maurice Duverger (dir.), *Les régimes semi-présidentiels*, Paris/1986, 7-17쪽 수록], 7쪽 이하 참조.

걸맞은 대통령 고유권한의 승인, 그리고 수상을 수반으로 하는 내각의 대의회 정치적 연대책임이다.[21] 현행 우리 헌법 아래에서 대통령제 정부 형태가 반대통령제 정부 형태로 이행하기 위하여 우선 하여야 할 일은 국무회의를 반대통령제 정부 형태의 내각으로 손질하는 것이다. 그리고 이에 더하여 다음과 같은 몇 가지 보완조치들이 뒤따라야 할 것이다. 첫째 대통령의 국무위원 임면권 가운데 국무위원 임명권은 그대로 두고 국무위원 해임권은 인정하지 않는다. 둘째 내각수반인 국무총리에게 국가정책 결정 및 지도권과 정부활동 지휘권을 준다. 셋째 의원내각제 정부 형태의 기본 도식에 따라 국회의 신임이 내각존립의 전제가 되도록 한다.

그러나 반대통령제 정부 형태의 경우에도 여느 정부 형태와 마찬가지로 다양한 요인이 결정적 변수로 작용한다. 선거법제, 정당제도, 제도권 정당들의 경제적 사회적 정치적 대립축들, 그리고 이들 정당의 원내 역학관계 등이 그것이다.[22] 따라서 대통령 소속 정당이 의회다수파를 구성하게 되면, 반대통령제 정부 형태는 대통령 우위의 반대통령제 정부 형태의 모습을 띠게 될 것이다.[23] 이렇게 되면 대통령제 정부 형태와의 차이는 사실상 없게 된다. 반대로 집행권력의 한 축인 국무총리가 의회다수파를 거느리는 경우에는 대통령과의 정치적 마찰이 불가피할 것이다. 이 경우 반대통령제 정부 형태가 정국의 경색으로 좌초의 위기를 맞게 될지, 아니면 의원내각제

---

21) 時本義昭, 「モーリス・デュヴェルジエの半大統領制論(三)」(『自治研究』, 第69卷 第9號, 94-113쪽 수록), 97쪽; 반대통령제 정부 형태에서는 수상과 그를 수반으로 하는 내각이 의회에 대하여만 정치적 연대책임을 진다. 이것이 국가원수인 군주나 대통령은 물론, 의회에 대하여도 책임을 지는 이른바 이중 신임관계에 있는 의회제 군주국가의 구이원주의형 의원내각 정부 형태나 의회제 공화국의 신이원주의형 의원내각제 정부 형태와 다른 점이다. 이 점에 관하여는 大石眞, 「議院内閣制」(樋口陽一 編, 『講座 憲法学 5. 權力分立[1]』, 日本評論社/1994, 239-265쪽 수록), 248쪽 이하 참조.

22) 樋口陽一, 앞의 책, 184쪽 참조.

23) 時本義昭, 앞의 글, 104쪽 이하 참조; 성낙인, 『프랑스헌법학』, 법문사/1995, 344쪽 참조.

정부 형태가 반대통령제 정부 형태를 갈음하게 될지는 속단하기 어렵다고 할 것이다.[24] 그러나 대통령 소속 정당이 의회다수파를 이루고 있지만 의회에 대한 대통령의 지도력이 극도로 약화된 때에는 대통령과 국무총리가 호혜관계를 유지하는 권력분점형 반대통령제 정부 형태가 출현할 가능성이 높다 할 것이다.[25]

어쨌든 현 단계 우리 헌법현실에서 반대통령제 정부 형태를 들여올 경우 새 정부 형태가 어떠한 방식으로 움직이게 될지는 미리 가늠하기 어렵다고 할 것이다. 그러나 아직 꼬리를 내리지 않은 이데올로기적 대결상황, 억압적 선거법제, 보수 양당 중심의 정당제도, 유권자들의 자기중심적 투표행태 등이 함께 어우러지게 되면, 새 정부 형태는 본질적으로 대통령제 정부 형태와 차이가 없는 대통령 우위의 반대통령제 정부 형태로 둔갑하게 될 가능성이 크다고 할 것이다. 하지만 만에 하나 국회다수파의 지도자가 국무총리로 집행권력의 한 축을 맡게 될 경우에는, 반대통령제 정부 형태가 의원내각제 정부 형태의 모습을 띠게 될 가능성은 희박하다고 할 것이다. 자신의 고유권한, 예컨대 국회해산권, 국민투표부의권, 국가긴급권 등으로 무장하게 될 대통령의 대응방식이 오히려 사태의 추이를 규정하는 결정적인 변수로 떠오르게 될 것이다.

그러나 다행스럽게도 반대통령제 정부 형태가 권력분점형 반대통령제 정부 형태로 자리 잡아 정상궤도를 유지하게 된다면, 고전적 의미의 의원내각제 정부 형태로 가는 길도 열릴 수 있을 것이다. 이행의 형태는 연속적 과정이 될 수도 비연속적 과정이 될 수도 있을 것이다. 민주주의적 선거법제, 열린 정당제도, 제도권 정당들의 탈붕당화, 그리고 이들 정당의 구심적

---

24) 時本義昭, 앞의 글, 104쪽; 성낙인, 위의 책, 344쪽.
25) 時本義昭, 앞의 글, 104쪽; 성낙인, 앞의 책, 344쪽 이하.

분극화[26] 등 의회제 민주주의의 기본요건들이 성숙하면, 의원내각제 정부 형태로의 이행은 굳이 헌법개정의 절차를 거치지 않아도 헌법관행의 형식으로 자연스럽게 이루어질 수도 있을 것이다. 그러나 이 같은 기본요건들이 갖추어지지 않았는데도 의원내각제 정부 형태로의 이행을 앞당기려면, 비록 차선의 선택이기는 하지만 헌법개정의 절차를 밟는 것이 순서일 것이다. 비연속적 이행이라 함은 바로 이 같은 경우를 두고 이른다.

---

[26] 정당의 구심적 분극화 현상에 관하여는 樋口陽一, 앞의 책, 230쪽 이하 참조.

헌법재판의 본질과 기능[*]

I. 머리말

헌법재판소가 문을 연 지 올해로 여덟 돌, 세월의 무게 탓인지 주요 결정의 선고 때마다 영상매체의 화면을 가득 메우는 헌법재판관들의 근엄한 모습은 참으로 인상적이다. 마치 고대 희랍의 신전 한 모퉁이를 옮겨놓은 느낌이라 할까, 일상의 어지러움 속에서 쉽게 대할 수 없는 엄숙한 분위기가 우리 모두를 압도한다. 헌법재판소에 대한 기대감을 한껏 부풀려놓는 이 같은 표피적 인상은 그러나 영상감흥이 빚어낸 일종의 환영일 뿐, 헌법재판소의 실제 모습과는 거리가 멀다고 할 것이다.

돌이켜보면 헌법재판소가 그동안 걸어온 발자취는 어디에 내놓아도 부끄럽지 않을 만큼 떳떳한 것은 결코 아니었다. 한때 세인의 이목을 한데 모았던 몇몇 주요 결정에서 볼 수 있듯이,[1] 헌법재판소는 입헌주의 헌법문화

---

[*] 이 글은 민주주의법학연구회 편,《민주법학》제11호, 1996, 9-50쪽에 수록된 것이다.

의 진운이 걸렸었다고 해도 과언이 아닐 우리 헌정의 크고 작은 갈림길에서 스스로 지켜야 할 최소한의 권위마저 저버리고 위헌적인 법률이나 법률 규정을 정당화하거나 묵인하는 데 급급했던 것이 사실이다. 특히 정치적으로 민감한 사안일수록 갖가지 궁색한 논리를 동원하여 황금의 도피길을 마련해주거나, 놀란 자라처럼 아예 몸을 움츠리며 적극적인 헌법판단을 유보하기가 일쑤였다. 얼마 전 5·18 광주 민주화운동 관련 두 헌법소원에서 심판청구인들이 헌법재판소의 결정선고를 하루 앞두고 헌법소원을 전격적으로 철회한 사건은 헌법질서의 수호자는 물론, 기본권보장의 마지막 보루로 자처하던 헌법재판소의 권위가 어디까지 왔는지를 잘 말해주고 있다.[2]

그럼에도 헌법연구자들 가운데에는 헌법재판소가 이만치라도 추스려온 것을 대견스럽게 여기는, 따라서 헌법재판소에 더 큰 기대를 걸어보려는 순정파가 의외로 많은 것도 또한 사실이다. 그러나 헌법연구자들이 이처럼 헌법재판소에 대한 물신주의적 환상의 덫에 갇혀 짝사랑의 미몽에서 헤어나지 못하는 동안, 현실직관의 혜안을 삶의 유일한 밑천으로 삼아 하루하루를 건강하게 꾸려나가는 이 아래 민초들 사이에서는 헌법재판소의 반민중적 반민주적 역할에 대한 부정적 시각이 폭넓게 자리 잡고 있다.

우리 헌법전에 헌법재판제도가 처음으로 모습을 드러낸 것은 1960년의 제2공화국 헌법에서이다. 제2공화국 헌법은 그러나 그 자체가 현실적 토대를 갖추지 못한, 좀 더 구체적으로 말하면 헌법실천의 계급적 주체가 채 형성되기도 전에 관념의 모래밭 위에 얽어놓은 모방성 구조물에 지나지 않았던 것이다. 그것이 통치기구의 한 부분으로 예정하고 있었던 헌법재판소

1) 1990년 1월 15일의 노동쟁의조정법결정, 1990년 4월 2일의 국가보안법결정, 1991년 7월 22일의 사립학교법결정 등 참조.
2) 《한겨레》 1995년 11월 30일 자 참조.

역시 모방성 구조물을 한층 돋보이게 하기 위한 장식품 이상의 것은 아니었다. 따라서 제2공화국 헌법이 박정희 일당의 고헐빌을 미겨 요행히 명맥만 부지할 수 있었다고 하더라도, 헌법재판소가 할 수 있었던 일이란 기껏해야 정치적 필요에 따라 수시로 연출되는 막간의 희극에서 어설픈 광대역을 맡는 것이 고작이었을 것이다.

그러면 군부파시즘 체제의 이완기에 거리의 압력에 의하여 만들어진 현행 우리 헌법의 헌법재판제도는 고난과 시련으로 얼룩진 우리 헌정사의 관점에서 볼 때, 어떠한 역사적 의미를 지니고 있을까. 그것은 군부파시즘 체제의 망령을 떨쳐버리고 이름뿐인 우리 헌법문화의 질을 한 단계 끌어올리기 위한 입헌주의적 쾌거이었을까. 아니면 군부파시즘 체제가 입헌주의의 발전에 발을 걸고 우리 헌법문화를 수구와 반동의 틀 안에 묶어두려던 절망적 몸부림의 한 표현이었을까. 이 같은 물음에 답하기 위하여는 헌법재판의 본질과 기능에 대한 이데올로기 비판적 접근이 무엇보다 필요하다고 할 것이다.

이 같은 문제의식 아래 우리는 헌법학계 안팎의 많은 헌법연구자들이 단골식단으로 즐겨 다루는 헌법재판제도의 기술적 측면은 논의의 대상에서 제외하기로 한다. 그 대신 이 글에서는 대다수 헌법연구자들이 스스로 금기의 대상에 올려놓은 일종의 학문적 이방지대, 즉 헌법재판제도의 이데올로기적 측면을 중점적으로 다루기로 한다. 이때 비판적 논의의 준거틀은 대륙형 법률위헌심판제도의 종주국이라고 하여도 좋을 독일연방공화국의 헌법재판제도가 될 것이다. 여러 입법례 가운데 특히 독일연방공화국의 헌법재판제도가 우리의 관심을 끄는 것은 그것이 갖는 나름의 전형성 때문만은 아니다. 현행 우리 헌법의 헌법재판제도가 세상의 빛을 보는 데 기본틀은 물론, 세부사항에 이르기까지 밑그림의 구실을 한 것이 바로 독일연방공화국의 헌법재판제도이기 때문이다.

II. 바이마르헌법 체제와 반혁명이론전략

바이마르헌법 체제는 패전의 부산물이었다. 독일사회민주당의 주도 아래 성립된 바이마르헌법 체제는 밖으로 러시아 사회주의혁명의 불길을 조기에 차단하고, 안으로 자본주의체제의 균열을 서둘러 봉합하기 위한 일종의 위기관리 헌법체제이었다. 그러나 바이마르헌법 체제가 패전의 부산물인 만큼, 그것을 바라보는 독일사회의 눈길도 반드시 고운 것만은 아니었다. 비스마르크헌법체제 수호의 첨병으로 수구반동의 아성이던 독일 헌법학계도 예외는 아니었다. 이처럼 독일사회가 반바이마르 정서로 술렁이는 가운데 바이마르헌법 체제에 대한 부정적 시각을 한층 벼리며, 이와의 정면대결에 나선 독일 헌법학계의 대표적 인물이 칼 슈미트이다. 그는 반바이마르 진영의 맨 앞줄에 서 독일 헌법학계를 반바이마르 쪽으로 이끄는 데 주도적인 역할을 맡게 된다.

슈미트에 따르면, 바이마르헌법은 정치적 타협의 산물이다.[3] 그것은 서구이념의 전형인 자유주의와 사회주의가 최후의 결전을 앞두고 적대적인 동거관계를 잠정적으로 이어가고 있는 일종의 쌍두괴물에 지나지 않는다. 이 같은 부정적 인식을 바탕으로 슈미트는 자유권, 권력분립제도 등 자유주의적 법치국가의 원리에서 개인주의적 국가 해체의 주범을, 그리고 자유주의적 법치국가와 대칭관계에 있는 사회권이나 사회화 조항 등 경제 관련 규정들에서 사회주의에로의 합법적 체제변혁의 불길한 징후를 발견하게

---

3) 여기에서 슈미트가 말하는 정치적 타협이란 참된 의미의 정치적 타협이 아니라 단지 시간을 벌기 위한 외견상의 정치적 타협을 가리킨다. 이 점에 관하여는 Carl Schmitt, *Verfassungslehre*, Unveränderter Neudruck, Berlin/1957, 31쪽 이하 및 Carl Schmitt, "Grundrechte und Grundpflichten"(같은 이, *Verfassungsrechtliche Aufsätze*, Berlin/1958, 181-231쪽 수록), 194쪽 이하 참조.

된다.[4] 슈미트의 이론투쟁이 겉으로 반자유주의적 색깔을 띠고 있으면서 두 실질적인 공격 목표가 다름 아닌 사회주의이냐는 사실은 바이마르헌법을 고리로 한 합법적 체제변혁의 가능성에 대한 그의 잠재적 위기의식과도 무관하지 않을 것이다.[5]

바이마르헌법 체제에 대한 슈미트의 이 같은 이의제기를 계기로 독일헌법학계에서는 바이마르헌법의 성격 규정이나 개별 헌법규정의 해석을 둘러싸고 헌법 차원의 체제논쟁이 뜨겁게 달아오르게 된다. 이른바 바이마르헌법논쟁의 시작이다. 이 헌법논쟁에서 반바이마르 진영의 헌법학자들이 주축이 된 반혁명이론전략의 핵심은 바이마르헌법 체제의 해체를 위한 헌법해석투쟁이었다.

헌법해석투쟁은 여느 법해석투쟁과 마찬가지로 이데올로기투쟁의 한 형태이다. 그것은 일반적 추상적 규범명제인 헌법상의 특정조항을 놓고 대립관계에 있는 개인이나 집단 또는 계급이 자신의 의사를 국가의 공적 의사로 관철시키기 위하여 서로 각축을 벌이는 일종의 진지전이다. 진지전 형태의 이 같은 이데올로기투쟁에는 예외 없이 물질적 이해관계가 버티고 있거나 도사리고 있음은 말할 나위도 없는 것이다. 바이마르헌법 체제의 해체를 위한 헌법해석투쟁에서 반바이마르 진영 헌법학자들이 각개약진의 형태로 공략에 나선 문제 영역들은 그러한 의미에서 시사하는 바가 크다고 할 것이다.

반바이마르 진영 헌법학자들의 헌법해석투쟁에서 공략의 대상이 된 문제 영역들 가운데 우선 주목하여야 할 것은 소유권의 절대성을 부정한 바

---

4) 칼 슈미트는 노동권, 무상교육을 받을 권리 등을 사회주의적 권리로 분류하고 있다. 이 점에 관하여는 Carl Schmitt, *Verfassungslehre*, Unveränderter Neudruck, Berlin/1957, 169쪽 참조.
5) 위의 책, 35쪽 이하.

이 바이마르헌법 제153조 제1항이다.

이 규정에 따르면, 소유권은 보장하되 그 내용과 한계는 법률이 정한다.[6] 그리고 소유권을 행사하는 경우에도 공익의 관점이 우선적으로 고려되어야 한다.[7] 이것은 소유권의 보장이 공공복리의 테두리 안에서 이루어지고, 그 한계를 벗어날 때에는 소유권의 제한이 가능함을 분명히 한 것이다. 거기에다 사회화 규정인 제156조까지 끼어들게 되면, 소유권 규정에 대한 변혁 지향적 확대해석의 여지는 그만큼 더 커지게 된다.[8] 그야말로 자본주의 체제의 물질적 토대인 사적소유제도가 풍전등화의 위기를 맞은 셈이다. 이처럼 자본주의적 소유질서가 직면한 헌법내재적 위기를 극복하고, 그것을 가능한 한 현상 유지의 수준에서 안정시키기 위하여 슈미트가 반혁명이론 전략의 차원에서 제시한 것이 제도적보장론이다.

제도적보장론은 프랑스 제3공화국의 보수파헌법학자들 가운데 한 사람인 모리스 오류의 제도론에 기대어 마르틴 볼프가 뼈대를 세우고, 여기에 다시 슈미트가 살을 붙인 것이다.[9] 이 같은 계보상의 복잡성에도 불구하고 제도적보장론의 논리는 극히 간명하다. 그것은 다름 아니라 법체계의 단초 범주인 권리와 의무를 이들의 총화인 제도와 엄격히 구분하는 것이다.[10] 이

---

6) 바이마르헌법 제153조 제1항에는 "소유권은 헌법이 보장한다. 그 내용과 한계는 법률이 정한다"로 되어 있다.

7) 바이마르헌법 제153조 제3항에 따르면, "소유권에는 의무가 따른다. 소유권의 행사도 공익을 최우선으로 해야 한다".

8) 바이마르헌법은 제156조 제1항 및 제2항에서 사회화와 노사공동결정에 관한 규정을 두고 있다.

9) Maurice Hauriou, "Macht, Ordnung und die Verirrungen der objektivistischen Systems" [Roman Schnur(Hrsg.), *Die Theorie der Institution und zwei andere Aufsätze*, Berlin/1965, 96-110쪽 수록], 특히 101쪽 참조; Martin Wolff, *Reichsverfassung und Eigentum*(Festgabe für Wilhelm Kahl, Tübingen/1923, 2-23쪽 수록), 6쪽; Carl Schmitt, *Verfassungslehre*, Unveränderter Neudruck, Berlin/1957, 170쪽 이하.

10) Peter Häberle, *Die Wesensgehaltsgarantie des Art. 19 Abs. 2 Grundgesetz*,

에 따라 개별소유권과 이들로 이루어지는 사적소유제도는 별개의 대상 영역을 구성하게 된다. 그 결과 사적소유제도는 개별소유권을 구성요소로 하면서도 이들과 질적으로 다른 규정성을 얻게 된다.

슈미트의 제도적보장론에 따르면, 사적소유제도는 역사적 발전의 산물이다.[11] 그것은 역사의 한 부분으로서 입법기마다 인적 구성을 달리하는 의회가 관여할 사항이 아니며, 이에 대한 정치적 결단은 주권자인 국민의 몫으로 남게 된다. 따라서 의회가 바이마르헌법 제153조에 따라 자본주의적 소유질서에 제한입법의 형식으로 개입하는 경우에도, 그 대상은 개별소유권에 국한되며 사적소유제도는 여기에서 제외된다. 개별소유권과는 달리 사적소유제도는 헌법사항에 속하며, 이의 폐지나 변경은 헌법개정의 절차를 통하여만 가능하기 때문이다.[12] 이 같은 논리적 맥락에서 볼 때, 제도적보장론의 실천적 의도는 분명하다고 할 것이다. 그것은 다름 아니라 자본주의적 소유질서의 핵심인 사적소유제도를 의회의 손길이 닿지 않는 안전지대에 옮겨놓음으로써 합법적 체제변혁의 가능성을 사전에 봉쇄하려는 데 있었던 것이다.[13]

바이마르헌법 제153조 제1항의 소유권 규정 못지않게 논란의 대상이 된 또 하나의 문제 영역은 바이마르헌법 제109조 제1항의 법률앞평등이다.

주지하는 바와 같이 법률앞평등은 근대시민헌법의 기본원칙이다. 그것

Zugleich ein Beitrag zum institutionellen Verständnis der Grundrechte und zur Lehre vom Gesetzesvorbehalt, Karlsruhe/1972, 특히 73쪽 이하.

11) Carl Schmitt, "Freiheitsrechte und institutionelle Garantien"(같은 이, *Verfassungsrechtliche Aufsätze*, Berlin/1958, 140-173쪽 수록), 166쪽 참조.

12) Carl Schmitt, *Verfassungslehre*, Unveränderter Neudruck, Berlin/1957, 170쪽.

13) 娛平康弘, 『憲法 III』, 有斐閣/1993, 232쪽 이하 참조; Gunther Abel, *Die Bedeutung der Lehre von dem Einrichtungsgarantien Für die Auslegung des Bonner Grundgesetzes*, Berlin/1964, 89쪽 이하; 影山日出彌, 『現代憲法学の理論』, 日本評論社/1986, 135쪽 이하.

은 말 그대로 법률의 불편부당한 적용, 즉 법률 적용의 평등을 뜻한다. 문제는 봉건사회를 가로지르던 신분의 벽을 헐어내고 그 자리에 들어선 법률의 내용이다. 법률의 내용 그 자체가 차별적인 것이면, 그 같은 내용의 법률을 아무리 평등하게 적용하여도 결과는 언제나 불평등으로 귀결될 것이기 때문이다. 반봉건 신분해방의 기치를 내건 근대시민혁명의 기본이념에 따라 법률앞평등을 법률 적용의 평등으로 이해하려는 이른바 법적용평등설은 따라서 하나의 가설을 전제하고 있다. 법률은 일반의사의 표현이라는 추정적 가설이 바로 그것이다.

그러나 이 같은 가설은 어디까지나 하나의 추정일 뿐, 현실의 검증 과정에서 허위로 판명된 지 이미 오래이다. 법률제정의 주체인 의회가 참된 의미의 국민대표기관이라면, 법률 곧 일반의사라는 등식은 나름의 설득력을 가질 수 있을 것이다. 의회의 현실은 그러나 예나 지금이나 국민대표기관이라는 명목상의 지위와는 거리가 멀다고 할 것이다. 의회가 부르주아계급의 사랑방이라는 극단적인 시각은 접어두더라도,[14] 그것이 부르주아계급 내 다양한 분파들의 이해관계를 조정하는 데 탁월한 기능을 보여주었음은 숨길 수 없는 역사적 사실인 것이다.

이처럼 의회가 부르주아계급의 정치적 어음교환소로 기능하는 한, 거기에서 제정되는 법률의 내용도 필연적으로 계급적 성격을 띠지 않을 수 없게 된다. 그럼에도 법률의 계급적 내용을 덮어둔 채, 법률을 일반의사의 표현으로 의제하는 것은 그것의 계급적 성격을 은폐하려는 데 그 목적이 있다고 하여도 과언이 아닐 것이다. 그러한 의미에서 법적용평등설은 부르주아계급의 헤게모니를 강화하기 위한 법이데올로기 가운데 가장 핵심적인

---

14) V. I. Lenin, *Staat und Revolution*(같은 이, *Werke*. Bd. 25, Berlin/1974, 393–507쪽 수록), 436쪽. 독일어 Schwatzbude는 원래 잡담장소를 뜻하나 우리말에 맞도록 사랑방으로 옮겼다.

것이라고 할 수 있다. 법적용평등설의 이 같은 헤게모니 강화 기능은 물론 부르주아계급이 의회를 장악하고 있는 경우에만 가능한 것이다. 의회가 부르주아계급의 통제를 벗어나 계급 간 민주주의의 중심축으로 자리 잡게 되면, 법적용평등설이 합법적 체제변혁의 지렛대로 전화할 가능성도 배제할 수 없게 된다. 사실 그 같은 기능반전의 예를 우리는 바이마르헌법 체제에서 보게 된다.

바이마르헌법 체제 출범 직전 실시된 헌법제정국민의회 선거에서 제국의회의 제1당으로 떠오르게 된 독일사회민주당은 당시만 하여도 자본주의 체제의 변혁을 정강정책의 기본목표로 내세운 맑스주의 계급정당이었다.[15] 이처럼 변혁 지향적 계급정당이 제국의회의 주도권을 장악하게 될 경우, 법적용평등설은 지배체제의 헤게모니를 강화하기 위한 법이데올로기에서 합법적 체제변혁의 지렛대로 탈바꿈하게 된다. 법적용평등설에 따라 제국의회가 평등의 원칙으로부터 해방되면, 법률의 계급적 내용이 평등의 원칙 사정거리 밖으로 밀려나게 됨으로써 의회입법, 이 가운데에서도 특히 사회개혁입법에 대한 위헌성 여부의 시비가 원천적으로 불가능하게 되기 때문이다.

게르하르트 라이프홀츠의 이른바 법정립평등설은 이처럼 합법적 체제변혁의 지렛대로 전화한 법적용평등설에 대한 반정립의 의미를 갖는다.[16]

---

15) 이 선거에서 각 당이 얻은 의석수는 다음과 같다. 사회민주당 163석, 가톨릭중앙당 89석, 독일민주당 75석, 국가인민당 44석, 독립사회민주당 19석, 기타 22석. 이에 관하여는 田中浩, 『カール・シュミト. 魔性の政治学』, 未來社/1992, 109쪽 참조.

16) Gerhard Leibholz, *Die Gleichheit vor dem Gesetz. Eine Studie auf rechtsvergleichender und rechtsphilosophischer Grundlage*, München-Berlin/1957, 34쪽 이하; 법정립평등설을 처음으로 내놓은 사람은 Heinrich Triepel이다. 그는 계정잔고금본위전환령(Goldbilanz-Verordnung)에 대한 자신의 감정서에서 계정잔고금본위전환령 제2차 집행령 제28조가 바이마르헌법 제109조 제1항의 평등원칙에 저촉된다고 주장하였다. 상세한 것은 Helmut D. Fangmann, *Justiz gegen Demokratie. Entstehungs- und*

법정립평등설의 주장처럼 제국의회가 평등의 원칙에 구속된다면, 평등의 원칙이 의회의 입법재량권을 제약하는 결정적인 요인으로 작용하여 사회개혁입법은 그 입법 내용의 여하에 따라 근본적인 궤도 수정이 불가피하게 된다.[17]

이제까지 우리는 제도적보장설과 법정립평등설에 관하여 간단히 살펴보았다. 여기에서 발견되는 하나의 공통점은 의회에 대한 불신과 이에 따른 탈의회주의 경향이다. 흔히 의회주의의 위기로 부풀려져 의회비판의 좋은 빌미가 되어온 탈의회주의적 의회불신 풍조는 따지고 보면 부르주아계급의 위기의식을 반영한 것이었다.[18]

위기의식의 진원은 말할 것도 없이 노동자계급의 대거 의회 진출이다. 바이마르헌법 체제의 출범과 더불어 제국의회의 주도권이 노동자계급을 지지기반으로 하는 독일사회민주당의 손으로 넘어감으로써 부르주아계급은 제국의회를 통치기반으로 하여 정치적 헤게모니를 구축할 모처럼의 기회를 또다시 놓치고 만다. 이를 계기로 제국의회가 부르주아계급을 단일지주로 하는 계급 내 민주주의의 좁은 틀을 벗어나 노동자계급까지도 아우르는 계급 간 민주주의의 터전으로 발돋움함에 따라 부르주아계급의 집단적 불안심리가 제국의회에 대한 불신으로 이어지고, 이것이 다시 탈의회주

Funktionsbedingungen der Verfassungsjustiz in Deutschland, Frankfurt am Main-New York/1979, 169쪽 참조; 최고재판소 판결이 법정립평등설을 처음으로 받아들인 것은 1925년 11월 5일 자 제국재판소 평가절상 판결에서이다. 이 판결에 관하여는 이 글 제3장 참조.

17) Franz L. Neumann, *Wirtschaft, Staat, Demokratie. Aufsätze 1930-1954*, Frankfurt am Main/1978, 62쪽.

18) Klaus Herkenroth, "Das Bundesverfassungsgsricht — Konservatives Reserveparlament" (A. Bühl/Ch. Butterweg/M. Eihsen/M. Ellwardt/A. Gottschalk u. a., *Der Staat im staatsmonopolistischen Kapitalismus der Bundesrepublik. Empirische Analysen · Fakten*, Beiträge des IMSF 6 / II, 1982, 493-504쪽 수록), 493쪽.

의 경향을 부추겼던 것이다. 부르주아계급이 보기에 독일사회민주당의 주도 아래 있는 제국의회는 합법적 체제변혁의 진초기지에 지나지 않았다. 그럼에도 의회주의를 고집하는 것은 제국의회를 전초기지로 한 독일사회민주당의 합법적 체제변혁 전략에 손을 빌려주는 것이나 다름없었던 것이다. 따라서 부르주아계급의 눈에 비친 바이마르헌법 체제 아래의 제국의회는 한마디로 총체적 부정의 대상 바로 그것이었다.

그러나 만에 하나 제국의회 주도의 합법적 체제변혁이 실천으로 옮겨질 경우, 바이마르헌법 제153조 제1항의 소유권 규정과 제109조 제1항의 법률앞평등의 원칙이 결정적인 역할을 하리라고 내다보고 부르주아계급이 대응방안으로 내놓은 것이 다름 아닌 제도적보장설과 법정립평등설이었다. 제도적보장설이 사적소유제도에 대한 제국의회의 개입을 차단하여 합법적 체제변혁의 가능성을 사전에 봉쇄하기 위한 것이라면, 법정립평등설은 제국의회를 무력화하여 합법적 체제변혁의 법적 매개수단인 사회개혁입법에 대하여 일정한 한계를 그으려는 데 그 목적이 있었던 것이다.

III. 법률위헌심판제도의 역사적 맥락

위에서 보았듯이, 제도적보장론과 법정립평등설은 일정한 실천적 의도를 담고 있다. 그러나 이들 주장이 반혁명이론전략의 전체적 구도 안에서 나름의 몫을 해내기 위하여는 제국의회가 사회개혁입법을 하면서 개별소유권과 사적소유제도의 경계를 충분히 인식하고 있었는지, 그리고 개별소유권의 침해가 뒤따르게 될 사회개혁 관련 특정법률이 평등의 원칙을 준수하였는지 여부를 가릴 수 있는 사법적 통제장치가 마련되어야 한다. 여기에서 말하는 사법적 통제장치는 말할 것도 없이 법률위헌심판제도이다. 법률위헌심판이 제도적으로 확립되지 않으면, 제도적보장론이나 법정립평등설은 하나의 공허한 주장에 지나지 않을 뿐, 실천적으로 아무런 의미가 없기 때문이다.

제도적보장론 그리고 법정립평등설과 관련하여 법률위헌심판제도가 갖는 중요성이 이처럼 큼에도 불구하고, 바이마르헌법은 이에 대하여 아무런 언급도 하고 있지 않다. 바이마르헌법은 제19조와 제109조에서 제국국사법원에 관한 규정을 두고 있으나, 심판 대상이 주 내부의 헌법쟁의, 주와 제국 사이 또는 주 상호 간의 비사법쟁의로 한정되어 제국국사법원의 심판권한은 극히 제한적인 것이었다.

아무튼 법률위헌심판제도에 대한 바이마르헌법의 이 같은 침묵이 의회의 무장해제를 최우선의 과제로 설정한 반바이마르 진영 헌법학자들의 반혁명이론전략과 맞물려, 독일 헌법학계에서는 법관의 부수적 법률위헌심판권을 둘러싸고 아전인수식의 공방전이 치열하게 펼쳐진다. 한편에서는 바이마르헌법의 침묵을 법관의 부수적 법률위헌심판권을 용인하기 위한 논거로,[19] 그리고 또 다른 한편에서는 이를 법관의 부수적 법률위헌심판권을 부정하기 위한 논거로 원용하였다.[20] 독일 헌법학계의 이 같은 논쟁에 마침표를 찍은 것은 1925년 11월 4일의 제국재판소 판결이다.[21] 이 판결에서 부수적 법률위헌심판의 대상이 된 것은 제국평가절상법이다.[22]

---

19) Friedhelm Hase/Karl-Heinz Ladeur, *Verfassungsgerichtsbarkeit und Politisches System. Studien zum Rechtsstaatsproblem*, Frankfurt am Main-New York/1980, 110쪽; 대표적인 찬성론자는 Hugo Preuß, 이에 관하여는 Carl Schmitt, "Das Reichsgericht als Hüter der Verfassung"[Peter Häberle(Hrsg.), *Verfassungsgerichtsbarkeit*, Darmstadt/1976, 108-131쪽 수록], 123쪽 각주 25 참조.

20) Friedhelm Hase/Karl-Heinz Ladeur, 위의 책, 110쪽; 대표적인 반대론자는 Gerhard Anschütz, 이에 관하여는 *Die Verfassung des Deutschen Reichs vom 11. August 1919. Ein Kommentar für Wissenschaft und Praxis*, Berlin/1921, 129쪽 참조.

21) 畑尻剛, 『憲法裁判研究序說』, 尚学社/1988, 126쪽 참조.

22) 제국평가절상법이 제정되기까지의 역사적 경과는 대략 다음과 같다. 주지하는 바와 같이,

344 제2편 쟁점과 입장

이 법률의 제정 목적은 화폐가치의 폭락으로 실질 조세수입이 크게 줄

패전 후 독일의 경제사정은 대단히 심각한 것이었다. 단적인 예가 초인플레이션 현상으로 1923년 현재 물가상승률은 전전(戰前) 대비 1조 2천억 배나 되었다. 자본의 입장에서는 그러나 이 같은 초인플레이션 현상이 반드시 부정적인 것은 아니었다. 물론 개별 자본 사이에는 입장의 차이가 있더라도, 총자본의 입장에서 볼 때 초인플레이션 현상은 생산촉진효과 등 긍정적인 측면이 오히려 더 많았던 것이 사실이다. 예컨대 화폐가치 폭락은 노동자 실질임금의 저하를 의미하였으므로 이에 따른 생산비 절감효과는 엄청난 것이었다. 그러한 의미에서 초인플레이션 현상의 최대 수혜자는 자본가계급이었다. 그렇다고 자본가계급만이 초인플레이션 현상의 수혜자이었던 것은 아니다. 국가 입장에서도 초인플레이션 현상이 그렇게 나쁜 것은 아니었다. 그것은 전쟁배상문제는 물론, 지불능력 없는 국가채무까지도 한꺼번에 털어버릴 수 있는 절호의 계기이기도 하였다. 이처럼 자본가계급과 국가가 초인플레이션 현상의 직접 수혜자인 데 반하여, 초인플레이션 현상의 가장 큰 피해자는 말할 것도 없이 노동자계급이었다. 이 밖에 또 피해자가 있다면, 그것은 소부르주아계급이었다. 이 가운데에서도 특히 연금생활자나 금리생활자 또는 봉급생활자는 타격이 더욱 컸다. 이 같은 상황에서 절실히 요구되는 것은 인플레이션 손실을 보전하기 위한 평가절상조치이었다. 그러나 당시의 통화 관련법들이 태환지폐든 불환지폐든 마르크화의 가치를 동일하게 평가하도록 한 마르크화등가원칙을 고수하고 있고, 평가절상조치는 화폐가치의 하락은 물론 경제불안을 더욱 부채질할 우려가 있었으므로 인플레이션 손실의 보전을 위한 평가절상조치가 생각처럼 그렇게 쉬운 것은 아니었다. 이러한 가운데 초인플레이션 피해 당사자이기도 한 하급재판소 재판관들이 임대차계약 관련 사건 등에서 주로 소부르주아계급 출신인 채권자들의 인플레이션 손실을 보전해주는 쪽으로 움직이기 시작한다. 이때 통화 관련법들의 마르크화등가원칙을 무시하고 재판관들이 채권자들의 인플레이션 손실을 메워주기 위하여 법적 판단의 기준으로 원용한 것이 신의성실원칙 등 민법상의 일반원칙이었다. 이로 말미암아 사법부와 제국정부, 또는 사법부와 제국의회의 마찰은 불가피하였다. 이러한 가운데 제국의회는 실질 조세수입의 격감으로 파탄 직전에 이른 국가재정을 바로 세우기 위한 일종의 고육지계로 조세 부분의 평가절상은 허용하되, 저당채권 등 경제적 파장이 큰 사경제 부문에 대하여는 평가절상을 금지하는 제국평가절상법의 제정을 추진하게 된다. 제국의회의 이 같은 입법 움직임에 대하여 제국재판소재판관협의회는 성명을 발표하는 등 반대 입장을 분명히 하였다. 그러나 제국평가절상법은 1925년 7월 16일 제국의회를 통과하여 시행에 들어가게 되고, 제국재판소가 1925년 11월 4일의 판결에서 이 법률에 대한 부수적 법률위헌심판권을 행사하기에 이른다. 이 같은 일련의 과정에서 특기할 점은 하급재판소 재판관들이 초인플레이션의 최대 수혜자인 자본가계급의 초인플레이션 이득에 대하여는 침묵을 지키고 초인플레이션 현상의 최대 피해자인 노동자계급의 절대적 빈곤화에 대하여는 철저한 무관심으로 일관하면서도 소부르주아계급의 인플레이션 손실에 대하여는 말초적으로 반응한 점이다. 더욱 상세한 내용은 Helmut D.

어든 국가재정을 바로잡기 위하여 조세 부문 등에서는 평가절상을 허용하되, 사경제 부문, 그 가운데에서도 경제적 파장이 특히 큰 영역에서는 평가절상을 억제하여 화폐가치의 하락을 막고 경제안정을 꾀하는 것이었다. 그러나 조세 부문 등에서는 평가절상을 허용하면서도 저당채권 등에 대하여는 평가절상을 금지한 이 법률은 인플레이션 손실을 전보받기 위하여 그렇지 않아도 평가절상을 강력히 요구해오던 소부르주아계급에게는 그야말로 눈엣가시나 다름없는 존재이었다.

그리하여 제국평가절상법의 제정을 전후하여 인플레이션 피해 당사자이기도 한 재판관들의 저항이 이른바 평가절상판결들을 통하여 마침내 구체화하기 시작한다. 이러한 가운데 제국재판소재판관협의회는 1924년 법률제정을 눈앞에 두고 발표한 한 반대성명에서 이 법률이 만들어질 경우, 부수적 법률위헌심판권을 적극적으로 행사하겠다는 입장을 밝히고 있다.[23] 제국재판소재판관협의회의 이 같은 강경자세와는 달리, 재판관의 부수적 법률위헌심판권에 대하여 비교적 신중한 태도를 보이던 제국재판소도 바이마르헌법 제105조, 제109조 제1항, 제134조, 제153조의 규정들과 관련하여 제국평가절상법의 합헌성 여부를 다루게 된다. 심판 결과는 제국평가절상법의 합헌성을 확인하는 것이었으나, 최고재판소인 제국재판소가 헌법상의 근거도 없이 재판관의 부수적 법률위헌심판권을 공식적으로 인정하였다는 점에서 이 판결은 대단히 중요한 의미를 갖는다.[24]

Fangmann, 앞의 책, 92쪽 이하 참조.

23) Friedhelm Hase/Karl-Heinz Ladeur, 앞의 책, 111쪽.

24) Helmut Ridder, "Das Bundesverfassungsgericht. Bemerkungen über Aufstieg und Verfall einer antirevolutionären Einrichtung"(Abendroth/Blanke/Däubler/Düx/Perels/Ridder/Römer/Seifert/Stuby/Wagner/Wahsner/Wiethölter, *Der Kampf um das Grundgesetz. Über die politische Bedeutung der Verfassungsinterpretation*, Frankfurt am Main/1977, 70-86쪽 수록), 70쪽 참조.

일종의 사법 쿠데타라고 하여도 좋을 제국재판소의 이 같은 판결은 그러나 결코 우연이 아니다. 바이마르헌법 체제가 나치스 체제의 등장으로 무너지기까지 바이마르헌법 체제의 해체를 위하여 물밑의 산역꾼 노릇을 한 것은 비단 반바이마르 진영 헌법학자들뿐만이 아니었다. 비스마르크헌법 체제의 충직한 하수인으로서 구체제에 대한 미련과 향수를 끝내 버리지 못한 각종 각급 법원의 재판관들도 이들의 굳건한 동맹자이었다. 이 같은 정황으로 미루어 제국재판소가 제국평가절상법의 제정을 계기로 재판관의 부수적 법률위헌심판권을 인정한 것은 어쩌면 너무나 당연한 일인지도 모른다. 바이마르헌법 체제 아래에서는 물론, 그 이후에도 재판관의 부수적 법률위헌심판권이 보수반혁명의 대명사로 오랫동안 비판의 도마 위에 오른 것도 이 같은 이유 때문이라고 할 것이다.[25]

그럼에도 재판관의 부수적 법률위헌심판권을 인정하는 제국재판소의 사법 쿠데타가 있은 다음, 이를 기정사실로 받아들이려는 분위기가 오히려 일반적이었다.[26] 1926년 독일법률가대회는 1924년에 이어 두 번째로 재판관의 부수적 법률위헌심판권을 제국재판소로 일원화하는 결의안을 채택하였다.[27] 이에 대응하여 제국정부도 1926년 제국국사재판소에 추상적규범통제권과 구체적규범통제권을 부여하는 내용의 제국법률 합헌성심판에 관한 법률안을 제국의회에 제출하였으나 중도에서 폐기되고 말았다.[28] 이처럼 제국정부의 법률안이 햇빛을 보지 못하고 사장되었음에도 불구하고, 그사이 정부제출 법률안을 놓고 찬반의 논의가 무성하였다. 더욱이 정부제

---

25) Willibalt Apelt, "Verfassung und richterliches Prüfungsrecht"(*Juristische Zeitung*, 1954, 401-405쪽 수록), 401쪽 이하 참조.

26) 畑尻剛, 앞의 책, 129쪽 참조.

27) 桶口陽一/栗城壽夫, 『憲法と裁判』, 小林直樹 監修, 現代憲法大系 第11卷, 法律文化社/1988, 186쪽.

28) Friedhelm Hase/Karl-Heinz Ladeur, 앞의 책, 112쪽.

출 법률안이 개별 법관의 부수적 법률위헌심판권을 제국국사재판소로 일원화하는 이른바 집중식 법률위헌심판제도를 채택함에 따라 재판관의 부수적 법률위헌심판권을 둘러싼 독일 헌법학계 안팎의 대치전선은 피아의 구분이 힘들 정도로 복잡한 모습을 띠게 된다.[29]

　일반적으로 재판관의 부수적 법률위헌심판권에 대한 논쟁참가자들의 입장은 의회주의에 대한 각자의 태도와 반비례한다고 하여도 과언이 아니다. 의회주의에 부정적인 반바이마르 진영의 헌법학자들은 예외 없이 재판관의 부수적 법률위헌심판권에 대하여 호의적이었으며, 의회주의에 호의적인 독일사회민주당 계열이나 그 주변의 헌법학자들은 대체로 재판관의 부수적 법률위헌심판권에 대하여 부정적이었다. 그러나 집중식 법률위헌심판제도를 채택한 정부제출 법률안을 계기로 이 같은 대치전선은 유동화 현상을 보이게 된다. 즉 재판관의 부수적 법률위헌심판권에 호의적이던 반바이마르 진영의 헌법학자들이 정부제출 법률안에 대하여 거부의사를 분명히 한 데 반하여, 재판관의 부수적 법률위헌심판권에 부정적이던 독일사회민주당 계열이나 그 주변의 헌법학자들은 정부제출 법률안에 대하여 찬성의 입장으로 돌아서게 된다.[30] 여기에서 우리는 재판관의 부수적 법률위헌심판권을 둘러싼 종래의 대치전선이 흐트러지면서 전략적 차원의 원칙론과 전술적 차원의 임기응변주의가 서로 엇갈리는 복잡한 대치국면을 마주하게 된다.

　그러면 반바이마르 진영의 헌법학자들이 바이마르헌법 체제의 해체라는 전략적 차원의 원칙론을 고수하며 재판관의 부수적 법률위헌심판권을 계속 밀고 나간 데 반하여, 재판관의 부수적 법률위헌심판에 부정적이던

---

29) Friedhelm Hase/Karl-Heinz Ladeur, 앞의 책, 113쪽 이하 참조.
30) Friedhelm Hase/Karl-Heinz Ladeur, 앞의 책, 114쪽.

독일사회민주당 계열이나 그 주변의 헌법학자들이 제국국사재판소의 법률위헌심판권한에 대하여 긍정적인 태도를 보인 것은 무엇 때문일까. 바로 이 점에서 우리는 경제적 정치적 그리고 이데올로기적 위기에 따른 바이마르헌법 체제의 구조적 취약성을 다시 한번 확인하게 된다.[31]

잘 알려진 대로 1920년대 후반 이후 바이마르헌법 체제는 상대적 안정기에서 총체적 위기국면으로 치닫게 된다.[32] 경제적 전망은 다시 흐려지고, 이데올로기적 갈등은 더욱 심화된다. 이에 따라 제국의회의 제1당으로 연립내각을 이끌어오던 독일사회민주당은 정치적 통합능력을 잃게 되고, 변혁 지향 노선에서 현실타협 노선으로의 방향전환이 불가피해진다. 이 같은 상황에 직면하여 독일사회민주당 계열이나 그 주변의 헌법학자들이 정부제출 법률안대로 제국국사재판소의 법률위헌심판권을 수용하는 쪽으로 가닥을 잡은 데에는 고도의 정치적 복선이 깔려 있었다고 하여도 과언이 아니다.[33] 하나는 재판관의 부수적 법률위헌심판권이 대세의 흐름인 이상, 의회입법이 그것에 발목이 잡혀 바이마르헌법 체제가 하릴없이 무장해제를 당하느니보다는 제국국사재판소로 법률위헌심판권을 일원화하여 그곳에서 다시 정치적 승부수를 걸어보겠다는 선제공격형 국면타개구상이다.[34] 그리고 또 하나는 독일사회민주당이 소수파 정당으로 전락할 경우에 대비하여 의회소수파의 보호를 위한 헌법상의 제도적 장치를 미리 마련해두려는 일종의 미래보장형 정치보험구상이다.[35]

그러나 독일사회민주당 계열이나 그 주변 헌법학자들의 이 같은 현실타

---

31) Friedhelm Hase/Karl-Heinz Ladeur, 앞의 책, 121쪽 참조.
32) Arthur Rosenberg, *Geschichte der Weimarer Republik*, Frankfurt am Main/1978, 188쪽 이하 참조.
33) Friedhelm Hase/Karl-Heinz Ladeur, 앞의 책, 114쪽 참조.
34) Friedhelm Hase/Karl-Heinz Ladeur, 앞의 책, 114쪽.
35) 桶口陽一/栗城壽夫, 앞의 책, 187쪽.

협적인 발상에도 불구하고, 독일 헌법학계 안팎에서는 재판관의 부수적 법률위헌심판을 둘러싼 갑론을박의 논란이 이내 사그라들기 시작한다. 바이마르헌법 체제의 위기가 한계점에 다다르면서 바이마르헌법 제48조의 긴급명령권이 제국의회의 입법권을 대신하는 이른바 대통령직할 통제체제가 일상적인 관행으로 굳어지고, 이에 따라 부수적이든 집중적이든 법률위헌심판제도 그 자체를 거론할 필요성이 사실상 없어졌기 때문이다.

IV. 켈젠과 슈미트의 헌법수호자 논쟁

법률위헌심판을 둘러싼 논란이 이처럼 용두사미로 꼬리를 내릴 무렵, 여기에 다시 불을 지핀 것이 켈젠과 슈미트의 헌법수호자 논쟁이다. 이 논쟁은 법률위헌심판 논란의 지평을 재판관의 부수적 법률위헌심판에서 헌법재판소의 집중적 법률위헌심판으로 바꾸어놓은 결정적인 계기가 되었다.

그러나 켈젠과 슈미트의 헌법수호자 논쟁에서 무엇보다 먼저 확인하여 두어야 할 것은 이 두 사람이 한 가지 점에서 인식을 같이하고 있다는 사실이다. 그것은 이른바 의회주의의 위기에 대한 것이다. 이처럼 그들이 의회주의의 문제점에 대하여 인식을 같이하고 있음에도 불구하고, 이에 대한 그들의 처방은 현격한 차이를 보이고 있다. 슈미트는 의회주의의 시대착오적 성격을 이유로 의회제 민주주의를 철저히 부정하고, 그 대안으로 동일성민주주의를 제시한다.[36] 이에 반하여 켈젠은 이른바 의회주의의 위기에 대하여 원칙적으로 동의하면서도 의회제 민주주의를 긍정적으로 평가한다.[37]

---

36) Carl Schmitt, *Verfassungslehre*, 235쪽 이하.
37) Hans Kelsen, *Demokratie und Sozialismus. Ausgewählte Aufsätze*, Wien/1967, 35 쪽 이하.

그는 슈미트와는 달리 의회제 민주주의에서 통치구조의 중심에 있어야 할 의회를 사법적 통제 아래 두기 위하여 단지 헌법재판제도의 도입을 주장할 뿐이다.[38]

여하튼 켈젠의 헌법재판소 헌법수호자론은 독일사회민주당 계열이나 그 주변 헌법학자들의 주장을 총괄하고, 이를 나름의 인식론적 관점과 정치적 입장에 따라 체계화하고 있다는 점에서 주목할 가치가 있다고 할 것이다.

켈젠은 순수법학의 창시자로서 인식론적으로는 신칸트학파의 방법이원론과 가치상대주의의 관점에 서 있으며, 정치적으로는 의회제 민주주의에 충실한 자유주의자의 범주에 든다. 순수법학의 이른바 법단계론의 관점에서 보면, 켈젠의 헌법재판소 헌법수호자론은 규범논리적으로 이론의 여지가 없는 극히 상식적인 주장에 지나지 않는다.[39] 법단계론의 논리에 따르면, 상위규범인 헌법에 저촉되는 법률의 존재란 애당초 상상할 수 없기 때문이다. 그러나 켈젠의 헌법재판소 헌법수호자론에서 이보다 더 눈여겨보아야 할 대목은 자유주의적 의회제 민주주의에 바탕을 둔 헌법재판제도 정당화론이다.[40]

켈젠은 자유주의의 입장에서 독재적 지배형태의 대립개념으로 민주주의를 설정한 다음, 순수법학의 방법에 따라 민주주의를 형식적으로 이해한다.[41] 그에 따르면, 민주주의는 일체의 타자 규정성에서 해방된 순수한 형태의 절차적 민주주의로서만 가능하며, 형식적 민주주의 가운데 선택 가능

---

38) Hans Kelsen, "Wesen und Entwicklung der Staatsgerichtsbarkeit"[Peter Häberle(Hrsg.), *Verfassungsgerichtsbarkeit*, Darmstadt/1976, 77-107쪽 수록], 82쪽 이하.

39) 이에 관하여는 手島孝, 『ケルゼニズム考』, 木鐸社/1981, 25쪽 이하 참조.

40) Friedhelm Hase/Karl-Heinz Ladeur, 앞의 책, 176쪽 참조.

41) 手島孝, 앞의 책, 87쪽.

한 유일한 대안은 의회제 민주주의이다.[42] 그러나 부르주아계급과 노동자계급이 날카롭게 대립하고 있는 자본주의사회에서는 국가적 통일성을 확보하는 데 불가결한 국민적 합의의 도출은 사실상 불가능하게 된다.[43] 따라서 가치상대주의의 관점에서 상호승인의 원칙을 받아들이고, 이에 따라 다수결의 원리에 따르는 것이 의회제 민주주의가 기능하기 위한 절대적 요건이라고 켈젠은 주장한다.[44] 그에 따르면, 오늘의 의회소수파는 내일의 의회다수파가 되고 오늘의 의회다수파는 내일의 의회소수파가 될 수 있으므로 다수결의 원리는 의회소수파의 보호를 전제로 한다.[45] 의회다수파의 독재는 의회소수파의 독재와 마찬가지로 독재적 지배형태의 하나이기 때문이다.[46] 따라서 의회제 민주주의에서 의회다수파의 독재를 막기 위하여는 의회소수파의 보호를 위한 사법적 통제장치인 헌법재판제도가 필수적이다.[47]

그러나 켈젠의 헌법재판소 헌법수호자론에는 몇 가지 문제점이 있다. 첫째는 방법론상의 오류이다. 켈젠이 자유주의자로서 독재적 지배형태와 민주주의를 범주적으로 구별한 것까지는 좋았으나, 민주주의를 순수법학의 방법적 요청에 따라 형식적으로 이해함으로써 역사적 범주인 민주주의를 인식론상의 문제로 환원시킨 점이다.[48] 둘째는 의회의 정치적 통합능력에 대한 지나친 신뢰이다. 켈젠이 의회주의의 문제점을 인정하면서도 자본주의사회의 적대적 계급관계를 의회다수파와 의회소수파의 우호적 경쟁관

---

42) Hans Kelsen, 앞의 책, 17쪽.

43) Friehelm Hase/Karl-Heinz Ladeur, 앞의 책, 173쪽 참조.

44) Hans Kelsen, 앞의 책, 104쪽.

45) 위와 같음.

46) 위와 같음.

47) Hans Kelsen, 앞의 책, 103쪽 이하.

48) Friedhelm Hase/Karl-Heinz Ladeur, 앞의 책, 178쪽 이하 참조.

새로 비 끼어놓고 부르주아계급과 노동자계급의 화해 가능성을 손쉽게 받아들인 것은 의회의 정치적 통합능력에 대한 기대를 여전히 거두지 않고 있기 때문인 것으로 보인다. 셋째는 바이마르헌법 체제의 이데올로기적 지형에 대한 인식 부재이다. 헌법재판소가 의회다수파의 독재로부터 의회소수파를 보호하기 위한 사법적 통제장치로 기능하기 위하여는 의회다수파는 물론, 의회소수파까지도 한데 묶어낼 수 있는 헌법이데올로기가 필요하다.[49] 그러나 바이마르헌법 체제에서는 바이마르헌법의 타협적 성격으로 말미암아 강력한 통합기능을 발휘할 수 있는 헌법이데올로기가 발붙일 여지가 없었던 것이다.

그러면 켈젠의 헌법재판소 헌법수호자론에 대한 일종의 반대명제로 제시된 슈미트의 대통령 헌법수호자론은 어떠한 논리 위에 서 있는 것일까. 이 점을 밝히기 위하여 슈미트의 의회주의론과 헌법재판소에 대한 그의 입장, 그리고 민주주의에 대한 그 특유의 견해를 살펴보기로 하자.

슈미트의 의회주의론은 한마디로 의회주의 부정론이다. 그는 의회주의 비판에서 그 초점을 의회주의의 이념적 기초인 자유주의에 맞추고 있다. 슈미트에 따르면, 자유주의는 부르주아계급의 이데올로기이다. 부르주아계급은 토론 그 자체에 절대적 가치를 부여하는 담론지상주의계급으로 자유주의는 그들의 생활양식에 본질적인 것이다.[50] 자유주의의 제도적 표현인 의회는 따라서 공개와 토론이 그 생명이며, 공개와 토론이 이처럼 자신의 존립 기반으로 되어 있는 의회의 정치적 기능은 부르주아계급 내 다양한 분파들의 이해관계를 조정하는 데 있다.[51] 부르주아 자유주의 초기의 명망가

---

49) Friedhelm Hase/Karl-Heinz Ladeur, 앞의 책, 187쪽.

50) Carl Schmitt, *Politische Theologie. Vier Kapitel zur Lehre von der Souveränität*, *Zweite Ausgabe*, München-Leipzig/1934, 75쪽; 같은 이, *Verfassungslehre*, Unveränderter Neudruck, Berlin/1957, 315쪽 이하 참조.

의회를 염두에 둔 이 같은 인식을 바탕으로 슈미트는 의회의 존립요건 가운데 가장 중요한 것으로 의회구성원의 사회적 동질성을 들고 있다.[52]

이에 따라 슈미트의 대통령 헌법수호자론에서는 의회구성원의 사회적 동질성이 의회제 민주주의 비판의 결정적인 잣대가 된다. 따라서 의회가 부르주아계급의 지배 아래 놓여 의회구성원 사이에 사회적 동질성이 유지되는 한, 그것은 나름대로 굴러갈 수 있을 것이다. 그러나 노동자계급의 의회 진출로 의회구성원의 사회적 동질성이 파괴되면, 의회주의의 대원칙인 공개와 토론은 설 자리를 잃고 계급적대의 극한적 대립구도가 판을 이끌고 가게 된다. 이처럼 적과 동지의 결전장으로 전락한 의회에 대한 일종의 대항축으로 헌법재판소를 설정하려는 시도에 대하여 슈미트는 극히 회의적이다.[53]

슈미트에 따르면, 사법권력은 중립성을 표방하는 특수권력으로서 조직상 그리고 기능상 한계가 있다.[54] 이처럼 조직상 그리고 기능상 한계가 있는 특수권력인 만큼, 사법권력은 통치구조의 중심에 자리 잡고 있는 의회에 대하여 주변적이고 부차적일 수밖에 없게 된다.[55] 따라서 사법권력의 하나인 헌법재판소는 정치적 지도기능을 발휘하여 사회경제적 갈등을 능동적으로 해결할 자리에 있지 아니하다. 더욱이 바이마르헌법 체제에서는 헌법내재적 이유로 말미암아 헌법재판소는 존립의 여지가 없게 된다. 즉 바이마르헌법 제2편의 기본권 부분에는 상이한 원칙, 구속력이 없는 강령조

---

51) Carl Schmitt, *Der Hüter der Verfassung*, 2. Aufl., Berlin/1969, 87쪽 이하.

52) Carl Schmitt, *Verfassungslehre*, Unveränderter Neudruck, Berlin/1957, 228쪽 이하 참조.

53) Carl Schmitt, "Das Reichsgericht als Hüter der Verfassung"[Peter Häberle(Hrsg.), *Verfassungsgerichtsbarkeit*, Darmstadt/1976, 108-131쪽 수록], 108쪽 이하.

54) Carl Schmitt, *Der Hüter der Verfassun*, 2. Aufl., Berlin/1969, 22쪽 이하.

55) Friedhelm Hase/Karl-Heinz Ladeur, 앞의 책, 152쪽.

항 _그리고 잠정적 타협이 산물이 다양한 규정이 어깨를 나란히 하고 있기 때문에 헌법재판소에서 사법적 판단의 대상이 될 수 있는 참된 의미의 규범을 찾아보기 힘들다. 슈미트에 따르면, 상호모순관계에 있는 이들 규정의 자리매김을 다시 하여 정확한 의미를 되돌려주는 일은 빼어난 의미의 정치적 결단이며, 그것은 오직 헌법제정권자인 국민만이 할 수 있는 것이다.[56)]

바로 이 대목에서 우리는 슈미트의 대통령 헌법수호자론에서 핵심적 부분이라고 할 수 있는 동일성민주주의의 한 단면을 엿보게 된다. 그에 따르면 바이마르헌법 제1조는 국민을 정치적 행동통일체로 상정하고 있다.[57)] 정치적 행동통일체인 국민은 따라서 중간의 매개 과정을 거치지 않고 자신의 의사를 직접 표현할 수 있다. 그러나 정치적 행동통일체인 국민의 의사가 현실적 규정력을 갖기 위하여는 대통령의 권위와 결합되어야 한다.[58)] 이때 대통령 권위의 원천은 말할 것도 없이 바이마르헌법 제48조이다. 이처럼 신뢰는 밑으로부터 권위는 위로부터 온다는 권위주의적 사고, 그리고 밑으로부터의 신뢰와 위로부터의 권위가 하나가 되는 순간 불꽃처럼 터져 나오는 박수갈채의 주술적 마력에 대한 끝없는 열망, 이것들이야말로 피치자와 치자를 하나로 보는 동일성민주주의의 실체라고 할 수 있을 것이다.[59)] 이 같은 동일성민주주의에 따르면, 정치적 행동통일체인 국민에게 총부리의 신화에 대한 확고한 믿음을 심어줄 수 있는 대통령이야말로 참된 의미의 헌법수호자인 것이다. 그러나 슈미트의 대통령 헌법수호자론에서 헌법수호자인 대통령의 권위가 결국 바이마르헌법 제48조의 긴급명령권에서

---

56) Carl Schmitt, 앞의 책, Berlin/1967, 62쪽.

57) Carl Schmitt, *Verfassungslehre*, Unveränderter Neudruck, Berlin/1957, 238쪽 이하.

58) Friedhelm Hase/Karl-Heinz Ladeur, 앞의 책, 151쪽.

59) Carl Schmitt, 앞의 책, Unveränderter Neudruck, Berlin/1957, 234쪽 이하.

비롯된다는 사실에 주목한다면, 슈미트의 대통령 헌법수호자론은 대통령 직할 통치체제를 정당화하기 위한 극히 반동적인 형태의 권위주의 예찬론이라고 하여도 좋을 것이다.

이제까지 우리는 켈젠의 헌법재판소 헌법수호자론과 슈미트의 대통령 헌법수호자론에 관하여 대충 더듬어보았다. 이들 두 주장은 이른바 의회주의의 위기, 좀 더 정확히 말하면 바이마르헌법 체제의 위기에 대한 그들 나름의 대응방안이었다. 차이가 있다면, 그것은 켈젠이 의회제 민주주의의 틀 안에서 비교적 온건한 해결 형태를 모색한 데 반하여, 슈미트는 자신의 반혁명이론전략에 따라 극히 반동적인 해결 형태를 택하였다는 점이다. 아무튼 켈젠과 슈미트의 헌법수호자 논쟁은 단순한 의미의 헌법수호자 논쟁이 아니라, 그 이상의 깊은 뜻을 갖는다. 그것은 근대부르주아 헌법의 내부에서 불가역적으로 진행되어온 통치구조의 변화 구도를 확인하고, 이를 바탕으로 앞으로의 변화 방향을 예시하고 있다는 점에서 일종의 묵시론적 의미를 담고 있다고 하여도 과언이 아닐 것이다.

V. 독일연방공화국의 헌법재판제도

헌법수호자 논쟁 이후의 역사적 경과를 되짚어보면, 통치구조의 중심축이 입법부 중심의 정치적 통합 형태에서 집행부 중심의 정치적 통합 형태로, 그리고 집행부 중심의 정치적 통합 형태에서 다시 사법부 중심의 정치적 통합 형태로 옮겨왔음을 알 수 있다. 사실 나치스 체제의 업보를 고스란히 떠안지 않으면 안 되었던 본 기본법 체제 아래에서는 적어도 통치구조에 관한 한, 선택의 폭이 처음부터 극히 제한되어 있었다. 바이마르헌법 체제는 갔으나 의회에 대한 불신의 벽은 여전히 높았으며, 이 같은 상황에서는 입법부 중심의 정치적 통합 형태란 상상하기조차 힘든 것이었다. 집행부 중심의 정치적 통합 형태도 선택의 대안은 되지 못하였다. 나치스 체제의 후유증이 외상성 충격의 형태로 악몽처럼 따라다니는 한, 집행부 중심의 정치적 통합 형태는 그것이 어떠한 형태든 비집고 들어설 여지가 없었던 것이다. 남은 것은 단 하나뿐, 그것은 다름 아닌 사법부 중심의 정치적 통합 형태이었다.

여기서 말하는 사법부 중심의 정치적 통합 형태는 물론 연방헌법재판소 중심의 정치적 통합 형태를 의미한다. 연방헌법재판소가 본 기본법 체제에서 시민권을 얻는 데에는 위에서 언급한 의회불신이나 나치스 체험 말고도 여러 가지 요인이 복합적으로 작용하였다. 이와 관련하여 우선 지적하여야 할 것은 서방 점령 당사국의 개입이다. 서방 점령 당사국은 1948년 11월 22일의 비망록에서 헌법재판소 설치를 헌법제정의 기본조건으로 제시하였던 것이다.[60] 거기에다 헌법제정 과정에서 핵심적인 역할을 한 독일 사회민주당이 헌법재판소의 설치를 강력하게 주장하고 나선 것도 특기할 만한 점이다.[61] 이것은 바이마르헌법 체제 아래에서 독일사회민주당 계열이나 그 주변의 헌법학자들이 집중식 법률위헌심판제도를 들고나온 것과 맥을 같이하는 것이다. 바이마르헌법 체제 아래에서 독일사회민주당 계열이나 그 주변의 헌법학자들이 개인 자격으로 집중식 법률위헌심판제도의 도입을 주장한 것과는 달리, 이번에는 당 차원에서 헌법재판소 설치를 추진하려는 시도가 조직적으로 이루어진 것이 차이라면 차이라고 할 수 있다.[62]

그러나 연방헌법재판소가 실제로 설치된 것은 본 기본법이 제정되고도 한참 후의 일이다. 본 기본법이 만들어지고 연방헌법재판소가 들어서기까

---

60) Klaus Herkenroth, 앞의 글, 495쪽.
61) Heinz Laufer, *Verfassungsgerichtsbarkeit und Politisches Prozeß*, Tübingen/1968, 97쪽 이하; Helmut Ridder, 앞의 글, 75쪽 이하.
62) 위의 책, 97쪽 이하.

지 많은 우여곡절이 있었지만, 연방헌법재판소는 헌법재판제도의 실패를 일찌감치 점친 헬무트 리더의 예측[63]과는 달리 본 기본법 체제 아래에서 사실상의 최고헌법기관으로 군림하고 있는 것이 오늘의 현실이다. 연방헌법재판소가 이처럼 통치구조의 중심축으로 떠오르는 데 결정적으로 이바지한 것은 말할 것도 없이 부르주아계급과 노동자계급의 정치적 역학관계이다.

주지하는 바와 같이, 제2차 세계대전은 이른바 총력전으로서 노동자계급이 정치적 발언권을 넓히는 데 획기적인 전기를 마련하여주었다. 거기에다 독일사회민주당의 수정주의 노선이 한층 강화되고 노동자계급의 체제내화가 급속히 진행되면서, 부르주아계급도 적대적 대결 노선에서 벗어나 노동자계급을 정치적 동반자로 인정하지 않을 수 없게 된다. 이처럼 상호승인의 원칙이 계급 수준에서 뿌리를 내림에 따라 부르주아계급과 노동자계급의 정치적 계급균형이 하나의 현실로 자리 잡게 된다.[64] 이 같은 상황에서는 총유효투표수 1퍼센트 안팎의 표 차이로 정치권력의 향배가 판가름 나게 된다. 독일연방공화국의 경우처럼 의회제 민주주의가 양대 정당 중심으로 운영되는 나라에서는 더욱 그렇다. 따라서 경쟁 당사자인 각 정당들은 유권자들의 표를 의식한 나머지 정치적 위험부담이 큰 현안일수록 이에 대한 정치적 결단을 가능한 한 회피하려고 한다. 그 결과 시간 벌기 지연전술이 정치의 왕도로 자리 잡게 된다. 그러나 이것마저 여의치 않을 경

---

63) Helmut Ridder, "In Sachen Opposition: Adolf Arndt und das Bundesverfassungsgericht" [Peter Häberle(Hrsg.), *Verfassungsgerichtsbarkeit*, Darmstsdt/1976, 427-445쪽 수록], 444쪽.

64) 정치적 계급균형과 이에 따른 정치의 법화 현상에 관하여는 Wolfgang Luthardt, "Bemerkungen zu Otto Kirchheimers Arbeiten bis 1933"(Otto Kirchheimer, *Von der Weimarer Republik zum Faschismus. Die Auflösung der demokratischen Rechtsordnung*, Frankfurt am Main/1976, 7-31쪽 수록), 22쪽 참조.

우 이들 두 정당이 앞다투어 달려가는 마지막 피난처가 다름 아닌 연방헌법재판소이다.

물론 거기에는 적어도 외견상으로 객관성과 공정성의 상징으로 국민의 머릿속에 자리 잡고 있는 연방헌법재판소에 정치적 위험부담이 큰 현안의 치다꺼리를 떠맡기려는 고도의 정치적 계산이 깔려 있다고 할 것이다.[65] 연방헌법재판소가 이처럼 정치적 책임 벗기에 혈안이 된 기회주의 정당들의 총알받이로 놀아나게 되면, 정치 부문의 자기소외 현상은 피할 수 없게 된다. 그러나 총알받이 역할 덕분으로 정치의 폐허 위에 우뚝 서게 될 연방헌법재판소의 정치적 영향력은 그만큼 커질 수밖에 없을 것이다. 그러한 의미에서 연방헌법재판소의 급부상은 부르주아 헌법문화의 조락기에 볼 수 있는 일종의 정치적 병리현상이라고 할 수 있다. 이 같은 맥락에서 볼 때, 연방헌법재판소를 법치국가의 꽃으로 추어올리는 체제헌법학자들의 가벼운 입질[66]이나, 연방헌법재판소를 가리켜 부르주아 헌법문화의 최고걸작품이라고 일컫는 일부 헌법재판미화론자들의 장밋빛 평가[67]는 역사의 진실과는 거리가 멀다고 할 것이다.

그러나 연방헌법재판소가 역사상 유례를 찾아볼 수 없을 만큼 가장 순

65) Klaus Herkenroth, 앞의 글, 504쪽; Helmut Ridder, "Das Bundesverfassungsgericht. Bemerkungen über Aufstieg und Verfall einer antirevolutionären Einrichtung" (Abendroth/Blanke/Däubler/Düx/Perels/Ridder/Römer/Seifert/Stuby/Wagner/Wahsner/Wiethölter, *Der Kampf um das Grundgesetz*, Über die politische Bedeutung der Verfassungsinterpretation, Frankfurt am Main/1977, 70-86쪽 수록), 83쪽 참조.

66) 예컨대 Josef M. Wintrich, "Die Verfassungsgerichtsbarkeit im Gesamtgefüge der Verfassung"[Peter Häberle(Hrsg.), *Verfassungsgerichtsbarkeit*, Darmstadt/1976, 214-223쪽 수록], 217쪽 이하 참조.

67) 대표적인 것은 René Marcic, "Die Deutung der Nautur des Verfassungsgerichts"[Peter Häberle(Hrsg.), *Verfassungsgerichtsbarkeit*, Darmstadt/1976, 314-328쪽 수록], 328쪽.

수하고도 가장 완벽한 형태의 헌법재판 전담 국가기구라는 데에는 이론의 여지가 없다고 할 것이다. 그것은 정치적 자아실현의 꿈을 한 번도 실천에 옮겨보지 못한, 따라서 관념의 늪 속에서 늘 법적 정의의 실현을 꿈꾸어오던 독일민족 특유의 작품으로서 법조물신주의 냄새가 진하게 배어 있다.

연방헌법재판소법 제1조 제1항에 따르면, 연방헌법재판소는 다른 헌법기관과 대등한 위치에 있는 또 하나의 헌법기관에 지나지 않는다. 연방헌법재판소의 이 같은 규정에도 불구하고, 연방헌법재판소는 본 기본법 체제 아래에서 독일연방공화국이 헌법재판국가로 과대성장하는 데 견인차의 구실을 맡도록 구조적으로 이미 자리매김되었다고 하여도 과언이 아니다.

우선 연방헌법재판소법이 정하여놓은 심판의 종류만 하여도 자그마치 열다섯이나 된다. 사회생활 영역 가운데 어느 한 모퉁이도 연방헌법재판소의 손길에서 벗어날 수 없을 만치, 헌법재판이라는 이름의 사법적 통제장치가 사회의 구석구석을 그물처럼 감싸고 있다. 이들 다양한 심판 가운데 대표적인 것으로 우리는 무엇보다 추상적규범통제와 구체적규범통제, 그리고 헌법소원을 들 수 있을 것이다.

심판의 가짓수는 그러나 연방헌법재판소의 막강한 권한을 상징적으로 보여주는 하나의 지표에 불과하다. 연방헌법재판소가 누리는 막강한 권한의 원줄기는 아무래도 다른 데에서 찾아야 한다. 그것은 다름 아니라 헌법해석에 대한 연방헌법재판소의 독점적 지위이다.[68]

사실 연방헌법재판소에 의한 헌법해석의 독점은 본 기본법 체제의 가장 흥미로운 대목이라고 할 수 있다. 헌법해석은 흔히 말하듯이 헌법규범이 객관적 의미내용을 가려내는 가치중립적 인식행위가 아니다. 그것은 해석주체의 주관적 가치판단이 논리의 틈새로 끊임없이 끼어드는 고도의 정치

---

68) 본 기본법 제93조 참조.

적 실천행위이다.[69] 그럼에도 이른바 헌법해석 방법에 관한 자신의 입장을 처음으로 밝힌 1960년 5월 17일의 결정에서 연방헌법재판소는 헌법해석을 헌법규범의 객관적 의미내용을 찾아내는 가치중립적 인식행위로 파악하고, 사비니 이후의 전통적인 법해석 방법의 유효성을 거듭 확인하고 있다.[70] 그러나 연방헌법재판소가 실천하고 있는 헌법해석 방법은 전통적인 법해석 방법과는 거리가 멀다고 할 것이다. 헌법해석에서 이론과 실천의 이 같은 모순은 연방헌법재판소 출범 직후부터 일관되게 나타나고 있다. 예컨대 1951년 10월 23일의 결정에서 연방헌법재판소는 법률위헌 판단의 기준으로 헌법제정권력까지도 구속하는 이른바 초실정적인 법을 스스럼없이 끌어들임으로써 자신의 법창조적 역할을 강조하고 있다.[71] 뿐만 아니라 연방헌법재판소는 전통적인 법해석 방법이 논리조작의 도구로서 한계를 드러낼 때마다 정치적 합목적성 등 헌법외적인 관점을 도입하여 헌법해석의 새로운 방법을 시험한다.[72] 연방헌법재판소의 헌법해석에서 가장 두드러진 특색은, 연방헌법재판소가 전통적인 법해석 방법에 따라 일정한 법적 결론에 도달하기보다는 법적 결론을 미리 정하여놓은 다음 여기에 논리를 꿰맞추는 극히 자의적인 헌법해석 관행이라고 할 수 있다.[73] 연방헌법재판소의 이 같은 방법선택상의 자의성을 가리켜 호르스트 엠케와 프리드리히 뮐러는 각각 방법상의 혼돈[74] 또는 줏대 없는 실용주의라고 이름

---

69) マルクス主義 法学講座 3. 『法の一般理論』, 日本評論社/1979, 194쪽 이하 참조.

70) *Entscheidungen des Bundesverfassungsgerichts*, 11. Bd., Tübingen/1961, 126쪽 및 129쪽 이하.

71) *Entscheidungen des Bundesverfassungsgerichts*, 1. Bd., Tübingen/1952, 18쪽.

72) Friedrich Müller, *Juristische Methodik*, Berlin/1971, 23쪽.

73) Reinhold Schlothauer, *Zur Krise der Verfassungsgerichtsbarkeit*, Frankfurt am Main/1979, 63쪽.

74) Horst Ehmke, "Prinzipien der Verfassungsinterpretation" (*Veröffentlichungen der Vereinigung der deutschen Staatsrechtslehrer*, 20. Bd., Berlin/1963, 53-98쪽 수록),

붙이고 있다.[75]

연방헌법재판소의 이 같은 방법상의 혼돈이나 줏대 없는 실용주의는 자의적인 헌법해석기법에서 그대로 나타난다. 연방헌법재판소의 헌법해석에서 이미 진가를 인정받은 이익형량의 원칙은 제쳐두고라도, 헌법적합적 해석의 원칙, 실천적 조화의 원칙 등 한 묶음으로 처리할 수 없는 다양한 헌법해석 기법들이 연방헌법재판소의 자의적 선택에 따라 헌법해석의 장면을 무시로 드나든다. 이 가운데에서 특히 주목의 대상이 되는 것은 헌법적합적 해석의 원칙이다. 그것은 법률이 헌법의 테두리를 벗어나 지나치게 광범한 규정을 두었을 때, 그 법률에 대한 위헌 판단은 삼간 채 위헌 부분만을 배제하기 위한 헌법해석의 한 기법이다. 헌법적합적 해석은 물론 사법자제라는 관점에서 긍정적인 측면도 없지 아니하다.[76] 그러나 그것이 법률의 객관적 의미내용을 왜곡하여 헌법재판관의 주관적 가치판단을 끼워 넣기 위한 수단으로 남용되면, 헌법해석의 한계를 벗어나 일종의 수정입법으로 탈바꿈하게 된다.[77] 아무튼 이익형량의 원칙은 물론, 헌법적합적 해석의 원칙이나 실천적 조화의 원칙은 처음부터 하나의 전제를 담고 있다. 헌법은 자기완결적 가치체계라는 관념이 바로 그것이다. 헌법을 이처럼 자기완결적 가치체계로 보게 되면, 연방헌법재판소가 체제우호적인 헌법판단을 하는데 백지위임장을 손에 넣은 것과 다름없으며, 이때 나름의 체제우호적 헌법판단을 합리화하기 위하여 논리조작의 도구로 동원되는 것이 이들 헌법해석기법이다.

연방헌법재판소의 헌법해석이 이처럼 전통적인 법해석 방법의 테두리

59쪽.

75) Friedrich Müller, 앞의 책, 41쪽.

76) 桶口陽一, 『比較憲法』, 青林書院新社/1981, 273쪽.

77) 위의 책, 273쪽.

밖에서 제멋대로 이루어지고 있음에도 연방헌법재판소가 전통적인 법해석 방법을 계속 들먹이는 것은 헌법해석의 자의성을 얼버무리기 위한 일종의 기만적 사법전략이라고 하여도 과언이 아니다.[78] 그러나 방법선택상의 문제점으로 말미암아 객관성의 확보가 사실상 불가능한 연방헌법재판소의 이 같은 헌법해석 관행이 가져올 부정적인 결과는 결코 지나칠 수 없을 것이다. 연방헌법재판소 결정의 직접수용자인 관련 당사자는 물론, 간접수용자인 국민일반의 눈에까지 헌법해석이 법논리의 탈을 쓴 또 하나의 다른 정치적 결단으로 비치게 되면, 헌법재판 곧 8인 과두집단의 사법전제라는 비판의 소리도 더 이상 외면할 수 없을 것이기 때문이다.[79]

8인 과두집단의 사법전제는 그러나 가상의 현실이 아니다. 그것은 독일 연방공화국이 걸어온 과대성장 헌법재판국가의 구체적 현실이다. 8인 과두집단의 사법전제는 무엇보다 결정형식의 다양화 현상에서 극명하게 드러난다. 연방헌법재판소법 제정 당시 위헌법률에 대한 결정형식은 위헌무효결정이 유일한 것이었다. 그 후 한참 뒤인 1971년 연방헌법재판소법이 개정되면서 위헌확인결정이 하나 더 추가되었을 뿐이다.[80] 그러나 연방헌법재판소가 사법전제의 한 방편으로 변형결정형식의 개발에 강한 의욕을 보임에 따라 새로운 결정형식들이 속속 등장하게 된다. 입법촉구결정, 위헌경고결정, 한정무효결정 등이 그것이다.[81] 이들 변형결정형식은 위헌결정의 효력이 일반적인 데에서 오는 법적 혼란을 우려한 나머지 이를 최소화하기 위한 고육지계의 측면도 없지 아니하다. 그럼에도 헌법해석론의 입장에서 엄격히 따질 때, 이들 변형결정방식은 본 기본법이 내세우고 있는

78) Reinhold Schlothauer, 앞의 책, 63쪽.
79) Friedhelm Hase/Karl-Heinz Ladeur, 앞의 책, 70쪽.
80) 畑尻剛, 앞의 책, 216쪽 이하 참조.
81) 畑尻剛, 앞의 책, 214쪽 이하 참조.

민주주의의 기본틀마저 부정하는 위헌적 결정방식이라고 하여도 과언이 아니다. 주로 헌법소원사건에서 채택되고 있는 입법촉구결정은 궤도 이탈의 대표적 예라고 할 수 있다. 그것은 제도개혁이나 법제개혁과 관련하여 법률의 개정을 재촉하기 위하여 활용되는 변형결정의 한 방식이다.[82] 이 경우 결정주문에서는 헌법소원을 기각하여 형식적으로 합헌 결정의 모양새를 갖추고 있으나, 결정이유에서 법률의 위헌성에 대한 의구심을 표명하며 법률개정의 시한은 물론 법률개정의 원칙까지도 제시한다.[83] 이렇게 되면, 연방의회와 연방헌법재판소의 관계가 뒤바뀌어 연방의회가 입법 과정에서도 연방헌법재판소의 하수인으로 전락하는 최악의 사태가 나타나게 된다.[84]

그러나 연방헌법재판소의 결정형식도 따지고 보면 연방헌법재판소의 막강한 권한을 드러내주는 또 하나의 징표에 지나지 않는다. 연방헌법재판소가 제4권력으로 우뚝 서는 데 정작 한몫 거든 것은 결정의 구속력이다. 연방헌법재판소법 제31조 제1항에 따르면, 연방헌법재판소의 결정은 연방의회는 물론 재판소와 행정관청도 구속한다. 그러나 연방헌법재판소의 결정이 연방의회를 구속한다면, 이것은 본 기본법 제20조 제1항의 민주주의 원칙에 어긋나는 것이다.[85] 그리고 연방헌법재판소 이외의 모든 재판소가 연방헌법재판소의 결정에 구속된다면, 이것 역시 본 기본법 제97조 제1항에 위배된다고 할 것이다.[86] 이 규정에 따르면, 재판관은 오직 법률에 따라 재판하면 되기 때문이다. 그러나 문제는 여기에서 그치지 않는다. 연방헌법

---

82) 대표적인 것은 1979년 1월 3일의 공동결정판결이다. 상세한 것은 *Entscheidungen der Bundesverfassungsgerichts*, 50. Bd., Tübingen/1979, 290쪽 참조; Klaus Herkenroth, 앞의 글, 503쪽.

83) Christian Pestalozza, *Verfassungsprozeßrecht*, 3. Aufl., München/1991, 288-289쪽.

84) Klaus Herkenroth, 앞의 글, 503쪽.

85) Helmut Ridder, 앞의 글, 84쪽.

86) 위와 같음.

재판소법 제31조 제2항에 이르면 사정은 더욱 복잡해진다.

연방헌법재판소법 제31조 제2항에 따르면, 추상적규범통제니 구체석규범통제이 경우 그리고 법률을 심판 대상으로 하는 헌법소원의 경우 연방헌법재판소의 결정은 법률의 효력을 갖는다. 이처럼 연방헌법재판소의 결정이 법률의 효력을 갖는다면, 연방의회는 법률의 제정이나 개정을 통하여 연방헌법재판소의 결정을 다시 파기할 수 있어야 한다.[87] 그렇지 않으면 연방의회의 국민대표성은 물론, 신법우선이라는 법의 일반원칙도 설 자리가 없을 것이기 때문이다. 그럼에도 연방의회가 연방헌법재판소의 결정에는 토씨 하나 건드리지 못하고 연방헌법재판소의 결정을 좇아 법률의 손질만 해야 한다면, 연방헌법재판소의 결정은 법률의 효력이 아니라 초법률적인 효력을 갖는 것이나 다름없을 것이다.[88] 이 같은 점을 염두에 둔다면, 연방헌법재판소를 가리켜 제2입법자 또는 상급입법자라고 부르는 것도 사실은 무리가 아니다.[89] 거기에다 결정주문은 물론 주요 결정이유까지도 구속력이 인정되어 이들이 사실상 초법률적인 효력을 갖게 된다면,[90] 연방헌법재판소 재판관들의 입이 헌법이나 다름없는 반민주주의적 역리현상은 불을 보듯 뻔한 일이다.[91]

---

87) 위와 같음.

88) Helmut Ridder, 앞의 글, 85쪽.

89) Ernst Gottschling, *Demokratie im Zerrspiegel. Zur Kritik bürgerlicher Demokratietheorien*, Berlin/1978, 66쪽; Heinz Laufer, 앞의 책, 112쪽 참조.

90) Klaus Herkenroth, 앞의 글, 503-504쪽.

91) 이와 관련하여 찰스 휴스 전 미국 연방최고재판소장의 다음과 같은 말을 떠올리면 좋을 것이다. "We are under a constitution, but the constitution is what the justices say it is." 역시 미국 연방최고재판소 판사를 역임한 펠릭스 프랑크푸르터는 한술 더 떠 "The supreme court is the constitution"이라는 더욱 대담한 견해를 내보인 바 있다.

VI. 헌법재판의 이데올로기적 기능

연방헌법재판소도 여느 국가기구와 마찬가지로 지배체제를 떠받치고 있는 국가기구 가운데 하나이다. 그 밖의 다른 국가기구와 차이가 있다면, 그것은 지배체제의 법적 헤게모니를 확보하기 위하여 체제방어 이데올로기 조달과 반체제이단자 응징을 체계적으로 수행하는 빼어난 의미의 이데올로기적 국가기구라는 점이다. 연방헌법재판소가 이처럼 지배체제를 떠받치고 있는 이데올로기적 국가기구인 이상, 그것이 추구하는 사법전략의 궁극적 목표는 자명하다고 할 것이다. 그것은 다름이 아니라 지배체제의 현상 유지이다. 이를 위하여 연방헌법재판소가 떠맡고 있는 이데올로기적 기능 가운데 핵심적인 것은 지배체제 정당화 기능과 이데올로기적 억압 기능이다.

이 두 기능 가운데 우선 주목하여야 할 것은 지배체제 정당화 기능이다. 어느 사회든 지배체제가 유지되기 위하여는 피지배자들의 자발적 동의를 확보할 수 있는 자기정당화의 계기가 필요하다. 체제이데올로기의 조달이 끊임없이 요구되는 것도 바로 이 때문이다. 체제이데올로기의 조달은 물론 각급 심급에서 그리고 다양한 수준에서 이루어진다. 그러나 헌법은 한 나라의 기본법이라는 점에서 이를 매개로 한 체제이데올로기의 조달은 각별한 중요성을 갖는다. 더욱이 연방헌법재판소는 헌법해석에서 독점적 지위를 누림으로써 체제이데올로기를 조달하는 데 결정적으로 유리한 자리에 있다고 할 것이다.

잘 알려진 대로 패전 독일의 가장 시급한 현안은 경제재건이었다. 그러나 제2차 대전이 끝나고 본 기본법 체제가 들어서기까지의 과도기만 하여도 일반국민의 반자본주의 정서는 만만치 않았다. 보수당인 기독교민주연맹이 1947년의 알렌강령에서 자본주의체제의 대폭적 손질을 들고나온 데에서도 당시 분위기의 한끝을 엿볼 수 있다.[92] 이러한 가운데에서도 서독

자본주의는 폐허의 잿더미를 딛고 일어나 본 기본법 체제가 닻을 올리던 1949년에도 이미 재기의 길로 들어서고 있었다. 서독자본주의의 이 같은 복원 과정에서 연방헌법재판소가 보여준 태도 가운데 가장 흥미로운 대목은 본 기본법의 소유권 규정에 대한 것이다. 연방헌법재판소가 본 기본법의 소유권 규정에 대하여 자신의 입장을 처음으로 밝힌 것은 1952년 4월 30일의 굴뚝청소부판결에서이다. 이 판결은 그러나 민사법의 테두리와 사회적 통념의 한계를 크게 벗어나지 못하는 것이었다.[93] 연방헌법재판소의 이 같은 입장은 본 기본법의 소유권이 전통적 의미의 소유권과 다름없다고 확인한 1962년 8월 7일의 판결에서도 그대로 이어진다.[94] 뿐만 아니라 연방헌법재판소는 폴크스바겐 공장 민영화의 합헌성 여부를 다룬 1961년 5월 17일의 판결에서 본 기본법 제15조 사회화 규정의 구속력을 사실상 부정함으로써 이 규정을 지렛대로 자본주의적 소유질서의 변혁을 시도하려는 일부 헌법학자들의 이론적 노력에 헤살을 놓는다.[95] 아무튼 본 기본법의 소유권 규정에 대한 연방헌법재판소의 이 같은 결정들로 말미암아 볼프 이후의 제도적보장론이 다시 발붙일 수 있는 헌법해석론적 토대가 마련된 것이나 다름없다고 할 것이다. 아나나 다를까 연방헌법재판소는 1968년 12월 18일의 함부르크제방판결에서 사적 소유의 제도적 보장을 적극적으로 인정하기에 이른다.[96] 그리고 1979년 3월 1일의 공동결정판결에서 연방헌

---

92) 알렌 경제강령에 관하여는 H. -H. Hartwich, *Sozialstaatspostulat und gesellschaftlicher Status*, Köln-Opladen/1970, 54쪽 참조.

93) *Entscheidungen des Bundesverfassungsgerichts* 1. Bd., Tübingen/1952, 264쪽 및 278쪽.

94) *Entscheidungen des BundesVerfassungsgerichts*, 14. Bd., Tübingen/1964, 263쪽 및 278쪽.

95) *Entscheidungen des Bundesverfassungsgerichts*, 12. Bd., Tübingen/1962, 354쪽 및 364쪽.

96) *Entscheidungen des Bundesverfassungsgerichts*, 24. Bd., Tübingen/1969, 367쪽 및

재판소는 생산수단의 사적 소유에 대한 제도적 보장을 사실상 인정함으로써 자본주의적 소유권 이데올로기의 기틀을 마련하였다.[97] 생산수단의 사적 소유에 대한 연방헌법재판소의 이 같은 입장은 그러나 기업가를 소유권의 주체로 인정한 1954년 7월 20일의 투자지원판결에서 단편적으로나마 이미 그 모습을 드러내고 있었다.[98]

나아가 연방헌법재판소의 지배체제 정당화 기능과 관련하여 특히 눈여겨볼 대목은 사회국가이데올로기이다. 주지하는 바와 같이 1950년대 중반부터 약 10년은 서독자본주의의 도약기이었다. 이에 따라 지배체제에 대한 일반국민의 기대욕구가 자연히 높아지게 될 무렵, 서독 헌법학계에서는 본 기본법 제20조 제1항과 같은 법 제28조 제1항의 규정을 둘러싸고 사회국가의 법적 성격에 관한 논쟁이 본격적으로 시작된다.[99] 이 논쟁에서 표출된 입장들 가운데 하나는 슈미트학파 일부 논자들의 사회국가평가절하론이다.[100] 이 주장에 따르면, 사회국가는 법치국가의 하위개념으로서 단지 강령적 의미를 갖는 데 불과하다.[101] 그리고 또 하나는 본 기본법 제15조의 사

389쪽.

97) *Entscheidungen des Bundesverfassungsgerichts*, 50. Bd., Tübingen/1979, 336쪽 이하 참조: 연방헌법재판소의 공동결정에서 단편적으로 모습을 드러낸 이른바 생산수단의 사적 소유에 대한 제도적 보장에 관하여는 Bernhard Blanke, "Reproduktion des Kapitals als Verfassungsproblem. Die Unternehmensmitbestimmung in der grundrechtlichen Sicht des Bundesverfassungsgerichts"[Abendroth/Blanke/Preuß u. a.(Hrsg.), *Ordnungsmacht? Über das Verhältnis von Legalität, Konsens und Herrschaft*, Frankfurt am Main/1981, 130-152쪽 수록], 141쪽 참조.

98) *Entscheidungen des Bundesverfassungsgerichts*, 4. Bd., Tübingen/1956, 15쪽 이하.

99) 독일 헌법학계의 사회국가 논쟁에 관하여는 H. -H. Hartwich, 앞의 책, 49쪽 이하: Sun-Ok Kuk, *Das Wesen des Sozialstaatsidee bei Lorenz von Stein. Eine Untersuchung zur Genesis einer konservativen Sozialstaatstheorie*, Köln/1978, 180쪽 이하 참조.

100) Sun-Ok Kuk, 위의 책, 205쪽 이하.

101) 위와 같음.

회화 규정을 고리로 본 기본법 제20조 제1항 및 제28조 제1항의 사회국가 규정을 자본주의체제변혁의 돌파구로 삼으려는 민주주의 좌파 헌법학자들의 민주주의적 사회국가론이며, 이것은 일종의 사회국가전진기지론이라고 할 수 있다.[102] 이들 두 주장의 중간지점에 자리 잡고 있는 것이 사회적 법치국가론이다.[103] 사회적 법치국가론은 주로 자유주의 계열의 헌법학자들이 표방하는 입장으로서 법치국가의 기본틀은 그대로 유지하되, 그 테두리 안에서 나름의 사회국가이념을 부분적으로 접합시키려는 이론적 시도이다. 본 기본법 제20조 제1항 및 제28조 제1항의 사회국가 규정에 대한 연방헌법재판소의 입장은 기본적으로 사회적 법치국가론의 한계를 벗어나지 못하는 것이다. 독일연방공화국 헌법학계에서 사회국가 논쟁이 있기 훨씬 이전, 연방헌법재판소는 사회정의의 실현을 사회국가의 실천적 과제로 설정함으로써 사회국가 곧 사회정의국가라는 자신의 입장을 분명히 하였다.[104] 이 같은 입장을 연방헌법재판소는 1967년 7월 18일 판결에서 다시 확인하고 있다.[105] 연방헌법재판소의 이 같은 입장에 대한 평가는 잠시 접어둔다고 하더라도, 문제는 사회정의 개념이다. 개념 자체가 모호한 데다가, 그것에 대한 최종해석권도 연방헌법재판소가 가지고 있어 연방헌법재판소의 해석 여하에 따라 사회국가의 실체가 달라질 수 있기 때문이다. 이 같은 우려는 그러나 단순한 기우가 아니다. 연방헌법재판소의 사회국가 관련 결정들을 자세히 살펴보면, 연방헌법재판소가 사회국가의 실천적 과제인 사회정의의 실현을 위하여 특별히 관심을 쏟고 있는 부분은 주로 사회보장 영역과 사회법 영역이다.[106] 따라서 민주주의적 사회국가론이 제기하

---

102) 위의 책.
103) 위의 책.
104) *Entscheidungen des Bundesverfassungsgerichts*, Tübingen/1956, 5. Bd., 198쪽.
105) *Entscheidungen des Bundesverfassungsgerichts*, 22. Bd., Tübingen/1968, 180쪽.

고 있는 구조개혁이나 체제변혁과 같은 문제들은 애당초 연방헌법재판소의 관심 밖에 있다고 하여도 과언이 아니다. 이 같은 점으로 미루어 연방헌법재판소가 머릿속에 그리고 있는 사회국가는 체제이탈의 방지에 필요한 최소한의 물질적 보상체계가 체제유지의 윤활유 역할을 하여주는 일종의 관료주의적 행정국가라고 할 수 있다.[107] 바로 여기에 지배체제에 대한 일반국민의 충성심을 끌어모으기 위하여 연방헌법재판소가 내세우고 있는 사회국가이데올로기의 허구성이 있다고 할 것이다.

아무튼 1967년은 전후 독일연방공화국 역사에서 가장 우울한 한 해이었다. 이해를 고비로 서독자본주의는 장기불황의 늪으로 빠지게 된다. 라인 강의 기적은 마침내 막을 내리고 사회 전반에 걸쳐 구조개혁의 목소리가 높아진다. 이 같은 위기상황에 대처하기 위하여 급기야 경제안정 및 성장촉진법의 제정과 이를 위한 헌법개정작업이 진행된다.[108] 이 법률은 경제의 안정적 균형발전을 위하여 구체적인 조치가 필요할 때, 법률대위적 명령의 형태로 사회 각 부분에 적극적으로 개입할 의무를 국가에 지우고 있다. 이 같은 국가개입주의 정책에도 불구하고 전반적 상황은 별로 나아질 기미를 보이지 않았다. 더욱이 1970년대 들어서는 전자과학기술의 획기적 발전으로 산업구조 재조정의 필요성이 중요한 현안으로 떠오르게 되고, 이로 말미암아 산업현장의 노사대립도 한층 심각해진다. 이에 따라 지배체제 쪽에서는 노사사회적동반자 이데올로기를 들고나와 노사협력운동을 대대적으로 펼친다.[109] 지배체제 쪽의 이 같은 이데올로기 공세 속에서 체제

---

106) *Kommentar zum Grundgesetz für die Bundesrepublik Deutschland*, Bd. 1, Neuwied-Darmstadt/1984, 1353쪽.
107) 위의 책, 1353쪽 이하 참조.
108) 1967년 6월 8일의 제15차 헌법개정에 따라 본 기본법 제109조가 전면 손질되었다.
109) 독일사회민주당과 기독교민주연맹의 대연립정부 아래에서 강력히 추진된 이른바 Konzertierte Aktion이 대표적인 예이다.

위기관리의 한 고리로 만들어진 것이 공동결정법이다.[110] 이 법률의 목적은 노동자대표를 노동력 관리의 중추인 경영조직 인으로 끌어늘여 자본의 재생산 과정을 안정적으로 보장하려는 데 있다.[111] 따라서 그 내용도 자본주의체제의 기본 속성인 노동착취와 노동소외의 문제들은 그대로 놓아둔 채 파생적이고 비본질적인 노사갈등을 제도적으로 흡수하는 데 초점을 맞추고 있다. 그럼에도 화학금속 부문의 개별독점자본들이 이 법률에 대하여 제기한 헌법소원들과 함부르크 주재판소가 제정한 일부 조항 위헌심판청구에 대하여 연방헌법재판소는 기각결정과 헌법합치결정을 각각 내린 바있다.[112] 이 결정에서 핵심 쟁점은 노동자의 경영참여가 기업소유권을 침해하는 것인지의 여부이었다. 이와 관련하여 연방헌법재판소는 소유권의 기능에 따라 소유권의 제한 가능성을 차별화하는 일종의 단계론적 입장에 서있다.[113] 따라서 소유권의 사회적 기능이 강할수록 소유권의 제한 가능성은 커지며, 소유권의 사회적 기능이 약할수록 소유권의 제한 가능성은 줄어들게 된다. 특히 소유권이 주식과 같은 지분소유권의 형태로 존재하며 노동자의 협력 없이는 지분소유권의 실현이 원천적으로 불가능한 법인기업의 경우에는 기업효율성이 저해되지 않는 범위 안에서 노동자가 경영에 참여하여도 기업소유권을 침해하는 것은 아니라는 것이 연방헌법재판소의 견해이다.[114] 이 같은 맥락에서 보면, 연방헌법재판소의 공동결정판결은

---

110) 1976년 5월 4일의 공동결정법은 엄밀히 따지면 두 번째 공동결정법이다. 이른바 광업 부문 공동결정법이 첫 번째에 해당된다. 두 번째 공동결정법은 첫 번째 공동결정법의 시행과정에서 나타난 문제점들을 입법적으로 해결하려고 하였으나, 결과적으로 사용자의 입지를 강화시켜주는 방향으로 마무리되었다.

111) Bernhard Blanke, 앞의 글, 130쪽 이하 참조.

112) 연방헌법재판소의 공동결정판결에 관하여는 Entscheidungen des Bundesver-fassungsgerichts, 50. Bd., Tübingen/1979, 290쪽 이하 참조.

113) 위의 책, 340쪽 이하.

114) 위의 책, 352쪽 이하.

친노동 반자본의 입장을 대변하고 있는 것처럼 보인다. 그러나 노동자경영 참여에 대한 위헌심판의 기준으로 헌법외적 범주인 기업효율성을 들고나 왔다는 점에서 연방헌법재판소의 공동결정판결은 결과적으로 노동자경영 참가법이 뼈대로 삼고 있는 노사사회적동반자 이데올로기를 그대로 받아 들인 것이라고 할 수 있다.[115]

나아가 연방헌법재판소가 떠맡고 있는 또 하나의 이데올로기적 기능은 이데올로기적 억압 기능이다. 지배체제 정당화 기능이 말 그대로 지배체제 의 정당성을 공적으로 인증하는 데 목적이 있다면, 이데올로기적 억압 기 능은 지배체제를 부정하거나 지배체제에 대하여 이의를 제기하는 반체제 이단자가 생길 경우 헌법의 적인 그에게 사회적 파문을 선고함으로써 지배 체제의 안정을 확보하려는 데 목적이 있다. 그러한 의미에서 이 두 기능은 상호 보완관계에 있다고 할 수 있다. 연방헌법재판소의 이 같은 이데올로 기적 억압 기능은 그러나 억압 기능 그 자체를 정당화할 수 있는 관념의 체 계를 필요로 한다. 이와 관련하여 무엇보다 주목하여야 할 것은 전투적 민 주주의이다.

전투적 민주주의는 주지하는 바와 같이 부르주아 민주주의의 반동적 형 태로서 부정과 배제의 논리 위에 자리 잡고 있다.[116] 이처럼 부정과 배제를 기본 속성으로 하는 전투적 민주주의의 방어대상은 말할 것도 없이 본 기 본법 체제, 좀 더 구체적으로 말하면 본 기본법 체제의 공식상표라고 할 수 있는 자유로운 민주주의적 기본질서이다. 전투적 민주주의를 본 기본법 체

---

115) Bernhard Blanke, 앞의 글, 142쪽 이하 및 152쪽 이하.

116) Ernst Gottschling, 앞의 책, 63쪽 이하; 전투적 민주주의를 포괄적으로 다룬 문헌으로 는 Johannes Lameyer, *Streitbare Demokratie, Eine verfassungshermeneutische Untersuchung*, Berlin/1978, Martin Kutscha, *Verfassung und "Streitbare Demokratie"*, Köln/1979 등이 있다.

제의 체제방어 이데올로기라고 불러도 좋은 이유는 바로 여기에 있다고 할 것이다.

　전투적 민주주의가 체제방어 이데올로기로 처음 등장한 것은 1956년 8월 17일의 독일공산당 판결에서이다.[117] 이 판결에서 연방헌법재판소는 독일공산당을 본 기본법 제21조 제2항에 따라 위헌정당으로 낙인찍는다. 문제는 그러나 자유로운 민주주의적 기본질서를 수호하기 위하여 정당의 목표나 개별정당 지지자들의 행동을 위헌심판의 기준으로 막연히 설정한 본 기본법 제21조 제2항이 헌법위반 헌법규범이 아닌지의 여부이다. 이와 관련하여 연방헌법재판소는 본 기본법 제21조 제2항의 예방규범적 성격을 강조한다.[118] 이처럼 예방규범적 성격이 핵심 쟁점으로 떠오른 본 기본법 제21조 제2항의 합헌성을 밑받침하기 위하여 연방헌법재판소가 끌어들인 것이 전투적 민주주의이다.[119] 연방헌법재판소에 따르면, 본 기본법 제21조 제2항은 바이마르헌법 체제 아래의 정당체험을 거울 삼아 만든 일종의 헌법보장 규범으로서 거기에는 자유의 적에게 자유를 허용하지 않겠다는 본 기본법 나름의 단호한 의지가 담겨 있다.[120] 그러나 본 기본법 제21조 제2항이 이처럼 전투적 민주주의에 대한 일종의 신앙고백 조항으로 둔갑하게 되면,[121] 민주주의의 근간인 정당제도가 뿌리째 흔들린다. 정당의 목표나 개별정당 지지자들의 행동에서 자유로운 민주주의적 기본질서에 대한 위험성을 어렴풋이나마 읽어낼 수 있다면, 비록 그것이 명백하고 현존하는 위험으로 이어지지 않더라도 정당 그 자체에 대한 예방적 선제공격이

---

117) *Entscheidungen des Bundesverfassungsgerichts*, 5. Bd., Tübingen/1956, 139쪽.
118) 위의 책, 143쪽 이하.
119) 위의 책, 139쪽.
120) 위의 책, 138쪽.
121) 위의 책, 139쪽.

얼마든지 가능할 것이기 때문이다. 그러한 의미에서 연방헌법재판소의 태도, 즉 전투적 민주주의를 앞세워 본 기본법 제21조 제2항을 예방적 정당 규제 조항으로 이해하려는 연방헌법재판소의 입장이 근본적으로 바뀌지 않는 한, 본 기본법 제21조 제2항은 반체제정당이나 이의제기 정당을 헌법의 울타리 밖으로 내몰기 위한 일종의 백지위임 규정이나 다름없다고 할 것이다.

그러나 위에서도 이미 언급하였듯이 1960년대 중반 이후 서독자본주의가 장기불황에 허덕이면서 체제위기의식이 한층 고조되어간다. 그리하여 지배체제 쪽에서는 경제안정 및 성장촉진법의 제정과 더불어 긴급사태입법도 서두른다. 이와 관련하여 우리의 주목을 끄는 것이 1970년 2월 18일의 이른바 병사판결이다.[122] 이 결정에서는 재직 중 한 정치토론장에서 독일연방공화국의 인권상황을 비판한 혐의로 강제전역조치를 받은 전직 연방군하사관의 헌법소원이 다루어지고 있다. 여기에서 연방헌법재판소는 전투적 민주주의를 단순한 신앙고백의 차원에서 헌법상의 원리로 끌어올림으로써,[123] 전투적 민주주의는 체제방어 이데올로기로서 그 위상을 더욱 다지게 된다. 뿐만 아니라 연방헌법재판소는 전투적 민주주의를 이른바 특수신분 관계로까지 끌어들여, 그렇지 않아도 기본권 제한의 가능성이 큰 이 영역에서 기본권 제한의 폭을 한층 넓혀놓았다. 그러나 더 큰 문제는 연방헌법재판소가 이 결정에서 자유로운 민주주의적 기본질서에 대한 충성의 의무를 전투적 민주주의의 이름을 빌려 정당화하였다는 점이다.[124] 이처럼 연방헌법재판소가 전투적 민주주의의 이름으로 자유로운 민주주의적 기본질서에 대한 충성의 의무를 요구하기에 이르면, 전투적 민주주의는 이

---

122) *Entscheidungen des Bundesverfassungsgerichts*, 28. Bd., Tübingen/1970, 36쪽 이하.

123) 위의 책, 48쪽 이하.

124) 위의 책, 48쪽.

미 단순한 의미의 체제방어 이데올로기가 아니다. 지배체제에 대한 절대적 귀의를 무조건 요구하고 있다는 점에서 그것은 國家宗敎나 다름없는 일송의 체제담보 이데올로기라고 하여도 과언이 아니다. 그러나 지배체제의 안정을 확보하기 위하여 전투적 민주주의의 이름으로 지배체제에 대한 절대적 귀의까지 요구하는 사회는 민주주의의 상식이 통하는 정상적인 사회와는 이미 거리가 멀다고 할 것이다. 그것은 일종의 일차원적 조직편제사회로서 거기에서는 개인의 주체성은 온데간데없이 자취를 감추고 오직 지배체제의 현상 유지가 최고가치로 군림하게 된다. 1970년대 본 기본법 체제의 정치적 화두이었던 노사사회적동반자 이데올로기도 따지고 보면, 본 기본법 체제가 전투적 민주주의의 이름으로 지배체제에 대한 절대적 귀의를 요구할 수 있는 일차원적 조직편제사회이었기 때문에 비로소 가능하였던 것이다.

나아가 전투적 민주주의가 체제방어 이데올로기로 자리를 굳히는 데 결정적으로 기여한 것이 1970년 12월 15일의 도청판결이다.[125] 이 결정에서 위헌심판의 도마 위에 오른 것은 제17차 헌법개정에 따라 몇 가지 내용이 새로이 추가된 본 기본법 제10조 제2항과 같은 법 제19조 제4항이다. 이들 증보조항에 따르면, 자유로운 민주주의적 기본질서를 수호하기 위하여 필요한 경우에는 통신의 자유를 피해 당사자에게 알리지 않고 법률로 제한할 수 있으며 법률의 규정에 따라 통신의 자유가 제한된 때에도 이에 대한 사법적 구제수단은 원천적으로 배제된다. 개정 본 기본법 제10조 제2항 및 제19조 제4항의 증보 내용이 이처럼 법치국가의 기본원칙을 철저히 부정하고 있음에도 불구하고, 연방헌법재판소는 어줍지 않은 이른바 사물자연론과 전가보도인 전투적 민주주의를 다시 들고나와 도청허용 및 출소배

---

125) *Entscheidungen des Bundesverfassungsgerichts*, 30. Bd., Tübingen/1971, 1쪽 이하.

제 규정의 합헌성을 강조한다.[126] 이 결정에서 전투적 민주주의는 헌법상의 원리에서 본 기본법의 기본결단으로 그 격이 한층 높아지면서[127] 개정조항의 증보 내용에 대한 위헌 시비를 처음부터 차단할 수 있는 일종의 주술적 마술공식으로 둔갑하고 있다. 그러나 전투적 민주주의의 이름으로 전투적 민주주의의 방어대상인 자유로운 민주주의적 기본질서, 그리고 나아가 연방헌법재판소 스스로가 자유로운 민주주의적 기본질서의 본질적 내용으로 판시한 법치국가원리가 마구 침해된다면, 그것은 소수반대의견의 주장처럼 자기모순의 극치라고 하지 않을 수 없을 것이다.[128] 이렇게 되면, 본 기본법 체제와 파시즘 체제는 단지 종이 한 장의 차이에 지나지 않는다. 그러한 의미에서 본 기본법 체제의 체제방어 이데올로기인 전투적 민주주의는 본 기본법 체제가 자신의 무덤을 파기 위하여 스스로 불러들인 일종의 산역꾼이라고 하여도 좋을 것이다.

VII. 맺음말

위에서 보았듯이, 연방헌법재판소는 지배체제 정당화 기능과 이데올로기적 억압 기능을 아울러 수행하고 있다. 연방헌법재판소의 이 두 기능은 본 기본법 체제가 정당성을 확보하고 안정을 유지하는 데 결정적으로 이바지하고 있다. 그러한 의미에서 독일연방공화국은 연방헌법재판소가 통치기구의 중심축에 자리 잡고 있는 헌법재판국가, 그것도 과대성장 헌법재판국가라고 할 수 있다.

---

126) 위의 책, 21쪽.
127) 위의 책, 19쪽.
128) 위의 책, 46쪽.

헌법재판국가는 그러나 부르주아국가의 반동적 형태 가운데 하나이다. 그것은 부르주아국가의 가장 반동적 형태인 파시즘 국가가 더 이상 발붙이기 힘든 역사적 특수상황에서 일종의 과도기적 현상으로 나타나는 보다 온건한 형태의 반동적 부르주아국가이다. 주지하는 바와 같이, 슈미트는 일찍이 부르주아국가를 입법국가, 통치국가, 그리고 재판국가로 분류한 바 있다.[129] 이 같은 구분은 부르주아국가 형태론으로서뿐만 아니라, 부르주아국가 발전론으로서도 주목할 만한 가치가 있다고 할 것이다. 사실 부르주아국가는 통치기구의 중심축이 입법부 중심의 정치적 통합 형태에서 집행부 중심의 통합 형태로, 그리고 집행부 중심의 통합 형태에서 다시 사법부 중심의 통합 형태로 이동함에 따라 입법국가에서 통치국가로, 그리고 통치국가에서 다시 재판국가로 형태 변화를 겪어왔다. 부르주아국가의 이 같은 형태 변화에 비추어볼 때, 헌법재판국가는 물론 부르주아국가의 최종 형태인 재판국가에 속한다. 그러나 헌법재판국가가 부르주아국가의 기본틀인 권력분립제도마저 부정하고 있다는 점에서 그것은 재판국가의 한계를 벗어난 일종의 예외국가라고 할 수 있다.[130] 그것이 파시즘 국가형 예외국가와 다른 점은, 총과 칼 대신 헌법이데올로기가 들어서고 슈미트의 이른바 가치의 횡포가 물리적 폭력을 갈음하고 있다는 사실이다.[131]

그러나 언제부터인가 체제헌법학 언저리에서는 헌법재판국가 곧 헌법

---

129) Carl Schmitt, "Legalität und Legitimität"(같은 이, *Verfassungsrechtliche Aufsätze*, Berlin/1958, 263-350쪽 수록), 263쪽 이하; Carl Schmitt, "Freiheitsrechte und institutionelle Garantien der Reichsverfassung"(같은 이, *Verfassungsrechtliche Aufsätze*, Berlin/1958, 140-173쪽 수록), 특히 165쪽 참조.

130) Nicos Poulantzas, *Faschismus und Diktatur. Die kommunistische Internationale und der Faschismus*, München/1973, 324쪽 이하 참조.

131) 가치의 횡포라는 표현은 Ernst Forstoff 65세 축하 기념논문집 *Säkularisation und Utopie*에 실린 슈미트의 글 "Die Tyrannei der Werte"에서 나온 것이다.

국가, 헌법국가 바로 헌법재판국가라는 신화가 뿌리 깊이 자리 잡고 있다. 그러나 헌법국가라고 그것이 모두 헌법재판국가는 아니다. 헌법재판국가가 아닌 헌법국가도 얼마든지 있을 수 있기 때문이다. 따라서 헌법재판국가 곧 헌법국가, 헌법국가 바로 헌법재판국가라고 할 때, 거기에는 상식적인 헌법국가관과는 질적으로 다른 별난 의미의 헌법국가관이 자리 잡고 있다고 하여도 과언이 아니다. 그것은 정치적 타협을 헌법의 최고가치로 받아들이는 열린 헌법국가관이 아니라, 이른바 국민적 합의가 헌법의 실체로 통하는 그야말로 닫힌 헌법국가관이다.[132] 그러나 국민적 합의는 경험적 실체가 아니다. 그것은 일종의 관념적 추상에 지나지 않는다. 그러한 의미에서 정치적 타협을 헌법의 최고가치로 받아들이는 열린 헌법국가관을 과학적 헌법국가관이라고 한다면, 이른바 국민적 합의가 헌법의 실체로 통하는 닫힌 헌법국가관을 우리는 신학적 헌법국가관이라고 부를 수 있을 것이다. 아무튼 신학적 헌법국가관이 지배하는 사이비헌법국가에서는 국민적 합의의 허구성을 은폐하기 위하여 헌법의 이름으로 자기완결적 가치체계가 구축된다. 이처럼 자기완결적 가치체계가 헌법의 이름으로 세워지면, 정치적 타협을 근간으로 하는 민주주의 헌법문화는 설 자리를 잃게 된다. 헌법이라는 이름의 자기완결적 가치체계 앞에서는 오직 이에 대한 절대적 귀의만 있을 뿐, 어떠한 형태의 정치적 타협도 용납될 수 없기 때문이다. 헌법국가의 시작이 아니라, 헌법국가의 끝이다.

그러나 헌법국가의 끝을 뜻하는 헌법재판국가 현상이 언제까지 지속될

---

132) Karl-Heinz Ladeur, "Vom Sinnganzen zum Konsens. 'Verstaatlichung' und 'Vergesellschaftung' der Verfassungsinterpretation in der Bundesrepublik Deutschland"(Abendroth/Blanke/Preuß u. a., *Ordnungsmacht? Über das Verhältnis von Legalität, Konsens und Herrschaft*, Frankfurt am Main/1981, 112–129쪽 수록), 124쪽 이하 참조.

지는 아무도 예단할 수 없다. 더욱이 역사의 발걸음이 전례 없이 빨라진 세기말 대전환기의 한복판에서 헌법재판국가의 앞날을 짚어보는 것처럼 부질없는 짓은 없을지 모른다. 그럼에도 우리가 여기에서 반드시 짚고 넘어가야 할 것은, 헌법재판국가 현상이 사회 구성의 두 기둥인 부르주아계급과 노동자계급의 정치적 역학관계와 밀접한 관련이 있다는 사실이다. 따라서 언제인가 일정한 시점에서 부르주아계급과 노동자계급의 정치적 계급균형이 흔들리게 되면, 헌법재판국가의 황금시대가 의외로 빨리 막을 내릴수 있을 것이다. 이러한 경우 역사의 이성이 진보의 이념을 더 이상 배반하지 않는다면 그리하여 부르주아계급과 노동자계급의 정치적 계급균형이 왼쪽으로 기운다면, 노동자계급의 대자정립이 전 사회적 규모로 확대되어입법부 중심의 정치적 통합 형태가 보다 산뜻한 차림으로 다시 모습을 드러낼지 모른다. 그러나 부르주아계급의 반격이 다시 시작되어 부르주아계급과 노동자계급의 정치적 계급균형이 오른쪽으로 돌아선다면, 집행부 중심의 정치적 통합 형태가 더욱 악랄한 모습으로 머리를 들게 될 것이다.

제3편

강론과 시평

민주주의와 헌법실천*

I. 부르주아계급 없는 자본주의헌법

우리 헌법은 자본주의헌법의 계보에 속한다. 따라서 우리 헌법은 근대 자본주의헌법의 자유주의적 기본틀은 물론 현대 자본주의헌법의 개량주의적 성과들도 아울러 담고 있다.[1] 그러나 근대 자본주의헌법과 현대 자본주의헌법은 형식과 내용을 달리하는 이질적 범주가 아니라 자본주의 발전의 일정한 단계에서 성립한 자본주의헌법의 역사적 현상형태들에 불과하다. 근대 자본주의헌법이 신흥부르주아계급의 주도 아래 전개된 반봉건투쟁의 산물이라면 현대 자본주의헌법은 노동자계급이 선봉에 선 정치적 투

---

* 이 글은 민주주의법학연구회 편,《민주법학》제16호, 1999, 120-143쪽에 수록된 것이다.

1) 우리 헌법의 이념적 구조는 중층적이고 모순적이다. 근대 자본주의헌법의 자유주의적 기본틀과 현대 자본주의헌법의 개량주의적 성과들 말고도 우리 헌법은 냉전자유주의 이데올로기도 아울러 담고 있다. 1972년의 유신헌법을 계기로 우리 헌법의 전문에 자리 잡게 된 자유민주적 기본질서의 정식이 바로 그것이다.

쟁의 산물이다.

근대 자본주의헌법이 현대 자본주의헌법으로 이행하는 과정에서는 말할 것도 없이 근대 자본주의헌법의 자유주의적 한계를 돌파하려는 노동자계급과 근대 자본주의헌법의 자유주의적 기본틀을 유지하려는 부르주아계급이 대치하고 있었다. 이 같은 대치구도 속에서 부르주아계급은 노동자계급을 체제 안으로 끌어들여 자본주의헌법 아래의 체제 동반자로 순화시키려는 장기적 포석 아래 채찍과 당근의 이중전략을 구사한다. 이에 따라 노동자계급은 근대 자본주의헌법의 담지자인 부르주아계급과 한편으로 대립하고 또 한편으로 타협한다. 그러나 이 같은 타협적 성격에도 불구하고 현대 자본주의헌법 역시 근대 자본주의헌법과 마찬가지로 부르주아계급의 이익을 반영하고 있다는 기본적 사실에는 아무런 변화가 없다고 할 것이다. 이 같은 역사적 맥락에서 볼 때 자본주의헌법의 담지자인 부르주아계급이 미처 성장하기도 전에 몇몇 강단 출신 지식인이나 관료 출신 지식인이 선진 자본주의국가의 헌법을 밑그림 삼아 이리저리 엮어놓은 1948년의 우리 헌법은 우리 현실과 거리가 먼 일종의 초현실주의 추상화나 다름없었다고 하여도 과언이 아니다.

사실 1948년 미점령군 지배 아래의 반쪽 해방 공간에서 우리 헌법이 처음 제정되었을 때, 우리 사회는 일본제국주의의 식민지지배를 겨우 벗어난 반봉건사회였다. 한국전쟁은 반봉건적 이식자본주의의 잔영이 걷히고 국가 주도 자본주의적 경제발전전략의 단계로 이행하는 분기점이었다. 우선 1950년대는 반봉건적 토지 소유관계의 해체가 본격적으로 진행되는 가운데 미국을 물주로 한 원조경제체제 아래에서 관료독점자본이 급속히 성장한 시기였다.[2] 이처럼 원조경제체제 아래에서 덩치를 키운 관료독점자본

2) 서울사회과학연구소 경제분과, 『한국에서의 자본주의의 발전』, 새길/1992, 128쪽 이하.

은 박정희 정권의 외자의존형 경제성장정책을 등에 업고 국가 주도 자본주의적 경제발전전략의 견인차로 탈바꿈한다. 1960년대의 외자의존형 경제성장정책은 그러나 부실기업의 양산 등 심각한 부작용을 초래함으로써 국가 주도 자본주의적 경제발전전략은 결정적 위기를 맞게 된다.[3] 이 같은 위기를 폭력적으로 돌파하기 위한 반동적인 정치적 해결 형태가 이른바 유신체제이다. 유신체제의 본질은 한마디로 독점자본과 국가권력의 단일지주적 결합이다. 이처럼 국가권력과 한 몸이 된 독점자본은 초고속 집적 및 집중의 과정을 통하여 몸피를 기하급수적으로 불려감으로써 유신체제 아래의 1970년대는 그들에게 그야말로 낙원의 계절이었다. 독점자본과 국가권력의 이 같은 밀월관계는 유신체제의 균열로 박정희 정권이 퇴진하고 그 후계정권이 들어선 1980년 이후에도 그대로 지속된다.

이처럼 국가 주도 자본주의적 경제발전전략에 따라 독점자본들이 인위적으로 배양됨에 따라 자본주의발전의 내발적 추동력이 밑으로부터 형성될 가능성이 원천적으로 봉쇄된다. 따라서 우리 사회의 구조적 취약성은 이미 예정된 것이나 다름없다고 할 것이다. 우리 사회의 구조적 취약성 가운데 무엇보다 먼저 손꼽을 것은 자본주의 발전의 내발적 추동력인 부르주아계급의 원초적 부재현상이다. 그 결과 밑으로부터 자연 발생적으로 성장한 부르주아계급이 존재하지 않는 우리 사회에서 부르주아계급이 차지해야 할 사회적 공간을 대신 채우고 있는 것은 국가 주도 자본주의적 경제발전전략의 그늘 아래에서 양적 성장을 거듭한 천민부르주아계층이다.[4]

이들 천민부르주아층은 서구의 신흥부르주아계급과 근본적으로 다르다. 근대 자본주의헌법의 담지자인 서구의 신흥부르주아계급은 그 뿌리가

---

3) 위의 책, 192쪽 이하.
4) Andre Gunder Frank, *Lumpenbourgeosie: Lumpendevelopment*, Monthly Review Press/1972, 136쪽 참조.

봉건사회 해체기의 독립 자영 소생산자층으로 거슬러 올라간다. 봉건사회의 신분적 질곡으로부터 해방된 이들 독립 자영 소생산자층은 반봉건투쟁에서 몸과 마음을 다진 자유의 전사로서 평등 그리고 독립의 인격주체로 홀로서기를 열망한 자유주의 이념의 고전적 화신들이었다. 그들은 신흥부르주아계급으로 세계사의 무대에 등장하기 훨씬 이전에 이미 근대 자연법 이론의 세례를 통하여 이념적 자기정립과 윤리적 자기도야의 기회를 가질 수 있었다.[5] 그러나 국가권력의 비호 아래 기생적으로 성장한 우리 사회의 천민부르주아층은 사정이 다르다. 그들한테서는 우리 사회를 전체적으로 조망하고 미래를 주체적으로 기획할 수 있는 의지나 능력은 고사하고 최소한의 정치적 상상력이나 윤리적 지평조차 기대할 수 없는 것이 오늘의 우리 현실이다. 부르주아층에 접두어 하나를 더하여 천민부르주아층이라고 달리 이름 붙이는 것도 이 같은 현실을 염두에 두었기 때문이다.

천민부르주아층의 내부구성은 복잡하고 유동적이다.[6] 그러나 천민부르주아층의 핵심부분은 독점자본가들이다. 이 가운데에는 그들의 기능적 하수인인 전문경영인과 고위 경제관료도 포함된다. 나아가 이들 독점자본가들과 애증의 갈등관계를 유지하며 대부분의 경우 그들의 하청 계열로 편입되는 중소자본가들이 천민부르주아층의 외연을 구성한다. 그리고 이들 천민부르주아들의 주변에는 산업화 및 도시화 과정에서 개발이익을 농단한 기생적 불로소득집단이 천민부르주아예비군으로 광범위하게 포진하고 있다. 그들은 독점자본가들과 더불어 우리 사회를 계몽 이전의 야만상태로

---

5) Winfried Brugger, "Max Weber und die Menschenrechte als Ethos der Moderne" [Johannes Schwartländer(Hrsg.), *Menschenrechte und Demokratie*, Kehl am Rhein-Straßburg/1981, 223-240쪽 수록], 226쪽 이하 참조.
6) 서관모, 「현대한국사회의 계급구성」(김진균 외, 『한국사회의 계급연구 1』, 한울/1985, 111-126쪽 수록), 114쪽 이하 참조.

내몰고 있는 천민자본주의의 주역들이다.

이 같은 내부구성과 외연구조를 보이고 있는 천민부르주아층의 본질적 속성 가운데 가장 눈에 띄는 것은 맹목적 현실추수주의이다. 이 같은 맹목적 현실주의는 우리 헌법현실의 폭력화를 거드는 데 적지 않은 구실을 하였다. 우선 주목하여야 할 것은 근대 자본주의헌법의 꽃이라고 할 수 있는 우리 헌법의 자유권적 기본권에 대한 그들의 냉소주의적 무관심이다. 우리 헌정사의 거의 전 시기를 통하여 자유권적 기본권, 이 가운데에서도 특히 신체의 자유와 표현의 자유에 대한 조직적이고 체계적인 공격이 국가권력에 의하여 자행되었는데도 이들 천민부르주아층은 제3자적 국외자의 입장에서 시종 방관자적 자세를 보였다.[7] 뿐만 아니라 현대 자본주의헌법의 개량주의적 성과인 우리 헌법의 사회권적 기본권도 천민부르주아층의 입장에서 볼 때 눈엣가시나 다름없었다.[8] 천민부르주아계급의 자본 축적활동과 모순관계에 있는 노동관련기본권에 대한 적대적 반응은 비단 독점자본가들에 국한된 것은 아니다. 대부분의 경우 중소자본가들도 노동관련기본권에 관한 한 별로 나을 것이 없었다. 천민부르주아층의 이 같은 냉소주의적 무관심이나 적대적 반응은 우리 사회가 거의 한 세대 이상 매달려온 국가 주도 자본주의적 경제발전전략에서 비롯된 것이다. 따라서 천민부르주아층이 국가권력에 대한 물신주의적 기생성을 떨쳐버리고 우리 헌법이 담고 있는 근대 자본주의헌법의 자유주의적 기본틀만이라도 굳건히 지켜나가려는 의지를 새롭게 가다듬지 않는 한, 우리 헌법은 그들에게 자신들의 구체적 삶과 아무런 관련이 없는 타자의 존재로 앞으로도 계속 그들의 의식 바깥에 머물 수밖에 없을 것이다.

---

7) 한국정치학회, 『한국정치론』, 백산서당/1994, 228쪽 이하 참조.

8) 홍덕률, 「한국자본가계급의 성격」(김진균 외, 『한국사회의 계급연구 1』, 한울/1985, 81-110쪽 수록), 107쪽 이하 참조.

II. 헌법실천의 주체로서의 노동자계급

위에서 본 것처럼 우리 헌법은 자본주의헌법의 계보에 속하면서도 자본주의헌법의 담지자인 부르주아계급이 사실상 존재하지 않는 주체 부재의 헌법으로 출범하였다. 이 같은 헌법현실에서 헌법실천의 주체로 나설 수 있는 유일한 사회적 실체는 노동자계급이었다. 아무튼 헌법실천의 주체로서의 그들 앞에는 이중의 과제가 놓여 있었다. 하나는 우리 헌법이 담고 있는 현대 자본주의헌법의 개량주의적 성과들을 사회발전의 디딤돌로 지켜나가는 것이다. 그리고 또 하나는 천민부르주아층을 대신하여 우리 헌법의 자유주의적 기본틀을 민주주의의 방향으로 더욱 다져나가는 것이다. 우리 헌법현실은 그러나 노동자계급의 그 같은 헌법실천적 과제와 동떨어진 방향으로 줄달음질하였다.

1950년대는 반공산주의 이데올로기가 지배체제의 자기정당화논리로서 서서히 뿌리내리기 시작한 시기이다. 특히 한국전쟁 이후에는 노동자계급 곧 체제위협세력이라는 흑백논리가 우리 헌법현실의 한가운데에 자리 잡게 된다. 이 같은 시대적 흐름 속에서 국가권력이 무엇보다 먼저 서두른 것은 노동자계급에 대한 법적 통제장치이다.[9] 이 시기에 만들어진 법적 통제장치 가운데 대표적인 것은 노동조합법·노동쟁의조정법·노동위원회법이다. 이들 집단적 노사관계법은 박정희 정권 아래에서 개악에 개악을 거듭한다. 이에 따라 단결권의 수비범위는 대폭 축소되고 단체행동권의 행사가 사실상 불가능하게 된다. 더욱이 유신체제로 가는 길목에서 제정된 1970년의 「외국인 투자기업의 노동조합 및 노동쟁의조정에 관한 임시특

---

9) 임종률, 「노동법의 제문제」(박현채/김형기 외, 『한국자본주의와 노동문제』, 179-203쪽 수록), 183쪽 이하.

례법」과 1971년의 「국가보위에 관한 특별조치법」은 노동자계급의 헌법실천적 개입을 전면적으로 부정하는 대표적 악법들이다. 나아가 전두환 정권 아래의 1980년 헌법체제에서도 노동자계급에 대한 법적 통제장치를 둘러싼 개악의 발걸음은 여전히 계속된다. 그 결과 노동조합법은 노동조합설립 요건과 기업별노동조합체제를 더욱 강화하고 노동쟁의조정법도 제3자개입금지 조항을 신설하고 합법적 쟁의가 사실상 불가능할 정도로 쟁의절차를 복잡하게 얽어놓는다.[10]

우리 헌정사를 되짚어보면 노동자계급의 헌법실천적 개입은 역사가 깊다. 그 첫 번째 시도는 1950년 말의 전국노동조합협의회의 결성이다.[11] 이 조직은 전체 취업인구 가운데 노동자의 비중이 상대적으로 낮은, 따라서 노동조합 조직률도 극히 저조한 시기에 노동조합활동가들이 주축이 되어 만들었다는 점에서 의미가 크다. 그러나 노동자계급의 헌법실천적 개입과 관련하여 반드시 짚고 넘어가야 할 대목은 1960년 헌법체제 아래의 막간기이다. 학생의거로 이승만 정권이 물러나고 박정희 정권이 등장하기까지 1년 남짓의 이 시기는 노동자계급의 헌법실천적 개입이 어느 때보다 활발하였다. 헌법실천적 개입의 폭도 비교적 넓어 경제투쟁과 정치투쟁의 경계를 넘나드는 경우가 허다하였다. 하지만 이것도 잠시였을 뿐 박정희 정권의 등장과 더불어 노동자계급의 헌법실천적 개입은 긴 암흑기를 맞게 된다. 특히 유신체제 아래에서 노동자계급에 대한 경제적 착취와 정치적 억압이 본격화되면서부터 노동자계급의 헌법실천적 개입에 대한 국가권력의 폭력적 대응은 위험 수위를 넘어 야수적 잔혹성마저 띠게 된다. 전두환 정권 아래의 1980년 헌법체제에서도 사정은 별로 달라진 것이 없었다.

---

10) 위의 글, 188쪽.

11) 김형기, 「노동자계급의 성장 및 내부구성의 변화와 주체형성」(박현채/김형기 외, 『한국자본주의와 노동문제』, 43-100쪽 수록), 60쪽.

하지만 1980년대는 노동자계급이 좌절과 고난의 긴 시련을 딛고 헌법실천의 주체로 본격적으로 나서기 시작한 시기이기도 하다. 결정적 계기는 말할 것도 없이 1987년 노동자대투쟁이다. 그러나 이보다 앞서 노동자계급의 움직임은 이미 심상치 않게 돌아가고 있었다. 특히 1983년 말 이후의 정치적 유화국면에서 노동자계급의 헌법실천적 개입은 더욱 두드러졌다. 1984년의 대구 택시기사 파업시위, 1985년의 대우자동차 파업투쟁, 그리고 같은 해의 구로공단지역 노동자대파업이 대표적 사례들이다.[12] 그 후 정치적 유화국면이 헌법개정투쟁국면으로 이어지면서 노동자계급의 헌법실천적 개입도 새로운 단계로 접어든다. 1985년, 그러니까 대통령직선제 헌법개정을 주요 쟁점으로 내걸고 신한민주당이 선거돌풍을 몰고 오던 그해 서울노동운동연합은 민중민주헌법의 제정을 요구하며 헌법개정투쟁을 본격적으로 전개한다.[13] 그러나 인천지역노동자연맹이 주축이 된 전국노동자민중민주민족통일헌법쟁취위원회의 발족을 계기로 민중민주개헌론이 삼민헌법투쟁론으로 발전하면서 민중민주민족통일헌법의 쟁취가 헌법개정투쟁국면의 새 쟁점으로 떠오르게 된다.[14] 삼민헌법투쟁론은 그 후 대학생활동가집단들의 손에서 좀 더 구체적이고 세련된 내용으로 다듬어진다.

삼민헌법쟁취투쟁론이 추구하는 본디의 목표는 헌법규범의 테두리 안에서 헌법규범의 내용을 실현하려는 엄밀한 의미의 헌법실천적 개입이 아니었다. 그것은 헌법의 테두리 밖에서 노동자계급 등 민중세력이 국가권력의 참주인, 바꾸어 말하면 주권의 담지자가 되는 탈헌법적 체제변혁이었다. 삼민헌법쟁취투쟁론의 파장과 여진은 그러나 그렇게 길지도 깊지도 않았다. 노동자계급이 우리 헌법현실에 발 딛고 스스로 헌법실천의 주체로

---

12) 이효선, 『현대한국의 시민운동』, 집문당/1997, 108쪽.
13) 한국기독교사회문제연구원, 『개헌과 민주화운동』, 민중사/1986, 24쪽 이하.
14) 위와 같음.

나설 수 있는 결정적 계기가 의외로 빨리 다가왔기 때문이다. 1987년 7월에서 8월까지 2개월 가까이 지속된 노동자들의 대투쟁이 바로 그것이다. 1987년의 노동자대투쟁에서 무엇보다 먼저 눈에 띄는 것은 헌법실천주체의 외연이 생산활동 영역의 노동자에서 생산활동 영역 밖의 노동자로 확대된 것이다. 그 결과 이제까지 단결권의 행사가 금기시되어온 사회 각 생활영역, 예컨대 교육현장, 언론매체, 의료사업장 등에서 노동자들의 자주조직 열기가 한껏 고조된다.[15] 뿐만 아니라 1987년의 노동자대투쟁에서 볼 수 있는 또 하나의 특색은 노동자계급의 헌법실천에서 중심축을 이루게 될 각종 노동운동단체들의 분출이다. 이 무렵 새롭게 모습을 드러낸 조직들 가운데 대표적인 것은 민주헌법쟁취전국노동자공동위원회 · 노동조합민주화실천위원회 · 해고노동자복직투쟁위원회 등이다. 이처럼 노동자계급의 목소리를 한데 묶으려는 집합적 노력이 일정한 성과를 거두는 가운데 민주주의 이념에 충실한 진보성향 노동조합의 출현도 가시권에 들어오게 된다. 그 첫 발걸음이 전국교직원노동조합과 전국노동조합협의회이다. 그 후 전국노동조합협의회는 전국노조대표자회의를 거쳐 민주노동조합총연맹의 밑거름이 된다. 김대중 정권 아래에서 전국교직원노동조합은 마침내 합법적 지위를 얻게 되었으나 민주노동조합총연맹은 아직도 법의 보호 밖에 있는 법외노동단체로 머물고 있다.

1990년대는 그러나 1987년 노동자대투쟁 이전 못지않은 또 하나의 시련기이다. 노태우 정권의 뒤를 이은 김영삼 정권은 이른바 문민정부의 탈을 쓰고 억압적인 노동정책을 편다. 그럼에도 1997년은 노동자계급의 헌법실천개입사에서 두고두고 기억하여야 할 한 해이다. 민주노동조합총연맹이 주도하고 한국노동조합총연맹이 가세한 1997년 새해 첫머리의 노동

---

15) 이효선, 앞의 책, 108쪽 이하.

자총파업은 김영삼 정권의 노동법개악에 맞서 노동자계급이 조직적이고 체계적으로 벌인 우리 헌정사상 최대의 정치투쟁이다. 그러나 그해 끝 무렵 밀어닥친 금융환란의 무거운 짐을 노동자계급이 고스란히 떠안음으로써 모처럼 물오르기 시작한 노동자계급의 헌법실천이 한 치 앞도 내다볼 수 없을 만큼 심각한 위기상황을 맞게 된다. 이러한 가운데 김대중 정권은 미제국주의의 지배담론인 시장경제와 민주주의의 이데올로기를 무비판적으로 받아들여 한편으로 신자유주의적 노동시장유연화정책을 통하여 노동자계급의 백기투항을 유도하고 또 한편으로 신조합주의적 노사정삼각동맹정책을 통하여 노동자계급을 권위주의적 노동정책의 들러리로 세우려고 한다.[16) 이 같은 옥죄고 어르기의 이중전략을 노동자계급 통제의 지렛대로 활용하기 위하여 최근 서둘러 만들어 시행에 들어간 「노사정협의회에 관한 법률」이 헌법실천의 주체로 자기정체성의 확보에 끊임없이 관심을 기울여야 할 노동자계급에게 자기성숙의 촉매제가 될지, 아니면 자승자박의 올가미가 될지 앞으로 시간을 두고 지켜볼 일이다.

III. 대학생집단의 헌법실천적 개입

헌법실천의 주체로 노동자계급 못지않게 우리의 주목을 끄는 것은 정치적 국면의 주요 고비 때마다 결정적 구실을 한 대학생집단이다. 그들은 프러시아의 계명관료집단이 프러시아의 보편계급으로 자임하였듯이 스스로를 우리 사회를 총체적으로 대표하는 일종의 정치적 보편계급으로 자리매

16) 신조합주의적 노동정책에 관하여는 松下洌, 「ラテンアメリカにおける勞動運動の再構築」 (田口富久治/小野耕二 編, 『講座 現代の政治学』 第2卷, 現代政治の体制と運動』, 靑木書店/1994, 251-280쪽 수록), 255쪽 참조.

김하여왔다고 하여도 과언이 아니다.

대학생집단의 헌법실천적 개입이 우리 헌법현실의 한 부분으로 자리 잡기 시작한 것은 1960년의 학생봉기 때부터이다. 1960년의 학생봉기는 크게는 이승만 정권의 반민주주의적 통치방식에 그리고 작게는 정권 말기의 대규모 부정선거에 항거하여 대학생집단이 우리 헌법현실의 맨 앞줄로 나서 우리 헌법의 기본원리 가운데 하나인 민주주의를 헌법실천의 최고 과제로 확인한 역사적 사건이다. 대학생집단의 헌법실천적 개입은 그러나 박정희 정권의 등장을 계기로 잠시 소강상태로 접어든다. 그 대신 한일협정체결이 정치적 주요쟁점으로 떠오른다. 물론 이 시기에도 새로운 정치적 쟁점이 부각될 때마다 대학생집단과 국가권력의 마찰은 계속되고 그때마다 대학생집단의 헌법실천적 개입도 줄을 잇게 된다.

그 후 유신헌법의 폭력적 관철과 더불어 국민의 눈과 귀를 막고 손과 발까지 묶는 입법이 그치지 않고 헌법문제에 관한 일체의 논의를 금압의 대상으로 하는 국가긴급권체제가 들어서게 된다.[17] 우리 사회의 유일한 의식집단인 대학생들이 반이성적 헌법현실에 대하여 이의를 제기할 수 있는 합법적 공간이 사실상 자취를 감춘 것과 다름없다고 할 것이다. 이 같은 상황에 선택 가능한 단 하나의 대안은 유신헌법은 물론 그것을 밑받침하는 지배체제까지 부정의 대상으로 설정하는 탈헌법적 체제변혁의 길뿐이었다.

---

17) 박정희 정권은 1971년 12월 6일 비상사태를 선포하고 군사기밀보호법안·군사시설보호법안 등을 국회에 제출한다. 그리고 1971년 12월 27일 집권당인 공화당은 「국가보위에 관한 특별조치법」을 국회별관에서 변칙적으로 통과시킨다. 이 특별조치법에는 언론 및 출판의 자유, 집회 및 시위의 자유, 그리고 노동자의 단체교섭권을 제한하는 독소조항들이 들어 있다. 나아가 박정희 정권은 1972년 12월 17일 헌법의 일부 조항을 정지시키고 이른바 유신체제를 출범시킨다. 그 후 박정희 정권은 유신헌법 제53조의 대통령긴급권을 전가보도처럼 휘두르며 대통령 긴급조치를 제1호에서 제9호까지 발동시킨다. 이 가운데 대통령 긴급조치 제1호는 유신헌법을 부정·반대·왜곡·비방하거나 유신헌법의 개정 또는 폐지를 주장·발의·제안·청원하는 일체의 행위를 금하고 있다.

그러나 유신헌법 이후 우리 헌법현실을 가로지르고 있던 어둠의 그림자는 한 치의 숨 돌릴 틈도 내주지 않았다. 이에 따라 대학생집단의 헌법실천적 개입도 촌철살인의 구체성을 띠지 못하고 우리 헌법의 대문자 기본원리인 민주주의를 이른바 반독재투쟁의 상징적 기호로 고작 원용하는 극히 추상적 수준에 머물 수밖에 없었다. 흔히 민주화운동이라고 부르는 헌법실천적 개입이 바로 그 같은 경우이다. 대학생집단의 이 같은 헌법실천적 개입이 그러나 민주주의에 대한 인식상의 혼란을 가져오고 민주주의에 대한 정확한 인식의 부재는 결과적으로 민주화운동의 초점을 흐리게 하는 데 한 몫을 한 것도 부정할 수 없는 사실이다. 대학생집단의 민주화운동을 상징적으로 표상하던 자유민주주의의 구호가 그렇다. 이 경우 자유민주주의가 자유주의적 민주주의를 의미하는지, 아니면 제2차 세계대전 후 미국의 체제이데올로기로 자리 잡은 냉전자유주의의 부산물인 이른바 자유로운 민주주의를 가리키는 것인지 불분명하다.[18] 만에 하나 자유민주주의의 구호가 자유로운 민주주의의 의미로 둔갑하게 되면, 자유민주주의의 구호는 유신헌법 아래에서 이미 설 자리를 잃고 무장해제를 당한 것과 다름없다고 할 것이다. 유신헌법의 전문이 최고지도이념으로 내세우고 있는 "자유민주적 기본질서"의 정식은 다름 아닌 자유로운 민주주의의 기본질서를 뜻하기 때문이다.[19] 바로 이 같은 대목에서 우리는 자유민주주의의 역설과 민주화운동의 한계를 발견하게 된다.

1980년은 우리 사회가 반공산주의 이데올로기의 주술에서 깨어나 자신의 정체성을 되묻기 시작한 자기성찰의 원년이라고 할 수 있다. 유신헌법

---

18) 냉전자유주의에 관하여는 Anthony Ablaster, *The Rise and Decline of Western Liberalism*, Basil Blackwell/1987, 309쪽 이하 참조.

19) 국순옥, 「자유민주적 기본질서란 무엇인가」(《민주법학》 제8호, 관악사/1994, 125-165쪽 수록), 128쪽 이하.

체제의 급작스러운 붕괴, 전두환 신군부세력의 등장, 그리고 광주대학살 사건과 광주민중항쟁 이렇게 우리 헌법현실이 급반전을 거듭하면서 지배 체제의 정당성에 대한 회의가 그렇지 않아도 체제비판과 현실저항의 거점 이 된 지 오래인 대학사회에서 급속히 번져간다. 이에 따라 탈헌법적 체제 변혁의 전략과 전술에 대한 관심도 자연히 높아진다. 이 같은 변혁 지향적 인식관심은 1980년대 중반 대학사회 밖에서 민주주의변혁론으로 구체화 된다.[20] 이때 민주주의변혁의 구체적 방안으로 이론적 도상연습의 대상에 오른 것은 시민민주주의변혁론, 민족민주주의변혁론, 그리고 민중민주주 의변혁론이다.[21] 그러나 민족민주주의변혁론이 우익기회주의의 혐의가 걸 린 시민민주주의변혁론과 좌익급진주의 경향을 이유로 경계의 대상이 된 민중민주주의변혁론을 제치고 주도적 자리를 차지하게 됨에 따라 민족민 주주의변혁론의 관점에 선 전국학생총연합이 삼민혁명론을 기본 노선으 로 내걸고 헌법개정국면의 정치적 투쟁에 적극적으로 나서게 된다.[22] 이 시 기 변혁 지향적 대학생활동가조직들이 헌법개정문제에 대하여 보인 다양 한 입장들 가운데 대표적인 것은 민주제개헌투쟁론, 삼민헌법쟁취투쟁론, 그리고 파쇼헌법철폐투쟁론이다.[23] 이 밖에도 우리 헌법현실의 중층적 모 순구조를 외면하고 헌법규범의 자구손질로 끝나게 될 공산이 큰 헌법개정 그 자체에 대하여 별다른 무게를 두지 않는 개헌투쟁무용론과 우리 헌법현 실의 구조적 한계를 지나치게 의식한 나머지 주어진 테두리 안에서 차선의 방책이라도 강구하려는 직선제개헌론이 있다.[24]

---

20) 민주주의변혁론은 민주화운동청년연합 등 대학사회 밖 공개운동단체들의 활동가에 의 하여 처음으로 제기된다. 이에 관하여는 일송정 편집부, 『학생운동논쟁사』, 일송정/1988, 58쪽 참조.
21) 위의 책, 57쪽 이하.
22) 위의 책, 110쪽.
23) 위의 책, 95쪽.

그러나 이론적으로나 실천적으로 무엇보다 주목하여야 할 것은 삼민혁명론에 대한 부정적 평가를 계기로 변혁 지향적 대학생활동가집단이 자민투민족해방파와 제헌의회파민민투로 나누어지면서 제헌의회파민민투가 대통령직선제 헌법개정투쟁에 대하여 보인 적극적 태도이다.[25] 우선 눈에 띄는 것은 탈헌법적 체제변혁의 연결고리로 헌법투쟁의 중요성을 강조한 점이다.[26] 이에 따라 제헌의회파민민투는 정치적 유화국면을 헌법투쟁국면으로 규정하고 민족민주주의변혁 노선의 새 헌법을 만들 헌법제정민중의회의 소집을 요구하기에 이른다.[27] 제헌의회파민민투의 이 같은 태도는

---

24) 위의 책, 94쪽.

25) 변혁 지향적 대학생활동가집단의 헌법개정투쟁은 1985년 가을학기부터 본격적으로 시작된다. 이 무렵 민족민주변혁론의 입장에 선 전국학생총연합이 삼민혁명론을 지도이념으로 내걸고 정치적 유화국면의 헌법개정투쟁에 적극적으로 나서게 된다. 그러나 가락동 민정당중앙정치연수원 점거사건과 파쇼헌법철폐투쟁대회 및 개헌서명운동추진본부 결성식을 계기로 선도투쟁에 나선 많은 대학생활동가들이 값비싼 희생을 치르게 되자 삼민혁명론의 투쟁 노선에 대한 비판이 대학생활동가집단의 내부에 일게 된다. 삼민혁명론의 투쟁 노선에 대한 이 같은 비판이 일부 대학생활동가들 사이에서 공감대를 형성하면서 정치적 유화국면의 헌법개정투쟁을 우리 사회의 기본 성격에 대한 그릇된 인식에서 온 전술상의 오류로 규정하고 헌법개정투쟁을 반외세민족해방투쟁의 하위범주로 자리매김하는 민족해방민중민주주의 노선의 반미자주화및반파쇼민주화투쟁회, 일명 자민투가 출범한다. 그리고 다른 한편에서는 민족민주주의혁명론에 동조하는 대학생활동가들이 반제반파쇼투쟁을 주장하며 민민투, 즉 반제반파쇼민족민주쟁위원회를 꾸린다. 민민투는 정치적 유화국면의 헌법개정투쟁에서 대학생활동가집단이 보인 소시민적 급진주의에 대하여 비판적 입장을 지니면서도 헌법투쟁을 반제반파쇼투쟁의 당면 주요과제로 설정한다. 따라서 민민투는 체제변혁운동의 연결고리로 헌법투쟁의 중요성을 강조하고 헌법제정민중회의의 소집을 요구한다. 이 같은 헌법제정민중회의의 소집 요구에 대하여 전술상의 문제점들을 지적하고 헌법제정민중의회의 소집을 요구하는 제헌의회파가 주도적 위치를 차지함에 따라 민민투는 헌법제정민중회의의 소집 요구를 거두어들이고 제헌의회파에 합류하여 제헌의회파의 학생투쟁기구로 자신의 위상을 재정립한다. 자민투민족해방파와 제헌의회파민민투에 관하여는, 위의 책, 109쪽 이하 참조.

26) 위의 책, 135쪽 이하.

27) 위와 같음.

헌법투쟁을 반외세민족해방투쟁의 하위범주로 자리매김한 다음 정치적
유화국면을 헌법개정투쟁으로 파악하고 직선제개헌론을 지지하고 나선
자민투민족해방파와 크게 대조가 된다.[28] 헌법투쟁에 대한 이 같은 긍정적
평가는 제헌의회파민민투가 자민투민족해방파의 식민지대리통치기구론
을 거부하고 우리 국가를 상대적 자율성을 지닌 독자적 실체로 인정하였기
때문에 가능한 것이다.[29]

이처럼 변혁 지향적 대학생활동가집단이 주축이 된 1980년대의 헌법실
천적 개입은 진보성향의 대학생명망가들이 이끌어온 1980년대 이전의 헌
법실천적 개입과 근본적으로 차이가 있다. 이와 관련하여 무엇보다 먼저
지적하여야 할 것은 헌법내재적 헌법실천의 관점보다는 탈헌법적 체제변
혁의 시각이 압도적으로 우세하였다는 사실이다. 따라서 당시 폭력과 기
만의 대명사로 증오의 대상의 된 1980년 헌법에 대한 비판적 대안의 제시
는 자연히 관심 밖으로 밀려난다. 삼민혁명론 단계의 삼민헌법쟁취투쟁론
과 파쇼헌법철폐투쟁론이 대표적 보기들이다. 이들 두 헌법개정투쟁론은
그러나 헌법개정투쟁의 방향 목표 그리고 내용에 대한 구체적 대안을 담

---

28) 위의 책, 132쪽 이하.

29) 자민투민족해방파와 제헌의회파민민투는 우리 사회의 기본 성격과 발전단계, 우리 사회
의 모순구조와 변혁대상, 그리고 변혁주체의 설정과 변혁역량의 편제 등 체제변혁운동의
핵심 쟁점들에 대하여 입장을 달리한다. 이에 따라 국가를 보는 눈도 큰 차이가 있다. 자민
투민족해방파에 따르면 우리 사회는 식민지반봉건사회이다. 우리 사회의 기본 성격과 발
전단계에 대한 이 같은 규정은 그 후 식민지반자본주의로 수정된다. 그 결과 체제변혁의
기본 노선도 반제반봉건민주주의변혁에서 민족해방민중민주주의변혁으로 바뀌게 된다.
체제변혁 기본 노선의 이 같은 궤도 수정에도 불구하고 자민투민족해방파는 미국의 식민
지인 우리 사회의 기본 모순을 제국주의세력과 식민지민중의 대립으로 설정하고 우리 국
가의 기본 성격도 식민지대리통치기구로 규정한다. 이에 반하여 제헌의회파민민투는 우
리 사회의 기본 성격과 발전단계를 신식민지국가독점자본주의로 규정하고 신식민지국가
독점자본주의체제 아래의 우리 국가에 대하여 상대적 자율성을 지닌 자본주의국가로서의
독자적 실체를 인정한다. 상세한 내용은 위의 책, 125쪽 이하 참조.

지 못하고 이데올로기 비판의 차원에서 우리 헌법현실의 부정적 측면들을 극대화하는 일종의 선무공작식 감성적 호소로 일관하고 있다. 그 결과 논리적 명증성은 실종되고 대중적 설득력도 찾아보기 힘들다. 예컨대 파쇼헌법철폐투쟁론은 1980년 헌법을 파쇼헌법으로 규정하고 우리 헌법의 파시즘적 본질을 독점헌법, 매판헌법, 그리고 분단헌법이라는 세 가지 징표에서 찾고 있다.[30] 1980년 헌법에 대한 이 같은 규정은 삼민헌법쟁취투쟁론의 투쟁구호에서 이미 선을 보이고 있다. 이처럼 삼민헌법쟁취투쟁론이 투쟁의 구호로 내걸고 파쇼헌법철폐투쟁론이 투쟁의 대상으로 설정한 우리 헌법의 친독점자본성, 반민중매판성, 그리고 분단고착성은 실질적으로 1980년 헌법에 대한 총괄적 규정이라고 보아도 좋을 것이다. 이 같은 총괄적 규정은 우리 헌법현실의 어두운 그늘을 극적으로 드러내는 데 어느 정도 도움이 되었을지 모른다. 그러나 과학적 엄밀성을 무엇보다 중요하게 여겨야 할 체제변혁론의 논리치고는 짜임새가 지나치게 느슨하다는 비판을 피하기가 어려울 것이다.

변혁 지향적 대학생활동가집단의 관념적 급진주의는 물론 여기에서 그치지 않는다. 정치적 유화국면을 헌법투쟁국면으로 규정하고 체제변혁의 연결고리로 헌법투쟁의 중요성을 강조한 제헌의회파민민투가 헌법제정민중의회의 소집을 들고나온 대목에 이르면, 우리 헌법현실은 묶음표에 가두어놓고 추상적 관념의 세계에서 유리알놀음을 즐기는 듯한 느낌을 지울 수가 없게 된다.[31] 제헌의회파민민투의 헌법제정민중의회소집론은 따지고 보면 우리 헌법현실을 관념적으로 탈현실화하고 정치적 유화국면을 집합적 변혁의지가 무르익어가는 혁명 전야의 단계로 그릇 판단한 대학생활동

---

30) 위의 책, 97쪽 이하.
31) 위의 책, 135쪽 이하.

가집단 지도부의 소시민적 조급성을 그대로 반영한 것이다.[32) 거기에다 헌법제정민주의회소집론의 이론적 정체성도 문제이다. 러시아혁명 당시 제헌의회의 소집을 줄기차게 요구한 레닌주의의 기본명제와 별로 다를 것이 없기 때문이다.[33) 이처럼 제헌의회파민민투의 헌법담론은 레닌주의훈고학에 파묻혀 우리 헌법현실의 뒷전에서 이념과잉의 공상헌법수필만 엮어내는 데 골몰하였을 뿐, 우리 헌법현실을 과학적으로 분석하고 분석의 결과를 헌법실천적 대안으로 구체화하는 데에는 오히려 무력하였다고 하여도 과언이 아니다.

IV. 시민운동과 헌법실천의 새 지평

1980년대는 사회운동의 지평에 또 하나의 다른 지각변동이 있었던 시기이다. 그것은 다름 아니라 시민운동의 부상이다. 대표적 사례는 1988년 닻을 올린 경제정의실천시민연합이다. 결정적 계기가 된 것은 1987년의 민주화대투쟁이다. 1987년의 민주화대투쟁을 시민적 주체성의 자기표출 과정으로 이해하는 시각이 있는 것도 그 때문이다.[34) 아무튼 시민운동은 그 후 순풍에 돛을 단 듯 순조로운 항진을 계속한다. 더욱이 1990년대의 문이 열리면서 나라 안팎의 상황은 시민운동 활성화에 한층 유리한 방향으로 전개된다. 나라 밖에서는 사회주의 세계체제가 붕괴되고 자본주의 단일세계

---

32) 위의 책, 136쪽 참조.

33) Vladimir Ilich Lenin, "Thesen über die Konstituierende Versammlung"(같은 이, Werke, Bd. 26, Berlin/1970, 377-381쪽 수록), 377쪽 이하.

34) 유팔무, 「시민사회의 성장과 시민운동」(유팔무/김호기 엮음, 『시민사회와 시민운동』, 한울/1995, 371-388쪽 수록), 376쪽 이하.

체제가 역사적 일정에 오른다. 그리고 나라 안에서는 극히 제한된 범위이긴 하지만 정치적 해빙의 분위기가 지속된다. 이에 따라 사회운동의 영역에서도 혁명적 낭만주의가 퇴조하고 비판적 합리주의가 고개를 들기 시작한다. 그 결과 이제까지 변혁 지향 사회운동의 거대담론에 가려 외부로 노출되지 않았던 문제들이 새로운 쟁점으로 떠오르면서 각종 시민운동단체가 속속 모습을 드러낸다. 이른바 시민운동의 백가제방시대를 맞이한 것이다.

지금 우리 사회의 각 생활 영역에서 활동하고 있는 시민운동단체들은 정확한 수를 가늠하기가 어려울 정도이다. 그만큼 분화의 속도는 빠른 셈이다. 거기에다 지방자치 차원의 주민운동단체들까지 셈에 넣으면 그 수는 더욱 불어나게 된다. 대표적인 것은 대한YMCA연맹, 경제정의실천시민연합, 환경운동연합, 한국여성단체연합, 참여연대, 정치개혁시민연대, 민주개혁국민연합, 언론개혁시민연대 등이다. 이들 시민운동단체는 사회 각 생활 영역에서 자신들의 합법적 활동공간을 확보하고 있는 만큼 그들의 헌법실천적 개입은 기본적으로 체제합리적이다.

체제합리성의 핵심은 말할 것도 없이 비판적 합리주의이다.[35] 그것은 현실 밖에서 합리주의를 추구하지 않는다. 비판적 합리주의의 입장에서 보면 우리가 발 딛고 있는 현실이야말로 합리주의가 둥지를 틀어야 할 마지막 피난처이다. 헤겔의 말처럼 현실적인 것은 가장 합리적인 것이기 때문이다.[36] 따라서 시민운동은 운동쟁점, 운동주체, 운동목표, 그리고 운동방식에서 변혁 지향 사회운동과 큰 차이를 보인다.[37] 무엇보다 운동쟁점에 접

35) 비판적 합리주의의 문제점에 관하여는 Kurt Bayertz/Josef Schleifstein, *Mythologie der kritischen Vernunft*, Köln/1977, 66쪽 이하 참조.

36) Georg Wilhelm Friedrich Hegel, *Grundlinien der Philosophie des Rechts*, Johannes Hoffmeister(Hrsg.), Hamburg/1955, 14쪽.

37) 정태석/김호기/유팔무, 「한국의 시민사회와 민주주의의 전망」(유팔무/김호기 엮음, 『시민사회와 시민운동』, 한울/1995, 263-297쪽 수록), 285쪽 이하.

근하는 방식이 다르다. 변혁 지향 사회운동은 운동의 쟁점을 구조적 차원이나 계급적 수준에서 찾는다. 그러나 시민운동의 경우에는 윤리적 관점이나 제도적 시각이 우선한다. 시민운동이 유독 의식개혁이나 제도개선을 강조하는 것도 이 때문이다. 나아가 시민운동과 변혁 지향 사회운동은 운동주체도 달리한다. 변혁 지향 사회운동의 경우 생산활동 영역에서 노동력착취의 대상이 되는 노동자들이나 도시빈민 등 생산활동 영역 밖의 경제적소외계층이 주로 운동주체가 된다.[38] 이에 반하여 시민운동의 주체는 생산활동 영역 안팎의 노동력 착취나 경제적 소외와 비교적 거리가 먼 중간계층의 구성원들과 그들의 생활세계에 포섭되어 스스로를 이른바 중산층사회의 일원으로 자리매김하는 중간계층의 주변집단으로 이루어진다. 따라서 운동목표도 서로 다르다. 변혁 지향 사회운동이 정치적, 경제적 또는 문화적 해방의 관점에서 구조개혁이나 체제변혁을 추구하는 데 반하여 시민운동은 자신의 그림자를 뛰어넘지 못하고 자신의 눈높이만큼만 세상을 바라본다. 시민운동의 운동목표가 의식개혁과 제도개선 사이를 오락가락하는 것도 그 때문이다. 끝으로 운동방식에서도 현격한 차이가 드러난다. 변혁 지향 사회운동이 채택하는 운동방식은 대부분의 경우 급진주의적이며경우에 따라서는 탈헌법적이기까지 하다. 그러나 시민운동은 자신의 불이익을 감수하고라도 합법적 운동방식을 고집한다.[39] 헌법실천과 관련하여우리가 사회운동 가운데 특히 시민운동에 주목하는 것도 이 같은 합법적운동방식 때문이다.

시민운동의 합법적 운동방식은 시민운동단체들의 헌법실천적 개입으로 구체화된다. 시민운동단체들의 헌법실천적 개입은 물론 이들 시민운동

---

38) 위의 글, 290쪽.
39) 강문규, 『시민참여의 시대』, 한울/1996, 24쪽; 유팔무, 앞의 글, 378쪽 참조.

단체가 우리 헌법의 민주주의적 잠재력을 얼마만큼 동원할 수 있는가에 따라 성패가 판가름 난다. 그러나 우리 헌법의 민주주의적 잠재력에 대한 과대평가나 과잉기대는 금물이다. 이와 관련하여 여기에서 반드시 짚고 가야 할 것은 우리 헌법의 이념적 폐쇄성이다. 그 진원지는 주지하는 바와 같이 우리 헌법의 이념적 지평을 전투적 민주주의의 틀 속에 가두고 있는 우리 헌법 전문의 이른바 자유민주적 기본질서의 정식이다. 뿐만 아니라 우리 헌법이 기본권제약 사유들을 비교적 폭넓게 인정함으로써 우리 헌법의 민주주의적 잠재력을 동원하는 데 핵심고리의 구실을 하게 될 각종 기본권에 대한 국가권력의 개입 가능성이 하릴없이 활짝 열려 있는 점도 문제이다. 그럼에도 헌법실천적 개입의 한 방식인 헌법해석투쟁을 통하여 시민운동단체들이 우리 헌법의 민주주의적 잠재력을 시민운동의 자원으로 적극 활용할 소지는 여전히 남아 있다고 할 것이다.

시민운동단체들이 헌법실천에 나서게 될 경우 헌법실천적 개입의 방식으로는 입법운동, 재판운동, 지방자치운동, 지역 또는 직장 단위의 각종 생활요구운동 등 다양한 갈래가 있을 수 있다.[40] 그러나 이들 개입방식이 시민운동의 헌법실천에서 갖는 비중은 상대적이다. 참여연대의 작은권리찾기운동에서 볼 수 있듯이 시민운동단체의 헌법실천적 개입이 생활세계 주변의 소시민적 관심 영역에 머물게 되면, 입법운동이나 그 밖의 다른 운동보다 재판운동, 그 가운데에서도 헌법재판운동이 헌법실천적 개입의 방식으로 더욱 각광을 받게 될 것이다.

그러나 시민운동단체들의 헌법실천적 개입이 헌법재판운동에 지나치게 의존하게 되면, 의회민주주의의 활력이 크게 떨어지게 된다. 그 결과 시민운동의 성패가 달려 있다고 하여도 과언이 아닌 헌법정치의 큰 틀이 왜곡

---

40) 憲法理論研究会 編,『現代の憲法理論』, 敬文堂/1990, 462쪽.

되기 쉽다. 이와 관련하여 특히 경계하여야 할 것은 헌법재판국가적 경향의 위험성이다.[41] 물론 헌법재판국가적 경향이 반드시 부정적인 것만은 아니다. 의회민주주의가 제대로 작동하지 못하고 집행권력이나 행정권력의 횡포에 대한 대응수단이 마뜩지 않을 때 기본권 보장의 마지막 보루를 자임하는 헌법재판소가 뜻밖의 구원자가 될 수도 있을 것이다. 그러나 이것은 헌법재판국가적 경향의 한 단면일 뿐, 전체적으로 볼 때 부정적 측면이 오히려 크다고 할 것이다. 최근 우리 헌법재판소가 보이고 있는 미심쩍은 행보도 이 같은 부정적 시각을 한술 거들고 있다. 그것은 다름 아니라 헌법규범을 자기완결적 가치체계로 이해하는 헌법신학적 관점이다. 이 같은 입장을 우리 헌법재판소가 앞으로도 계속 고집할 경우 그것이 우리 헌법의 이름으로 할 수 있는 것은 지배체제에 대한 맹목적 충성을 강요하기 위하여 헌법물신주의의 망령을 불러들이는 제사장의 역할이 고작일 것이다. 이처럼 우리 헌법재판소의 역할이 체제충성을 관리하는 제사장의 수준으로 전락하게 되면, 시민운동단체들의 헌법실천적 개입이 헌법재판운동에서 얻을 것은 아무것도 없다고 하여도 과언이 아니다. 설사 헌법재판을 통하여 작은권리찾기운동 등 시민운동단체들의 헌법실천적 개입이 일정한 성과를 거두는 사례가 있더라도 이것은 극히 예외적인 경우일 뿐, 시민운동이 발 딛고 설 자율적 활동공간은 우리 헌법현실 어디에서도 찾아볼 수 없게 될 것이기 때문이다.

하지만 더 큰 문제는 자기중심의 사회인식이다. 여기에서 말하는 자기중심의 사회인식은 스스로를 무계급 또는 초계급 사회운동으로 자리매김하는 시민운동 특유의 허위의식을 가리킨다.[42] 시민운동 특유의 이 같은 허위

---

41) 헌법재판국가적 경향의 위험성에 관하여는 국순옥, 「헌법재판의 본질과 기능」(《민주법학》 제11호, 관악사/1996, 9-50쪽 수록), 38쪽 이하 참조.
42) 강문규, 앞의 책, 23쪽 및 75쪽; 유팔무, 앞의 글, 379쪽 참조.

의식은 시민운동이 자신의 사회적 기반으로 중간계층을 지목하면서도 그것을 구조적 또는 계급적 관점에서 총체적으로 파악하기를 거부하는 데에서 비롯된 것이다. 시민운동이 자신의 사회적 기반으로 상정하고 있는 중간계층은 그러나 사회적 계급구성의 외연에 자리 잡고 있는 외계인집단도 탈계급적 고공비행이 생활윤리의 한 부분으로 자리 잡고 있어야 할 순수이성집단도 아니다. 그것은 경제적으로 끊임없이 하강분해의 위험에 내던져져 있음에도 불구하고 적어도 내면의 의식체계에서는 부르주아적 생활세계로의 진입을 사회적 신분상승의 최종 목표로 삼고 있는 이중인격의 모순적 존재이다. 시민운동의 무계급 또는 초계급 이데올로기는 중간계층이 놓여 있는 이 같은 이중인격적 모순을 그대로 반영한 것이다. 이 같은 맥락에서 볼 때 시민운동단체들의 헌법실천적 개입에서 부르주아적 생활세계의 중심무대인 소비생활 영역의 기본권이 주로 호명의 대상이 되고 생산활동 영역과 관련된 기본권이 철저히 외면당하는 것은 결코 우연이 아니다. 그러나 이 같은 소비생활 영역 중심적 사고가 자본주의 상품미학의 농간에 놀아나게 되면, 결과는 더욱 심각하여진다. 상품생산자의 욕구다변화전략이 상품소비자의 상품다양화욕구로 둔갑하고 이것이 다시 소비자시민의 가치다원주의로 탈바꿈하는 것은 단지 시간문제이기 때문이다. 바로 여기에 시민운동이 운동이념으로 내세우고 있는 가치다원주의의 함정이 있다고 할 것이다.[43] 따라서 시민운동이 자기중심적 사회인식의 좁은 틀에서 벗어나 사회운동으로서의 품격을 계속 지켜나가기 위하여는 소비생활 영역 중심적 사고를 과감히 떨쳐버리고 변혁 지향 사회운동의 최대강점이자 최대약점인 전략적 차원의 거시적 사고틀, 즉 생산활동 영역 중심의 거시적 사고틀과의 일정한 접목이 무엇보다 필요한 때라고 할 것이다.[44]

---

43) 강문규, 앞의 책, 34쪽 참조.

V. 자율적 헌법실천과 기본권민주주의

이제까지 우리는 노동자계급, 대학생집단, 그리고 시민운동 차원의 헌법실천에 관하여 간단히 살펴보았다. 이 과정에서 확인할 수 있는 변화들 가운데 가장 두드러진 것은 시민운동단체들의 진출이다. 이들 시민운동단체는 그동안 노동자계급이나 대학생집단이 헌법실천의 사각지대로 남겨놓은 생활세계나 그 언저리에서 헌법실천의 주체로 주도적 구실을 떠맡기에 이른다. 이 같은 사실은 우리 사회의 분화가 급속히 이루어지는 가운데 정치사회나 경제사회의 틈새에서 시민사회의 성장이 가파르게 진행되고 있음을 반증하는 증거이기도 하다. 시민사회의 이 같은 자연 발생적 성장은 헌법실천주체의 형성과 관련하여 결정적으로 중요한 의미를 갖는다. 시민사회의 등장은 우리 헌법현실에서 죽은 개나 다름없이 치부하여도 좋을 천민부르주아층을 제치고 노동자계급과 더불어, 아니면 노동자계급과 나란히 헌법실천의 한가운데에 서게 될 또 하나의 다른 행위주체들이 우리 헌법현실의 한쪽에서 서서히 모습을 드러내고 있다는 것을 의미하기 때문이다.

이처럼 우리 헌법현실의 한쪽에서 헌법실천의 새 주체들이 모습을 드러내면서 우리 헌법학계에서도 관심의 대상으로 떠오르고 있는 것이 시민사회담론이다. 시민사회담론이 논의의 대상으로 삼고 있는 시민사회는 그 자체가 논란의 소지를 많이 안고 있는 일종의 논쟁유발적 거대주제이다. 그러나 헌법실천의 자율공간과 관련하여 여기에서 무엇보다 먼저 확인하여 둘 것은 근대 자연법론의 시민사회관이다.[45] 대표적인 것은 로크의 계약국

---

44) 소비생활 영역의 생산활동 영역으로부터의 자립화 현상과 이 같은 자립화 현상의 사회변혁론적 의의에 관하여는 백욱인, 「한국사회시민운동(론)비판」(한국산업사회연구회 편, 《경제와 사회》 제12호, 한울/1991, 58-83쪽 수록), 62쪽 이하 참조.
45) 阿閉吉男, 『市民社會の系譜』, 培風館/昭和 30, 104쪽 이하.

가론적 시민사회관이다. 주지하는 대로 로크의 자연법이론에서 논리 전개의 출발점은 자연상태이며 자연상태의 대칭개념은 시민사회이다.[46] 이때 자연상태와 대칭관계에 있는 시민사회는 평화확보의 안전장치가 마련된, 따라서 자연상태의 불확실성 요인들이 제거된 문명상태를 의미한다. 이 같은 문명상태는 자연상태로부터의 탈출을 꿈꾸는 자유 평등 그리고 독립의 인격주체들이 사회계약을 통하여 정치사회, 즉 국가를 창설함으로써 달성되리라고 로크는 내다보았다. 따라서 그가 머릿속에서 그린 문명상태로서의 시민사회는 정치사회로서의 국가 바로 그것이었다.[47] 이 같은 계약국가론적 시민사회관과 정반대 쪽에 있는 것이 맑스의 시민사회관이다. 그에 따르면 시민사회는 사적 인간인 부르주아가 이기심의 주체로 등장하는 자본주의적 경제사회이다.[48] 그러나 시민사회를 "욕구의 체계"로 개념화함으로써 맑스의 시민사회관에 결정적 영향을 미쳤음에도 불구하고 그와는 달리 시민사회를 정치사회와 경제사회를 매개하는 중간고리로 자리매김하는 것이 헤겔의 입장이다.[49] 이처럼 시민사회의 매개 기능을 중요시하는 헤겔의 입장은 그람시의 시민사회론에서 더욱 세련된 모습으로 다듬어진다.[50] 그람시의 시민사회론은 그 후, 특히 1980년대 이후의 시민사회론 분

---

46) John Locke, *Two Treaties of Government*, Peter Laslett(ed.), Cambridge University Press/1963, 309쪽 이하.

47) 위의 책, 361쪽 이하; 中村義知, 『近代政治理論の原像』, 法律文化社/1974, 89쪽 이하 참조.

48) Karl Marx, "Zur Kritik der politischen Ökonomie"(*Marx Engels Werke*, Bd. 13, Berlin/1974, 3-160쪽 수록), 8쪽 이하. 맑스의 시민사회관에 관하여는 Jürgen Habermas, *Faktizität und Geltung*, Frankfurt am Main/1992, 442쪽 이하; 吉田傑俊, 『現代民主主義の思想』, 青木書店/1990, 145쪽 이하 참조.

49) Jürgen Habermas, 위의 책, 443쪽; 吉田傑俊, 위의 책, 115쪽; 욕구의 체계에 관하여는 Georg Wilhelm Friedrich Hegel, 앞의 책, 169쪽 이하 참조.

50) 吉田傑俊, 위의 책, 170쪽 이하; Sabine Kebir, *Gramscis Zivilgesellschaft*, Hamburg/1991, 58쪽 이하.

화 과정에서 중요한 역할을 하게 된다. 시민사회론의 분화 과정에서는 물론 다양한 입장이 등장한다.[51] 이들 여러 가지 입장은 구체적 쟁점들을 둘러싸고 약간의 차이들이 있음에도 불구하고 하나의 공통점을 지니고 있다. 그것은 다름 아니라 정치사회나 경제사회로 환원될 수 없는 비국가적·비시장적 영역인 생활세계를 정치사회와 경제사회를 매개하는 일종의 상징적 공간으로 받아들이고 있다는 사실이다.[52] 아무튼 그람시 이후의 시민사회담론의 전통에 따르면 시민사회는 정치사회는 물론 경제사회와도 변증법적 긴장관계에 있는 상징적 의미의 자율적 활동공간을 지시하는 개념이라고 할 수 있다. 시민사회를 이 같은 논리적 맥락에서 이해한다면, 시민사회의 범주는 헌법실천적 관점에서 대단히 중요한 의미를 갖는다. 그것은 정치사회의 핵심인 국가권력뿐만 아니라 경제사회의 핵심인 시장권력과도 일정한 거리를 유지하며 이 두 권력에 대한 저항과 통제의 거점으로 기능하게 될 헌법실천의 자율공간을 상정하는 것이 이론적으로 가능하게 될 것이기 때문이다.

시민사회의 행위주체는 말할 것도 없이 시민이다. 따라서 시민사회가 헌법실천의 자율공간으로 제 구실을 다하려면, 헌법실천의 주체는 시민적 주체성, 좀 더 구체적으로 하면 시민으로서의 자기정체성을 확보하지 않으면 안 된다. 자기정체성확보의 첫걸음은 공민과의 준별이다. 공민은 국가와 사회를 대립항으로 설정하는 이분법적 사고를 전제한다. 고전적 맑스주의의 전통으로 돌아가 인간 개체를 부르주아사회의 구성원인 사적 인간과 정치적 국가의 구성원인 공적 인간으로 구분한다면, 공민은 정치적 국가의

---

51) Jean C. Cohen/Andrew Arato, *Civil Society and Political Theory*, The MIT Press/1995, 29쪽 이하 참조.

52) Michael Walzer, "The civil society argument"[Chantal Mouffe(ed.), *Dimension of Radical Democracy*, 89-107쪽 수록], 102쪽 이하 참조.

구성원인 공적 인간을 가리킨다.[53] 그것은 독일어권의 Staatbürger가 정확히 표현하고 있듯이 국가시민을 의미한다.[54] 시민은 그러나 국가와 사회의 이분법적 사고를 거부한다. 그것은 정치사회는 물론 경제사회와도 변증법적 긴장관계에 있는 시민사회를 전제한다. 나아가 헌법실천의 주체가 시민적 주체성을 확보하기 위하여는 시민을 기본권의 관점에서 재구성하지 않으면 안 된다. 국가와 사회의 이분법적 사고에 터 잡고 있는 공민은 기본권의 시각에서 보면 참정권적 기본권의 주체에 지나지 않는다. 다시 말하면 주기적으로 시행되는 선거 때마다 투표장에 나가 한 표를 던지는 고독한 유권자에 불과하다. 이에 반하여 시민은 헌법실천의 자율공간인 시민사회에서 헌법실천의 주체로 독자적으로 행동하는 자유 평등 그리고 독립의 인격주체이다. 그러한 의미에서 그것은 기본권 일반의 담지자라고 할 수 있다. 이 점에서 시민사회적 시민의 개념은 로크적 자연법사상의 전통을 충실히 따르고 있다고 하여도 과언이 아니다.

나아가 시민사회가 자유 평등 그리고 독립의 인격주체인 기본권 담지자들이 헌법실천의 주체로 역동적인 활동을 펴나가는 헌법실천의 자율공간으로 자리 잡으려면, 우리 헌법의 기본원리인 민주주의에 대한 발상의 전환이 무엇보다 필요하다. 발상전환의 출발점은 말할 것도 없이 민주주의의 탈주술화이다. 그리고 민주주의의 탈주술화는 그 실마리를 국민주권원리와의 단절에서 찾아야 한다.[55] 알다시피 국민주권은 우리 헌법에서 민주주의의 총체성을 담보하여야 할 기본원리이다. 그러나 국민주권원리가 관

---

53) Karl Marx, "Zur Judenfrage"(*Marx Engels Werke*. Bd. 1, Berlin/1972, 349-377쪽 수록), 369쪽 이하.

54) Rudolf Smend, "Bürger und Bourgeois im deutschen Staatsrecht"(같은 이, *Staatsrechtliche Abhandlungen*, Berlin/1968, 309-325쪽 수록), 321쪽 참조.

55) Jürgen Habermas, 앞의 책, 629쪽 참조.

넘적 통일체에 지나지 않는 국민을 주권의 담지자로 상정하는 순간 그것은 왕권신수설과 마찬가지로 일종의 신화로 전락하게 된다. 따라서 국민주권원리와의 고리를 끊지 못하고 그 테두리 안에 갇혀 있는 한, 민주주의역시 우리 헌법현실의 중층적 모순구조를 담아내지 못하는 일종의 지배이데올로기로 탈바꿈하게 된다. 이 같은 자기모순의 역설에서 벗어나기 위하여는 민주주의가 몸을 낮추고 시민사회의 열린 마당으로 내려와야 한다. 그리고 거기에서 기본권 담지자 시민들의 사회적 교통양식으로 자리 잡아야 한다. 이때 무엇보다 중요한 것은 상호승인, 시민자치, 시민참여, 그리고 시민연대의 원칙들이다. 상호승인의 원칙은 기본권 담지자 시민들이 각자의 입장을 서로 존중하는 가치상대주의에 바탕을 두고 있다.[56] 따라서 상호승인의 원칙이 기본권 담지자 시민들 사이에서 민주주의의 전제조건으로 받아들여지게 되면, 가치절대주의에 뿌리를 두고 있는 전투적 민주주의는 발 붙일 데가 없게 된다. 나아가 민주주의가 기본권 담지자 시민들의 사회적 교통양식으로 자리 잡기 위하여는 무엇보다 시민자치의 원칙이 확립되어야 한다. 지방자치 차원의 풀뿌리민주주의가 좋은 보기이다. 민주주의의 이 같은 수직적 심화 못지않게 중요한 것은 민주주의의 수평적 확장이다. 시민참여의 경우가 그것이다. 시민참여의 형태는 물론 다양하다. 그러나 대부분의 경우 정치사회와 경제사회에 대한 기본권 담지자 시민들의 헌법실천적 개입이 주종을 이루게 될 것이다. 끝으로 민주주의가 기본권 담지자 시민들의 사회적 교통양식으로 제 구실을 다하기 위하여는 시민연대의 원칙이 시민사회의 한가운데에 뿌리내려야 한다. 시민연대는 한마디로 말하면 상호승인, 시민연대, 시민자치, 그리고 시민참가를 밑에서 떠받치고 있는 일종의 버팀목과 같은 것이다. 그것은 기본권 담지자 시민들이 경제

---

56) 原秀男, 『價値相對主義法哲学の研究』, 勁草書房/1979, 120쪽 이하.

적 소외, 사회적 갈등, 문화적 편견 등으로 말미암아 헌법실천의 주체로 나서기를 주저하거나 포기할 때 이들을 헌법실천의 주체로 다시 묶어내기 위한 시민사회의 집합적 자구노력이라고 할 수 있다.[57] 민주주의가 이처럼 상호승인, 시민자치, 시민참가, 그리고 시민연대의 원칙들에 터 잡고 기본권 담지자 시민들의 사회적 교통양식으로 자리 잡을 때 시민사회담론의 핵심 주제인 시민사회적 민주주의의 실체가 서서히 드러나게 될 것이다.[58]

시민사회적 민주주의는 그러나 여러 가지 측면에서 일반민주주의나 계급민주주의와 구별된다. 결정적 차이는 기본권을 보는 눈이다. 일반민주주의의 경우처럼 민주주의가 국민주권원리의 테두리 안에 갇혀 있으면, 민주주의와 기본권이 만나는 유일한 접점은 참정권적 기본권이다. 계급민주주의의 입장에 서는 경우에도 민주주의와 기본권의 만남은 주로 참정권적 기본권을 통하여 이루어진다. 일반민주주의와 다른 점이 있다면, 그것은 참정권적 기본권을 국민주권의 차원이 아니라 사회변혁의 차원에서 일종의 전술적 문제로 다룬다는 사실이다. 그러나 시민사회적 민주주의에서는 민주주의와 기본권의 관계는 새로운 각도에서 재정립되어야 한다. 그것은 다름 아니라 민주주의를 기본권의 관점에서 적극적으로 사고하는 기본권민주주의의 시각이다.[59] 그러나 기본권민주주의에서 기본권중심의 민주주의 사고가 지나친 나머지 기본권민주주의가 탈민주주의적 기본권물신주의로 빠져들게 되면 민주주의와 기본권의 관계는 파국으로 치닫게 된다. 시민사회적 민주주의에서 기본권의 자기한정이 요구되는 것도 이 때문이다. 따라

57) Ulich Rödel/Günter Frankenberg/Helmut Dubiel, *Die demokratische Frage*, Frankfurt am Main/1989, 183쪽 참조.

58) 佐々木允臣, 「民主主義の人權論的構成」(《法の科学》第20號, 日本評論社/1992, 83-93쪽 수록), 85쪽 이하.

59) 위와 같음.

서 시민사회적 민주주의에서 민주주의의 중심이 되는 기본권은 기본권일 반이 아니라 기본권 담지자 시민들의 사회적 교통과 밀접한 관련이 있는 의사소통의 자유이다.[60] 여기에서 말하는 의사소통의 자유는 지배적 기본 권담론에서도 역시 대문자 주제로 비중 있게 다루어지는 표현의 자유를 가리킨다. 거기에는 말할 것도 없이 언론 및 출판의 자유와 집회 및 결사의 자유가 포함된다. 이처럼 시민사회적 민주주의가 표현의 자유를 고리로 시민사회적 기본권민주주의의 방향으로 전진을 계속할 때, 우리는 마침내 근대화 과정의 문턱에서 새로운 출발을 기약할 수 있을 것이다. 그러한 의미에서 시민사회적 기본권민주주의는 우리에게 아직도 역사적 과제로 남아 있는 근대화기획의 첫걸음으로 자리매김하여도 좋을 것이다.

60) 위의 글, 88쪽.

강단헌법학 비판[*]

I. 의식의 부재

헌법담론의 주요 생산기지는 헌법재판소와 대학강단이다. 그러나 헌법재판소가 제 구실을 다하지 못하면 헌법담론 주도권은 대학강단이 떠맡게 된다. 우리 헌법재판소의 경우가 그렇다. 주지하는 바와 같이 우리 헌법 아래에서도 헌법의 최종 해석권은 헌법재판소가 갖고 있다. 하지만 헌법담론 생산에서 헌법재판소가 이론적으로나 논리적으로 대학강단을 따라잡으려면 아직도 갈 길이 멀다. 이처럼 대학강단이 헌법재판소를 제치고 주류 헌법담론의 생산기지로 자리 잡게 되면, 주류 헌법담론에서 강단헌법학이 갖는 의미는 대단히 크다고 할 것이다.

헌법은 서양 근대의 산물이다. 그것은 또한 빼어난 의미의 부르주아적

---

[*] 이 글은 '열린 눈으로 보는 헌법 — 반주류 비판헌법이론'이라는 제목으로 세 차례에 걸쳐 이루어진 연속 강연의 첫 번째 강연(2003.9.27.) 원고를 정리한 것이다. 또한 이 글은 민주주의법학연구회 편,《민주법학》제25호, 2004, 503-518쪽에 수록되었다.

계몽기획이기도 하다. 서양 근대의 이 같은 부르주아적 계몽기획에 결정적 영향을 준 것은 이성주의적 헌법담론이다. 이성주의적 헌법담론의 효시는 로크의 시민헌법철학이다. 미국 건국 아버지들은 이성주의적 헌법담론의 역사적 증인들이다. 그러나 이성주의적 헌법담론의 본고장은 아무래도 계몽주의 사상이 근대의 문을 연 프랑스이다. 그러한 의미에서 시에예스의 헌법이론은 이성주의적 헌법담론의 백미라고 할 수 있다. 이 밖에도 이성주의적 헌법담론을 주도한 계몽주의 사상가들은 부지기수이다. 몽테스키외도 그들 가운데 한 사람이다. 이들 이성주의적 헌법담론은 1787년의 필라델피아 헌법제정회의와 1789년의 프랑스 헌법제정회의에서 근대헌법의 꽃으로 결실을 맺게 된다.

서양 근대와 동양 근대는 그러나 시간의 낙폭이 크다. 그만큼 우리의 근대는 모순투성이이다. 그것은 과거와 미래를 끊임없이 오간다. 한쪽에서는 전근대주의가 그대로 자리를 지키고 있고, 또 한쪽에서는 탈근대주의가 초고속으로 질주하고 있다. 바야흐로 자기중심적 사고가 필요한 때이다. 때문에 헌법이론의 시각은 다르다. 아니 달라야 한다. 근대는 미래완료형이 아니다. 과거완료형은 더더욱 아니다. 그것은 현재진행형이다. 정확히 말하면, 우리는 이제 막 근대의 문턱에 서 있다. 겨우 시작일 뿐이다. 우리에게 근대의 길을 처음으로 터준 역사적 사건은 1945년의 반쪽 해방이다. 그리고 1948년 헌법은 근대의 시작을 알리는 공식 문서이다. 그것은 우리의 경우 민주주의적 계몽기획이기도 하였다.

사실 1948년 헌법은 역대 어느 헌법보다 진취적이다. 경제 관련 조항들이나 사회권적 기본권 부분이 좋은 본보기들이다. 사회권적 기본권들 가운데 근로자 이익균점권은 혁명적이기까지 하다. 좌우 이데올로기의 격돌이 한바탕 휩쓸고 지나간 폐허의 반쪽 해방 공간에서 적지 않은 산고 끝에 태어난 1948년 헌법이 진보주의 이념을 담고 있다는 사실 자체는 평가할 만하다. 진보주의 이념을 떠받쳐주는 사회변혁적 해방 잠재력이 아직 밑바닥을 드러내지 않았다는 반증이기도 하기 때문이다. 그러나 역사의 현실에서는 이념이 현실을 배반하거나, 현실이 이념을 능욕하는 일이 비일비재하다. 좌우 이데올로기 대립을 뛰어넘어 민주주의적 계몽기획으로 우뚝 서야 할 1948년 헌법이 걸어간 길은 아쉽게도 후자 쪽이다. 이후 1948년 헌법은 진보주의 이념을 하나씩 털어내는 수난의 계절을 맞게 된다. 그리고 고난의 행진은 여기에서 그치지 않고 우리 헌법의 숙명으로 자리 잡게 된다.

1948년 헌법의 이 같은 변신은 이미 예정된 것이나 다름없다. 이유는 간단하다. 헌법을 실천에 옮길 주체가 없었던 탓이다. 일상적 삶 속에 헌법이 구체적 현실의 한 부분으로 살아 숨 쉬려면, 헌법실천의 주체가 존재하여야 한다. 헌법실천의 주체가 없으면, 아무리 좋은 헌법이라도 그림의 떡에 지나지 않는다. 그것은 관념적 허구이며 모래성처럼 언젠가는 제물로 허물어지고 만다. 1948년 헌법도 예외가 아니다. 그것은 모방헌법의 전형이다. 1948년 헌법제정에 주도적으로 개입한 것은 반쪽 해방 공간에서 탈식민지 새 질서의 구축에 정치적 명운을 걸어야 할 민중세력의 대표자들이 아니다. 일본제국주의 식민지체제 아래에서 특권적 자유를 누린 식민지 매판세력의 추종자들이 대부분이다. 헌법기초작업에 관여한 소수 법률전문가 집단의 면면을 보면, 1945년 헌법의 사회적 기반이 얼마큼 허술하였는지가 금방 드러난다. 그들은 일본제국주의 식민지체제 아래에서 법학교육을 받은 전형적인 식민지 지식인들이다.

1948년 헌법으로부터 물려받은 이 같은 태생적 한계로 말미암아 우리 헌법은 그 후 혹독한 대가를 치르게 된다. 그것은 다름 아니라 우리 헌법의 자기소외이다. 그 결과 우리 헌법은 현실 규정력을 완전히 상실하고 강단 헌법학의 노리갯감으로 전락한다. 이처럼 강단헌법학의 노리갯감으로 몸을 낮춘 우리 헌법은 정치적 시녀로 손을 빌려주기도 하고, 정치적 제물로 치명적 손상을 입기도 한다. 우리 헌법의 이 같은 수모는 제1세대 헌법연구자들이 강단헌법학을 이끈 시기인 1950년대와 1960년대에 유난히 두드러진다. 우리 헌법사의 치부로 기록되어야 할 1972년의 이른바 유신헌법도 제1세대 헌법연구자의 손때가 묻은 군부파시스트들의 작품이다.

제1세대 헌법연구자들의 권력친화적 현실추수는 어쩌면 너무나 당연한 일이다. 그들 역시 1948년 헌법기초작업에 참여한 소수 법률전문가집단과 마찬가지로 일본제국주의 식민체제 아래에서 식민지 경영에 필요한 법학지식을 전수받은 동일 범주의 식민지 지식인들이다. 제1세대 헌법연구자들이 식민지 지식인으로 체험한 세계는 천황제 파시즘 체제가 전부이다. 따라서 그들의 정신구조는 극히 폐쇄적이다. 당연히 이념적 지평은 좁을 수밖에 없다. 이럴수록 강자의 논리는 더욱 돋보이기 마련이다. 제1세대 헌법연구자들이 미국 점령군 당국의 반공산주의 노선을 심정적 일체감을 갖고 적극적으로 받아들인 것은 우연이 아니다. 게다가 그들의 권력친화적 현실추수를 더욱 부추긴 것은 반공산주의 전초기지로 자리를 굳혀가는 남쪽의 반식민지적 현실이다. 이 같은 상황에서 반공주의는 더 이상 선택의 문제가 아니다. 그것은 이제 초헌법적 이데올로기이다. 유일한 탈출구는 집단적 자기최면이다. 이 같은 집단적 자기최면은 마치 유전병처럼 세대를 가로질러 그대로 이어진다. 이처럼 세대에서 세대로 대를 잇는 헌법연구자들의 집단적 자기최면을 통하여 반공주의는 강단헌법학에도 깊고 어두운 그림자를 드리우게 된다.

제2세대 헌법연구자들이 제1세대 헌법연구자들 사이에 끼어 대학강단에 서기 시작한 것은 1960년대 초반이다. 그리고 그들이 강단헌법학의 주역으로 적극적으로 학문활동을 편 것은 1980년대 이후이다. 제2세대 헌법연구자들은 제1세대 헌법연구자들처럼 체제이데올로기인 반공주의의 테두리를 벗어날 수 없었다. 이처럼 반공주의의 테두리 안에서 강단헌법학의 전통을 이어가면서도 그들은 제1세대 헌법연구자들과 차이를 보인다. 특히 제2세대 헌법연구자들 가운데 독일 유학 경험이 있는 이들은 이념적으로 유연하다. 극우 편향의 단세포적 과격주의자들은 드물고, 대부분 온건

보수주의에 기울거나 자유주의적 성향이 짙다. 그러나 방법론에서는 오히려 융통성이 덜하고 자기성찰이 부족하다. 이 같은 경향은 이론적 매개 과정을 거치지 않고 통합이론을 통째로 받아들인 헌법연구자들한테서 두드러진다. 제2세대 독일 유학파 가운데에도 물론 특정방법에 얽매이지 않고 자신들의 입장을 나름의 방식대로, 예컨대 때로 방법 절충주의적으로 때로 방법 중립주의적으로 비교적 자유롭게 엮어간 헌법연구자들도 없지 않다. 대표적 사례가 김철수 선생과 권영성 선생이다.

강단헌법학은 세대 교체가 한창이다. 제2세대 헌법연구자들이 물러가고 제3세대 헌법연구자들이 강단헌법학의 중심축으로 떠오르고 있다. 조만간 강단헌법학을 이끌고 갈 제3세대 헌법연구자들의 내부 구성은 복잡하다. 보수주의자에서 진보주의자에 이르기까지 이념의 편차도 크다. 인식관심도 다양하다. 독일 일변도에서 벗어나 프랑스 헌법담론은 물론 미영 계통 헌법담론의 소개도 활발하다. 그러나 강단헌법학은 여전히 독일 헌법담론의 압도적 영향 아래 있다. 아무튼 독일 헌법담론의 강점은 체계성과 논리성이다. 독일 헌법담론의 이 같은 철저성은 한마디로 주술에 가깝다고 하여도 과언이 아니다. 그것은 때로 축복이 되기도, 때로 저주가 되기도 한다. 한 꺼풀을 벗기면 그 속에는 눈앞의 현실에 등을 돌리고 관념의 세계로 마냥 도피하려는 독일 정신 특유의 정치적 미계몽의 슬픈 과거가 숨어 있기 때문이다.

II. 방법의 편향

우리 헌법도 이제 연륜이 제법 쌓일 대로 쌓였다. 강단헌법학의 역사 역시 반백을 훌쩍 넘는다. 지천명의 나이다. 그런데도 내공이 부족한 탓인지 아직도 허술한 데가 한두 가지가 아니다. 이 같은 사실은 무엇보다 주체성과 자주성의 잣대가 되는 방법의식의 편향에서 확연히 드러난다.

위에서 이미 언급하였듯이, 제1세대 헌법연구자들은 일본제국주의 식민지체제 아래에서 법학교육을 받았다. 그들이 법학교육을 통하여 터득한 전문기량은 법실증주의적 해석기법이다. 그것은 개념법학적 색채가 짙게 배어 있는 나쁜 의미의 법실증주의적 해석기법이다. 이 같은 법실증주의적 해석기법은 그들의 경우 단순히 법학적 전문기량으로 끝나는 것이 아니었다. 그것은 실존적 차원의 생존기량이기도 하였다. 1948년 헌법 이후 강단헌법학이 마주해야 하였던 암울한 헌법현실을 뒤탈 없이 헤쳐나가는 데 도구주의적 해석기법이 유일한 장기인 법실증주의만큼 확실한 안전장치도 없었기 때문이다. 특히 반공산주의가 체제이데올로기로 군림하면서 법실증주의는 강단헌법학에서 절대적 권위를 누리게 된다. 이 같은 흐름은 예전 같지는 않지만 강단헌법학의 밑바닥을 자세히 들여다보면 아직도 면면히 이어지고 있다.

그러나 법실증주의 말고는 선택의 여지가 별로 없었던 1950년대 중반 강단헌법학에는 또 하나의 변수가 돌출한다. 비록 단편적이기는 하지만 결단주의적 시각이 모습을 드러낸 것이다. 방법 쿠데타의 주역은 다름 아닌 한태연 선생이다. 그가 법실증주의의 대안으로 결단주의를 들고나온 속내는 아직도 미궁이다. 민족상잔의 비극을 갈림길로 급박하게 돌아가던 당시의 시대적 상황과 무관하지가 않을 것이다. 한태연 선생의 이 같은 결단주의적 방향전환은 그러나 몇몇 자극적인 결단주의 개념들을 맛보기로 소개하는 데 그쳤을 뿐, 체계적 안내로 이어지지 못하였다. 하지만 1960년대 중반 계엄놀이로 시작한 사실상의 비상사태 정국이 마침내 1972년 헌법 아래의 유신체제로 끝마무리되면서 결단주의는 다시 한번 주목의 대상이 된다. 결단주의의 이 같은 화려한 재등장을 강단헌법학은 방법적 자기성찰의 계기로 살리지 못한다. 오히려 결단주의가 유신체제를 정당화하는 헌법담론의 머릿그림으로 한몫을 하는 데 강단헌법학이 앞장서게 된다. 결단주의의 이 같은 정치적 도구화에 깊숙이 개입한 사람은 한태연 선생 외에도 갈봉근 선생이 있다. 그러나 결단주의를 보는 두 사람의 눈은 같은 높이가 아니다. 한태연 선생이 결단주의를 전략적 차원에서 사고하였다면, 갈봉근 선생의 경우 결단주의는 헌법현실의 돌파구를 마련하기 위한 일종의 전술적 무기에 지나지 않았다. 전략적 차원에서 사고하였든 전술적 입장에서 접근하였든, 두 사람에게 결단주의는 무기의 비판에 길을 터주기 위한 자기들 나름의 이른바 비판의 무기이었던 셈이다. 결단주의는 그러나 슈미트 헌법이론의 전부가 아니다. 한태연 선생과 갈봉근 선생은 슈미트주의자로 우리 헌법학설사의 한 구석을 메우는 영광을 독차지하면서도 혜안과 역리의 복합체인 슈미트 헌법이론의 총체적 이해에 이바지한 것은 정작 별로 없다고 하여도 과언이 아니다. 이 과제는 김철수 선생 밑에서 헌법수업을 마치고도 슈미트 헌법이론과 학문적 고락을 같이하는 김효전 교수가 떠맡게 된다. 그의 외골수 고집에 힘입어 슈미트 헌법이론은 비록 주변적이기는 하지만 강단헌법학 안팎에서 여전히 중요한 자리를 차지하고 있다.

적어도 1960년대까지 결단주의는 법실증주의의 대안이 되지 못하였다. 그렇다고 법실증주의가 난공불락의 철옹성은 아니었다. 변화의 바람을 몰고 온 것은 제2세대 헌법연구자들이다. 이들 가운데 각별히 주목해야 할 사람은 계희열 선생이다. 그는 헤세 문하생으로 강단헌법학에서 통합이론이 헌법담론의 공식의제로 오르는 데 선구적 구실을 하였다. 그러나 통합이론이 실증주의는 물론 1970년대 헌법담론의 총아인 결단주의까지 제치고 방법적 우위를 차지한 것은 제2세대 헌법연구자들이 강단헌법학을 주도하기 시작한 1980년대이다. 1960년대 후반에서 시작하여 1970년대를 가로지르는 대장정 끝에 통합이론이 마침내 강단헌법학의 단골식단으로 자리 잡는 데 큰 힘을 보탠 이는 말할 것도 없이 허영 선생이다. 허영 선생 하면 통합이론이 떠오르고 통합이론 하면 허영 선생이 생각날 만큼, 그는 통합주의적 방법의 홍보에 혼신의 힘을 다 쏟는다. 허영 선생은 나아가 강단헌법학의 게르만화라는 달갑지 않은 비난의 화살을 비껴가기 위하여 자신의 통합주의적 방법을 동화적 통합이라고 이름 붙인다. 그러나 안으로 들어가 곰곰이 뜯어보면, 동화적 통합은 통합이론 가운데 빛이 바랜 지 오래인 스멘트의 반민주주의적 통합이론을 그대로 옮겨온 것임이 금세 드러난다. 한마디로 말하면, 통합이론에 대한 허영 선생의 이해는 극히 피상적이다. 그가 자신의 통합주의적 방법을 동화적 통합이라고 손쉽게 꼬리표를 달 만큼 통합이론의 이론적 계보, 이론적 입장, 그리고 이론적 맥락이 그렇게 간단한 것은 아니다. 우선 통합이론은 제1세대에서 제3세대에 이르기까지 가지가 멀리 뻗어 있을 만치 세대별 이론적 계보가 만만치 않다. 이론적 입장도 중도파를 사이에 두고 우파와 좌파가 갈린다. 그리고 같은 세대에 속하고 이론적 입장을 같이하면서도 문제접근방식에서 차이가 난다. 그러나 큰 틀에서 보면, 통합이론 안에는 얼추 세 가지 흐름이 있다. 위로부터의 통합을 강조하는 반민주주의적 통합이론, 밑으로부터의 통합에 역점을 두는 민주주의적 통합이론, 그리고 이 둘을 변증법적으로 종합하려는 절충주의적 입장이 그것이다. 첫 번째 흐름을 대표하는 것은 우파 스멘트학파이며, 좌장은 통합이론의 창시자인 스멘트이다. 두 번째 흐름의 물꼬를 트는 데 결정적 구실을 한 이는 통합이론 제2세대의 대표주자들 가운데 한 사람인 보이믈린이다. 세 번째 흐름은 통합이론의 주류에 해당한다. 역시 통합이론 제2세대의 대표주자들 가운데 한 사람인 헤세가 맨 앞줄에 자리 잡고 있다. 그런데 허영 선생의 동화적 통합은 위로부터의 통합, 다시 말하면 하향식 통합을 의미한다. 이 같은 사실은 그의 헌법이론이 민주주의를 형식적으로 이해할 뿐만 아니라 기본권의 객관법적 측면을 지나치게 부각시키는 데에서 잘 드러난다. 나아가 국민의 기본의무를 한껏 강조하는 대목에 이르면, 동화적 통합의 반민주주의적 지향성은 더욱 분명하여진다. 그런데도 통합이 하필이면 왜 동화적이어야 하는지 의문은 여전히 남는다. 때로 동화적 통합의 이른바 동화는 헤세가 즐겨 사용하는

Einheitsstiftende Integration(통일조성적 통합)에서 생각의 실마리를 얻은 것은 아닐까 고개를 갸우뚱하여보기도 한다. 그러나 그것도 잠시 뿐, 실제로 피부에 와 닿는 느낌은 나치즘의 전체주의적 통합이데올로기의 핵심인 Gleichschaltung(획일화)의 이미지이다. 젊은 감성 세대의 말법대로라면 그것은 차이 죽이고 한 줄로 세우기이다.

아무튼 헌법담론은 일정한 방법을 전제로 한다. 이른바 헌법학 방법의 문제이다. 헌법학 방법은 다양하다. 담론 주체의 헌법관에 따라 헌법학 방법도 차이를 보인다. 결정적 변수는 헌법과 정치의 관계이다. 우선 생각하여볼 수 있는 것은 탈정치적 헌법담론의 본보기인 법실증주의적 방법이다. 그것은 헌법을 정치로부터 떼어내어 헌법내재적 관점을 중시한다. 이와 반대로 헌법과 정치의 내적 연관성을 강조하며 헌법을 정치적 법으로 규정하는 시각이 있다. 이 같은 정치적 헌법담론은 정치의 본질을 어떻게 이해하는가에 따라 여러 갈래로 나뉜다. 정치의 본질을 적과 동지의 식별로 보는 결단주의적 헌법담론이 있는가 하면, 정치의 본질을 통합으로 규정하는 통합주의적 헌법담론도 있다. 바이마르헌법 아래에서 사회민주당 계열의 헌법학자들이 내세운 계급타협주의적 헌법담론은 계급타협에서 정치의 본질을 찾는다. 최근 독일 공법학계에서는 정치의 본질을 연대로 자리매김하는 공화주의적 헌법담론이 주목을 받고 있다. 이 밖에 근대헌법사상의 뿌리로 돌아가 정치의 본질을 절차의 관점에서 근본적으로 다시 생각하려는 자유주의적 입장도 있다. 절차주의적 헌법담론이 그것이다. 강단헌법학의 방법 선택은 그러나 나름의 논리가 부족하다. 방법에 대한 비판적 자기성찰, 다시 말하면 비판적 방법의식이 없는 데에서 오는 당연한 귀결이다.

법실증주의만 하여도 그렇다. 법실증주의는 방법 이전에 하나의 철학이다. 거기에는 현실적인 것은 이성적이고 이성적인 것은 현실적이라는 반사실적 낭만주의가 자리 잡고 있다. 헌법이 이성적일 때, 예컨대 헌법이 진보주의 이념을 담고 그것을 민주주의 원칙에 따라 실천에 옮길 제도적 장치가 마련된 경우 법실증주의는 민주주의적 법치국가의 테두리 안에서 진보주의 이념을 실현하는 최상의 방법이 될 수도 있다. 제1차 세계대전이 끝난 뒤 패전의 혼란 속에서도 사회진보의 견인과 제도개혁의 추동에 우호적인 헌법환경을 조성하는 데 큰 역할을 한 바이마르헌법 아래의 법실증주의와 제2차 세계대전 후 평화헌법의 수호에 결정적 구실을 한 현행 일본헌법 아래의 법실증주의가 좋은 본보기들이다. 그러나 유신헌법처럼 진보주의 이념을 외면하고 민주주의 원칙은 물론 최소한의 법치국가제도마저 부정할 경우 법실증주의는 헌법의 이름으로 사회진보와 제도개혁을 가로막고 반민주주의적 불법국가에 면죄부를 얹어주는 반동적 기능을 도맡게 된다. 이같은 극단적 경우가 아니더라도 법실증주의는 현상 유지의 보수적 기능에 가장 충실한 방법들 가운데 하나이다. 그러나 법실증주의의 그 같은 방법적 한계를 인식하고도 법실증주의적 방법을 고집한 헌법연구자들이 과연 몇이나 되는지 궁금거리다.

강단헌법학에서 방법의식이 그래도 깨어 있는 헌법연구자들이 있다면 슈미트주의자들이 고작일 것이다. 하지만 슈미트주의자들도 슈미트 헌법이론 가운데 한 부분만을, 그것도 인상주의적 수법으로 지나치게 돋을새김함으로써 그림의 전체 모습을 시야 속으로 끌어들이는 데 실패한다. 결단주의는 말할 것도 없이 슈미트 헌법이론의 중심축이다. 그리고 그 핵심은 적과 동지의 식별이다. 결단주의의 이 같은 양도논법이 지니고 있는 의미는 의외로 심장하다. 그것은 역사의 수레바퀴는 앞으로 굴러가되 결국 이성의 테두리 안에 머물게 될 것이라는 낙관주의적 역사관이 몸에 밴 부르주아계급의 정치적 낭만주의에 대한 경고의 뜻을 담고 있다. 이 같은 이념사적 맥락이 손에 잡힐 때, 비로소 사회주의뿐만 아니라 자유주의에도 칼날을 날카롭게 세우는 결단주의의 전략적 의도가 분명하게 된다. 한마디로 말하면, 결단주의는 부르주아계급의 독재를 이데올로기적으로 정당화하기 위한 일종의 정치적 수사학에 지나지 않는다. 따라서 마녀사냥식의 정치적 폭력주의는 결단주의의 숙명이기도 하다.

끝으로 짚어야 할 것은 통합이론을 선호하는 헌법연구자들의 방법의식이다. 사회통합은, 그것이 경제적 통합이든 정치적 통합이든 아니면 문화적 통합이든, 현대 사회과학의 주요 관심사 가운데 하나이다. 통합이론이 강단헌법학에서 나름의 흡인력을 과시하고 있는 것은 우연이 아니다. 그러나 통합이론의 소개에 앞장선 허영 선생의 동화적 통합이 이론적으로 기대고 있는 스멘트의 반민주주의적 통합이론은 물질문명과 정신문화를 엄격히 구분하는 독일 관념론 특유의 문화주의적 전통에 터 잡고 있다. 이 같은 문화주의적 경향은 대학의 자유를 해석하는 스멘트의 독특한 시각에서 유감없이 드러난다. 더욱이 정신문화 중심의 문화주의적 관점이 가치철학과 손을 잡을 때, 스멘트의 반민주주의적 통합이론이 지니고 있는 교조주의적 독단논리는 더욱 도드라진다. 슈미트의 이른바 가치의 횡포는 그 같은 점을 염두에 둔 것이다. 그러나 가치의 횡포도 나름의 문법이 있다. 횡포의 주체인 가치가 대자적 존재로 자립하지 못한 경우 가치의 횡포조차도 관념적 허구에 지나지 않는다. 유일하게 존재하는 것은 의사가치주의의 자기기만적 허위의식뿐이다.

III. 이론의 빈곤

담론도 나름의 질서가 있다. 헌법담론도 마찬가지이다. 이와 관련하여 주목의 대상이 되는 것은 강단헌법학의 이른바 통설이다. 통설은 그러나 그 실체가 아리송하다. 통설은 지배적 견해이며 지배적 견해는 지배계급의 견해라는 맑스의 비판적 시각은 차라리 사치에 가깝다. 강단헌법학의 담론현실은 사뭇 다르다. 강단헌법학의 헌법담론에서 담론질서를 이끌어가는 통설은 교과서 시장에 진출한 몇몇 유력 헌법연구자들의 사적 의견인 경우가 오히려 대부분이다. 그러나 통설의 이름으로 절대적 권위를 누리는 이들 몇몇 유력 헌법연구자들의 사적 의견조차도 따지고 보면 독일 공법학계의 주류 헌법담론을 주도하는 헌법교과서의 입장이나 헌법평석서의 견해를 그대로 옮겨놓은 것에 지나지 않는다. 이처럼 독일 공법학계의 주류 헌법담론이 우리 옷으로 갈아입고 강단헌법학의 헌법담론을 쥐락펴락하는 종속적 담론 풍토가 지속되는 한, 통설이 독일 헌법교과서의 입장이나 헌법평석서의 견해를 이리저리 얽어놓은 쪽매붙임 이상의 의미를 갖기는 어려울 것이다. 통설이 헌법담론 게르만화의 첨병이라는 일각의 비판은 전혀 근거 없는 험담만은 아니다.

1950년대는 그야말로 시계 영점의 잃어버린 10년이었다. 전쟁의 화마가 할퀴고 간 폐허 위에 남은 것은 절망과 좌절뿐이었다. 이 같은 총체적 위기 속에서 헌법의 위기도 덩달아 움트기 시작한다. 직접 도화선은 이승만 개인의 권력 절대화 욕구와 권력 사유화 망상이었다. 대통령 직접 선거제도를 도입한 1952년의 제1차 헌법개정이 권력 절대화 욕구의 첫 번째 결실이었다. 그리고 권력 사유화의 길을 터주는 데 길라잡이의 구실을 한 것은 대통령직 3선 금지의 족쇄를 풀어준 1954년의 제2차 헌법개정이었다. 이후에도 대통령 연임을 둘러싼 헌법개정 줄다리기는 단속적으로 이어져 계속 헌법위기의 불씨로 남게 된다. 그러나 대통령 연임 헌법개정에 대한 강단헌법학의 대응방식은 투항주의적 저자세였다. 강단헌법학의 이 같은 무기력 탓에 대통령 연임 문제가 1980년 제8차 헌법개정에 의하여 비록 제한된 범위 안에서나 입법적으로 해결될 때까지 헌법개정담론을 이끈 것은 법실증주의적 헌법개정무한계설이다. 결단주의적 헌법개정한계설도 별다른 도움이 되지 못하였다. 이론내재적 한계 때문만은 아니었다. 발목을 잡은 것은 오히려 슈미트주의자들의 반이론적 현실추수주의이었다. 이 같은 담론 상황에서 강단헌법학에 필요한 것은 발상의 대전환이었다. 그것은 다름 아니라 헌법개정담론을 전술적 차원에서 전략적 차원으로 끌어올려 법실증주의적 헌법개정무한계설과 결단주의적 헌법개정한계설의 이론적 함의를 사회진보라는 거시적 관점에서 비판적으로 재주명하는 것이다. 그린네노 상단헌법학은 시종 이론적 태만으로 일관하였다. 강단헌법학의 허물은 여기에서 그치지 않는다. 강단헌법학은 법실증주의적 헌법개정무한계설을 슬쩍 거두어들이고 그 대신 결단주의적 헌법개정무한계설을 들고나와 문제의 초점을 오히려 흐려놓는다. 더욱 가관인 것은 결단주의적 헌법개정무한계설에 맞불을 놓기 위하여 강단헌법학이 내놓은 대응논리는 헌법개정의 자연법적 한계이다. 그러나 정작 되짚어야 할 것은 자연법의 실체이다. 그것은 혁명의 논리로 원용되기도 하고 반혁명의 논리로 봉사하기도 한다. 자연법의 이 같은 이중성을 제대로 읽지 못하고 그것에 대한 물신주의적 신앙을 고집하는 것은 그렇지 않아도 위험 수위에 다다른 속류 옥시덴탈리즘의 덫에 스스로를 가두어두는 것과 다름없다.

나아가 1960년 헌법의 특색들 가운데 하나는 정당 조항의 신설이다. 이 같은 정당 조항은 1962년 헌법에도 그대로 이어진다. 뿐만 아니라 1962년 헌법은 국회의원이 당적을 이탈 또는 변경하거나 정당이 해산하는 경우 의원직 상실도 자동적으로 뒤따른다는 규정을 둔다. 다름 아닌 정당국가적 경향의 강화이다. 그런데 정당국가적 경향을 집약적으로 표현하고 있는 정당 조항은 본 기본법의 규정을 그대로 본딴 것이다. 아무튼 이를 계기로 강단헌법학은 바이마르공화국의 주류 헌법담론에 이어 독일연방공화국의 주류 헌법담론과 직접 대면하게 될 모처럼의 기회를 얻는다. 대면의 첫 상대는 말할 것도 없이 라이프홀츠의 정당국가적 직접민주주의론이다. 라이프홀츠는 주지하는 대로 나치스 정권을 피하여 영국으로 건너가 종전 후 귀환한 망명지식인의 한 사람이다. 그의 헌법이론은 현상학적 사고에 바탕을 두고 있다. 학문 역정의 초기에 라이프홀츠는 결단주의에도 일정한 이해를 보이다 후에 통합이론 쪽으로 기운다. 이 같은 입장 변화는 정당국가의 직접민주주의적 해석에서 여실히 드러난다. 정당국가에 대한 라이프홀츠의 직접민주주의적 해석은 정당국가에 대한 슈미트의 부정적 견해를 통합주의적 관점에서 비판적으로 극복하려는 이론적 노력의 소산이라고 보아도 과언이 아니다. 그러나 1960년대의 헌법현실에 비추어볼 때, 라이프홀츠의 주장은 이론적 적실성이 극히 희박한 것이었다. 정당국가적 경향의 강화는 민주주의를 직접민주주의 쪽으로 한 발 전진시키기는커녕, 민주주의를 도리어 인기영합적 동원민주주의로 변질시켜 대통령 독재를 정당화하는 빌미로 악용될 소지가 훨씬 더 많았기 때문이다. 하지만 당시만 하여도 강단헌법학의 인식관심과 담론 수준이 비교적 낮은 단계에 머물고 있었기 때문에 라이프홀츠의 정당국가적 직접민주주의에 대한 비판적 평가가 제대로 이루어지지 못하였다. 이 같은 공백은 권영성 선생이 1970년대 중반 독일 유학에서 돌아온 후 라이프홀츠 재발견의 형태로 부분적이나마 메워지게 된다.

1972년 헌법은 헌법이라고 부르기보다 반헌법이라고 자리매김하는 것이 오히려 진실에 더 가깝다. 폭력장전이나 다름없는 이 헌법에서 무엇보다 먼저 눈에 띄는 것은 통치구조의 변화이다. 이와 관련하여 주목해야 할 것은 권력의 인격화이다. 그 결과 집행권력의 최고 책임자인 대통령이 국가권력 위에 군림하고 법치국가의 제도적 표현인 권력분립은 빈껍데기만 남게 된다. 전형적인 파시즘 국가형 정부 형태이다. 이처럼 통치구조가 파시즘 국가형 정부 형태로 이행한 데에는 나름의 원인들이 있다. 그 가운데 하나가 국가 주도 산업화 전략에 따른 사회갈등의 심화이다. 유신 전후의 이 같은 사회경제적 맥락을 고려할 때, 1972년 헌법이 전문에서 민주주의공화국의 이념적 지표로 이른바 자유민주적 기본질서를 제시한 것은 의미심장하다. 자유민주적 기본질서는 그러나 생소한 개념은 아니다. 슈미트주의자 한태연 선생은 1950년대 중반 그의 헌법교과서에서 자유민주적 기본질서에 대하여 이미 언급하고 있다. 하지만 자유민주적 기본질서가 강단헌법학의 헌법담론에서 주목의 대상이 된 것은 1972년 헌법 이후이다. 자유민주적 기본질서에 대한 강단헌법학의 담론 수준은 한마디로 기대치 이하이다. 통설에 따르면, 자유민주적 기본질서는 방어적 민주주의에 뿌리를 두고 있다. 이 같은 해석의 근거로 통설이 천편일률적으로 들고 있는 것은 독일 연방헌법재판소의 1952년 국가사회주의당 판결과 1956년 독일공산당 판결이다. 따라서 강단헌법학의 헌법담론에서는 방어적 민주주의가 냉전자유주의의 산물이며, 냉전자유주의는 반공산주의에 뿌리를 두고 있다는 비판적 인식이 제대로 자리 잡지 못하고 있다. 일종의 자기검열이라고 할 강단헌법학의 반이론주의적 소극 자세로 말미암아 반공산주의가 체제이데올로기로 자리 잡고 있는 헌법현실에서 자유민주적 기본질서는 우리 헌법을 반공산주의의 틀 속에 가두는 이데올로기적 기제로 작동하고 있다.

현행 헌법이 전문 개정의 형식으로 손질을 보게 된 것은 1987년이다. 1987년의 이른바 시민 대항쟁의 개헌 화두는 대통령 직접 선거제도의 도입이었다. 이때 덤으로 따라온 것이 헌법재판제도이다. 헌법재판제도의 전범으로 통하는 독일형 헌법재판제도를 우리 헌법이 채택한 것은 그러나 이번이 처음은 아니다. 1960년 헌법도 현행 헌법과 마찬가지로 독일형 헌법재판제도를 두었으나 헌법재판소가 설치되기도 전에 단명으로 끝나고 말았다. 이와 대조적으로 현행 헌법 아래에서 괄목할 현상은 헌법재판소의 약진이다. 그 결과 헌법재판소가 입법권력과 집행권력 못지않게 국가권력의 한 축으로 급부상하고 있는 것이 작금의 헌법현실이다. 헌법규정만 보아도 헌법재판소의 권한은 막강하다. 대표적인 것은 법률위헌심판 권한과 헌법소원심판 권한이다. 이 밖에도 권한쟁의심판 권한, 탄핵심판 권한, 그리고 정당해산심판 권한이 있다. 이처럼 헌법재판소의 권한이 그물망처럼 촘촘히 짜여진 만큼 헌법재판소의 일거수일투족이 몰고 오는 사회적 반향도 만만치 않다. 헌법재판소의 사회적 기능이 초미의 관심사로 떠오른 것은 그 때문이다. 그러나 이 대목에서도 강단헌법학의 목소리는 한결같다. 통설에 따르면, 헌법재판소가 떠맡고 있는 사회적 기능들 가운데 가장 중요한 것은 헌법보장과 소수자 보호이다. 하지만 헌법재판소의 헌법보장 기능은 통설이 주장하듯이 자명한 원리가 아니다. 법치국가의 형태가 변함에 따라 헌법보장의 주체도 달라진다. 관료주의적 법치국가에서는 집행권력이, 자유주의적 법치국가나 민주주의적 법치국가에서는 입법권력이, 그리고 과두주의적 법치국가에서는 사법권력이 각각 헌법보장 기능을 떠맡는다. 그리고 사법권력이 헌법보장 기능을 떠맡고 있는 과두주의적 법치국가의 최고형태는 헌법재판국가이다. 법치국가의 이 같은 계보학적 문맥에 따르면, 헌법재판소가 헌법보장 기능을 떠맡는 것이 헌법보장의 가장 이상적 형태라고 단정하기는 어려울 것이다. 더욱이 현행 헌법이 헌법보장의 주체로 명시적으로 언급한 것은 집행권력의 수장인 대통령뿐이다. 뿐만 아니라 헌법이 침묵하고 있다는 단 한 가지 이유로 국민대표기관을 자임하는 국회의 헌법보장 기능을 비껴가는 것도 헌법해석의 기본원칙에 어긋나는 것이다. 나아가 헌법재판소의 소수자 보호기능도 비판적 시각으로 곰곰이 따져 보아야 할 구석들이 적지 않다. 그렇다고 법률위헌심판이나 헌법소원심판이 일정한 조건 아래에서 소수자 보호에 나름의 구실을 할 수 있다는 사실까지도 부정하는 것은 아니다. 문제는 소수자의 실체이다. 계급투쟁의 수준, 계층갈등의 양상 등 사회적 역학관계의 추이에 따라 사회적 소수자가 정치적 다수자로 군림하는가 하면, 사회적 다수자가 정치적 소수자로 주저앉는 경우도 흔히 있는 일이기 때문이다. 따라서 헌법재판소의 소수자 보호기능을 추상적 차원에서 지나치게 적극적으로 평가하는 것은 경계해야 한다.

그러나 헌법재판소의 이 같은 약진과 대조를 이루는 것은 국회 위상의 추락이다. 사실 국회가 국민대표기관으로서의 구실을 포기한 지는 오래이다. 국회의 입법기능도 파탄 직전의 위기 상황이다. 시민들의 머릿속에 자리 잡고 있는 국회의 모습은 한마디로 부정적이다. 정치건달들의 놀이터나 정치모리배들의 복마전 정도의 이미지가 모두이다. 이처럼 국회가 의회주의의 상식에서 빗나가도 한참 빗나간 데에는 여러 가지 복합적인 원인이 중첩적으로 작용하고 있다. 거시적 측면에서 접근해야 할 측면이 있는가 하면, 미시적 관점에서 짚어야 할 대목들도 적지 않다. 그러나 가장 큰 문제는 정당정치의 파행이다. 정당정치 파행의 직접 원인은 체제이데올로기인 반공산주의의 이분법적 사고에 의하여 틀 지워진 정치지형의 특수성이다. 진보주의 정당이 발붙일 여지가 없이 포섭과 배제의 논리가 철저히 작동하는 반민주주의적 정치지형을 주름잡는 것은 정당 이전의 가부장주의적 사조직들이다. 이들 정당 유사 사조직들의 내부 구성은 단순하다. 맨 위에는 조직관리의 총책임자인 우두머리가 있고, 그 아래에는 우두머리의 낙점 덕분에 여의도 의사당으로 진출할 기회를 거머쥔 국회의원들이 있다. 따라서 이들 사이에는 봉건적 충성복종관계가 자연스럽게 형성된다. 이 같은 봉건적 충성복종관계가 국회의원의 행동 반경을 제약하는 윤리규범의 기본틀로 남아 있는 한, 의회주의를 다시 세우기 위한 제도개혁도 백약이 무효이다. 이 같은 한국형 의회주의 위기에 대한 해법을 찾아 맨 먼저 나선 것은 시민운동단체들이다. 이들 시민운동단체가 내놓은 첫 번째 해법은 국회의원 의정활동 감시이다. 그러나 국회의원 의정활동 감시가 한계를 드러내자 시민운동단체들은 좀 더 근본적인 해법을 모색한다. 국회의원 출마 자격이 의심스러운 특정 입후보자에 대한 낙선운동이 바로 그것이다. 이마저 사법권력의 시대착오적 법리 저항에 발목이 잡혀 여의치 않게 되자 시민운동단체들은 이제 정치참여 쪽으로 가닥을 잡아가고 있다. 이처럼 울타리 밖에서는 헌법현실이 요동치고 있는데도 강단헌법학은 시대의 흐름에 아예 눈을 감고 티베트의 수도승들처럼 한가롭게 옛 노랫가락만 되뇌고 있다. 이미 오래전부터 강단헌법학 밖에서 활발히 논의되고, 최근 들어 강단헌법학 안에서도 일부 소장 헌법연구자들이 관심을 보이고 있는 시민사회적 공론영역의 화두는 따지고 보면 의회주의를 위기에서 구출하기 위한 일종의 반성적 이론기획이라고 할 수 있다.

대안헌법이론*

I. 이론 전략의 기본전제

헌법이론은 저마다 나름의 이론 전략이 있다. 강단헌법학의 헌법담론에서 헌법해석의 준거틀로 그동안 줄곧 주목의 대상이 되어온 법실증주의 헌법이론, 결단주의 헌법이론, 그리고 통합주의 헌법이론도 예외가 아니다. 이들 헌법이론이 염두에 두고 있는 이론 전략의 최고목표는 지배체제의 현상 유지이다. 이처럼 지배체제의 현상 유지라는 암묵의 전제에서 출발하는 강단헌법학의 헌법담론과 거리를 두고 스스로를 비판적 대안헌법이론으로 자리매김하려면, 최종 목표는 물론 이론 전략도 달라야 한다. 비판적 대안헌법이론이 가야 할 길은 그러나 멀고도 험난하다. 그것이 추구하는 것

---

* 이 글은 '열린 눈으로 보는 헌법 ─ 반주류 비판헌법이론'이라는 제목으로 세 차례에 걸쳐 이루어진 연속 강연의 두 번째(대안헌법이론 1, 2004.3.27.)와 세 번째(대안헌법이론 2, 2004.10.16.)의 강연 원고를 합친 것이다. 이 두 글은 민주주의법학연구회 편, 《민주법학》 제26호, 2004, 294-301쪽과 《민주법학》 제27호, 2005, 324-347쪽에 각각 수록되었다.

431

은 민주주의가 사회의 보편적 교통양식으로 자리 잡은 자율과 연대의 기본권 공동체이다. 맑스가 1848년의『공산당선언』에서 미래사회의 청사진으로 내놓은 이상적인 결합사회, 이른바 각자의 자유로운 발전이 모든 사람들의 자유로운 발전의 조건이 되는 결합사회야말로 비판적 대안헌법이론이 이론적 실천을 통하여 소중히 가꾸어 나아가야 할 영감의 원천이다. 그만큼 이론 전략도 유연하여야 한다. 무엇보다도 중요한 것은 부정의 정신이다. 그리고 미래의 전망이 아무리 불투명하더라도 비판적 대안헌법이론은 계몽과 해방의 변증법에 충실하여야 한다. 거기에다 빼놓을 수 없는 것은 총체적 인식의 관점이다. 총체적 인식의 관점에 설 때, 헌법규범이나 헌법현실[1] 어느 한 쪽에 외눈박이로 치우치지 않고 헌법현상을 통일적으로 파악할 수 있는 길이 비로소 열리기 때문이다.

제2차 세계대전이 끝난 후 자본주의 주변부에서는 탈식민지 독립의 기운이 무르익는다. 이 같은 시대 흐름 속에서 식민지의 굴레에서 막 벗어난 자본주의 주변부 사회들이 마주하게 된 급선무 가운데 하나는 사회의 정치적 재편성이다. 독립자주국가든 반식민지국가나 신식민지국가든, 한 사

---

1) 헌법현실은 일의적이 아니다. 이해하는 방식에 따라 느낌맛도 차이가 있다. 일반적으로 헌법현실은 개별 헌법규범들이 구체적 현실 속에서 나름의 맥락에 따라 조건반사적으로 작동하는 방식을 가리킨다. 이 같은 이해방식은 헌법규범과 헌법현실의 밀접한 연관관계에 눈을 감음으로써 결과적으로 헌법규범과 헌법현실을 총체적으로 파악할 수 있는 관점을 놓치게 한다. 따라서 이 글에서는 헌법현실을 관계론적 입장에서 좀 더 역동적으로 이해한다. 이처럼 관계론적 입장에 서서 헌법현실을 역동적으로 이해하면, 헌법현실은 한마디로 헌법관계의 총체에 지나지 않는다. 그런데 헌법관계는 본질적으로 권력관계이다. 헌법이 한번 만들어지면, 정치세력들은 헌법의 실효성 여부를 떠나 헌법제도의 틀 안에서 자신들의 헌법의식을 일정한 방식, 예컨대 입법, 행정 또는 사법의 방식으로 관철시키려고 한다. 이때 관련 헌법규범의 해석을 놓고 치열한 다툼이 일어나고, 이에 따라 복잡한 대치구도가 짜여진다. 이처럼 개별 헌법규범들의 해석을 둘러싸고 경제적 심급이나 정치적 심급 또는 이데올로기의 심급에서 필연적으로 드러나게 되는 헌법해석 주체들 사이의 중첩적 길항관계가 다름 아닌 헌법관계이다.

회의 정치적 재편성의 필요조건은 헌법 제정이다. 그러나 제3세계로 일컬어지는 자본주의 주변부 사회들이 서둘러 제정한 헌법은 제1세계의 헌법 문화 유산을 통째로 들여오거나 선택적으로 수용하는 모방이식의 한계를 뛰어넘을 수 없었다. 1948년의 우리 헌법도 사정은 마찬가지이었다. 1948년 헌법의 경우, 모방이식의 밑그림은 현대 자본주의헌법의 선구인 바이마르헌법이다. 널리 알려진 대로 바이마르헌법은 본질적으로 계급타협의 산물이다. 그것은 패전의 막다른 골목에서 사회주의혁명의 불씨를 사전에 다잡기 위한 일종의 고육지책이었다. 이처럼 사회주의에 대한 선제방어의 성격이 짙은 반혁명적 계급타협의 주역들은 바이마르헌법 체제의 두 기둥인 친자본 계열의 보수정당들과 개량주의적 독일사회민주당이다. 바이마르헌법의 기본 얼개는 빌려왔으나 그것을 밑받침할 만한 물질적 토대를 갖추지 못한 채, 미점령군 지배 아래의 반쪽 해방 공간에서 만들어진 1948년 헌법은 한마디로 헌법실천의 주체가 없는 모래밭 위의 신기루나 다름없었다. 그러한 의미에서 1948년 헌법은 자본주의 주변부형 외견적 입헌주의 헌법의 범주에 속한다. 자본주의 주변부형 외견적 입헌주의 헌법은 말 그대로 일종의 전시용 장식품에 지나지 않는다. 그러나 외견적 입헌주의 헌법의 테두리 안에서 자본주의적 생산양식이 본격적으로 뿌리를 내리기 시작하면, 헌법규범도 자본주의 발전단계에 걸맞게 일정한 손질이 불가피하게 된다. 이 같은 사실은 우리 헌법이 그동안 겪어온 일련의 헌법개정에서 어렵지 않게 확인할 수 있다. 우선 눈에 띄는 것은 1954년의 헌법개정이다. 이때 비교적 진취적인 내용을 담은 1948년 헌법의 경제 조항들이 자유주의 방향으로 개찬된다. 뿐만 아니라 1962년 제5차 개정헌법에서는 1948년 헌법의 꽃이라 할 수 있는 근로자의 이익균점권이 흔적도 없이 자취를 감춘다. 그리고 의회 친위 쿠데타인 1960년대 말의 '3선개헌파동'으로부터 시작하여 1972년의 이른바 유신헌법에서 최고조에 달하는 집행부 독재의 강화는 후발자본주의형 국가 주도 수출입국정책과 밀접한 관련이 있다. 그러나 1980년 제8차 헌법개정과 1987년의 제9차 헌법개정을 갈림길로 변화의 조짐들이 나타나기 시작한다. 이른바 제3세대 기본권의 선두주자인 환경권이 사회권적 기본권의 목록에 추가되고, 정부 형태도 대통령 중심 정부의 본디 모습을 되찾는다. 이에 못지않게 주목하여야 할 것은 우리 헌법의 규범력 회복에 일정한 구실을 할 수도 있을 헌법재판제도의 재도입이다. 아무튼 환경권의 신설은 우리 사회가 자본주의 발전의 일정한 단계에 도달하여 사회적 모순이 다양한 형태로 표출되고 있음을 반증하는 것이다. 대통령 중심 정부 형태가 제자리를 찾고 헌법재판제도가 다시 우리 헌법의 한 모퉁이에 자리를 잡게 된 것도 결코 예사로운 일이 아니다. 거기에는 집행부 독재국가의 가부장주의적 후견에서 벗어나 자본주의 발전의 최대 수혜자집단답게 자신들의 독자적 생활공간을 헌법의 테두리 안에서 확보하려는 신흥 중간소득계층의 시민적 열망이 담겨 있기 때문이다.

위에서 지적한 헌법개정 내용들은 긴 눈으로 볼 때 우리 헌법현실에 오랫동안 깊은 흔적을 남길 것들이다. 그런데도 헌법개정 당시는 말할 것도 없고 지금까지 이렇다 할 주목을 받지 못한 것은 처음부터 셈법이 다른 기득권 세력의 정치적 책략에 따라 특정 상품에 끼워 넣은 일종의 덤에 지나지 않았기 때문이다. 사실 헌법개정 때마다 정치적 논란의 한가운데 자리 잡은 것은 오히려 대통령의 선출방식이나 연임 문제 같은 것이었다. 그러나 이것들이야말로 역설적이게도 헌법을 대학의 상아탑에서 거리의 광장으로 끌어내어 국민적 관심의 대상으로 부각시키는 데 결정적 구실을 한다. 특히 1960년대 말의 3선개헌안 발의를 전후하여 학생 대중의 현실 참여가 본격화함에 따라 헌법투쟁이 정치지형의 주요변수로 떠오른다. 그리고 1970년대에 들어 명망가 중심의 이의제기 집단들이 헌법투쟁의 대열에 합류한다. 하지만 유신헌법 아래의 '겨울공화국' 10년이 다 저물어갈 무렵 헌법현실의 반이성적 폭력성은 극한에 달한다. 설상가상이라 할까, 신군부 파시스트 집단의 광주대학살은 사태를 더욱 꼬이게 한다. 이 같은 상황에서 언론의 자유 등 주로 자유주의적 기본권을 헌법투쟁의 무기로 삼아온 명망가 중심 이의제기 집단들의 투쟁 방식은 설 자리가 없게 된다. 이에 따라 1970년대를 가로질러 가냘프게나마 희망의 등불이 되어온 명망가 중심의 이의제기 집단들은 자유주의 특유의 기회주의적 속성을 드러내거나 아예 국외의 방관자로 물러앉는다. 원하든 원하지 않든, 유일한 현실 참여 세력인 학생 대중이 이제는 반자유주의의 기치를 높이 들고 다시 움직일 시간이 온 것이다. 그러나 무엇보다 인상적인 것은 1987년의 제9차 헌법개정을 이끌어낸 민주화 대투쟁의 과정에서 헌법실천의 주체들이 마침내 모습을 드러내기 시작하였다는 사실이다. 우리 헌법사상 초유의 이 같은 정치지형 변화에서 눈길을 끄는 것은 외견적 입헌주의 헌법 아래 헌법 소외의 최대 피해자인 노동자계급이 자신들의 정치적 주장을 관철하기 위하여 경제주의의 울타리를 걷어치우고 헌법실천의 주체로 직접 나서기 시작한 것이다. 뿐만 아니다. 1987년의 민주화 대투쟁 과정에서 더욱 놀라운 것은 정신노동자 중심의 중간소득계층이 보여준 현실 참여이다. 이들 중간소득계층은 그 후 국외자의 자세를 떨쳐버리고 시민운동의 형태로 결집한다. 이처럼 시민운동의 형태로 모아진 힘을 배경으로 그들은 외견적 입헌주의 헌법의 틀 안에서 과잉포섭의 온갖 특혜를 누려온 기득권 세력을 제치고 노동자계급과 더불어 헌법실천의 쌍벽을 이룬다. 헌법실천의 이 같은 양자구도 속에서 광주대학살 이후 헌법투쟁을 선도한 학생운동 진영은 진퇴양난의 처지에 놓이게 된다. 이러한 가운데 학생운동 진영의 핵심 동력은 기득권 세력의 품에 안겨 인생유전의 회전목마를 즐기며 때로는 부패 정치집단들의 앞잡이로 때로는 파시스트들의 하수인으로 변신에 변신을 거듭한다.

아무튼 1972년 헌법개정을 전후하여 헌법투쟁이 힘을 받으면서 반이성적 헌법현실에서 부정적 표상의 대명사가 된 외견적 입헌주의 헌법, 그것도 최악의 형태인 유신헌법의 정당성에 대한 물음이 당연히 뒤따르게 된다. 이 같은 비판적 인식은 유신헌법의 후속편인 1980년 헌법에 대하여도 그대로 이어진다. 유신헌법과 1980년 헌법에 대한 평가는 물론 계급적 입지나 계층별 이해 또는 정치적 동기에 따라 서로 엇갈린다. 우선 주목하여야 할 것은 유신헌법의 틀 안에서 자기방어의 진지를 재빨리 구축한 기득권 세력의 현실추수적 헌법물신주의이다. 기득권 세력의 현실추수적 헌법물신주의는 강단헌법학의 헌법담론에서 다양한 모습을 드러낸다. 때로는 법실증주의 옷을 걸치기도 하고, 때로는 결단주의 이름으로도 분칠한다. 그리고 이들 틈바구니에 끼어 통합이론이 가끔 선을 보이기 시작한다. 이처럼 기득권 세력의 현실추수적 헌법물신주의에 온갖 현학적 수사로 살을 붙이는 데 급급한 강단헌법학의 입장에 서게 되면, 눈앞의 반이성적 헌법현실조차도 시야에 들어오지 않는다. 오히려 반이성적 헌법현실은 자본주의 주변부형 외견적 입헌주의 헌법이 언젠가 반드시 거쳐야 할 통과의례쯤으로 간단히 치부한다. 이러한 가운데에서도 강단헌법학의 언저리에는 헌법현실의 반이성적 폭력성에 주목하고, 그 같은 반이성적 헌법현실에서 정치적 계몽 기획의 실마리를 찾으려는 자유주의적 입헌주의 입장이 없었던 것은 아니다. 하지만 자유주의적 입헌주의의 입장에 선 헌법학자들은 수적으로 극소수에 불과하였을 뿐만 아니라 이론적 토대도 튼실하지 못하여 기대하였던 만큼의 성과는 없었다. 하물며 도발적 헌법이론, 반이성적 헌법현실과 맞대결하려는 진보 성향의 헌법이론은 더더욱 발붙일 여지가 없었다. 그러나 1980년대에 들어 상황은 급변한다. 1980년대는 1970년대와 달리 헌법냉소적 헌법허무주의와 낭만주의적 직접행동주의가 한데 어우러진 질풍과 노도의 시기이다. 반자유주의의 깃발을 들고 현실 참여의 맨 앞줄에 선 학생운동 진영은 체제변혁의 급진주의 노선으로 돌아선다. 그러나 학생운동 진영의 반체제 급진주의 노선은 반이성적 헌법현실에 대한 이론적 대안을 적극적으로 제시하지 못하고 현실냉소적 헌법허무주의로 깊숙이 빠져든다. 그 밑바닥에는 반이성적 헌법현실을 단칼로 풀어보려는 낭만주의적 직접행동주의가 자리 잡고 있음을 부정하기 어렵다. 이처럼 현실냉소적 헌법허무주의가 낭만주의적 직접행동주의이 손을 집으면, 현실냉소적 헌법허무주의가 낭만주의적 직접행동주의로 옮겨가는 것은 단지 시간 문제이다. 현실의 논리는 그러나 냉엄하다. 거리에 바리케이드를 치고 승리의 축배를 들던 시대는 이제 영원히 막을 내리고 과거의 추억거리로만 남게 될지 모른다. 그만큼 헌법허무주의적 직접행동주의가 치러야 할 대가는 결코 만만치 않다. 국가권력의 폭력 앞에서 전술적 패배를 인정하든지, 아니면 전략적 후퇴를 감수하는 양자택일의 길 말고는 선택의 여지가 없기 때문이다. 학생운동 진영의 반체제 급진주의 노선이 직면한 이론적 위기를 지배체제의 테두리 안에서 실천적으로 해결한 것은 다름 아닌 1987년의 민주화 대투쟁이다.

우리 헌법사에서 1987년은 각별한 의미를 갖는다. 무엇보다 중요한 것은 헌법실천 주체들의 등장이다. 헌법실천 주체들의 등장은 우리 헌법이 반백 년의 전사를 마감하고 제 발로 설 수 있는 주체적 조건을 마련하여주었다는 점에서 우리 헌법사의 가장 획기적인 사건으로 평가하여도 좋을 것이다. 역사의 변증법은 그러나 또 한번 잔인한 희비극을 연출한다. 다름 아니라 우리 헌법이 제대로 싹트기도 전에 현실사회주의의 역사적 패배라는 세계사적 대이변이 눈앞의 현실로 다가온 것이다. 이와 때를 같이하여 기다렸다는 듯 불어닥친 것은 신자유무역제국주의와 신자유주의적 시장이데올로기의 광풍이다. 신자유무역제국주의의 핵심은 지구화담론이다. 신자유무역제국주의의 지구화담론은 해체주의자들이 말하는 일종의 탈영토적 유목주의이다. 미국을 맹주로 한 신자유무역제국주의는 제국주의 열강의 공동 하수인인 각종 국제금융기구들을 이용하여 국경 철책의 완전 제거를 강요한다. 국경 철책이 사라지면, 국가주권은 국제법상의 공허한 수사로 전락한다. 그야말로 실체가 없는 관념상의 크기에 지나지 않는다. 더욱 위협적인 것은 신자유주의적 시장이데올로기이다. 신자유주의적 시장이데올로기는 신자유무역제국주의 열강이 주도하는 초국적 자본의 지배 아래 자본주의 주변부 사회들을 묶어두기 위하여 초국적 자본의 사전에나 있음 직한 시장이라는 이름의 관념적 허구를 날조한다. 신자유주의적 시장이데 올로기도 따지고 보면 초국적 자본의 수탈체계라고 하여도 과언이 아니다. 경제적 자유권 중심의 각종 인권 공세와 노동시장 유연화 언설은 초국적 자본의 수탈체계를 합리화하기 위한 기만적 술수에 지나지 않는다. 그 같 은 기만적 술수는 우리 헌법의 기본권 체계와 기본권 체계의 가장 선진적 부분인 노동기본권을 탈구와 해체의 위기로 몰아넣고 있다. 더욱이 우리 사회처럼 대미 종속관계가 어느 때보다 심각한 수준에 이르러 사실상 반식 민지국가나 다름없는 경우, 신자유무역제국주의의 야수성과 신자유주의 적 시장이데올로기의 폭력성은 미리 가늠하기조차 어려울 것이다. 이 같은 상황이 계속되는 한, 또 하나의 다른 반이성적 헌법현실, 한마디로 신자유 주의적 헌법위기가 일상적으로 반복되는 가운데 우리 헌법의 분해 과정이 한층 더 속도가 붙게 될 것은 불을 보듯 뻔한 일이다.

문제는 여기에서 끝나지 않는다. 지속적인 관심을 갖고 지켜보아야 할 또 하나의 복병은 이른바 포스트모더니즘의 탈중심적 해체주의이다. 탈중 심적 해체주의의 이론 지평은 다양하다. 후기구조주의의 흐름이 있는가 하 면, 체계이론적 시각도 있다. 그런데도 이들 탈중심적 해체주의는 하나의 공통분모를 지니고 있다. 그것은 반이성주의와 거대 주체의 거부이다. 거 대 주체의 반이성주의적 거부는 이성주의적 근대 계몽 기획의 본보기인 자 본주의헌법의 이념적 토대에 대한 전면적 이의제기를 의미한다. 무엇보다 논란의 대상이 되는 것은 국민국가의 관념이다. 아울러 국민국가 관념의 논리적 전제인 국민주권의 개념과 국민주권의 개념적 보완장치인 헌법제 정권력의 문제가 도마 위에 오른다. 그러나 거대 주체의 반이성주의적 거 부는 부정적인 측면만 있는 것이 아니다. 그것은 국민주권과 같은 현란한 개념장치들의 포로가 되어 이제는 빈껍데기만 남은 민주주의를 원점에서 다시 짚어보게 한다. 민주주의는 직접민주주의든 대표민주주의든 동일성의 범주가 근간이 된다. 최근 넓은 의미의 동일성민주주의에 대한 비판적 성찰을 계기로 민주주의의 반성적 형태, 즉 반성적 민주주의에 관한 논의가 활발하다. 동일성의 범주 대신 차이성을 강조하는 차이민주주의론이 좋은 사례이다. 이 같은 논의가 현대 자본주의헌법을 자유주의의 이념권으로 되돌려놓는 반동의 족쇄가 될지, 아니면 현대 자본주의헌법에 새로운 길을 열어줄 마법의 열쇠가 될지 아무도 예단할 수 없다. 현대 자본주의헌법에 대한 포스트모더니즘의 이 같은 도전은 자본주의 주변부형 외견적 입헌주의 잔재의 청산과 신자유주의적 헌법위기의 극복이라는 이중의 과제를 짊어지고 있는 등 그렇지 않아도 운신의 폭이 좁은 우리 헌법의 처지에서 볼 때 결코 가벼이 넘길 수 없는 또 하나의 시련이 아닐 수 없다.

II. 민주주의 재구축 기획

1. 세 갈래 부르주아 민주주의

민주주의는 법치국가 그리고 사회국가와 더불어 우리 헌법의 구성원리들 가운데 하나이다. 그런데도 판박이 법치국가 담론의 일방통행에 하릴없이 밀리거나 도식적인 사회국가 담론의 그늘에 가려 헌법담론의 의제로 제대로 된 대접조차 한번 받아보지 못한 것이 민주주의의 이론적 현실이다. 강단헌법학이 주도하는 주류 헌법담론의 이 같은 민주주의 따돌리기는 값비싼 대가를 치르게 된다. 다름 아니라 민주주의 없는 헌법담론, 한마디로 헌법담론의 황폐화이다. 따라서 비판적 대안헌법이론이 마주한 이론적 과제들 가운데 하나는 민주주의를 우리 헌법의 최고 구성원리로 다시 세워 마땅히 있어야 할 제자리로 되돌려놓는 것이다.

민주주의는 애당초 우리들 자신의 역사적 체험공간과 동떨어진 서양 문화권에서 오랜 투쟁 끝에 손에 넣은 사회적 교통 양식의 하나이다. 그것은 제도이기에 앞서 사상과 운동이다. 시간과 공간을 뛰어넘어 민주주의를 가로지르는 불변의 관념이 있다면, 그것은 인간해방의 사상이다. 인간해방을 지향하는 민주주의는 그러나 빼어난 의미의 운동이기도 하다. 다수자 저항운동이 바로 그것이다. 다수자 저항운동이 인간해방의 기치 아래 처음 모습을 드러낸 것은 반봉건 체제변혁의 기운이 무르익어가던 근대 이행기이다. 봉건사회의 피지배 신분이 지배체제를 자연의 질서로 받아들이기를 거부하고 자기해방의 논리를 가다듬어 집단적 이의제기에 적극적으로 나서는 순간, 민주주의는 체제변혁의 동력으로 살아 움직이기 시작한다. 이처럼 피지배 신분의 자기해방운동으로 싹을 틔운 민주주의의 기본이념은 자기결정, 다시 말하면 지배와 피지배의 동일성이다.

　그러나 근대의 새벽이 밝아오면서 반봉건 체제변혁운동은 운동의 최종 방향을 둘러싸고 내부갈등의 격랑에 휩싸이게 된다. 이 과정에서 반봉건 체제변혁운동의 또 다른 한 축인 부르주아 자유주의가 민주주의를 제치고 운동의 대의를 독점한다. 이에 따라 반봉건 체제변혁운동의 역사적 성과들을 입헌주의의 형태로 총괄하는 데 결정적 구실을 하는 부르주아 자유주의가 자본주의헌법의 기본구도를 규정하는 이념적 지렛대로 작동한다. 자본주의헌법의 이 같은 부르주아 자유주의적 기본구도 아래에서 입헌주의가 법치주의의 이름으로 분장하거나 법치국가의 이름으로 갈아입고 자본주의헌법의 제1원리로 자리를 굳히게 된다. 그 결과 자본주의헌법과 자본주의헌법의 탯줄이라 하여도 좋을 민주주의와의 마찰은 예정된 것이나 다름없다. 사실 자본주의헌법의 역사는 자본주의헌법에 의한 민주주의의 내부 식민지화라 할 만큼 긴장관계의 연속이다. 자본주의헌법이 근대 자본주의헌법에서 현대 자본주의헌법으로 넘어가는 긴 도정에서 민주주의는 배제, 포섭 그리고 억압의 논리에 따라 왜곡과 파행의 길을 걸으며 형태 변화를 거듭한다.

우선 자본주의헌법이 근대 자본주의헌법의 틀 안에 머무는 동안, 민주주의는 배제의 논리에 따라 계급 내 분파민주주의의 형태를 띤다. 제한선거제도에 바탕을 둔 명망가 의원 중심의 소수파의회민주주의가 좋은 본보기이다. 그러나 자본주의헌법이 근대 자본주의헌법에서 현대 자본주의헌법으로 넘어갈 즈음, 부르주아 자유주의는 아직도 소진되지 않은 그 특유의 낙관주의에 기대어 민주주의를 이념적 동반자로 인정하고 민주주의의 체제 내화에 박차를 더한다. 이처럼 부르주아 자유주의가 포섭의 논리에 따라 민주주의를 자신의 모습에 맞추어 각색한 것이 자유주의적 민주주의이다. 보통선거를 제도적 실체로 하는 자유주의적 민주주의가 제한선거제도에 뿌리를 둔 소수파의회민주주의에 견주어 민주주의의 진일보한 형태임은 부정할 수 없는 사실이다. 그러나 사회적 총체성, 바꾸어 말하면 사회 전체의 유기적 연관성을 무시하고 국가 영역과 사회 영역을 인위적으로 갈라놓은 다음, 민주주의를 국가 영역에 유폐시키려는 자유주의적 민주주의 역시 계급민주주의의 범주를 벗어나지 못한다.

하지만 자유주의적 민주주의가 일반민주주의의 수준에서 예나 지금이나 어느 정도의 해방 잠재력을 지니고 있음은 부정하기 어렵다. 자유주의적 민주주의의 해방 잠재력은 말할 것도 없이 보통선거제도에서 나온다. 현대 자본주의헌법 단계에서 자유주의적 민주주의가 난숙기를 맞이하여 보통선거제도가 뿌리를 내리게 되면, 정치적 소수파로 국가권력의 외곽만 맴돌던 사회적 다수파가 자유주의적 민주주의의 제도적 거점인 의회를 포위하고 내부로부터 침식하기 시작한다. 이른바 의회포위전략으로 무장한 이들 사회적 다수파를 발판으로 사회주의 또는 사회민주주의 계열의 정당들이 의회 안에 둥지를 틀면, 의회는 더 이상 부르주아계급의 전유물이 아니다. 더욱이 이들 정당이 원내다수파의 자리를 넘보게 되면, 의회는 개량주의적 헌법구상이 미처 내다보지 못한 사회주의 평화혁명의 요람으로 탈바꿈할 수도 있다. 자유주의적 민주주의의 이 같은 해방 잠재력에 덜미가 잡혀 현대 자본주의헌법의 부르주아 자유주의적 기본구도가 흔들릴수록, 부르주아 자유주의는 근대 자본주의헌법에서 현대 자본주의헌법으로 이행하는 과도기에 스스로 앞장서 기획하고 실천하던 민주주의와의 역사적 대타협을 파기하고 냉전자유주의적 억압의 논리를 등에 업은 반자유주의적 민주주의, 자유의 적에게 자유의 꽃다발 대신 언필칭 죽음의 입맞춤을 외쳐대는 이른바 전투적 방어민주주의의 이름으로 자유주의적 민주주의에 대한 노골적인 적개심을 드러낸다. 이처럼 자유주의적 민주주의마저 맞바로 부정하는 전투적 방어민주주의의 등장을 계기로 민주주의는 부르주아 자유주의의 공허한 이데올로기로 전락한다. 그러한 뜻에서 전투적 방어민주주의는 부르주아 자유주의적 계급민주주의의 가장 타락한 형태라 하여도 과언이 아니다.

2. 국민주권 아래의 민주주의

자본주의헌법이 근대 자본주의헌법에서 현대 자본주의헌법으로 이행하는 과정에서 민주주의는 소수파의회민주주의에서 자유주의적 민주주의로 그리고 자유주의적 민주주의에서 다시 전투적 방어민주주의로 형태 변화를 거듭한다. 이 같은 형태 변화에도 불구하고 변하지 않는 것이 있다. 다름 아니라 민주주의 계급적 성격이다. 소수파의회민주주의가 계급 내 분파민주주의라면 자유주의적 민주주의는 계급 간 민주주의이다. 그리고 전투적 방어민주주의는 순수 계급민주주의이다. 아무튼 자본주의헌법이 부르주아 자유주의적 기본구도를 고수하는 한, 민주주의의 계급적 성격은 자본주의헌법이 존립하기 위한 전제조건이기도 하다. 민주주의의 계급적 성격은 그러나 민주주의의 제도화에서 가장 극명하게 드러난다. 민주주의의 제도화는 민주주의가 사상과 운동으로서의 활력을 잃고 자본주의헌법의 테두리 안에서 지배와 피지배를 계급적 수준에서 재생산하는, 좀 더 구체적으로 말하면 사회적 다수파를 정치적 소수파로 그리고 사회적 소수파를 정치적 다수파로 바꾸어놓음으로써 사회적 다수파에 대한 사회적 소수파의 정치적 지배를 가능하게 하는 부르주아 자유주의의 제도적 보완장치로 탈바꿈하는 것을 의미한다. 이와 관련하여 빼놓을 수 없는 것이 국민주권이다.

국민주권은 군주주권과 인민주권의 중간 형태이다. 군주주권이든, 국민주권이든 또는 인민주권이든, 주권 문제의 핵심은 국가권력의 주체가 누구인가, 즉 국가권력이 최종적으로 누구한테 귀속하는가이다. 군주주권의 경우 자연인 군주가 국가권력의 주체인 데 반하여, 인민주권에서 국가권력의 주체인 인민은 자연인 집단인 개별 유권자들을 의미한다. 그러나 국민주권이 상정하는 국민은 국적 보유자들의 총체이다. 국적 보유자들의 구체적 개별성을 사상하고 그들을 국적 보유자라는 단 한 가지 이유만으로 무조건 한데 묶어 단일의 의사능력과 행위능력을 지닌 거대 주체, 교과서적 표현을 빌리면 추상적 통일체로 내세우는 것은 현실과 거리가 먼 관념적 허구에 지나지 않는다. 그러한 의미에서 관념적 허구의 산물인 추상적 통일체로서의 국민은 일종의 이데올로기적 상징기호일 뿐, 그 이상도 그 이하도 아니다.

민주주의 제도화의 중심고리인 국민주권의 역사적 과제는 자본주의헌법이 부르주아 자유주의적 기본구도를 고수하는 한 반드시 딛고 넘어서야 할 군주주권과의 단절을 마무리지을 뿐만 아니라, 자본주의헌법의 부르주아 자유주의적 기본구도에 불길한 그림자를 드리우고 있는 인민주권과의 대치전선을 명확히 그어놓는 것이다. 따라서 현실의 추상이 아니라 반사실적 가정 위에 자리 잡고 있는 국민주권이 부르주아 자유주의적 자본주의헌법 아래에서 민주주의 제도화의 중심고리로 마땅히 지니고 있을 이데올로기적 비밀의 열쇠를 찾기 위하여는 국민주권이 국가권력의 주체로 전제하는 국민의 역사적 실체를 밝히는 것이 무엇보다 중요하다. "제3신분이란 무엇인가? 국민이다. 국민이란 무엇인가? 전체이다." 부르주아계급의 신탁과도 같은 촌철살인의 울림소리이다. 프랑스혁명기의 교부 헌법이론가인 시에예스의 이 같은 예언자적 절규에서 우리는 부르주아 자유주의적 낙관주의의 한 자락을 엿볼 수 있다.

부르주아 자유주의적 낙관주의와 부르주아 자유주의적 선민의식은 종이 한 장 차이이다. 부르주아 자유주의의 선민주의적 독해법에 따르면, 관념적 허구이자 추상적 통일체인 국민의 의사를 정확히 읽어내는 것은 누구나 할 수 있는 일이 아니다. 그 같은 작업은 사회적 책임이 뒤따를 뿐만 아니라 고도의 지적 능력이 필요하다. 재산은 물론 교양까지도 독점하고 있는 부르주아계급의 구성원들만이 능히 할 수 있는 것이다. 부르주아 자유주의의 선민주의적 독해법이 염두에 두고 있는 국민대표제도의 문법은 분명하다. 거기에는 국민의사의 추정권을 한 손에 쥐고 있는 부르주아계급이 자신의 계급의사를 루소의 이른바 일반의사로 의제함으로써 국민주권의 계급적 성격을 은폐하려는 강력한 권력의지가 담겨 있다. 국민대표제도의 밑바탕에 깔려 있는 이 같은 권력의지를 제도적으로 표현하고 있는 것이 명령위임의 금지와 국민대표의 신분적 특권인 면책특권이다.

선민의식은 선민의식으로 끝나지 않는다. 거기에는 반드시 적대감정이 뒤따르기 마련이다. 부르주아 자유주의적 선민의식도 마찬가지이다. 부르주아 자유주의의 선민주의적 셈법에 따르면, 부르주아계급만이 실수이고 그 밖의 사회 구성원들은 허수에 지나지 않는다. 뿐만 아니라 부르주아계급 이외의 사회 구성원들은 존재론적으로 세계 밖의 비존재이며, 정치적으로 적극적 배제의 대상이다. 따라서 국민주권의 기치 아래 국민대표제도의 간판을 내건 제도민주주의에서는 배제의 논리가 어김없이 작동한다. 근대 자본주의헌법이 어느 정도 뿌리를 내린 단계에서도 보통선거제도가 도입되기 이전의 각국 헌법들이 일정 금액 이상의 재산세 납부자 등 부르주아계급의 구성원들에게만 선거권이나 피선거권을 부여하는 제한선거제도를 고집한 것도 결코 우연이 아니다. 이에 따라 제한선거제도는 국민주권원리 그리고 국민대표제도와 더불어 제도민주주의의 초기 형태인 명망가 의원 중심의 소수파의회민주주의의 중심축으로 자리 잡는다. 그러나 자본주의 헌법이 현대 자본주의헌법으로 이행하기 훨씬 이전부터 정치적 투쟁의 대상으로 관심의 초점이 되었던 보통선거제도의 도입을 계기로 사정은 달라진다.

보통선거제도의 등장은 단순히 제한선거제도의 퇴장을 의미하는 것이 아니다. 사실은 그 이상의 것이다. 그것은 무엇보다 제한선거제도 아래에서 제도민주주의 밖에 머물던 인민대중, 그 가운데에서 인민대중의 기층 부분인 노동자계급을 제도민주주의의 틀 안으로 끌어들임으로써 제도민주주의가 명망가 의원 중심의 소수파의회민주주의에서 자유주의적 민주주의로 이행하는 데 획기적인 돌파구를 마련한다. 자유주의적 민주주의는 자유주의의 적대개념인 민주주의를 상황의 필요에 따라 하릴없이 받아들이지만, 그것의 작동 반경은 국가와 사회의 이분법적 분단 논리에 맞추어 엄격히 한정된다. 이에 따라 사회 영역은 민주주의의 출입금지 구역으로 묶어두고, 국가 영역만 민주주의의 합법 공간으로 남겨놓는다. 자유주의적 민주주의의 이 같은 반민주주의적 상상력을 전술적으로 가장 유효적절하게 활용하여 민주주의의 합법 공간을 정치적 자기해방의 마당으로 바꾸어 놓은 것이 노동자계급이다. 그러나 정치적 자기해방의 마당인 민주주의의 합법 공간에서 노동자계급이 정작 무엇보다 필요로 한 것은 자기조직의 합법적 수단인 결사의 자유이었다. 결사의 자유가 한번 주어지자, 노동자계급은 직업적 결사에서 한발 더 나아가 정치적 결사에 모든 것을 건다. 하지만 정당적대의 반우호적 정서는 만만치 않았다. 그런데도 비록 황소걸음이기는 하지만 적지 않은 우여곡절 끝에 정치적 결사의 자유가 사실상 용인되는 등 정당민주주의적 경향이 자유주의적 민주주의의 틀 안에서 마침내 움트기 시작한다.

이처럼 자유주의적 민주주의의 틀 안에서 정당민주주의적 경향이 움트기 시작하여도 국민주권의 기본구조는 변함이 없다. 그러나 정당민주주의는 예컨대 정당의 정강정책이나 선거공약에 찬동하는 선거구 유권자들을 선거 과정에 끌어들여 그들에게 일반의사결정에 간접적으로나마 참여할 수 있는 최소한의 기회를 준다. 정당민주주의의 이 같은 직접민주주의적 효과는 비례대표제도가 채택될 경우 더욱 두드러진다. 국민주권 아래에서 국민이라는 가면의 관념적 허구에 몸을 감추었던 선거구 유권자들이 국가권력의 주체인 주권자로 화려하게 부활하는, 아니 '커밍아웃'하는 순간이다. 이 순간은 동시에 의식개벽의 출발점이기도 하였다. 단지 의원선출의 모체일 뿐, 투표가 끝나는 순간부터 정치적 노예의 신분으로 되돌아가던 선거구 유권자들의 목소리를 의회 의원도 더 이상 외면할 수 없게 된다. 이에 따라 선출 모체인 선거구 유권자들은 멀찌감치 떼어놓고, 의회 의원이 국민대표자의 이름으로 일반의사결정 과정을 좌우하던 소수파의회민주주의 아래의 순수대표제도는 시대착오적인 과거의 유물로 빛을 잃는다. 정당민주주의의 직접민주주의적 효과로 말미암아 촉발된 국민대표제도의 이 같은 구조변화를 계기로 국민주권 아래의 국민대표제도는 순수대표제도에서 반대표제도로 서서히 옮아간다.

자본주의헌법이 현대 자본주의헌법 단계에 이르면, 자유주의적 민주주의도 난숙기를 맞아 조만간 조락기로 접어든다. 한편으로 적대적 이념진영과의 힘겨운 싸움이 헌법 체제 안팎에서 일상화하는가 하면, 또 한편으로 사회의 계급구성은 유례없는 분화 과정을 거친다. 독점자본과 비독점자본의 대립관계 등 부르주아계급 내부의 양극화는 계급 분화 과정의 한 자락에 지나지 않는다. 인민대중 사이에서도 분극화 현상이 두드러져 비노동자적 임금생활자층이 비약적으로 증대한다. 뿐만 아니라 노동자 계급의 내부분화도 급속히 진행된다. 이처럼 계급 및 계층의 경계가 흐트러지면서 정당민주의의 견인차 역할을 하던 정당들도 계급투쟁의 노선을 멀리하고 계급타협의 길로 돌아선다. 그러나 이것도 잠시일 뿐, 대부분의 정당들은 거기에서 다시 한발 물러나 사회통합의 노선으로 후퇴를 거듭한다. 정당의 이 같은 연성화가 시대정신으로 자리 잡는 가운데, 정당 내 민주주의는 아무런 진척도 없이 제자리를 맴돌고 정당의 내재적 속성인 과두화 현상은 오히려 더욱 확산한다. 이에 따라 정당민주주의의 대차대조표에서 가장 긍정적인 측면으로 평가할 직접민주주의적 효과의 제도적 표현인 반대표제도도 위기를 맞는다. 정당민주주의의 이 같은 한계상황에서 직접민주주의적 전망을 속수무책으로 압류당한 인민대중은 과두정당의 테두리 밖에서 주권자의 지위를 되찾을 길을 모색하게 된다. 정당민주주의의 배반에서 비롯한 인민대중의 직접민주주의적 열망은 반파시즘 투쟁의 기념비적 성과인 프랑스 제4공화국 헌법에서 다음과 같은 정식으로 구체적 표현을 얻는다. "국민의 주권은 프랑스 인민에 속한다." 이 정식의 선언적 의미는 명백하다. 국민주권의 시대가 서서히 막을 내리고 인민주권의 시대가 다가오고 있는 것이다.

자유주의적 민주주의에서 국민대표제도의 구조변화를 이끈 것은 정당민주주의의 직접민주주의적 효과이다. 정당민주주의의 직접민주주의적 효과는 그러나 비교적 안정된 계급구조 아래 헌법투쟁이 계급투쟁의 한 고리로 나름의 고유영역을 확보할 수 있는 정치지형에서만 가능한 것이다. 제1차 세계대전과 제2차 세계대전 사이의 전간 시기에 사회당과 공산당의 행동통일협정을 계기로 반파시즘 인민전선의 결성과 레옹 블룸 주도 아래의 인민전선 정부를 체험한 프랑스의 경우가 대표적이다. 독일 역시 한때 계급투쟁의 소용돌이 속에서 헌법투쟁이 정치투쟁의 전 국면을 주도한 적이 있었다. 제1차 세계대전이 끝나고 바이마르헌법 체제의 출범을 전후한 시기이다. 이 같은 저간의 시대적 배경을 전제할 때 라이프홀츠의 정당국가적 직접민주주의론도 나름의 의미를 갖게 된다. 그러한 의미에서 정당국가적 직접민주주의론도 반대표제도의 게르만판이라 하여도 좋을 것이다. 그러나 바이마르헌법 체제에서 무엇보다 주목을 끄는 것은 국민투표제도 등 인민주권의 도래를 예고하는, 따라서 결코 예사롭게 넘길 수 없는 징후들이다.

3. 민주주의의 이데올로기화

제2차 세계대전이 끝난 다음 본 기본법 체제가 들어서면서 상황은 급반전한다. 헌법반동의 추운 계절이 찾아온 것이다. 동서 냉전의 틈새에서 본 기본법이 앞장선 헌법반동의 한가운데에는 자유주의적 민주주의가 있다. 자유주의적 민주주의에 대한 본 기본법의 해체작업은 싹 자르기부터 시작한다. 우선 국민투표제도 따위는 곁가지조차도 들여놓지 않는다. 본 기본법은 바이마르헌법의 선례를 의식하여 이렇게 국민투표제도의 제도 진입을 원천적으로 봉쇄한다. 뿐만 아니라 본 기본법은 자유주의적 민주주의 단계에서 이미 거스를 수 없는 대세로 굳어진 국민대표제도의 구조변화를 적극적으로 수용하는 듯한 몸짓만 보이다 오히려 정반대의 방향으로 발길을 돌린다. 정당 육성의 허울 아래 정당 규제의 길을 터놓은 본 기본법의 정당 관련 규정이 그것이다. 자유주의적 민주주의에 대한 본 기본법의 손보기는 여기에서 그치지 않는다. 본 기본법은 나아가 의회친화적인 자유주의적 민주주의에 결정적 타격을 입히기 위하여 헌법재판제도를 도입한다. 헌법재판제도 가운데 특히 법률위헌심판제도는 자유주의적 민주주의를 뿌리부터 흔들 수 있는 첨단병기로 악용될 소지가 크다. 이 밖에도 헌법재판제도는 자유주의적 민주주의에 직접적으로 또는 간접적으로 영향을 줄 수 있는 비밀병기도 준비해놓고 있다. 정당해산심판제도이다. 나아가 본 기본법은 제도적 차원에서뿐만 아니라 이데올로기 차원에서도 자유주의적 민주주의 죽이기에 발 벗고 나선다. 이데올로기 차원에서의 자유주의적 민주주의 죽이기는 민주주의 이데올로기화라는 수법을 빌려 체계적으로 이루어진다. 이처럼 민주주의 이데올로기화 차원에서 자유주의적 민주주의를 교살하기 위하여 본 기본법이 마련한 득의의 정식이 자유로운 민주주의이다. 그리고 자유로운 민주주의를 초헌법적 체제이데올로기 차원에서 관리할 헌법상의 권한을 자유주의적 민주주의의 산역꾼인 헌법재판소에 맡긴다. 본 기본법의 이 같은 자비 행각에 대한 헌법재판소의 성급한 화답이 다름 아닌 전투적 방어민주주의이다.

　민주주의의 이 같은 이데올로기화는 정치적으로 아둔한 게르만 민족의 열등의식에서 불거져 나온 한때의 울뚝뺄이 아니다. 자칭 민주주의의 모범생인 미국에서는 민주주의 이데올로기화가 더욱 조직적으로 이루어지고 있다. 미국에서 민주주의 이데올로기화의 기수는 일종의 귀족주의적 과두민주주의, 흔히 이름하여 엘리트민주주의라고 부르는 것이다. 엘리트민주주의는 민주주의 제도화 과정에서 모습을 보인 제도민주주의의 고전적 형태인 계급 내 분파민주주의의 현대판이라 하여도 과언이 아니다. 민주주의를 상품 교환 시장의 원리에 따라 정치상품인 지도자를 선출하는 절차적 과정으로 묘사하는 데 약간의 세련미가 돋보일 뿐, 민주주의의 논리나 구조에 대한 기본인식은 계급 내 분파민주주의의 수준에 머물고 있다. 엘리트민주주의는 선거구 유권자들의 과잉 선거참여를 무엇보다 두려워한다. 엘리트민주주의의 입장에서 볼 때, 유권자들의 투표 참여율이 낮은 민주주의일수록 좋은 민주주의이다. 따라서 제한선거제도가 법적으로 이미 자취를 감춘 경우라도 제도적 법제화의 틀 밖에서 사실상의 제한선거제도가 보편적 현상으로 자리 잡지 않는 한 엘리트민주주의는 한시도 작동하지 못한다. 미국에서 정치상품 소비자인 선거구 유권자들을 가능한 한 정치상품 교환 시장으로부터 떼어놓기 위하여 대중문화의 이름으로 동원되는 갖가지 우민주의적 탈정치화 시도는 엘리트민주주의의 생명줄과도 같은 사실상의 제한선거제도를 유지하기 위한 체제 차원의 집단적 자기최면 의식이다. 뿐만 아니라 민주주의의 이름으로 사실상의 제한선거제도를 고집하는 엘리트민주주의는 정당민주주의에 대하여도 적대적 태도를 보인다. 엘리트민주주의가 민주주의를 지도자 선출 절차로 왜소화하는 귀족주의적 편향에 사로잡혀 있는 한, 정당이 정당민주주의의 기본 전제인 정책정당, 즉 의원 선출 모체인 선거구 유권자들의 지지를 기반으로 한 정책정당으로 발전할 가능성은 기대하기 어렵다. 유일한 가능성은 선거정당으로서의 제한된 역할뿐이다. 따라서 엘리트민주주의에서는 정당은 의원 선출 모체인 선거구 유권자들과 담을 쌓은 의원 중심의 자폐정당, 다시 말하여 원내정당으로의 변신이 불가피하다. 그렇게 되면, 소수파의회민주주의 아래의 명망가 의원 중심의 의회가 계급 내 분파들의 이해관계를 조종하는 일종의 정치적 어음교환소이었듯이 엘리트민주주의 아래의 원내 정당 중심의 의회는 사회적 소수파의 밀실거래를 정치적으로 인준하는 부르주아계급의 집행위원회에 지나지 않는다.

4. 헌법 속 민주주의 대장정

민주주의에 대한 우리 헌법의 태도는 인색하고도 애매하다. 아무리 둘러보아도 정작 손에 잡힐 만한 돋을새김은 찾아보기가 어렵다. 그런데도 우선 눈에 잡히는 것은 우리 헌법 전문의 자유민주적 기본질서의 정식이다. 자유로운 민주주의의 기본질서를 의미하는 이 정식은 민주주의 이데올로기화에 선편을 친 본 기본법에서 따온 것이다. 따라서 우리 헌법 전문의 자유민주적 기본질서의 정식은 본 기본법의 경우와 마찬가지로 초헌법적 체제이데올로기인 반공산주의를 전투적 방어민주주의의 이름으로 정당화하기 위한 마법의 요술상자나 다름없다. 이 같은 마법의 요술상자가 우리 헌법의 길목에서 장승처럼 버티고 있는 한, 민주주의는 백년하청이다. 민주주의의 민주화, 말 그대로 우리 헌법의 민주주의를 좀 더 민주주의납게 가꾸기 위한 비판적 대안헌법이론의 민주주의 재구축 기획은 따라서 냉전자유주의의 찌꺼기이자 민주주의 이데올로기화의 첨병인 자유민주적 기본질서의 정식을 우리 헌법에서 말끔히 털어내는 일에서부터 시작해야 한다. 그러나 국가보안법을 둘러싸고 최근 수구반동집단과 개혁 진보진영 사이에 벌어지고 있는 사생결단의 한판 힘겨루기가 보여주듯이, 그 같은 청소 작업은 하루 이틀로 끝날 일이 아니다. 이럴 때일수록 필요한 것은 멀리 내다보고 짐짓 에둘러 가는, 그러나 민주주의의 뿌리부터 다잡는 긴 호흡의 두더지 전략이다. 다름 아닌 헌법 속 민주주의 대장정, 좀 더 구체적으로 말하면 민주주의의 민주화를 위한 민주주의의 헌법 속 대장정이 바로 그것이다. 내친김에 은유법을 빌려 굳이 표현한다면, 헌법 속 민주주의 대장정은 침묵의 장막에 가려 있는 우리 헌법의 글줄 사이에서 민주주의의 잠재력을 창조적으로 길어 올리는 일종의 바닷속 진주 캐기에 비유할 수 있을 것이다. 이 같은 전제 아래 비판적 대안헌법이론의 민주주의 재구축 기획이 염두에 두고 있는 헌법 속 민주주의 대장정의 두 축은 민주주의의 수직적 심화와 민주주의의 수평적 확장이다.

민주주의의 수직적 심화는 위기의 민주주의 또는 민주주의의 위기를 전제한다. 위기도 물론 위기 나름이다. 사상으로서의 민주주의의 위기가 있는가 하면, 운동으로서의 민주주의의 위기도 있다. 그러나 자본주의헌법이 부르주아 자유주의의 기본구도 아래 사상이나 운동으로서의 민주주의를 국민주권의 틀 안에 가두어두면서 민주주의는 결정적 위기를 맞는다. 제도로서의 민주주의의 위기가 그것이다. 제도민주주의가 안고 있는 위기의 뿌리는 민주주의의 자기소외이다. 다름 아닌 치자와 피치자의 비동일성이다. 치자와 피치자의 비동일성, 한마디로 타자결정에서 비롯하는 민주주의의 자기소외는 자본주의헌법이 형태 변화를 거듭함에 따라 모습을 달리한다. 계급 내 분파민주주의인 소수파의회민주주의 단계에서는 민주주의의 자기소외는 사회적 소수파인 부르주아계급이 사회적 다수파인 인민대중을 정치적으로 고립시켜 일반의사결정 과정으로부터 배제하는 방식으로 이루어진다. 그러나 계급 간 민주주의, 보통선거제도의 도입에 따라 인민대중이 일반의사결정 과정에 참여하게 되는 자유주의적 민주주의 단계에서는 민주주의의 자기소외도 의회주의의 위기라는 새로운 모습으로 나타난다. 인민대중이 포섭의 논리에 따라 체제 내화의 길을 걷듯이, 민주주의의 위기도 체제 내화의 성격을 띠게 된다. 하지만 순수 계급민주주의인 자유로운 민주주의 단계에 이르면, 사정은 달라진다. 제도로서의 민주주의는 뒷전으로 밀리고, 이데올로기로서의 민주주의가 앞쪽으로 다가선다. 아니 좀 더 정확히 말하면, 제도로서의 민주주의는 이데올로기로서의 민주주의에 봉사하는 보조 장치에 지나지 않게 된다. 이와 관련하여 주목해야 할 것은 헌법수호자의 이름으로 이데올로기적 억압의 기능을 떠맡게 되는 헌법재판소가 민주주의의 자기소외를 제도적 차원에서 주도한다는 사실이다.

우리 헌법도 예외가 아니다. 민주주의의 자기소외로 말미암은 제도민주주의의 부정적 측면들을 우리 헌법도 겹겹이 떠안고 있다. 한편으로는 자유로운 민주주의의 어두운 그림자가 선명히 모습을 드러내는가 하면, 또 한편으로는 소수파의회민주주의의 잔재도 여전히 살아 숨 쉬고 있다. 우리 헌법이 자본주의헌법, 그것도 현대 자본주의헌법의 범주에 한몫 끼면서 현대 자본주의헌법의 구조적 특질은 물론 자본주의헌법의 과거 유산까지도 고스란히 이어받은 데에서 오는 당연한 귀결이다. 이와 관련하여 확인해두어야 할 사실도 적지 아니하다. 우선 우리 헌법의 민주주의는 국민주권 아래의 민주주의이다. 민주주의 형태도 제도민주주의의 진화 형태들 가운데 가장 진취적인 자유주의적 민주주의가 기조로 자리 잡고 있다. 그 결과 부르주아 자유주의의 권력분립제도가 국가권력의 조직 원리로 버티고 있는 가운데 국민대표제도가 제도민주주의의 기본 뼈대를 이루고 있다. 따라서 민주주의의 수직적 심화는 국민주권의 테두리 안에서 자유주의적 민주주의의 민주주의적 잠재력을 다시 발견하여 급진주의적 방향으로 더욱 힘차게 밀고 나아가는 데에서 실마리를 찾아야 한다. 이때 결정적으로 중요한 대목은 국민대표제도이다. 국민대표제도가 순수대표제도나 반대표제도를 뒤로하고 인민주권과의 접경지대인 반직접제도의 단계로 발을 들여놓으면, 자유주의적 민주주의가 국민주권의 시대를 마침내 마감하고 새로운 주권형태로 이행할 수 있는 역사적 계기가 마련될 수 있을 것이기 때문이다.

자유주의적 민주주의 아래에서 민주주의의 자기소외는 대부분의 경우 의회주의의 위기로 표출된다. 의회주의의 위기는 의회의 구조적 위기, 다시 말하여 의회 그 자체의 위기만을 가리키는 것이 아니다. 거기에는 선거제도의 위기뿐만 아니라 정당제도의 위기까지도 포함된다. 그러나 의회주의의 위기와 관련하여 결정적 중요성을 갖는 외재적 변수는 헌법재판제도이다. 헌법재판제도로 말미암은 의회주의의 위기는 경우에 따라 자유주의적 민주주의의 기틀마저 뒤흔들어놓을 수 있기 때문이다. 헌법재판제도는 관료주의적 법치국가에서 자유주의적 법치국가로, 자유주의적 법치국가에서 민주주의적 법치국가로, 그리고 민주주의적 법치국가에서 다시 권위주의적 법치국가로 이어지는 법치국가 발전의 최종 단계에서 볼 수 있는 독특한 현상이다. 관료주의적 법치국가에서 자유주의적 법치국가로 가는 법치국가 발전의 과도기 단계에서는 법치국가는 민주주의의 씨앗을 뿌리거나 민주주의의 발전을 거드는 민주주의의 산파역을 맡는다. 그리고 민주주의적 법치국가 단계가 되면, 법치국가와 민주주의는 상호 보완의 관계에 서게 된다. 그러나 법치국가 발전의 최종 단계인 권위주의적 법치국가에 이르면, 법치국가는 헌법재판국가의 옷으로 갈아입고 민주주의와 대치하게 된다. 아무튼 헌법재판제도로 말미암은 의회주의의 위기는 헌법재판소가 법률위헌심판권을 갖는 데에서 비롯한 것만은 아니다. 그것은 지엽적 문제일 따름이다. 더욱 큰 문제는 다른 데 있다. 원내정당들이 국민정당을 표방하면서, 정치적으로 민감한 사안을 다루는 방식도 달라진다. 이들 정당은 뜨거운 감자일수록 정치현안을 의회주의적 방법으로 해결하지 않고 자신들의 입맛에 맞추어 헌법문제로 쟁점화한다. 이에 따라 헌법재판소는 자신의 의사와 관계없이 정치 중재자의 구실까지도 떠맡는다. 의회가 껍데기뿐인 국민대표성마저도 포기하고 헌법재판소의 신민으로 스스로 몸을 낮춘데 따른 자연스러운 현상이다. 이 같은 현상은 사회적 갈등이나 모순을 일정한 선에서 봉합할 수 있는 원내정당들의 정치적 조정 능력을 획기적으로 개선하지 않는 한 더욱 심화할 것이다. 따라서 무엇보다 중요한 것은 정당민주주의의 확립을 통하여 의회의 국민대표성을 높이고, 헌법재판제도를 민주주의가 용인할 수 있는 테두리 안에 가두어놓는 것이다. 아무래도 헌법개정이 뒤따라야 하는 장기적 과제이다. 당면 과제로 시급한 것은 현행 헌법재판제도의 반민주주의적 구조를 손질하기 위하여 헌법재판소법을 개정하는 것이다. 개정의 기본방향은 인적 구성 방식을 개선하고, 심판 권한을 대폭 축소하는 쪽으로 잡아야 한다.

선거제도는 민주주의의 핵심이다. 그것은 국민대표제도의 질은 물론, 민주주의의 질까지도 규정한다. 그런데도 우리 헌법 아래에서는 소수파의회민주주의 단계의 제한선거제도가 모습만 약간 손질한 채 선거제도의 표준규격으로 아직도 버젓이 행세하고 있다. 사실상 제한선거제도의 구실을 떠맡고 있는 다수대표제도는 절대 다수대표제도나 상대 다수대표제도나 할것 없이 투표가치와 결과가치의 불일치라는 치명적 약점을 안고 있다. 투표가치와 결과가치의 불일치는 그러나 산술상의 문제로 간단히 치부할 성질의 것이 아니다. 그것은 민주주의의 생명줄인 치자와 피치자의 동일성을 파괴하고 민주주의를 타자결정으로 희화화하는 결과를 가져온다. 따라서 민주주의의 참여 기능을 통하여 치자와 피치자의 동일성을 최소한 회복하기 위하여는 비례대표제도 도입을 위한 전면적 제도개혁이 불가피하다. 하지만 비례대표제도에 대한 이의제기도 만만치 않다. 우선 국민주권의 관점에서 이의를 제기하는 입장이 있다. 비례대표제도의 정당 파편화 경향이 국민주권, 주권의 주체인 국민을 추상적 통일체로 상정하는 국민주권에 미칠 부정적 영향을 우려하며 비례대표제도를 정치적 낭만주의의 발상으로 일축한다. 그런가 하면, 국민대표제도, 좀 더 구체적으로 표현하면 순수대표제도의 시각에서 면책특권 등 제도적 측면을 강조하며 비례대표제도의 문제점을 지적하는 관점도 있다. 뿐만 아니라 이탈리아 파시즘이나 독일 나치즘의 예들을 앞세워 비례대표제도의 정치적 위험성을 경고하는 시각이 있다. 그러나 이들 이의제기를 자세히 뜯어보면, 거기에는 민주주의를 사회적 교통 양식이 아니라 정치적 지배 양식, 다시 말하면 정치적 통합의 수단으로 보는 도구주의적 발상이 있다. 이 같은 도구주의적 발상은 부르주아 자유주의의 선민주의적 편견과도 결코 무관하지 않다.

보통선거제도가 정당정치의 문을 열었다면, 민주주의 쪽으로 정당정치의 물꼬를 터준 것은 비례대표제도이다. 비례대표제도는 그러나 정당민주주의로 가는 징검다리일 따름이다. 정당민주주의가 정착하기 위하여 결정적으로 중요한 것은 정당 체질의 개선, 즉 정당 내 민주주의이다. 정당 내 민주주의가 없는 정당민주주의는 속 빈 강정이나 다름없기 때문이다. 하지만 우리의 정당 현실은 사뭇 다르다. 한마디로 장막 속의 복마전이다. 우리 정당들은 본질적으로 하부구조가 아예 없거나 있더라도 전연 작동하지 않는 과두 소수집단 중심의 부평초 정당이다. 얼마 전 원내 진출에 성공한 민주노동당을 빼놓으면, 정당의 이름만 빌린 붕당 형태의 정치적 사조직에 지나지 않는다. 그러나 붕당 형태의 정치적 사조직도 나름의 규율이 필요하다. 때문에 깡패 조직 특유의 채찍과 당근의 논리가 조직운영의 기본철학이 된다. 조직운영의 이 같은 기본철학은 정치적 비용을 감당할 수 있는 일정 수준의 재정능력을 전제한다. 최소한의 물질적 생존 기반을 마련하기 위하여라도 붕당 형태의 정치적 사조직들은 물주 자본들과 공생관계를 맺고 그들을 행정 관료조직과 연결하는 정치적 통로의 구실, 좀 더 솔직히 표현하여 정치적 뚜쟁이의 역할을 자임하고 나설 뿐만 아니라, 그 같은 역할 분담을 자신들의 유일한 활동 영역으로 받아들인다. 정당은 그러나 붕당 형태의 정치적 사조직이 아니다. 그것은 선거구 유권자들의 의사를 일정한 여과장치를 통하여 일반의사결정 과정에 투영하기 위한 정치적 매개 조직이다. 정당이 과두화하여 일종의 관료조직으로 변질하면, 여과장치의 중추 부분을 장악하고 있는 과두 소수집단의 덫에 발목이 잡혀 정당의 정치적 매개 기능은 기대할 수 없게 된다. 다행하게도 우리 헌법 제8조 제2항은 정당 내 민주주의에 관한 명문 규정을 두고 있다. 그러나 같은 조 제4항으로 내려가면, 문제가 없는 것은 아니다. 다름 아니라 제8조 제4항의 '민주적' 기본질서를 강단헌법학의 이른바 체계적합적 해석 방식에 따라 '자유민주적' 기본질서로 바꾸어 읽으면, 제8조의 정당 규정은 한숨에 정당 억압 규정으로 탈바꿈하기 때문이다. 제8조 제2항이 마법의 요술상자인 자유로운 민주주의의 주술에서 벗어나 정당해산심판제도의 사정권 밖에서 정당 내 민주주의를 보장하기 위한 천사 규정으로 계속 남아 있으려면, 해석 남용의 소지가 많은 제8조 제4항은 하루속히 정리되어야 할 것이다.

의회는 자유주의적 민주주의의 제도적 중심축이다. 때문에 의회를 가리켜 흔히 국민대표기관이라 부른다. 그러나 우리 헌법을 아무리 뒤져보아도 의회의 국민대표성을 딱 뒷받침할 만한 실정법상의 규정을 짚어내기가 생각처럼 쉽지 아니하다. 프랑스혁명 때 국민주권 이론 구성에서 향도적 역할을 한 루소의 일반의사론에 따라 법률을 일반의사의 표명으로 의제한다면, 국회의 법률제정권을 규정한 우리 헌법 제40조 정도가 고작일 것이다. 곤혹스러운 점은 그러나 이것만이 아니다. 자세히 들여다보면, 부분 대표 대 전체 대표라는 매혹적인 대립구도를 내세워 의회의 국민대표성에 오히려 엇박자를 놓을 만한 규정들도 눈에 띄기 때문이다. 대통령의 헌법 수호 책무를 명시한 우리 헌법 제66조 제2항이 대표적이다. 그러나 의회 구성원인 의원의 헌법상 지위에 눈을 돌리면, 의회의 국민대표성을 간접적으로 추정할 만한 규정들도 없지 아니하다. 국민에 대한 공무원의 봉사와 책임을 규정한 우리 헌법 제7조, 국가 이익을 우선한 국회의원의 양심적 직무수행을 명시한 우리 헌법 제46조 제2항, 그리고 국회의원의 면책특권을 못박은 우리 헌법 제45조가 그것이다. 하지만 이들 규정은 의원의 당파적 아집과 정치적 편향, 나아가 국회의 계급적 성격을 은폐하기 위하여 부르주아 자유주의가 발명한 이데올로기들 가운데 가장 철면피한 순수대표 관념에 바탕을 두고 있다. 우리 주위만 보더라도 현실은 정반대이다. 의원은 한마디로 전 국민의 대표자가 아니다. 선출 모체인 선거구 유권자들의 대리인이며 소속 정당의 이행보조자이다. 게다가 이익단체의 거간꾼이기도 하다. 의회주의 위기의 뿌리인 의회의 이 같은 대표성 위기를 극복하는 데 왕도가 따로 있을 수 없다. 의회 대표성의 위기와 관련하여 자주 입길에 오르는 이익단체의 법적 제도화는 주변적 의미밖에 지니지 못한 곁가지치기에 불과하다. 순수대표의 법적 의제와 관계없이 우리 의회주의 헌법현실에서 일정 부분 작동하고 있는 반대표제도도 정당민주주의가 제대로 굴러가지 못하고 겉돌기만 계속하는 한, 의회 대표성의 위기를 푸는 데 아무런 도움이 되지 못한다. 남은 유일한 대안은 급진주의적 접근방식이다. 의회 대표성 위기의 이념적 뿌리나 다름없는 국민주권을 인민주권 접경지대로 이동시켜 국민주권의 철옹성에 갇혀 정치적 휴면을 강요당한 선거구 유권자들을 주권의 주체로 다시 세워 그들에게 국가권력의 주인자리를 되돌려주는 것이다. 이와 관련하여 자유주의적 민주주의의 테두리 안에서 선택이 가능한 현실적 대안은 국민주권에 인민주권의 이념을 접목한 반직접제도이다. 반대표제도의 역사적 진화형태인 반직접제도는 반대표제도 속에 이미 싹트고 있던 직접민주주의적 경향을 한 단계 끌어올려 제도적 차원에서 구체화하려는 주권 이행 과도기 단계의 새로운 대표형태이다. 주목을 끄는 것은 대표자보고제도, 대표자문책제도, 대표자소환제도 등이다. 이 밖에도 의회 대표성의 위기와 관련하여 논란의 대상이 되는 것이 있다. 다름 아니라 국민투표제도, 더 정확히 말하면 인민투표제도이다. 인민투표제도는 그러나 의회 대표성 위기와의 밀접한 연관에도 불구하고 주권 이행의 맥락에서 따로 다루어야 할 별개의 문제라 할 수 있다.

의회주의의 위기와 관련하여 마지막으로 간단히 짚고 가야 할 것이 있다. 다름 아니라 시민운동의 민주주의적 잠재력이다. 주지하는 대로 시민운동은 형태가 다양하다. 민중운동과의 경계가 뚜렷하지 않은 급진 노선의 진보적 시민운동이 있는가 하면, 수구세력의 외곽단체나 다름없는 반동적인 시민단체도 있다. 시민운동은 그러나 본질적으로 중간계급의 사회운동이다. 따라서 한편으로 비국가의 원칙을 그리고 또 한편으로 탈경제의 원칙을 세워놓고 그 사이에서 나름의 활동공간을 자율적으로 구축해 나아간다. 이처럼 자율적 활동공간을 확보한 시민운동은 대중정당의 관심권이나 영향권 밖에 있는 사회적 현안들을 중간계급의 시각으로 재구성하여 정치적으로 쟁점화할 수 있는 최소한의 능력을 갖추고 있다. 하지만 인적 구성의 복잡성과 근시안적인 문제의식 때문에 활동 반경은 스스로 한계가 있다. 게다가 공개와 토론을 중시하는 운동주체들의 중간계급적 문화주의 취향으로 말미암아 시민운동은 물리적 수단보다는 합법적 경로를 통한 문제 해결, 다시 말하면 쟁점 사항들의 의회주의적 해결방식을 선호한다. 이 같은 의회친화적 경향에도 불구하고 시민운동이 비국가의 원칙을 고수하는한, 의회를 통한 제도 속 행진은 사실상 불가능하게 된다. 이 같은 상황에서 시민운동이 의회주의 전략 차원에서 동원할 수 있는 민주주의적 잠재력은 의회의 주변을 맴돌며 산발적으로 문제를 제기하거나 이의를 제기하는 외부 압박용 포위전략이 전부일 것이다. 따라서 시민운동이 기초민주주의의 주역으로 의회주의의 견인차가 되려면, 탈지배 유토피아를 꿈꾸는 시민사회이론들의 현학주의적 환상으로부터 벗어나 정당민주주의의 테두리 안에서 자신의 활동공간을 재배치하는 유연한 사고가 무엇보다 필요할 것이다.

비판적 대안헌법이론의 민주주의 재구축 기획에서 민주주의의 수직적 심화 못지않게 중요성을 갖는 것은 민주주의의 수평적 확산이다. 이와 관련하여 우선 주목을 끄는 것은 사회권력의 양적 확산이다. 얼마 전만 하여도 사회권력 하면 주로 재벌기업이나 노동조합을 떠올리는 것이 보통이었다. 그러나 우리 사회도 각 부문의 분화가 빠르게 진행됨에 따라 구조적 복잡성이나 기능적 복잡성이 유례없이 증대하였다. 우리 사회의 이 같은 역동화 과정에서 각종 사회단체, 예컨대 공공서비스 관련 영리조직들이 분출하고, 이들이 저마다의 활동 영역에서 일정한 영향력을 행사하는 사회권력으로 떠오름으로써 경제 노동 교육 문화 등 사회의 거의 모든 부문이 크고 작은 사회권력에 의하여 포위되었다 하여도 과언이 아니다. 하지만 더 큰 문제는 사회권력의 국가권력화와 이에 따른 사회의 재봉건화 현상이다. 사회권력 가운데 특히 경제력이 막강한 재벌기업은 이미 국가권력에 버금가거나 국가권력을 능가하는 영향력을 행사하고 있다. 최근 논란의 대상이 되고 있는 기업도시 건설계획은 사회권력에 의한 우리 사회의 재봉건화 현상이 어느 수준에 이르렀는가를 단적으로 보여주고 있다. 기업도시 건설이 계획대로 추진된다면, 기업도시 건설의 특혜를 받은 재벌기업은 국토의 일부를 봉토로 확보하여 그곳에서 사실상의 통치권을 행사하는 신봉건영주로 군림하게 될 것이다. 따라서 일정 규모 이상의 사회적 영향력을 갖고 사실상 공적 기능을 수행하는 크고 작은 사적 권력들에 대한 민주주의적 통제가 지금처럼 절실한 때는 없을 것이다. 사정이 이러한데도 강단헌법학의 민주주의담론은 아직도 국가와 사회를 엄격히 구분하는 부르주아 자유주의의 이분법적 분단 논리에 갇혀 민주주의를 국가 영역의 문제로 축소한다. 강단헌법학의 민주주의담론이 고수하는 이 같은 자기한정을 민주주의담론의 보편적 전제로 받아들이면, 민주주의의 수평적 확장은 아예 논의 대상 밖으로 밀려나게 된다. 강단헌법학이 사회권력의 문제를 민주주의의 시각에서 정공법으로 다루지 못하고, 기본권 제3자 효력이라는 복잡한 이론구성을 통하여 우회적으로 풀어가고 있는 것도 결코 우연이 아니다. 따라서 우리 헌법의 테두리 안에서 민주주의의 외연을 수평적으로 확장하려면, 제도민주주의의 핵심 과제인 주권의 문제부터 새롭게 조명해야 한다.

주권은 역사적 범주이다. 군주주권 국민주권 그리고 인민주권이 주권의 역사적 발현 형태라면, 시민주권은 이론적 가능형태들 가운데 하나이다. 이들 가운데 이론적으로나 실천적으로 주로 논란의 대상이 되는 것은 국민주권과 인민주권이다. 그러나 국민주권이든 인민주권이든, 그 한가운데에는 민주주의의 경우와 마찬가지로 국가와 사회를 엄격히 구분하는 부르주아 자유주의의 이분법적 분단 논리가 자리 잡고 있다. 따라서 우리 헌법이 국민주권의 테두리 안에 자리 잡고 있는 한, 민주주의의 수평적 확장은 이론적으로 불가능하다. 이 같은 난점에도 불구하고 국민주권의 테두리 안에서 민주주의의 수평적 확장에 길을 열어줄 수 있는 이론적 가능성을 모색하려면, 발상의 대전환이 필요하다. 발상의 대전환은 국민주권의 창조적 재해석에서 실마리를 찾아야 한다. 그러나 국민주권 또한 부르주아 자유주의의 이분법적 분단 논리에 뿌리를 두고 있으므로, 국민주권의 창조적 재해석이 가능하려면 무엇보다 먼저 부르주아 자유주의의 이분법적 분단 논리의 이론적 극복이 선행해야 한다.

부르주아 자유주의의 이분법적 분단 논리는 그러나 국민주권의 이론적 전제일 뿐, 우리 헌법의 규범적 현실과는 거리가 멀다. 우리 헌법을 자세히 뜯어보면, 오히려 부르주아 자유주의의 이분법적 분단 논리를 암묵적으로 부정하는 단서들을 어렵지 않게 찾아볼 수 있다. 예컨대 우리 헌법 제1조 제2항에 따르면, "대한민국의 주권은 국민에게 있고, 모든 권력은 국민으로부터 나온다." 모든 국가권력이 아니라 모든 권력이라고 못 박은 이 대목은 부르주아 자유주의의 이분법적 분단 논리뿐만 아니라, 주권형태 그리고 나아가 국가 형태까지도 새롭게 해석할 여지가 얼마든지 있는 판도라의 상자나 다름없다. 비록 헌법해석의 기교나 곡예를 동원하지 않더라도 주권의 주체인 국민에게 귀속하는 모든 권력을 사회권력까지도 아우르는 포괄적 의미로 이해하는 것도 가능하기 때문이다. 그러나 결정적 중요성을 갖는 것은 우리 헌법의 국가 형태이다.

주지하는 대로 우리 헌법의 국가 형태는 공화국가이다. 강단헌법학의 공화국가 독해방식은 소박하고도 직설적이다. 공화국가는 군주국가의 대칭 개념일 뿐, 그 이상도 그 이하도 아니다. 강단헌법학의 이 같은 독해방식은 독일 헌법학이나 한때 독일 헌법학의 압도적 영향 아래 있었던 일본 헌법학의 전통을 무비판적으로 답습한 것이다. 사실 군주주의의 전통이 강하였던 바이마르헌법 체제 이전의 독일 국법학에서 공화국가는 군주국가의 부정태에 지나지 않았다. 이 같은 소극적 독해방식은 국가 형태가 군주국가에서 공화국가로 이행한 바이마르헌법 체제 아래에서도 그대로 이어져 공화국가는 군주국가의 부정태라는 관념이 뿌리를 내린다. 반대로 자유 평등 그리고 우애의 깃발 아래 국민국가를 건설한 프랑스에서는 공화국가를 이해하는 방식이 다르다. 자본주의헌법이 가장 순수한 형태로 꽃을 피운 프랑스혁명기의 공화주의적 전통에 따르면, 공화국가는 군주국가의 단순한 부정태가 아니라, 하나의 공동체, 즉 자유 평등 그리고 독립의 개별 주체들이 종교적 신념이나 사회적 신분 또는 정치적 입장과 관계없이 공통의 이념을 바탕으로 하나가 된 결합사회이다. 이처럼 공화국가를 공화주의적 결합사회인 공동체로 이해하면, 민주주의의 수평적 확장에 걸림돌이 되었던 부르주아 자유주의의 이분법적 분단 논리는 설 자리가 없게 된다.

이처럼 부르주아 자유주의의 이분법적 분단 논리를 부정하는 공동체의 관점에 서게 되면, 주권의 관념에도 변화가 불가피하다. 우선 주권의 실체를 보는 눈이 달라져야 한다. 강단헌법학에 따르면, 주권의 실체는 국가권력이다. 주권이 곧 국가권력이라는 강단헌법학의 주권 방정식을 액면 그대로 받아들인다 하더라도, 우리 헌법의 국가 형태가 공화국가인 이상 주권의 실체는 결국 다름 아닌 공화국가권력임이 곧 드러난다. 그런데 공화국가는 위에서 이미 언급하였듯이 공화주의적 결합사회, 즉 공동체의 다른 이름에 지나지 않는다. 이 같은 일련의 새로 고쳐보기를 바탕으로 공화국가권력을 다시 풀어 읽으면, 주권은 국가권력이며 국가권력은 공화국가권력이다. 따라서 공화국가권력인 주권은 공동체권력이라는 순차적 추론이 가능하다. 그리고 이 같은 순차적 추론의 마지막 고리인 공동체권력은 국가권력과 사회권력의 통일, 국가권력은 물론 사회권력까지도 아우르는 포괄적인 것이다.

뿐만 아니다. 주권의 실체가 달라지면, 주권의 주체는 달라져야 한다. 따라서 주권이 공동체권력이라면, 주권의 주체도 당연히 공동체 구성원이어야 한다. 그러나 자명해야 할 이 같은 사실이 결코 자명하지 않다는 데 주권, 다시 말하면 국민주권과 인민주권의 수수께끼가 있다 할 것이다. 국민주권은 말할 것도 없고 인민주권 역시 주권은 곧 국가권력이라는 전제 위에 서 있으면서도 주권의 주체를 국가 구성원으로 명확히 규정하지 않고 국적 보유자의 총체인 국민 또는 유권자 집단인 인민이라는 별개의 범주로 한정하는 개념조작의 곡예를 서슴지 않는다. 국민주권의 국민이 사회적 다수파인 기층 국가 구성원들을 국가권력으로부터 배제하고 사회적 소수파가 전체의 이름으로 사회적 다수파인 기층 국가 구성원들까지도 대표하기 위한 개념장치라면, 인민주권의 인민은 국가권력으로부터 배제된 기층 국가 구성원들에게 국가권력을 되돌려주기 위한 투쟁개념이다. 이처럼 주권의 주체인 국가 구성원들을 추상적 통일체로 관념화하거나 국가권력의 분점자로 개별화함으로써 국민주권의 국민과 인민주권의 인민은 저마다 나름의 이데올로기적 기능을 떠맡고 있다. 이와 달리 주권 주체의 공동체적 이론 구성은 국민주권의 국민이나 인민주권의 인민이 담고 있는 일체의 이데올로기적 함축을 털어버리고 공동체 구성원을 곧바로 주권의 주체로 설정할 수 있다는 데 나름의 장점이 있다. 결정적 강점은 그러나 주권의 주체, 다시 말하여 공동체권력의 주체인 공동체 구성원을 국가권력과 사회권력의 통일인 공동체권력의 내적 구성에 대응하여 국가구성원과 사회 구성원의 통일료 개구성할 수 있다는 데 있다.

문제는 그러나 남는다. 다름 아니라 국가 구성원과 사회 구성원의 통일인 공동체 구성원의 질적 규정이다. 이와 관련하여 다시 한번 되돌아보아야 할 것은 프랑스혁명기의 공동체 관념이다. 프랑스혁명기의 공동체 관념에 따르면, 공동체는 종교적 신념이나 사회적 신분 또는 정치적 입장과 관계없이 공통의 이념을 바탕으로 하나가 된 자유 평등 그리고 독립의 개별 주체들의 결합사회이다. 따라서 자유 평등 그리고 독립의 개별 주체들이야말로 진정한 의미의 공동체 구성원이다. 그러나 비판적 대안헌법이론이 지향하는 공동체, 다시 말하여 자율과 연대의 기본권 공동체에서는 공동체 구성원의 질적 규정도 달라져야 한다. 공동체 구성원은 이제 자유 평등 그리고 독립의 개별 주체들이 아니라 자유 평등 그리고 독립의 개별 기본권 주체들이다. 이들 자유 평등 그리고 독립의 개별 기본권 주체는 프랑스혁명기의 공화주의적 결합사회의 구성원인 본디의 그리고 참 의미의 시민, 한마디로 공동체시민이다. 자유 평등 그리고 독립의 개별 기본권 주체는 국민주권이나 인민주권 아래의 능동적 시민, 즉 선거권과 피선거권의 보유자에 지나지 않는 프랑스혁명기의 부르주아 공화주의적 시민은 물론, 최근의 시민사회이론들이 시민사회 구성원의 미래상으로 다투어 내놓고 있는 비국가 탈경제의 원자론적 시민과도 다르다. 아무튼 이처럼 공동체 구성원을 자유 평등 그리고 독립의 개별 기본권 주체인 공동체시민으로 규정한다면, 공동체시민도 국가 구성원과 사회 구성원의 통일인 공동체 구성원의 내적 구성에 따라 국가시민과 사회시민으로 나뉘게 된다. 프랑스어의 citoyen, 독일의 Staatsbürger 그리고 영어의 citizen과 같은 뜻을 지닌 국가시민이 국민주권이나 인민주권의 전통 위에 자리 잡은 것이라면, 사회시민은 다음과 같은 전제, 예컨대 국가를 공화국가로 그리고 공화국가를 다시 공동체로, 나아가 공동체 구성원을 공동체 시민으로 그리고 더 나아가 공동체시민을 국가시민과 사회시민으로 고쳐 읽은 다음, 국가시민과 사회시민의 통일인 공동체시민을 공동체권력의 분점자로 자리매김하는 시민주권의 토대 위에서만 개념 규정이 가능한 범주이다. 이처럼 국민주권 그리고 인민주권과 개념적으로 명확히 구별되는 시민주권이 적어도 주권 이론의 차원에서 확고히 뿌리를 내리면, 국민주권과 인민주권 아래에서 부르주아 자유주의의 이분법적 분단 논리에 의하여 손과 발이 묶이고 있거나 묶이게 될 민주주의의 수평적 확장을 낙관적으로 전망할 수 있는 실천적 지평이 구체적 현실에서 조만간 열리게 될 것이다. 그렇게 되면, 크고 작은 사회권력이 일정 수준 이상의 공적 기능을 수행하는 경우 공동체시민은 공동체권력의 한 부분인 사회권력을 분점하는 사회시민의 자격으로 사회권력에 대한 민주주의적 통제의 길로 나설 수 있을 것이다.

허영 교수의 동화적 통합론과
『한국헌법론』의 상식 밖 논리들(I)[*]

I. 머리말

우리 헌법학계의 학문적 풍토는 아직도 척박하기 이를 데 없다. 우리 헌법학계의 병폐 가운데 하나인 동업자적 의식구조는 개방적이고 생산적인 담론문화가 헌법연구자들의 일상적 교통양식으로 자리 잡는 데 결정적인 장애요인이 되고 있다. 헌법연구자들 사이의 비판과 반비판이 불문의 금기사항으로 통하고 침묵과 동조가 동업자의 기본 덕목으로 떠받들어지고 있는 한, 상호비판적인 학술담론은 앞으로도 상당 기간 기대하기 어려울 전망이다.

이 같은 담론 부재의 척박한 학문적 풍토에서 단편적이고 규격화한 헌법지식의 매개수단으로 유일하게 각광을 받는 것은 수험용 헌법교과서이다. 이에 따라 헌법연구자들의 주요 활동무대도 수험용 헌법교과서 시장을

---

* 이 글은 민주주의법학연구회 편,《민주법학》제14호, 1998, 87-96쪽에 수록된 것이다.

중심으로 펼쳐지고 있음은 주지의 사실이다. 그러나 수험용 헌법교과서 시장은 헌법 관련 정보를 지식상품으로 팔고 사기 위하여 헌법지식 수요자와 헌법지식 공급자가 자신들의 계산에 따라 서로 만나는 상업적 공간에 지나지 않는다. 따라서 거기에서 교환되는 헌법 관련 지식상품들은 헌법학설사적 입장에서 볼 때 별다른 의미가 없다고 할 것이다. 그럼에도 시장 진입이나 시장 점유에서 나름의 성공을 거두었거나 거두고 있는 수험용 헌법교과서 저자들 가운데에는 헌법학설사적 입장에서 눈여겨볼 만한 이들도 있다. 우리 헌법학계 제1세대와 제2세대를 각각 대표하는 한태연 선생, 박일경 선생, 문홍주 선생, 그리고 김철수 교수, 권영성 교수, 허영 교수가 그들이다.

이들 가운데에서도 특히 우리의 눈길을 끄는 것은 한태연 선생과 허영 교수이다. 두 사람은 학문적 입장은 달리하지만, 자신들이 선호하는 특정 헌법이론을 우리 헌법학계에 소개하는 데 남다른 관심을 보이고 있다는 점에서 서로 닮은 데가 있다 할 것이다.

널리 알려진 대로 한태연 선생은 슈미트의 헌법이론을 우리 헌법학계에 들여온 제1세대 헌법학자들의 대표주자이다. 한태연 선생의 슈미트 이해는 그러나 피상적 수준에 머물고 있다 하여도 과언이 아니다. 슈미트 헌법이론에 대한 그의 적극적 평가가 이론내재적 관심에서 비롯된 것이라고 보기 어려운 이유도 바로 거기에 있다 할 것이다. 하지만 한태연 선생이 슈미트의 헌법이론에다 학구의 첫 둥지를 튼 데에는 나름대로 짚어볼 만한 구석이 아주 없는 것은 아니다. 우선 떠올릴 수 있는 것은 식민지 시절 천황제 파시즘 체제 아래에서 받은 관료주의 법학교육의 정신적 불모성이다. 거기에다 또 빼놓을 수 없는 것이 하나 있다면, 그것은 1950년대 우리 사회의 절망적 시대상황일 것이다. 한태연 선생이 대학교단에서 학문적 활동을 본격적으로 시작한 것은 민족상잔의 상처가 채 아물지 않은 전쟁 직후이다. 당시 삶과 죽음의 갈림길에서 겨우 목숨을 건진 젊은 전쟁세대에게는 실존주의철학이 시대정신의 화신으로 떠오르던 때이다. 이 같은 점으로 미루어 정치적 결단을 강조하는 슈미트의 헌법이론과 한태연 선생의 만남은 새 탈출구를 찾아 몸부림치던 우리 사회의 절박한 상황에 대한 감성적 차원의 대응이 빚어낸 일종의 희화적 사건으로 치부할 수도 있을 것이다. 아무튼 한태연 선생이 그 후 보여준 정치적 행보는 슈미트 헌법이론에 대한 우리 헌법학계의 부정적 인식을 거드는 데 한몫을 하였다고 하여도 결코 지나치지 않을 것이다.

허영 교수는 여러 가지 면에서 독특한 개성을 보이고 있다. 슈미트 헌법이론에 대한 한태연 선생의 짝사랑이 즉흥적이라면, 스멘트의 통합이론에 대한 허영 교수의 열광은 사이비교도의 맹목적 신앙에 가깝다 할 것이다. 그러나 스멘트 통합이론에 대한 그의 접근방식은 비교적 체계적이고 조직적이다. 1981년 우리 헌법학계 초유의 헌법이론서인 『헌법과 헌법이론』을 펴내고 1989년 수험용 헌법교과서로 『한국헌법론』을 세상에 내놓으면서 자기개발 상품으로 선보인 것이 동화적 통합론이다. 허영 교수의 동화적 통합론이 나름의 이론체계를 갖춘 독창적인 것인지, 아니면 스멘트학파의 이론은 물론 독일 헌법학계의 잡다한 주장들을 이리저리 엮어놓은 짜깁기 이론인지는 여기에서 잠시 접어두기로 한다.

헌법문화는 말할 것도 없이 서양 근대의 뿌리인 합리주의 정신의 산물이다. 서양 근대의 합리주의 정신에서 우리가 아직도 배울 것이 있다면, 선진 헌법문화의 적극적 수용도 마다할 까닭이 없을 것이다. 수입 헌법문화라면 무조건 두드러기 반응을 보이거나 손사랫짓을 한다면, 이 같은 태도야말로 선진 헌법문화가 담고 있는 합리주의 정신의 참뜻을 읽지 못하는 시대착오적이고 소아병적인 행태라고 할 것이다. 그러나 선진 헌법문화의 수용도 수용 나름, 거기에는 그만한 논리가 자리 잡고 있어야 한다. 비판적 수용과 맹목적 수용을 구분하지 못하고 선진이라는 단 하나의 이유만으로 바깥 헌법문화에 넋을 빼앗긴다면, 수용 주체의 실천적 의도가 무엇이든 결과는 부정적일 수밖에 없을 것이다. 우리 헌법학계에서 정력적 활동을 펴고 있는 허영 교수의 동화적 통합론과 관련하여 우리가 주목하고자 하는 것도 바로 그 같은 점이라 할 것이다.

허영 교수의 학문적 인식세계에서 가장 두드러진 특색 가운데 하나는 독일 헌법문화의 절대적 미화와 그것에 대한 물신주의적 숭배이다. 그 결과 독일 헌법문화의 보편적 타당성이 선험적으로 전제되고, 독일 헌법이론의 한국적 적실성을 따져보기 위한 이론적 매개 과정은 자연히 관심 밖으로 밀려나게 된다. 이 같은 맥락에서 볼 때 허영 교수가 우리 사회의 구체적 현실에 대한 최소한의 애정이나 고민도 없이『한국헌법론』의 지면을 빌려 상식 밖의 주장들을 일삼는 것은 어쩌면 당연한 일인지도 모른다. 만에 하나『한국헌법론』의 장기적 이론전략이 우리나라를 독일의 헌법식민지로 가꾸어나가는 데 있다면, 그 같은 발상은 좀 더 자유롭고 열린 사회가 하루빨리 오기를 고대하는 우리 모두의 간절한 소망과 거리가 멀다 할 것이다. 선진 헌법문화라고 하지만 선발 선진 자본주의사회의 헌법문화와 후발 선진 자본주의사회의 헌법문화 사이에는 하늘과 땅만큼의 차이가 있기 때문이다.

II. 근대 시민헌법사상의 원형

근대 시민헌법사상이 체계적 모습으로 처음 등장한 것은 영국의 제2차 시민혁명 때이다. 이른바 명예혁명의 정신적 대부인 로크는 혁명 이듬해인 1689년 근대 시민헌법사상의 고전이라 불리는『정부론』을 세상에 내놓는다.[1] 여기에 실린 두 글은 흔히 생각하듯 명예혁명의 역사적 정당성을 주장

---

1) 이 글에서 참고한 원본은 Peter Laslett가 감수한 1963년도 Cambridge University Press

하기 위하여 쓰인 것이 아니다. 그것들은 왕위 계승을 둘러싼 명예혁명 전후의 정치적 투쟁 과정에서 영국의 제1차 시민혁명인 칭교노혁명의 이념적 성과들을 총괄한 일종의 시국논문이다.[2] 이 가운데 시민정부의 기원 범위 그리고 목적을 다룬 두 번째 글에서 로크는 근대 시민헌법사상의 기본틀을 다음과 같이 그리고 있다.

자연상태에서 모든 사람은 자유 평등 그리고 독립의 인격주체로 태어나 소유의 자연권을 누린다. 이처럼 자연상태에서 모든 사람이 누리는 소유의 자연권을 실효성 있게 보장하기 위하여 각자는 계약을 통하여 공동사회, 즉 국가를 구성하고, 공동사회의 구성원인 시민들은 공동사회의 최고기관으로 정부를 조직한다. 그러나 정부가 정부 수립의 기초인 신탁계약을 어기고 국가권력을 남용하면, 공동사회의 구성원이며 신탁계약의 당사자이기도 한 시민들은 최악의 경우 저항권을 행사할 수 있다.

주지하는 바와 같이 근대 자연법이론은 서양 근대의 문을 연 비판적 자기인식의 체계이다.[3] 비판의 대상은 봉건사회 말기의 절대주의체제이며, 자기인식의 역사적 주체는 신흥 시민층이다. 로크의 시민헌법사상은 근대 자연법이론의 기본 도식에 따라 논리 전개의 출발점으로 자연상태를 설정하고 있다. 그러나 로크가 그의 시민헌법사상에서 논리적 가설로 전제하고 있는 자연상태는 단지 상상력에 의탁하여 머릿속에서 만들어낸 관념적 허구만은 아니다. 그것은 그가 살던 명예혁명 전후의 영국사회를 밑그림으로 앞으로 다가올 미래사회의 청사진을 그려본 것이다. 당시는 봉건사회의 신분적 위계질서가 서서히 무너지는 가운데 영국사회가 본원적 자본 축적의

판 John Locke, *Two Treaties of government*이다.

2) 浜林正夫, 『イギリス名誉革命史(上)』, 未來社/1981, 15쪽.

3) 平田清明 엮음, 장하진 옮김, 『사회사상사. 비판적 사회인식의 발생사』, 한울/1982, 66쪽 참조.

단계로 이행하는 자본주의 세계체제의 태동기이었다.[4] 사회 구성의 중핵인 요맨리층이 농민 분해 과정에서 자취를 감추고, 봉건사회의 꽃인 토지귀족이 자본주의적 농업경영에 참여하는 등 독립 자영 농민층을 중심으로 새로운 경제질서가 싹트고 있었다.[5] 로크가 청교도혁명의 사상적 대표자인 토머스 홉스와 달리 자연상태를 상호적대의 투쟁상태가 아니라 상호승인의 평화상태로 묘사한 것은 갓 출발한 영국자본주의가 한 세대를 사이에 두고 안정기조의 새 국면으로 들어섰음을 의미한다.

아무튼 로크에 따르면 자연상태에서 모든 사람은 자유 평등 그리고 독립의 인격주체로서 소유의 자연권을 누린다.[6] 이처럼 로크가 자연상태의 인간상으로 상정한 자유 평등 그리고 독립의 인격주체는 말할 것도 없이 봉건사회의 신분적 질곡을 타파하고 자기책임과 자기계산 아래 자신의 삶을 역동적으로 개척하려는 신흥 시민층의 이상적 모습을 염두에 둔 것이다. 그러나 모든 사람이 자유 평등 그리고 독립의 인격주체로서 누리는 소유의 자연권과 관련하여 정작 주목하여야 할 것은 소유의 개념이다.

로크는 소유의 개념을 생명 자유 그리고 재산을 아우르는 넓은 의미로 파악한다.[7] 그러나 소유의 자연권을 설명하는 구체적 대목에 이르러는 소유의 자연권과 재산권은 같은 뜻으로 사용된다.[8] 이렇듯 로크는 재산권에 특권적 지위를 부여할 뿐만 아니라, 그것을 노동가치설적 관점에서 정당화하려 한다. 바로 이 점에서 우리는 신흥 시민층의 이론적 대변자로서 그가 지니고 있는 독특한 측면을 다시 한번 확인하게 된다. 로크에 따르면, 인간

---

4) 浜林正夫, 앞의 책, 9쪽 이하.
5) 浜林正夫, 앞의 책, 84쪽.
6) John Locke, 앞의 책, 309쪽 이하.
7) John Locke, 앞의 책, 328쪽 이하.
8) John Locke, 앞의 책, 332쪽 이하.

의 시원적 욕구는 생명보존이며 이 같은 욕구를 충족시키기 위하여는 자연과의 신진대사가 필수적이다.[9] 따라서 자연과의 신진대사 과정에서 노동력 투입의 결과로 노동생산물이 산출되면, 그것은 당연히 노동력 제공자의 몫으로 돌아가야 한다.[10] 자연과 결합하여 노동생산물을 산출한 노동력은 노동력 제공자의 신체와 불가분의 관계에 있기 때문이다. 이 같은 노동가치설적 접근은 노동생산물이 봉건적 수탈의 대상으로 전락한 전근대적 소유질서와의 투쟁을 통하여 비판적 사회인식에 도달한 신흥 시민층의 혁명적 의식구조를 그대로 반영한 것이라 할 수 있다.

그러나 노동가치설에 바탕을 둔 로크의 자연권적 소유관념은 화폐경제의 침투와 더불어 더 이상 설 자리가 없게 된다. 로크가 자연법의 이름으로 소유의 자연권에 덧씌운 세 가지 제한, 그러니까 십분제한, 부패제한, 그리고 노동제한 가운데 앞의 두 제한은 화폐경제가 노동생산물 상품화의 길을 터줌으로써 합리적 설득력을 잃게 된다.[11] 그리고 로크가 노동의 범주에 자기노동은 물론 타인노동까지도 포함시킴으로써 노동가치설에 근거한 노동제한의 장벽도 허물어지게 된다. 이에 따라 소유의 자연권은 자기 노동생산물은 말할 것도 없고 타인 노동생산물까지 영유할 수 있는 배타적 지배권으로 탈바꿈한다.[12] 그 결과 자유 평등 그리고 독립의 인격주체 사이에서도 부익부 빈익빈의 경제적 불평등이 나타나고, 타인 노동생산물에 대한 배타적 지배권을 확보하기 위한 치열한 싸움이 생활방식의 기본틀로 자리 잡는다. 평화적 자연상태의 기본조건인 노동 소유 그리고 이성의 삼위일체가 무너지고, 약육강식의 밀림법칙이 지배하는 자본주의적 소유

---

9) John Locke, 앞의 책, 327쪽.
10) Johm Locke, 앞의 책, 329쪽.
11) 中村義知, 『近代政治理論の原像』, 法律文化社/1974, 117쪽 이하.
12) 위의 책, 118쪽.

관계의 본격적 전개가 눈앞의 현실로 다가온다.[13] 약육강식의 밀림법칙이 지배하는 자본주의적 소유관계의 보편화는 그러나 상호승인의 원칙에 터 잡아야 할 인격주체 상호의 사회적 교통관계, 즉 자연상태의 종말을 의미한다.

이처럼 자본주의적 소유관계로 말미암아 자연상태가 직면하게 될 파국적 위기로부터 벗어날 수 있는 길을 로크는 국가권력의 창설에서 찾는다. 이때 그가 국가권력의 구체적 내용으로 염두에 두고 있는 것은 입법권 집행권 그리고 재판권이다. 이 같은 내용의 국가권력을 창설하기 위한 첫 번째 단계로 로크는 자유 평등 그리고 독립의 인격주체가 공동사회의 구성에 참여하는 계약국가론을 들고 나온다.[14]

계약국가론은 근대 자연법이론의 논리적 전제인 원자론적 기계론적 사회관과 밀접한 관련이 있다.[15] 원자론적 기계론적 사회관에 따르면, 사회 구성의 기본단위는 자유 평등 그리고 독립의 인격주체이며, 이들 인격주체로 이루어진 사회는 일종의 자율적 운동체계와 다름없다. 따라서 사회규율을 위한 별도의 심급으로 실체적 국가를 상정하는 선험적 국가관과는 거리가 멀다 할 것이다. 설사 사회의 자율적 운동체계에 뜻밖의 장애가 생길 경우에 대비하여 국가라는 별도의 심급을 둘 필요가 있을 때에도 그것은 어디까지나 사회 구성원의 동의에 따라 만들어진 일종의 기능적 목적단체에 지나지 않는다. 로크의 경우에도 동의에 의한 공동사회 구성의 목적은 소유의 자연권, 좀 더 구체적으로 말하면 재산권의 보장을 제도적으로 담보하는 데 있다.

---

13) 위의 책, 119쪽.

14) John Locke, 앞의 책, 374쪽 이하.

15) 원자론적 기계론적 사회관에 관하여는 フランツ・ボルケナウ/水田洋 外 共譯,『封建的世界像から市民的世界像へ』, みすず書房/1985, 특히 529쪽 이하 참조.

로크의 계약국가론은 그러나 결합계약과 복종계약을 구분하지 않고 이 두 계약을 결합계약으로 일원화하고 있다는 점에서 그 이전의 계약국가론, 특히 토머스 홉스의 그것과 결정적으로 다르다.[16] 로크는 이처럼 국가계약을 공동사회 구성을 위한 결합계약으로 일원화하는 데 그치지 않고, 한 걸음 더 나아가 신탁계약의 관념을 도입한다. 이로써 국가권력의 창출을 위한 제도적 기본틀이 마련된 셈이다.

로크의 이른바 신탁정부론은 근대 시민헌법사상의 백미라 할 수 있다. 신탁정부론의 핵심인 신탁계약은 말할 것도 없이 신탁자 수탁자 그리고 수혜자를 논리적 전제로 한다.[17] 계약 당사자인 신탁자와 수탁자 사이에는 쌍무적 계약관계가 존재하지만, 제3자인 수혜자와의 관계에서는 수탁자가 편무적 의무만을 진다. 신탁계약의 이 같은 삼극구조에 따라 신탁자인 공동사회와 수탁자인 정부는 쌍무적 계약관계에 있으나, 수탁자인 정부는 수혜자인 공동사회에 대하여 편무적 의무만을 떠안게 된다. 한마디로 말하면, 공동사회로부터 국가권력을 위임받은 정부는 신탁계약의 정신에 따라 국가권력을 성실히 행사할 의무를 공동사회에 진다. 이처럼 로크의 신탁정부론에서는 공동사회가 신탁계약을 고리로 국가권력 수탁자인 정부와 이중의 관계에 서게 된다. 신탁계약의 당사자로서의 지위와 신탁계약 수혜자로서의 지위가 그것이다.

문제는 정부가 신탁계약을 위반하여 국가권력을 남용하는 경우이다. 정부에 의한 국가권력의 남용이 신탁계약의 목적이나 한계를 벗어날 때에는 공동사회가 정부를 해체하고 새로운 신탁계약의 체결을 통하여 새 정부를 들이는 것이 문제해결의 한 방법으로 떠오르게 된다. 저항권의 행사가 바

---

16) 結城洋一郎,「ロックとルソーとモンテスキュ」(杉原泰雄 編,『講座 憲法学の基礎 4. 憲法思想』, 勁草書房/1989, 1~52쪽 수록), 11쪽.

17) 井上茂,『自然法の機能』, 勁草書房/1981, 181쪽 이하.

로 그것이다. 로크에 따르면 정부가 국가권력의 남용을 통하여 신탁 위반의 불법 행위를 일삼는 경우 정부와 공동사회는 일종의 전쟁상태에 놓이게 되며, 공동사회는 이에 따라 정부의 신탁 위반에 대한 자위의 수단으로 자연법상의 저항권을 갖는다.[18]

그러나 로크는 저항권을 일탈적 저항권과 예방적 저항권으로 나눈 다음, 일탈적 저항권에 대하여 몇 가지 제한장치를 두고 있다.[19] 그에 따르면 저항권은 신탁 위반에 대한 최후의 자력 구제수단에 지나지 않는다.[20] 그리고 저항권의 주체는 공동사회의 다수자이다. 공동사회의 개별 구성원에 의한 저항권의 행사는 허용되지 않는다. 나아가 저항권의 행사는 신탁 위반의 불법 행위에 대하여만 가능하다. 저항권은 뿐만 아니라 그 목적이 제한적이다. 저항권의 목적은 사회체제의 변혁이나 국가조직의 전복이 아니다. 그것은 단지 정부의 신탁 위반에 대한 경고적 의미를 갖는 데 불과하다. 로크가 저항권의 성격 목적 주체 대상 등에서 지나칠 만큼 세세한 제한장치를 둔 것은 그의 시민헌법사상이 지니고 있는 현실적 한계, 다시 말하면 명예혁명을 계기로 정치무대의 전면에 등장하게 된 신흥 시민층의 정치적 고뇌를 드러낸 것이라 할 것이다. 그럼에도 로크가 통치계약에 기초한 중세적인 저항권의 관념과 결별하고 저항권을 자연법상의 권리로 자리매김한 것은 신흥 시민층의 변혁 지향성을 일정 부분 반영한 것으로 보아도 좋을 것이다.

위에서 보았듯이 로크의 시민헌법사상에서 가장 핵심적인 화두는 자연권 신탁정부 그리고 저항권이다. 로크의 이 같은 시민헌법사상은 북미 독립혁명기의 급진파 인사들을 통하여 독립혁명의 이념적 지형에 결정적 영

---

18) John Locke, 앞의 책, 446쪽 이하.
19) John Locke, 앞의 책, 454쪽 이하.
20) 위와 같음.

향을 미친다. 그 구체적 표현을 우리는 메이슨과 제퍼슨이 각각 주도적 역할을 한 버지니아 권리선언과 북미 독립선언에서 발견한다.[21] 버지니아 권리선언 제1조에 따르면, 모든 사람은 자유 독립 그리고 평등의 주체로 태어나 생명과 자유는 물론 재산 행복 그리고 안전을 추구할 권리도 아울러 갖는다. 이어 버지니아 권리선언 제4조는 정부 수립의 목적으로 인민국가 또는 공동사회의 이익이나 안전을 들고, 이 같은 목적에 반하는 정부를 폐지할 수 있는 권리를 공동사회의 자연권으로 인정하고 있다. 약 2주일의 간격을 두고 버지니아 권리선언의 뒤를 이은 북미 독립선언도 표현과 강조점에서 약간의 차이는 있지만 비슷한 내용을 담고 있다.[22] 그 가운데에서 특히 주목할 만한 것은 자연권, 계약사상, 동의정부, 그리고 혁명권이다. 예컨대 생명과 자유의 권리, 동의에 의한 정부의 수립, 정부를 바꿀 수 있는 혁명권은 로크의 시민헌법사상을 그대로 옮겨놓은 것이라 하여도 과언이 아니다. 그러한 의미에서 로크를 가리켜 북미의 철학자라 부르는 것은 결코 우연이 아니라 할 것이다.

로크의 시민헌법사상이 깊은 흔적을 남긴 것은 비단 북미 독립혁명기의 역사적 문서들뿐만이 아니다. 북미 독립선언보다 13년 늦게 나온 1789년

---

21) George Mason과 Thomas Jefferson의 역할에 관하여는 種谷春洋, 『近代自然法学と權利宣言の成立』, 有斐閣/昭和 55, 289쪽 이하 참조.

22) 다음은 Declaration of Independence가 담고 있는 내용의 일부이다. "We hold these truths to be self-evident, that all men are created equal, that they are endowed by their Creator with certain unalienable rights, that among these are life, liberty and the pursuit of happiness. That to secure these rights, governments are instituted among men, deriving their just powers from the consent of the governed. That whenever any form of government becomes destructive to these ends, it is the right of the people to alter or to abolish it, and to institute new government, laying its foundation on such principles and organizing its powers in such form, as to them shall seem most likely to effect their safety and happiness."

의 이른바 프랑스 인권선언에서도 우리는 로크의 시민헌법사상을 어렵지 않게 찾아볼 수 있다. 예컨대 모든 사람이 자유와 평등의 인격주체임을 명시적으로 규정한 제1조, 그리고 자유 소유 안전 및 압제에 대한 저항의 권리를 시효에 걸리지 않는 자연권으로 못박고 정치적 결합의 목적으로 자연권의 보존을 든 제2조의 규정이 그것이다. 물론 프랑스 인권선언에 대한 로크의 이 같은 영향이 북미 독립혁명기의 역사적 문서들을 통하여 간접적으로 이루어진 것인지,[23) 아니면 프랑스 인권선언의 심의 과정에서 결정적 역할을 한 시에예스의 개인적 노력에 주로 힘입은 것인지는 아직도 논란의 대상이 되고 있다.[24)

---

23) 프랑스 인권선언의 이념적 뿌리에 관하여는 옐리네크와 부뜨미의 논쟁이 있다. 옐리네크가 독립선언 등 북미 독립혁명기의 역사적 문헌들에 무게를 두는 데 반하여, 부뜨미는 18세기 프랑스 계몽사상의 역할을 중시한다. 자세한 것은 Georg Jellinek, "Die Erklärung der Menschen- und Bürgerrechte"[Roman Schnur(Hrsg.), *Zur Geschichte der Erklärung der Menschenrechte*, Darmstadt/1964, 1-77쪽]과 Emile Boutmy, "Die Erklärung der Menschen- und Bürgerrechte und Georg Jellinek"[Roman Schnur(Hrsg.), 위의 책, 78-112쪽] 참조.

24) 로크와 시에예스의 사상적 연관성에 관하여는 浦田一郎, 『シエースの憲法思想』, 勁草書房/1987, 111쪽; 深瀬忠一, 「一七八九年人權宣言研究序說(一)」, 《北大法学論集》第14巻 第3·4號, 1964, 139쪽

《민주법학》 제4호 권두언[*]

오늘의 우리 현실은 난파 직전의 조난선에 비유할 수 있습니다. 가는 곳마다 어둠의 장벽이요, 보이는 것은 절망의 늪뿐입니다. 그동안 끊임없이 확대 재생산되어온 사회 모순들은 이제 한 치의 앞도 내다볼 수 없을 만치 파국으로 치닫고 있습니다. 경제도 종속의 구렁텅이로 곤두박질치고, 정치는 민중의 팔다리를 착취와 억압의 굴레에 매어두기 위하여 폭력의 칼날을 벼리는 데 여념이 없습니다.

이처럼 종속과 착취와 억압의 악순환이 되풀이되는 가운데 민중의 힘에 눌려 한동안 숨을 죽이고 있던 파시즘의 망령이 다시 고개를 들고 공포와 불안의 어두운 그림자를 드리우고 있습니다. 과거와의 단절을 선언하며 요란스럽게 출범한 제6공화국이 마침내 그 실체를 드러내기 시작한 것입니다.

현행 헌법 아래서의 국가권력 체제를 흔히 제6공화국이라고 부릅니다.

---

[*] 이 글은 민주주의법학연구회 편, 《민주법학》 제4호, 푸른산/1990, 4-7쪽에 수록된 것이다.

이 같은 자리매김이 과학적 인식으로서 어느 정도의 설득력을 지니고 있는지는 여기서 묻지 않기로 하겠습니다. 단지 평범한 시민의 일상으로 돌아가 우리 주변을 잠시 살펴보면, 전에 비해 달라진 점이 하나도 없다는 것이 많은 이들의 한결같은 지적입니다. 특히 인권상황은 우리 헌정사상 유례가 없는 최악의 사태를 맞고 있습니다. 아무튼 헌법현실을 판단의 유일한 준거로 삼는다면, 제6공화국은 제5공화국보다 더하면 더했지 나을 것이 없다는 것이 솔직한 느낌입니다.

그래서인지 제6공화국의 현실적 담지자인 노태우 정권과 제5공화국의 전두환 정권 사이엔 놀랍게도 닮은꼴 이상의 유사성이 있음을 발견하게 됩니다. 예컨대 헌법규범을 조직적으로 파괴하는 데는 둘이 다 세계선수권을 가졌거나 또는 가지고 있을 만큼 이골이 나 있습니다.

그리고 그 수법의 악랄함도 어쩌면 그렇게 빼닮았는지 그저 고개가 갸우뚱해질 따름입니다. 한 가지 차이점은 전두환 정권이 유신체제의 유언집행인이라면, 그것을 승계한 노태우 정권은 유신체제의 유산관리인이라는 것뿐입니다. 이 같은 맥락에서 노태우 정권이 떠받치고 있는 제6공화국의 헌정사적 위상을 유신체제 제3기로 규정한다고 해도 크게 잘못된 일은 아닐 것입니다.

유신체제는 한마디로 반민족적 반민중적 그리고 반민주적 폭력지배의 체제, 즉 신식민지 파시즘 체제에 다름 아닙니다. 그것은 무엇보다 외세의존의 종속체제입니다. 그리고 외세의존의 종속체제는 민족의 자주성을 관철시키려는 민중에 적대적일 수밖에 없으며, 외세의존의 반민중적 종속체제가 반민주적 성격을 띠게 되는 것은 어쩌면 논리의 필연적 귀결이라고도 할 수 있습니다. 신식민지 파시즘 체제는 그러나 제국주의의 신식민지 지배전략이 공격적 성격을 띠게 되면 제5공화국의 전두환 정권처럼 발가벗은 폭력지배의 체제가 등장하게 되고, 제국주의의 신식민지 지배전략이 전술적 후퇴를 강요당하여 저강도 지배정책으로의 형태 변화가 불가피해지면 제6공화국의 노태우 정권처럼 천사의 탈을 쓴 보다 강화된 형태의 폭력지배체제가 나타나게 됩니다.

노태우 정권이 닻을 올리던 집권 초기의 유화국면에서는 한때 탈폭력의 거짓미소를 흘린 적도 있었습니다. 그러나 이른바 5공청산 문제가 본격적으로 정치일정에 오르고, 이로 인하여 정체성의 위기로까지 내몰리게 되자 노태우 정권은 국면전환의 물꼬를 트기 위하여 안간힘을 다 썼습니다. 이같은 시도의 총체적 표현으로 등장한 것이 우리 사회의 중첩적 모순구조를 보수와 혁신의 대립관계로 환원시키려는 이른바 보혁대결구도입니다.

보혁대결구도는 동지가 아니면 적이라는 파시즘적 발상에 뿌리를 두고 있습니다. 따라서 누구든지 일단 적으로 규정되면, 그를 포위 공격하기 위하여 국가폭력의 끝없는 상승작용이 뒤따르게 됩니다. 이 같은 보혁대결구도에 따라 필요하면 언제든지 초헌법적인 공안정국이 능수능란하게 연출되었고, 여기서 얻어진 최대의 성과가 민정당을 주축으로 한 반동보수 대연합입니다.

반동보수 대연합은 그러나 그들이 주장하듯이 새로운 시작이 아닙니다. 그것은 벼랑 끝이 눈앞에 내다보이는 마지막의 시작일 뿐입니다. 그렇기 때문에 반동보수 대연합이 내부분열로 인하여 공중분해되지 않는 한, 반외세 민중민주세력의 거점인 각종의 중추적 이의제기집단에 대한 무차별 공격이 끊임없이 계속될 것입니다. 최근에 두드러지게 나타난 각종 법률의 개악책동이 좋은 예라고 할 수 있습니다.

그 가운데 대표적인 것이 개정사립학교법입니다. 그것은, 문교부 당국이 이미 간접적으로 시인하고 있듯이, 학원 모리배들을 비호하기 위한 반민주적 학원탄압법이라고 해도 과언이 아닙니다. 그리고 재벌들의 부추김에 따라 현재 은밀히 진행되고 있는 노동관계법의 개악 움직임은 역사의 시곗바늘을 거꾸로 돌려놓으려는 시대착오적인 작태라고 하지 않을 수 없습니다.

어디 그뿐입니까. 요즘 커다란 물의를 빚고 있는 전파매체들에 대한 무장공권력의 투입은 그야말로 폭력정권의 말기적 현상인 도착과 광기의 전형이라고 할 수 있습니다.

그런데 말입니다. 사정이 이럼에도 불구하고 거리마다 그리고 눈길이 닿는 곳마다 갖가지 분홍빛 구호들이 요란스럽게 난무하고, 국가권력을 잡은 자들은 언필칭 자유민주주의의 수호를 목청 높여 합창하고 있습니다.

그런데 더욱 놀라운 것은 우리 주변에 널리 퍼져 있는 헌법재판소에 대한 일종의 물신주의적 신앙입니다. 많은 사람들은 헌법재판소가 언젠가는 주름진 헌법현실을 말끔히 다림질해주기를 기대하고 있습니다. 그 같은 성급한 기대는 그러나 절대 금물입니다.

제6공화국 헌법이 헌법재판제도에 관한 규정을 두고, 이에 따라 헌법재판소가 설치되기까지는 여러 가지 정치적 고려가 복합적으로 작용하였을 것입니다. 그 가운데 하나로 우리는 제국주의의 신식민지 지배정책의 변화를 짚어볼 수 있습니다. 그 같은 시각의 설정이 가능하다면, 헌법재판소를 저강도 지배정책의 제도적 표현으로 보아도 좋을 것입니다. 그러므로 우리는 헌법재판소가 앞으로 맡게 될 정치적 억압 기능에 주목할 필요가 있습니다. 비록 짧은 기간이지만 그동안 헌법재판소가 내린 주요결정들에는 불행하게도 그 같은 불길한 조짐들이 이미 조금씩 나타나고 있습니다. 이 같은 조짐들이 하나의 흐름으로 굳어지게 되면, 헌법재판소가 경우에 따라서는 헌법수호의 가면을 쓰고 사법반동의 첨병으로 기능할 가능성도 전혀 배제할 수 없을 것입니다.

위에서 잠시 살펴보았습니다만, 일 년 전 민족민중해방의 기치를 내걸고 외로운 발걸음을 내디딘 《민주법학》이 온몸으로 감당해내야 할 현실의 도전은 이처럼 만만치는 않습니다. 그러나 이럴 때일수록 필요한 것은 역사의 숨은 뜻을 읽을 줄 아는 지혜입니다. 특히 우리나라처럼 물리적으로나 이데올로기적으로 요새화된 반공지상주의 국가에서 변혁의 문제를 거리에서 단칼로 끝내려고 한다면, 그것은 패배주의와 손을 잡고 스스로 파멸의 길을 찾아가는 것이나 다름없을 것입니다.

아무튼 현 단계 민주주의 변혁운동에서 비판적 전위법학이 떠맡아야 할 실천적 과제 가운데 가장 중요한 것은 지배 법이데올로기의 비판과 대항 법이데올로기의 창출입니다. 이 두 가지 작업이 통일적으로 이루어질 때, 지배체제의 법적 헤게모니는 치명적인 손상을 입게 될 것입니다. 그리고 그 같은 손상이 체제균열의 위기로까지 발전하게 될 때, 민주주의 변혁운동이 총체적으로 자리 잡을 수 있는 합법적 공간의 확보가 가능해집니다.

합법적 공간을 구축하고 또 이를 끊임없이 확장하기 위한 법적 실천은 필연적으로 참호에서 참호로 끊임없이 이어지는 진지전의 형태를 띠지 않을 수 없습니다. 그런데 진지전에서 승패를 좌우하는 것은 전술적 유연성입니다. 그러나 그것은 순간순간의 돌출상황을 극적으로 돌파할 수 있는 고도의 기민성을 의미할 뿐, 전략적 목표 즉 투쟁 목표 그 자체의 방기를 뜻하는 것은 결코 아닙니다.《민주법학》에, 그리고《민주법학》의 날카로운 역사의식과 변증법적 상상력에 거는 우리의 기대가 어느 때보다 큰 것도 그 같은 이유 때문일 것입니다.

공화국의 정치적 상품화와
순차 결정의 과학적 기준[*]

I. 공화국 모독죄의 신설이 시급하다

제14대 대통령선거는 단지 한 사람의 대통령을 뽑기 위하여 의례적으로 치러진 단순한 요식행사만은 아니었다. 그동안 피아의 경계가 불투명했던 두 진영 사이에, 즉 수구와 개혁 그리고 반동과 진보 사이에 하나의 대치 전선을 확연히 그어놓았다는 점에서 그것은 분명 획기적인 사건이었다. 한 시대를 마감하고 새 시대를 열기 위한 모처럼의 한판 대결이 그러나 수구와 반동의 승리로 막을 내린 지 두 달 남짓, 대통령 취임식을 닷새 앞두고 서울의 저잣거리는 '신한국건설'의 현수막들로 눈이 어지럽고, 상도동 하늘에는 오늘도 제2공화국의 깃발이 펄럭이고 있다. 이른바 문민정부의 시대가 열린 것이다. 요순의 시대가 온 것이다. 마침내 김영삼의 시대가 시작

---

[*] 이 글은 한국공법학회, 제34회 학술발표회 논문집, 1993.2.20, 29-40쪽에 수록된 것을 일부 수정한 것이다.

된 것이다.

김영삼 시대의 출발은 그런데 처음부터 저돌적인 데가 있다. 속 빈 강정인 '신한국건설'의 초대형 현수막들은 접어둔다고 해도 상도동 하늘에 나부끼는 제2공화국의 깃발은 사람들의 흐트러진 마음을 한곳에 붙잡아두기에 충분한 것이었다. 하기야 총과 칼로 정권을 탈취한 전두환 패거리도 비명에 간 원혼들의 주검 위에 전대미문의 폭력정권을 차려놓고 거기에다 제5공화국의 면류관을, 그것도 대한민국 헌법의 이름으로 얹어놓지 않았던가. 그리고 그 뒤를 이은 노태우 정권도 정치적 사술의 극치인 이른바 6·29 선언을 빌미로 스스로를 제6공화국이라고 미화하여오지 않았던가.

이에 비하면 김영삼 차기 정권이 설사 제7공화국을 참칭한다고 하여도 크게 탓할 것은 못 될 것이다. 열악한 물건일수록 그럴듯하게 포장하는 것이 자본주의 상품미학의 기본전략이기 때문이다. 그러나 김영삼 대통령 당선자와 그 주변은 차기 정권을 제2공화국 반열의 맨 윗자리에 올려놓음으로써 일종의 집단적 환각증세마저 나타내고 있다.[1] 우리 헌정사상 가장 공정했다던 이번 대통령선거에서 천만 표를 웃도는 '압도적 승리'를 거둔 터수로서는 제2공화국이 아니라 제1공화국의 깃발이라도 높이 쳐들고 싶었을 것이다.

그러나 공화국은 생각이 내키면 누구나 걸칠 수 있는 싸구려 옷가지가 아니다. 한번 쓰고 버리는 일회용 소모품은 더더욱 아니다. 그것은 근대 시민혁명에 의하여 특수한 의미가 각인된 고도의 실천적 개념이다. 특히 혁명

---

1) 1992년 12월 24일 자 《동아일보》에 따르면, 김영삼 차기 대통령은 출입기자들과 저녁식사를 함께하는 자리에서 차기 정부가 6공 2기인지 7공인지를 묻는 기자들에게 아래와 같이 차기 정권의 차별성을 강하게 내비쳤다고 한다. "지금까지 역대 정권은 정통성이 없었다는 점에서 모두 1공이었다면 새 정부야말로 명실상부한 2공이라는 이야기가 일부 학자들 사이에서 이야기되고 있다."

의 제단 위에서 피의 제전을 치러야 했던 프랑스에서는 공화국이야말로 변혁의 꿈과 향수가 깃든 격정의 대명사로 통하고 있다. 그것은 자유 평등 우애의 또 다른 이름이며, 민주주의 그 자체이다.[2] 따라서 공화국의 순차를 적당히 변경하여 노태우 후계정권의 꼬리표를 떼어버리고, 그렇지 않아도 오욕으로 점철된 우리 헌정사를 자신들의 입맛에 맞추어 다시 한번 짜보겠다는 그야말로 속살이 훤히 들여다보이는 치기 어린 발상은 독선과 아집을 넘어 역사와 진실에 대한 중대한 도전이라고 아니할 수 없다.

불행하게도 우리는 라 마르세이예즈의 신화도 삼색기의 낭만도 모른다. 1948년 대한민국 헌법이 제정된 후 우리 헌법은 숱한 우여곡절을 겪어왔다. 반민주적 폭력정권들이 기득권을 수호하기 위하여 교묘히 연출했던 헌법개악의 악순환은 마치 연중행사처럼 정례화되었고, 게다가 군홧발들의 이유 없는 행패로 우리 헌정이 중단되는 수모까지 몇 차례 견뎌내어야 했다. 이 같은 파행과 굴절의 소용돌이 속에서도 우리 헌법이 민주공화국의 국가 형태를 지켜온 것은 그나마 다행이라고 할 것이다. 그러나 우리 헌법이 법전 한 귀퉁이에 덤으로 얹혀 아직도 천더기 신세를 면치 못하였듯이, 민주공화국 규정 역시 관념적 허구의 세계에 자리 잡고 있다고 하여도 과언이 아니다.[3]

아무튼 우리 헌법이 국가 형태로 규정하고 있는 민주공화국이 공동체의 생활양식으로 뿌리내리려면, 이를 실천적으로 담보하기 위한 공동체 구성

---

2) Michel-Henry Fabre, *Principes republicains de droit constitutionnel*, troisieme édition, Paris/1977, 5쪽 이하.

3) 우리 헌법학계가 헌법학의 기본 문제를 얼마나 소홀히 다루고 있는지는 헌법교과서들이 헌법 제1조 제1항의 국가 형태 규정을 취급하는 태도에서도 여실히 드러난다. 헌법교과서들이 엄격한 의미의 헌법해설서라기보다 헌법 관계 종합참고서라고 해도 좋을 만큼 잡다한 내용을 늘어놓고 있으면서 이 대목에 와서는 갑자기 침묵하는데 이 같은 기현상을 어떻게 설명하면 좋을지 한번 생각하여볼 일이다.

원들의 헌신적 투쟁이 필요하다. 이때 절실히 요구되는 것이 다름 아닌 헌법의식의 제고이다.

헌법의식의 제고는 그러나 자연 발생적으로 이루어지는 것이 아니다. 공동체 구성원들이 스스로 헌법실천의 계급적 주체로 나설 때, 그리하여 민주공화국의 기본정신에 반하는 일체의 반이성적 헌법현실에 대하여 적극적으로 이의를 제기할 때 비로소 헌법의식의 질적 비약이 총체적으로 가능해진다.

헌법의식의 전진은 한마디로 말하면 공동체 구성원들의 집단적 의식화 과정이다. 이를 매개로 헌법현실에 대한 공동체 구성원들의 주체적 개입이 헌법문화의 일부로 정착되면, 종래 법의 사각지대에서 사실상 무장해제를 강요당한 시민불복종 운동이나 저항권도 새로운 활력을 얻게 될 것이다. 그렇게 되면 정치적 무풍지대에서 자의적 운용에 길들여진 국가권력도 어느 정도 이성을 회복하고 민주공화국의 기본틀을 존중하게 될 것이다.

문제는 공화국 순차의 변경 같은 정치적 속임수이다. 그런데 더 큰 문제는 정치적 상징조작의 한 방편으로 민주공화국이 이처럼 정치적 투기의 대상으로 전락한 지 오래인데도, 공동체 구성원들의 건강한 헌법의식에 기대는 길밖에 응분의 책임을 가릴 뾰족한 수가 없다는 사실이다. 그리하여 답답한 나머지 문득 머리에 떠올려본 것이 가칭 공화국 순차 무단변경 금지법의 제정이나 공화국 모독죄의 신설이다. 비록 황당하긴 하지만, 이 같은 생각에 잠시나마 마음을 빼앗겨보는 것은 민주공화국의 권위가 땅에 떨어지기 전에 가래 대신 호미의 지혜라도 빌리기 위함이다.

II. 공화국 순차 결정의 과학적 기준

위에서 언급하였듯이, 1980년 헌법은 전문 들머리에서 제5공화국의 깃발을 높이 쳐들었다. 이 같은 주먹구구식 정치산술이 누구의 머리에서 나온 것인지 출처가 분명치 않지만, 그것은 이린이민화의 풍사삼이 되고도 남을 희대의 깜짝아이디어였다고 하여도 과언이 아니다. 이 같은 공화국 순차 변경이 그들의 셈대로 폭력정권의 때를 벗는 데 도움이 되었는지 그것은 여기에서 알 바가 아니다. 어쨌든 이로 말미암아 깊숙이 뿌리내린 헌법 허무주의와 정치적 냉소주의는 이 사회의 발목을 잡고 체제유지의 버팀목 노릇을 단단히 하고 있다. 공화국의 순차가 이처럼 정치권력의 정당성을 조달하기 위한 간편한 도구로 함부로 사용될 수 있다면, 전두환 정권이 우리 헌정사의 한 모서리에서 제5공화국의 자리를 꿰찼다고 하여도 이상할 것은 없을 것이다. 어쨌든 1980년 이 나라를 불법점거한 단세포두뇌 집단의 계산법에 따르면, 김영삼 차기 정권은 〈표 1〉과 같이 제7공화국이 될 것이다.

〈표 1〉

이승만 정권	장면 정권	박정희 군사정권	유신 이전 박정희 정권	박정희 유신정권	전두환 정권	노태우 정권	김영삼 차기 정권
제1 공화국	제2 공화국		제3 공화국	제4 공화국	제5 공화국	제6 공화국	제7 공화국

공화국 순차의 이 같은 인위적 조작은 과학적 입장에서 볼 때, 아무런 의미가 없음은 말할 나위가 없을 것이다. 따라서 공화국의 순차를 우리 헌정사의 전체적 맥락 속에서 정확히 짚어보기 위하여는 공화국이 상이한 수준의 국가 편성 형태 가운데에서 어떠한 자리를 차지하고 있으며, 그것이 갖는 실천적 의미는 무엇인지를 해명하지 않으면 안 된다. 이 같은 작업은 물론 국가 편성의 형태에 대한 과학적 이해를 전제로 한다.

주지하는 대로 국가는 본질적으로 물리적 강제장치, 더 정확히 말하면 관념적 외피로 분장된 물리적 강제장치이다. 국가로부터 관념적 외피를 벗겨내면, 남는 것은 오직 물리적 강제장치뿐이다. 따라서 국가는 궁극적으로 물리적 강제장치의 제도적 표현인 국가기구로 환원된다.

그러나 국가기구는 또 한편으로 국가권력의 행사를 직접 담당하는 다양한 국가기관으로 구성된다. 이처럼 국가기구와 국가기관은 전체와 부분의 관계에 있으므로 국가기구가 통치기구로 기능하려면, 그 구성 부분인 국가기관들이 하나의 행동통일체로 조직되지 않으면 안 된다. 이때 국가기관들의 조직형태를 우리는 국가 형태라고 부른다.[4] 국가 편성의 형태에는 이 밖에도 국가 유형과 정부 형태가 있다. 국가 형태는 국가 유형과 정부 형태를 매개하는 중간범주로서 국가 유형에 대하여는 하위개념의 관계에 그리고 정부 형태에 대하여는 상위개념의 관계에 있다. 그러면 국가 편성 형태의 기초개념에 관하여 좀 더 구체적으로 알아보기로 하자.

1. 국가 유형

국가의 역사적 본질과 계급적 성격을 묻는 범주로서 이를 규정하는 결정적 요인은 한 사회의 지배적 생산관계이다.[5] 따라서 국가 유형은 국가의 경제적 토대와 계급적 기초를 이해하는 데 결정적인 단서가 된다. 세계사적 규모에서 보면, 사회구성체가 원시공동체를 기점으로 노예제사회 → 봉건제사회 → 자본주의사회 → 사회주의사회로 계기적인 전진을 계속함에 따라 이에 대응하여 노예제국가·봉건제국가·자본주의국가 그리고 사회주의국가가 순차적으로 성립한다.

---

4) 田口富久治/佐佐木一郎/加茂利男, 『政治の科学』, 靑木書店/1980, 51쪽 이하.
5) 小谷注之 외, 조금안 옮김, 『현대역사과학입문』, 한울/1986, 237쪽.

2. 국가 형태

국가 유형에 비하여 국가권력을 둘러싼 계급투쟁의 양태를 보다 구체적으로 표현해주는 범주이다.[6] 그것은 국가 유형의 하위개념으로 국가기관들의 조직형태를 가리킨다. 따라서 한 국가 유형 안에는 다양한 국가 형태가 존재하게 된다. 자본주의국가의 정상적 국가 형태로는 입헌군주국가, 민주공화국가 등이 있으며, 예외적 국가 형태로는 군사독재국가, 보나파르티슴 국가, 파시즘 국가 등이 있다.[7] 이처럼 자본주의국가에는 다양한 국가 형태가 있듯이, 이들 국가 형태는 제각기 나름의 독특한 조직원리를 갖고 있다. 예컨대 자본주의국가의 대표적 국가 형태인 민주공화국가의 조직원리는 권력분립의 원칙이며, 이의 구체적 현상형태는 나라마다 다르다. 그런데 자본주의국가에서 민주공화국가의 국가 형태가 이론적으로는 물론 실천적으로도 중요한 의미를 갖는 것은 권력분립의 원칙이라는 자유주의적 조직원리 때문이다. 그것은 지배계급이 정치권력의 정당성을 그리고 피지배계급이 계급투쟁의 합법적 공간을 확보하는 데 있어서 그 밖의 어떠한 조직원리보다 유리한 조건을 마련해준다.

3. 정부 형태

국가기구의 최상층에 자리한 정치적 집행기관, 즉 좁은 의미의 정부가 어떻게 구성되는지를 나타내는 범주이다.[8] 권력분립의 원칙에 기초한 민

---

6) 田口富久治/佐佐木一郎/加茂利男, 앞의 책, 53쪽.

7) Nicos Poulantzas, *Faschismus und Diktatur*, München/1973, 332쪽.

8) 위와 같음.

주공화국가에서 채택하고 있는 정부 형태 가운데 가장 보편적인 것으로 우리는 의원내각제와 대통령제를 들 수 있다.

그런데 1948년 대한민국 헌법이 제정될 때, 우리 헌법은 국가 유형으로 자본주의국가를 예정하고 있었으며[9] 국가 형태와 정부 형태로는 민주공화국가와 의원내각제를 약간 가미한 대통령제가 각각 채택되었다. 그 후 아홉 차례의 헌법개정이 있었으나, 이들은 대부분 통치기구 부문과 직접적으로 관련된 것이었으며 개정 내용도 정부 형태의 수준에 머물렀다. 즉 1960년의 헌법개정으로 정부 형태가 대통령제에서 의원내각제로 이행하였으며, 군사독재정권의 막간을 거쳐 1963년 전면 개정의 형태로 새로 개정된 헌법도 고전적 대통령제에 가까운 정부 형태를 도입하였다. 그리고 1972년의 헌법개정을 계기로 신대통령제 또는 반대통령제라 불리는 이원적 정부 형태가 채택되어 그 기본틀은 1980년의 헌법개정에서도 그대로 유지되었다.[10] 1987년의 개정헌법에서는 대통령의 국회해산권이 삭제되는 등 신대

---

9) 1948년 헌법 제15조 제1항에서 재산권에 관한 규정을 둠으로써 자본주의 경제제도의 법적 기틀이 마련되었다. 제15조 제2항 및 제3항의 재산권제한규정, 제18조 제2항의 이익균점권규정, 제84조 이하의 경제 관련 조항들은 기본적으로 제15조 제1항의 규정을 전제로 한 것이다.

10) 1972년 헌법과 1980년 헌법의 정부 형태는 헌법학자들 사이에서도 뜨거운 감자로 여기던 시절이 있었다. 이런 가운데도 1980년 헌법의 정부 형태에 대하여는 어느 정도 의견수렴의 경향을 보이고 있다. 김철수 교수에 따르면 1980년 헌법의 정부 형태는 'France 제5공화국 헌법의 이원집정제와 비슷한'(김철수, 『신고 헌법학개론』, 박영사/1990, 612쪽) 것이며, 권영성 교수도 그것을 '1958-1962의 프랑스 제5공화국 헌법상의 대통령제에 유사한'(권영성, 『헌법학원론』, 법문사/1992, 792쪽) 것으로 보고 있다. 그러나 1972년 헌법의 경우에는 헌법학자들의 견해가 크게 엇갈린다. 1972년 헌법의 정부 형태를 한태연 선생은 '변형된 대통령제', 갈봉근 교수는 '합리화된 대통령제', 문홍주 선생은 '절대적 대통령중심제' 그리고 박일경 선생은 '영도자적 대통령제'로 각각 부르고 있다.(권영성, 『헌법학원론(하)』, 법문사/1980, 152-153쪽에서 재인용) 한 나라의 정부 형태를 설명하기 위한 용어들치고는 너무나 허술하다고 할까. 아무튼 과학적 개념이 지녀야 할 최소한의 명

통령제 또는 반대통령제를 고전적 대통령제 방향으로 순화시키려는 약간의 노력이 있었으나, 대통령 긴급명령권 등 고전적 대통령제의 틀을 뛰어넘는 독소조항들이 여전히 남아 있다.

그러나 이 같은 정부 형태의 빈번한 변경이 곧 국가 형태의 전환을 가져오는 것은 아니다. 따라서 공화국의 순차와 관련하여 우리는 정부 형태와 국가 형태를 국가 편성 형태에서 각기 상이한 수준을 대표하는 별개의 독자적 범주로 규정하고 이 두 범주를 엄격히 구별해야 한다. 이 같은 인식 아래 공화국의 차수를 국가 형태 수준의 문제로 규정한다면, 김영삼 차기 정권은 아래 〈표 2〉와 같이 제2공화국 제5기 정부가 될 것이다.

〈표 2〉

이승만 정권	장면 정권	박정희 군사정권	유신 이전 박정희 정권	박정희 유신정권	전두환 정권	노태우 정권	김영삼 차기 정권
제1 공화국	→		제2 공화국				→

〈표 2〉는 그러나 1972년의 이른바 유신헌법과 그 연상선 위에 있는 1980

증성조차 찾아보기 힘든 것이 사실이다. 이 같은 구름 잡기 설명에서 탈피하여 실체 해명의 노력을 보인 경우로 우리는 김철수 교수와 권영성 교수의 예를 들 수 있을 것이다. 그들은 1972년 헌법의 정부 형태를 '신대통령제'(김철수, 앞의 책, 612쪽) 또는 '뒤베르제의 권위주의적 대통령제'(권영성, 『헌법학원론』, 법문사/1992, 792쪽)로 규정하고 있다. 그러나 이들 개념이 구체적으로 무엇을 의미하는지 그리고 이 두 규정의 차별성이 무엇인지는 분명치 않다. 아무튼 권영성 교수의 '뒤베르제의 권위주의적 대통령제'를 반대통령제로 이해한다면, 우리는 1972년 헌법의 정부 형태를 두 교수에 기대어 신대통령제 또는 반대통령제로 정리해볼 수 있을 것 같다; 신대통령제의 개념에 대하여는 Karl Loewenstein, *Verfassungslehre*, The University of Chicago Press/1957, 62쪽 이하; 반대통령제에 관하여는 Maurice Duverger, *Institutions politiques et droit constitutionnel, tone 2*, 193쪽 이하; Maurice Duverger, *Régimes semi-présidentiel*, Presses Universitaires de France/1986, 101쪽 이하 참조.

년 헌법의 통치구조가 바이마르헌법이나 프랑스 제5공화국 헌법의 경우와 마찬가지로 신대통령제 또는 반대통령제의 범주에 속하며, 이들 신대통령제나 반대통령제가 국가 형태 수준의 문제가 아니라 정부 형태 수준의 문제임을 전제로 한 것이다. 그런데 신대통령제나 반대통령제에서는 권력의 상호 억제 및 균형이라는 고전적 대통령제 특유의 수평적 권력분립이 지양되고, 국민에 의하여 직접 선출되는 대통령이 국회해산권뿐만 아니라 내각수반 임면권까지 갖는 것이 일반적 경향이다. 나아가 대통령은 비상사태 때 질서를 유지하기 위하여 기본권의 효력을 정지시킬 수 있으며, 그 밖에 각종 법률대위적 명령권이나 처분권을 갖는다. 이처럼 고전적 대통령제의 한계를 넘어서는 신대통령제 또는 반대통령제를 단순히 정부 형태 수준의 문제로 치부할 수 있을지는 논란의 여지가 있을 것이다. 권력분립의 원칙은 위에서 지적하였듯이 민주공화국가의 조직원리로서 어떠한 이유로도 포기할 수 없는 절대적인 것이기 때문이다. 이에 따라 신대통령제 또는 반대통령제를 자본주의적 위기관리국가의 전형으로 보고 이를 보나파르티슴 국가의 한 갈래로 분류하는 유력한 견해도 있다.[11] 이 같은 입장에 선다면, 김영삼 차기 정권은 〈표 3〉과 같이 제3공화국 제2기 정부가 될 것

---

11) Michel Miaille, *Constitutions et luttes de classe*, Editions du Faubourg/1978, 188쪽 이하; 보나파르티슴(Bonapartism)은 엥겔스가 「프로이센의 군사문제와 독일노동자당」, 「주택문제」 등 일련의 논문들과 『가족, 사유재산 및 국가의 기원』에서 사용한 낱말이다. 그것은 서로 투쟁하는 두 계급이 호각지세를 이루어 힘의 균형상태가 계속될 때 국가권력이 외견상의 조정자로 등장하여 초계급적 존재로 자처하는 경우를 나타내는 개념이다. 엥겔스에 따르면, 귀족과 부르주아계급이 백중세를 이루던 17세기와 18세기의 절대군주제 그리고 부르주아계급과 프롤레타리아계급이 주도권을 다투던 프랑스의 제1제정과 제2제정이 이에 해당된다. 보나파르티슴에 관하여는 山口定, 『現代ファズム論』, 有斐閣/昭和 51, 119쪽 이하; Karl Marx, *Marx Engels Werke*, Bd. 8, Dietz Verlag Berlin/1982, 127-129쪽 참조. 칼 맑스는 「루이 보나파르트의 브뤼멜 18일」에서 보나파르티슴 국가의 특징으로 입법권에 대한 집행권의 압도적 우위를 들고 있다; Karl Loewenstein도 신대통령제를 일종의 현대판 보나파르티슴체제로 보고 있다. 앞의 책, 62쪽.

이다.[12]

이승만 정권	장면 정권	박정희 군사정권	유신 이전 박정희 정권	박정희 유신정권	전두환 정권	노태우 정권	김영삼 차기 정권
제1 공화국	→		제2 공화국	→		제3 공화국	→

III. 터널의 끝인가 새로운 시작인가

이제까지 우리는 헌법을 토대로 공화국의 차수를 국가 형태의 수준에서 살펴보았다. 그러나 헌법규범과 헌법현실에 틈이 생겨 헌법현실과 헌법규범이 서로 평행선을 긋게 되면, 이 같은 접근방식은 공화국의 차수를 결정하는 데 아무런 도움이 되지 못한다.

---

12) 이 같은 문제는 프랑스 제5공화국의 성격 규정과 관련하여 역시 제기된다. 주지하는 바와 같이, 프랑스는 정치실험장이라고 불릴 만큼 국가 형태에 있어서 복잡한 경과, 즉 혁명 직후의 입헌군주제 → 1792년의 제1공화국 → 1799년의 제1제정 → 1830년의 입헌군주제 → 1848년의 제2공화제 → 1852년의 제2제정 → 1875년의 제3공화제 → 1940년의 비시 정권 → 1944년의 제4공화국 → 1958년의 제5공화국이라는 일종의 순환 과정을 거쳐왔다. 제1공화국과 제2공화국 사이, 제2공화국과 제3공화국 사이, 그리고 제3공화국과 제4공화국 사이에는 국가 형태의 연속성을 파괴하는 역사적 단절이 있었으므로 공화국 차수의 변경은 논리적으로 이론의 여지가 없을 것이다. 그러나 국가 형태의 역사적 단절이 없이 정권이 합법적 과정을 통하여 교체된 제5공화국의 경우에는 공화국 차수의 변경이 가능한지 의문이다. 앞에서 말한 대로 제5공화국 헌법의 명칭은 확실히 논리적 근거가 없는 것이라고 할 수 있다. 나아가 신대통령제 또는 반대통령제를 국가 형태의 수준에서 보나파르티슴 국가 형태로 이해한다고 하여도, 제5공화국의 명칭은 아무런 타당성이 없을 것이다. 보나파르티슴 국가는 이미 공화국가의 국가 형태가 아니기 때문이다. 우리 헌정사를 통치기구 부문의 변동에 따라 시기 구분을 하는 데 타산지석으로 삼아야 할 대목이다.

이처럼 헌법이 현실규정력을 상실하여 공화국 차수 결정의 준거틀이 되지 못한다면, 헌법상의 국가 형태는 일단 묶음표에 넣어두고 살아 있는 헌법현실에 기초하여 공화국의 차수를 결정하는 것이 오히려 합리적일 것이다. 그러나 이 같은 접근방식이 일정한 성과를 거두려면, 헌법현실의 질을 좌우하는 국가권력의 발동양식에 대한 구체적인 분석이 이루어지지 않으면 안 된다.

이때 구체적 분석을 위한 도구개념으로 우리의 관심을 끄는 것이 다름 아닌 통치방식의 범주이다.[13] 이것은 치안정책 등 주요 국가정책의 결정 및 집행 과정에서 국가권력이 구체적으로 발동되는 양식을 나타내는 개념으로 실천적 측면에서 대단히 중요한 의미를 갖는다. 국가 형태가 직접 또는 정부 형태를 매개로 통치방식에 영향을 미치듯이, 통치방식 또한 직접 또는 정부 형태를 매개로 국가 형태에 영향을 주기 때문이다. 예컨대 국가 형태가 민주공화국가인데도 국가 형태와 통치방식이 비대칭 관계에 있기 때문에 통치방식이 민주공화국가 이전의 전제적 단계에 머물러 있을 경우, 통치방식의 민주주의적 전환이 없이 국가 형태의 진정한 민주화는 기대할 수 없을 것이다.

따라서 헌법규범과 헌법현실의 틈이 파열 직전의 위험 수위에까지 이르러 헌법의 자기소외 현상과 헌법현실의 자립화 경향이 급속히 진행되는 곳에서는 통치방식이 공화국의 순차를 결정하는 데 결정적인 의미를 갖는다.

특히 우리나라처럼 부르주아계급은 있어도 헌법실천의 계급적 주체성이 아직 확립되지 못하고, 게다가 계급모순은 물론 민족모순에 분단모순까지 겹쳐 중층적 모순구조가 헌법의 목을 이중삼중으로 조이고 있는 곳에서는 헌법현실의 자립화 경향이 헌법에 대한 안보법체계의 압도적 우위로 귀

---

13) 小谷汪之 외, 조금안 옮김, 앞의 책, 239-241쪽.

결될 것은 자명한 일이다. 그 결과 헌법은 마침내 정치공동체의 기본법으로서 갖추어야 한 최고규범성을 상실하게 된다.

이처럼 초헌법적 안보법체계가 사실상의 헌법으로 통용되는 신식민지 외견적 입헌주의 헌법 아래에서는 통치방식이 필연적으로 폭력적 성격을 띠게 되며,[14] 신식민지 파시즘 체제가 통치방식의 수준에서 자리 잡게 되는 것은 단지 시간문제일 뿐이다.[15] 따라서 공화국의 순차를 결정하는 데에도 통치방식이 가장 합리적인 기준으로 떠오르게 된다.

우리나라에서 폭력적 통치방식이 본격적으로 시작된 것은 1961년 군사 쿠데타 이후 한미방위협정과 국가보안법을 기축으로 한 안보법체계가 한 층 정교해지면서부터이다. 물론 이승만 정권의 폭력적 성격도 부정할 수 없으나 주로 경찰력에 의존하였다는 점에서 권위주의정권의 수준을 넘는 것은 아니었다.

어쨌든 폭력적 통치방식은 법적 수단을 매개로 자기 자신을 관철해 나간다. 사실 반공을 국시로 내세운 박정희 군사독재정권이 맨 먼저 착수한 것은 반공법의 제정이었다. 반공법은 기존의 국가보안법과 내용이 중첩되는 옥상옥의 군더더기에 불과하였으나, 안보법체계의 본격적 가동을 알리는 신호탄으로서 그것이 갖는 헌정사적 의미는 대단히 크다고 할 것이다.

---

14) 외견적 입헌주의(Scheinkonstitutionalismus)는 엥겔스가 1850년의 프로이센 헌법을 두고 사용한 개념이다. 1850년의 프로이센 헌법은 군주주의와 자유주의의 타협의 산물로서 군주주권과 의회주권의 이원적 구조가 특징이라고 할 수 있다. 신식민지 외견적 입헌주의는 신식민지 종속국가 헌법의 구조적 특징을 해명하기 위하여 필자가 처음으로 사용한 용어이다. 이 점에서 그것은 엥겔스의 외견적 입헌주의와 본질적으로 구별된다고 할 수 있다. 이 용어의 보다 정치한 개념구성을 위하여는 앞으로 상당 기간 집중적인 이론작업이 필요할 것이다. 아직 작업가설 수준에 있지만, 신식민지 외견적 입헌주의의 특징은 외견적 헌법체계와 초헌법적 안보법체계의 이원적 구조로 요약될 수 있을 것이다.

15) 신식민지 종속파시즘에 관하여는 한국정치연구회, 「신식민지 파시즘의 이론구조」(한국학술단체협의회, 『1980년대 한국사회와 지배구조』, 풀빛/1989, 11-77쪽 수록) 참조.

그 후 민간복으로 갈아입은 박정희 정권은 이것도 모자라 사회안전법을 서둘러 제정한다. 그것은 이른바 반체제인사들을 체제 밖의 무법지대로 내몰기 위한 일종의 예방구금법이다. 이로써 신식민지 파시즘 체제로 이행하기 위한 법적 장치가 헌법 하위법의 단계에서 일단 마무리된 셈이다. 그리고 1971년 유신으로 가는 길목에서 '국가보위에 관한 특별조치법'이 만들어지고 1972년 유신헌법이 대통령에게 긴급조치권을 부여함으로써 적어도 법적 측면에서는 신식민지 파시즘 체제가 안보법체계의 법적 헤게모니 아래 완성되었다고 볼 수 있다. 그 후 전두환 정권 때 반공법이 국가보안법에 흡수되는 등 약간의 손질은 있었으나 안보법체계의 기본틀은 변함이 없었다. 노태우 정권 아래에서도 사회안전법이 폐지되고 그 대신 보안관찰법이 들어섰을 뿐 안보법체계는 그대로 유지되고 있다.

헌법에 대한 안보법체계의 이 같은 압도적 우위는 머잖아 통치기구 부문의 변화를 가져온다. 공식기관들은 뒷전으로 비켜나고 안보 관련 기구들이 전면에 등장한다. 이 같은 현상은 헌법현실에서 안보법체계가 최종발언권을 갖는 데 따르는 필연적인 결과라고 할 수 있다.

주지하는 바와 같이, 안보법체계는 한미방위협정을 정점으로 대통령의 독재권[16] → 국가보안법 + (반공법)[17] → (사회안전법)[18] + 보안관찰법 → 전투경찰대설치법 등 준군사조직법으로 이어지는 일종의 자기완결적 위계구조를 이루고 있다. 그리하여 국가권력의 축은 자연히 대통령과 그 주변

---

16) 대통령 독재권의 명칭은 헌법개정 때마다 바뀌어 1972년 헌법과 1980년 헌법에서는 긴급조치권 또는 비상조치권으로 불렸고, 현행 헌법은 이를 긴급명령권이라고 이름 붙이고 있다.

17) 반공법은 1961년 12월 13일부터 시행되어 1980년 12월 31일 새 국가보안법의 발효와 함께 폐기되었다.

18) 사회안전법은 1975년 7월 16일 발효되어 1989년 9월 16일 보안관찰법의 시행과 함께 폐기되었다.

에 포진한 안보 관련 기구들, 예컨대 중앙정보부 또는 그 후신인 국가안전 기획부 등을 중심으로 편성된다.

이에 따라 안보 관련 기구들이 사회 전 영역에 걸쳐 주요 국가정책의 결정 및 집행 과정에 깊숙이 개입하게 되고, 이로 말미암아 국가 안의 국가가 머리를 내미는 이른바 이중국가의 현상이 나타나게 된다. 이것은 공식국가가 비공식국가에 자리를 내주고, 양지의 국가가 음지의 국가에 밀리는 무정부적인 국가 해체의 과정이기도 하다. 그 결과 헌법 하위법에 의하여 설치된 안보 관련 기구들이 초헌법적 주권기관으로 군림함으로써 공식 국가 기관들은 박제된 명목상의 존재로 전락한다.

이 같은 현상은 전두환 정권에 이르러 더욱 두드러진다. 사실 전두환 정권의 등장은 안보 관련 기구들의 입지를 강화해주는 결정적인 계기가 되었다. 이와 관련하여 특히 주목해야 할 것은 군사정보기관의 약진이다. 그리하여 국군보안사령부는 국가안보를 빌미로 시민사회의 경계를 수시로 드나들면서 사회 전반에 걸쳐 억압적 기능을 수행하였다.

안보 관련 기구들의 이 같은 정치 개입은 노태우 정권 아래에서도 변함이 없다. 국가안전기획부의 정치 개입은 오히려 더 기승을 부리고 있고,[19] 국군보안사령부 또는 이를 개칭한 국군기무사령부의 월경행위도 여전하다.[20] 그리고 전두환 정권 때부터 각급 수준에서 운영되어오던 관계기관대책회의가 정국의 주요 고비마다 정치에 직접 간여함으로써 이중국가의 현상에 이중정부의 현상마저 두드러지고 있다. 뿐만 아니라 준군사조직인 전투경찰이 치안의 최전방에서 대국민작전을 계속 수행함에 따라 거리에는

---

19) 가장 대표적인 사례로는 문익환 목사와 서경원 의원의 방북 사건을 계기로 연출된 공안정국, 1992년 3 · 24 총선거 때 홍사덕 후보 비방 유인물 살포 사건 등을 들 수 있을 것이다.
20) 1990년 10월 윤석양 이병이 국군보안사령부의 민간인 정치사찰을 폭로한 후에도 국군기무사령부의 정치 개입은 언론매체를 통하여 심심치 않게 보도되고 있다.

아직도 폭력의 그림자가 걷히지 않고 있다.

위에서 보았듯이, 박정희 유신정권, 전두환 정권, 그리고 노태우 정권은 적어도 폭력적 통치방식에서 본질적인 차이가 없다고 할 것이다.[21] 그러한 의미에서 박정희 유신정권에서 노태우 정권에 이르는 시기를 박정희 군사독재 시기와 함께 헌정공백의 암흑시대라고 하여도 과언이 아닐 것이다. 따라서 이 세 정권을 유신 제1기 정권, 유신 제2기 정권, 그리고 유신 제3기 정권으로 규정하고, 공화국의 순차에서 제외하는 것이 우리 헌정사의 새로운 복원작업을 위하여도 바람직할 것이다.

〈표 4〉

이승만 정권	장면 정권	박정희 군사정권	유신 이전 박정희 정권	박정희 유신정권	전두환 정권	노태우 정권	김영삼 차기 정권
제1 공화국	제2 공화국		제3 공화국	유신 제1기 정권	유신 제2기 정권	유신 제3기 정권	?

아무튼 김영삼 차기 정권은 이제 연속과 단절의 두 고리 가운데 하나를 선택해야 할 갈림길에 서 있다. 하나는 노태우 정권의 탯줄을 그대로 이어받는 길이요, 또 하나는 새 공화국의 문을 활짝 여는 길이다. 그러면 김영삼

---

21) 박정희 정권과 전두환 정권의 폭력적 성격은 이미 역사의 상식에 속하므로 더 이상 언급할 필요조차 없을 것이다. 이 점에서 노태우 정권은 더하면 더했지 나을 것이 하나도 없을 것이다. 시국 관련 구속자 수에 있어서도 노태우 정권은 집권 후 3년도 채 안 되는 기간에 전두환 정권 때의 총 구속자 수와 맞먹는 4,176명의 시국사범을 만들어냈다.(《한겨레》, 1990.12.5.) 뿐만 아니라 1987년의 헌법개정으로 대통령의 국회해산권이 삭제되는 등 국회와의 관계에서 힘의 공백이 생기자, 노태우 정권은 검찰권을 동원하여 입법기관인 국회를 길들이려고 하였다. 이 과정에서 이런저런 이유로 국회의사당을 떠나야 했던 국회의원의 수만도 자그마치 10여 명에 이른다.

차기 정권은 유신 제4기 정권의 명예를 택할 것인가, 아니면 제4공화국의 큰길로 나설 것인가.

이 같은 물음에 대한 답은 물론 김영삼 차기 정권의 몫으로 돌릴 수밖에 없을 것이다. 그러나 이 정권의 본질이나 성격으로 미루어 막연한 기대나 근거 없는 장밋빛 전망은 절대금물일 것이다. 한 세대 이상 쌓아 올린 기득권 세력의 철옹 같은 방어벽을 뚫고 앞의 세 정권과 다른 그 무엇을 보이려면 건너야 할 강, 넘어야 할 산, 그리고 풀어야 할 매듭이 너무나 많기 때문이다. 따라서 최악의 경우에는 폭력적 통치방식이 선택 가능한 유일한 대안으로 떠오를 가능성도 완전히 배제할 수 없을 것이다.[22]

---

22) 김영삼 차기 대통령은 기회가 있을 때마다 자신이 의회민주주의의 신봉자임을 강조하여 왔다. 그러나 3당 합당 후 얼마 안 되어 그가 최고대표위원의 자리를 맡고 있던 민자당이 방송관계법, 국군조직법, 국가보안법 등 쟁점법안들을 날치기로 통과시켜 야당국회의원들이 의원직 사퇴서를 제출하는 등 우리 헌정사상 최악의 사태가 벌어졌던 일은 아직도 기억에 새롭다. 이 사태는 의회민주주의 신봉자로 자처하는 한 정치인의 말과 행동이 얼마나 다른지를 극명하게 보여준 대표적인 사례라고 할 수 있다.

헌법재판관들의 사법 쿠데타[*]

헌법재판소의 발걸음이 미덥지 못하였던 것은 비단 어제 오늘의 일이 아니다. 아니나 다를까, 자칭 헌법 수호천사 헌법재판소가 빛바랜 가면을 벗어던지고 마침내 본디의 색깔을 유감없이 드러내었다. 신행정수도건설특별조치법에 대한 헌법재판소의 위헌 결정은 관습헌법이라는 정체불명의 허깨비를 불러들여 우리 성문헌법체계의 근간을 뿌리부터 흔들어놓은 반입헌주의적 헌법능욕, 한마디로 사법 쿠데타이다. 헌법재판소가 스스럼없이 총대를 메고 나선 이번 사법 쿠데타는 지난 초여름 탄핵정국을 몰고 온 의회 쿠데타의 자매편이다. 의회 쿠데타든 사법 쿠데타든, 그 한가운데에는 시대와 호흡을 함께하기에는 숨 길이가 턱없이 모자라는 수구반동 기득권집단의 초조감과 불안감이 자리 잡고 있다.

---

[*] 이 글은 신행정수도특별법에 대한 헌법재판소의 위헌 결정 직후인 2004년 10월 26일 개인 성명의 형태로 발표된 것으로, 민주주의법학연구회 편, 《민주법학》 제27호, 2005, 457-461쪽에 수록되었다.

헌법재판소는 헌법해석기관이다. 헌법재판소의 헌법해석이 구속력을 갖기 위하여는 헌법재판소 결정이 최소한의 권위를 지녀야 한다. 헌법재판소 결정의 권위는 총구에서 나오는 것도 여론에서 나오는 것도 아니다. 헌법해석의 논리적 설득력이야말로 권위의 유일한 샘이다. 그러나 신행정수도건설특별조치법에 대한 헌법재판소의 위헌 결정은 법 상식의 테두리를 한참 벗어난 일종의 정치적 비토 선언이라 하여도 과언이 아니다. 이번 헌법소원심판 사건에서 위헌 결정을 주도한 다수의견 어느 구석을 들추어보아도 논리적 설득력을 갖추기 위한 진지한 고뇌의 흔적은 찾아볼 수 없다. 당연히 논리는 온데간데없이 행방불명이 되고, 예단 몰상식 그리고 억지가 서로 밀거니 당기거니 어지럽게 춤추고 있을 뿐이다.

예단은 법조인들이 경계해야 할 금기사항들 가운데 으뜸가는 항목이다. 우리 헌법이 법관 양심 조항을 특별히 마련한 것도 그 때문이다. 하지만 위헌 결정에 손을 빌려준 헌법재판관들의 다수의견은 신행정수도건설 불가라는 정치적 예단을 밑바탕에 깔고 있다. 이 같은 정치적 예단은 다수의견 헌법재판관들이 합리적 논리도 제시하지 않고 행정수도건설을 수도 이전으로 못 박고, 수도 이전을 다시 '기본적 헌법사항'으로 부풀리는 논리 비약의 독단에서 분명히 드러난다. 논리 비약의 독단은 그러나 결코 우연이 아니다. 그것은 사회학적 상상력의 빈곤과 헌법학적 인식 지평의 천박성에서 비롯한다. 한 나라의 수도는 말할 것도 없이 다목적 기능복합체이다. 정치적 그리고 행정적 기능 못지않게 중요한 것은 경제적 기능과 문화적 기능이다. 수도 기능의 이 같은 분화와 이에 따른 기능 체계 조정은 사회발전의 결정적 지표이다. 수도 기능 가운데 행정적 기능만 떼내어 지리적 공간을 재배치하는 것은 수도 기능의 합리적 축감일 뿐, 수도 기능의 소멸을 의미하는 것이 아니다. 사회학적 상상력의 빈곤보다 더 큰 문제는 헌법학적 인식 지평의 천박성이다. 수도 소재지 문제는 기본적으로 법률사항이다. 물론 수도 소재지를 헌법이 명문으로 규정하는 예외적 경우가 없는 것은 아니다. 그것은 그러나 이번 헌법소원심판 사건에서 다수의견이 주장하는 것처럼 '기본적 헌법사항'이기 때문이 아니다. 헌법 제정 또는 개정 당시의 역사적 특수성에서 오는 일종의 불가피한 입법 기술적 선택에 지나지 않는다.

몰상식의 극치는 다수의견 헌법재판관들의 복고주의적 정신구조이다. 찬반의 입장 차이를 떠나 신행정수도건설특별조치법은 지리적 공간 재배치를 통하여 국토의 균형 발전을 실현하려는 우리 사회의 미래 청사진이다. 때문에 헌법소원심판의 대상인 신행정수도건설특별조치법에 대하여는 정작 일언반구의 언급도 없이 『경국대전』을 생게망게 들고나와 다수의견 헌법재판관들이 한가롭게 나눈 독백 형식의 선문답은 더욱 충격적이다. 대한민국은 조선왕조의 법통을 그대로 이어받은 조선왕조 후계 국가가 아니다. 하물며 헌법재판소가 조선왕조 도읍지 한양을 연구하기 위하여 모인 풋내기 역사가 동호회는 더더욱 아니다. 헌법재판소는 대한민국 헌법에 따라 설치된, 대한민국 헌법을 심판 기준으로 하는 대한민국 헌법해석기관이다.

이번 헌법소원심판 사건은 여느 심판 사건과 달리 역사적 무게가 막중하다. 그만큼 헌법재판소는 없는 지혜나마 총동원하여 신중하게 접근했어야 한다. 그러나 기대는 완전히 빗나갔다. 위헌 결정에 가담한 헌법재판관들의 다수의견은 헌법재판소가 결정의 이름으로 국민 앞에 내놓기도 부끄러울 만큼 논리 구성이 치졸하기 짝이 없다. 논리적 설득력은 고사하고 억지의 경연장이라 할 만치 모순과 배리투성이이다. 다수의견에 따르면, 수도 문제는 "국가생활에 관한 국민의 근본적 결단임과 동시에 국가를 구성하는 기반이 되는 핵심적 헌법사항"이다. 다수의견의 주장처럼 수도 문제가 "국가생활에 관한 국민의 근본적 결단"이라면 그리고 나아가 "국가를 구성하는 기반이 되는 핵심적 헌법사항"이라면, 이들 "국가생활에 관한 국민의 근본적 결단"과 "국가를 구성하는 기반이 되는 핵심적 헌법사항"은 반드시 성문헌법에 규정하는 것이 입헌주의의 기본상식이 아닐까? 이른바 관습의 테두리 안에서 처리할 수 있는 문제라면, "국가생활에 관한 국민의 근본적 결단"일 수도 "국가를 구성하는 기반이 되는 핵심적 헌법사항"일 수도 없다는 것 역시 입헌주의의 기본상식이 아닐까? 그렇다. 답은 멀리 있지 않다. 다수의견 헌법재판관들은 이제 음지에서 양지로 나와 떳떳하게 대답하여야 한다. 스스로 자신들의 이념적 정체성을 솔직히 밝혀야 한다. 자신들이 발 딛고 서 있는 이념적 좌표가 입헌주의인지, 아니면 반입헌주의인지 정치적 신앙고백을 하여야 한다. 그러나 다수의견 헌법재판관들조차도 자신들이 선택한 길이 어디에서 와 어디로 가는지 모를 수 있다. 헤겔의 말마따나 세상에는 역사의 간지라는 눈에 보이지 않는 손이 인형처럼 갖고 노는 꼭두각시들이 늘 있기 마련이기 때문이다. 설사 그렇다 하더라도 계몽적 차원에서 몇 마디 사족을 붙이는 것도 결코 부질없는 일은 아닐 것이다.

주지하는 대로 입헌주의의 핵심은 헌법의 성문화이다. 입헌주의의 사전에는 관습헌법이라는 말은 애당초 존재하지 않는다. 입헌주의 아래에서 관습헌법론이 고개를 든다면, 거기에는 필시 나름의 곡절이 있을 것이다. 프랑스 제3공화국의 경우이다. 프랑스 제3공화국은 출범 당시의 복잡한 정치적 역학관계 때문에 헌법 제정을 후일의 과제로 미루고 단지 정부조직 관련 법률 서너 개로 70여 년을 버티었다. 성문헌법을 대신하여 관습헌법이 터 잡을 입헌주의적 공간이 자연스럽게 열린 셈이다. 이 같은 극히 이례적인 사례를 제외한다면, 관습헌법론은 대부분의 경우 입헌주의를 부정하기 위한 수단으로 원용되었다. 나치스 체제 아래에서 형사법학자들이 관습형법론을 들고나와 나치스 형법이론의 구축에 앞장선 것은 주지의 사실이다. 헌법학 부문도 마찬가지이다. 바이마르헌법 체제 아래에서 관습헌법론을 반입헌주의적 헌법이론 구축의 전초기지로 삼은 것은 다름 아닌 스멘트이다. 스멘트의 통합이론은 본질적으로 반입헌주의적이다. 그것은 독일 최초의 자유주의적 입헌주의 헌법체제인 바이마르헌법 체제를 부정하기 위한 반혁명 헌법이론이다. 스멘트의 통합이론이 지향하는 헌법체제는 비스마르크 아래의 입헌군주주의 헌법체제이다. 따라서 스멘트의 통합이론은 성문헌법보다 관습헌법에 더 무게를 둔다. 스멘트 통합이론의 이 같은 반입헌주의적 속성 때문에 스멘트의 통합이론이 무솔리니 체제 아래의 이탈리아 파시즘 헌법이론에 일정한 영향을 준 역사적 사실도 다시 한번 곱씹을 대목이다. 아무튼 계몽의 여정을 이쯤에서 접어도 다수의견 헌법재판관들이 걸어온 길이 어디로 가는지가 어렴풋이나마 드러난다. 내친김에 다수의견 헌법재판관들과 함께 몇 걸음을 더 가면, 우리는 거기에서 다음과 같은 묘비명이 새겨진 스멘트의 묘석을 마주하게 될 것이다.

관습헌법은 정신 합법칙성의 소산이다. 따라서 관습헌법은 성문헌법에 우선한다.

사법 쿠데타의 희비극은 여기에서 그치지 않는다. 막간극의 주인공은 다수의견에 동조하며 일부 반대의견을 낸 헌법재판관이다. 그는 이번 헌법소원심판 사건에서 졸지에 루소류의 민중주의적 인민주권론자로 탈바꿈하여 민중주의적 인민주권론자조차도 감히 상상하기 힘든 급진 민주주의적 기본권론을 주장한다. 그러나 외교 국방 통일 등 국가안위에 관한 주요 정책을 국민투표에 붙일 수 있게 한 우리 헌법 제72조는 대통령의 정치적 재량권을 폭넓게 인정한 임의규정이다. 이 같은 임의규정에서 국민투표권을 직접 도출하는 것은 기본권이론의 입장에서 볼 때 법 사고의 파탄이나 다름없는 상식 이하의 허튼수작에 지나지 않는다. 뿐만 아니라 그 같은 견강부회는 헌법재판소가 지금까지 견지하여온 국민주권 관념이나 민주주의 이해와도 크게 어긋난다. 헌법 비틀기도 이 정도가 되면 도가 너무 지나치다. 좋게 말하여 혁명적 발상이라 할까, 앞으로도 초지일관할지 두 눈 부룹뜨고 지켜볼 일이다.

헌법재판소가 돌아올 수 없는 다리를 건너고 말았다. 치명적인 자충수이다. 마지막의 시작이다. 스스로 무덤을 판 꼴이다. 이제 정치에 입맛을 들인 헌법재판관들의 무책임한 헌법해석 놀이에 마침표를 찍을 때이다. 무엇보다 시급한 것은 헌법재판관들의 사법 쿠데타로부터 입헌주의 전통을 살려내고, 그 위에 민주주의를 다시 세우는 일이다. 대통령은 국민이 직접 선출한 국가 원수로서 헌법재판관들의 사법 쿠데타로부터 헌법을 수호할 막중한 임무를 떠맡고 있다. 헌법재판소의 위헌 결정과 관계없이 대통령은 신행정수도건설특별조치법을 한 치의 오차도 없이 성실히 집행해야 한다. 헌법재판소의 위헌 결정을 받아들여 그 테두리 안에서 대체 입법을 강구하려는 정부 일각의 패배주의에 대통령이 굴복하면, 입헌주의도 민주주의도 끝장이다. 대체 입법에 골몰할 여유가 있다면, 차라리 헌법재판제도를 국민주권의 테두리 안에 묶어놓기 위한 헌법재판소법 개정 작업을 하루속히 서둘러야 한다.

사법권력을 생각한다 그리고 법치국가를 경계한다[*]

　사법개혁론도 나름이다. 비판적 사법개혁론의 기본전제는 법사회학적 심층 분석과 사법 이데올로기 비판이다. 법사회학적 심층 분석을 에두르는 제도 중심의 형식적 사법개혁론은 소리만 요란할 뿐, 자폐성 순환논리로 끝나기 십상이다. 때문에 비생산적이다. 사법 이데올로기 비판에 등을 돌리는 현실 추수의 임기응변식 맹목적 사법개혁론 또한 알맹이가 없기는 마찬가지이다.

　먼저 가려야 할 것은 개혁 담론의 대상인 사법의 실체이다. 사법권력 개혁이 아니라 언필칭 사법개혁이다. 담론 주제 설정부터 사법의 비권력성을 암시한다. 속류 자유주의의 언설이 빠지기 쉬운 자기기만의 한 단면을 보는 듯하다. 계급사회의 헌법현실에서 비권력적 사법은 한낱 정치적 수사에 지나지 않는다. 존재하는 것은 사법권력뿐이다. 사법권력은 국가권력 안에

*　이 글은 민주적 사법개혁 실현을 위한 국민연대 편, 『온 국민이 함께 가는 민주적 사법개혁의 길』, 필맥/2006, 27-35쪽에 수록된 것이다.

자리하면서 그 위에 군림하는 일종의 내재적 초월심급, 불편부당의 중립권력이 아니다. 그것은 국가권력의 내부공간에서 국가권력 중심축의 좌표 이동에 따라 때로는 집행권력과, 때로는 입법권력과 길항관계에 서는 또 하나의 파생 국가권력이다. 법사회학적 심층 분석이 불가피한 까닭이 여기에 있다.

국가권력은 제도폭력의 시원적 형태이며, 제도폭력의 물질적 토대는 관료조직이다. 그리고 계급사회에서 관료조직은 계급지배의 공식 통로이다. 따라서 민주주의적 통제장치가 없는 관료조직 아래의 국가권력은 본질적으로 폭력적이다. 사법권력도 예외가 아니다. 사법권력의 폭력적 일탈은 계급재판, 정치재판, 정실재판 등 표출형태가 다양하다.

계급재판은 자본과 노동이 날카롭게 맞서는 분쟁사건이면 어김없이 등장하는 재판 문법의 고전적 범례이다. 계급사회에서 보편적으로 관찰할 수 있는 사법권력의 원죄이기도 하다. 사법관료 충원제도의 외과적 맴질로 손쉽게 풀 수 있는 문제가 아니다. 사법관료들 개개인의 알량한 법적 양심에 의탁할 사안은 더더욱 아니다. 사법권력의 계급적 해방 없이는 사법권력의 탈계급적 인간화는 그림의 떡이다. 선택 가능한 차선책은 제도 속 민주주의의 행진을 통하여 사법권력 깊숙이 자리 잡은 관료조직의 암 덩이들을 하나씩 제거해 나아가는 것이다. 사법권력 민주주의화 기획은 그러한 의미에서 정치적 계급투쟁의 가장 중요한 고리들 가운데 하나이다.

정치재판과 계급재판은 많은 경우 경계가 불분명하다. 계급사회에서는 더욱 그렇다. 계급재판은 곧 정치재판이기도 하다. 정치재판 역시 계급재판의 성격을 띠는 것이 보통이다. 사정이 이런데도 정치재판을 군이 계급재판으로부터 범주적으로 구분하는 것은 대한민국 국가권력의 태생적 한계로 말미암아 우리 헌법현실에서 정치재판이 누리는 특권적 지위 때문이다. 남북대치 상황에서 국가권력이 정당성의 위기에 몰릴 때마다 연례행사처럼 되풀이되는 것이 살풀이 정치재판의 한바탕 굿판이다.

이때 사법권력이 정치재판의 들러리로 저가보도처럼 휘두르는 것이 반 공산주의 이데올로기이다. 우리 헌법의 우아한 표현을 빌리면 "자유민주적 기본질서"이다. "자유민주적 기본질서"의 정식이 떠맡는 이데올로기적 억 압과 배제의 기능은 우리 헌법문화를 잿빛으로 물들이는 절망의 씨앗들이 다. 사법관료들의 의식개혁으로 거두어들일 수 있는 것이 아니다. 달리 뾰 족한 수가 없다면, 우리 헌법이 떠안고 있는 이데올로기 과부하를 과감히 덜어내는 것도 하나의 방법이 아닐까. 하지만 헌법학계 안팎에서 심심치 않게 불거져 나오는 헌법개정 제언들을 눈여겨보면, 근시안적 천박성이 새 삼 도드라진다. 잔가지만 보고 정작 큰 덩치는 놓치는 꼴이다.

정실재판은 다름 아니라 사법권력의 사유화이다. 법조해석은 물론, 사실 관계 확정에서 양형단계에 이르기까지 일련의 재판 과정에는 사법권력의 사유화를 부추기는 정실재판의 함정들이 곳곳에 널려 있다. 사법부조리의 백미라 할까, 더욱 기막힌 역설은 우리 헌법이 법치국가의 기둥으로 못 박 은 사법권 독립의 원칙이 도리어 정실재판의 알리바이로 되술래잡히고 있 다는 상식 밖의 사법현실이다. 사법권 독립의 원칙을 등에 업은 사법권력 의 이 같은 사유화는 권력 일반의 숙명적 비극, 따라서 철인왕조차도 피해 갈 수 없는 옥에 티쯤으로 간단히 치부할 성질의 것이 아니다.

그런데도 어찌 된 일인지 사법권력 부풀리기가 시대정신의 큰 흐름으로 굳어진 지 오래이다. 사법권력을 액면 이상으로 그럴듯하게 덧칠하려는 이 른바 사법 이데올로기의 한복판에는 우리 시대의 새 유령, 법치국가가 자 리 잡고 있다.

부르주아혁명이 성공한 결과 의회제 민주주의가 일찍이 뿌리내리기 시 작한 곳에서는 법치국가가 발붙일 여지가 많지 않다. 부르주아계급이 혁명 의 열매들을 만끽하는 데 의회제 민주주의만큼 완벽한 정치적 외피는 없기 때문이다. 숱한 시행착오와 우여곡절에도 의회제 민주주의가 정부 형태의 기본으로 정착한 제5공화국 이전의 프랑스가 좋은 사례이다.

반대로 부르주아혁명이 불발로 끝나 근대 계몽주의의 세례를 받을 역사적 기회가 주어지지 않은 정치 불모의 지대에서는 의회제 민주주의가 부르주아혁명의 최고 과제로 떠오르게 된다. 그리고 의회제 민주주의로 가는 멀고도 험난한 도정에서 부르주아계급은 의회제 민주주의를 갈음하여 자신들의 계급이익을 관철할 수 있는 과도기적 대안을 모색하기에 이른다. 법치국가를 쟁취하기 위한 독일 부르주아계급의 정치적 실천이 바로 그것이다.

1848년, 독일 최초의 부르주아혁명이 무위로 돌아간 다음, 법치국가는 독일 부르주아계급의 정치적 사활이 걸린 초미의 현안으로 부각한다. 이후 정치적 실천의 성과들이 쌓임에 따라 법치국가는 제도적 실체를 갖추기 시작한다. 이와 관련하여 특별히 주목해야 할 것은 비스마르크헌법 체제이다. 결정적 도약의 계기는 그러나 비스마르크헌법 체제의 붕괴와 바이마르헌법 체제의 등장이다. 자유주의적 법치국가에서 민주주의적 법치국가로 이어지는 법치국가의 계보가 완성되는 것이 이 무렵이기 때문이다.

우선 짚어야 할 것은 법치국가 계보의 전사이다. 개명 절대군주 체제 시기의 정치적 에피소드, 이른바 관료주의적 법치국가를 두고 하는 말이다. 그것은 프랑스발 부르주아혁명에 대한 개명 절대군주제의 불가피한 대응, 나름은 선제방어적 응답이다. 따라서 선진 엘리트 관료집단이 개명 절대군주의 신민들을 총체적으로 대표하는 보편신분의 자격으로 구체적 자유가 보장되는 인륜의 현실태, 즉 인간의 얼굴을 한 온정주의적 군주국가를 초기 입헌주의의 테두리 안에서 건설하는 것이 관료주의적 법치국가가 지향하는 기본구도의 핵심이다.

관료주의적 법치국가를 이끈 엘리트 관료집단의 주관적 의도야 어찌 되었든 전사는 말 근대로 전사일 뿐이다. 부르주아계급의 숙원인 자유주의적 법치국가가 역사의 일정에 오른 것은 프로이센 주도 아래 독일의 통일이 마무리된 다음이다. 부르주아계급의 생명줄이나 다름없는 소유권과 영업의 자유가 군주의 입법사항에서 의회의 입법사항으로 바뀐 것은 비스마르크헌법 체제 아래에서이다. 소유권과 영업의 자유에 관한 한, 의회는 이제 군주의 입법권한을 보필하는 협찬기관이 아니라 법률제정권을 행사하는 국민대표기관이다. 나아가 소유권과 영업의 자유가 침해될 경우 행정소송의 길을 터줌으로써 법치행정의 새 지평이 열린다. 칼 슈미트가 말하는 부르주아 자유주의적 법치국가의 본래 모습을 우리는 여기에서 비로소 마주하게 된다.

바이마르헌법 체제는 또 하나의 분기점이다. 법치국가는 다시 한번 자기 변신의 계기를 맞는다. 다름 아니라 자유주의적 법치국가에서 민주주의적 법치국가로의 형태 변화이다. 형태 변화의 제도적 매개기제는 의회제 민주주의이다. 사실 바이마르헌법 체제 아래의 의회는 비스마르크헌법 체제 아래의 반쪽 입법권력이 아니다. 그것은 명실공히 법률제정권을 독점하는 국민대표기관이다. 이에 반해 집행권력과 사법권력은 법률 집행기능과 법률 적용기능을 각각 수행하는 입법권력의 단순 이행보조자에 지나지 않는다. 입법국가, 좀 더 구체적으로 표현하면 법률국가의 시대가 도래한 것이다. 그 결과 법치국가가 제도적으로 보장해야 할 법치행정의 원칙과 법치사법의 원칙도 그 의미가 크게 감쇄한다. 법치행정의 원칙은 물론 법치사법의 원칙도 법률국가의 당연한 귀결이거나 법률국가의 반사적 효과이지 그 이상도 그 이하도 아니기 때문이다. 의회제 민주주의가 제도적 매개기제로 기능하는 법률국가는 그러한 뜻에서 빼어난 의미의 법치국가, 다시 말하면 민주주의적 법치국가이다. 민주주의적 법치국가를 두고 형식적 법치국가로 애써 평가절하하는 법치국가 예찬론자들이 예외 없이 의회제 민주주의에 대하여 비판적인 것은 결코 우연이 아니다.

민주주의적 법치국가의 출현은 독일 부르주아혁명의 완결을 알리는 획기적 사건이다. 하지만 민주주의적 법치국가는 나치즘 체제의 등장을 고비로 미완의 기획으로 남는다. 뿐만 아니다. 두 동강 난 독일의 한쪽에서는 민주주의적 법치국가가 파시즘과 한 묶음이 되어 총체적 파국의 주범으로 지목된다. 그리고 실질적 법치국가의 르네상스와 함께 부정의 변증법이 작동하기 시작한다. 마침내 민주주의적 법치국가가 공식적으로 사망선고를 받고, 빈자리는 반(反)민주주의적 법치국가가 메운다. 반민주주의적 법치국가는 우선 법치국가적 민주주의의 이름으로 민주주의와 법치국가의 관계를 다시 자리매김한다. 민주주의의 하위범주화이다.

민주주의의 하위범주화는 민주주의적 법치국가, 따라서 법률국가에 대한 강한 거부의 뜻을 담고 있다. 그렇다면 민주주의에 대한 법치국가의 우위를 전제하는 법치국가적 민주주의에서 법치국가의 실체는 이미 풀린 수수께끼나 다름없다. 법률국가적 법치국가는 분명 아니다. 나치즘의 족쇄가 채워진 명령국가적 법치국가도 고려의 대상이 아니다. 남은 선택지는 자명하다. 헌법국가적 법치국가이다. 한마디로 법치국가적 민주주의는 헌법국가적 민주주의이다.

법치국가 곧 헌법국가라는 새 법치국가 등식에 따르면 헌법국가는 법치국가의 진화의 최종 단계이다. 새 법치국가 등식이 내세우는 천년왕국설적 헌법국가 미화론을 놓고 여기에서 왈가왈부 시비할 일은 아니다. 문제는 헌법 최종해석권의 귀속이다. 헌법 최종해석권을 누가 갖는가에 따라 법적 헤게모니 투쟁, 나아가 정치적 계급투쟁의 지평이 달라지기 때문이다.

아무튼 헌법해석은 최종적으로 국민의 몫이다. 이것은 어디까지나 추상적 가능성일 뿐, 구체적 헌법현실은 다르다. 길이 없는 것은 아니다. 그러나 사법권력에, 법복귀족 출신 몽테스키외마저 무지렁이라 비아냥거렸던, 애당초 미더운 구석이란 눈 씻고도 찾을 수 없어 나폴레옹까지 나서 군홧발로 다잡아야 했던 사법권력에 헌법 최종해석권을 통째로 넘겨주는 사법국가적 해결이 정석이다. 아니 유행이다. 돌이킬 수 없는 부르주아 헌법문화 퇴락의 징후이다.

하나같이 시답지 않지만 두 유형이 있다. 초록은 동색이다. 하나는 미국형 사법심사제도이며 또 하나는 유럽형 헌법재판제도이다. 유럽형 헌법재판제도의 대표적 사례가 독일 헌법재판제도이다. 독일의 헌법현실로 돌아가 연방헌법재판소의 지난 행보들을 되짚어볼 때, 본 기본법이 과연 최선의 선택을 하였는지는 여전히 의문이다. 독일식 헌법재판제도를 이식한 우리의 경우도 마찬가지이다. 타산지석으로 곱씹어야 할 대목이다.

참고문헌

1. 국내 문헌

강문규, 『시민참여의 시대』, 한울, 1996.

구병삭, 『한국헌법론』, 일신사, 1986.

권영성, 『헌법학원론』, 법문사, 1992.

_____, 『헌법학(신정판)』, 법문사, 1992.

_____, 『헌법학원론(하)』, 법문사, 1980.

_____, 『헌법학원론』, 법문사, 1994.

김철수, 『보정판 신고 헌법학개론』, 박영사, 1990.

_____, 『신고 헌법학개론』, 박영사, 1990.

_____, 『헌법학개론』, 박영사, 1996.

김형기, 「노동자계급의 성장 및 내부구성의 변화와 주체형성」, 박현채/김형기 외, 『한국자
    본주의와 노동문제』.

린쯔/바렌주엘라, 『내각제와 대통령제』, 나남출판, 1995.

백욱인, 「한국사회시민운동(론)비판」, 한국산업사회연구회 편, 《경제와 사회》 제12호, 한울.

서관모, 「현대한국사회의 계급구성」, 김진균 외, 『한국사회의 계급연구 1』, 한울, 1985.

서울사회과학연구소 경제분과, 『한국에서의 자본주의의 발전』, 새길, 1992.

성낙인, 『프랑스헌법학』, 법문사, 1995.

안윤모, 「반공운동」, 김덕호/김연진 엮음, 『현대미국의 사회운동』, 비봉출판사, 2001.

유팔무, 「내각제 반대하는 다섯 가지 이유」, 《월간 말》, 1997년 12월 호.

_____, 「시민사회의 성장과 시민운동」, 유팔무/김호기 엮음, 『시민사회와 시민운동』, 한울, 1995.

이근식, 『자유주의사회경제사상』, 한길사, 1999.

이형대, 「신우파운동」, 김덕호/김영진 엮음, 『현대미국의 사회운동』, 비봉출판사, 2001.

이효선, 『현대한국의 시민운동』, 집문당, 1997.

일송정 편집부, 『학생운동논쟁사』, 일송정, 1988.

임종률, 「노동법의 제문제」, 박현채/김형기 외, 『한국자본주의와 노동문제』.

정태석/김호기/유팔무, 「한국의 시민사회와 민주주의의 전망」, 유팔무/김호기 엮음, 『시민사회와 시민운동』, 한울, 1995.

한국기독교사회문제연구원, 『개헌과 민주화운동』, 민중사, 1986.

한국정치연구회 사상분과, 『현대민주주의론 1』, 1992.

한국정치연구회, 「신식민지 파시즘의 이론구조」, 한국학술단체협의회, 『1980년대 한국사회와 지배구조』, 풀빛, 1989.

한국정치학회, 『한국정치론』, 백산서당, 1994.

한태연, 『헌법』, 위성문화사, 1958.

_____, 『헌법학』, 법문사, 1983.

허영, 『전정증보판 한국헌법론』, 박영사, 1993.

_____, 『한국헌법론』, 박영사, 1990.

홍덕률, 「한국자본가계급의 성격」, 김진균 외, 『한국사회의 계급연구 1』, 한울, 1985.

『소법전』, 현암사, 1985.

2. 서양 문헌

Abel, Gunther, *Die Bedeutung der Lehre von dem Einrichtungsgarantien Für die Auslegung des Bonner Grundgesetzes*, Berlin, 1964.

Abendroth, Wolfgang/R. Keßler/u. a., "Diskussion über Probleme sozialistischer Rechtspolitik. Ein Gesprächsprotokolls", Hubert Rottleuthner(Hrsg.), *Probleme der marxistischen Rechtstheorie*, Frankfurt am Main, 1975.

Abendroth, Wolfgang, "Demokratie als Institution und Aufgabe", U. Matz(Hrsg.), *Grundprobleme der Demokratie*, Darmstadt, 1973.

_____, "Der demokratische und soziale Rechtsstaat als politischer Auftrage", W. Abendroth, *Wirtschaft, Gesellschaft und Demokratie in der Bundesrepublik*, Frankfurt am Main, 1965.

_____, "Zum Begriff des demokratischen und sozialen Rechtsstaates im Grundgesetz der Bundesrepublik Feutschland", E. Forsthoff(Hrsg.), *Rechtsstaatlichkeit und Sozialstaatlichkeit. Aufsätze und Essays*, Darmstadt, 1968.

_____, *Antagonistische Gesellschaft und politische Demokratie. Aufsätze zur politischen Soziologie*, Neuwied u. Berlin, 1972.

_____, *Das Grundgesetz. Eine Einführung in seine politische Probleme*, 4. Aufl., Pfullingen, 1973.

Abendroth, Wolfgang/Herbert Sultan, *Bürokratischer Verwaltungsstaat und soziale Demokratie*, Hannover, 1955.

Adler, M., *Die Staatsauffassung des Marxismus. Ein Beitrag zur Untersuchung von soziologischer und juristischer Methode*, Darmstadt, 1964.

Adorno, Th. W., *Drei Studien zu Hegel. Aspekte, Erfahrungsgehalt Suoteinos oder wie zu lesen sei*, 4. Aufl., Frankfurt am Main, 1970.

Angermann, E., "Das 'Auseinandertreten von Staat und Gesellschaft' im Denken des 18. Jahrhunderts", *Zeitschrift für Politik*, Neue Folge 10. Jahrgang, 1963.

Anschütz, Gerhard, *Die Verfassung des Deutschen Reichs vom 11. August 1919*, 14. Aufl., Berlin, 1933.

_____, *Die Verfassung des Deutschen Reichs vom 11. August 1919. Ein Kommentar für Wissenschaft und Praxis*, Berlin, 1921.

Anschütz, Gerhard/R. Thoma(Hrsg.), *Handbuch des Deutschen Staatsrechts*. 2. Bd., Tübingen, 1932.

Apelt, Willibalt, "Verfassung und richterliches Prüfungsrecht", *Juristische Zeitung*, 1954.

Aquinas, Thomas, *Selected Political Writings*, ed. by A. P. D'Entreves, Oxford, 1948.

Arblaster, Anthony, *The Rise and Decline of Western Liberalism*, Basil Blackwell, 1987.

Badura, P., *Verwaltungsrecht im liberalen und im sozialen Rechtsstaat*, Tübingen, 1966.

Bäumlin, R., *Die rechtsstaatliche Demokratie*, Rechts- und Wirtschaftswiss. Diss., Bern, 1954.

Bäumlin R./M. Kittner, *Kommentar zum Grundgesetz für die Bundesrepublik Deutschland*, Bd. 1, Neuwied-Darmstadt, 1984.

Bayertz, Kurt/Josef Schleifstein, *Mythologie der kritischen Vernunft*, Köln, 1977.

Becker, Hartmuth, *Die Parlamentarismuskritik bei Carl Schmitt und Jürgen Habermas*, Berlin, 1994.

Benda, Ernst/Werner Maihofer/Hans-Jochen Vogel(Hrsg.), *Handbuch des Verfassungsrechts*, Band 1, Berlin-New York, 1984.

Bendersky, Joseph W., *Carl Schmitt: Theorist for the Reich*, Princeton University Press, 1983.

Blanke, Bernhard, "Reproduktion des Kapitals als Verfassungsproblem. Die Unternehmensmitbestimmung in der grundrechtlichen Sicht des Bundesverfassungsgerichts", Abendroth/Blanke/Preuß u. a.(Hrsg.), *Ordnungsmacht? Über das Verhältnis von Legalität, Konsens und Herrschaft*, Frankfurt am Main, 1981.

Blanke, Thomas, "Das Dilemma der verfassungspolitischen Diskussion der Linken in der Bundesrepublik", Hubert Rottleuthner(Hrsg.), *Probleme der marxistischen Rechtstheorie*, Frankfurt am Main, 1975.

Blasius, D., "Konservative Sozialpolitik und Sozialreform im 19. Jahrhundert", G. -K. Kaltenbrunner(Hrsg.), *Rekonstruktion des Konservatismus*, Freiburg, 1972.

Böckenförde, E. -W., "Die Bedeutung der Unterscheidung von Staat und Gesellschaft im demokratischen Sozialstaat der Gegenwart", *Rechtsfragen der Gegenwart. Festschrift für W. Heffermehl zum 65. Geburtstag*, Stuttgart, 1972.

_____, *Die deutsche verfassungsgeschichtliche Forschung im 19.*, Berlin, 1961.

_____, *Staat Gesellschaft Freiheit*, Suhrkamp, 1976.

Borkenau, Franz, *Der Übergang vom feudalen zum bürgerlichen Weltbild, Studien zur Geschichte der Philosophie der Manufakturperiode*, Paris, 1934.

Born, K. E., "Idee und Gestalt des sozialen Rechtsstaates in der deutschen

Geschichte", *Sozialer Rechtsstaat—Weg oder Irrweg?, Schriften des deutschen Beamtenbundes* 31, Bad Godesberg, 1963.

_____, "Staat und Sozialpolitik im Deutschen Kaiserreich", *Geschichte in der Gegenwart. Festschrift für K. Kluxen zu seinem 60. Geburtstag*, Paderborn, 1972.

Boutmy, Emile, "Die Erklärung der Menschen- und Bürgerrechte und Georg Jellinek", Roman Schnur(Hrsg.), *Zur Geschichte der Erklärung der Menschenrechte*, Darmstadt, 1964.

Boventar, Gregor Paul, *Grenzen politischer Freiheit im demokratischen Staat. Das Konzept der streitbaren Demokratie in einem integrationalen Vergleich*, Berlin, 1985.

Bracher, Karl Dietrich, "Staatsbegriff und Demokratie in Deutschland", *Politische Vierteljahresschrift*, 9, Jahrgang, 1968.

Bracher, Karl Dietrich/Wolfgang Sauer/Gerhard Schultz, *Die Nationalsozialistische Machtergreifung*, Köln-Opladen, 1962.

Breuer, Stefan, *Sozialgeschichte des Naturrechts*, Opladen, 1983.

Brugger, Winfried, "Max Weber und die Menschenrechte als Ethos der Moderne", Johannes Schwartländer(Hrsg.), *Menschenrechte und Demokratie*, Kehl am Rhein-Straßburg, 1981.

Brunner, O., *Land und Herrschaft. Grundfragen der territorialen Verfassungsgeschichte im Mittelalter*, Wien-Wiesbaden, 1959.

_____, *Neue Wege der Sozialgeschichte. Vorträge und Aufsätze*, Göttingen, 1956.

Brzezinski, Zbigniew, "Totalitarismus und Rationalität", Bruno Seidel/Siegfried Jenkner(Hrsg.), *Wege der Totalitarismus-Forschung*, Darmstadt, 1968.

Bühl, Achim, "Der unmittelbare Gewalt und Repressionsappart", A. Bühl/Ch. Butterwegge/u. a., *Der Staat im staatsmonopolistischen Kapitalismus der Bundesrepublik. Empirische Analysen · Fakten*, Frankfurt am Main, 1982.

Cerroni, U., *Marx und das moderne Recht*, Frankfurt am Main, 1974.

Christi, Renato, *Carl Schmitt and Authoritatian Liberalism*, University of Wales Press, 1998.

Cohen, Jean C./Andrew Arato, *Civil Society and Political Theory*, The MIT Press,

1995.

Čopič, Hans, "Rechtsstaat und Sozialstaat", *Recht und Politik*, Heft 4, 1969.

_____, *Grundgesetz und politisches Strafrecht neuer Art*, Tübingen, 1967.

Denninger, Erhard(Hrsg.), *Freiheitliche demokratische Grundordnung. Materialen zum Staatsverstandnis und zur Verfassungswirklichkeit in der Bundesrepublik*, Zweiter Teil, Frankfurt am Main, 1977.

Denninger, Erhard, "Freiheitsordnung-Wertordnung-Pflichtordnung. Zur Entwicklung der Grundrechtsjudikatur des Bundesverfassungsgerichts", Mehdi Tohidipur(Hrsg.), *Verfassung · Verfassungsgerichtsbarkeit · Politik. Zur verfassungsrechtlichen und politischen Stellung und Funktion des Bundesverfassungsgerichts*, Frankfurt am Main, 1976.

Denninger, Erhard, *Staatsrecht 1*, 1973.

Deutsch, Karl W., "Risse im Monolith: Möglichkeiten und Arten der Desintegration im totalitären Systemen", Bruno Seidel/Siegfried Jenker(Hrsg.), *Wege der Totalitarismus-Forschung*, Darmstadt, 1968.

Dicey, A. V., *An Introduction to the Study of the Law of the Constitution*, the Macmillan press, 1975.

Dreier, Ralf, "Verfassung und Ideologie", *Gedächtnisschrift fuer Friedrich Klein*, Vahlen, 1977.

Duverger, Maurice, "Le concept de régime semi-présidentiel", Maurice Duverger (dir.), *Les régimes semi-présidentiels*, Paris. 1986.

_____, *Institutions politiques et droit constitutionnel 1. Les grands systèmes politiques*, Paris, 1975.

_____, *Institutions politiques et droit constitutionnel*, tome 2, 1973.

_____, *La monarchie républicaine*, 1974.

_____, *Régimes semi-présidentiel*, Presses Universitaires de France, 1986.

Ehmke, Horst, "'Staat' und 'Gesellschaft' als verfassungsrechtliches Problem", *Staatsverfassung und Kirchenordnung. Festgabe für R. Smend zum 80. Geburtstag*, Tübingen, 1962.

_____, *Prinzipien der Verfassungsinterpretation. Gefährdungshaftung im öffentlichen Recht*(Veröf fentlichungen der Vereinigung der Deutschen

Staatsrechtslehrer, Heft 20), Berlin-New York, 1963.

_____, *Wirtschaft und Verfassung. Die Verfassungsrechtsprechung des Supreme Court zur Wirtschaftsregulierung*, Karlsruhe, 1961.

Engels, Friedrich, "Einleitung" [zu Karl Marx' "Klassenkämpfe in Frankreich 1848 bis 1850" (1895)], *Marx Engels Werke*, Bd. 22, Berlin, 1974.

Fabre, Michel-Henry, *Principes republicains de droit constitutionnel*, troisieme édition, Paris, 1977.

Fangmann, Helmut D., Justiz gegen Demokratie. Entstehungs- und Funktions- bedingungen der Verfassungsjustiz in Deutschland, Frankfurt am Main-New York, 1979.

Fetscher, Iring, "Vorwort", zu: *Hegel in der Sicht der neuen Forschung*, hrsg. von I. Fetscher, Darmstadt, 1973.

_____, "Zur Aktualität der politischen Philosophie Hegels", R. Heede/J. Ritter(Hrsg.), *Hegel-Bilanz*, Frankfurt am Main, 1973.

_____, *Rousseaus Politsche Philosophie*, Neuwied am Rhein und Berlin, 1968.

Fijalkowski, Jürgen, *Die Wendung zum Führerstaat*, Köln und Opladen, 1958.

Forsthoff, Ernst, "Begriff und Wesen des sozialen Rechtsstaates", Ernst Forsthoff(Hrsg.), *Rechtsstaatlichkeit und Sozialstaatlichkeit. Aufsätze und Essays*, Darmstadt, 1968.

_____, "Begriff und Wesen des sozialen Rechtsstaates", in: *Veröffentlichungen der Vereinigung der Deutschen Staatsrechtslehrer*, Heft 12, 1954.

_____, "Verfassungsprobleme des Sozialstaats", E. Forsthoff(Hrsg.), *Rechts- staatlichkeit und Sozialstaatlichkeit. Aufsätze und Essays*, Darmstadt, 1968.

_____, "Zur heutigen Situation einer Verfassungslehre", *Epirrhosis. Festgabe für C. Schmitt*, 1. Teilband, Berlin, 1968.

_____, *Der Staat der Industriegesellschaft*, München, 1971.

_____, *Lehrbuch des Verwaltungsrechts*, 1. Band Allgemeiner Teil, 8. Aufl., München-Berlin, 1961.

_____, *Rechtsfragen der leistenden Verwaltung*, Stuttgart, 1958.

_____, *Rechtsstaat im Wandel. Verfassungsrechtliche Abhandlungen 1950-1964*, Stuttgart, 1964.

Frank, Andre Gunder, *Lumpenbourgeosie: Lumpendevelopment*, Monthly Review Press, 1972.

Frankenberg, Günter/Thomas Krämer-Badoni/Sigrid Meuschel/Ulrich Rödel, "Politische Tendenzwende und Entwicklung des Rechts", Mehdi Tohidipur(Hrsg.), *Der bürgerliche Rechtsstaat*, Frankfurt am Main, 1978.

Freyer, H., *Das soziale Ganze und die Freiheit der Einzelnen unter den Bedingungen des industriellen Zeitalters*, Göttingen-Berlin-Frankfurt am Main, 1957.

_____, *Soziologie als Wirklichkeitswissenschaft. Logische Grundlegung des Szstems der Soziologie*, Leipzig-Berlin, 1930.

Friedrich, Carl J., "Der einzigartige Charakter der totalitären Gesellschaft", Bruno Seidel/Siegfried Jenkner(Hrsg.), *Wege der Totalitarismus-Forschung*, Darmstadt, 1968.

Fürst, A., *Die Soziologische Dimension in der Gesellschaftslehre Lorenz von Steins*, Heidelberg, Phil. F., Diss., 1957.

Gablentz, O. H. v. d., "Staat und Gesellschaft", *Politische Vierteljahresschrift*, 2. Jahrgang, 1961.

Galbraith, J. K., *Die moderne Industriegesellschaft*, München-Zürich, 1968.

Geck, C. H. A., *Über das Eindringen des Wortes 'das Soziale' in die deutsche Sprache*, Göttingen, 1963.

Gehlen, A., *Studien zur Anthropologie und Soziologie*, Neuwied-Berlin, 1963.

Geiger, Th., *Demokratie ohne Dogma. Die Gesellschaft zwischen Pathos und Nüchternheit*, 2. Aufl., München, 1964.

Gilbert, F., "Lorenz von Stein und die Revolution von 1848. Ein Beitrag zur Entwicklung Steins und zur Entstehung der deutschen Gesellschaftswissenschaft", *Mitteilungen des österreichischen Instituts für Geschichtsforschung*, 50. Band, 1936.

Glaeser, Watler Schmitt, "Der Begriff der freiheitlichen demokratischen Grundordnung", Erhard Denninger(Hrsg.), *Freiheitliche demokratische Grundordnung. Materialien zum Staatsverständnis und zur Verfassungswirklichkeit in der Bundesrepublik*, Erster Teil, Suhrkamp, 1977.

Glucksmann, André, "Der alte Faschismus und der neue Faschismus", Michel Foucault/Alain Geismar/André Glucksmann, *Neue Faschismus, Neue Demokratie. Über den Faschismus im Rechtsstaat*, Berlin, 1972.

Gottschling, Ernst, *Demokratie im Zerrspiegel. Zur Kritik bürgerlicher Demokratietheorien*, Berlin, 1978.

Gough, J. W., *John Locke's political philosophy*, Oxford, 1974.

Grabitz, Eberhard, *Freiheit und Verfassungsrecht*, Tübingen, 1976.

Grebing, H., *Konservative gegen die Demokratie*, Frankfurt am Main, 1971.

Grimm, Dieter, "Reformalisierung des Rechtsstaats als Demokratiepostulat?", *Juristische Schulung*, H. 10, 1980.

Grünfeld, E., *Lorenz von Stein und die Gesellschaftslehre*, Jena, 1910.

Gusy, Christoph, *Die Weimarer Reichsverfassung*, Mohr Slebeck, 1997.

Häberle, Peter, *Die Wesennsgehaltsgarantie des Art. 19 Abs. 2 Grundgesetz. Zugleich ein Beitrag zum institutionellen Verständnis der Grundrechte und zur Lehre vom Gesetzesvorbehalt*, Karlsruhe, 1972.

Habermas, Jürgen, "Einleitung: Über den Begriff der politischen Beteiligung", J. Habermas/L. von Friedeburg/C. Oehler/F. Weltz, *Student und Politik. Eine soziologische Untersuchung zum politischen Bewußtsein Frankfurter Studenten* (SuP), Neuwied/Berlin, Luchterhand, 1961.

_____, "Nachwort", zu: G. W. F. Hegel, *Politische Schriften*, hrsg. von H. Blumenderg/J. Habermas/D. Henrich/J. Taubes, Frankfurt am Main, 1966.

_____, "Über den Begriff der politischen Beteilung", Habermas/Friedburg/Oehler/Weltz (Hrsg.), *Student und Politik*, 3. Aufl., Neuwied-Berlin, 1969.

_____, "ziviler Ungehorsam — Testfall Für den demokratischen Recstaat. Wider den autoritären Legalismus in der Bundesrepublik", Peter Glotz (Hrsg.), *Ziviler Ungehorsam im Rechtsstaat*, Frankfurt am Main, 1983.

_____, "Zum Begriff der politischen Beteiligung", Habermas/Friedeburg/Oehler/Weltz, *Student und Politik*, Neuwied am Rhein und Berlin, 1961.

_____, *Die Einbeziehung des Anderen*, Suhrkamp, 1996.

_____, *Faktizität und Geltung*, 5. Aufl., 1997.

_____, *Faktizität und Geltung*, Frankfurt am Main, 1992.

_____, *Legitimationsprobleme im Spätkapitalismus,* Frankfurt am Main, 1973.

_____, *Strukturwandel der Öffentlichkeit Untersuchungen zu einer Kategorie der bürgerlichen Gesellschaft,* 3. Aufl., Neuwied-Berlin, 1968.

_____, *Theorie und Praxis. Sozialphilosophische Studien,* Frankfurt am Main, 1973.

Hahn, M., "Nachwort", zu: *Lorenz Stein. Proletariat und Gesellschaft,* hrsg. von M. Hahn, München, 1971.

_____, *Lorenz Stein und Hegel. Von der 'Erzeugung des Pöbels' zur 'sozialen Revolution',* Phil. Diss., Münster, 1965.

Hamann/Lenz, *Das Grundgesetz für die Bundesrepublik Deutschland vom 23. Mai 1949. Ein Kommentar für Wissenschaft und Praxis,* 3. Aufl., Neuwied u. Berlin, 1970.

Hartwich, H. -H., "Wirtschaftsdemokratie und die Theorie vom sozialen Rechtsstaat", *Politische Vierteljahresschrift,* Sonderheft 2, 1970.

_____, *Sozialstaatspostulat und gesellschaftlicher Status quo,* Köln-Opladen, 1970.

Hase, Friedhelm/Karl-Heinz Ladeur, *Verfassungsgerichtsbarkeit und Politisches System. Studien zum Rechtsstaatsproblem,* Frankfurt am Main-New York, 1980.

Hase, Friedhelm/Karl-Heinz Ladeur/Helmut Ridder, "Nochmals: Reformalisierung des Rechtsstaats als Demokratiepostulat?", *Juristische Schulung,* H. 11, 1981.

Haselbach, Dieter, "Die Wandlung zum Liberalen Zur gegenwärtigen Schmitt-Diskussion in den USA", Klaus Hansen/Haus Lietzmann(Hrsg.), *Carl Schmitt und die Liberalismuskritik,* Leverkusen, 1988.

Hauriou, Maurice, "Macht, Ordnung und die Verirrungen der objektivistischen Systems", Roman Schnur(Hrsg.), *Die Theorie der Institution und zwei andere Aufsätze,* Berlin, 1965.

Haym, R., *Hegel und seine Zeit. Vorlesung über Entstehung und Entwicklung, Wesen und Wert der Hegelschen Philosophie,* Darmstadt, 1974.

Hegel, G. W. F., *Enzyklopädie der philosophischen Wissenschaften im Grundrisse(1830),* hrsg. von Nicolin und O. Pöggler, Hamburg, 1969.

_____, *Grundlinien der Philosophie des Rechts oder Naturrecht und Staatswissenschaft im Grundrisse,* hrsg. von H. Reichelt, Frankfurt am Main-Berlin-Wien, 1972.

_____, *Grundlinien der philosophie des Rechts*, Johannes Hoffmeister(Hrsg.), Hamburg, 1955.

Heller, Hermann, "Autoritärer Liberalismus", Hermann Heller, *Gesammelte Schriften*. Zweiter Band, Leiden, 1971.

_____, *Rechtsstaat oder Diktatur?*, Tübingen, 1930.

_____, *Staatslehre*, Leiden, 1934.

Hennis, W., "Aufgaben einer modernen Regierungslehre", *Politische Vierteljahresschrift*, 6. Jahrgang, 1965.

_____, *Politik und praktische Philosophie. Eine Studie zur Rekonstruktion der politischen Wissenschaft*, Neuwied-Berlin, 1963.

Herkenroth, Klaus, "Das Bundesverfassungsgericht—Konservatives Reserveparlament", A. Bühl/Ch. Butterwegge/u. a., *Der Staat im staatsmonopolistischen Kapitalismus der Bundesrepublik. Empirische Analysen · Fakten*(Beiträge des IMSF 6/II), Frankfurt am Main, 1982.

_____, "Das Bundesverfassungsgericht—Konservatives Reserveparlament", Heinrich Hannover/Martin Kutscha/Claus Skrobanek-Leutner(Hrsg.), *Staat und Recht in der Bundesrepublik*, Pahl-Rugenstein, 1987.

Hesse, Konrad, "Der Rechtsstaat im Verfassungssyetem des Grundgesetzes", E. Forsthoff(Hrsg.), *Rechtsstaatlichkeit und Sozialstaatlichkeit. Aufsätze und Essays*, Darmstadt, 1968.

_____, *Grundzüge des Verfassungsrechts der Bundesrepublik Deutschland*, 16. ergänzte Aufl., Heidelberg, 1988.

_____, *Grundzüge des Verfassungsrechts der Bundesrepublik Deutschland*, 3. Aufl., Karlsruhe, 1969.

Hobbes, Thomas, *Leviathan*, reprinted from edition of 1965 with an Essay by the late W. G. Pogson Smith, Oxford, 1965.

Hoffmann, R., *Rechtsfortschritte durch gewerkschaftliche Gegenmacht*, Frankfurt am Main, 1968.

Hofmann, Hasso, *Legitimität gegen Legalität*, Neuwied und Berlin, 1964.

Holborn, H., "Der deutsche Idealismus vom Staat und das Problem der Freiheit in der modernen Gesellschaft", *Historische Zeitschrift*, 174. Band, 1952.

Huber, E. R., "Rechtsstaat und Sozialstaat in der modernen Industriegesellschaft", E. Forsthoff(Hrsg.), *Rechtsstaatlichkeit und Sozialstaatlichkeit. Aufsätze und Essays*, Darmstadt, 1968.

_____, "Vorsorge für das Dasein", *Festschrift für E. Forsthoff zum 70. Geburtstag*, München, 1972.

_____, *Deutsche Verfassungsgeschichte seit 1789*, Band IV, Stuttgart-Berlin-Köln-Mainz, 1969.

_____, *Grundgesetz und wirtschaftlche Mitbestimmung*, Stuttgart, 1970.

_____, *Vom Sinn der Verfassung*, Hamburg, 1935.

_____, *Wesen und Inhalt der politischen Verfassung*, Hamburg, 1935.

_____, *Wirtschaftsverwaltungsrecht*, 2. Band, 2. Aufl., Tübingen, 1954.

_____, *Zur Problematik des Kulturstaates*, Tübingen, 1958.

Institut für Marxistische Studien und Forschungen, *Der Staat im staatsmonopolistischen Kapitalismus der Bundesrepublik: Empirische Analysen Fakten*, Frankfurt am Main, 1982.

Ipsen, H. P., "Über das Grundgesetz", *Rechtsstaatlichkeit und Sozialstaatlichkeit*, Darmstadt, 1968.

Isensee, Josef/Paul Kirchhof(Hrsg.), *Handbuch des Staatsrechts der Bundesrepublik*, Bd. 1, 1987.

Jäger, Wolfgang, *Öffentlichkeit und Parlamentarismus. Eine Kritik an Jürgen Habermas*, Stuttgart-Berlin-Köln-Mainz, 1973.

Jellinek, Georg, *Allgemeine Staatslehre*, 3. Aufl., Bad Homburg vor der Höhe, 1960.

_____, "Die Erklärung der Menschen- und Bürgerrechte", Roman Schnur(Hrsg.), *Zur Geschichte der Erklärung der Menschenrechte*, Darmstadt, 1964.

Jesch, Dietrich, *Gesetz und Verwaltung*, Mohr, 1968.

Kammler, J., "Das sozialstaatliche Modell öffentlicher Herrschaft", Abendroth-Lenk(Hrsg.), *Einführung in die politische Wissenschaft*, 3. Aufl., München, 1973.

Karsch, Friederun Ch., *Demokratie und Gewaltenteilung, Zur Problematik der Verfassungsinterpretation in der BRD*, Köln, 1973.

Kaufmann, Erich, "Die Grenzen des verfassungsmäßigen Verhaltens nach dem Bonner

Grundgesetz insbesondere: Was ist unter einer freiheitlichen demokratischen Grundordnung zu verstehen? Festvortrag auf dem 39. deutschen Juristentag 1951", Erhard Denninger(Hrsg.), *Freiheitliche demokratische Grundordnung, Materialien zum Staatsverständnis und zur Verfassungswirklichkeit in der Bundesrepublik*, Erster Teil, Frankfurt am Main, 1977.

Kebir, Sabine, *Gramscis Zivilgesellschaft*, Hamburg, 1991.

Kelsen, Hans, "Wesen und Entwicklung der Staatsgerichtsbarkeit", Peter Häberle (Hrsg.), *Verfassungsgerichtsbarkeit*, Darmstadt, 1976.

_____, *Demokratie und Sozialismus. Ausgewählte Aufsätze*, Wien, 1967.

_____, *Sozialismus und Staat. Eine Untersuchung der politischen Theorie des Marxismus*, 3. Aufl., Wien, 1965.

_____, *Vom Wesen und Wert der Demokratie*, 2. Aufl., Tübingen, 1929.

Kempen, Otto Ernst, "Widerstandsrecht", Dieter Sterzel(Hrsg.), *Kritik der Notstandsgesetze. Mit dem Text der Notstandsverfassung*, Frankfurt am Main, 1968.

Kennedy, Ellen, "Carl Schmitt und die 'Frankfurter Schule'. Deutsche Liberalismuskritik in 20. Janhrhundert", *Geschichte und Gesellschaft*, Jahrgang 12, Göttingen, 1986.

Kirchheimer, Otto, *Von der Weimarer Republik zum Faschismus: Die Auflösung der demokratischen Rechtsordnunrg*, Frankfurt am Main, 1976.

Kiss, Arthur, *Marxism and Democracy, A Contribution to the Problem of the Marxist Interpretation of Democracy*, Budapest, 1982.

Koch Hans-Joachim, *Seminar: Die juristische Methode im Staatsrecht. Über Grenzen von Verfassungs- und Gesetzesbindung*, Frankfurt am Main, 1977.

Kofler, L., *Maxistische Staatstheorie. Staat, Gesellschaft und Elite zwischen Humanismus und Nihilismus*, Frankfurt am Main, 1970.

Krockow, Christian Graf von, *Die Entsheidung*, Stuttgart, 1958.

Kuk, Sun-Ok, "Das Staatsdenken des deutschen Idealismus bei Hegel und Stein", 인하대학교 인문과학연구소 편, 《인문연구》 제6집, 1980.

_____, *Das Wesen des Sozialstatsidee bei Lorenz von Stein. Eine Untersuchung zur Genesis einer konservativen Sozialstaatstheorie*, Inaugural-Dissertation, Köln, 1978.

Kunig, Philip, *Das Rechtsstaatsprinzip*, Mohr Siebeck, 1986.

Kutscha, Martin, *Verfassung und "streitbare Demokratie"*, Köln, 1979.

Ladeur, Karl-Heinz, "Vom Sinnganzen zum Konsensus. 'Verstaatlichung' und 'Vergesellschaftung' der Verfassungsinterpretation in der Bundesrepublik Deutschland", Abendroth/Blanke/Preuß u.a. *Ordnungsmacht? Über das Verhältnis von Legalität, Konsensus und Herrschaft*, Frankfurt am Main, 1981.

Lameyer, Johannes, *Streitbare Demokratie, Eine verfassungshermeneutische Untersuchung*, Berlin, 1978.

Landshut, S., *Kritik der Soziologie und andere Schriften zur Politik*, Neuwied-Berlin, 1969.

Laufer, Heinz, *Verfassungsgerichtsbarkeit und Politisches Prozeß*, Tübingen, 1968.

Leibholz, Gerhard, "Freiheitliche demokratische Grundordnung und das Bonner Grundgesetz", Erhard Denninger(Hrsg.), *Freiheitliche demokratische Grundordnung. Materialien zum Staatsverständnis und zur Verfassungswirklichkeit in der Bundesrepublik*, Erster Teil, Frankfurt am Main, 1977.

_____, *Die Gleichheit vor dem Gesetz. Eine Studie auf rechtsvergleichender und rechtsphilosophischer Grundlage*, München-Berlin, 1957.

Lenin, Vladimir Ilich, "Thesen über die Konstituierende Versammlung", V. I. Lenin, *Werke*, Bd. 26, Berlin, 1970.

_____, *Staat und Revolution*, V. I. Lenin, *Werke*. Bd. 25, Berlin, 1974.

Leppert-Fögen, Annette, *Die deklassierte Klasse. Studien zur Geschichte und Ideologie des Kleinbürgertums*, Frankfurt am Main, 1974.

Lieber, Joachim und Benedikt Kautsky(Hrsg.), *Marx Werke*, Bd. IV, Darmstadt, 1964.

Lippe, Rudolf von, *Bürgerliche Subjektivität. Autonomie als Selbstzerstörung*, Frankfurt am Main, 1975.

Locke, John, *Two Treaties of Government*, Peter Laslett(ed.), Cambridge University Press, 1963.

_____, *Two Treatises of Civil Government*, everyman's library edition, London & New York, 1962.

Loewenstein, Karl, *Verfassungslehre*, The University of Chicago Press, 1957.

_____, *Verfassungslehre*, Tübingen, 1959.

Löwenstein, J., *Hegels Staatsidee. Ihr Doppelgesicht und Ihr Einfluß im 19.*

Jahrhundert, Berlin, 1927.

Löwith, K., *Von Hegel zu Nietzsche. Der revolutionäre Bruch im Denken des neunzehnten Jahrhunderts*, Stuttgart, 1969.

Lukács, G., *Der junge Hegel. Über die Beziehung von Dialektik und Ökonomie*, 2 Bde, Frankfurt am Main, 1973.

_____, *Geschichte und Klassenbewußtsein*, Neuwied–Berlin, 1971.

Luthardt, Wolfgang, "Bemerkungen zu Otto Kirchheimers Arbeiten bis 1933", Otto Kirchheimer, *Von der Weimarer Republik zum Faschismus. Die Auflösung der demokratischen Rechtsordnung*, Frankfurt am Main, 1976.

Macpherson, C. B., *Democratic Theory*, Oxford, 1977.

_____, *Die Politische Theorie des Besitzindividualismus. Von Hobbes bis Locke*, Frankfurt am Main, 1967.

_____, *The Real World of Democracy*, Oxford Unversity Press, 1966.

Maier, H., *Ältere deutsche Staatslehre und westliche politische Tradition*, Tübingen, 1966.

Maihofer, Werner, "Ideologie und Naturrecht", Maihofer, *Ideologie und Recht*, Frankfurt am Main, 1969.

Mannheim, Karl, *Ideologie und Utopie*, 5. ed., Frankfurt am Main, 1969.

Marcic, René, "Die Deutung der Nautur des Verfassungsgerichts", Peter Häberle (Hrsg.), *Verfassungsgerichtsbarkeit*, Darmstadt, 1976.

Marcuse, H., *Vernunft und Revolution. Hegel und die Entstehung der Gesellschaftstheorie*, 3. Aufl., Neuwied–Berlin, 1970.

Marx, Karl, "Kritik der Hegelschen Staatsrecht", *Marx Engels Werke*, Bd. 1, Berlin, 1972.

_____, "Zur Judenfrage", *Marx Engels Werke*, Bd. 1, Berlin, 1972.

_____, "Zur Kritik der politischen Ökonomie", *Marx Engels Werke*, Bd. 13, Berlin, 1974.

_____, *Marx Engels Werke*, Bd. 8, Dietz Verlag Berlin, 1982.

Maunz/Dürig/Herzog, *Grundgesetz. Kommentar*, München, 1964.

Maus, Ingeborg, *Bürgerliche Rechtstheorie und Faschismus*, München, 1976.

_____, *Rechtstheorie und politische Theorie im Industrie-kapitalismus*, W. Fink,

1986.

Meister, Roland, *Das Rechtsstaatsproblem in der westdeutschen Gegenwart. Funktion und Wandel der bürgerlichen Rechtsstaatsideologie*, Berlin, 1966.

Mengelberg, K., "Lorenz von Stein 1815–1890. His life and Work", Einleitung zu: Lorenz von Stein, *The History of the social movement in France 1789-1850*, Introduced, edited and translated by K. Mengelberg, Totowa N. J., 1964.

Menger, Christian–Friedrich, "Der Begriff des sozialen Rechtsstaates in Bonner Grundgesetz", Ernst Forsthoff (Hrsg.), *Rechtsstaatlichkeit und Sozialstaatlichkeit*, Darmstadt, 1968.

Merten, Detlef, *Rechtsstaat und Gewaltmonopol*, Tübingen, 1975.

Miaille, Michel, *Constitutions et luttes de classe*, Editions du Faubourg, 1978.

Mohler, Armin, "Carl Schmitt und die 'konservative Revolution'", Helmut Quaritsch (Hrsg.), *Complexio Oppositorium*, Berlin, 1988.

Montesquieu, *De l'ésprit des lois*, Tome 1, Éditions Garniers Frères, Paris, 1961.

Müller, Friedrich, *Juristische Methodik*, Berlin, 1971.

Müller, W./Ch. Neusüß, "Die Sozialstaatsillusion und der Widerspruch von Lohnarbeit und Kapital", *Sozialistische Politik*, Juni, 1970. Nr. 6/7.

Naphtali, F., *Wirtschaftsdemokratie. Ihr Wesen, Weg und Ziel*, 2. Aufl., Berlin, 1928.

Neuendorff, H., *Der Begriff des Interesses. Eine Studie zu den Gesellschaftstheorien von Hobbes, Smith und Marx*, Frankfurt am Main, 1973.

Neumann, Franz L., *Behemoth. The Structure and Practice of National Socialism 1933-1944*, New York, 1963.

_____, *Demokratischer und autoritärer Staat*, Europäische Verlagsanstalt, 1967.

_____, *Die Herrschaft des Gesetzes*, Frankfurt am Main, 1980.

_____, *Wirtschaft, Staat, Demokratie. Aufsätze 1930-1954*, Frankfurt am Main, 1978.

Nitzschke, H., *Die Geschichtsphilosophie Lorenz von Steins. Ein Beitrag zur Geistesgeschichte des neunzehnten Jahrhunderts*, München–Berlin, 1932.

Novack, George, *Democracy and Revolution*, Pathfinder Press, 1971.

Perels, Joachim, "Die Grenzenmarken der Verfassung", *Demokratie und soziale Emanzipation. Beiträge zur Verfassungstheorie der bürgerlichen Gesellschaft und des Sozialismus*, Hamburg, 1988.

Pestalozza, Christian, *Verfassungsprozeßrecht*, 3. Aufl., München, 1991.

Plamenatz, John, "On le forcera d'etre libre", *Hobbes and Rousseau*, ed. by Maurice Cranston and Richard S. Peters, New York, 1972.

Poulantzas, Nicos, *Faschismus und Diktatur. Die kommunistische Internationale und der Faschismus*, München, 1973.

Preuß, Ulrich K., "Carl Schmitt und die Frankfurter Schule: Deutsche Liberalismus-kritik in 20. Jahrhundert", Anmerkungen zu dem Aufsatz von Ellen Kennedy, *Geschichte und Gesellschaft*, Jahrgang 13, Göttingen, 1987.

_____, "Zur Funktion eines Zusammenschlusses gesellschaftskritischer Juristen. Gegenthesen zu H. Ridder", *Kritische Justiz*, Heft 4, 1974.

_____, *Legalität und Pluralismus. Beiträge zum Verfassungsrecht der Bundesrepublik Deutschland*, Frankfurt am Main, 1973.

_____, *Politische Verantwortung und Bürgerloyalität. Von den Grenzen der Verfassung und des Gehorsams in der Demokratie*, Frankfurt am Main, 1984.

_____, *Zum staatsrechtlichen Begriff des Öffentlichen. Untersucht am Beispiel des verfassungsrechtlichen Status kultureller Organisationen*, Stuttgart, 1969.

Pross, H., "Bürgerlich-konservative Kritik an der kapitalistischen Gesellschaft. Zur Theorie Lorenz von Steins", *Kölner Zeitschrift für Soziologie und Sozialpszchologie*, 18. Band, 1966.

Püttner, Günter, *Toleranz als Verfassungsprinzip*, Berlin, 1977.

Richter, Emanuel, "Der falsche Prophet: Carl Schmitt in den USA", Rüdiger Voigt(Hrsg.), *Mythos Staat*, Baden-Baden, 2001.

Ridder, Helmut, "Das Bundesverfassungsgericht. Bemerkungen über Aufstieg und Verfall einer antirevolutionaren Einrichtung", Abendroth/Blanke/ u. a., *Der Kampf um das Grundgesetz. Über politische Bedeutung der Verfassungsinterpretation*, Frankfurt am Main, 1977.

_____, "Die soziale Ordnung des Grundgesetzes", Josef Mück(Hrsg.), *Verfassungsrecht*(Bad Wildunger Beiträge zur Gemeinschaftskunde, Bd. 5), Opladen, 1975.

_____, "In Sachen Opposition: Adolf Arndt und das Bundesverfassungsgericht",

Peter Häberle(Hrsg.), *Verfassungsgerichtsbarkeit*, Darmstsdt, 1976.

_____, "Meinungsfreiheit", Neumann/Nipperdey/Scheuner(Hrsg.), *Die Grundrechts*, 2. Band, Berlin, 1954.

_____, "Zur Ideologie der 'streitbaren Demokratie.' Vorbemerkung", *Argument*, Studienheft 32, Berlin-West, 1979.

_____, *Zur Verfassungsrechtlichen Stellung der Gewerkschaften im Sozialstaat nach dem Grundgesetz für die Bundesrepublik Deutschland*, Stuttgart, 1960.

Riedel, M., *Bürgerliche Gesellschaft und Staat bei Hegel. Grundproblem und Struktur der Hegelschen Rechtsphilosophie*, Neuwied-Berlin, 1970.

_____, *Studien zu Hegels Rechtsphilosophie*, Frankfurt am Main, 1969.

Rinken, A., *Das Öffentliche als verfassungstheoretisches Problem. Dargestellt am Rechtsstatus der Wohlfartsverbände*, Berlin, 1971.

Ritter, Gerhard A., "Der Antiparlamentarismus und Antipluralismus der Rechts- und Linksradikalen", K. Sontheimer/G. A. Ritter/B. Schmitz-Hübsch/P. Kevenhörster/E. K. Scheuch, *Der Überdruß an der Demokratie*, Köln, 1970.

Ritter, J., *Metaphysik und Politik. Studien zu Aristoteles und Hegel*, Frankfurt am Main, 1969.

Rödel, Ulich/Günter Frankenberg/Helmut Dubiel, *Die demokratische Frage*, Frankfurt am Main, 1989.

Röhrig, Wüfried, *Sozialvertrag und bürgerliche Emanzipation*, Darmstadt, 1983.

Rohrmoser, G., "Hegels Lehre vom Staat und das Problem der Freiheit in der modernen Gesellschaft", *Der Staat*, 3. Band, 1964.

Römer, Peter, "Die einfachen Notstandsgesetze", Dieter Sterzel(Hrsg.), *Kritik der Notstandsgesetze. Mit dem Text der Notstandsverfassung*, Frankfurt am Main, 1968.

Ronneberger, F., "Lorenz von Stein. Wiederkehr seines Geburtstages am 15.11.1965", *Der Staat*, 4. Band, 1965.

Rosenberg, Arthur, *Geschichte der Weimarer Republik*, Frankfurt am Main, 1978.

Rossangel, Alexander, "Der alltägliche Notstand. Die überverfassungsgesetzliche Generalklausel", *Kritische Justiz*, Heft 3, 1977.

Rouseau, J. J., "Manuscript de Geneve", *Considérations sur le gouvernement de*

Pologne et sur sa réformation projettée, Oeuvres Complètes=bibliothéque de la Pléiade, III, Gallimard, 1964.

_____, *Considérations sur le gouvernement de Pologne et sur sa réformation projettée*, Oeuvres Complètes=bibliothéque de la Pléiade, t. III, Gallimard, 1964.

_____, *Discours sur l'origine et les fondements de l'inégalité parmi les hommes*, Oeuvres complètes=bibliothéque de la pléiade t. III, Gallimard, 1964.

_____, *Du Contrat Social*, Oeuvres Complètes=bibliothéque de la Pléiade, t. III, Gallimard, 1964.

_____, *Émile ou de l'éducation*, Oeuvres Completés=bibliothéque de la Pléiade, t. IV, Gallimard, 1964.

Salomon, G., "Vorwort", zu: Lorenz von Stein, *Geschichte der sozialen Bewegung in Frankreich von 1789 bis auf unsere Tage*, Darmstadt, 1959.

Schäfer, G., "Einige Probleme des Verhältnisses von ökonomischer und politischer Herrschaft", J. Hirsch/H. Reichelt/G. Schäfer(Hrsg.), *Karl Marx/Friedrich Engels. Staatstheorie*, Frankfurt am Main-Berlin-Wien, 1974.

Schelsky, Helmut, "Demokratischer Staat und moderne Technik", *Atomzeitalter*, Heft 5, 1961.

_____, "Der Mensch in der wissenschaftlichen Zivilisation", Helmut Schelsky, *Auf der Suche nach Wirklichkeit*, Düsseldorf-Köln, 1965.

Scheuner, U., "Das Wesen des Staates und der Begriff des Politischen in der neueren Staatslehre", *Staatsverfassung und Kirchenordnung. Festgabe für R. Smend zum 80. Geburtstag*, Tübingen, 1962.

_____, "Hegel und die deutsche Staatslehre des 19. und 20. Jahrhunderts", *Studium Berolinese. Aufsätze und Beiträge zu Problem der Wissenschaft und Universität zu Berlin*, Berlin, 1960.

Schlesinger, Arthur M., Jr., *The imperial presidency*, Boughton Mifflin Company, 1973.

Schlothauer, Reinhold, *Zur Krise der Verfassungsgerichtsbarkeit*, Frankfurt am Main, 1979.

Schmid, C., "Lorenz von Stein 1815-1890", H. Heimpel/Th. Heuss/B. Reifenberg(Hrsg.), *Die großen Deutschen. Deutsche Biographie*, 5. Band, Berlin, 1957.

Schmidt, R., "Der soziale Auftrag des Grundgesetzes", W. Weyer(Hrsg.), *Rechtsstaat-*

Sozialstaat, Stuttgart, 1972.

Schmidt, W., *Lorenz von Stein. Ein Beitrag zur Biographie, zur Geschichte Schleswig-Holsteins und zur Geistesgeschichte des 19. Jahrhunderts*, Eckernförde, 1956.

Schmitt, Carl, "Das Reichsgericht als Hüter der Verfassung", Peter Häberle(Hrsg.), *Verfassungsgerichtsbarkeit*, Darmstadt, 1976.

_____, "Die Tyrannei der Werte", *Festgabe für Ernst Forsthoff zum 65. Geburtstag*, München, 1967.

_____, "Freiheitsrechte und institutionelle Garantien der Reichsverfassung", *Verfassungsrechtliche Aufsätze*, Berlin, 1958.

_____, "Grundrechte und Grundpflichten", *Verfassungsrechtliche Aufsätze*, Berlin, 1958.

_____, "Legalität und Legitimitat", *Verfassungsrechtliche Aufsätze*, Berlin, 1958.

_____, "Nehmen/Teilen/Weiden", *Verfassungsrechtliche Aufsätze*, Berlin, 1958.

_____, *Der Begriff des Politischen*, Berlin, 1963.

_____, *Der Hüter der Verfassung*, 2. Aufl., Berlin, 1969.

_____, *Politische Theologie. Vier Kapitel zur Lehre von der Souveränität*, Zweite Ausgabe, München-Leipzig, 1934.

_____, *Verfassungslehre*, Berlin, 1957.

_____, *Verfassungslehre*, Berlin-Neuköln, 1957.

_____, *Verfassungslehre*, Unveränderter Neudruck, Berlin, 1957.

Schneider, Peter, "Prinzipien der Verfassungsinterpretation", *Veröffentlichungen der Vereinigung der Deutschen Staatsrechtslehrer*, Heft 20, Berlin-New York, 1963.

Schöttler, Peter, "Friedrich Engels und Karl Kautsky als Kritiker der Juristen-Sozialisten", *Demokratie und Recht*, Heft 1, 1980.

Schreiber, W., *Das Sozialstaatsprinzip des Grundgesetzes in der Praxis der Rechtsprechung*, Berlin, 1972.

Schwab, George, *The Challenge of the Exception*, Berlin, 1970.

Seifert, Jürgen, "Der Kampf um Verfassungspositionen", *Kampf um Verfassungspositionen*, Köln-Frankfurt am Main, 1974.

_____, "Haus oder Forum. Wertsystem oder offene Verfassungsordnung", Jürgen Habermas(Hrsg.), *Stichworte zur "geistigen Situation der Zeit"*, 1. Bd., Frankfurt am Main, 1979.

_____, "Vereinigungsfreiheit und hoheitliche Verrufserklärungen", Joachim Perels(Hrsg.), *Grundrechte als Fundament der Demokratie*, Frankfurt am Main, 1979.

_____, *Grundgesetz und Restauration*, Darmstadt u. Neuwied, 1974.

_____, *Kampf um Verfassungspositionen. Materialien über Grenzen und Möglichkenten von Rechtspolitik*, Köln u. Frankfurt am Main, 1974.

Setzer, Hans, *Wahlsystem und Parteienentwicklung in England, Wege zur Demokratisierung der Institutionen 1832 bis 1948*, Suhrkamp, 1973.

Skuhr, W., *Die Stellung zur Demokratie in der Nachkriegsdiskussion ueber den 《demokratischen und sozialen Rechtsstaat》*. Dargestellt unter Berücksichstigung der Beiträge E. Forsthoffs, Wirtschafts- und sozialewiss., Diss., Berlin, 1961.

Smend, Rudolf, "Bürger und Bourgeois im deutschen Staatsrecht", *Staatsrechtliche Abhandlungen*, Berlin, 1968.

_____, "Verfassung und Verfassungsrecht", *Staatsrechtliche Abhandlungen*, Berlin, 1968.

Sobota, Katharina, *Das Prinzip Rechtsstaat*, Mohr Siebeck, 1997.

Söllner, Alfons, "Jenseits von Carl Schmitt. Wissenschaftsgeschichtliche Richtigstellungen zur politischen Theorie im Umkreis der 'Frankfurter Schule'", *Geschichte und Gesellnchaft*, Jahrgang 12, Gottingen, 1986.

Stein, Lorenz von, "Das Wesen des arbeitslosen Einkommens und sein besonderes Verhältnis zu Amt und Adel", *Deutsche Vierteljahresschrift*, Heft 4, 1852.

_____, *Der Kommunismus und Socialismus des heutigen Frankreichs I. Ein Beitrag zur Zeitschichte*, Leipzig, 1848.

_____, *Geschichte der sozialen Bewegung in Frankreich von 1789 bis auf unsere Tage I*, Darmstadt, 1959.

_____, *Geschichte der sozialen Bewegung in Frankreich von 1789 bis auf unsere Tage II*, Darmstadt, 1959.

_____, *System der Staatswissenschaft II*, Stuttgart-Augusburg, 1856.

Stern, Klaus, *Das Staatsrecht der Bundesrepublik Deutschland*, Bd. 1, 2. Aufl., 1984.

Sterzel, Dieter(Hrsg.), *Kritik der Notstandsgesetze*, Suhrkamp, 1969.

Street, Harry, *Freedom, the Individual and the Law*, Penguin Books, 1975.

Stuby, Gerhard, "Bemerkungen zum verfassungsrechtlichen Begriff 'freiheitliche demokratische Grundordnung'", Abendroth/Däubler/u. a., *Der Kampf um das Grundgesetz—Über die politische Bedeutung der Verfassungsinterpretation*, Frankfurt am Main, 1977.

_____, "Bürgerliche Demokratietheorien in der Bendesrepublik", R. Kühnl(Hrsg.), *Der bürgerliche Staat der Gegenwart*, Reinbeck bei Hamburg, 1972.

Thoma, Richard, "Rechtsstaatsidee und Verwaltungsrechtswissenschaft", Mehdi Tohidipur(Hrsg.), *Der bürgerliche Rechtsstaat*, 2. Bd, Frankfurt am Main, 1978.

Tönnies, Ferdinand, *Thomas Hobbes Leben und Lehre*, 3. Auf., Berlin, 1925.

Topitsch, Ernst, "Restauration des Naturrechts?", Topitsch, *Sozialphilosophie Zwischen Ideologie und Wissenschaft*, 3. ed., Neuwied u. Berlin, 1971.

Verdross, A., *Abendländische Rechtsphilosophie. Ihre Grundlagen und Hauptprobleme in Geschichtliche Schau*, 2. Aufl., Wien, 1963.

Vogel, P., *Hegels Gesellschaftsbegriff und seine geschichltliche Fortbildung durch Lorenz von Stein, Marx, Engles und Laslle*, Berlin, 1925.

Walzer, Michael, "The civil society argument", Chantal Mouffe(ed.), *Dimension of Radical Democracy*, Verso, 1996.

Wintrich, Josef M., "Die Verfassungsgerichtsbarkeit im Gesamtgefüge der Verfassung", Peter Häberle(Hrsg.), *Verfassungsgerichtsbarkeit*, Darmstadt, 1976.

Wolff, Martin, *Reichsverfassung und Eigentum*, Festgabe für Wilhelm Kahl, Tübingen, 1923.

3. 일본 문헌

フランツ/ボルケナウ/水田洋 外 共譯, 『封建的世界像から市民的世界像へ』, みすず書房,

1985.

ルソー, 「戦争状態は社会状態から生まれるといウこと」, 『ルソー全集』第4巻, 白水社, 1979.

岡田與好, 『經濟的自由主義』, 東京大学出版会, 1987.

結城洋一郎, 「ロツクとルソーとモンテスキュ」, 杉原泰雄 編, 『講座 憲法学の基礎 4. 憲法思想』, 勁草書房, 1989.

高橋幸八郎, 동녘 편집부 옮김, 『시민혁명의 구조』, 동녘, 1983.

谷喬夫, 오세진 옮김, 『헤겔과 프랑크푸르트 학파』, 진흥문화사, 1983.

宮崎良夫, 『法治国理念と官僚制』, 東京大学出版会, 1986.

近藤晃, 「局地的 市場圈」, 松田智雄 編, 『西洋經濟史』, 青林書院新社, 昭和 57.

吉田傑俊, 『現代民主主義の思想』, 青木書店, 1990.

吉田善明, 『現代比較憲法論』, 敬文堂, 1986.

大石眞, 「議院內閣制」, 樋口陽一 編, 『講座 憲法学 5. 權力分立[1]』, 日本評論社, 1994.

藤原保信, 『近代政治哲学の形成』, 早稻田大学出版部, 昭和 49.

藤田勇, 『法と經濟の一般理論』, 日本評論社, 1980.

馬場宏二, 「レーガン主義の文脈」, 東京大学社会科学研究所 編, 『轉換期の福祉国家(上)』.

浜林正夫, 『イギリス名譽革命史(上)』, 未來社, 1981.

山口定, 『現代ファズム論』, 有斐閣, 昭和 51.

山下威士, 『カール・シユミット研究』, 南窓社, 1987.

杉原泰雄, 「主權と自由」, 芦部信喜 編, 『近代憲法原理の展開 I』, 東京大学出版会, 1976.

_____, 『国民主權の史的展開』, 岩波書店, 1985.

_____, 『人民主權の史的展開—民衆の權力原理の成立と展開』, 岩波書店, 1978.

小谷汪之 외, 조금안 옮김, 『현대역사과학입문, 사회구성체론과 변혁주체론』, 한울, 1986.

小笠原弘親, 『初期ルソーの政治思想』, 御茶の水書房, 1979.

小野耕一, 「西ドイツ福祉国家の編成」, 田口富久治 編著, 『ケインズ主義的福祉国家』, 青木書店, 1992.

松下洌, 「ラテンアメリカにおける勞動運動の再構築」, 田口富久治/小野耕二 編, 『講座 現代の政治学, 第2卷, 現代政治の体制と運動』, 青木書店, 1994.

手島孝, 『ケルゼニズム考』, 木鐸社, 1981.

水島朝穂, 「ボン基本法における「自由な民主主義的基本秩序」—「戦鬪的民主主義の中核概念」—」, 《早稻田法学会誌》, 第29卷, 1978.

_____, 「ボン基本法における「戦鬪的民主主義」—西ドイツの'社会批判的法律家'の論議を中

　　心に一」, 早稲田大学大学院《法研論集》第24號, 1981.

水水惣太郎, 『選擧制度論』, 有信堂, 1970.

水田洋, 『近代人の形成―近代社会觀成立史』, 東京大学出版会, 1954.

時本義昭, 「モーリス・デュヴェルジエの半大統領制論(三)」, 《自治研究》, 第69巻 第9號.

深瀨忠一, 「一七八九年人權宣言研究序說(一)」, 《北大法学論集》, 第14巻 第3・4號, 1964.

阿閇吉男, 『市民社会の系譜』, 培風館, 昭和30.

野村敬造, 『フランス憲法と基本的人權』, 有信堂, 1966.

影山日出彌, 『憲法の論理と国家の論理』, 勁草書房, 1980.

_____, 『現代憲法学の理論』, 日本評論社, 1986.

娛平康弘, 『憲法 Ⅲ』, 有斐閣, 1993.

友岡敏明/中川政樹/丸山敬一, 『ロック市民政府論入門』, 有斐閣, 1978.

隅野降德, 「集團示威運動の自由」, 東京大学社会科学研究所 編, 『基本的人權 4 各論 1』, 東京大
　　学出版会, 1979.

原秀男, 『價値相對主義法哲学の研究』, 勁草書房, 1979.

畑尻剛, 『憲法裁判研究序說』, 尚学社, 1988.

田口富久治, 「政治学の基礎概念」, 田口富欠治/佐木一郎/加茂利男, 『政治の科学. 現代的課題と
　　方法』, 青木書店, 1980.

田端博邦, 「福祉国家の現在」, 東京大学社会科学研究所 編, 『轉換期の福祉国家(上)』, 1988.

田中浩, 『カール・シュミト. 魔性の政治学』, 未來社, 1992.

田中正司, 「イギリスにおいて市民社会思想の成立」, 平田清明 編, 『社会思想史』, 青林書院新社,
　　昭和54.

_____, 『市民社会理論の原型』, 御茶の水書房, 1983.

井上茂, 『自然法の機能』, 勁草書房, 1981.

種谷春洋, 『近代自然法学と權利宣言の成立』, 有斐閣, 昭和55.

佐々木允臣, 「民主主義の人權論的構成」, 《法の科学》第20號, 日本評論社, 1992.

中木康夫, 「マニユファクチヤ―の成長と市場關係の深化」, 大塚久雄/高橋行八郎/松田智雄 編,
　　『西洋經濟史講座 Ⅱ』, 岩波書店, 1978.

中村義知, 『近代政治理論の原像』, 法律文化社, 1974.

淺野清, 「フランス啓蒙思想とルソー」, 平田清明 編著, 『社会思想史』, 青林書院新社, 昭和54.

天野和夫/片岡昇/長谷川正安/藤田勇/渡邊洋三 編, 『マルクス主義法学講座② マルクス主義法
　　学の成立と発展(外国)』, 日本評論社, 1978.

_____,『マルクス主義法学講座③ 法の一般理論』, 日本評論社, 1980.

樋口陽一,『比較憲法』, 青林書院新社, 1981.

桶口陽一/栗城壽夫,『憲法と裁判』, 小林直樹 監修, 現代憲法大系 第11卷, 法律文化社, 1988.

平田清明 엮음, 장하진 옮김,『사회사상사. 비판적 사회인식의 발생사』, 한울, 1982.

浦田一郎,『シェースの憲法思想』, 勁草書房, 1987.

河野健二, 박준식 옮김,『시민혁명의 역사구조』, 청아출판사, 1983.

憲法理論研究会 編,『現代の憲法理論』, 敬文堂, 1990.

찾아보기

- D -

- I -

민주주의 헌법론

1판 1쇄 찍음 2015년 4월 6일
1판 1쇄 펴냄 2015년 4월 13일

지은이 ǀ 국순옥
엮은이 ǀ 민주주의법학연구회
펴낸이 ǀ 김정호
펴낸곳 ǀ 아카넷

출판등록 2000년 1월 24일(제406-2000-000012호)
413-210 경기도 파주시 회동길 445-3
전화 ǀ 031-955-9511(편집) · 031-955-9514(주문) ǀ 팩시밀리 031-955-9519
책임편집 ǀ 박수용 · 장미향
www.acanet.co.kr

ISBN 978-89-5733-405-8 93360

이 도서의 국립중앙도서관 출판예정도서목록(CIP)은
서지정보유통지원시스템 홈페이지(http://seoji.nl.go.kr)와
국가자료공동목록시스템(http://www.nl.go.kr/kolisnet)에서 이용하실 수 있습니다.
(CIP제어번호: CIP2015009490)